我国大学生体育运动与健康管理研究

刘延莹 ◎ 著

北方联合出版传媒（集团）股份有限公司

辽宁科学技术出版社

图书在版编目（CIP）数据

我国大学生体育运动与健康管理研究 / 刘延莹著. -- 沈阳：

辽宁科学技术出版社, 2024. 10. -- ISBN 978-7-5591-3932-0

Ⅰ. G807.4；G647.9

中国国家版本馆 CIP 数据核字第 20247T3M14 号

出版发行：辽宁科学技术出版社

(地址：沈阳市和平区十一纬路 25 号　邮编：110003)

印　　　刷：辽宁鼎籍数码科技有限公司

经 销 者：各地新华书店

幅面尺寸：170mm×240mm

印　　张：10.25

字　　数：280 千字

出版时间：2024 年 10 月第 1 版

印刷时间：2024 年 10 月第 1 次印刷

责任编辑：王玉宝　许晓倩

封面设计：山东创书文化传播有限公司

责任校对：索　伦

书　　　号：ISBN　978-7-5591-3932-0

定　　价：88.00 元

编辑电话：024-23284373

E-mail：atauto@vip.sina.com

前　言

　　随着我国高等教育改革的逐步深化，大学生的健康教育已成为高等教育的主旋律。2016年10月25日，中共中央、国务院发布《"健康中国2030"规划纲要》，明确了加强健康教育，提高全民健康素养，加大学校健康教育力度，并将健康教育作为所有教育阶段素质教育的重要内容。与国家高度重视大学生健康教育形成鲜明对比的是，大学生整体体质呈下降趋势。当代大学生群体健康问题表现为体质下降、亚健康人数增加、慢性病患病率高、心理健康问题突出等。2017年发布的《中国学生体质监测发展历程》指出，大学生的身体形态正在发生变化，肥胖率以每5年提高2%～3%的速度持续上升。在此背景下，探讨高校健康教育的有效路径，对于全方位增强高校大学生体质具有重要的现实意义。

　　本专著通过对在校大学生健康意识、健康行为和对健康常识认知状况等进行调查分析，旨在贯彻"健康校园"理念，加强大学生的健康管理意识；建立系统化、全方位的大学生健康管理体系；加强体育运动指导，合理配置健康资源，制订适合大学生的个性化运动处方；结合运动过程中常见的运动损伤问题，介绍常见运动损伤的预防及处理方法，普及运动损伤中常见的急救技术等知识；注重高等学校传统体育教学，详细介绍田径、篮球、排球、足球、乒乓球、健美操、游泳等运动项目，全面提升大学生健康水平。

目　录

第一章　大学生健康与亚健康的阐释

第一节　健康概述

一、健康的概念

人类对于"健康"的认识是伴随着科学技术的发展和社会文化的进步而不断更新、提高和完善的。《辞海》对健康的定义是："人体各器官系统发育良好、功能正常、体质健壮、精力充沛并具有良好劳动效能的状态。"我们通常用人体测量、体格检查和各种生理指标来衡量健康状况。这种解释要比"健康就是没有疾病"更完善一些，但提到了"劳动效能"却没有提及健康的评判标准关乎到的人的社会属性。《简明不列颠百科全书》1987年中文版对健康和疾病的定义是："健康是使个体能长时期地适应环境的身体、情绪、精神及社交方面的能力。""疾病是一种产生症状或体征的异常生理或心理状态，是人体在致病因素的影响下器官组织的形态、功能偏离正常标准的状态"。"健康可用可测量的数值（如身高、体重、体温、脉搏、血压、视力等）来衡量，但其标准很难掌握"。这一概念虽然提到心理因素，但在测量和疾病分类方面没有具体内容。可以说这是从生物医学模式向生物、心理、社会医学模式过渡过程中的产物。一方面，这种转化尚缺乏足够的临床实践提供数据支撑；另一方面撰写者虽然接受了新的医学模式的思想，但没有作进一步的理论探讨。1946年，世界卫生组织提出了健康的新概念：健康乃是一种在身体上、心理上和社会上的完满状态，而不仅仅是没有疾病和虚弱的状态。

事实上，要对健康作出确切的定义很难。因为即使没有明显的疾病，人对健康或不健康的认识也具有很强的主观性。毫无疑问，觉得身体健康不等于身体没有病。按世界卫生组织提出的定义"健康不仅是没有疾病，而且在身体上、心理上和社会上处于完好状态"，对健康的判断标准主要有两点：①健康和疾病虽然是对立的概念，但是健康不等于没有疾病。从健康到疾病是量变到质变的过程，两者之间存在着中间状态——既不健康，也不至于存在疾病的状态，一般称之为亚健康状态；②健康不仅是身体层面的完好状态，还包括在心理层面和社会层面的完好状态。世界卫生组织关于健康的这一定义，把人的健康从生物学方面的意义扩展到了精神和社会关系（社会相互影响的质量）两个方面上，把人的身心、家庭和社会生活的健康状态均包括在内。

二、健康的临床表现

随着现代社会的快速发展，人们对健康的认识也在提高。目前，健康的标准主要涉及机体和精神两个方面。健康的标准可以用"五快""三良好"来衡量。"五快"即吃得快、便得快、睡得快、说得快、走得快，主要体现在：吃得快，食欲良好、不挑食，并能很快吃完一顿饭；便得快，一旦有便意，能够快速顺利排泄完，且无不适感；睡得快，有睡意，上床后能很快进入睡眠，而且睡眠质量好，睡醒后头脑清醒，精力旺盛；说得快，思维敏捷，口齿伶俐；走得快，行走自如，步履轻盈。

"三良好"即良好的个性品质、良好的处世能力、良好的人际关系。"三良好"具体表现为：良好的个性品质——即情绪稳定，性格温和，意志坚强，情感丰富，胸怀坦荡，豁达乐观；良好的处世能力——即观察问题客观、现实，具有较好的自控能力，能适应复杂的社会环境——良好的人际关系——即助人为乐，与人为善，对他人热情友好。

三、影响大学生健康的主要因素

影响大学生健康的因素有很多，总体来说主要有以下4点。

（一）生活方式

健康的生活理念与生活方式在日常生活中极为重要。对于大学生而言，应保持健康的生活方式，如：生活规律，早睡早起，保持良好睡眠；

无不良嗜好，戒烟限酒，适量运动，积极参加娱乐活动等；坚持规律的体育运动，独立性强；提高生活满意度，开朗乐观，心态平和，知足常乐；调整饮食结构，多吃健康食品。

（二）饮食习惯

合理饮食作为保持健康的基石之一，能够预防多种疾病。一般来讲，大学生每天要求摄入的营养素包括5类：①谷物：300～500克；②果蔬类：水果100～200克，蔬菜400～500克；③蛋、鱼、畜（禽）肉类：蛋25～50克，鱼虾类50克，畜（禽）肉50～100克；④豆、乳类：豆及豆制品50克（相当于大豆40克或豆腐干80克），乳及乳制品100克（相当于鲜奶200克或奶粉28克）；⑤油脂类：不超过25～30克。食盐不超过6克。当然，在实际生活中可以灵活把握，还可通过食物品种的调换来满足身体对能量、蛋白质、各种维生素和矿物质的需求。此外，不良的饮食习惯也是影响大学生健康的重要因素，如暴饮暴食会引起消化道疾病，过度饮酒会伤肝，食盐摄入过量会引起高血压等。

（三）体育活动

体育活动不仅可以从身体角度、机能角度促进健康，参加体育活动还可促进人与人之间互相交流、沟通，从而释放心理压力，调节情绪。《中国大百科全书》对体育活动的定义是：通过一些轻松愉快的身体活动使人转移对日常生活中的困难和压力的注意力。大量研究表明，积极从事身体锻炼可有效降低罹患许多疾病的风险性，如：降低血脂、控制血压、控制血糖、提高骨密度等，且有助于许多慢性躯体性和心理性疾病的治疗。此外，动脉粥样硬化、腰背痛、慢性支气管疾病、冠心病、癌症、糖尿病、肥胖症、骨质疏松症以及压抑、焦虑等身心疾病都可通过身体锻炼获得有效控制或治疗。调查显示，适量体育运动每天消耗50大卡热量或每周消耗1000大卡热量，冠心病的发病风险可降低50%，高血压病、糖尿病、癌症的发病风险可降低30%。

规则的有氧运动对普通人群而言有诸多益处，体现在以下几个方面：提高人体最大摄氧量，降低血压或使血压维持在正常至较低水平；增加能量消耗，促进新陈代谢，提高基础代谢率，调节能量平衡防治肥胖；改善脂质代谢，延缓动脉粥样硬化斑块的发生和发展；改善糖尿病患者胰岛素受体敏感性，提高胰岛素效能；增加肌细胞膜上胰岛素受体数量，增强葡萄糖转运，是防治糖尿病的重要辅助手段；激活成骨细胞，使骨形成速率和骨量峰值增加，延缓骨质疏松的发生和发展；防止体内脂肪过度蓄积，从而降低与肥胖有关的大肠癌、乳腺癌、前列腺癌、肺癌的发病率；刺激神经肌肉兴奋性，改善动作协调性和平衡能力。总之，对于平时缺乏体育活动的大学生而言，有规律地进行中等强度的体育活动可改善其健康状况和生活质量；对于平时有运动习惯的大学生，适量增加活动量可以获得更大的健康收益。

（四）心理状态

随着社会经济的飞速发展、生活节奏的加快和人们生活水平的不断提高，心理健康对人生的幸福和成就以及对构建和谐社会带来的影响越来越明显，心理健康问题已日益成为社会各界共同关注的热点问题。我国大学生心理健康的总体状况较为一般，某些特定大学生群体如新生和贫困生、高职学生以及研究生等心理健康问题较为突出。可以说心理问题已经给大学生的健康带来了严重的影响，并成为大学生休学、退学、犯罪和意外死亡的首要问题。大学生要做好自我心理调整，使心理处于良好的状态，才能更好地保持健康。

研究表明，规律的适量运动可以减少大学生的隔离感和孤独感，使其身体更灵活，思维更敏捷，从而降低抑郁症的发生概率。此外，适度运动有助于调节大学生的精神心理平衡，能有效地消除压力，增强信心，缓解抑郁和焦虑症状，改善睡眠。

第二节　亚健康概述

一、亚健康的概念

亚健康状态是对现代人体健康状态处于既非正常又非疾病的一种状态的概括。早在20世纪80年代中期，苏联学者Berkman就首次提出人的一般状态分为健康状态、病理状态及亚健康状态即诱病状态。世界卫生组织称其为"第三状态"，我国西医界称之为"神经官能症、植物神经功能紊乱"，在日本多指"神经症、半健康"。我国学者认为，亚健康的范围非常广泛，有别于慢性疲劳综合征，是以严重疲乏或虚弱、休息不能缓解为特征的一种"疲劳亚健康"的表现形式。许多学者对正常状态、亚健康状态、疾病状态进行了研究，指出正常状态指"没有明显的自觉或检查的临床症状和体征"的个体，亚健康状态是指人的身心处于疾病与健康之间的一种健康低质状态，是机体虽无明确的疾病，但在躯体上、心理上出现种种不适应的感觉和症状，从而呈现活力和对外界适应力降低的一种生理状态。这种状态多由人体生理机能或代谢机能低下所致，严重影响人的工作能力和生存质量。

我们对亚健康得出如下认识：

（1）亚健康介于健康与疾病之间，其概念很宽泛。

（2）亚健康状态是从近代医学"疾病"概念与现代医学人体"健康"状态来看人体变化的产物。

（3）如果从中医疾病概念来看，目前所指的亚健康状态已经包括在中医"病"的范围内。

（4）为了能够与目前国内外的研究有可比性，目前亚健康定义采取现代医学对疾病定义的方法进行描述，实质上采用的是排除法。

综上所述，亚健康是介于健康和疾病之间的非健康非疾病的第三状态，是指人们虽然还未患病，但已有不同程度的患各种病的潜在危险，具有发生某种疾病的高危倾向；实际上是心身疾病的潜临床或病前状态。

二、我国大学生亚健康现状

随着当今社会竞争加剧、生活节奏加快以及人际关系的复杂化，在校大学生的健康状况已经成为家庭、学校和社会越来越重视的问题。亚健康是指人体处于健康和疾病之间的一种状态，是机体经系统医学检查未发现疾病却表现出一定时间内机体活力降低、各种功能和适应能力不同程度减退的状态。如果积极预防和治疗，亚健康将向健康转化，反之则很容易导致疾病。

近年来，我国大学生的健康状况并不乐观，大学生亚健康形势严峻，尤其是女大学生亚健康比例较高。据中国心理学会一项对全国22个省市青少年心理健康的调查显示，我国有3000万青少年处于心理亚健康状态，其中大学生心理和行为障碍率占16%～25.4%，并且近年来有上升趋势。

三、亚健康的临床表现

亚健康状态及其人群特征是：身体检查结果虽然没有任何疾病，却经常精神欠佳，机体活力降低；反应能力减退，工作效率降低；为人处事的能力较差，适应能力降低等。有的专家归纳为"一多三少"，"一多"指疲劳多，"三少"即3项减退：活力减退、反应能力减退和适应能力减退。亚健康状态具有普遍性和严重性；具有不被个人意识到、不被社会所承认、不为医学所确认的隐匿性和潜伏性；具有既可向疾病发展，又可向健康逆转的双向性和可逆性等特点。

因此，我们可以将亚健康的主要特征概括为：①身心上不适应的感觉所反映出来的种种症状，如疲劳、虚弱、情绪改变等，其状况在相当时期内难以明确；②与年龄不相适应的组织结构或生理功能减退所致的各种虚弱表现；③微生态失衡状态；④某些疾病的病前生理病理学改变。

（一）大学生亚健康的生理表现

亚健康的临床表现多种多样，躯体方面可表现为疲乏无力、肌肉及关节酸痛、头昏头痛、心悸胸闷、睡眠紊乱、食欲不振、脘腹不适、便溏便秘、性功能减退、怕冷怕热、易患感冒、眼部干涩等；心理方面可表现为情绪低落、心烦意乱、焦躁不安、急躁易怒、恐惧胆怯、记忆力下降、注意力不能集中、精力不足、反应迟钝等；社会交往方面可表现为不能较好地承担相应的社会责任，工作、学习困难，不能正常地处理好人际关系、家庭关系，难以进行正常的社会交往等。与体育科学研究中"生理-心理-社会"的三维视角相对应，亚健康状态主要表现包括：①生理症状：头昏不爽、乏力身倦、懒言沉默、纳谷不馨等；②心理症状：易怒急躁、低落萎靡、紧张焦虑、精力下降等；③社会适应症状：人际关系差、学习困难、交往能力低等。

人群中真正健康的人仅约占5%，约75%的人处于亚健康状态。

随着现代医疗水平的提高，人口老龄化的加剧，以及纷繁复杂的社会关系的复杂化、家庭矛盾的升级、退休后无尽的失落感，人类疾病谱发生了明显改变，精神疾病及老年疾病成为扼杀人类健康的隐形杀手。越来越多的老年人心理压力加大，心理问题增多，出现不明原因的抑郁、孤独、焦虑、烦躁、失眠等问题。精神医学认为，这些介于精神健康与精神疾患之间的状态被称为"精神亚健康状态"，此种状态如没有及时进行调整和干预，就会形成心理障碍，导致心理疾病。精神亚健康已经成为近年来威胁老年人群身心健康的潜在杀手，呵护心灵就成了重要的社会课题。现代医学似乎对越来越多的老年精神疾病无明显的防治措施。传统医学及绿色疗法逐渐进入人们的视野。

根据亚健康状态七分类及体质类型分布情况来看，在亚健康状态七分类人群中，失眠与焦虑人数占比最高，分别占26.60%和19.35%，其中疲劳亚健康与气虚质、痰湿质联系较为密切；失眠亚健康与阳虚质联系较为密切；焦虑亚健康与气郁质联系较为密切；疼痛亚健康与平和质、特禀质联系较为密切；健忘亚健康与平和质、特禀质联系较为密切；抑郁亚健康与气郁质联系较为密切；便秘亚健康与阴虚质联系较为密切；体质方面，平和质与气郁质人群所占比例较高，分别为17.32%和14.78%。

从中医的视角来看，中医体质表现为平和质与气郁质，可能与我国经济水平升高、人们生活节奏加快、整个社会生存竞争日趋激烈有关。所以我们有必要从健康角度去关心患者，根据每位患者的实际状况制订相应的健康管理对策，可从以下几点着手干预：①社会心理干预：鼓励患者积极调适，学会自我控制情绪，保持良好的心态、体态，生活要张弛有度，劳逸结合，主动交友，循序渐进地适应环境；②行为干预：错误的饮食习惯会引起体质变异，是导致亚健康的重要因素，因此需要指导患者一定要注意膳食平衡、科学合理地进食，日常生活中应以植物性食物为主，辅以动物性食物为辅，同时要改掉吸烟、酗酒、熬夜等不良生活习惯，加强体育锻炼，增强脏腑的活力。③改善生活环境：随着各种家电的使用，如空调、冰箱、微波炉等，使全球变暖、臭氧洞扩大，也是导致人们体质变异、进入亚健康状态的一项重要因素。

（二）大学生亚健康的心理表现

大学生心理亚健康状态类型归纳为以下几种：

1.焦虑型

临床心理学家观察发现，焦虑反应是带有不愉快情绪色调的正常适应行为。可见，初期的焦虑是个体既受挫又无能为力所产生的适应反应，它具有某种程度的保护作用。但如果初期的焦虑反应无法得到释放或缓解，就会进一步产生深度的焦虑体验，即个体感觉自我存在感与尊严感的缺失，此时这类个体常常表现为忘性大、难以作出决定、容易烦恼和激动、感到紧张或容易紧张等，当现实威胁出现时，这类人群比常人更快、更易产生焦虑情绪，并且焦虑的症状不易消失。这类人群容易在某些生活事件的刺激下出现情绪异常，并常常伴有失眠、精神不振等。相关实验研究结果表明：自尊、理性与非理性思维对当代人影响很大，是造成焦虑的根本原因。

2.强迫症型

目前，当代人群体中存在的强迫症型可以分为3个层次类别，依次为人格性强迫、疑虑性强迫和精神病性强迫。处于心理亚健康状态的强迫症型主要体现为人格性强迫和疑虑性强迫，具体表现为"担心自己的衣饰不整齐及仪态不端正""做事必须反复检查""急于把事情做完"。这类人群往往有以下行为表现，如固执多疑、思想狭隘、爱钻牛角尖，面对生活事件时不能正确、客观地分析问题，主观性强，容易产生偏激的观点，对别人的意见和劝导置若罔闻。过于偏执的人往往会我行我素地在偏激观点的诱导下做出偏激行为。

3.敏感型

"敏感"一词本身不含贬义，具有敏感特质的人在适度范围内对外界事物或事件可以做出敏锐、快速的反应。而处于心理亚健康状态的敏感型学生身上所表现出来的敏感特质是异于常人的过分敏感，通常表现为"当别人看着自己或谈论自己时感到不自在、同异性相处时感到害羞不自在、感情容易受到伤害"等，这类学生常常会对特定的生活事件、环境表现出强烈的异常情绪，如烦躁、低落、抑郁等。严重者可能会出现伤害他人或伤害自己的行为。

4.孤僻型

孤僻是影响个体心理健康的一个重要因素。因此，孤僻一直以来都是心理健康教育工作中重点观测的性格特征和行为特征。孤僻的人往往具有较高的人际敏感度和很强的自我意识，如当别人看着自己或谈论自己时感到不自在、同异性相处时感到害羞不自在，平时表现为与周围的人缺乏交往，常常独来独往；对身边的事缺少热情，漠不关心，常常敷衍了事，甚至不予理会。这类人群戒备心理较强，显得有些自我禁锢，针对这类人群的思想引导往往阻力较大且容易成为心理观测的盲区。由于这类人群长期缺乏人际交流和社会沟通，穿梭于理想与现实两个世界时，可能会导致孤僻症，并出现抑郁、烦躁等情绪，进而导致人际交往障碍。

四、引起大学生亚健康的主要因素

虽然亚健康状态不能算作"疾病"，但是在临床上仍然需要进一步观察来判断一个人是否处于亚健康状态，如：①身心不适应引发各种症状，如疲劳、虚弱、情绪改变等，其状况在相当时期内难以明确；②与年龄不相适应的组织结构或生理功能减退所致的各种虚弱表现；③某些疾病的病前生理病理学改变。

可见，一个人是否亚健康不能只看他是否"感到很累"，或者"看上去很虚"，如果怀疑自己可能处于亚健康状态，可以去中医院的治未病专科进行相应的检查，也可以测定身体成分（人体体重由水分、脂肪、肌肉、骨骼组成，除骨骼重量不会明显改变之外，另外3部分的重量及占体重的比例都会有所波动，其中脂肪的比例如果过大则意味着此人的健康状况需要改善了）。

目前，导致大学生亚健康的原因如下：

（一）饮食不合理

爱吃肉类，爱吃甜食，不爱吃蔬菜水果的人群需格外留意。需要注意的是，不吃主食只吃蔬菜水果其实一样不健康，不均衡的营养摄入都是不健康的。

（二）缺乏运动

只控制饮食，不做任何锻炼是否也能保持健康呢？当然不能，保持摄入热量和消耗热量的平衡才能真正地维持身体健康。懒得做运动，只想靠少吃来达到理想体重毫无疑问是有害健康的，也是不可行的。

（三）作息不规律、睡眠不足

现代社会工作和生活节奏加快，人的压力变大，生活不规律，缺乏休息和睡眠，长期熬夜，极易产生疲劳。而疲劳是目前危害健康的一个重要因素。

（四）精神紧张、心理压力大、长期情绪不良

社会竞争激烈，工作、学习负担过重，生活压力过大；社会人际关系复杂，同学朋友之间关系紧张。有的专家认为，亚健康状态的实质是心身问题，主要是心理及社会因素导致的心理应激、情绪激惹、行为异常造成的，同时也与个性特征、人格缺陷、性格怪癖有密切的关系。

第二章　体育运动与合理膳食营养

第一节　大学生合理营养指导

一、合理营养的概念

人们常用"民以食为天"这句名言来形容饮食的重要性。所谓的"食"，包括了4个层次要求：一是维持生命，二是追求享受，三是有助社交，四是吃出健康。也就是说，必须通过饮食中所提供的营养素来维持生命，是对饮食的最基本要求。唐代医药学家孙思邈提出"安谷则昌，绝谷则危"。当人们在满足了生命对营养素的基本要求以后，便开始在味道、口感、造型和色泽上有所追求，尽量将食物做得色、香、味俱佳，让大家从食物中享受到美味带来的乐趣。而饮食的最高层次则是通过饮食吃出健康。

合理营养就是让身体摄入合理的营养素，目的是使身体尽可能地达到健康状态，使身体各项机能达到最佳状态。人体必需的营养素至少有40余种。其中蛋白质、脂类和碳水化合物被称为三大营养物质，它们是构成机体组织的主要成分，也是为机体提供能量的主要物质。在人体必需的矿物质中，有钙、磷、钠、钾、镁、氯、硫等必需常量元素和铁、碘、锌、硒、铜、铬、钼、钴等微量元素。人体必需的维生素可分为脂溶性维生素和水溶性维生素。脂溶性维生素包括维生素 A、维生素 I、维生素 E、维生素 K；水溶性维生素包括维生素 B_1、维生素 B_2、维生素 B_6、维生素 B_{12}、维生素 C、泛酸、叶酸、烟酸、胆碱和生物素等。除了这些营养素外，水也是人体必需的，人体体重的 60%～70% 是水。此外，还有维持健康必不可少的膳食纤维及其他植物化学物等。

食物可分为 5 大类：第一类为谷类及薯类，谷类包括米、面、杂粮；薯类包括马铃薯、甘薯、木薯等。谷类及薯类主要提供碳水化合物、蛋白质、膳食纤维及 B 族维生素。谷类食物中碳水化合物一般占重量的 75%～80%，蛋白质含量占 8%～10%，脂肪含量占 1% 左右，此外还含有矿物质、B 族维生素和膳食纤维。就大多数中国人的饮食习惯来说，这类食物是餐桌上的主食。尤其是作为细粮的大米和白面，是国人饮食的主角。无论大米还是白面，人们每日所需的绝大部分碳水化合物及一部分蛋白质和脂肪都是由主食提供的。薯类食物除了碳水化合物含量丰富外，突出特点是含纤维素多。第二类为动物性食物，包括肉、禽、鱼、奶、蛋等，主要提供蛋白质、脂肪、矿物质、维生素 A、维生素 B 族和维生素 D。第三类为豆类和坚果，包括大豆、其他干豆类及花生、核桃、杏仁等坚果类，主要提供蛋白质、脂肪、膳食纤维、矿物质、B 族维生素和维生素 E。第四类为蔬菜、水果和菌藻类。主要提供膳食纤维、矿物质、维生素 C、胡萝卜素、维生素 K 及有益健康的植物化学物质。第五类为纯能量食物，包括动植物油、淀粉、食用糖和酒类等，主要提供能量。动植物油还可提供维生素 E 和必需的脂肪酸。

二、合理的膳食搭配

（一）主食的合理搭配

主食的合理搭配是指日常主食要粗粮细粮合理搭配。中国营养学会在《中国居民膳食指南》中提倡饮食要注意粗细粮的合理搭配，常吃一些粗粮、杂粮等。

（二）副食的合理搭配

副食的合理搭配主要是指荤食与素食的合理搭配。所谓荤食，是指以动物性食物为主的副食品，包括畜、禽、鱼、蛋等动物性食物，主要为人体提供蛋白质、脂溶性维生素和矿物质等营养成分。所谓素食，是指以蔬菜和豆类为主的副食品。荤食与素食的合理搭配不但可以使食物中的营养成分互补，而且有利于保持体液环境的酸碱平衡，有益于人体健康。

（三）主副食的合理搭配

主副食的合理搭配就是要根据主食种类来合理地搭配副食。例如，当主食以细粮为主时，就应该多搭配一些蔬菜或豆类的副食，减少禽鱼肉蛋等；当主食以粗粮品种为主时，就要多搭配一些禽鱼肉蛋类副食，减少蔬菜或豆类。主副食的合理搭配有利于营养摄入的均衡。

（四）干稀食物的合理搭配

干食，是指米饭、馒头、包子、大饼等主食。稀食，是指米粥、菜汤、蛋汤等主食或副食。每餐都应该有干有稀，合理搭配。干稀食物的合理搭配不但有利于胃肠的消化吸收，还能提高食物中营养成分的利用。

（五）生熟食的合理搭配

生熟食的合理搭配是指副食品种要生食与熟食进行合理搭配。能生食的尽量不要熟食，以减少食物加热过程中维生素的损失，所以提倡生熟食的合理搭配，以保证营养成分的充分吸收。

（六）食物的合理烹调加工

食物的合理烹调加工是指根据食物所含营养成分的特点进行合理地烹调加工，以减少营养成分的损失。

三、合理膳食结构

（一）谷类食物——以谷类为主

绝大多数中国人的传统膳食结构以谷类为主。谷类是人体能量的主要来源，也是最经济的能源食物。以谷类为主是平衡膳食的基本保证。世界卫生组织推荐的适宜膳食能量构成是：来自碳水化合物的能量为55%～65%，来自脂肪的能量为20%～30%，来自蛋白质的能量为11%～15%。提倡以谷类为主，即强调应将谷物食物作为膳食中提供能量的主要来源，占比应达到50%以上。以谷类为主的膳食模式既可提供充足的能量，又可避免摄入过多脂肪，有利于一些慢性病的预防。谷类食物中的能量80%～90%来自碳水化合物，因此，只有膳食中谷类食物提供能量的比例达到总能量的50%～60%，再加上其他食物中的碳水化合物，才能达到世界卫生组织推荐的适宜比例。

要坚持以谷类食物为主，一般成年人每天应摄入谷类食物250～400克。需要注意的是，随着经济的发展和生活习惯的改变，人们逐渐倾向于食用更多的动物性食物和油脂。中国居民营养与健康状况调查结果表明，在一些比较富裕的家庭中，动物性食物的消费量已超过了谷类食物的消费量，这是一种不好的倾向。从动物性食物中摄取的能量和脂肪过多，而膳食纤维过少，不利于一些慢性疾病的预防。

主食量因人而异，性别和劳动量都是影响因素，但原则上每日不应少于150克。谷类食物，主要提供碳水化合物、蛋白质、B族维生素。谷类食物（主食）一直是我国传统膳食的主角，一日三餐都离不开它。由于主食的价格较为便宜，所含的淀粉消化吸收的利用率又高，故主食是最重要也是最经济的热能来源。但是，主食中蛋白质的营养价值不及动物蛋白质和豆类中的蛋白质，而且缺乏赖氨酸。赖氨酸是人体必需的营养素，且某些氨基酸人体不能自行合成，必须从食物中获取。因此，不能把主食作为蛋白质的唯一来源。想要补充主食中蛋白质的不足，建议在吃主食的同时搭配一定量的优质蛋白质食物，如鱼、瘦肉、牛奶、鸡蛋、豆腐或豆制品等，这样互补以实现营养均衡。例如：早餐吃花卷、面包、粥的同时，要搭配牛奶、豆浆、鸡蛋、熟肉、豆制品等。

将不同种类的食物及其制品进行合理搭配，可以提高营养价值。在人体所需的20种氨基酸中，有8种是"必需氨基酸"。所谓"必需氨基酸"是指那些人体不能合成，必须从食物中获取的氨基酸。举例来说，谷类食物中赖氨酸含量低，而豆类食物中则富含赖氨酸，若将谷类和豆类食物搭配，它们各自所含的氨基酸正好互补，从而大大提高了营养价值。

（二）充足的蔬菜和水果

新鲜蔬菜和水果是公认的防癌食物。世界癌症研究基金会和美国癌症研究所总结世界各国的研究材料，认为有充分证据表明蔬菜和水果能降低患口腔、咽、食管、肺、胃、肝、结肠、直肠等癌症的风险。简单说来，癌症是组织细胞的癌变，而细胞的癌变是由于细胞核内的遗传物质脱氧核糖核酸（DNA）在致癌因子的作用下受到损伤，发生突变所致。人体组织细胞的生命过程离不开氧化，过度氧化会产生一种叫作超氧化物的物质。这种物质会损伤DNA，是致癌物质之一。一般认为，蔬菜水果的防癌作用与它们所含的某些具有抗氧化作用的营养成分有关。

这些营养成分主要有胡萝卜素、维生素 C、类黄酮类化合物、异硫氰酸盐、有机硫化物、矿物质以及其他活性成分。这些物质能使人体细胞核内的 DNA 免受损伤，促进其修复，减少突变，从而减少癌症的发生。

每天应吃蔬菜 400～500 克，水果不低于 250 克。蔬菜和水果主要提供膳食纤维、矿物质、维生素 C 和胡萝卜素。蔬菜中含有丰富的维生素、矿物质和膳食纤维。选择蔬菜首先要看蔬菜是否新鲜，其次要看蔬菜的颜色。蔬菜的颜色，按所含维生素多少顺序排列为绿色、黄色、红色、紫色和白色。

新鲜蔬菜可以提供丰富的矿物质，如钙、磷、钾、镁、铁等；丰富的维生素，如维生素 C、胡萝卜素、维生素 B_2；以及丰富的膳食纤维。绿色蔬菜中含有丰富的维生素 C、维生素 B_1、维生素 B_2，还含有胡萝卜素及多种微量元素。此外，绿色蔬菜中还含有酒石黄酸，能阻止糖类变成脂肪，所以肥胖者应多吃绿色蔬菜。常吃的绿色蔬菜有芥菜、油菜、空心菜、小白菜、菠菜等。红黄色蔬菜中含有丰富的胡萝卜素、维生素 A。红色能提高人们的食欲、刺激神经系统的兴奋，如南瓜、胡萝卜、红辣椒、西红柿等。黄色蔬菜及绿色蔬菜所含的黄碱素有较强的防癌作用。十字花科的蔬菜含有丰富的维生素 C 和异硫氰酸盐，因此，对防治胃癌、乳腺癌有一定作用。十字花科蔬菜主要包括白菜、西蓝花、卷心菜、菜花、甘蓝、萝卜、水芹等。

（三）保证肉类、蛋类等动物性食物的供给

经常吃适量的鱼、禽、肉、蛋。鱼、禽、肉、蛋等动物性食物，主要提供蛋白质、脂肪、矿物质、维生素 A 和 B 族维生素。

提倡一天吃一个鸡蛋。鸡蛋是天然食物中优良的蛋白质来源，无论蛋清还是蛋黄，人体利用率均在 95% 以上。鱼肉中蛋白质的含量高达 15%～20%，不在畜肉之下。鱼肉中蛋白质的氨基酸含量及相互间的比例都与人体相似，所以鱼肉也是优质蛋白质的良好来源。鱼肉含脂肪低，大部分鱼只含有 1%～3% 的脂肪（如大黄鱼、小黄鱼、胖头鱼、比目鱼、罗非鱼、鲈鱼、虹鳟鱼等），有些鱼脂肪含量达 5%～8%（如鳜鱼、草鱼、带鱼、平鱼、鲤鱼等），有些脂肪含量达 8%～10%（如鲶鱼、大马哈鱼、河鳗等）。因为鱼类脂肪含量少，提供热量不多，所以鱼是一种高蛋白低热量的食物。鱼肉的脂肪比畜肉脂肪更容易消化吸收，其脂肪

多由不饱和脂肪酸组成，尤其是海鱼，不饱和脂肪酸含量高达70%~80%，且多为长链多不饱和脂肪酸，具有降低血脂、降低胆固醇的作用。据调查，爱斯基摩人是世界上冠心病发病率最低的民族，有人认为，以鱼为主的饮食结构是冠心病发病率低的原因所在。鱼肉的矿物质以磷和钾较多，微量元素有铜、锌、锰等，海鱼里还有碘、钴、硒等。鱼肉的维生素除了尼克酸和少量维生素 B_1 和维生素 B_2 以外，还有维生素 B_{12}。鱼油里有脂溶性维生素 A 和维生素 D，尤以鱼肝油中维生素 A 和维生素 D 更丰富，为其他肉类所不及。据说北极圈附近居民虽然缺少日照，但是很少患佝偻病和骨质软化病，因为他们吃鱼较多，从鱼肉中摄取了充足的抗佝偻病的维生素 D。

（四）增加奶类和豆类食物的摄入

每日至少应保证摄入1杯牛奶和50克豆制品。奶类和豆类食物主要提供蛋白质、脂肪、膳食纤维、矿物质和B族维生素。牛奶是动物性食品中含钙较高的食物之一，是钙的良好来源。牛奶中的钙含量丰富，吸收率高，补足了植物性食品中钙吸收率较低的缺点。此外，牛奶中钙磷比例适合儿童、老年人。牛奶中含有一种降胆固醇因子（3羟-3甲基戊二酸），可抑制胆固醇的合成，牛奶中的乳清酸能促进脂肪代谢，故可降低血胆固醇，是具有良好保健功能的营养食品。牛奶中含优质蛋白质，以酪蛋白为主，还有乳白蛋白和乳球蛋白，这3种蛋白质都是生理价值高、消化吸收率也很高的优质蛋白质。牛奶中富含赖氨酸和蛋氨酸，能补充谷类蛋白质的不足。牛奶中含有容易消化吸收的脂肪。牛奶中的脂肪是以微粒状的脂肪球形式分散在乳浆中的，吸收率高达97%。其中水溶性挥发性脂肪酸含量较高，这正是乳类脂肪风味良好且易于消化的原因。牛奶中的糖为乳糖。乳糖有调节胃酸、促进胃肠道蠕动和消化液分泌的作用；还能促进钙的吸收，有助于肠道乳酸杆菌的繁殖，抑制腐败菌的生长。牛奶中含有人体所需的各种维生素，其中含量较多的是维生素 A 和维生素 B_2。

大豆的突出优点是含有丰富的优质蛋白质，含量达40%，蛋白质的营养价值接近肉类。大豆蛋白中，赖氨酸含量丰富，恰好补充了谷类食物中赖氨酸的不足。所以，谷类和豆类食品搭配食用，可以互相取长补短，提高饮食所含的营养价值。大豆中还富含不饱和脂肪酸，有降低血胆固醇的作用。此外，丰富的磷脂对于生长发育和神经活动都有重要的作用，其中卵磷脂可促进肝中脂肪的代谢，预防脂肪肝的形成。它所含的植物固醇不能被身体吸收，反而阻碍胆固醇的吸收，从而降低血胆固醇的水平。黄豆还含有丰富的钙、维生素 B_1 和维生素 B_2。大豆中含有一种特殊的物质叫大豆异黄酮。

（五）控制油脂类食物

烹调用油每天不超过 30 克。油脂、各种食用糖和酒类是纯热能食物，主要提供能量。烹调油含热能很高，是食物中主要的供能物质。烹调用油主要有植物油和动物油两种。

植物油包括了花生油、豆油、菜籽油、玉米油等，它们不含胆固醇，而富含人体所必需的亚油酸，亚油酸属于多不饱和脂肪酸，多不饱和脂肪酸能抑制胆固醇的吸收，加速胆固醇的分解和排泄，具有显著的降血胆固醇的作用，对防治心血管系统疾病是有益的。另外，在食用油脂中，现在常常提到橄榄油、茶油等。这是由于科学家们发现，地中海地区的一些国家每日摄入的脂肪量很高，但冠心病发病率和血胆固醇水平都远远低于欧美国家。原因之一就是该地区居民以橄榄油为主要食用油，因此，引起人们对橄榄油的重视。橄榄油中含较高的单不饱和脂肪酸。许多研究显示，单不饱和脂肪酸有降低血胆固醇、降低甘油三酯和低密度脂蛋白的作用。

动物油中含有不同量的胆固醇，其中除鱼油含有较高的多不饱和脂肪酸外，其他如猪油、牛油、羊油等都富含饱和脂肪酸。饱和脂肪酸和过量的胆固醇被认为有增高血脂的作用。膳食中饱和脂肪酸含量过多是导致血管硬化、影响心血管系统健康的一个重要因素。由于膳食脂肪的来源除烹调油外，大多来自含油脂丰富的动物性食物（提供饱和脂肪酸），因此，在选择烹调油时还是选植物油为好。但植物油再好，也必须适量食用。

（六）膳食纤维不可少

膳食纤维是人体必需的膳食成分。膳食纤维虽然不能被人体消化吸收，但在体内具有重要的生理作用，是维持人体健康必不可少的物质。膳食纤维至少具有以下多个生理功能：增加粪便的体积、软化粪便、促进食物在人体结肠内的发酵、降低血中胆固醇水平、降低餐后血糖等。

因此膳食纤维不仅具有预防便秘、调节血脂、防治糖尿病的作用，而且有助于维持人体肠道功能的正常。

膳食纤维在植物性食物中含量丰富，其含量在蔬菜中约为3%，在水果中约为2%。蔬菜由于品种、选用部位和加工方法不同，膳食纤维含量各异。胡萝卜、芹菜、荠菜、菠菜、韭菜等膳食纤维含量高于西红柿和茄子等；菠萝、草莓、荸荠等高于香蕉和苹果。同一种蔬菜或水果的边缘表皮的膳食纤维含量高于中心部位，如果食用时将皮去掉，就会损失部分膳食纤维。所以吃未被污染的蔬菜及水果时，应尽可能将果皮与果肉同食。建议大学生人群每天摄入膳食纤维25~30克。

第二节 大学生膳食指导

一、三大产能营养素

（一）糖类

糖类是人体热能最主要的来源，是构成人体组织及调整生理功能不可缺少的物质。食物中的糖类多为淀粉，主要是富含碳水化合物的食物（如大米、玉米、小麦等）以及根茎类蔬菜（如土豆、山药、薯类等），也有直接含葡萄糖的水果（如西瓜、葡萄、香蕉、梨、苹果等）。

糖类能供给热能。在我国人民的膳食中，糖供给的热能约为人体所需热能的70%。其次糖类可以构成组织，糖是构成人体组织的重要物质，由糖和核糖蛋白组成的核糖核酸和脱氧核糖核酸是细胞的重要成分；由糖和蛋白质构成的糖蛋白是骨骼、肌腱、黏液、眼球玻璃体和角膜的重要部分；肝脏、肌肉、血液等人体各组织、器官中均含有糖。糖类可以辅助脂肪氧化，体内脂肪氧化依靠糖供给热能，如糖量供给不足，脂肪就不会完全氧化，会产生过多的酸性物质易导致酸中毒。糖类能够帮助肝脏解毒，葡萄糖转化为糖元，在肝脏中贮存起来，肝糖元促进肝脏代谢，增强肝脏再生能力，保护肝脏免受伤害，提高肝脏解毒能力。

糖类经消化后主要以葡萄糖形式被吸收，由门静脉入肝，一部分被肝细胞摄取和利用，合成糖原，以肝糖原的方式储存，也可以转化为其他物质；一部分经肝进入人体循环形成糖，输送到各组织，被组织细胞提取和利用。肝糖原也可再分解为葡萄糖进入血液。有氧氧化（系正常条件下的主要代谢途径）：即由淀粉分解为丙酮酸，再转化为乙酰辅酶 A 和二氧化碳，最终分解为 CO_2+H_2O+ATP。无氧酵解：机体在缺氧或供氧不足时，糖在体内分解成乳酸，同时释放较少量能量以供机体所需。

（二）脂类

脂类包括脂肪与类脂（包括磷脂、糖脂、固醇类、脂蛋白等），脂肪提供的热量约占总热量摄入的 20%～30%，脂类是人体细胞组织的重要组成成分，具有重要的生理功能，来源于动物脂肪组织，肉类及植物种子。动物性食品有猪油、牛脂、羊脂、奶脂、蛋类及其制品，植物性食物主要有菜油、大豆油、麻油、花生油等植物油及坚果类食品。

脂类是体内重要的能源物质，在膳食中占提供能量占比达 30% 左右，是脂溶性物质的良好溶剂，协助脂溶性维他命吸收利用。脂类是生命活动必需的脂肪酸（如亚油酸、亚麻酸、花生四烯酸等）的重要来源，是构成组织的成分，合成激素和维生素，对维持机体神经功能、代谢活动具有重要作用。

脂类物质与胆汁中的胆盐形成水溶性微胶粒，到达小肠微绒毛后，释放出脂肪酸、甘油一酯等，它们通过脂质膜进入肠上皮细胞内，进入上皮细胞内的长链脂肪酸和甘油一酯，大部份重新合成甘油三酯，并与细胞中的载脂蛋白合成乳糜微粒，若干乳糜微粒包裹在一个囊泡内。当囊泡移行到细胞膜侧时，便以出胞作用的方式离开上皮细胞，进入淋巴循环，最后进入血液。

（三）蛋白质

蛋白质是生命的物质基础，调节机体正常生理功能，保证机体的生长、发育、繁殖、遗传及组织的修补。肉类及禽蛋类等动物蛋白是膳食中主要蛋白质来源，因其脂肪较高，建议食用瘦肉、鱼、去皮鸡肉和蛋清等"优质蛋白。植物蛋白如玉米、小米及大豆富含3种植物蛋白质混合而成的面食，其营养价值则明显较高。

蛋白质是构成组织和细胞的重要成分，如肌肉、骨骼及内脏主要由蛋白质组成，一切细胞的原生质、动物的细胞膜及细胞间质主要由蛋白质构成。蛋白质有构建和调节的作用，是组织修复和细胞成分更新的原料，参与物质代谢及生理功能的调控。蛋白质是构成生命的重要活性物质，如酶、激素、运输蛋白、免疫球蛋白、胶原蛋白及多功能血浆蛋白质，都在机体中发挥着很大的作用。

蛋白质水解成氨基酸成分的混合物，氨基酸脱去氨基进一步分解转变成相应的酮酸。氨基酸的吸收与葡萄糖类似，食用后经15分钟就有氨基酸进入血液，30到50分钟浓度达到最高。

二、维生素

维生素是维持人体正常的物质代谢和某些特殊生理功能不可或缺的营养物质，它在调节机体代谢、维持正常生理功能、促进生长发育等方面发挥着极为重要的作用。维生素在人体内含量虽小，但生理作用却很大。它们并非是构成组织细胞的基本成分，也不同于我们熟悉的三大营养物质蛋白质、脂肪和碳水化合物，不能作为能量来源，但是它们往往作为体内一些重要酶的辅助成分，甚至有些维生素本身即为辅酶，参与广泛的生化反应，决定了机体内某些十分重要的代谢过程。当机体缺乏某种维生素时，将影响许多酶的催化功能，导致代谢发生障碍。

维生素目前已发现20多种，一般根据发现的先后顺序采用A、B、C等大写拉丁字母排列命名，在一族里含有多种维生素时，再按其结构标上1、2、3等数字，如B族维生素中的B_1、B_2、B_6、B_{12}。由于维生素的化学名称复杂，国际上都采用俗名，如维生素B_1又称硫胺素，维生素pp又称尼克酸等。

根据溶解性，维生素主要分为两大类：一类是脂溶性维生素，溶解于脂肪，而不溶于水，不易被排泄，可储存于体内，不需每日供给，与脂肪同时服用可促进吸收，缺乏时症状发展缓慢，包括维生素A、D、E、K等；另一类为水溶性维生素，能溶于水，多余部分可从尿液中排出，不储存于体内，因此需要每日供给，缺乏时症状发展迅速，包括维生素C、B族维生素、维生素P等。人体必需的维生素有13种，包括4种脂溶性维生素（A、D、E、K）及9种水溶性维生素（8种B族维生素及维生素C）。

三、矿物质

矿物质是地壳中自然存在的化合物或天然元素，又称无机盐，是人体内无机物的总称。是构成人体组织和维持正常生理功能必需的各种元素的总称，是人体必需的七大营养素之一。矿物质和维生素一样，是人体必需的元素，矿物质是无法自身产生、合成的，每天摄取量也是基本确定的，但受年龄、性别、身体状况、环境、工作状况等因素影响而有所不同。

各种矿物质在人体新陈代谢过程中，每天都有一定量通过各种途径如粪、尿、汗、头发、指甲、皮肤及黏膜的脱落等排出体外。因此，必须通过饮食来补充。由于某些无机元素在体内，其生理作用剂量带与毒性剂量带距离较小，故过量摄入不仅无益反而有害，特别要注意用量不宜过大。根据矿物质在食物中的分布吸收、以及人体需要等特点，在我国人群中比较容易缺乏的有钙、铁、锌等。在特殊地理环境或其他特殊条件下，也可能有碘、硒及其他元素的缺乏问题。

矿物质和酶结合，帮助代谢。酶是新陈代谢过程中不可缺少的蛋白质，而使酶活化的正是矿物质。如果矿物质不足，酶就无法正常工作，代谢活动也就随之停止。矿物质在人体内不能自行合成，必须通过膳食进行补充。在我国居民膳食中较易缺乏的矿物质主要有：钙、铁、锌、碘、硒等。

四、水

水是维持人体健康的重要营养物质之一，它参与体内各种物质的化学反应，同时又是体内进行生化反应的良好场所，因为各种营养物质必须先溶解于水，然后才能通过各种液体运往全身各种组织器官和细胞中，以发挥自身的作用。

水不仅是人体的重要营养物质之一，同时也有助于人体内各种物质化学反应、物质转运及能量交换。其生理功能多样，主要有：

1. 代谢作用：水不仅是体内营养和代谢产物的溶剂，同时也将各种物质通过循环带到的目的地。水参与体内一切物质的新陈代谢。没有水新陈代谢将无法进行。

2.运输作用：人体血液中90%是水，血液奔流不息，能量交换和物质转运才得以进行。血液循环离不开水的载体作用和流通作用。

3.润滑作用：水具有润滑作用，如泪液、唾液的分泌。水可以减少关节、脏器及组织细胞的摩擦，保持运动协调的状态。

4.溶解作用：体内的无机盐和各种有机化合物、各种酶和激素都需要水来溶解。

5.消化作用：水的最大功能是参与营养素的消化。人体内的消化液包括唾液、胃液、胆汁、胰液、肠液等主要是由水构成，而食物的消化主要依靠消化器官分泌的消化液来完成。

6.调节作用：水能吸收代谢产生的多余热量，从而调节体温，使人体温不发生明显波动。如汗液的蒸发，能带走大量热量，维持正常体温。

7.亲和作用：当人体脱水时，水最先进入脱水细胞显示出水有很强的亲和力。

五、膳食纤维

膳食纤维一般是不易被消化的食物营养素，主要来自植物的细胞壁，包含纤维素、半纤维素、树脂、果胶及木质素等。膳食纤维一词在1970年以前的营养学中尚不曾出现，在健康饮食中是不可缺少的，在保持消化系统健康中扮演着重要的角色，同时摄取足够的纤维也可以预防心血管疾病、癌症、糖尿病以及其它疾病。膳食纤维主要是不能被人体利用的多糖，即不能被人类的胃肠道中消化酶所消化的，且不被人体吸收利用的多糖。这类多糖主要来自植物细胞壁的复合碳水化合物，也可称之为非淀粉多糖，即非α-葡聚糖的多糖。

膳食纤维根据溶解性可分为两个基本类型：水溶性纤维与非水溶性纤维。纤维素、半纤维素和木质素是3种常见的非水溶性纤维，存在于植物细胞壁中；而果胶和树胶等属于水溶性纤维，存在于自然界的非纤维性物质中。

常见的大麦、豆类、胡萝卜、柑橘、亚麻、燕麦和燕麦糠等食物中都含有丰富的水溶性纤维。水溶性纤维可减缓消化速度和最快速排泄胆固醇，所以可让血液中的血糖和胆固醇控制在理想水平，还可以帮助糖尿病患者降低胰岛素和三酸甘油脂。非水溶性纤维包括纤维素、木质素和一些半纤维来自食物中的小麦糠、玉米糠、芹菜、果皮和根茎蔬菜等。

膳食纤维的作用主要有：①吸水作用，膳食纤维有很强的吸水能力或与水结合的能力。此作用可使肠道中粪便的体积增大，加快其转运速度，减少其中有害物质接触肠壁的时间。②黏滞作用，一些膳食纤维具有很强的黏滞性，能形成黏液型溶液，包括果胶、树胶、海藻多糖等。③结合有机化合物作用，膳食纤维具有结合胆酸和胆固醇的作用。④阳离子交换作用，其作用与糖醛酸的羧基有关，可在胃肠内结合无机盐，如钾、钠、铁等阳离子形成膳食纤维复合物，影响其吸收。⑤细菌发酵作用，膳食纤维在肠道易被细菌酵解，其中可溶性纤维可完全被细菌酵解，而不溶性膳食纤维则不易被酵解。而酵解后产生的短链脂肪酸如乙酯酸、丙酯酸和丁酯酸等均可作为肠道细胞和细菌的能量来源。促进肠道蠕动，减少胀气，改善便秘。

第三节 大学生合理营养的膳食指导

一、大学生合理营养的膳食安排

（一）膳食平衡

①热能摄入与能量消耗平衡，保持正常体重，防止肥胖。②三大营养素的比例平衡，蛋白质占总热能的10%～15%，脂肪占20%～25%，碳水化合物占60%～70%。③脂肪间（指饱和与不饱和脂肪酸及各种必需脂肪酸的比例与含量）、氨基酸间（指必需氨基酸与非必需氨基酸及必需氨基酸的含量与比例）比例要平衡。④膳食结构要平衡。"4+1"膳食结构金字塔："4"是指每人每日谷、豆类400～500克，蔬菜、水果类300～400克，奶及奶制品类200～300克，肉、鱼、蛋类100～200克。鱼类摄入占动物性食物总量的1/3，对预防心血管疾病和健脑有利。"1"是指油、盐、糖适量。每日摄入的食物多样化，每日摄入的谷类的量占食物总量的1/3左右为宜。

1.食用各种颜色的食物

白色食物一般指谷类，白色蔬菜如萝卜、花菜、甘蓝等十字花科的植物，在抗突变、抗癌方面表现突出，因此不能忽视。红色食物一般指动物性食物，但因脂肪和胆固醇含量较高，不宜多食。另外，红色的蔬菜很有营养价值。绿色食物主要指蔬菜类和水果类，黄色食物主要指大豆、花生等干果类，这些食物因含有优质蛋白和不饱和脂肪酸等，所以对健康有益。黑色食物为含有黑色素的粮、油、果、蔬菜及菌类食物，如木耳、香菇、芝麻、海带、黑豆、黑瓜子、甲鱼、墨鱼等，其共同的特点是含铁较丰富，有的还含有多糖、碘等，对人体有多方面益处，黑色食物的保健功能除与其所含营养素、维生素、微量元素有关外，其中黑色素还有如下作用：清除体内自由基、抗氧化、降血脂、抗肿瘤、美容与乌发等。

2.同类轮换，调配丰富多彩的膳食

植物性和动物性食物中的不同种类在保证质与量的前提下轮换着吃，调整口味，在满足生理需求的前提下也满足心理需求。

3.长期坚持喝牛奶

牛奶营养较为全面，对大学生健康的维持和老年人的防病保健均有重要的作用。

二、大学生膳食营养中值得注意的问题

（一）防止脂肪摄入过多，不吃或少吃油炸食品

爱吃肥肉者须补充维生素B，原因是维生素B是一种强抗氧化剂，此外维生素B还可增强皮肤的抗辐射能力，减少吸入臭氧后体内产生的有害物质一丙二醛，加强血液循环，加速消除疲劳，进而恢复机体活力。维生素B还能增强机体免疫功能，提高机体对疾病的抵抗力。

（二）补充钙的不足

每日应摄入一定量的含钙丰富的牛奶、豆制品、芝麻酱、虾皮等食物，以弥补钙的不足。但要注意缺钙不一定因为缺维生素D，长期服用维生素D反而会抑制体内自身维生素D的生成。缺钙时，应多食用含钙丰富的食物，如奶和奶制品、小虾皮、猪骨头、海带、坚果类等。另外，豆类及其豆制品、某些绿叶蔬菜如橄榄菜和花椰菜等含钙丰富，含草酸少，也是钙的较好来源。同时也可考虑药物补钙，还应多晒太阳，以促进钙的吸收。对于喜欢吃甜食的人，应多补充钙质和维生素B，其原因

在于甜食为酸性食物，在体内的最终产物为丙酮酸、乳酸等酸性物质，增加了血液中的酸度，此时人体为维持酸碱平衡，不得不动员大量的钙质去中和酸性成分，从而导致钙质被大量消耗，增加佝偻病、骨质疏松、近视眼等疾病的患病风险；同时，糖的代谢需要维生素 B，吃糖越多，消耗的维生素 B_1 也就越多，若不补充，会引起维生素 B_1 缺乏症。

（三）增加粗粮摄入，补充维生素 B_1、维生素 B_2

多吃碳水化合物的人宜补充维生素 B；嗜酒者尤其需要补充维生素 B_1、B_2。

（四）增加新鲜蔬菜摄入，增加膳食纤维摄入

蔬菜是最佳的防癌食品，膳食纤维有防治心血管疾病和糖尿病的作用。

（五）注意维生素的平衡供给

维生素以辅酶或催化剂的形式参与机体生理生化过程，长期缺乏某种维生素或维生素严重不平衡，均会使新陈代谢紊乱，导致机体生长发育受阻。摄入维生素不仅要满足量上的需要，更为重要的是要保持各种维生素的均衡。此外，要密切注意维生素生理功能的运用。如维生素 A 有利于促进机体免疫力，加速细胞分裂，组织分化，调控胚胎发育，起到一种类固醇激素的作用；维生素 C 能促进神经系统发育，从而发挥其健脑功能，故又有"智力维生素"之称。同时，维生素 C 有改善动脉硬化的作用，但单纯补充维生素 C 只能增加血管壁的弹性，还不能有效地防治动脉硬化，若辅以维生素 B_6 和维生素 B_{12}，则可预防动脉硬化，并可使已经硬化的血管壁恢复弹性，因为人体内存在一种叫半胱氨酸的有害物质对血管壁产生毒性，而维生素 B_6 和维生素 B_2 恰好能促进半胱氨酸的代谢，加快其从体内排出，从而保护血管，防止动脉硬化。

第三章　大学生运动处方的制订与实施

第一节　运动处方概述

一、运动处方的概念

"运动处方"这一术语是20世纪50年代由美国生理学家卡波维奇提出的，20世纪60年代运动处方因被用于冠心病患者的康复而引起心血管疾病治疗的革命而受到重视。1969年，世界卫生组织正式采用"运动处方"这一术语，进而得到了国际上的广泛认可，其概念和内容得到不断完善和充实，世界各国特别是经济发达国家对运动处方的理论和实践进行了大量研究，并将运动处方广泛应用于健身锻炼、预防和治疗疾病中。依据运动处方进行体育运动，既安全可靠、又有计划性，可在较短时间内起到健身、预防疾病和疾病康复的作用。

运动处方是指由运动健康指导师、运动处方师、康复医师、康复治疗师、社会体育指导员或临床医生等专业人员依据锻炼者的年龄、性别、个人健康状况、医学检查、体育运动的经历以及体质测试结果，如心肺耐力等，以健身为目的，以处方的形式，制订系统化、个性化的体育运动指导方案。运动处方的基本内容包括运动频率（Frequency，F）、运动强度（Intensity，I）、运动时间（Time，T）、运动方式（Type，T）、运动量（Volume，V）和运动处方实施进度（Progression，P）等6项基本内容，即运动处方的FITT-VP原则。在制订运动处方时，还应明确运动中的注意事项及运动中的医务监督力度。在实施过程中，应注意观察锻炼者的反应和健身效果，及时调整运动处方。运动处方与医生开的药方相似，是在获取锻炼者或患者的基本信息、医学检查结果等之后制订的与运动相关的处方。制订运动处方之前，还应进行危险分层和体质测试。

二、运动处方的特点

运动处方的特点主要表现在以下3个方面：

（一）个体化

在制订运动处方之前首先要了解锻炼者的年龄、性别、个人健康信息、体育运动的经历、医学检查信息以及体质测试结果，如心肺耐力、身体成分、肌肉力量、肌肉耐力、柔韧性等，综合判断锻炼者的健康状态、体力活动现状、有无疾病或危险因素等具体情况之后，再有针对性地制订运动处方。

（二）系统化

运动处方的基本内容包括运动频率、运动强度、运动方式、运动时间、总运动量和运动处方实施进程，还包括运动中的注意事项和运动中医务监督的力度等。

（三）安全有效

按照运动处方有计划地进行身体锻炼，能够以较短的时间、适宜的运动负荷，获得较好的锻炼效果，有效地提高身体机能，达到预防和治疗某种慢性疾病的目的。同时，显著减少运动伤病的发生率，达到事半功倍的效果。

三、运动处方的分类

（一）根据锻炼人群分类

1.健身性运动处方

健身性运动处方的主要目的是指导锻炼者根据自己的实际情况，采用适当的体育运动进行科学锻炼，以便安全有效地提高健康水平，改善机能状态，增强"健康体适能"，预防诱发心血管疾病的风险，如高血压、高血脂症、高血糖、肥胖症等，实现零级预防的目的。健身性运动处方广泛用于学校、社区、健身机构、疗养院和科研机构等。健身性运动处方主要由体育教师、社会体育健身指导员、私人健身教练和运动处方师等制订。

2.慢病预防性运动处方

慢病预防性运动处方，主要是针对不同心血管疾病风险因素（如患有高血压前期或早期、高血脂症、糖尿病前期或早期、轻度肥胖症的锻炼者），制订个体化的运动处方。慢病预防性运动处方主要目的是逆转心血管疾病风险因素或延缓风险的发展，预防心血管疾病的发生，实现一级预防的目的。慢病预防性运动处方主要用于学校、社区、健身机构、健康管理机构、疗养院和科研机构等。慢病预防性运动处方主要由从事运动人体科学专业培训的体育教师、运动健康指导员、社会体育健身指导员、私人健身教练和运动处方师等来制订。

3.康复性运动处方

康复性运动处方的对象，是指经过临床治疗达到基本痊愈、但身体仍存在不同程度身体机能下降或功能障碍的患者，如冠心病患者、脑卒中患者、手术后患者以及已经得到一定控制的慢性病患者（如高血压患者、高血脂症患者、糖尿病患者、肥胖症患者等）。康复性运动处方的目的是通过运动疗法帮助患者改善身体机能，缓解症状，减轻或消除功能障碍，预防疾病加重或者出现并发症，减少疾病的危害；通过运动处方的实施可以防止伤残和促进功能恢复，尽量提高患者的生活自理能力和工作能力，提高生命质量延长寿命，降低病死率，实现二级和三级预防。康复性运动处方主要用于综合医院的康复科、康复医疗机构和健康管理机构，也用于社区康复工作中。康复治疗性运动处方主要由康复医师、康复治疗师（士）和运动处方师来制订。

（二）根据锻炼作用分类

1.心肺耐力运动处方

心肺耐力运动处方，以提高心肺耐力为主要目标，早期用于发展运动员的心肺耐力，以提高其训练水平。20世纪60年代，心肺耐力运动处方在心肌梗死患者和心脏搭桥术后的康复锻炼中发挥了重要作用。这类患者按照运动处方进行系统地锻炼，可以缩短住院时间，恢复工作能力，故心肺耐力运动处方又被称为心脏康复运动处方。20世纪60年代以后，心肺耐力运动处方除用于急性心肌梗死康复之外，还被广泛用于心肺耐力低下（如长期静坐少动人群）、慢性心血管疾病（如冠心病、高血压）、代谢病（如糖尿病、肥胖症）、长期卧床引起心肺功能下降等疾病的预防、治疗和康复。

大量研究证实，心肺耐力是体质健康的核心要素，提高心肺耐力可以减缓多种疾病的发病率和死亡率。在全民健身计划实施过程中，心肺耐力运动处方被用于科学健身的指导，以提高锻炼者的心肺耐力，维持合理的身体成分，改善代谢状态，缓解或配合药物治疗高血压、高血脂症、糖尿病等疾病，预防动脉粥样硬化症的发生。

2.力量练习运动处方

力量（抗阻）练习运动处方的主要作用是提高肌肉力量、肌肉耐力和爆发力。肌肉力量的增强可以降低心血管疾病的风险因素、全因死亡率和心脏病发作的概率。通过规律的力量练习，锻炼者不仅可以提高肌肉力量，同时机体中与健康相关的生物标志物也会发生一系列明显变化，包括改善身体成分、血糖水平、胰岛素敏感性以及高血压前期到早期患者的血压。锻炼者借助抗阻训练不仅可以增大肌肉力量和体积，还可以有效地增加骨密度和骨矿含量，同时还可能预防、减缓甚至逆转骨质疏松症患者的骨质流失，并且可以提高萎缩肌肉的力量，加大肌肉横断面和体积，达到改善肢体运动功能的作用。

力量练习运动处方可以用于普通健身者增强肌肉力量和耐力的训练中，也可以用于增肌者（如健美者）、需要进行体重管理者（如肥胖症）和老年人，特别是老年性肌少症者的训练中；还可以用于因伤病导致肢体长期制动者、长期卧床者等的失用性肌萎缩的康复中，或身体发育畸形的矫正训练中等。力量练习运动处方的出现晚于心肺耐力运动处方，是在20世纪80年代以后逐步完善起来的。力量练习运动处方的发展过程中，明确了骨骼肌对抗阻训练的适应性结果、抗阻训练的神经适应性、抗阻训练的心血管适应性、抗阻训练的内分泌反应、抗阻类运动引起的的代谢变化以及因抗阻训练造成结缔组织和骨骼改变的意义等，进一步明确了抗阻训练是"利用阻力对抗肌肉的活动，可以增强肌肉力量、爆发力、肌肉耐力，增加骨骼肌体积"。

3.柔韧性练习运动处方

柔韧性练习运动处方是以柔韧性练习为主要内容，根据个体化的训练目标来提高关节活动幅度（RangeofMotion，ROM），提高韧带的稳定性和平衡性，减少锻炼者的肌肉韧带损伤，预防腰痛，缓解肌肉酸痛的运动处方。柔韧性练习是适量运动的组成部分，在全民健身运动中，可用于提高身体的柔韧性，预防随年龄增长而导致的关节活动幅度减小。在康复医学中，通过各种主动、被动的柔韧性练习，使因伤病而受影响的关节活动幅度得以维持、增加或恢复到正常的范围，同时起到改善肢体运动功能的作用。

四、运动处方制订的基本原则

运动处方的基本原则采用美国运动医学学会提出的FITT-VP原则。

（一）运动频率（frequency，F）

指每周锻炼的次数。通常每周锻炼3~5次，有一定的休息时间，可使机体得到"超量恢复"，收到更好的锻炼效果。

（二）运动强度（intensity，I）

指运动中费力的程度。在有氧运动处方中，运动强度决定于走或跑的速度、蹬车的功率、爬山时的坡度等。在力量运动处方和柔韧性运动处方中，运动强度取决于给予的助力或阻力的负荷重量。运动强度制订得是否恰当，关系到锻炼的效果及锻炼者的安全。因此，应按照个人特点，规定锻炼时应达到的有效强度和不宜超过的安全界限。

（三）运动方式（type，T）

指明确采用某种形式或类型的运动。例如，采用快走、慢跑、有氧健身操、游泳等有氧运动的形式，提高心肺耐力；或者采用力量练习、柔韧性练习、医疗体操、功能练习和水中运动等，锻炼肢体功能；针对偏瘫、截瘫和脑瘫患者可按神经发育原则采用治疗方法，可能还需要采用肢体伤残代偿功能训练和生物反馈训练等。

（四）运动时间（time，T）

指在心肺耐力运动处方中，需要完成既定运动强度的总时间。在力量运动处方和柔韧性运动处方中，需要完成规定的每个动作的重复次数（repetitions，reps）、组数（sets）及间隔时间（restinterval）。不同的锻炼方案将收到不同的锻炼效果。

（五）运动总量（volume，V）

取决于运动频率、运动强度、运动时间等多种因素。

（六）运动进度（progression，P）

即运动处方实施的进程，通常分为适应期、提高期和稳定期。

五、运动处方的制订步骤及实施原则

（一）全面了解运动处方对象的体适能和健康状况

在制订运动处方之前，一定要通过询问、问卷调查、医学检查、体适能测试等途径了解运动处方对象的体适能和健康状况。需要了解的内容有身体发育情况、家族史、疾病史、目前伤病情况和治疗情况、近期身体健康检查结果、体适能测试结果、体力活动水平和近期锻炼情况等。

全面了解运动处方对象的体适能和健康状况的目的如下：

1.确定运动处方的目的。全面了解运动处方对象，有助于确定运动处方的目的。

2.通过全面了解运动处方对象，确定其疾病史、医学检查等情况，了解其有无运动禁忌证，或暂时禁忌运动的情况，便于确定心肺耐力及其他运动功能的测试方案，以及测试和运动中医务监督的力度，以提高在心肺耐力测试和锻炼过程中的安全性。

（二）确定运动处方的目的

1.预防疾病、改善体适能。例如，为了提高心肺耐力、增强肌肉力量、提高柔韧性。

2.减轻或延缓疾病。例如，为了减少多余的脂肪，控制血压、血糖、血脂，消除或减轻功能障碍等。

3.疾病或功能障碍的康复治疗。因运动处方的目的不同，须采用不同的运动功能评定方法，并按照不同的原则制订运动处方。

（三）运动功能的测试与评定

运动功能的测试与评定是制订运动处方的依据，应重点检查心肺耐力及相关器官的功能状况。例如，运动处方目的是提高心肺耐力，或控制体重、血压、血糖、血脂等，应做心肺耐力测试与评定；运动处方目的是增强肌肉力量和肌肉耐力，需要做肌力的测定；运动处方目的是提高柔韧性，应做关节活动幅度的测定；以肢体功能障碍康复为目的时，须做临床医学检查、关节活动幅度评定、肌肉力量评定和步态分析等。

（四） 制订运动处方

运动功能检查的结果是制订运动处方的依据。制订运动处方时，要充分体现个体化特征。除了功能评定结果外，还需考虑运动处方对象的性别、年龄、健康状况、锻炼基础、客观条件和兴趣爱好等，安排适当的锻炼内容。

（五） 指导实施运动处方

在按照运动处方开始进行锻炼之前，处方制订者应帮助运动处方对象了解运动处方中各项指标的含义，对如何实施运动处方提出要求。运动处方对象第一次按照运动处方锻炼时，应当在处方制订者监督指导下进行，让运动处方对象通过实践了解如何实施运动处方；有时需要根据运动处方对象的身体情况，对运动处方进行适当的调整。进行慢性疾病、肢体功能康复锻炼时，应有专业人员指导，并根据锻炼后的反应，及时调整运动处方。

（六） 监督运动处方的执行情况

通过检查锻炼日记，定期到锻炼现场观察，或请运动处方对象定期（每周一次或两周一次）到实验室在监测下进行锻炼，对其执行运动处方的情况进行监督。有研究表明，在监督下进行锻炼，不仅可取得较好的锻炼效果，还可以根据运动处方对象的各项变化，及时调整处方，以取得更好的效果。

（七） 定期调整运动处方

按照运动处方进行锻炼，一般在6~8周后可以取得明显的阶段性效果。此时，需要再次进行运动功能评定，检查锻炼的效果，调整运动处方，以保证取得更好的锻炼效果。

第二节 运动处方的主要内容

运动处方应包括运动处方对象的基本信息、医学检查及健康体适能测试与评定、运动目的、运动处方的内容、运动处方的基本原则和注意事项等内容。根据运动处方对象的个体情况，明确了运动处方的目的，完成了相应的功能评定之后，再制订运动处方。

一、运动处方对象的基本信息

运动处方对象的基本信息包括姓名、性别、年龄、运动史等。

二、医学检查及健康体适能测试与评定

在医学检查结果中，应明确有无代谢异常及程度，有无心血管疾病的症状及体征，有无已经明确诊断的疾病，并根据上述信息明确有无运动禁忌证，是否需要进一步进行医学检查，以及告知运动中的注意事项。然后进行运动功能测试，运动功能测试结果应明确心肺耐力的等级，身高体重指数（bodymassindex，BMI）或体脂百分比，主要肌群的力量及等级，以及身体柔韧性测试结果及评价。

三、运动目的

制订运动处方之前，首先应当明确运动目的，或称为"近期目标"。

心肺耐力运动处方的运动目的，通常是提高心肺耐力，减脂，降血脂，降低冠心病风险因素，防治高血压、糖尿病等。

力量和柔韧性运动处方的运动目的，应当具体到将要进行锻炼的部位，如加大某关节的活动幅度，增强某肌群的力量等，力量运动处方中还需要确定增强何种力量，如是向心力量还是离心力量，以便采用不同的练习方式。

在康复锻炼运动处方中，需要考虑康复锻炼的最终运动目的，或称为"远期目标"。例如，达到可使用轮椅进行活动、使用拐杖行走，恢复正常步态、恢复正常生活能力和劳动能力、恢复参加运动训练及比赛等。

四、运动项目的选择

（一）根据年龄选择强度适宜的运动项目

年龄不同，人的精力和体力都会不一样，对运动的耐受力与反应也有差异。美国运动医学专家建议：20岁左右的年轻人，精力旺盛，可以选择高强度的有氧运动，比如跑步、拳击、各种对抗性强的球类运动等。这些强度较高的运动项目可以有效地解除精神压力，使全身的肌肉更发达，并且能增强耐力与身体的协调性，保持身体的良好状态。30岁左右正值壮年，可以进行攀登、踏板、武术等运动，既可以减轻体重，又能强化肌肉（特别是腿部和臀部）的弹力。40岁左右的人，可以选择爬楼梯、网球、游泳等强化全身肌肉的运动，这样有助于保持正常体重，延缓衰老。50岁左右的人，精神和体力均有不同程度的下降，适合划船、打高尔夫球等较温和的运动，以加强全身肌力及骨骼密度，提高自我形象的满意度。

（二）根据兴趣选择自己喜欢的运动项目

选择自己最喜欢的项目，以便对运动持续葆有热情。研究资料表明，对某种运动的兴趣越浓，其健身效果就越好。

（三）选择适合自己的运动项目

在进行锻炼时一定要考虑身体状况，如果患有某种疾病，就必须慎重选择运动项目。比如高血压患者适合散步、骑车、游泳等运动，通过全身肌肉的反复收缩，使血管收缩，有助于血压下降。轻症心脏病患者可选择散步、慢跑等运动；较重症的心脏病患者心绞痛发作频繁者可做一些如太极拳等保护性轻微运动，以不增加心跳次数为宜。对哮喘病患者来说，跑步、球类、骑车等运动可诱发哮喘发作，不宜进行。游泳、棒球、滑雪等运动则可改善哮喘症状，其中游泳尤佳。

（四）根据身材特征选择有利于塑造完美体形的运动项目

瘦弱、脂肪少、肌肉力不强、体力也不佳的人，往往内脏器官也不太健康。运动时，应该先慢慢锻炼好基本体力，逐渐强化肌肉力量、持久力及身体柔软度，再进行重量训练，参加有氧运动、跳绳、游泳等动态运动。瘦弱型的人要特别注意饮食。应多摄取含丰富蛋白质的食物，以增进内脏机能，增强肌肉力量，还要多摄取维生素。

看起来瘦弱，但却有很多脂肪的人，肌肉力量和内脏器官的功能往往不强，体力不好。这类人适合的运动是步行、爬楼梯、跳绳、游泳等能使脂肪燃烧的运动。饮食方面应该避免暴饮暴食，少吃甜食，少吃脂肪含量高的食品，选择高蛋白食品。

体重在标准范围内，但其上臂部、臀部以及腹部到大腿的脂肪超过标准的人，只要肌肉和关节没问题，可参加任意运动，如打球、游泳、骑马等，有氧运动更好。但如果平时不经常运动，就不能突然进行剧烈运动。应该在运动前，先做做热身运动和体操，强化肌肉力量。饮食上只需注意营养均衡，适度摄食，少吃夜宵，不过量摄取含脂肪多的食物即可。

还有的人身上各部分皮脂过厚，体重过重，几乎没有肌肉，骨骼支撑能力很弱，平时爬几级楼梯就会气喘吁吁。这类人应该多做有氧运动，多游泳，以消耗脂肪。还可以常做静态的伸展运动，以强化肌肉和骨骼。要提醒的是，由于肥胖者都有高血压倾向，需在运动前先测量血压，并注意动作的正确性，不要做过度激烈的运动，身体状况不好就要停止运动，不可操之过急。饮食上绝不能过度节食，以保证营养均衡。不能急剧减少糖分，以免血糖下降，增加空腹感。

总之，不论采用什么方式和手段进行锻炼都要遵守一个原则，就是因人而异和循序渐进。

五、运动强度的确定

随着全民健身的不断推动以及大众健康意识的不断增强，越来越多的人意识到了运动的重要性。但是在大众健身当中，普遍存在运动过度或运动负荷不足等问题。过度运动容易导致身体机能下降，免疫力降低，导致感冒等上呼吸道疾病的发病率上升，甚至引起肌溶解症，导致肾衰竭。而运动负荷不足则导致体育锻炼的效果不佳。那如何确定适宜的运动强度呢？

（一）测心率法

最简单的方法是通过测试运动时或运动后的即时心率来确定运动强度的大小。

一般建议在靶心率的强度下进行锻炼，在这个强度下的体育锻炼效果更为明显。靶心率=180-年龄（老年人采用170-年龄）。建议锻炼时的心率范围为：60%～85%乘以最大心率（最大心率=205.8-0.685×年龄/分钟，也可以采用220-年龄但误差较大）。对于长期久坐少动的人群，应根据自己的身体状况循序渐进地增加运动强度。对于老年人群，建议降低运动强度，强度范围可以控制在最大心率的55%～75%，分阶段地提高运动强度，遵循安全第一、循序渐进的原则。一般运动后心率变化较快，恢复较快。所以测试脉搏心率一般只测10秒或15秒，10秒的心率乘以6即运动后即时心率。

除了上述的方法之外，利用一些智能穿戴设备也可以测定心率，如智能手环、手表等可以通过光感技术监控心率。但这种光感技术容易受到周围环境的影响，故运动过程中的测量误差较大，不过这些智能穿戴设备静态时的准确性相对较高，有一定的参考价值。

（二）使用主观疲劳评估量表（RPE）

主观疲劳评估量表（RPE，也有人译为主观运动（体力）感觉量表）是指在运动时机体对运动强度等感受的整体性疲劳情况所做的主观性评价，是瑞典著名的生理心理学家加纳·博格（GunnarBorg）于1970年代创立的，主要针对的是成年人，把运动强度分成1～20个不同等级。"1"是不做任何努力，"20"是极度努力，一般使用的范围是从"6"开始。运动时个人主观评价疲劳等级与运动强度相对应，RPE等级乘以10即为相对应的参考心率，这种估算对年轻人比较适用。最大心率随年龄的增加而下降，因此这种估算对于老年人存在较大误差。

六、运动时间

运动时间包括运动持续时间和运动时间在一天中的安排。运动持续时间是指除了必要的准备活动与整理活动外，每次运动持续的时间。运动持续时间和运动强度密切相关。因为当运动强度达到阈强度后，一次运动效果是由总运动量来决定的，而"总运动量=运动强度×运动时间"，即由两者的配合来共同决定。

运动处方制订中应依据运动目的、运动强度以及个人年龄和身体条件来设定能够引起机体产生最佳锻炼效果的运动持续时间。研究表明，心肺功能锻炼的健身运动处方一般要求运动强度达到靶心率后，运动至少持续15分钟，美国运动医学会（ACSM）推荐持续20～60分钟的有氧运动。在肌肉力量训练中则采用短时间高强度的运动较为有效。

从锻炼的效果与安全性来看，每天运动的时间安排至少应考虑两方面因素：一是生物节律，二是锻炼时的空气环境。时间生物学研究表明，人的生理活动是按一定的时间节律进行的，即受人体生物钟的控制。无论是人的体力还是身体的适应能力、协调能力以及敏感性，均在下午时段表现较好。因为这时人的视觉、听觉、味觉等均非常活跃和敏感，心率、血压平稳，心输出量、心做功量以及肺活量、摄氧量等指标都达到一天中的最高水平。因此这一时段最适宜进行体育锻炼，能获得更好的锻炼效果。

七、运动频率

运动频率可因人而异，但至少每周运动3次，最好逐渐达到每周5次，这样可使运动效果更好，但超过5次意义不大。运动时，保持合适的心率对身体才是最好的。研究发现，运动时心率至少要达到最高心率的70%并持续20～40分钟才有促进代谢的作用，而受损伤的危险性很小。运动达40～60分钟时可明显减少体重，改善脂质及碳水化合物代谢，当运动心率接近最大心率的80%时，运动时长可相对缩短。

对于一般人来说，运动的最佳时间选择下午3点至晚上9点，时长控制在半小时到1小时。锻炼强度的控制可以根据以下方法来计算：

最佳运动心率控制区域计算法：（适合一般人）

（220-现在年龄）×0.8=最大运动心率

（220-现在年龄）×0.6=最小运动心率

最佳运动心律控制区域计算法：（适合有心脏问题的人）

晨脉×1.8=心率控制上限

晨脉×1.4=心率控制下限

在有氧运动时控制好心率，不仅可以保护和增强心脏功能，还能最大限度地燃烧脂肪，达到很好的塑性和减脂效果。

八、运动的注意事项

（一）运动装备

运动服要选择宽松、柔软、弹性好、色彩明快、吸水性好的服装。冬、夏装应区别开来，冬季的寒冷，要穿质地厚的运动衣，以利于保暖；夏季炎热，可穿轻薄的半袖运动衣，以便于散热，如直射日光强时应戴帽子，并注意尽量减少皮肤的暴露。总之，要根据气候的变化选择使用，避免中暑、感冒及紫外线的伤害等。对于慢跑的人，运动鞋的选择非常重要，运动鞋的质地、尺寸直接影响足部及下肢关节的健康。好的运动鞋应具备透气性好、鞋面舒适贴脚和鞋底有弹性等特点。透气性不好的鞋，容易使细菌聚集，诱发脚气病。鞋里要平滑柔软，脚趾要有足够的伸展空间，避免脚与鞋帮过度摩擦，以免跑步时脚被挤压。鞋底要有一定的厚度和较好的弹性，无弹性的运动鞋容易造成下肢关节的疼痛。另外，鞋还要轻便，结实耐用，鞋底稳定性好。有脚气、足癣的人还要注意穿棉线袜，鞋垫要保持干净，经常翻晒。

（二）运动场所和设施的选择

运动的场所和设施对提高运动效果、运动成绩以及预防意外事故很重要。在运动过程中时刻伴随着多种危险因素，例如，运动场所狭小时，容易发生碰伤事故等；路面不平则是导致骨折、挫伤等外伤的直接原因；长期在硬路面上运动可引起下肢关节的慢性疾病；运动用具使用不当或用具有缺陷时也容易发生事故。为了更好地保证运动效果，防止运动损伤，应该选择安全的运动场所和运动设施。

（三）运动后注意事项

1.运动后不可以立即休息

剧烈运动时人的心跳加快，毛细血管扩张，血液流动加快，同时肌肉有节律的收缩会挤压小静脉，促使血液回流加快。此时如果立即停下来休息，肌肉的节律性收缩也会停止，原来流进肌肉的大量血液就不能通过肌肉收缩回流至心脏，造成血压降低，出现脑部暂时缺血，引发心慌气短、头晕眼花、面色苍白甚至休克昏倒等症状。所以，剧烈运动后要继续做一些小运动量的动作，待呼吸和心跳基本恢复正常后再停下来休息。

2.运动后不可马上洗澡

剧烈运动后为保持体温的恒定，皮肤表面血管扩张，汗毛孔开大，排汗增多，以便散热。此时如洗冷水澡，血管会因突然刺激立刻收缩，血液循环阻力加大，心脏负担加重，同时机体抵抗力降低，人就容易生病。而如洗热水澡，则会继续增加皮肤内的血液流量，血液过多地流进皮肤和肌肉中，导致心脏和大脑供血不足，轻者头昏眼花，重者虚脱休克，还容易诱发其他慢性疾病。所以，剧烈运动后一定要适当休息后再洗澡。

第三节　我国大学生运动处方的制订

一、耐力性运动处方

耐力性运动处方包括的基本内容有：运动强度、活动内容、持续时间、运动频率及注意事项等。以下以提高心肺耐力素质为例。

确定强度是制订耐力运动处方的关键，强度过小，达不到锻炼的效果；强度过大，也不会收到更大的锻炼效果，还可能产生副作用，甚至出现意外。1995年全美运动医学会（ACSM）提出：低强度、长时间与较高强度、短时间相比，在提高心肺功能方面，可以收到同样的效果，而后者运动损伤的发生率可能增加。我国有关的实验结果也说明，以强度较低的次大强度心率（195-年龄）为基点制订的运动处方锻炼效果并不比高强度（220-年龄）为基点的效果差。确定运动强度的常用指标有：心率、吸氧量/MFT、RPE。

（一）耐力性运动处方的制订

处方的对象为基本健康的年轻人，或身体健康、有运动习惯的中老年人，在无条件进行ETT测试时，可按简易法推算，制订运动处方。

1.运动强度

（1）年轻人，身体健康，坚持系统训练，为进一步提高心肺耐力素质，可取"最大心率百分比"HRmax的70%～85%。

（2）45岁以下，身体基本健康，有运动习惯，进行健身锻炼，可取HRmax的65%～80%。

（3）45岁以上，身体基本健康，有运动习惯，进行健身锻炼，可取HRmax60%～75%。

（4）没有运动习惯，刚开始健身锻炼，最好通过ETT确定运动强度。推算的方法为：170-年龄＝最大心率（没有运动习惯的人）；180-年龄＝最大心率（有运动习惯的人）。

2.活动内容

周期性的运动有漫步1千米~2千米、散步3千米、一般步行4千米、快走5千米、疾走6千米、慢跑4千米～5千米、稍快跑8千米、快跑10千米。技术复杂的周期性运动有羽毛球、跳操、有氧舞蹈、上下台阶、游泳、乒乓球、网球等。非周期性有氧运动有气功、太极拳、太极剑等。

3.持续时间

以低强度、长时间为好，可以减少心血管系统和运动损伤的发生率。锻炼时间的长短与锻炼目的（健身、提高心肺功能、减肥）也有关系。一般健身时间为20～60分钟。

4.运动频率

每周3～5次（常采用隔天锻炼一次）。

5.热量消耗

运动强度、持续时间、运动频率共同决定每周运动消耗的总热量，而锻炼效果与总的热量消耗有关。特别是在减肥运动处方中，按照热量消耗确定运动量成为主要的方法。

6.注意事项

如高血压患者要避免做静力性练习或憋气等。

（二）提高耐力素质的训练方法

有持续训练法、循环训练法、间歇训练法、法特莱克速度游戏等。

1.持续训练法是耐力运动处方采用的主要训练方法。这是一种长时间、慢速度、长距离的训练。

2.循环训练法是将有氧练习、力量练习、体操练习等交替进行，练习之间只有短暂休息或无间隔。

3.间歇训练法是3分钟的高强度活动与小强度活动交替进行，以无氧训练为主。

4.法特莱克速度游戏是利用自然地形进行锻炼的一种方法，如走跑交替、平地与上下坡交替等。

锻炼两个月后，可重新制订运动处方。

二、力量性运动处方

（一）力量性运动处方的制订

肌肉力量练习的运动处方分为3个阶段实施：开始阶段、慢速增长阶段和保持阶段（见表3-1）。在开始阶段和慢速增长阶段，练习者应根据自己的初始力量水平等基础情况，在各个方面作适当调整。

表 3-1　力量练习的运动处方

周	阶段	频率	组	最高重复次数	负荷
1 ~ 3	开始	2次/周	2	15	15RM
4 ~ 20	慢速增长	2 ~ 3次/周	3	6	6RM
20+	保持	1 ~ 2次/周	4	6	6RM

其一，开始阶段。在开始阶段应避免举重过大。过大的重量会增加肌肉和关节损伤的危险性。采用较轻的重量（最高重复次数为12 ~ 15次的负荷），不会使肌肉过度疲劳。如果原来选定的重量能轻松自如地重复12次，则可以增加重量。反之，则说明该重量过大。

根据练习者最初的力量水平来确定开始阶段持续的时长，一般持续1 ~ 3周。初练者的开始阶段可能需要3周，有训练基础的人只需1 ~ 2周。

其二，慢速增长阶段。经过开始阶段的力量练习，如果肌肉已经适应练习动作，就可以增加重量，并能重复举起6 ~ 8次。当肌肉力量进一步增强时，可再增加重量，直至达到练习者预定的目标为止。

此阶段的练习一般为每周3次。每次练习为3组，每组6 ~ 8次。

其三，保持阶段。根据用进废退的原理，如果停止练习，获得的力量会自然消退。保持阶段的力量练习的强度应比获得阶段小。研究表明，力量增长后，每周1次的训练即可保持原增长水平。若不训练，30周后原增长水平将完全消退。

1.力量练习的基本方法

（1）高负荷少次数：练习时负荷的重量大而操作的次数少。其操作重量约为个体力量最大负荷的90% ~ 100%。这种练习方法主要目的在于增强肌肉力量、速度和爆发力。

（2）低负荷多次数：练习时负荷的重量轻而操作的次数多。其操作的重量约为个体力量最大负荷的20%~50%。这种练习方法目的在于增进肌肉耐力。

（3）中负荷中次数：练习时负数的重量和次数适中。其负荷重量约在个体力量最大负荷的50%~70%。这种练习方法的目的是提高肌肉的灵敏性和爆发力。

（4）力求产生最大的动力（肌力×速度）：爆发力，一切力量练习都要加快速度成为突破性的动作。这种方法主要目的是加大力量练习的效果。因为相同负荷重量，以不同速度完成，其效果不同，速度快者效果更好。如表3-2所示。

表 3-2　各种力量的练习方法

力量类型	负荷	组数	反复次数
速度性	个体最大负荷量的50%~70%	3~4	8~10
耐力性	个体最大负荷量的30%~50%	5~6	15~30
绝对性	个体最大负荷量的90%~100%	8~10	1~3

2.力量练习课的安排

一次力量练习课一般为1~2小时。练习者应根据自身实际情况，选定若干种动作，并科学合理地安排负荷量、练习次数、练习方式等。这样才能提高练习的质量，取得良好效果。如表3-3所示。

表 3-3　力量练习单元课程编排举例

程序	准备运动	主要运动	辅助运动	整理运动
时间	5~20min	30~60min	10~20min	5~10min
目的	①促进血液循环；②提高体温；③增大关节活动范围；④使身体进入运动状态	①根据学习目的要求学练运动技术；②锻炼相应肌群、增强肌力、耐力、体适能；③强身健体	①根据情况复习和补练旧课所学有关动作；②弥补主要运动的不足之处	使身心恢复正常状态

续表

程序	准备运动	主要运动	辅助运动	整理运动
方式内容	①明确练习内容、进度及要求；②动作可选步行、慢跑、体操、游戏及轻重量训练动作	根据练习目的及实际情况选定重量训练动作6~15种	①根据所需选择轻量级的训练动作若干种；②练习或纠正主要运动之不足	①放松动作可选择步行；②深呼吸；③体操；④按摩

3.力量练习的安全问题

（1）进行超负荷力量练习时，必须遵守循序渐进的原则，由轻渐重，不可急于求成，以免发生损伤。

（2）练习前检查器材、场地，如练习用的杠铃等，以防其滑落砸伤身体。

（3）了解自身的身体状况。有条件的或临场需要时，应进行血压、心率、脉搏等测试。

（4）做好准备活动，以保持运动过程的体温及关节韧带的灵活性等，使身体适应运动状态。

（5）练习中，练习者应采用正确的呼吸方法。如用力前要深吸气，用力的瞬间稍停呼吸，待杠铃高达胸部锁骨处再呼气。

（6）在进行负重练习时，如果感觉到任何刺痛，应立即停止练习。

（7）锻炼时，练习者要精神集中，态度认真，动作规范，操作谨慎，勿存嬉戏之心。

（8）做好安全保护，特别是在高负荷的练习和试做新动作时，更需同伴的保护与帮助。

三、柔韧性运动处方

柔韧素质是基本运动素质之一，是指人体各关节活动范围的大小，肢体运动的幅度和肌肉、肌腱、韧带等软组织的伸展能力。柔韧素质分为一般柔韧素质、专项柔韧素质、主动柔韧素质以及被动柔韧素质。一般柔韧素质指各关节的活动范围或指一般技术所需要的柔韧素质，如肩、膝、髋关节活动范围。专项柔韧素质指专项运动所需特别的柔韧性，如武术项目的"前踢腿"、掷标枪项目的"肩关节动作"等。主动柔韧性指主动肌收缩关节活动的范围，如田径"跨栏"和跳高运动中的髋关节柔韧性等。被动柔韧性指对抗肌被动拉长的范围，如"劈叉"时髋关节的活动范围等。

（一）发展柔韧性运动处方的制订

1.锻炼内容

健身锻炼内容的选择，应根据个人喜好、年龄、性别、原有柔韧水平等；康复锻炼内容的选择，应根据患者关节活动度等。

2.运动负荷

以锻炼者的自我感觉为主要判定指标。

（1）静力性拉伸

①健身锻炼

负荷强度：练习者感到局部受牵拉。

持续时间：牵拉感停留10~15秒，逐渐增加，几周后可增加到每次停留45~60秒。

重复次数：重复3~4次。每次间隔时间牵拉感缓解后再进行下一次。

运动频率：每天一次或隔天一次。

②康复锻炼

负荷强度：患者感到疼痛、牵拉，但尚可忍受。

持续时间：达到适当强度后，停留5秒以上再放松。

重复次数：一个练习可重复20~30次或更多。

间隔时间：短暂，待牵拉、疼痛感稍缓解后继续进行。

运动频率：每天坚持，早晚各一次或达到每天4次。

（2）PNF（本体感觉神经肌肉促进法）牵拉练习

①静力—放松：静态拉伸肌肉大约10秒，等长收缩该肌肉6秒（如果有教练帮忙对抗做是最好的），再次拉伸该肌肉30秒。

静力—放松技术先进行被动拉伸10秒，使运动员感到中等程度的不适。同伴对其髋关节施加相应的外力，运动员要用力对抗这种力，保持腿的位置不移动，进行一种等长收缩（静力）保持6秒钟。然后运动员腿部放松，进行被动牵拉，保持30秒。持续拉伸后，由于自身抑制机制被激活，拉伸的幅度会明显增长。

②收缩—放松：静态拉伸肌肉大约10秒，向心收缩该肌肉6秒，再次拉伸该肌肉30秒。

收缩—放松拉伸技术也是由被动拉伸开始，对拉伸有中等程度的不适感，持续10秒，运动员对抗同伴施加外力，用力伸髋，进行全范围向心收缩，然后运动员放松腿部，进行髋关节屈的被动拉伸，持续30秒。由于激活了自身抑制作用，每一次的拉伸幅度应该大于第一次被拉伸的幅度。

以上牵拉练习可以交替重复进行，完成3~4组，最后以静态拉伸结束，每次重复后的静态拉伸幅度都比前一次要更大一些，肌肉伸展幅度也更大一些。

（3）注意事项：一般牵拉包括主要肌/腱群的练习，练习形式可使用静力性练习，爆发式练习等来发展柔韧性。静力性牵拉必须坚持10~30秒，至于PNF技术应包括收缩6秒，继以10~30秒辅助牵拉。每一肌群的练习至少应重复4次，每周最少要完成2~3天练习。

柔韧素质的发展要充分考虑准备活动和整理活动；柔韧练习应与力量、速度素质协调发展；柔韧练习要考虑练习者的年龄和性别差异，循序渐进、持之以恒；柔韧练习者需保持理想体重。

（二）柔韧性练习的方法

柔韧性练习必须使主要肌群都受到牵拉。每周最少练习2~3天。牵拉必须包括合适的静力或动力技术。

采用牵拉练习增加肌腱的柔韧性是通过对肌肉肌腱单位的机械感受器引起反射抑制和黏弹性紧张这两个主要影响实现的。牵拉肌肉和肌腱中的本体感受器（肌梭和腱器官）引起肌肉肌腱单位的张力增加，这就抑制了对抗单位肌肉进一步收缩并引起对抗单位放松。

1.静力性牵拉练习

当练习者的练习部位被拉伸到最大限度时，依靠自我控制或外力保持静止姿势。使骨骼肌结构功能得到恢复，使肌原纤维排列得到恢复，从而使延时性肌肉酸痛以及肌肉的僵直现象得以减轻和消除。

静力性拉伸对于增加柔韧性、减轻延迟性肌肉酸痛和缓解肌肉僵硬效果很好。进行静力性拉伸最佳时间应控制在30秒至1分钟。时间过短效果不明显，时间过长不但对柔韧性影响不大，还会导致肌张力下降，肌肉弹性下降，从而引起肌肉力量下降。

2.动力性牵拉练习

动力性拉伸，是一种有节奏地多次重复同一动作的拉伸练习。此方法强度较大，对练习部位刺激较大。遵循循序渐进的原则，练习者不要用力过猛，切忌爆发力。

由于所练习的关节周围的肌肉得不到放松，牵拉时肌肉得不到最大限度的伸展，所以用此方法练习柔韧性效果不是很理想。但是此方法能够增加肌肉的弹性、灵活性、协调性并改善肌肉的粘滞性。如武术、健美操等。

单纯的静力性拉伸和单纯动力性拉伸都不利于柔韧素质发展。动静结合的方法是发展柔韧性的有效方法。例如在发展下肢和髋关节柔韧性的时候常采用压、搬、控、踢等方法，其中压可以是静力性也可以是动力性的，控、搬是静力性的，而踢是动力性的。

3.PNF牵拉练习

PNF牵拉练习最初用在医疗康复中，对具有神经功能障碍的肌肉进行治疗，能够改善肌肉的功能、提高关节的柔韧性。PNF伸展比传统的静力性拉伸和弹性伸展对促进柔韧性的提高更有效。

有研究证明一次急性和慢性的静态伸展对学生伸展性没有显著提高，但是一次性PNF伸展就可以明显提高柔韧性。PNF牵拉法不仅是发展柔韧素质的有效方法，也是及时放松肌肉、消除疲劳的有效手段。

PNF在训练实践中，从练习形式上看和静力性伸展方法相似，但机理有本质不同。PNF的生理学依据是利用反牵张反射达到肌肉放松的目的，肌肉等长收缩会对肌肉产生强烈的刺激，肌肉中腱梭会将信号传入中枢神经，反射性地放松肌肉，导致其反牵张反射。被牵拉肌肉的主动收缩能抵消所产生的牵张反射，其收缩后放松加大，另外拮抗肌的收缩也可以加大主动肌的放松。

第四章　田径运动

第一节　田径运动概述

一、田径运动历史

田径运动是在人类长期社会实践活动中发展起来的。远在上古时代，人们为了获得生活资料，在和大自然及野兽的斗争中，不得不跋涉、奔跑、跳过各种障碍，投掷石块和使用各种捕猎工具。在劳动中不断地重复这些动作，便掌握了走、跑、跳跃和投掷的各种技能。随着社会的发展，人们有意识地把走、跑、跳跃、投掷等作为练习和比赛的形式。

田径又称田径运动，是径赛、田赛和全能比赛的统称。以高度和距离计算成绩的跳跃、投掷项目叫"田赛"；以时间计算成绩的竞走和跑步的项目叫"径赛"。田径比赛由田赛、径赛、公路跑、竞走和越野跑组成，此外，还包括由部分田赛和径赛项目组成的"十项全能"。

据记载，最早的田径比赛是公元前776年在希腊奥林匹克村举行的第一届古代奥运会上进行的，项目只有短距离赛跑，跑道为一条直道。早期没有标准田径场，那时的跳跃和投掷项目的比赛，一般选择在一块空地上举行，而赛跑的项目，一般选择在一段平坦的道路上举行，"田"和"径"的命名由此而来。"田"指广阔的空地或原野，田赛是在一定的区域内进行的各种跳跃和投掷项目比赛的统称。"径"指跑道或道路，径赛是在田径场的跑道上，或场外规定的道路上进行的不同距离的竞走和各种形式的赛跑的统称。1894年，在英国举行了最早的现代田径运动国际比赛，比赛共分9个项目。真正的大型国际比赛是1896年开始举行的现代奥运会。它沿用古代奥运会每隔4年举行一次的制度，每届奥运会上，田径运动都是主要的比赛项目之一。从1928年起，增设了女子田径项目，此后，女子也加入了田径项目的比赛。

至今，田径运动仍然是体育比赛中观赏性极强的运动之一。田径是世界上广为普及的体育运动之一，也是历史最悠久的运动项目。田径与游泳、射击被视为奥运金牌三大项目，"得田径者得天下"也由此而来。

田径运动是比速度、比高度、比远度和比耐力的体能项目，要求在短的时间内表现出最大的速度和力量，或要求在长的时间内表现出最大的耐力，最能体现奥林匹克"更快、更高、更强"的理念。

学校体育的本质属性是通过体育的手段促进学生身心的全面发展，田径课程的基本目标，应是通过走、跑、跳、投等的练习，全面发展学生的基础运动能力，提高健康水平，也为学习田径技术和其他体育运动技术打好基础。在面向学生的田径课程设置中，应以田径健身为主要目标，在内容的选择和教学方法中，注重基础健身的开发与拓展，全面发展全体学生的基础运动能力。

二、田径运动的特点与健身价值

（一）田径运动与人体健康

人类的进化和发展与田径运动有着不可分割的联系。可以说，只要是正常的人，都具备走、跑步、跳跃和投掷等基本活动能力。但是，如何通过科学的田径运动锻炼来达到健康生存与长寿的目的呢？人类的发展与实践告诉我们，运动是促进人类健康生存与发展的主要途径。早在2500多年前，古希腊埃拉多斯山崖上就刻写着"如果您想强壮，跑步吧！如果您想聪明，跑步吧！如果您想健美，跑步吧！"的格言，说明人类早就认识到了田径运动与人体健康的关系。在我国民间，也早就流传着"没事常走路，不用进药铺"和"饭后百步走，活到九十九"的俗语，说明了我国人民对田径运动与人类健康关系的深刻认识。同时，也充分说明了田径运动与人体健康有着不可分割的联系。田径运动既是人类生存的一种必然生理活动，又是促进人类健康生存与个性完善的最佳手段，也是人类进行一切生存活动的基础。所以，研究和探讨田径运动健身的科学原理，具有重要的人类学意义。

（二）对人体健康的影响

1.提高人的基本活动能力

田径运动可以提高人的基本活动能力和生存能力。人类从爬行到直立行走，就是一种能力的变革，原始人类为了预防和抵抗野兽和同类他族的侵袭，必须有很强的奔跑、行走、跳跃和投掷能力。而这些能力的变革与发展，只能通过科学的身体运动来实现。可以说，田径运动既是一种生存能力，又是发展这种生存能力的有效方法。通过田径运动可以改善和提高人体各器官系统的机能，使人的生命力更加旺盛，基本活动能力更强。

2.提高人体适应自然和抵抗病毒的能力

自然环境的不断变化，对人体健康的影响很大，特别是现代工业的高速发展，使许多生态环境被污染，使人体更难适应这种环境。经常参加田径运动，可以提高人体耐寒、耐高温和抗病毒的能力，使人身体健康。

3.防治疾病，延年益寿

经常参加田径运动，可以防治各种疾病，可以有效地维持和提高人体各种生理机能，使人体各器官系统不受疾病的困扰，使人体延缓衰老，健康长寿。

4.调节情绪，促进心理健康

当人们在工作繁忙、精神紧张、情绪异常的时候，选择一个合适的环境进行散步或跑步等运动，使情绪状态能得到调节，特别是在运动过程中，有更愉快的情绪体验。经常参加跑步运动，可以防治许多心理疾病，排除各种心理障碍，使人保持良好的心理状态，促进心理健康。

5.塑造健美形体

田径运动可以全面地影响人的身体，人只要投身于田径运动，就能使全身各部位得到锻炼，可以起到减肥、控制体重的作用；可以更好地促进各部位肌肉的线条美、健康美；可以很好地调节皮肤的代谢机能，使皮肤更加健美；可以有效地发展肌肉和骨骼系统的机能，使人体产生更具魅力的姿态美；田径运动只要能收到健美的效果，就必定可以收到健康的效果。所以，田径运动是一种有效的健美与健身手段。

（三）田径运动的锻炼价值

走、跑、跳和投这四种基本运动形式，有着源远流长的历史。它是人类维持正常生活的基本活动能力，人类赖以健康生存的基本条件或基本生活能力。田径运动能有效地发展速度、力量、耐力，以及灵敏性、协调性等身体素质，增强体质，它是人类获得运动技能，提高运动能力，培养意志品质的最基本途径。

1.竞走（包括普通走）

竞走是一脚支撑和两脚支撑交替进行的周期性运动。是在规则的约束下，在一定的距离内，比赛走的速度的耐力性项目。

竞走的技术是在普通走步的基础上发展起来的。与普通走步不同的是，竞走运动充分利用髋关节的扭动和臂的摆动，加快步频，加大步幅，从而达到提高速度的目的。

2.跑

跑是最为常见的一项运动，不同距离的跑，对人体影响各异。跑包括短距离跑、中距离跑、长距离跑、超长距离跑等。

（1）短距离跑：是人体在无氧条件下的一种运动，它能导致有氧系统酶活性的增加，能提高人体的最大摄氧能力。生理学家指出：短距离全力跑，呼吸运动往往受到制约，身体在缺氧情况下较长时间对肌肉收缩进行供能。因此，对经常从事速度性运动者，能产生以下几方面的作用：

①跑后恢复期呼吸功能有显著变化。

②短跑能提高中枢神经系统兴奋和抑制过程的灵活性。

③肌肉内糖原无氧酵解供能能力提高。

④机体缓冲乳酸的能力提高。碳酸氢钠是体内重要的缓冲物质，经常锻炼身体者的贮备，比一般人增多10%，具有较强的缓冲乳酸的能力。可以有效地提高肌肉糖原无氧酵解能力。这是影响无氧耐力的重要生理因素。

（2）中距离跑：中距离跑时，心率可高达人体最高指标，一些运动员心率可达220次/分钟，从而使心脏能得到很好的锻炼。若长期从事中距离跑，心脏体积会出现运动性增大现象。中距离跑对人体呼吸器官的机能，以及糖原无氧酵解能力的提高起着显著促进作用。

3.跳跃项目

跳跃项目是人体克服自身体重、对抗引力以实现腾越高度和远度的运动。

4.投掷项目

投掷是表现人体力量水平的项目。从事投掷练习可使肌肉发达，改善控制肌肉的神经系统的灵活性，提高动作速度和力量水平。较高水平的标枪运动员的大脑皮质兴奋过程具有高度的均衡性，前庭分析器官具有很好的稳定性。

田径运动可以有效地增进人的各项机能发展，通常人们把田径运动作为基础运动项目。它不仅是提高有机体的运动素质、锻炼意志品质和增强走、跑、跳、投的运动能力的重要手段，也是达到增进人的健康水平的重要手段。

（四）所需场地和器材较简单，有利于普及与开展

田径运动项目所需要的场地和器材非常简单，所有的走、跑项目都可以在较平坦的道路上进行，强度较小的中长距离项目甚至可以在山路或沙滩上进行；跳跃项目可以利用一个沙坑或在较松软的一片泥土地上进行；而投掷项目可因陋就简，就地取材地进行多种多样的投掷。田径运动绝大部分为个人项目，不受参加人数的限制，既可以是个人的，也可以是几个人、几十人，甚至是成百上千人参加的，具有较大机动性。其比赛规则相对较为简单，一般以时间、距离和高度判断胜负，也可以采取不分胜负的纯锻炼方式。田径运动的运动量和运动强度，可以根据练习者的不同年龄、性别和身体状况等客观因素进行自我控制和调节，以达到适宜的运动状态，老少皆宜。田径运动项目的技术，缘起于人类最基本的活动方式，锻炼者不需经过特殊的学习，就能掌握一般的田径运动技术，并能进行自我锻炼。田径运动可以提高机体对疾病的防御能力，达到增强体质、防病治病的健身目的。并且能非常经济而有效地发展人的力量、速度、耐力、灵敏和柔韧等多种运动素质。田径运动是其他体育运动项目的主要基础。经常从事田径运动，有助于多种运动技能水平的提高。田径运动是一项健身价值较高、参与性较强的运动项目，是大学体育运动中最适宜开展的，也最易被大学生所接受的体育运动项目。

田径运动是人类在长期社会实践中发展起来的，是各项目运动的基础，是以个人为主的运动项目。经常参加田径运动，能够改善人体健康水平和提高工作能力。培养大学生勇敢、果断、坚韧、顽强的意志品质。田径运动锻炼形式多样，不受人数、年龄、性别、季节、气候等条件限制，便于广泛开展。全面地发展人体的各项身体素质，促进各项运动技能的形成。田径运动是发展专项素质的手段与提高技术的基础。

第二节　田径运动基本技术

田径运动包括走、跑、跳跃、投掷和全能等运动项目。通常把以时间计算成绩的竞走和跑的项目称"径赛"，把以远度和高度计量成绩的跳跃和投掷项目称"田赛"，把由部分跑、跳、投项目组成的综合性项目称"全能运动"，"田赛""径赛"和"全能运动"合称为田径运动。

一、走

走是人体最基本的运动方式，由于走在日常生活中的司空见惯，人们几乎忽视了走的健身意义。通过多种多样的"走"的锻炼，可以达到强身健体的目的。健身走是最为常见的"走"的练习方法，坚持健身走锻炼，有助于消除身心疲劳，也可以发展腿部力量和耐力。竞技项目"竞走"，则是运用"走"来发展人体走的运动能力。

竞走是奥林匹克运动会竞赛项目，设女子5千米、10千米竞走，男子20千米和50千米竞走。

（一）走的技术要领

走是与地面保持不间断接触的向前迈进的过程。走的一个周期包括两次单腿支撑和两次双腿支撑，不能出现身体腾空动作。

竞走与健身走的动作周期一样，但健身走时，前支撑腿的膝关节有弯曲，而竞走时前支撑腿与后支撑腿的膝关节是伸展的，竞走比健身走的步频、步幅大，速度快。

（二）走的基本技术和练习方法

1. 健身走

健身走是一种轻松的运动，正确的身体姿势是正直自然，收腹挺胸，两肩放松，手臂自然下垂协同下肢自然摆动，两腿交替自然前摆，足跟着地滚动至前脚掌，呼吸平和自然。

健身走的练习方法：

（1）走步健身法：它是通过走步达到健身目的的一种方法。实践证明，走步锻炼有益身心健康。走步健身法分为普通散步法和快速步行法。普通散步法，每小时走3千米~4千米，每分钟走60~90步，每次散步30~60分钟，这种散步方法主要用于保健。快速步行法，每小时步行5千米~7千米，每分钟走90~120步，每次步行30~60分钟，步行是一种运动方式。行走运动对参加锻炼的人没有什么限制，一些不适宜剧烈运动的人群也可以用此种方式健身，适合广大健身群体和心脏病患者。

（2）徒步：徒步走是人类最简便易行的走步健身方法，对脑力劳动者尤其有益。中国民间有"每天踏个早，保健又防老"等俗语，"安步当车"就是以步行来代替车行。古往今来，不少名人都是以徒步、远游作为陶冶性情、锻炼体魄的好方法。闲庭信步，呼吸新鲜空气，运动量也较为适中，对肌肉、关节、心脏、肺脏及神经系统都有好处。有种说法："人老先从腿上老"。徒步走可以防止肌肉萎缩，保持关节的灵活性。走步时，下肢肌肉一收一缩，发挥肌肉的"弹性"作用，促进下肢血液向上回流，有利于全身血液循环，心肌收缩加强，血液流动加快，加上走步时人体肌肉的收缩和振动，使血管得到按摩，提高了血管的张力，这种张力能将沉积在血管壁上的沉积物冲走。徒步走相对距离较长，可使呼吸加快，锻炼了呼吸系统的机能，还能缓解神经肌肉的扩张，使脑的血流量增加，神经细胞的营养得到改善，有利于大脑皮层的思维，对促进人体的新陈代谢，增加人体的能量消耗，有一定的健身功效。

（3）快步走：它是一种步幅适中、步频加快、步速较快、运动量稍大的走步。快步走的身体姿势是，身体适度前倾3°~5°，抬头，肩背放松，挺胸，收腹收臀，在走步过程中，双臂配合双腿协同摆动，摆幅随步幅的变化而变化。步频加快，步幅尽量稳定。快步走时应注意以下事项：

①脉搏控制在100～130次/分。

②步幅不要过分加大，主要是加快步频。

③注意做好准备活动，特别是使运动器官和心肺机能得到适应。

（4）散步：它是一种步法最轻松、运动量最小的走步方法。唐代医家孙思邈有"行不宜疾"之说。《寿亲养老新书》中也有"徐徐步庭院散气"之论。这种步法，形虽缓慢，然气血畅达，百脉疏通，内外谐调，可取得较好锻炼效果。散步具有多种健身功能。《老老恒言》对散步的作用和要求等做过较为全面的论述。如"欲步先起立，振衣定息，以立功诸法徐徐行一度，然后从容展步，则精神足力，倍加爽健"；闲暇"散步所以养神"；睡前"绕室行千步，始于枕"，"是以动求静"，有助于睡眠。对于患失眠症的人来说，睡前轻松地散步，是良好的催眠剂。孙思邈在他的《长寿歌》中写道："饱食走百步，常以手摩腹。"饭后散步古已有之，中国民间就有"饭后百步走，活到九十九"的说法，《内功图说》中介绍的一种"腹功"，就是"两手摩腹，移行百步除滞"。

散步正确的身体姿势应该是：身体正直，抬头挺胸，收腹收臀，保持头部与脊柱成一直线，双肩放松，两臂自然下垂。在散步过程中，头部正直，可以自由转动；身体正直，双臂协同双腿迈步动作自然前后摆动。散步时，双臂用力前后摆动，可增进肩背和胸廓的活动，对呼吸系统慢性病患者有利。散步宜选环境优美、空气清新、有山水树木的地点进行。

散步时应注意以下事项：

①散步之前，宜全身放松，适当活动一下肢体，调匀呼吸，然后再从容迈步。

②散步"须得一种闲暇自如之态"，从容和缓，不宜匆忙，更不宜使琐事充满头脑，如此可以使大脑解除疲劳，益智养神。

③步履宜轻松，有如闲庭信步，周身气血方可调达平和。

④散步距离、速度和时间要逐步增加，循序渐进宜量力而行。

⑤要持之以恒，将散步当作个人生活规律中必不可少的内容。

（5）赤脚和踏石走：它是一项古老而新奇的有益于健康的锻炼方法。由于五脏六腑在脚趾上都有相应的反射点，脱去鞋袜赤脚行走，能使脚底肌肉、筋膜、韧带、穴位、神经末梢更多地接触泥土、草地和各种凹凸不平的路面和踏石，使足底的各个穴位受到刺激，坚持数月，可以舒肝健脾，增进食欲，行气利胆，温肾固表，从而使肾气充足，精力充沛。

赤脚和踏石行走的一般要求与散步大体相似，不同之处是要更加注意足部的安全，赤脚和踏石行走时，应注意以下几个方面的问题。①根据实际条件，可以在泥土、草地、海滩、沙地、鹅卵石或人工路面上锻炼，在练习时，应该尽量选择没有尖石、碎玻璃等异物的路面。②开始锻炼时速度不宜过快。③如果足部出现不适，则应该适当减少行走距离。④在光线充足的环境下锻炼。

（6）倒步走：即反向行进，人倒退着走步。有研究资料表明，倒步走会使人消耗更多的氧气和热量。是较经济、收效较大的健身方法。倒步走的双腿交替向后迈步，增强了大腿和腰背后部肌群的力量。对于小脑平衡能力差的人，可以保健小脑，有利于提高人体的灵活性、协调性。倒步走的做法是：上体自然正直，不要抬头后仰，眼睛平视前方。倒步走的动作要求是前脚掌先着地后滚动到全脚掌。双臂协同双腿自然摆动，步幅一般为1～2脚长。为安全起见，倒步走最好选择人少车稀、地面平坦的直行路段，逐渐加快步频或步长。一般来说，减肥者也可以采用倒走和倒跑交替锻炼来提高运动负荷，消耗更多的氧气和能量。倒步走应注意以下几个方面的问题：①采用脉搏控制运动量。②持之以恒。根据个人情况选择距离和运动量。③循序渐进。

倒步走一开始因消耗能量较多，减肥见效快。时间长了，动作逐步协调后，消耗能量逐步减少。因此，肥胖者在锻炼过程中要逐步增加运动量，如增加走速、走距、走的次数、加负荷走（如腿绑沙袋）等。

（7）踏步走：它是指锻炼者在原地或在小范围内抬高腿再落地的走法，与一般行走具有很大的区别。踏步走对时间地点等条件没有特殊的要求，只要有一个人的站立的范围，就可以进行踏步走练习。踏步走比一般的行走方式突出了抬腿和屈膝的动作，对腰腹部、臀部和大腿小腿肌肉力量的增强十分有效，也有利于提高髋关节和膝关节的灵活性。踏步走的具体做法是：身体自然直立，两肩放松，两臂自然下垂稍弯曲。屈膝抬腿，然后用前脚掌或整个脚底着地，两条腿交替、连续进行。脚落地时，注意重心的转移和地面冲击力的缓冲。膝关节抬起的高度可以自由掌握，低时离开地面即可，高时可将膝盖抬高过腰部。

（8）水中走：它是目前较为盛行的健身方式。与传统的在陆地上行走相比，水中行走更为安全和有效。人在水中，能够得到较大的浮力，从而减少身体重力对关节的压力，减轻因运动而产生的地面对脚部及腿部的摩擦力和冲击力，减少行走对各个关节的损伤。在水中行走时，必须克服比空气阻力大许多倍的水的阻力，可以使身体消耗更多的脂肪，消耗更多的能量，且提高身体器官功能，改善体质。

水中的环境不同于陆地环境，为安全起见，水中行走练习应该注意以下几个方面的问题：①下水之前，做好准备活动，避免在水中出现抽筋、疼痛等而造成意外伤害。②游泳池的池底一般比较光滑，在水中行走时，注意加大脚踩地的力量，避免身体不稳，滑倒。③选择合适的水温，避免水太凉引发小腿痉挛或者感冒。

（9）爬楼梯：它是一项非常简单易行的步行健身方式。爬楼梯可以促进腿部和臀部多余脂肪的燃烧。同时，上下楼梯能够增强下肢肌肉的力量，尤其是大腿部的肌肉，提高膝关节、髋关节的灵活性。此外，爬楼梯的过程中会消耗大量的热量，比一般行走多1倍以上，简便易行，具有较高的锻炼价值。

2.竞走

（1）上体姿势和摆臂技术：身体保持正直，头部要正，与躯干成一条直线，下颌微后收，两眼平视前方，躯干自然伸展，挺腰收腹，两肩自然下沉。两臂在体侧自然协调摆动，两手半握拳，摆臂时以肩为轴，大臂带动小臂，屈肘约90°前后摆动。前摆时手向前方，手最高点不超过下颌。后摆时，肘向后方，略向外展或直接向后方摆。摆动应轻松有力，有利于平衡步频、步幅。

（2）腿部动作：竞走的腿部动作分支撑时期和摆动时期，支撑时期包括前支撑和后蹬，摆动时期包括后摆和前摆。后蹬是支撑腿快速有力地伸展，使髋、膝、踝关节充分伸直。摆动自然，大腿稍前抬带动放松的小腿自然地向前摆动和伸腿，脚跟前着地，膝关节伸直。同时，脚着地离身体重心投影点较近。两腿交替自如，动作柔和，迈腿自然放松，两腿动作连贯，蹬和摆动应协调一致。

（3）髋部技术：竞走时，腰肌长时间快速收缩，带动摆动腿向前迈腿，随之髋绕纵轴与摆动腿同步向前转。在垂直部位时，摆动腿膝关节低于支撑腿膝关节，髋轴自然向摆动腿一侧倾斜，垂直支撑腿的同侧肩放松下沉，而摆动腿的同侧臂积极有力后摆，肩高于支撑腿的同侧肩，形成肩轴向支撑腿倾斜，同髋轴构成相交的"两条线"。

二、跑的技术训练

（一）短距离跑

400米（包括400米）以下的径赛项目都属于短距离跑，简称短跑。其特点是：快速短距离跑时，人体的生理负荷很大，其供能方式是以无氧代谢为主。短跑是人体器官在大量缺氧的条件下完成最大强度的工作，属于最大强度的周期性运动项目。短跑是田径运动的基础项目，它对整个田径运动水平的提高，都有重要的影响。短跑技术一般分为起跑、起跑后的加速跑、途中跑和终点冲刺跑4个部分。

1.起跑

根据田径规则，短跑比赛采用"蹲踞式"起跑，"蹲踞式"的起跑任务是发令枪一响立刻快速跑出，使身体迅速摆脱静止状态，尽可能获得向前的最大冲力，为起跑后发挥最高速度创造有利条件。

蹲跟式起跑使用起跑器，四肢不能离开地面。听到"各就位"口令后，做几次深呼吸，轻松地走到起跑器前，两手撑地，两脚依次蹬在前后起跑器的抵足板上，脚尖应触及地面，后膝跪地，两手在起跑线后撑地，两手间隔比肩稍宽，四指并拢和拇指构成"八"字形，富有弹性支撑。两臂伸直，肩与起跑线齐平，颈部放松，头微低。注意听"预备"口令，听到"预备"口令后，平稳地抬起臀部，使之稍高于肩，重心适当前移，肩部稍超出起跑线，身体重量主要落在前脚和两臂上。两脚紧贴起跑器，注意力集中在听觉中枢，等待"鸣枪"的信号，听到"枪声"（起跑的口令）后，两手迅速推离地面，并用力前后摆臂，两腿迅速蹬离起跑器，使身体向前上方运动。第一步脚落地要积极有力，配合两臂的有力摆动，由起跑进入疾跑。

2.起跑后的加速跑

短跑中起跑后能否加速，主要取决于起跑姿势和力量的发挥。起跑后第一步不宜过大，一般为3脚半至4脚长，第二步为4脚至4脚半长，以后逐渐加大接近途中跑步长。由起跑转入疾跑，不要有任何停顿和跳跃现象，腿要充分后蹬，髋前送，身体与地面的夹角逐渐加大，步频逐渐加快，两臂摆动有力，以后自然转入途中跑。

3.途中跑

途中跑技术动作的基本要求是：头和上体端直稍有前倾，两臂以肩关节为轴前后轻快摆动，下肢前摆着地缓冲时要快速有力。

4.冲刺跑

终点冲刺跑是全程跑的最后一段。任务是保持途中跑的跑速并完成撞线动作。终点冲刺跑技术与途中跑技术基本相似，要求在离终点线 15～20 米处，尽力保持上体前倾角度，加快两臂摆动的速度和力量，在跑到离终点线前一两步时上体急速前倾用胸或肩部触及终点线。

（二）中长跑

中长跑是中距离跑和长距离跑的合称，是田径运动中发展耐久力的主要项目，在技术上要尽可能减少体力的消耗，以维持一定的跑速。中长跑是由起跑和起跑后的加速跑、途中跑、终点前冲刺和终点撞线 4 个环节连贯一起的完整技术。

1.起跑和起跑后的加速跑

中长跑一般采用站立式起跑。800 米以上的项目是按两个信号完成起跑动作的。发令前运动员位于起跑线附近，听到"各就位"的口令后，做一两次深呼吸，到起跑线后站立，把有力的脚放在前面，后脚尖离前脚跟大约一脚半长。上体前倾，两腿弯曲，同侧臂放在体后。目视前方4～5 米处，身体保持稳定姿势。当听到枪声时，后脚迅速蹬地用力前摆，前腿迅速用力蹬直，两臂有力地前后摆动，迅速向前冲出。进入加速跑阶段，上体逐渐抬起，迅速有力地摆臂，根据项目、个人特点、战术、比赛情况，确定加速的距离和速度，然后进入有节奏的途中跑。

2.途中跑

途中跑是中长跑的主要组成部分，掌握好途中跑技术是中长跑的关键。

（1）腿部动作：跑的速度取决于步长和步频。后蹬和前摆是跑的技术中最主要的动作。中长跑的强度小于短跑，后蹬用力比短跑小，后蹬角度比短跑大。后蹬效果的好坏，取决于蹬地的力量、速度，以及摆动腿积极前摆的协调配合。中长跑脚着地时要柔和而有弹性，两脚要落在一条直线上，身体重心上下起伏和左右移动要减小到最低程度。

（2）摆臂动作：摆臂的动作幅度要小于短跑，大小臂弯曲角度较小，肩关节要放松，两臂要协调地配合下肢动作前后摆动。正确的摆臂有助于维持身体平衡，调节步长和跑的节奏。

（3）中长跑的呼吸：中长跑由于距离长，体力消耗大，人体对氧气的需求量不断增加，想达到所需要的氧气量，就要掌握正确的呼吸方法，一般用口鼻同时呼吸。呼吸的节奏和跑的节奏相结合，一般是两步一呼气，两步一吸气或3步一呼气，3步一吸气。

3.弯道跑

为了克服弯道跑产生的离心力，必须改变身体姿势及后蹬和摆动的方向产生向心力。右脚用前脚掌的内侧收力，左脚用前脚掌的外侧收力。右臂摆动的力量和幅度都应大于左臂，右臂前摆稍向左前方，后摆时肘关节稍朝外，左臂摆动时稍离开躯干。弯道跑的蹬地与摆动都应配合身体向圆心方向倾斜。从弯道跑进直道，应从弯道的最后几米开始，身体逐渐减小内倾程度，顺着惯性跑2～3步。

4.终点跑

终点前冲刺是临近终点的一段加速跑，其目的是获得好名次和好成绩。开始加速冲刺的时机，要根据比赛的距离、个人训练水平、战术和对手特点来决定。在终点冲刺跑时，要以顽强的意志，动员身体全部力量跑向终点。在一般情况下，800米中长跑可在最后150～200米开始冲刺跑；3000米以上长跑，可在最后300～400米甚至更长距离开始冲刺跑。

（三）　接 力 跑

接力跑是由短跑和传、接棒技术组成的集体项目，主要有4×100米、4×200米和4×400米接力。接力跑技术包括短跑技术和传接棒技术两个部分。接力跑成绩取决于：各棒队员的速度；传、接棒技术；传棒队员与接棒队员在接棒时的位置等。以4×100米接力为例：

1.持棒起跑

第一棒的起跑，在400米起点起跑。起跑时，应用右手握接力棒，要领是用中指、无名指和小指握住接力棒的后端，拇指和食指分开，并用这两个手指的指腹和其他3个手指的第二指节撑住地面。

2.传、接棒技术

传、接棒的动作要求既要准确又要迅速，通常采用上挑式和下压式两种方法。

（1）上挑式：接棒人的手臂自然向后伸出。掌心向后，拇指与其他四指自然张开，虎口朝下。传棒人传棒时，随臂向前摆的动作，把小臂伸出，手腕放松，将棒由下向前上方送入接棒人的手中。

（2）下压式：接棒人的手臂向后伸出，手腕内旋，掌心向上，拇指与其他四指自然张开，虎口朝后。传棒人传棒时，随臂向前摆的动作，把小臂伸出，手腕放松，将棒的前端由上向下传到接棒人的手中。

3.传、接棒配合

（1）接棒人采用站立式起跑，与中长跑的站立式起跑大同小异，区别只是头向后看。

（2）接棒人采用半蹲式起跑，两腿一前一后开立两膝半蹲，一手支撑地面，头向后看。

（3）传、接棒时机。接棒人站在接力区后端或预跑区内，在传棒人距自己40~50米时，用站立式或半蹲式做好接棒准备，当传棒人跑到标志线时，接棒人立即沿跑道一侧向前跑出，并加快速度。当两人相距2米左右时，传棒人发出信号，接棒人立即伸出手，传棒人准确地把棒传到接棒人手中。传棒动作要在高速度中进行，并须在接力区内完成。

4×100米接力，采用不换手传接法，第一棒运动员用右手传棒，沿着跑道里侧跑，第二棒用左手接棒，沿直道外侧跑，第三棒同第一棒，第四棒同第二棒。

三、跳的技术训练

（一）跳高

跳高运动发展到现在经历了多次技术改革，大体上从剪式跳高、跨越式跳高、俯卧式跳高发展到现在的背越式跳高。这里重点介绍背越式跳高的基本技术。

1.助跑

助跑路线：一般助跑的前段为直线，最后3~5步助跑转入弧线，与横杆夹角为70°左右。前段动作是普通加速跑，后段动作身体向圆心倾斜，并随着助跑节奏的加快和弧线曲率变大，身体的内倾程度也逐渐加大。在助跑的倒数第二步时，摆动腿积极下压，使身体重心迅速前移，此时身体内倾达到最大程度。

2.起跳

当起跳腿脚跟着地时，摆动腿开始摆动，上体积极前移，当身体重心移到支撑点上方时，身体由倾斜迅速转为正直，摆动腿积极地蹬伸，完成起跳动作。

3.过杆和落地

在腾空过程中，身体逐渐转向背对横杆，摆动腿自然下放，肩向后伸展，头和肩先进杆，髋关节充分伸展，身体成"桥"与横杆成交叉姿势。当臀部越过横杆时，要最大限度向上高抬。过杆后，立即收腹。两小腿积极向上甩起，两腿伸直成"乙"状下落，以肩背部落于海绵垫上。

（二）跳远

1.助跑

助跑距离，男子一般为35～45米，女子为30～35米。开始时，上体前倾，脚用力蹬地，大腿积极前摆，两臂有力摆动，步频较快。随着上体逐渐抬起，上下肢摆动幅度逐渐加大，蹬摆有力配合。最后的6～8步达到最大步长、最快步频，上体与地面垂直。

2.起跳

在助跑的最后一步，起跳腿前摆稍低，积极下压，接近直腿踏板，由脚跟着地迅速过渡到前脚掌踏板。上体正直或稍后仰，摆动腿折起并迅速前摆。当身体重心移到起跳腿上方时，髋、膝、踝3关节迅速伸展，上体挺起，摆动腿大腿积极向前方摆到水平位置，小腿自然下垂。

3.腾空

起跳腾空后，摆动腿保持屈膝水平姿势，起跳腿自然放松地留在后面，成腾空步姿势。成腾空步后，头部微抬，上体保持垂直，摆动腿向前上方摆出，起跳腿一侧的髋部要充分伸展，两臂向前摆动。在接近最高点时，起跳腿开始向胸部提举，逐渐与摆动腿靠拢，形成空中蹲踞姿势，两臂由前向下向后摆动，随后完成落地动作。

4.落地

落地时，膝关节伸直，脚尖勾起，同时两臂向后摆。脚接触沙面时，迅速屈膝，髋部前移，两臂屈肘前摆，使身体迅速移过支撑点。为了避免后倒坐地，可采用向前倒或向侧倒的落地方法。

四、投掷技术训练

（一）侧向滑步推铅球

1.握球和持球

握球方法（以右手为例），五指自然分开，把球放在食指、中指和无名指的指根上，大拇指和小指自然地扶在球的两侧，手腕背屈。持球时，将握好的球放在肩上锁骨窝处，贴着颈部，手稍外转，使掌心向前，右臂屈肘自然抬起。

2.预备姿势

侧对投掷方向，右腿弯曲，站在投掷圈后沿的直径线上，重心落在右腿上。左腿放松微屈，以前脚掌着地，置于右脚前40厘米左右，左臂动作依据个人的习惯各有不同，一般采用上举，或者由肩上转向胸前。左臂动作的作用：维持身体平衡；保持身体的扭紧；协助上体下俯。

3.滑步

滑步时，左腿微屈向投掷方向做一两次预摆，预摆结束左腿回摆的同时，右腿弯曲降低身体重心。当左腿回摆靠近右腿，准备继续前摆的同时，右腿开始做迅速蹬伸动作，以大腿带动小腿向投掷方向移动，右腿蹬直后迅速收拉右小腿，使脚掌沿地面向左滑动至圆圈中心附近。同时左脚积极下落，几乎与右脚同时落地。左脚前脚掌着地与右脚跟在同一直线上，这时身体姿势基本同于预备姿势，为最后用力推铅球做好准备。

4.最后用力

最后用力是在滑步结束，左脚即将落地瞬间，右腿立刻蹬伸，向前上方转右腿，左腿着地后积极支撑，上体在转动中不断抬起，头和胸部转至投掷方向，左臂摆至体侧制动。随着两腿用力蹬地，右肩前送，右臂迅速而有力地做伸臂推球动作，沿38°～42°的投掷角推出。这时右肩高于左肩，右臂充分伸直，手腕迅速内屈，利用手指的弹性拨球，给铅球增加最后的出手速度。

5.维持身体平衡

球出手刹那，右腿随势前摆，踏于左脚附近，左腿后摆，右腿承担全部体重，降低重心，以保持平衡。

（二）背向滑步推铅球

1.预备姿势

一般可分为高姿势和低姿势两种：

（1）高姿势：持球后，背对投掷方向，站在圈内靠近后沿处，两脚前后站立，相距20～30厘米，右脚尖靠近投掷圈沿，左腿自然弯曲以前脚掌或脚尖着地置于右脚后，上体正直放松，左臂自然上举，重心落在伸直的右腿上。

（2）低姿势：持球后背对投掷方向，站在圈内靠近后沿处，两脚前后站立，相距50～60厘米，左脚在后，以前脚掌或脚尖着地，右脚尖贴近圆圈后沿处。左臂自然下垂，左肩稍向内扣，两腿弯曲，上体前屈，眼看前下方2～3米处。

2.滑步

滑步前可先做几次预摆，预摆时左腿自然弯曲，大腿用力平向后上摆起，右腿伸直，上体前屈，左臂微屈前伸或下垂并稍向内，头与背保持一条直线，左腿摆到一定高度，回收左腿，靠近右腿，此时臀部开始后移，右腿积极地蹬伸，推动身体向投掷方向移动，右腿的蹬地与左腿的摆动结束后，迅速拉收右小腿，同时脚尖逐渐向内转动，在圆圈中心附近用前脚掌撑地，与投掷方向约成90°，左腿完成摆动后快速下落，脚尖稍向外转，带动髋部向左转动，两脚着地相隔时间愈短愈好，以保证动作连贯，迅速过渡到最后用力。

3.最后用力

滑步结束时，右腿积极蹬伸，推动右髋向投掷方向转动，上体在转动中逐渐抬起，左臂由胸前向左上方摆动，使原来背对投掷方向转至左侧对投掷方向，左臂和左肩高于右肩，铅球尽可能保持较低位置，随着右腿不停地蹬伸，加速右髋继续向投掷方向转动和上体逐渐前移，体重逐渐移至左腿，这时左膝微屈，胸和头部逐渐转对投掷方向，随着右肩前送，左臂已摆至体侧制动，这时两腿用力蹬伸，抬头，右臂迅速而有力地将球推出，球快出手时，手腕稍向内转同时屈腕，快速而有力地推球，使铅球从手指离开，加快出手速度，推球的角度一般为38°～42°。

最后要维持身体平衡。

第三节　田径运动的主要规则

一、径赛项目

（一）短跑、中长跑的名次判定

在田径比赛中，所有赛跑项目参赛者的名次取决于其身体躯干（不包括头、颈、臂、腿、手或足）抵达终点线后沿垂直面为止时的顺序，先到达者名次列前。在任一赛次中，按成绩录取进入下一赛次时，如遇运动员成绩相等，则终点摄像主裁判应考虑相关运动员 1/1000 秒的实际成绩。如果成绩依然相等，则相关运动员均应进入下一赛次。如实际条件不允许，应抽签决定进入下一赛次的人选。在决赛中第一名成绩相同，裁判长有权决定是否重赛，若无条件重赛，则并列第一；其他名次成绩相同，按并列处理。

（二）短跑及中长跑的起跑

在国际赛事中，所有 400 米及以下的径赛项目，必须采用蹲踞式起跑及起跑器。发令员口令为"各就位"（onyourmarks）和"预备"（set），最后发令枪响开始比赛。在"各就位"（onyourmarks）及"预备"（set）口令之后，参赛者应立即完成有关动作，否则，属起跑犯规。如果有运动员抢跑，发令员就会宣布起跑犯规。国际田联从 2010 年开始实施零起跑赛制，对第一次起跑犯规的运动员将被取消该项目的比赛资格。

除此以外，在"各就位"口令发出后，以声音或动作扰乱他人，也判为起跑犯规。在枪声响起前有任何起跑动作，均属起跑犯规。如因仪器或其他原因而非运动员造成的起跑，应向所有运动员出示绿牌。

400 米以上（不含 400 米）的径赛项目，均采取站立式起跑。发令员口令为"各就位"，当所有参赛者在起跑线后准备妥当静止后，便可鸣枪示意开始比赛。

（三）分道跑

在分道跑和部分分道跑的径赛项目中，参赛者越出跑道，获得实际利益或冲撞、阻碍其他参赛者，均会被取消资格。如果参赛者被推或挤出指定的跑道，只要未获得实际利益也未影响他人，可不取消其参赛资格。同样，任何参赛者在直道中越出其跑道或在弯道中越出其跑道的外侧，只要没有获得实际利益及阻碍他人，均不算犯规。

（四）赛次和分组

径赛一般分为第一轮、第二轮、半决赛和决赛4个赛次。而赛次的安排和分组，以及每一赛次的录取人数等，将根据报名参加比赛的人数决定。预赛分组时，要尽可能把成绩好的运动员平均分配到不同的小组中去。在其后的各轮比赛中，分组依据运动员在前一轮的比赛成绩。如果可能，相同国家或地区的运动员应分开。

（五）分道

运动员在所有短跑、跨栏和4×100米接力赛中，自始至终都必须在自己的跑道里赛跑。800米和4×100米接力赛，在自己的跑道里起跑，当运动员通过抢道标志线以后才能离开自己的跑道，切入里道。运动员的跑道由技术代表抽签确定。第二轮开始的各轮比赛，跑道的选择还需依据运动员上一轮的比赛结果，如排名前4位的运动员抽签后分别占据第3、4、5、6跑道，后4名抽签决定第1、2、7、8跑道。

（六）接力赛

4×100米接力跑是分道进行的，接棒者可以在接力区前10米内起跑。

接力赛中，运动员必须在20米的接力区内完成交接棒。"接力区内"的判定是根据接力棒的位置，而不是根据参赛者的身体或四肢的位置。

在4×400米接力跑中，第一棒全程及第二棒的第一弯道是分道跑，第二棒运动员要跑至抢道线后，方可自由抢道。第一棒的传接必须在参赛者指定的跑道内进行，其余各棒的传接，裁判员根据第二棒及第三棒运动员通过200米起点处的先后，按次序让其第三棒及第四棒的队友在接力区内由内至外排列等候接棒。所有接棒者均不可在接力区外起跑。

接力棒必须拿在手上，直到比赛结束为止。完成交接棒后，运动员应留在本队的跑道中以免因影响他人而被取消比赛资格。任何人掉了接力棒，必须由其本人拾回，而且要在不影响别人的情况下，方可越出自己的跑道拾回接力棒。

（七）跨栏

各参赛者必须在自己的跑道内完成比赛，当参赛者跨越栏架时，若其腿或足从低于栏架顶的水平线跨越，或跨越并非自己赛道上的栏架，或故意以手或足撞倒任何栏架，均应取消其参赛资格。

二、田赛项目

（一）比赛方法

奥运会田赛项目的比赛通常先分两组进行及格赛，通过及格标准的运动员直接进入决赛，如达到及格标准的运动员人数不足12人，不足的人数按及格赛成绩递补。跳或投掷项目决赛前三轮比赛的顺序由抽签决定。决赛前三轮比赛结束后，按成绩取前8名运动员进行最后三轮比赛；第四、五轮比赛排序，按前三轮成绩的倒序排列，第六轮比赛排序，则按前五轮成绩的倒序排列，成绩最好的运动员最后跳（掷）。

（二）有效成绩

除犯规外，跳跃远度项目比赛中，运动员每次试跳的成绩均为有效成绩。

除犯规外，高度项目比赛中，运动员每次跳出的高度为有效成绩。

投掷项目比赛除犯规以外，当运动员投出的器械完全落在落地区内（不包括落地区边线）时才算有效。丈量成绩时，从距离投掷区最近的落地点算起。其中，标枪必须是枪尖首先触地，成绩才算有效。

（三）录取名次

远度项目比赛结束以后，以运动员最好的一次试跳（掷）成绩，包括因第一名成绩相等而进行的决名次赛的成绩，作为最后的决定成绩判定名次，成绩好者列前。如成绩相等，按下列规定处理：

在远度项目比赛中，如出现最好成绩相等，则以第二好成绩来确定名次，依此类推，直到最后一名成绩。如果还是相同，除第一名以外，均可并列；如果第一名成绩相同，必须让涉及第一名的运动员继续比赛，直到决出名次为止。

在高度项目比赛中，如出现最好成绩相等，则按以下规定解决：

（1）在出现成绩相等的高度上，试跳次数较少者名次列前。

（2）如成绩仍然相等，则在包括最后跳过的高度在内的决赛全部比赛中，试跳失败次数较少者名次列前。

（3）如成绩仍相等，当涉及第一名时，进行决名次赛，直到分出名次为止。如成绩不涉及第一名，则名次并列。

（四）犯规

1.跳远、三级跳远有下列情况之一即判犯规：

（1）运动员以身体任何部位触及起跳线之前的地面。

（2）从起跳板两端之外起跳，无论是否超过起跳线的延长线。

（3）触及起跳线和落地区之间的地面。

（4）在落地过程中触及落地区以外的地面，而落地区外的触地点较落地区内的最近触地点更靠近起跳线。

（5）离开落地区时，运动员在落地区外地面的第一触地点较落地区内最近触地点和在落地区内因身体失去平衡而留下的任何痕迹更靠近起跳线。

（6）在助跑或跳跃中采用任何空翻姿势。

（7）收到试跳通知前就进行试跳，而进行试跳，不管成功与否，都判该次试跳失败。

（8）无故错过该次试跳。

（9）无故延误时限。比赛时，若运动员无故延误时间，将不准参加该次跳，以失败论处。如果在比赛中再次无故延误比赛时间，将取消该运动员的比赛资格，但在此之前的比赛成绩仍然有效。每次试跳的时限为1分钟，只有当一名运动员连续两次试跳时，其试跳时限为2分钟。在时限只剩最后15秒时，计时员举黄旗示意，当时限已到，黄旗落下，主裁判应判定运动员该次试跳失败。如时限到的同时，运动员已开始试跳，应允许其进行该次试跳。当裁判员通知运动员试跳开始后，运动员才决定免跳，当时限过后，应判为该次试跳失败。

三级跳远运动员的三跳顺序是一次单足跳、一次跨步跳和一次跳跃。单足跳时应用起跳腿落地，跨步跳时用另一条腿（摆动腿）落地，然后完成跳跃动作。

2.跳高有下列情况之一即判犯规：

（1）使用双脚起跳。

（2）由于运动员的试跳动作致使横杆未能停留在横杆托上。

（3）在越过横杆之前，身体触及立柱前沿垂直面以外的地面或落地区。但如果裁判员认为，运动员并没有受益，则不应判该次试跳失败。

（4）无故延误时限。

（5）当裁判员通知运动员试跳开始后，运动员才决定免跳，当时限过后，应判该次试跳失败。

（6）试跳时，运动员有意用手或手指把即将从横杆托上掉下的横杆放回。

（7）无故错过该次试跳。

3.投掷项目在比赛过程中，运动员如果有下列违反规则的行为，即判犯规，成绩无效：

（1）超出时间限制。

（2）投掷铅球和标枪技术不符合规定（规定要求铅球和标枪必须由单手从肩上掷出）。

（3）在投掷过程中，身体和器械的任何一部分不得触及投掷圈铁圈上沿或圈外的地面和标枪投掷弧、延长线，以及线以外地面任何一部分，包括铅球抵趾板的上面，否则，即为投掷失败。

（4）只有当器械落地以后，运动员才允许离开投掷圈或助跑道。标枪运动员在投出的枪落地前，不能在投掷后转身完全背对其投出的标枪。完成投掷后，链球、铁饼和铅球运动员必须从投掷圈后半圈的延长线后方退出。标枪运动员必须从投掷弧以及延长线后方退出。

（5）在没有犯规的情况下，参赛者可以中止已开始的试掷动作，将器械放下以后暂时离开投掷区，并重新开始，但是必须在规定的时限内完成投掷。

（6）参赛者可以在比赛期间离开比赛区域，但必须经裁判员许可并由裁判员陪同。

（五）裁判员的旗示

在跳跃项目比赛中，通常由一名主裁判手持红、白旗帜各一面，用来示意运动员试跳是否成功。举红旗表示试跳失败，成绩无效；举白旗表示试跳成功，成绩有效。

（六）田赛成绩实时显示牌

在国际或国内大型田径运动会中，通常会在赛场显著的位置安放一块电子显示牌，用来显示当前比赛项目的实时情况。

跳跃、投掷前显示将要试跳、试投的运动员的号码、姓名、国家（或地区）代码，以及试跳、试投次数，该运动员前几轮的最好成绩和目前暂列的名次，本次比赛前几轮的最好成绩，试跳、投掷结束后会显示该运动员本次试跳、试投的成绩。

第五章　篮球

第一节　篮球运动概述

一、我国篮球运动

（一）旧中国篮球运动

19世纪末，篮球运动传入我国天津后，逐渐向北京、上海和南京等地传播开来。1914年，男子篮球被列为正式比赛项目。1930年，女子篮球被列为正式竞赛项目。旧中国的篮球运动并不普及，很少举行大规模的全国性篮球比赛，也很少加入国际篮球比赛与交流。因此，当时的篮球运动的技术和战术水平较低，发展也非常缓慢。经过50余年的漫长岁月，逐渐涌现出一些水平较高的球队和队员。如"回力篮球队""天津南开五虎队"、东北大学的"东北虎篮球队"和解放区的"战斗篮球队"等。虽然旧中国篮球运动水平比较落后，但毕竟是我国篮球运动的开端。

（二）新中国篮球运动

中华人民共和国成立75周年来，在党和政府的领导下，中国篮球运动蓬勃发展，现已十分普及。我国篮球成年队、青年队、体校少年儿童队层出不穷，构成了攀登篮球运动世界高峰的主力军。新中国篮球运动的发展分为3个阶段：1949年至1955年为第一阶段。这是我国篮球运动学习、探索和队伍形成阶段。在此期间，开展了全国性篮球战术讨论，认识到快攻和紧逼盯人防守是贯彻"积极、主动、快速"指导思想和提高我国篮球运动水平的有效途径，并有计划地加强队伍建设和开展国际交流。1956 年至 1966 年为第二阶段。这是我国篮球运动迅速发展的阶段。在此阶段，实行了全国联赛制度和运动员、教练员与裁判员的等级制度，确定了"积极、主动、快速、灵活、准确"的指导思想。这些制度和指导思想的建立，极大地推动了我国篮球运动的发展，使我国篮球运动在 50 年代末接近世界篮球水平。1972 年至今为第三阶段。这是我国重新学习、追赶世界水平的阶段。在此阶段，重新恢复了平常训练，明确了"积极主动、勇猛顽强、快速灵活、全面准确"的指导思想，运动和训练水平进步很快，并取得了较好成绩。目前，我国男篮已接近世界先进水平，女篮也已达到世界先进水平。

二、篮球运动特点与价值

跨入百年华诞的篮球运动之所以能成为当今世界上十分普及、广受欢迎的运动项目之一，是由于它的自身特点和具备很高的欣赏与健身价值。

篮球运动是一项综合性激烈对抗的运动项目。其技术动作包括跑、跳、投等基本技能，并且必须在激烈的攻守对抗中完成各项技术动作。因此，从事篮球运动对速度、力量、灵敏和耐力等身体素质的全面提高和对内脏器官功能的改善具有积极的作用。

篮球运动是一项集体性很强的体育项目。一个优秀的篮球队，必定是善于团结协作、集体观念强、作风过硬和配合默契的战斗集体。因此，篮球运动能培养团结协作的集体主义精神和顽强拼搏的优良作风。篮球运动具有广泛的适应性和趣味性。它既适合青少年强身，又适宜中老年健体，既能给人以强烈刺激的享受，又能陶冶人的情操。

第二节　篮球运动的基本技术

一、移动技术及其练习方法

移动是篮球比赛中为了改变位置、方向、速度和争取高度等而采用的各种脚步动作的通称。它是篮球技术的重要组成部分，是实现战术目标的重要因素。移动包括启动、跑、跳、急停、转身、滑步、后撤步等。下面介绍几个主要技术动作和训练方法：

（一）基本站立姿势

1.动作要领

双脚左右或前后自然开立，稍屈膝，重心落在双脚的前脚掌上，双眼平视。

2.运用时机

基本站立姿势是及时、协调地转换其他动作，完成攻击目的的基本姿势，在球场上应经常处于这种既稳定又机动的基本站立姿势。

3.练习方法

（1）按动作要求原地做基本站立姿势。

（2）原地移动重心练习。

（3）结合跨步、撤步和交叉步等动作练习。

4.练习要求

随时保持基本站立姿势，控制好身体平衡。

（二）侧滑步

1.动作要领

双脚向侧一跨一蹬，重心平稳移动，重心始终落在双脚之间。

2.运用时机

一对一防守移动时；对手变向、变速时；运用交叉步、后撤步以后，迅速转为侧滑步。

3.练习方法

（1）按信号做左、右侧滑步。

（2）按信号做侧滑步变后撤步接交叉步。

4.练习要求

第一步出步大而快，跟步快，动作衔接快。

（三）启动

1.动作要领

启动时，重心前移，后脚用力蹬地。启动后，前二三步应小而快。

2.运用时机

攻防转换启动接应时；启动快下时；突然超越防守者时。

3.练习方法

（1）根据信号向不同方向启动快跑。

（2）原地运球，根据信号快速启动练习。

4.练习要求

蹬地迅猛，启动后应加速跑。

（四）变方向跑

1.动作要领

一侧脚蹬地，重心转移时，第一步出步要快。

2.运用时机

对付紧逼防守时；堵截进攻时。

3.练习方法

（1）根据信号在场内做变向跑。

（2）在场内按规定的位置做跨步急停变向跑。

4.练习要求

变方向时，步法衔接快，第一步出步快。

（五）侧身跑

1.动作要领

脚尖朝向跑进方向，双眼注视球和场上情况。

2.运用时机

外围队员纵切时；内线队员横切时；快攻快下时。

3.练习方法

（1）按信号做全场侧身跑。

（2）利用三个圆圈做侧身跑。

4.练习要求

双膝深屈，向内压肩。

（六）跨步急停

1.动作要领

重心后拉，脚前掌内侧用力蹬地。

2. 运用时机

对付紧逼防守时；一对一攻守时；折回跑摆脱防守接球时。

3. 练习方法

（1）跑 3 ~ 5 步做跨步急停。

（2）跨步急停折线跑。

4. 练习要求

屈膝降重心，保持重心稳定。

（七）跳步急停

1. 动作要领

屈膝降重心，双脚内侧用力踏地。

2. 运用时机

突破前接球主动靠近防守者时；内线策应者背对球篮跑动接球时。

3. 练习方法

（1）跑 3 ~ 5 步做跳步急停。

（2）跳步急停后，右（左）跨步起跳。

4. 练习要求

急停时重心稳，与其他步法衔接连贯。

（八）前、后转身

1. 动作要领

移动脚蹬跨，重心移至中枢脚，以肩带腰转动。

2. 运用时机

背对篮接球后，可前、后转身突破，跳投或传球；持球者面对防守者，可前、后转身突破或躲避对手抢球；无球者利用转身摆脱对手接球。

3. 练习方法

（1）原地做前、后转身。

（2）跳起接球后做前、后转身或转身运球突破。

（3）快跑跨步急停后，做前、后转身启动快跑。

4. 练习要求

转身要快，重心平稳，转身后与下一个动作衔接要快。

（九）后撤步

1.动作要领

前脚用力蹬地，用腰部力量带动转跨后撤，重心平衡。

2.运用时机

进攻者从防守者前脚一侧突破时，采用后撤步堵截。

3.练习方法

（1）由基本站立姿势做后撤步接侧滑步。

（2）由基本站立姿势做侧滑步变后撤步接交叉步。

4.练习要求

后撤步时前脚蹬地，快速向后转腰跨步，重心低而稳。

二、传、接球技术及其练习方法

传、接球技术是篮球运动中运用最多的一项综合技术，它是衔接其他各项技术的桥梁，是组织进攻，实现战术的纽带。传、接球包括双手胸前传接球、双手头上传接球、双手反弹传接球、单手肩上传球、单手反弹传球和单手低手传球等。下面介绍几种比赛中常用的传、接球技术和练习方法：

（一）双手胸前传球和接球

1.双手胸前传球动作要领

双手持球于胸前，传球时，后脚蹬地重心前移，同时迅速伸臂，手腕急促翻转，拇指下压，用食指、中指用力弹拨将球传出。

2.双手接球动作要领

双手成半球状正对来球方向，手指触球瞬间快速后引。

3.双手胸前传球运用时机

可用于不同的方向和各种距离；由后场向前场推进时，适宜中近距离时运用；阵地战时，外围进攻者多数采用；可与胸前投篮、突破技术结合运用。

4.双手接球运用时机

原地和跑动中大都可以采用。

5.练习方法

（1）两人原地对面传、接球。

（2）迎面移动传、接球。

（3）两角传、接球。

6.练习要求

传、接球手法正确，传球时应协调用力，接球瞬间应后引。

（二）双手头上传球

1.动作要领

双手持球于头上，迅速甩臂和翻腕，手指用力向前拨球。

2.运用时机

适用于中、近距离传球。如快攻第一传、外线队员转移传球和外线队员向内线队员传球时均可采用。

3.练习方法

（1）两人原地对传。

（2）三角传、接球。

4.练习要求

动作规范，传、接球距离由近到远。

（三）单手肩上传球

1.动作要领

双手持球于胸前，传球时异侧脚跨出，引球至同侧肩上，以肘领先快速甩小臂扣腕，用食指、中指和无名指用力将球传出。

2.运用时机

适用于中、远距离传球。如快攻一传或长传时；进攻区域联防时的中、远距离对角传球时。

3.练习方法

（1）两人原地对传。

（2）三角传、接球。

4.练习要求

动作规范，传、接球距离由近到远。

（四）单手低手传球

1.动作要领

双手胸前持球下摆，前臂迅速向传球方向摆动，急速屈腕，经手指用力将球传出。

2.运用时机

适用于近距离传球。常在对付高大队员防守或做隐蔽传球时采用。如突破分球、策应传球和快攻结束阶段以多打少时采用。

3.练习方法

（1）两人原地对传。

（2）行进间两人单手低手传、接球直线推进。

4.练习要求

甩前臂，迅速屈腕。行进间传、接球时，手的运作应与脚步动作协调配合。

（五）反弹传球

1.动作要领

单、双手反弹传球手法与单、双手胸前传球基本相同，只是将球向地面击地点传出。击地点控制在接球者与传球者之间距离的1/3处。

2.运用时机

双手反弹传球多用于中、近距离快速传球，如外线队员向内线队员传球、突破分球、快攻一传和结束阶段的传球等。单手反弹传球多用于近距离传球，如外线队员传球给中锋或空切篮下的队员传球等。

3.练习方法

（1）两人原地对传。

（2）三角传、接球。

4.练习要求

控制好击地点的距离。传、接球距离由近到远。

三、投篮技术及其练习方法

投篮是进攻者将球投入篮筐所采用的各种专门动作的总称。它是进攻中得分的唯一手段，是篮球运动的主要进攻技术，是组成战术的重要环节。投篮技术包括双手胸前投篮、单手肩上投篮、行进间单手低手投篮、行进间单手肩上投篮、跳起单手肩上投篮和单手翻手投篮等。下面介绍几种比赛中常用的投篮技术：

（一） 原地双手胸前投篮

1.动作要领

双手持球于胸前，两膝微屈。投篮时双脚蹬地，双臂上伸，双手腕外翻，用拇指、食指和中指将球投出。

2.运用时机

中、远距离投篮时或罚球时。

3.练习方法

（1） 两人原地相互对投。

（2） 定点投篮。

（3） 不同角度和距离的投篮。

4.练习要求

双腿的蹬地与双臂的上伸应协调一致。手腕外翻与拇指、食指、中指拨球动作应连贯用力。

（二） 原地单手肩上投篮

1.动作要领

以右手投篮为例。右手持球于肩上，双腿微屈。投篮时，右臂随双腿蹬伸抬肘上伸，屈腕将球通过食指、中指和无名指投出。

2.运用时机

运用较为广泛，在不同距离和位置上均可采用。

3.练习方法

（1） 两人原地相互对投。

（2） 定点投篮。

（3） 不同角度和距离的投篮。

4.练习要求

上、下肢用力协调连贯。屈腕和手指拨球动作柔和有力。

（三） 行进间单手低手投篮

1.动作要领

以右手投篮为例。右脚跨步接球，左脚上步起跳，同时双手持球由体侧向前上方举起，跳到最高点时，屈腕将球从食指、中指和无名指的指端投出。

2.运用时机

快速跑动中接球投篮时；快速跑动中超过对手后或强行突破时。

3.练习方法

（1）原地持球做自抛自接行进间单手低手投篮。

（2）行进间运球单手低手投篮。

（3）行进间接球做单手低手投篮。

4.练习要求

跨步接球与上步举球动作连贯协调。屈腕拨球动作柔和。

（四）行进间单手肩上投篮

1.动作要领

以右手投篮为例。右脚跨步接球，左脚上步起跳，双手举球于右肩上方。跳起到最高点时，右肘上提，迅速伸臂，屈腕将球通过食指、中指和无名指投出。

2.运用时机

快攻反击时和切入篮下时。

3.练习方法

（1）原地持球做自抛自接行进间单手肩上投篮。

（2）运球后做行进间单脚起跳单手肩上投篮。

（3）移动中接球做行进间单脚起跳单手肩上投篮。

4.练习要求

跨步接球与上步起跳举球应连贯协调。控制好手腕和手指的用力大小。

（五）原地跳起单手肩上投篮

1.动作要领

以右手投篮为例。双手持球于胸前，双腿稍屈。起跳时双脚用力向上起跳，同时双手迅速举球于右肩上，跳到最高点时，迅速提右肘伸臂，屈腕将球通过食指、中指和无名指投出。

2.运用时机

多适用于中、远距离投篮。可与传接球、运球突破、转身或其他技术结合运用。如原地、行进间急停、面向或背向球篮投篮时采用。

3.练习方法

（1）两人对面跳起对投。

（2）近距离跳起投篮。

（3）不同角度和位置接球跳起投篮。

4.练习要求

起跳与举球动作协调一致，举球快而有力。跳至最高点时再提肘、伸臂，将球出手。

四、运球技术及其练习方法

运球是持球者在原地或移动中，用单手连续拍按由地面反弹起来的球时所采用的动作的总称，是比赛中控制球、突破防守、发动快攻和组织进攻配合的重要技术。运球包括高运球、低运球、运球急停急起等。

（一）高运球

1.动作要领

抬头目视前方，以肘关节为轴用手腕和手指向地面按拍球，球落点在体侧前方。球反弹高度约在腰、胸之间。

2.运用时机

由后场快速推进到前场时；快攻中运球投篮时；持球突破防守后运球投篮时；用高运球组织进攻、调整进攻位置与进攻速度时。

3.练习方法

（1）原地高运球。

（2）全场行进间高运球。

4.练习要求

以肘关节为轴，抬头运球。

（二）低运球

1.动作要领

抬头，双膝深屈，以腕关节为轴，手指以下按拍球；运球高度在膝盖以下。

2.运用时机

对手紧逼时，可运用低运球摆脱防守；运球掩护时采用。

3.练习方法

（1）原地低运球。

（2）半场行进间折回运球。

4.练习要求

以腕关节为轴，控制好按拍球的部位。

（三）运球急停急起

1.动作要领

急停时手指控制球的前上部，同时做一步或两步急停，使球垂直反弹，高度控制在膝盖以下。急起时，手指推拍球的后上方，同时脚掌蹬地和重心迅速前移。

2.运用时机

运球者在防守较紧，而又不能用快速运球超越时，常采用急停急起摆脱防守。

3.练习方法

（1）全场行进间运球急停急起。

（2）看信号做急停急起。

4.练习要求

急停要停得住，急起要启动快。控制好拍球部位。

五、持球突破技术及其练习方法

持球突破是持球者运用脚步动作和运球技术快速超越防守者的一项攻击性很强的技术。它既能为个人创造良好的进攻机会，也能打乱对方防守布局，为同伴和全队创造更佳的进攻机会。持球突破包括交叉步突破、顺步突破。

（一）交叉步突破动作要领

以右脚做中枢脚为例。突破时，左脚快速蹬地，向右前方跨出一大步。同时上体右转，下压左肩，将球拍按于右侧运球突破。

（二）顺步突破动作要领

以左脚做中枢脚为例。突破时，右脚迅速向右前方跨出，同时向右转体探肩，右手放球于右脚侧前方，左脚向右前方跨出突破。

（三）运用时机

半场紧逼时；对投篮者紧逼时；突破分球时。

（四）练习方法

（1）原地持球交叉步或顺步突破。

（2）一人防守一人持球做交叉步突破或顺步突破投篮。

（3）一人防守一人跳步急停接球做交叉步或顺步突破投篮。

（五）练习要求

双脚都能做中枢脚。突破要狠、要快，不走步。做到蹬地、探肩、放球和加速动作连贯协调。

第三节　篮球运动的基本战术

一、战术基础配合

（一）进攻基础配合

1.传切配合

传切配合是进攻队员之间利用传球和切入技术组织的简单配合，它主要在对方采用扩大人盯人防守、扩大联防和从后场向前场推进时采用。

练习要求：切入者应先做变方向跑的假动作，切入中用侧身跑并始终注视球。传球应及时、到位。联守者由消极防守逐渐变为积极防守。

2.突分配合

突分配合是进攻者持球突破后，传球给移动到有利的进攻位置上的同伴的配合方法。它一般在持球者突破中遇到防守者关门或补防时采用。

3.掩护配合

掩护配合是进攻者采取合理性动用自己的身体挡住同伴的防守者的移动路线，使同伴借以摆脱防守或利用同伴的身体和位置使自己摆脱防守的配合方法。它包括给持球队员掩护和给无球队员掩护。掩护配合常在对方采用人盯人防守时采用。

4.策应配合

策应配合是进攻队员侧向或背向球篮接球，与外线队员的空切相配合而形成的一种里应外合的配合方法。策应配合常在对方采用人盯人防守或区域紧逼盯人时采用。

练习要求：策应前应有摆脱防守的假动作。接球后用身体和手臂保护好球。传球队员应及时传球给策应队员，做到人到球到。传球后切入要突然、快速。

（二）防守基础配合

1.挤过配合

挤过配合是指当对方掩护时，防守者抢先一步靠近自己的防守者，从两个进攻者之间挤过去，继续防守各自对手的配合方法。挤过配合主要在本方采用紧逼人盯人防守或对方利用掩护试图为投篮较准的队员创造投篮机会时采用。

练习要求：挤过时的抢前一步应及时、有力，并要贴近对方。挤过配合时应互相提醒，协调配合。

2.穿过配合

穿过配合是指当对方掩护时，防守掩护者的队员及时主动后撤一步，让同伴快速从自己和掩护队员之间穿过，以便继续防住各自对手的配合方法。穿过配合主要在本队采用全场或半场人盯人防守，而对方又善于掩护并对球篮没直接威胁时采用。

练习要求：防守掩护的队员应在对方进行掩护时，及时发出信号并后撤，防守队员必须快速从同伴和掩护队员之间穿过。

3.交换防守配合

交换防守配合是指防守者为了破坏进攻者的掩护配合，防守者之间及时地彼此交换自己所防守的对手的配合方法。交换防守配合一般在进攻者采用掩护配合，挡住了同伴防守其对手的移动路线时采用，多用于全场和中场人盯人防守技术。

练习要求：防守掩护者的队员应向同伴发出换人信号，及时换防。换防后，防守掩护者的队员应迅速上前防守进攻队员摆脱后的进攻路线。另一防守队员要及时后撤，调整自己的防守位置。

二、快攻与防守

（一）快攻战术

快攻是指防守转攻时，趁对方尚未做好防守部署时，以最快的速度，造成人数和位置上的优势，果断地利用快速配合进行攻击的进攻战术。快攻是世界强队进攻的最锐利武器和运用最多的战术之一。快攻战术的组织形式包括长传快攻和短传快攻结合运球推进快攻两种类型。快攻的组织结构由发动与接应、推进和结束3个阶段组成。快攻的发动时机有：抢到后场篮板球时、对方投篮得分掷端线球时、跳球时和抢断球后。

1.长传快攻

长传快攻指的是当队员在后场得球后，用一次或两次传球将球传给快下突袭的同伴进行攻击的一种快攻方法。长传快攻的特点是速度快、时间短、战术组织简单。它通常由发动和结束两部分组成。长传快攻运用时经常出现在对方退防不及时、封堵快攻意识不强时和退防时背向球往篮下跑时。

练习要求：抢得球后队员分散要快，传球应快速、准确。快下队员应掌握好启动时机，快速奔跑。过中场应判断来球方向，接好球。

2.短传快攻结合运球推进快攻

短传快攻结合运球推进快攻指的是队员在后场得球后，通过队员间快速的短距离传球、运球，向篮下逼近进行攻击的一种快攻方法。这种快攻形式具有战术组织比较灵活多变，较容易创造快攻战机的特点。它由发动与接应、推进和结束3个部分所组成。

推进中应保持纵横队形。防守转入进攻时分散迅速。分散时视自己所处位置，该快下则快下，该插中则插中，两边快下队员在前，插中队员在后，形成三角队形向前推进。其他两名队员跟进，五人之间既保持一定距离，又保持相互联系。

（二）防守快攻战术

防守快攻是指由攻转守时，防守者迅速采取各种防守技术和配合，限制对方行动，延误对方进攻时间和降低对方进攻速度，从而达到抢断球或使对方转入阵地进攻的一种防守战术。防守快攻是防守战术的重要组成部分。它能有效地制约攻方的进攻速度，为本方组织起有效防守赢得时间。防守快攻战术由堵截快攻的发动与接应、分散退守和防快攻的结束3个环节构成。快下队员只能沿边线快下接球或向篮压缩中突然跑回接球。防守队员应积极选择有利的防守位置，以防止进攻队员接球，并伺机抢、断球。

三、半场人盯人防守

半场人盯人防守战术是在后场每个防守队员盯住一个进攻队员，同时协助同伴完成集体防守任务的全队防守战术。它是篮球比赛中最基本、运用最普遍的一种防守战术。半场人盯人防守分为半场紧逼人盯人防守（也称半场扩大人盯人防守）和半场松动人盯人防守（也称半场缩小人盯人防守）两种。

（一）半场紧逼人盯人防守战术及其练习方法

半场紧逼人盯人防守战术是以夺球为目的，紧逼对手，封堵传接球路线，堵卡运球路线，阻止中远距离投篮，破坏攻方习惯进攻配合，适时夹击、抢断反击快攻的防守形式。

1.半场紧逼人盯人防守战术运用时机为：

（1）攻方外围投篮准，而内线攻击力较弱时；

（2）攻方技术不全面，缺乏比赛经验时；

（3）攻方队员高大而移动速度慢时；

（4）攻方战术单调，不善于在移动中创造攻击机会时；

（5）为创造抢断球快攻的机会时；

（6）攻方内线攻击力强，外线传球能力差时。

2.半场紧逼人盯人防守战术的基本要求：

（1）以防"外"为主，"内""外"兼顾；

（2）以防人为主，人球兼顾；

（3）以堵"横"切与"纵"切为主；

（4）与抢断球快攻相结合；

（5）"有球紧""无球松"。

（二）半场紧逼人盯人防守战术的配合方法

1.进攻队球动，人不动，防守队员通过球的转移练习选位。

练习要求：传球速度由慢到快，先在外围，然后内外结合。每次转移球后，持球者可做投篮、突破假动作，同时检查防守队员落位是否正确。防守队员应随球的转移，积极移动选位。

2.进攻队球和人都动，防守队员跟随移动，练习选位。

练习要求：进攻队员的位置改变和球的转移由慢到快，持球者可瞄篮、运球，外围队员可随时空切换位。防守队员应堵截对手的移动路线，随时调整防守位置，做到人球兼顾。

3.半场攻守练习全队防守配合。

练习要求：规定攻方采用传切、掩护、策应、突分配合和通过中锋进攻。防守方应积极移动进行选位、协防、补防、抢断、挤过、穿过、换防、关门和夹击等防守配合。

（三）半场松动人盯人防守战术

半场松动人盯人防守战术是防守者对有球者防守紧、无球者防守松，并且根据球的位置来掌握松紧度的防守形式。半场松动人盯人防守战术运用时机为：

1.外线攻击力量较弱，内线攻击能力强时；

2.对方突破能力强时；

3.为了加强抢防守篮板球，创造快攻机会时；

4.为了加强集体防守配合时。

四、区域联防与进攻区域联防

（一）区域联防战术

区域联防是以防球为主，每个队员负责防守一定的区域，严密防守进入该区的球和进攻队员，并积极移动、补位，封锁内线和伺机抢球，运用队形把每个防守区域有机联系起来所形成的一种集体联合防守战术。

1.区域联防的运用时机为：

（1）对方中远距离投篮不准，但善于突破时；

（2）对方高大中锋善于篮下进攻，我方无人能防住时；

（3）对方个人攻击力量强，而我方个人防守技术较差时；

（4）犯规较多，后备力量不足时；

（5）主动改变防守战术，加强篮板球的争抢力量和发动快攻时。

2.区域联防的基本要求

（1）在分工负责防守区域的基础上、5名队员应协同配合，积极移动，做到以球为主，球、区、人兼顾。

（2）对持球队员应采取人盯人防守，严防其投篮、传球和运球突破。

（3）对离球近的进攻队员的防守，应抢占有利的防守位置，不让其轻易接球，同时准备与同伴进行关门、夹击、补位等配合。对离球远的进攻队员的防守，应注意防其背插、溜底线，即用卡、挤、送等防守动作，断其移动接球路线。

（4）根据本队队员的特点和区域联防阵型的要求，合理分配队员的防守区域。一般情况下，是将快速灵活和善于抢断的队员分配在外线防区，将身材高大、补防意识强、善于封盖和抢篮板球的队员分配在内线防区。

（5）当进攻队改变进攻队形时，防守队应有针对性地及时改变防守队形。

区域联防的阵形包括"2-1-2""3-2""2-3""1-3-1"等。"2-1-2"区域联防适用于应对正面攻击力强、正面突破和篮下进攻威力较大，但不善于组织限制区两腰进攻的队。"3-2"区域联防适用于对付外围中投较准，但篮下攻击力较弱，控制和支配球能力及组织进攻能力较差的队。"2-3"区域联防适用于应对擅长篮下进攻的队。"1-3-1"区域联防适用于应对以"1-3-1"队形进攻的队。

（二）进攻区域联防战术及其练习方法

进攻区域联防是针对区域联防队形和变化特点所采用的进攻战术。进攻区域联防的基本要求：

1.乘防守队员尚未组织好防守队形之前发动快攻；

2.进攻队应针对防守队形，采用插空站位的进攻队形；

3.进攻方应在移动中进攻，通过人、球的快速移动和转移，形成局部的以多打少局面，创造投篮机会；

4.充分运用传切、策应、溜底线、背插、掩护和突破分球配合方法进行攻击，以打乱防守队形，创造攻击机会；

5.每次投篮后，应冲抢篮板球，保持攻守平衡。

进攻区域联防的阵型包括"1-3-1""1-2-2""2-1-2""2-2-1"等。"1-3-1"进攻阵型适用于应对"2-1-2"和"2-3"区域联防。"1-2-2"进攻阵型适用于应付"2-3"区域联防。"2-1-2"进攻阵型适用于应对"1-3-1"区域联防。"2-2-1"进攻阵型适用于应对"3-2"区域联防。

第四节　篮球运动的主要规则

一、违例规则

违例是违犯规则。罚则为：将球判给对方队员在最靠近发生违例的地点掷球入界，但正好在篮板后面的地点除外，除非本规则另有规定。

（一）队员出界和球出界

在球出界或球触及了除队员以外的其他物体而出界之前，最后触及球或被球触及的队员是使球出界的队员；如果球出界是由于触及了界线上或界线外的队员或被他所触及，判该队员使球出界。当队员身体的任何部分接触界线上方、界线上或界线外的除队员以外的地面或任何物体时，即判队员出界。当球触及了在界外的队员或任何其他人员时或界线上方、界线上或界线外的地面或任何物体时或篮板支撑架、篮板背面或比赛场地上方的任何物体时，即为球出界。

（二）运球

运球是指一名队员控制一个活球的一系列动作，掷、拍、在地面上滚动的球。当在场上已获得控制活球的队员将球掷、拍、滚、运在地面上或触及另一队员之前为运球开始。当队员双手同时触及球或球在单手或双手中停留时为运球结束。队员意外地失球并随后在场上恢复控制活球，被认为是漏接球。队员第一次运球结束后不得再次运球，除非在两次运球之间由于下述原因他在场上已失去了控制活球：如投篮，球被对方队员触及，传球或漏接，然后触及了另一队员或被另一队员触及。

（三）带球走

一名队员接住球时，双脚站在地面上一只脚抬起的瞬间，另一只脚成为中枢脚。开始运球时，在球离手前中枢脚不得离开地面。如队员结束运球或获得控制球后，应用同一只脚或双脚连续地接触地面行进。当一名队员持球跌倒并在地面上滑行，或躺在地面上或坐在地面上时获得了控制球，这不是违例，如果随后该队员持球滚动或持球站起，这是违例。

（四）3 秒钟

某队在前场控制活球并且比赛计时钟正在运行时，该队的队员不得在对方队的限制区内停留超过持续的 3 秒钟。下列情况中应被默许：该队员的试图离开限制区；当该队员的同队队员正在做投篮动作并且球正离开或恰已离开投篮队员的手时，该队员在限制区内；该队员在限制区内已接近 3 秒钟时运球投篮。

（五）被严密防守的队员

一名队员在场上正持着一个活球，一名对方队员在距离他不超过 1 米处，并采取积极合法的防守动作时，该持球队员是被严密防守的队员。一名被严密防守的队员必须在 5 秒钟内传球、投球或运球。

（六）8 秒钟

在掷球入界中，一名后场队员获得活球控制权，掷球入界队员所在队仍在后场控制球权，此时该队必须在 8 秒钟内使球进入该队的前场。

（七）24 秒钟

在掷球入界中，一名队员在场上获得活球控制权，球接触场上的任何队员或被场上的任何队员合法触及，并且掷球入界队员的球队仍然控制球时，该队必须在 24 秒钟内投篮。

（八）球回后场

在前场控制活球的球队不得使球非法回到后场。违规罚则为：球应判给对方球队在对方前场最靠近违规的地点掷球入界，正好在篮板后方地点除外。

（九）干涉得分和干扰得分

在一次投篮中，当一名队员触及完全在篮圈水平面之上的球时，并且球正下落飞向球篮中；球已碰击篮板后，干涉得分发生。在一次罚球中，当一名队员触及飞向球篮的球或触及篮圈前的球时，干涉得分发生。队员从下方伸手穿过球篮并触及球时；当球在球篮中，防守队员触及球或球篮从而阻止球穿过球篮时；队员使篮板颤动或者抓球篮，根据裁判员的判定，这种手段已妨碍球进入球篮或者使球进入球篮时；队员抓球篮打球时，干扰得分发生。

二、犯规规则

犯规是指对规则的违犯，包含与对方队员的非法身体接触或违反体育运动精神的举止。裁判员可宣判一个队任何数量的犯规，不管罚则是什么，都要登记犯规者的每一次犯规，记入记录表并且按照相应的罚则进行处罚。

（一）接触

1.圆柱体原则

圆柱体原则是指判断球员接触时是否犯规的一种规则。每位队员都拥有他所在的地面位置以及垂直的上方空间。队员的双手和双臂可以向躯干上方伸展，肘部的双臂弯曲不能超过双脚的宽度。双脚间的距离应依据个人身高而定。

2.垂直原则

在比赛中，每一名队员都有权占据未被对方队员占据的任何场上位置（圆柱体）。这个原则保护队员所占据的地面空间和当他在此空间内垂直跳起时的上方空间。队员一旦离开他的垂直位置（圆柱体），并与已建立垂直位置（圆柱体）的对方队员发生身体接触，则离开自己的垂直位置（圆柱体）的队员须对此接触负责。防守队员垂直离开地面（在他的圆柱体内）或在他自己的圆柱体内把双手和双臂向上伸展，则不必判罚。无论是在地面上或在空中的进攻队员，不应以下列方式与处于合法防守位置的防守队员发生接触：用他的手臂为自己创造额外的空间（推开障碍）；在投篮中或投篮后立即伸展他的双腿或双臂造成接触。

3.合法的防守位置

当一名防守队员面对对手并且双脚着地时，他就建立了最初的合法防守位置。合法的防守位置垂直延伸到他（圆柱体）的上方，从地面到天花板，他可将双臂和双手举过头顶或垂直跳起，但必须在假想的圆柱体内使手臂保持举起的姿势。

4.防守控制球的队员

当防守控制（正持或运）球的队员时，时间和距离的因素不适用。每当对方队员在持球队员之前获得了一个最初的合法防守位置（甚至是一瞬间完成的），持球队员必须想到被防守并必须准备停步或改变方向。防守队员建立一个最初的合法防守位置，必须在占据位置前没有造成接触。一旦防守队员建立了一个最初的合法防守位置，他可移动去防守对手，但不得通过伸展双臂、双肩、双髋或双腿造成接触来阻止从他身边通过的运球队员。判断涉及持球队员撞人或阻挡情况时，裁判员应运用下列原则：防守队员必须以面对持球队员并双脚着地来建立一个最初的合法防守位置；防守队员为保持最初的合法防守位置，可保持静立、垂直跳起、侧移或后移；在保持最初的合法防守位置的移动中，脚或双脚可以瞬间离地，只要该移动是侧向或向后的，而不是朝向持球队员前移的；接触部位必须是躯干，在这样的情况下，防守队员被认为是先占据了接触地点；已建立了合法防守位置的防守队员可以在其圆柱体之内转身，以避免受伤。在上述任何情况中，应认为该接触犯规是由持球队员造成的。

5.防守不控制球的队员

不控制球的队员有权在球场上自由移动，并占据任何未被其他队员占据的位置。如果一名防守队员在获得最初的合法防守位置中不考虑时间和距离的因素，并与对方队员发生接触，则须对该接触负责。一旦一名防守队员已经建立了最初的合法防守位置，他可移动去防守对手，但不能在对方队员的路径中以伸展臂、肩、臀或腿的方式阻止对方从他身边通过。防守队员可以在自己的圆柱体内转身来避免受伤。

6.腾空的队员

从球场某位置跳向空中的队员有权落回同一地点，也有权落在场上的其他地点。如果一名队员已跳起并落地，可是他的冲力使其接触了在落地地点之外已获得了一个合法防守位置的对方队员，则该跳起队员对此接触负责。若队员已跳起并腾空，对方队员不得移动到他的下落路径上。移动到腾空队员的下方并造成接触，通常是违反体育运动精神的犯规，甚至可能是取消比赛资格的犯规。

7.掩护

合法的和非法的掩护是试图延误或阻止一名不持球的对方队员到达他希望到达的场上位置。当正在掩护对手的队员发生接触时是静止的（在他的圆柱体内）或发生接触时双脚着地，是合法的掩护。当正在掩护对手的队员发生接触时正在移动或在静止对手的视野之外做掩护，发生接触时没有给出足够的距离或发生接触时对移动中的对手没有顾及时间和距离的因素，是非法的掩护。

如果在静止对手的视野之内做掩护（前面的或侧面）只要没有接触，做掩护的队员可按自己的意愿靠近对手以建立掩护。

如果在静止对手的视野之外做掩护，做掩护的队员必须允许对手向掩护迈出正常的1步而不发生接触。做掩护的队员必须留出足够的空间，以便被掩护的队员能通过停步或改变方向来避免掩护。被合法掩护的队员与已经建立该掩护的队员的任何接触，由被合法掩护的队员负责。

8.撞人

撞人是指持球或不持球队员推开或顶撞对方队员，与对方队员的躯干发生的非法身体接触。

9.阻挡

阻挡是指阻碍持球或不持球的对方队员而进行的非法身体接触。

10.无撞人半圆区

球场上画出无撞人半圆区的目的是指定一个特定的区域用于解释篮下的撞人或阻挡情况。一名腾空的进攻队员与防守队员在无撞人半圆区内的任何身体接触不应被判为进攻犯规，除非进攻队员非法使用手、臂或者身体。这一规则适用于进攻队员控制球并腾空，并且试图投篮或者传球，而防守队员的单脚或双脚触及无撞人半圆区。

11.用手或手臂接触对方队员

如果队员引起的接触在任何方面限制对方队员的移动自由，则接触犯规。当防守队员处于防守位置，并且将手或手臂放置在持球或不持球的对方队员身上保持接触以阻碍其行进，就发生了非法用手或非法伸展手臂的犯规，反复地接触或"戳刺"持球或不持球的对方队员是粗暴的犯规，违背体育精神。

当持球进攻队员为了进攻，用手臂勾住或缠绕防守队员，为了阻止防守队员的防守或抢球，或为了在自己和防守队员之间创造更大的空间而推开防守队员，运球时用伸展的手臂或手去阻止对方队员获得控制球权，判持球进攻队员犯规。

当不持球的进攻队员为了阻止防守队员的防守或抢球；为自己扩展

更大的空间而推开防守队员，判不持球进攻队员犯规。

12.中锋位置的攻防

垂直原则（圆柱体原则）适用于中锋位置的攻防。位于中锋位置的进攻队员和防守队员必须尊重彼此的垂直位置（圆柱体）的权利。位于中锋位置的进攻队员或防守队员用肩或髋将对方队员挤出位置，或用伸展的肘、臂、膝或身体的其他部位去干扰对方队员的活动自由，都视为犯规。

13.背后非法防守

背后非法防守是指防守队员从对方队员的背后与其产生的身体接触。即使防守队员正在试图抢球，与对方队员发生身体接触也是非法的。

14.拉人

拉人是指干扰对方队员移动自由的非法身体接触。这种接触（拉人）可能发生在身体的任何部位。

15.推人

推人是指队员用身体的任何部位强行移动或试图移动控制或未控制球的对方队员时发生的非法身体接触。

16.骗取犯规

一名队员采用任何手段假装被侵犯，或采取戏剧性的夸张动作来制造被侵犯了的假象，并从中获利，骗取犯规。

（二）侵人犯规

侵人犯规是指无论在活球或死球的情况下，攻守双方队员发生非法身体接触的犯规。队员不应通过伸展手、臂、肘、肩、髋、腿、膝、脚或将身体弯曲成不正常的姿势（超出自己的的圆柱体）去拉、阻挡、推、撞、绊对方队员，或阻止对方队员行进；不得有任何粗野或猛烈的动作。犯规罚则为：登记犯规队员一次侵人犯规。如果对没有做投篮动作的队员发生犯规，由非犯规的队在最靠近犯规的地点掷球入界重新开始比赛；如果犯规的队处于全队犯规处罚状态，则应运用全队犯规规则进行处罚。

（三）双方犯规

双方犯规是指二名互为对方的队员同时相互发生侵人犯规的情况。罚则是给每一犯规队员登记一次侵人犯规，不判罚球。比赛应按下列所述重新开始比赛：在发生双方犯规的同一时间，如果投篮得分，或最后一次或仅有一次的罚球得分，应将球判给非得分队从端线的任意地点掷球入界；某队已控制球或拥有球权，应将球判给该队在最靠近犯规的地点掷球入界；任一队都没有控制球也没有球权，按一次跳球情况处理。

（四）技术犯规

技术犯规是指双方队员没有身体接触的犯规。行为种类包括：无视裁判员的警告；不尊重裁判员、技术代表、记录台人员或球队席上人员的行为；与裁判员、技术代表、记录台人员或对方队员交流中没有礼貌；使用冒犯或煽动观众的粗话或手势；戏弄或嘲讽对方队员，在对方队员眼睛附近挥手或用手妨碍其视线；过分挥肘；在球穿过球篮之后故意触及球或阻碍对方队员迅速掷球入界以延误比赛；伪造被犯规；悬吊在篮圈上用篮圈支撑自身重量。若为防止自己受伤或其他队员受伤而抓住篮圈是可以的。在最后一次或仅有一次的罚球中防守队员干涉得分，应判给进攻队得1分，登记该防守队员技术犯规。

当登记了一名队员2次技术犯规或2次违反体育运动精神的犯规，或1次技术犯规和1次违反体育运动精神的犯规时，应该取消他本场比赛剩余时段的资格。

当出现下述情况时，应取消教练员本场比赛剩余时段的指挥资格，由于自身违反体育运动精神行为，累计登记2次技术犯规时；由于球队席上人员违反体育运动精神行为，累计登记3次技术犯规时。

（五）违反体育运动精神的犯规

一起犯规是否是违反体育道德精神，根据裁判员判定的犯规有：队员违反篮球规则的精神和意图，以不合法的方式直接抢球；队员在尽力抢球或在与对方队员尽力争抢中，造成与对方队员过分接触；在攻防转换中，防守队员为了中断进攻队的进攻，与进攻队员造成不必要的身体接触；防守队员试图中断对方的快攻时，从进攻队员的身后或侧面与其造成身体接触。

（六）取消比赛资格的犯规

队员或球队席上人员的任何恶意违反体育运动精神的行为，都是取消比赛资格的犯规。若教练员被取消比赛资格，应由登记在记录表上的助理教练员接替。如果记录表上没有登记助理教练员，应由该队队长接替。依据这些规则的各个条款被取消比赛资格的犯规者应去往该队的休息室，并在比赛期间留在休息室内，也可以选择离开比赛场馆。

（七）打 架

打架是指两名或多名互为对方队的人员（队员和球队席人员）之间的肢体冲突。本条款仅适用于在打架中或在可能导致打架的任何情况中离开球队席区域界限的球队席人员。罚则规定：在打架中或在可能导致打架的任何情况中离开球队席区域的人员，应被取消比赛资格。

第六章 足球

第一节 足球运动概述

足球运动是一项以脚为主支配球、两队相互对抗、竞争激烈的球类项目。其具有参加人数多、场地大、对抗性强、比赛时间长、技术复杂、战术多样等特点，以将球攻入对方球门的数量多少判定胜负的球类运动。

足球运动是世界体育运动中开展最广泛、影响最大的运动项目，号称"世界第一运动"，深受世界各国人民喜爱。足球比赛以其特有的魅力吸引了成千上万的现场观众和无数的电视观众，吸引了广大青少年和成年人参与其中。

现代足球起源于英格兰，其发明据说与人头有关。公元1041年至1042年，丹麦人大举入侵英格兰，两国之间爆发了一场战争。在某场战争结束后，一个英格兰人在打扫战场时偶然挖出了一个丹麦人的头，由于仇恨入侵者，一脚把头踢了出去，结果越踢越上瘾，引来了周围人的加入。后来逐渐发展成踢球的形式，直到今天的足球比赛。这项运动的发明虽然是极其偶然的，但其以战争的形式表现出来的竞争本质和带有强烈战争色彩的占有欲与征服欲被现代足球运动继承下来。足球运动在世界范围内发扬光大，也反映了足球运动的本质极其迎合现代人的本性。

1840年鸦片战争以后，足球运动开始传入我国。香港和上海是我国早期开展足球运动的两个城市。经过几十年的苦练、拼搏，我国男足于2001年10月7日闯入第十七届世界杯决赛，实现了国人44年来对我国男足参加世界杯的梦想。它是对我国自1994年来职业联赛的肯定，也是我国足球水平提高的标志。

第二节　足球运动的基本技术

足球技术是指运动员在足球比赛中所采用的合理动作的总称。常用的技术有：踢球、停球、运球、头顶球、掷界外球、抢截球、假动作、守门员技术等。

一、踢球

踢球是运动员有目的地用脚将球踢向预定的目标，达到有意识地传球和射门的目的。踢球的方法很多，动作要领也各自不同，但无论哪种踢球方法，都由助跑、支撑脚站位、踢球腿的摆动、脚触球部位、踢球后的随前动作5个环节组成。

踢球的主要方法有：脚背正面颠球、脚内侧踢定位球、脚背内侧踢定位球、脚背正面踢定位球、脚背外侧踢定位球等。

（一）脚背正面颠球

颠球时，支撑脚的膝关节微屈，身体重心移到支撑脚上，当球下落至膝关节以下时，颠球脚的膝关节、踝关节适当放松，并柔和地向前上方甩动小腿，用脚背轻击球的底部，将球向上颠起，左右交替进行。

（二）脚内侧踢定位球

正对踢球方向直线助跑，最后一步步幅稍大，支撑脚踏在球的侧方约15厘米处，脚尖正对出球方向，膝关节微屈，在支撑脚着地的同时踢球腿以髋关节为轴由后向前摆动。在向前摆的过程中大腿外展膝关节微屈，踢球脚的内侧正对出球方向，小腿快速向前摆，脚尖稍翘起，脚掌与地面平行，用脚内侧部位敲击或推送球的后中部。这种踢球方法可踢定位球、地滚球和空中球。其优点是传球准确性高，缺点是出球力度较小，多用于近距离和中距离传球。

（三）脚背内侧踢定位球

斜线助跑，助跑方向与出球方向成45°，最后一步步幅稍大，支撑脚掌外侧滚动式积极着地，踏在球的后侧方20厘米左右处，膝微屈，脚尖朝向出球方向，身体稍向支撑脚一侧倾斜。在支撑脚着地同时踢球腿以髋关节为轴，大腿带动小腿由后向前摆动。当大腿摆至球的上方时，小腿加速前摆，此时，脚尖外转，脚背绷直，踝关节紧张，以脚背内侧部位触击球的后中部（踢高球时，踢球的中下部），踢球腿及身体继续随球向前。比赛中，常用脚背内侧踢地滚球、反弹球、空中球、旋转球。

踢弧线球时，用脚背内侧击球的后中部，摆腿方向向球外侧斜前方，击球瞬间踝关节用力向内扣并上翘，使球成侧旋并沿一定的弧线运行。

（四）脚背正面踢定位球

直线助跑，最后一步步幅稍大，支撑脚滚动式积极着地，踏在球的侧方约10厘米处，脚尖正对出球方向；膝关节微屈，踢球腿随跑动向后摆起，小腿弯曲。在支撑脚着地的同时，以髋关节为轴，大腿带动小腿由后向前摆动。当膝关节摆至球的正上方，小腿快速摆动，脚面绷直，踝关节紧张，脚趾扣紧，用脚背正面部位击球的后中部，击球后身体及腿随球前移。比赛中，常用脚背正面踢地滚球、反弹球、凌空球和倒钩球等。

（五）脚背外侧踢定位球

直线助跑，支撑脚站位及踢球的摆动均与脚背正面踢球技术相同，用脚背外侧部触球，此时要求膝关节与脚尖内转，脚面绷直，脚趾紧屈，踢球后身体及踢球脚随腿前移。比赛中多用脚背外侧踢定位球、弧线球和弹拨球。

踢弧线球时，支撑脚踏在球的侧后方15～20厘米处，踢球脚的脚踝用力，并用脚背外侧击球的后中部，摆腿方向不通过球心，而向支撑脚一侧的前方摆动。

二、停球

停球是指运动员有目的地用身体的合理部位触球，以改变运动中的球的方向、力量，使球落向所需要的控制范围内。停球的动作结构可分为以下环节：判断球的移动、停球部位和方法、削弱球的冲力、停球后的跟随移动等。

比赛中常用的停球方法有脚底停球、脚底停反弹球、脚内侧停球、胸部停球、脚背外侧停球等。

（一）脚底停地滚球

身体正对来球方向，移动前迎，支撑脚站在球的侧面，脚尖正对来球方向，膝关节微屈，同时停球腿提起屈膝，脚尖上翘，使脚底与地面约小于45°（脚跟离地面稍低于球），一般前脚掌接触球的部位以能触到球的前上部为宜。可根据需要在停球的同时将球推向前方或拉向身后。

（二）脚底停反弹球

准确判断来球落点，身体前移迎球，支撑脚站在球落点侧前方（以球前进方向为准）脚尖正对来球方向，当球落地刚要反弹起的瞬间，用脚掌去触球的前面中上部，微伸膝，用脚掌将球停在体前。

（三）脚内侧停球

支撑脚脚尖正对来球，膝关节微屈，停球腿提膝大腿外转，脚尖微翘，脚底基本与地面平行，使脚内侧正对来球并前迎，在脚内侧面与球接触前开始后撤，其后撤的速度与球速基本相同，把球控制在衔接下一个动作需要的位置上。

在停空中球时也可将脚提起稍高于选择的停球点，在脚与球接触前的刹那开始下切，在下切过程中用脚内侧切于球的侧上部，将球停在地上，一般此种方法停下来的球还会反弹，需要当即衔接下一个动作将球控制，否则易被对手抢去。

（四）胸部停球（挺胸式停球）

面对来球方向站立（双脚前后或左右开立均可），双膝微屈，重心落在双脚之间，上体后仰，下颏微收，双臂自然张开，当球接触胸部的瞬间，双脚蹬地胸稍前挺，同时收腹，用挺胸动作使球弹起改变运行路线后落于体前。一般高于胸部的下落球，可采用挺胸式停球方法，如果是齐胸平直球可采用收胸式方法将球停在体前，在收胸式停球时，可以在触球前向体侧转体，将球停于体侧需要的位置上。

（五）脚背外侧停地滚球

将停球点放在停球腿外侧，支撑腿膝关节微屈，停球腿屈膝提起，脚内转，以脚外侧正对来球，然后大腿向停球方向推动触球的侧方，同时身体重心向停球方向偏移，把球停在侧前方或侧方，身体随球移动。

三、运球

运球是指运动员在不断地跑动中用脚（或身体的其他合理部位）间断地触球，使球始终处于自己的控制范围的能力。其方法有：脚内侧运球、脚背外侧运球、脚背内侧运球等。

（一）脚内侧运球

运球前进时，支撑脚始终领先于球，位于球的侧前方，肩部指向运球方向，支撑腿膝关节微屈稍向外转，重心放在支撑脚上，运球腿提高，屈膝用脚内侧部位推球的后中部。

（二）脚背外侧运球

运球跑动时与正常跑动时相同，上体微前倾，身体放松，步幅不宜过大，运球腿提起时，膝关节弯曲，脚跟提起，脚尖内转，使脚背外侧正对运球方向并向前推拨球的后中部。

（三）脚背内侧运球

身体稍向内侧转并自然放松，上体前倾，步幅要小，运球腿提膝外展，脚跟提起，脚尖外转，在迈步前摆着地前，用脚背内侧部位推拨球。

四、头顶球

头顶球是运动员为取得空中优势用头触击球的动作。可分为前额正面顶球和前额侧面顶球。这两个部位都可做原地顶球、跑动中顶球、跳起顶球和鱼跃顶球。

（一）原地前额正面顶球

身体正对来球方向，双眼注视来球，双脚前后或左右开立，双膝微屈，重心放在双脚的支撑面上或后脚上，双臂自然张开，当球运行到身体垂直部位前的刹那，双腿用力蹬地，收腹上体前摆，下颌微收，颈部紧张，在触球前瞬间颈部做快速前摆，用前额正面部位击球的前中部，且身体随球做适当前移。

（二）原地前额侧面顶球

双脚前后开立，出球方向的同侧脚在前，双膝微屈，上体和头部稍向出球相反方向回转侧屈，身体重心放在后脚上，双臂自然张开，眼睛注视来球，当球运行到出球方向同侧肩部的刹那，后腿用力蹬地，上体随即向着出球方向扭摆，同时颈部紧张并用力向击球方向甩头，用前额侧面击来球的侧前中部。

五、掷界外球

原地掷界外球，面对掷球方向，双脚左右或前后开立，膝关节微屈，上体后仰成背弓，重心后移，双手自然张开拇指相对，持球的侧后部，屈肘将球置于头后。掷球时，双脚用力蹬地，双腿迅速伸直收腹，双臂持球由后向前摆动，当球摆过头顶时，用力甩腕将球掷入场内。掷球时，脚可沿着地面向前滑动，双脚不得离开地面或踏入场内，但允许踏在线上。助跑掷界外球时将球放在胸前助跑，掷球动作与原地掷球动作相同。用助跑掷界外球是为了借助于助跑速度将球掷得更远些，以增加进攻的威力。

六、抢截球

抢截球包括抢球和截球。抢球是用规则所允许的条件和动作，把对方控制的球争夺过来，踢出去或破坏掉，创造转守为攻的机会。抢截球的技术要点有：选择有利的位置，掌握好抢截时机，利用身体的合理冲撞，动作衔接要快。

（一）正面跨步抢球

双脚前后开立，双膝微屈，重心下降，面向对方，在对方运球脚触球后即将着地或刚着地时，支撑脚立即用力后蹬，抢球脚以脚内侧对着球跨出，膝关节弯曲，上体前倾，身体重心移到抢球脚上。另一只脚立即前跨，如双方的脚同时触球，则要顺势向上提拉，使球从对方脚背滚过。同时身体重心要迅速跟上，把球控制好。

（二）侧面合理冲撞抢球

当与对手平行追球时，防守者重心下降，靠近对手身体一侧的手臂紧贴身体，利用对手同侧脚离地后的过程，用肘关节以上部位适当冲撞对方同样部位，使对手身体失去平衡，乘机将球控制住。

（三）侧后铲球

当防守者追赶运球者还差对手半步或一步距离时，对手即将传球或趟球，此时防守者的身体尚在进攻者侧后方，可将抢球脚伸向球的前方，用脚内侧或脚背外侧将球扣截住。支撑腿膝关节弯曲，重心下降，抢球腿膝关节微屈，这也可能造成对手下肢的突然制动失去平衡，而失去对球的控制。截球是把对方队员间传出的球堵截住或破坏掉。

七、假动作

假动作是为了隐蔽自己的意图，运用各种动作的假象迷惑和调动对方，使其产生错误的判断或失去身体平衡，从而取得时间、位置、距离等有利条件，更好地实现自己的真正意图。它分为无球假动作和有球假动作。无球假动作是指运动员无球时，改变速度、方向、动作意图的假动作。有球假动作是指运动员有球时所做的传球、停球、运球过人等假动作。练习假动作时可将各种不同的技术动作进行真假的衔接以提高假动作的有效性。

八、守门员技术

比赛中，守门员是本队的最后一道防线，主要任务是不让球射入本方球门。同时要随时观察比赛情况，起到协助指挥全队防守和进攻的作用，并将截获的各种来球，迅速及时地传踢到有利进攻的位置，组织发动进攻。

（一）位置选择与准备姿势

守门员为了守住球门，位置选择应根据对方的射门位置和两球门柱之间所形成的分角线站立。对方近距离射门时，守门员稍靠前些，这样可以缩小对方射门角度。对方远射门时，守门员可适当前移，但要防备对方吊球射门，当对方在中场直传插入突破时，守门员应抓好时机出击截球，当球向中场或前场发展时，守门员可前移到球门区线附近。

准备姿势：双脚左右开立，约与肩同宽，双膝自然弯曲并稍内扣，脚跟稍提起，身体重心落在前脚掌上，上体前倾，双臂于体前自然屈肘，手指自然张开，掌心向下，双眼注视来球。

（二）移　动

守门员为了更好地接住和堵截对方的传球和射门，必须根据对方射门前球和人的位置变化相应调整移动自己的位置。一般采用倒滑步和交叉步两种方法进行移动。

（三）接地滚球和平高球

接地滚球有直腿式和单腿跪撑式两种。

1.直腿式停球

双腿自然并立，脚尖正对来球，上体前屈，双臂并肘前倾，双手小指靠近手掌对球，在手触球的刹那，随球后引并屈腕、屈肘、双臂夹肘将球抱于胸前。

2.单腿跪撑式停球

身体正对来球，双腿左右开立，一腿弯曲另一腿内转跪撑，上体前屈，双臂下垂，双手小指相对，手掌对准来球并前迎，在手触球的刹那，双臂夹肘随球后引将球抱于胸前，然后站立。

3.接低于胸部的平直球

身体正对来球，双脚左右开立，上体稍前倾，双臂下垂并屈肘前迎，双手小指相靠，手掌对球，当手触球的刹那，双臂夹肘后引，顺势将球抱于胸前。

4.接高球

判断停球点后，迅速移动并跳起，双臂上伸迎球，双手拇指成八字，手指微屈，手掌对球，当手触球时，手指手腕适当用力将球接住，顺势屈肘，回缩下引，并转腕将球抱于胸前。

5.拳击球和托球

守门员没有把握接球或有对方大力射门等情况下，为了避免停球脱手，可采用拳击球。拳击球有单拳击球和双拳击球。

（1）单拳击球：屈肘握拳于肩上，蹬地跳起接近球，在击球前的刹那，快速冲拳，用拳面将球击向预定的目标。

（2）双拳击球：双臂屈肘握拳于胸前，双拳靠拢，拳心相对，当跳起接近最高点即将触球的刹那，双拳同时快速冲出，以拳面将球击向预定目标。

（3）托球：是球运行路线奔向球门横梁时，守门员起跳接球把握性不大时采用的方法。起跳准备托球时，全身伸展，单臂快速上冲，掌心向上，用手掌将球托起，使球越过球门横梁上方。

第三节　足球运动的基本战术

在足球比赛中，为了战胜对方，根据主客观情况而采用的个人行动和集体配合的组织方法与组织形式称为足球战术（包括比赛阵型，目前常采用的阵型有442、352、532等）。足球战术可分为进攻战术和防守战术，在进攻战术和防守战术中又可分为个人战术、局部战术、整体战术和定位球战术等。

一、个人战术

个人战术是指运动员在比赛中为了战胜对手而采取的个人行动和方法。任何战术配合，都是由一系列个人战术行动所组成，个人战术水平的高低直接影响着局部和整体战术的质量。个人战术分为个人进攻战术和个人防守战术。

（一）个人进攻战术包括：传球、跑位

1.传球

传球是运动员在比赛中有目的地把球踢给同伴或踢向预定方位。传球是构成全队进攻战术的基础，是组织进攻，变换战术和创造射门机会的重要手段，是迅速逼近对方球门最有效的方法。在比赛中，虽然传球的方法多种多样，而选择传球目标、掌握传球时机和控制传球的力量与落点，是衡量战术意识和传球技能的重要标志。

（1）选择传球目标：队员在控制球时，首先要观察场上情况，根据同伴或防守者的位置把球传到防守队员的身后，或做转移拉开传球。传球的方向应是同伴移动的前面。

（2）掌握传球时机：传球应及时，最好的传球时机应是同伴已经意识到，并且有可能占据有利位置时传球。也就是当同伴已经摆脱开对手或启动跑向空当时传球。

（3）控制传球力量与落点：传球要落点准确，控制弧线，力量适当，速度缓急适宜，一般可分为：对人传球，即向同伴脚下传球；空当传球，即向防守者之间的空隙传球；过顶传球，即传向防守者背后空隙地点；转移传球，即将球传向防守力量薄弱的空隙地区。

2.跑位

跑位是指在比赛中，队员在无球的情况下，通过有意识的跑动，为自己或同伴创造进攻机会。实践证明，在一场90分钟的比赛中，每队大约只有30分钟、每个队员约有3分钟的控球时间。其他时间都在不停地跑动中。可见跑位十分重要，它是进攻战术的基础，一般可分为：摆脱或接应跑动；切入或插上跑位；扯动牵制或制造空当跑位。常用的跑位方法是：突然启动、变速跑、变向跑等。

（二）个人防守战术包括：选位、盯人、抢截、守门员防守等

1.选位

选位是指防守队员在防守时选择占据合理的防守位置。在由攻转守的瞬间，防守队员应根据自己的防守范围与对手情况，迅速选择有利位置，并朝着本方球门退却收缩，封锁对方向本方球门的路线。

回防的路线是：在侧翼的队员沿着向近侧球门柱延伸的线回收；在中间的队员沿着一条向罚球点延伸的线回收。在回防中，要时刻观察场上情况，做到人、球兼顾。使自己始终处在对手与本方球门之间。

2.盯人

盯人是指防守队员控制进攻队员的行动与传停球的时间与空间。盯人分为：紧逼盯人和松动盯人。紧逼盯人是贴近对手，不给对方从容得球与处理球的机会。松动盯人是以区域站位为主，既盯住对手又保护同伴。只有在对手停球或切入时才紧逼。盯人的位置和动作是盯人战术的主要内容。

（1）盯人的位置：防守队员盯人的位置应处在对手与球门之间，距离对手2米左右。做到向前可截，不给对手自由处理球的机会；向后能转身抢先于对手而得球或破坏对手得球。

（2）盯人的动作：对停球的对手，首先破坏停球，即使对手接到了球，也不给转身的机会。迫使对手背向进攻方向，向回传球或运球。对面向进攻方向停球的对手不给向前传、运球和突破的机会。

对面向进攻方向控制球的对方队员，在对手企图突破时，不盲目拼抢，应采取后撤步边退边防进行封堵。

对切入的对手要盯紧，要切里线跑，不让对手跑到自己背后，切断对手与控制球队员的传球路线，不让对手得球。以少防多时，不急于盯抢控球队员，要选位堵截，封住对手切入和向前传球的路线，迫使其减慢进攻速度，争取时间让同伴回防。

二、局部战术

局部战术是指在比赛中两个或多个队员之间的默契配合行动。

（一）局部进攻战术

局部进攻战术是组成整体进攻战术的基础。主要内容有传切配合、二过一配合、交叉掩护配合、三过二配合等。

1.二过一战术配合。它是指在局部地区两个进攻队员通过两次以上的连续传球配合，越过一个防守队员的默契配合行动。

2.二过一战术配合的要求

（1）抓住战机：当局部地区出现二过一局面时，要及时抓住战机进行配合，稍一迟缓，防守队员就会回防到位，形成二过二的不利局面。

（2）避免越位：控球队员用运球或其他动作诱使对手上前阻截。为传球创造条件，控球队员传球后要快速插上停球，但要注意启动时间，避免越位。

（3）用力适当：控球队员向同伴脚下传球时，要用力适当，传球准确，便于同伴直接传递。

（4）快传：二过一配合，最后一传是关键，应掌握传球时机、力量和方向，当同伴离自己较近、对手又紧逼时，一般要直接快传，才能收到突破对手的效果。

（二）局部防守战术

局部防守战术有：保护、补位、围抢等。

1.保护：保护是指在同伴紧逼控球的对手时，自己选择有利位置来保护同伴，防止对手突破的默契配合行动。

在防守中，当距球较近的同伴逼抢对方时，离球稍远的队员应撤到同伴身后进行保护，对手一旦越过同伴可以随时补位。

2.补位：补位是指防守队员之间的互相协助防守的配合行动。补位配合的方法有：

（1）中卫给边卫补位：边卫被对手突破来不及转身堵抢时，中卫放弃自己的对手补边卫的防守位置，边卫补中卫放弃的位置。

（2）后卫给守门员补位：守门员弃门而出击争夺空中球或脚下球时，应有一两名后卫队员及时补位。

（3）补位注意事项：防守队员能赶上自己的对手时，一般不交换防守（补位）。需要补位时，以临近位置进行补位，尽量避免牵动其他防守队员。要保证罚球区中间的要害区域不出现空隙，因此，一切补位都应首先补救罚球区前附近要害地区出现的漏洞。

3.围抢：围抢是指防守时，几名队员同时围堵、抢断某局部区域的对方控球队员的默契行动。围抢的出现与运用，是现代足球比赛的特点，它在防守中除了提高个人的防守能力外，还增加了局部区域的防守人数，以多防少，提高防守效果。按场区，围抢可分为前场、中场、后场。前场、中场、后场又分为边路和中路围抢，按人数又分为2人、3人和4人的围抢。

（1）围抢的时机和条件：A.当对方进攻推进速度较慢，短传、横传或个人盘带较多时，有利于组织围抢。B.对方偏重局部配合、缺乏转移打法时，是组织围抢的有利时机。C.前场、后场的两个死角，中场的两个边路是围抢的有利区域。

（2）围抢的要求：A.必须具有充沛的体力、优异的奔跑能力和顽强的战斗意志。B.应具有个人抢断、逼抢、追抢、铲抢、反复抢的防守能力。C.队员之间应协同防守，配合默契。D.围抢时，应首先封死控球队员前进的路线，袭击侧路，包堵后路，决不能让进攻队员突破防守和有向前传球的机会。E.必须有堵有抢。一般是正面围堵，侧面和后面堵抢。

三、整体战术

整体战术是指为了完成整体的战术任务所采用的全队配合的方法。

（一）整体进攻战术

1.边路进攻战术

边路进攻是指在对方半场两侧地区发动的进攻。各队在防守时都力求以多防少，中路地区的防守队员比较集中，而边路地区的防守队员相对少些，空隙较大，这是边路进攻的有利条件。边路进攻一般是围绕边锋进行的配合方法，因此，要求边锋的速度要快，个人突破能力要强，传中技术也要突出。

2.边路进攻的方法

是由守转攻时，获球队员将球传给边锋或其他边路上的队员，从边路发起进攻。经过局部配合突破后，采用下底传中、外围传中、里切回扣传中等方法，将球传到中央，由其他队员包抄射门。

3.边路突破后的传球路线

一是长传过顶，球落到远离门柱几米的附近地区，或者运球至罚球区附近，用低平球传中。二是快速切底，在接近端线处尽量靠近球门回扣传球。

4.边路突破后的传球时机

传中的最好时机，是在防守队员面向自己的球门跑动阵脚未稳时。

5.边路突破后的包抄射门

边路传中后中间必须组织力量争取直接射门，另一侧的边锋也应及时包抄射门。一般采用中锋抢前点，边锋抢后点，内锋前卫抢中点。

6.边路突破的方法

一般有边锋个人运球突破；边锋与中锋或前卫配合突破；边锋内切，前卫、后卫插入边锋位置突破等。

（二）整体防守战术

整体防守战术方法主要有：区域防守、人盯人防守和综合防守。

1.区域防守

足球区域防守是一种防守战术，每名队员根据位置划分一定的防守区域，在区域内进行防守，不紧逼对手。这种战术相对被动保守，已较少采用。区域防守的优点一是节省体力，队员不需要全场紧逼对手；二是机动性和保护性强，队员在防守时具有更强的机动性和保护性。这种战术的缺点是对球员要求高，防守队员需要有良好的判断预测能力和意识；容易被对方利用，如果队员配合不默契，对方可能会利用两个防守区域的交界处进行突破。

综上所述，区域防守在现代足球中已不常见，因为它相对被动，不能适应现代足球运动的发展需要。

2.人盯人防守

是指由攻转守时，每个防守队员盯住一个对手，封锁对方的进攻路线，控制对手的活动和传球时机的配合方法。

这种方法的优点是对口盯人，分工明确。缺点是体力消耗大，一旦某一处被突破就会使整个防线出现很大漏洞。因此，在比赛中单纯采用人盯人防守战术是不利的。

3.综合防守

是指人盯人与区域防守相结合的防守方法。即对控球队员要紧逼盯抢，对控球的局部区域要紧逼盯人。距球远的防守队员可采用区域防守。两个中卫，突前的以盯人为主，拖后的（自由人）进行区域防守。对特别有威胁的进攻队员可由专人盯紧。距球门越近越紧逼。特别是在罚球区附近和插上与切入的队员，要紧逼盯人。

四、定位球战术

定位球战术是指比赛开始或比赛成死球后至恢复比赛时所采用的战术配合方法，包括：中圈开球、任意球、角球、球门球、点球、掷界外球战术等。

（一）任意球战术

1.任意球进攻战术

中后场的任意球，一般要求传球快速准确。前场的任意球特别是罚球区附近的任意球一定要组织好，掌握好时机才能直接射门得分。

2.任意球防守战术

防中后场的任意球时，防守队员应迅速回防。在罚球区附近无论是直接任意球还是间接任意球，前锋、前卫都应迅速回防，并组织"人墙"。组织"人墙"的人数，可根据射门角度的大小而定，"人墙"封住近角，守门员站在"人墙"内侧的延长线上，既准备防对方射远角，也要准备防从"人墙"上面或外侧射门的弧线球。其他队员有的盯人，有的区域防守。

"人墙"是为了防止对方直接射门，同时还应注意对方用传球来改变射门角度。因此，应有两名队员站在"人墙"前侧的位置上来应付传球的变化。

（二）角球战术

1.角球进攻战术

（1）直接长传的角球战术：由踢弧线球较好的队员主发角球，并由头球较好的队员争顶射门一般把球发至远端球门柱附近，离门7~10米的区域。因为这区域容易争顶射门，对方守门员也较难出击。在发球时，进攻队员不要过早地等在门前，而应在球发出后，判断好球的运行路线和落点，再及时冲上前争抢射门。

（2）短传配合的角球技术：一般在对方身材高大，争顶头球能力强，本方身材较矮，头球较差或碰到较大的逆风时运用这种方法。运用时要争取时间，不等对方站好位置，就立即发球。

（3）利用弧旋球直接射门：这种方法在顺风时运用更为有利，射门的目标应是球门的两个上角。

2.角球防守战术

当对方发角球时，前锋、前卫要快速回防，迅速组织防守。一般以头球较好的队员守住主要危险区，其他队员进行人盯人防守，不能漏人。守门员站在靠近远端门柱处，其他防守队员抢占5个重要位置。

第四节　足球运动的主要规则

一、足球比赛规则简介

（一）比赛场地

比赛场地必须是长方形。国际比赛场地长100~110米，宽为64~75米。在任何情况下，长度必须超过宽度，球门宽7.32米，高2.44米。

（二）队员

1.比赛每队上场队员不得多于11人，其中1人必须为守门员，若不足7人（包含7人）时则不得开始比赛和继续比赛，应判弃权。

2.队员可以替换，但被替换下场的队员不得再上场比赛，正式比赛只限替补3人，基层比赛可另行规定。

3.在事先告知裁判员的情况下，守门员可与场上队员互换位置，但只能在死球时进行。

（三）比赛时间与决定胜负

比赛时间为90分钟，应分为两个相等的半时即各45分钟，因各种原因损失的时间，由裁判员酌情补足。当比赛结束，按进球数定胜负，进球多者为胜，若出现平局，打决胜球或踢点球决定胜负。

（四）比赛开始

开球队员在裁判员鸣哨后将球直接踢入对方场区，待球向前滚动即为比赛开始，下半场比赛时，两队应互换场地，并由上半场开球队的对方开球。

（五）比赛进行及死球

当球的整体从地面或空中越出边线或端线，或裁判员鸣哨停止比赛时，即为死球。除此之外比赛均在进行中，包括：

1.球从场上裁判员或巡边员身上弹落于场内；

2.球从球门柱、横梁或角旗杆上弹落于场内；

3.场上队员犯规而裁判员并未判罚成死球后应按掷界外球、罚球门球、角球、任意球等方式恢复比赛。

（六）越位

1.进攻队在触球刹那，该队队员较球更接近对方端线时，即处于越位位置，但下列情况除外：该队队员在本方半场内；守方至少有两名队员更接近对方端线。

2.当同队队员触球的一瞬间，若裁判认为处于越位位置的队员正在干扰比赛或干扰对方，或企图从越位位置获得利益时，则判越位。

3.队员仅仅是处于越位位置，直接接得球门球、角球或掷界外球，则不应判越位。

4.当队员被判罚越位时，应由对方在越位地点踢间接任意球。

（七）犯规与不正当行为

1.在比赛中队员违反下列9项中的任何一项者，即为犯规：

（1）踢或企图踢对方队员；

（2）绊摔对方队员；

（3）跳向对方队员；

（4）猛烈地或带有危险性地冲撞对方队员；

（5）除对方正在阻挡外，从背后冲撞对方队员；

（6）打或企图打对方队员或向对方吐唾沫；

（7）拉扯对方队员；

（8）推对方队员；

（9）用手触球（守门员在本方罚球区内除外）。

2.队员犯规由对方在犯规地点踢直接任意球。

守方队员在本方罚球区内违反上述任何一项，应判罚点球。

3.队员犯有下列5项中任何一项者，即为犯规，应判由对方在犯规地点踢间接任意球。

（1）队员动作带有危险性；

（2）当球不在某队员控制范围之内，对手人数不足为了争球而对该队员做合理冲撞；

（3）队员不踢球而故意阻挡对方者；

（4）冲撞守门员；

（5）守门员持球超过6秒和球未罚出禁区再次用手触球，同队队员故意将球踢给守门员，守门员用手触球。

4.队员出现下列情况之一时，应被黄牌警告：队员擅自离场或进场（裁判员允许除外）；队员屡次违反规则；用语言或行动对裁判员的判决表示不满；有不正当行为者。

5.队员出现下列情况之一时，应被红牌罚出场：犯有暴力行为；有严重犯规或恶劣行为；使用粗言秽语或辱骂他人；第二次被黄牌警告。

二、裁判法简介

（一）对角线裁判制

1.对角线裁判制也称"斜线裁判制"，基本路线是一条斜向直线。

2.裁判员与助理裁判员的配合。一般裁判员与助理裁判员配合的方法有：定位球的配合；球出界的配合；球出端线的配合；球进门的配合；

判罚越位的配合和"协作区"的配合。配合信号由裁判员决定。

（二）裁判员鸣哨、手势和助理裁判员旗示

1.裁判员必须鸣哨的5种情况：

（1）比赛开始；

（2）比赛结束；

（3）进一球；

（4）罚球点球；

（5）令比赛停止。

2.主裁判员手势：

（1）直接任意球——单臂侧平举指示球的方向；

（2）间接任意球——单臂上举伸掌；

（3）球门球——单臂前平举指球门区；

（4）角球——单臂斜上举指角球区；

（5）继续比赛——两臂侧平举向前挥动。

3.助理裁判员旗示：

（1）越位——持旗手臂上举，裁判鸣哨后旗指越位地点；

（2）界外球——持旗手臂斜上举，指示发球方向；

（3）球门球——持旗手臂前平举指向球门区；

（4）角球——持旗手臂斜下举指向近端角球区；

（5）换人——双手持旗柄两端，上举于头上。

第七章　排球

第一节　排球运动概述

排球运动是由两队在长18米、宽9米，中间用网隔开的场地上，运用发球、垫球、传球、扣球、拦网等攻守技术，将球击入对方场区而不使球落在本方场区的一种球类运动。

它起源于1895年美国麻省（今马萨诸塞州）好利诺城青年会的一位干事威廉·摩根发明的一种游戏。在室内网球场上，把参加游戏的人分成两队，用篮球胆当球隔着球网拍来拍去，力争不使球落在自己的场区内，这种游戏经过不断发展，最终演变成现代排球运动。英文名称作volleyball，即空中飞球的意思。

排球运动是便于开展、易于锻炼的运动项目，不受年龄、性别的限制，既可竞技，又可娱乐健身，丰富人们的业余文化生活。它既是"弹跳运动"又是"速度运动"，经常参加排球运动，可以增强人体的神经、呼吸、血液循环等系统的机能；提高人体的力量、速度、灵敏度、耐力、柔韧等素质；培养机智果断、勇敢顽强的拼搏精神和团结协作、密切配合的集体主义思想。

第二节　排球运动的基本技术

一、排球运动准备姿势和移动技术

排球技术是指运动员在排球比赛中所采用的合理击球动作和完成动作必不可少的其他配合动作的总称。基本技术有准备姿势、移动、发球、垫球、传球、扣球和拦网。

准备姿势和移动是排球运动中各项技术的基础。其目的是迅速启动、快速移动地接近球，准备姿势的好坏，直接影响着脚步的移动，而脚步的移动，直接影响着技术动作的质量。判断、准备和启动的衔接是学习的关键，启动快慢是学习的难点。

（一）准备姿势动作规格

双脚左右开立，略宽于肩，脚尖向前稍向内，脚跟稍提起，双腿弯曲，膝关节投影点超过脚尖，上体前倾，重心靠前，双臂自然弯曲，双手置于腹前，上体放松，双眼注视来球，随时准备启动、移动或做相应的动作。

（二）练习方法

1.徒手做准备姿势。

2.看手势做准备姿势，教师向上举手，学生直立；平举时，学生做半蹲式准备姿势。

3.跑动过程中看到信号或听到哨音后向前跨一步做半蹲、稍蹲、低蹲准备姿势。

4.两人一组做好半蹲准备姿势。

（三）移动的方法及动作规格

在准备姿势和启动的基础上，队员根据完成技术动作和战术配合的需要，灵活运用各种步法进行移动。在准确判断之后要快速移动，边移动边注视来球，使身体尽快接近球并做好击球的准备姿势。根据来球的距离和速度采用不同的移动步法。

1.跨步法

当来球较低，离身体一两步之间，可采用跨步法。移动时，一脚蹬地，另一脚向来球方向跨出一大步，上体前倾，使重心移至跨步脚上，另一脚适当伸直或随重心移动而跟着上步，成为击球的准备姿势。

2.并步法

当来球离身体一步左右时，可采用并步法。移动时，移动方向的同侧脚先向移动方向跨出一步，当跨出脚落地时，另一脚迅速并上完成击球前的准备姿势。

3.交叉步法

当球在体侧或体前侧距离1米左右时，可采用交叉法。若向右移动，启动时，上体稍向右转，左脚从右脚前向右交叉迈出一步，然后右脚再向右跨出一步，同时身体转向来球方向，形成击球前的准备姿势。

4.跑步法

球的落点距身体较远时，采用跑步法。跑步时，应迅速启动，跑动的最后阶段要逐渐降低重心，做好击球前的准备姿势。

5.后退法

当来球落点在身后时采用。移动时，身体保持稍低的姿势，双脚交替快速向后退步，重心应保持在体前。

（四）练习方法

1.徒手做各种方向的移动练习。以半蹲准备姿势站立，看手势做向前、后、左、右移动，包括一步或两步移动。

2.两人面对面站立成半蹲准备姿势。双手互拉，由其中一人主动做向前、后、左、右的移动，另一人跟随做。

3.将球抛向不同的方向，练习者用不同步法迅速将球接住。

4.练习者以坐、蹲、卧等不同姿势，听信号后快速启动冲刺6米，然后放松慢跑回。

二、排球运动发球、垫球、传球、扣球和拦网技术

发球是队员在发球区内自己抛球后，用一只手或手臂将球击入对方场区的一种击球方法。是比赛和进攻的开始。发球按性能一般可分为旋转与飘球两大类：旋转球有正面上手发球、勾手大力发球；飘球有正面

上手和勾手飘球等。各类发球的抛球、击球、用力是发球的 3 个重要环节；抛球和击球是教学的难点。下面介绍侧面下手发球、正面上手发球。

（一）发 球

1.侧面下手发球

（1）动作规格（以右手发球为例）：左肩对网站立，双脚左右开立与肩同宽，双膝微屈，上体稍前倾，左手持球于腹前。发球时，将球垂直上抛在身体的正前方约一臂距离，离手约 30 厘米，同时右臂摆至右侧后下方。引臂后，利用右脚蹬地和向左转体的动作，带动右臂迅速向前挥动，在体前腹部高度用掌根击球后下方。击球后，身体应转成面向球网。

（2）练习方法

①徒手练习：体会身体的协调用力和挥臂的动作及路线。

②抛球练习：球抛起要垂直向上，人和球的位置和抛起高度要适当。

③对墙发球练习：距墙 6～8 米，注意击球手法和击球部位，球击到墙要有一定高度。

④近、远距离隔网发球练习：两人一组相距 8～10 米，逐渐到端线外，隔网发球。

2.正面上手发球

（1）动作规格（以右手发球为例）：面对球网，双脚前后开立，左脚在前，重心偏于右脚，左手持球于身前。发球时将球抛向右肩上方的约高出击球两个球的地方，右臂同时抬起，屈肘后引，肘与肩平，上体移向右侧转动，挺胸展腹。击球时，利用蹬地、收腹的力量，用全掌击球的后中下部，手腕向前推压。

（2）练习方法

①徒手发球练习：两人一组，体会完整动作过程，主要是挥臂动作。

②对墙发球练习：距墙 3.5 米，墙上定个参照物，发出的球尽量打中参照物。体会抛球与击球时的手臂挥动配合

③近、远距离隔网发球练习：两人一组，相距 6～8 米，逐渐到端线外发球。体会击球用力和动作的连贯性。

④发直线球和斜线球：将对方场区一分为二，固定发球位置，然后要求发直线球和斜线球。同时，要求发球要稳要准。

（二）垫球

垫球是用手臂从球的下部，利用来球的反弹和向上击球的技术动作。主要用来接发球和接扣球。垫球技术种类很多，可分为接发球垫球、接扣球垫球、接拦回球垫球和垫击二传球。各种垫球技术教学的难点是击球，即击球点和击球部位。下面介绍正面双手垫球：

1.动作规格

根据来球路线迅速取位，使球尽量保持在腹前。双手重叠互握，掌根并拢，拇指平行。双臂伸直相夹并外翻成平面。垫球时重心降低。双臂前伸插入球下，击球点保持在腹前，取好击球角度，手臂夹紧，利用蹬地、提肩、顶肘、压腕的动作，用腕上10厘米左右的小臂内侧构成的平面将球击出。

2.练习方法

（1）固定球垫击练习：两人一组，一人持球于腹前，另一人做垫击动作。体会击球部位的感觉，掌握好插、夹、提、压动作。

（2）自垫球练习：自行将球垫起，垫出的球要有高有低。巩固垫球动作。

（3）抛垫、对垫练习：两人一组，相距3~5米，一抛一垫或对垫。要求垫出的球要有适当高度。

（4）三人二球移动垫球练习：3人拿2个球，2人相距4米左右平行站立，一人向前抛球，另一人移动垫球。要求移动快，尽量将球置于腹前。

（5）接发、扣球垫球练习：两人一组，一发一垫或一扣一垫。距离由近到远，尽量将球垫到位。

（三）传球

传球是利用全身协调力量并通过手指、手腕的弹力去迎击球的一种技术动作。它在组织进攻、串联攻防中起纽带作用。传球的方式很多，有正面双手传球、背传、跳传、侧转、单手传等。这些传球动作是由准备姿势、迎球、击球、手形、用力5个动作部分组成。触球时的手形是教学中的重点和难点，下面介绍正面双手传球：

1.动作规格

根据来球迅速移动到传球合理位置。当球接近额前时，双手在脸前成半圆形，主动迎球。两个拇指成"一"字形，食指、中指托住球的后下部，无名指、小指在球两侧辅助控制球。触球瞬间，手指、手腕适当紧张，用手指、手腕的弹力和蹬地、伸膝、伸臂的协调力量，在额前上方约一球距离将球传出。

2.练习方法

（1）徒手传球练习：两人一组徒手做传球动作，徒手模仿传球的蹬地、伸膝、伸臂，在额前上方用正确手形做推送动作。

（2）抛球练习：轻轻将球在额前抛起，在额前上方用正确手形将球接住，检查手形和击球点正确与否。

（3）自传练习：向上一高一低传球，体会传球手形和手触球部位。

（4）对墙传球练习：向墙上固定目标连续传球或自传一次再向墙上固定目标传一次。体会身体协调伸展及手的推送动作。

（5）平网对传练习：两人一组，平行站于网前，传高球和传平球交替进行。体会网前传球动作。

（6）网前移动传球练习：4人一组，4号位站一人，6号位站一人，2、3号位之间站两人，2、3号位传向4号位，4号位传向6号位，6号位传向2、3号位，2、3号位传球后跑到进攻限制线后，2人交替移动传球。体会实践中的移动传球动作。

（四）扣球

扣球是练习者跳起在空中，利用身体的爆发力和快速挥臂，最后以全手掌击球的一种技术动作。它是排球技术中最有效的进攻方法。扣球包括正面扣球、勾手扣球、扣快球等。在扣球动作环节中，选择好起跳点及起跳时机，保持好人与球的位置是扣好球的基础；挥臂击球是完成扣球动作的关键环节。起跳、击球是教学的难点。下面介绍正面扣球：

1.动作规格（以右手为例）

（1）助跑起跳：一般采用两步或3步助跑。两步助跑时，左脚先向球的落点方向迈出一步（方向步），紧接着右脚根据球的落点调整步幅，确定位置跨出一大步，同时左腿跟上，双脚落地后，立即用力蹬地起跳。起跳时，双臂由后经腹前屈臂向上猛摆，配合起跳。

（2）挥臂击球：起跳后，要挺胸展腹，上体稍向右转，右臂向上向后挥起，肘高于肩，左臂上摆在胸前，身体成反弓形。挥臂时，以迅速转体、提肩、收腹动作发力，带动肩、肘、腕各关节或鞭打动作向前上方挥出。击球时，手呈勺形包满掌，击球的后中上部。

（3）落地：双脚前脚掌先着地，再过渡到全脚掌着地，随势屈膝、收腹、缓冲落地。

2.练习方法

（1）助跑起跳练习：听口令做两步助跑起跳练习。体会助跑、起跳的衔接和节奏。

（2）挥臂击球手法练习：徒手做扣球挥臂击球动作。一人双手执球于头上，另一人扣固定球。体会挥臂动作及手法，击球部位。

（3）原地对墙自抛自扣或原地自抛起跳扣球：两人相距6～7米，自抛起跳对扣。体会人与球的位置，起跳、时机、挥臂击球动作。

（4）结合二传扣球练习：扣球人在限制线附近传球至二传处，由二传进行传球，扣球人用助跑起跳扣过来的球。巩固扣球的完整技术动作。

（五）拦网

拦网是队员在球网上拦阻对方击球过网的一种技术动作，它是一种具有进攻性的防御技术。拦网分为单人拦网和集体拦网。其技术动作由准备姿势、移动、起跳、空中击球和落地5个部分组成。起跳时间是否适时是关键，正确地确定起跳时间和起跳点是教学的难点。

1.动作规格

（1）准备姿势和移动：拦网的准备姿势与一般的准备姿势不同。队员面对球网，距离30厘米，双脚分开与肩同宽，平行站立。双膝稍屈，上体稍前倾，双臂弯曲置于胸前。当判断出对方进攻点时，一般采用横向并步或交叉步迅速移动，并降低重心做好起跳准备。

（2）起跳：双脚用力蹬地，双臂在体侧前方划小弧用力上摆，带动身体垂直向上跳起。起跳后，稍收腹，以便控制平衡和延长腾空时间。

（3）空中拦击：在身体腾空后，双手从胸前向头上方伸出，双臂向上伸直并有提肩动作，双手平行上举，尽量接近球。当手触球时，双手要紧张，手腕下压"盖帽"捂球。

（4）落地：拦网后身体要自然下落，先以前脚掌着地，随之屈膝缓冲身体落地力量，同时迅速做好下一个动作的准备。

2.练习方法

（1）原地做拦网的徒手动作。体会手向上直伸，拦球动作。

（2）教师站在高台上双手持球，学生轮流起跳拦网。体会起跳拦网动作。

（3）两人隔网相对站立，做向左（或右）移动一步起跳拦网。体会移动拦网动作。

（4）双人拦网移动起跳配合练习。2、4号位网前各站一人，3号位网前站两人。听口令后，两名3号队员分别向左、右移动，与2、4号位队员配合拦网。

（5）扣、拦练习。教师在网前2、3、4号位扣球，队员轮流做拦网练习。

第三节　排球运动的基本战术

排球运动员在比赛中根据比赛的规律，以及双方的具体情况和临场变化，有效地运用技术及所采取的有预见、有目的、有组织的行为。按参与战术的人数，排球战术分个人战术和集体战术两部分。

一、阵容配备、交换位置、信号联系及其自由人

（一）阵容配备

1.阵容配备

阵容配备就是合理地安排场上队员技术力量的组织形式。

（1）“四二”配备：“四二”配备是指场上队员有4个进攻队员和2个二传队员。4个进攻队员又分为2个主攻和2个副攻，他们都站在对角位置上。其优点是无论怎样轮转，前后排都能保持1个二传和2个进攻队员，便于组织和发挥攻击力量，给对方的拦网及防守造成困难。但对2个二传队员的进攻和拦网能力要求较高，否则就会影响“四二”配备的进攻效果。

（2）“五一”配备：“五一”配备是指场上队员有5个进攻和1个二传队员。这种阵容配备的优点是拦网和进攻力量得到加强，全队只要适应1个二传队员的打法，相互之间容易建立默契，有利于二传队员统一贯

彻战术意图。但二传队员在前排时，只有两点攻，要充分利用两次球、吊球及后排扣球等战术变化突袭对方，以弥补"五一"配备的不足。

（3）"三三"配备："三三"配备是场上有3个进攻队员和3个二传队员。进攻队员与二传队员间隔站位。每一轮次的前排都能保持1~2个进攻队员和二传队员，适合初学的队采用，但进攻能力不足。

2.主攻、副攻、二传队员的职责和特点

（1）主攻队员：主攻队员在比赛中主要担任攻坚任务，要在困难的情况下突破对方的集体拦网。主攻队员主要进行中、远网，后排及调整扣球进攻。因此，对主攻队员击球的高度、力量、技巧、线路变化及准确性等方面都有较高的要求。

（2）副主攻队员：副主攻队员主要以快、变、活等进攻手段去突破对方的拦网，并积极跑动掩护，给其他队员创造有利条件，同时还要担任两侧的拦网任务。这样，对副主攻队员在体能和技术上都提出了很高的要求。

（3）二传队员：二传队员是战术进攻的核心，要根据临场的情况，随机应变，合理地组织各种战术进攻，积极贯彻教练的意图。一个优秀的二传队员对团结全队、鼓舞士气和取得良好成绩起着重要作用。

从排球运动发展趋势看，主、副攻队员和前后排的界限逐渐被打破，队员都应兼备强攻、快攻的技术和战术能力。这样，可以适应进攻战术进一步发展的需要。但主、副攻队员的职责和特点应有所侧重。

（二）位 置 交 换

为了最大限度地发挥每个队员的特长，调动一切积极因素，加强攻防力量，以及弥补由于队员身体条件、体能、技术发展不平衡所带来的缺陷，比赛中，在规则允许的条件下，采用交换位置的方法。位置交换有以下几种情况：

1.前后排之间的换位

为了加强进攻的力量，发挥队员的进攻特点，把强攻能力强的队员换到最便于扣球的位置。如右手扣球队员换到4号位；左手扣球队员换到2号位；把善于扣快球的队员换到3号位；善于扣背球的队员换到2号位；把二传队员换到2号位或3号位等。为了加强拦网的力量，把身材高、弹跳快、拦网技术好的队员换到拦网位置较方便的3号位，或者与对方主攻队员相对应的区域。运用交叉、夹塞、围绕等进攻战术，进行自然换位，以便组织下一轮的进攻。

2.后排队员之间的交换

为了加强后排防守，发挥个人防守专长，把队员换到各自擅长防守的区域，采用专位防守。如向两侧防守能力较强的队员，在采用"边跟进"防守时，可放在6号位防守；采用"心跟进"防守时，可放在1号位或5号位防守。还可根据临场情况，把防守能力强的队员换到防守任务较重的区域。

（三）信号联系

排球运动是一个集体项目，在实现快速多变的进攻战术时，必须通过信号联系来统一行动。一个队的联系信号及方法要根据本队的情况，由教练员和队员共同协商确定。信号联系一般有：

1.语言联系

即用口头语为，"快""高""背""交叉"等，也可将战术编成代号。有时采用真真假假来迷惑对方，讲快打慢、讲慢打快。

2.手势信号

通过事先约定的各种手势，进行规定的战术配合。

3.落点信号

根据起球后的落点，作为发动某种战术进攻的信号。

（四）自由人

合理地选择并运用"自由人"是战术运用的一个方面。"自由人"专司接发球和后排的防守。其上下场之间只需经过一次发球比赛过程。换人不计为正规换人次数，且次数不限。因此，选择接发球和后排防守技术高超的队员作为"自由人"能提高整队的防守水平。"自由人"又可在当前排进攻、拦网队员体力下降需要休息并轮到后排时替换上场，所以，合理地运用"自由人"能大大提高全队的进攻水平。

二、个人战术

个人战术包括发球、一传、二传、扣球、拦网、防守等个人战术。

（一）发球个人战术

把球发给对方接球差的队员；把球发给插上准备二传的队员；把球发给因接球连续失误而表现紧张、急躁的队员；把球发给技术发挥不好而情绪低落、士气不旺的队员；把球发给刚上场的队员；把球发给最强的进攻队员或打快攻的队员，使其难于参与进攻；把球发到几人之间的空当，造成对方让球或抢球的现象；把球发到进攻线前面的2号位或4号位，使队员接球后难于跑动进攻；把球发到底线附近或发到两侧死角，使对方即使接到球也难以到位；把球发到插上队员附近，破坏对方预期战术配合；把球发到二传不便于组织战术的地方；时而发到对方后场区，时而发到对方前场区；时而发大力旋转球，时而发飘球；时而发重球，时而发轻球；时而以进攻性发球为主，时而以准确性发球为主。

（二）一传个人战术

一传个人战术是为了组成本队的进攻战术而有目的垫击，具体运用组织快攻战术，传弧度要平，速度稍快，组织两次球战术，一传弧度要高，接近垂直下落，所以由于各种进攻战术对一传的要求不同，所以一传的方向、弧度、速度、落点和节奏也各有特点。

（三）二传个人战术

二传战术的基本任务是利用空间、时间和动作上的变化，有效地组织进攻战术，给扣球队员创造有利的条件，使对方难以防御。一般采用隐蔽传球，使对方难以判断传球的方向，先以传球动作麻痹对方，突然改传为扣球，时间差跳传，根据场上的情况控制比赛的节奏。

（四）扣球的个人战术

扣球战术是扣球队员根据比赛中对方拦网和防守情况，选择合理有效的扣球方向和路线，以突破防守进行有效进攻的形式，具体采用扣球路线变化，轻扣重扣有机的结合，高跳超手或造成网拦出界扣球，扣吊结合，将球吊入对方的区域等方法。

（五）拦网个人战术

是通过准确的起跳时机、空中的拦网高度和拦击面、手形动作的变化等因素来实现的攻击行为。如假动作、变换手形、撒手、"踮跳"拦网等。

（六）防守个人战术

防守垫击与接发球相比，具有更大的随机性和突然性，难度较大。防守队员要选择有利的位置，采用合理的击球动作，将球有效地接起来，组织各种进攻。

三、集体进攻战术

进攻战术是指在接对方发过来、扣过来、拦过来和传、垫过来的球后，全队所采取的有目的、有组织地配合进攻行动。

（一）进攻战术形式

无论是在接发球、接扣球、接拦回球或接对方传、垫过来的球后，在组织进攻的形式上是一样的，都可以采用"中一二""边一二"或"插上"进攻形式。

1."中一二"进攻形式

前排中间的3号位队员做二传，把球传给两边的2、4号位队员进攻，这种进攻的组织形式就叫"中一二"进攻战术形式。

如果二传队员轮转到2、4号位时，可以在对方发球后换到3号位来。

"中一二"进攻战术形式的优点是一传向网中3号位垫球比较容易，因而有利于组织进攻，适合初学者采用；二传队员在网前接应一传的移动距离近，向2、4号位传球的距离较短，容易传准。缺点是战术变化少，对方容易识破进攻意图。

2."边一二"进攻形式

前排边2号位队员做二传，把球传给3、4号位队员进攻，这种进攻的组织形式就叫"边一二"进攻战术形式。

"边一二"进攻形式的优点是右手扣球者在3、4号位扣球都比较顺手，战术变化也多。缺点是5号位接一传时，向2号位垫球不方便；一传偏4号位时，二传接应较困难。

3.后排"插上"进攻形式

后排一名队员在对方发球后，由后排插上到前排做二传把球传给前排4、3、2号位队员进攻，这种进攻的组织形式就叫后排"插上"进攻战术形式。例如，二传队员在1号位时，插上后向前排三个位置做二传。

赛中随时可以插上。

（二）进攻打法

进攻打法是指组织进攻队员的配合。包括强攻、快攻和两次球进攻3种基本打法。每种打法中又有若干不同战术配合。所有这些打法又都可以在"中一二""边一二"和"插上"三种进攻战术形式中具体应用。

1.强攻

强攻是凭借队员个人的身高和弹跳力，利用扣球的力量和个人扣球战术，强行突破对方的防御，如集中对4号位或2号位的进攻。网边标志杆附近拉开进攻以避开拦网，打手出界，围绕某一特长扣球队员的进攻及一传不到位时进行调整进攻和后排进攻。

2.快攻

其特点是速度快，突破性大，掩护作用强，有利于争取时间、空间和组织多变的战术。

四、集体防守战术

（一）接发球的战术要求

1.正确判断

接发球时，队员注意力要高度集中，充分做好接发球的准备，根据对方发球的动作、力量及速度，迅速做出正确的判断，及时移动取位，对准来球路线，运用合理的垫球技术将球垫给二传队员。

2.合理取位

在组成接发球阵形时，以前排靠近边线的队员为基准取位，同列队员之间不要重叠站位，同排队员保持适当距离，以免相互影响。根据射出角的原理，快速有力的平直球发不到A、B两区。所以，取位时不要位于这两个区域内，2、4号位队员的取位距边线1米左右即可。

3.分工与配合

接发球时，每一个接发球队员都应明确接发球防守的范围。划分范围不仅是平面的，还应根据来球的弧度高低进行立体空间划分。接发球队员之间应既有分工，又有配合，注重整体接发球的实效性，接发球能力好的队员范围可大些，后排队员接球范围可大些。

（二）接发球阵型

1.5人接发球阵型及变化

（1）"W"形站位阵型：初学者打比赛多用"中、边二传"进攻阵型，大多站成"W"形，也称"一三二"型站位。5名队员分布均衡，前面3名队员接前场区的球，后排2名队员接后场区的球，职责分明。这种站位的缺点是队员之间的"结合部"相应增多，也不利于接对方发到边角上的球。

（2）"米"字站位阵型："米"字站位，也称"一二一二"站位，优点是队员分布更加平均，分工明确，前面2名队员接前区球，中间队员接中区的球，后面2名队员接后区球。

（3）"一"字站位阵型："一"字站位是对付跳发球、大力发球、平冲飘球的有效站位阵型。这几种发球的落点大多集中在球场中后区，接发球时，5名队员呈"一"字形排开，左右距离较近，每人防一条线，互不干扰。

5人接发球阵型的优点是每人接一传的范围相对较小，并在接发球时已经站成了基本的进攻阵型，组成战术比较方便。但队员之间"结合部"增多，队员与队员的配合要求较高；二传队员组织各种进攻有一定的难度；当主攻队员在2号位与插位时，换位不便，经常会导致卡轮现象。

2.4人接发球阵型

（1）"浅盆"形站位阵型。

"浅盆"形站立，主要是接对方落点靠后或速度较快的发球。

（2）"一"字形站位阵型。

"一"字形站位，主要是接对方的跳发球、大力球及平冲球。

（3）"深盆"形站位阵型。

"深盆"形站位，接发球队员比较均匀地分散在场内，主要接对方下沉球及长距离飘球。4人接发球阵型优点是便于二传插上，不接发球的前排队员可以充分做好进攻的准备。但是接发球时每人负责一条线，对接发球队员的前后移动和判断能力要求较高。

（三）接扣球战术要求

接扣球防守包括拦网、后排防守两个环节。其中拦网是第一道防线，有效的拦网不仅可以遏制对方的进攻能力，减轻后排防守的压力，还能提高防守率，为反攻创造机会。

1.拦网要求

拦网分为单人和集体两种形式，集体拦网必须建立在单人拦网技战术的基础上才能更好地发挥威力。这里重点论述集体拦网的基本要求：集体拦网时，要确定拦网的主拦网员，如拦对方两翼进攻，本方分别以2、4号位队员为主拦，其他队员密切协同配合。起跳时，相互之间要保持一定的间隔距离，并控制好身体重心，避免互相干扰和冲撞。拦网时，尽可能扩大拦阻面，但拦网队员手与手之间的距离不能太大，以免漏球。

2.人盯区的拦网战术

人盯区的拦网战术是一种对付定位进攻及一般进攻配合较为有效的拦网战术。其特点是把球网分成左、中、右三个区，每一名队员负责一个区，以保证每一个区域至少有一名拦网队员拦网，并在可能的情况下，协助同伴组成集体拦网。

3.人盯人的拦网战术

拦网队员各自负责拦住对方与自己相对位置的进攻队员，进行固定人员的拦网。但当对方进行交叉进攻时，需要及时交换人盯人拦网，以免造成无人拦网的被动局面。

第四节　排球运动的主要规则

一、场地、器材与设备

（一）场地

比赛场地包括比赛场区和无障碍区，其形状为对称的长方形。

（1）比赛场区为两条长18米的边线和两条长9米的端线划定的长方形，边线和端线宽5厘米，线宽包括在比赛场地面积之内。其四周至少有3米宽的无障碍区。比赛场地上空至少有7米高无障碍空间，其间不得有任何障碍物。

（2）中线是两条边线中点的连接线。中线的中心线把比赛场区分为长9米、宽9米的两个相等场区。

（3）每个场区各画有一条距中线3米宽的进攻线（其线宽包括在内），中线与进攻线之间为前场区。前场区被认为是向边线外无限延长的区域。

（二）器材与设备

1.球网

球网为黑色，长9.50米、宽1米，网眼直径10厘米，设在中线中心线的垂直面上空。球网的高度男子比赛为2.43米，女子比赛为2.24米。球网高度用量尺在场地中间丈量。场地中间的网高必须符合规定网高，两边线上空的球网高度必须相等，并不得超过规定网高2厘米。

2.球

比赛用球的颜色应是一色的浅色或者是花色，圆周为65～67厘米，重量为260～280克，气压为29.42～31.87千帕。在一次比赛中所用球的牌号、圆周、重量、气压必须统一。

3.标志带

标志带是两条宽5厘米、长1米的白色带子，分别系在球网两端并垂直于边线，被认为是球网的一部分。

4.标志杆

标志杆是由玻璃纤维或类似质料制成的有韧性的两根标杆，长1.80米，直径10毫米。分别设置在标志带外沿球网的不同两侧。标志杆应高出球网80厘米，高出部分每10厘米应涂有明显对比的颜色，最好为红白相间。标志杆被认为是球网的一部分，并视为过网区的边界。

5.网柱

网柱是两根高2.55米、可调节高度的光滑圆柱。圆柱架设在两条边线外0.50～1.00米的中线延长线上。

二、比赛的计分方法

（一）胜一场

正式比赛采用五局三胜制，即最多打满五局，胜三局的队胜一场。基层比赛一般也可采用三局二胜制，即最多打满三局，胜二局的队胜一场。

（二）胜一局

前四局先得25分同时超出对方2分的队为胜一局。当比分为25∶24时，应继续比赛直至一方超出对方2分时（28∶26或30∶28）才宣告结束。决胜局先得15分同时超出对方2分的队获胜，当比分为14∶14，比赛继续进行，直至一方领先2分为止。每局的得分无最高分限制。

（三）胜一球

全场比赛采用每球得分制。当一方出现失误或任何其他犯规时，则另一方胜一球，即得一分。如发球队胜一球则得分并继续发球，加接发球队胜一球则得发球权并得一分。

（四）弃权和阵容不完整

（1）一方无正当理由未准时到达比赛场地或被召唤之后拒绝比赛，则宣布该队为弃权，对方以每局25∶0的比分和3∶0的比局获胜。

（2）一方场上不能保持6名队员进行比赛时，则宣布该队一局或一场比赛阵容不完整，给对方队胜一局或一场比赛所必要的分数或局数。阵容不完整的队应保留其已得的分数和局数。

三、排球规则简介

（一）排球运动介绍

排球运动由两队各6名选手组成，该运动的目的在于使击出的球稍高于网前伸出的双手，从而使球落入对方的半场而得分。每队的球员都有自己固定的位置，3名网前选手和3名靠近底线的选手。每一方击球过网不得超过3次，原则上一名攻击手将和一名队友在网前拦截，阻止球落入本方半场并可以通过拦截直接得分。简单来说，运动员不得持球，不得连续击球两次。他们可以用身体的任何一个部位击球，但是如果球从球员身上的某一部位弹到另一部位时，将被认作是两次击球，按违例计算。如果球员在界外击球或击球时身体的某一部位触网将被判失分。

（二）发球

每队的6名球员按顺时针方向轮流发球。每次本队获得发球权后由发球球员在本方半场的右后角将球发入对方半场重新开始比赛。发球球员可以用上手或下手发球，用拳、张开的五指或是手臂都可以。发球必须在发球区，裁判员鸣哨后8秒内将球抛起或手撤离，但是规则又允许进行跳发球的队员在落下时进入场内。排球可以落入对方半场的任何一处，该发球队员将继续发球直至本队失去发球权。

（三）　得分

比赛采取每球得分制。比赛由五局构成，在前四局的比赛中，获胜的一方必须达到25分，或在此基础上比对方高出两分。在第五局的比赛中获胜一方只需达到15分，或在此基础上比对方高出两分。

（四）　自由人

自由人在比赛前必须登记在记分表中，他可以替换在后排的任一名队员，且不计入本队的换人次数之内，他帮助本队抵御对手的进攻。自由人不得发球、拦网或是绕到前排，所以一般由一名身材矮小但是动作灵活的、能够迅速倒地救球使得比赛得以继续的球员担任。自由人可以自由替换，为了易于区别，自由人将穿上与其他球员不同颜色的衣服。

（五）　换人

根据另一项被修改的规则，教练员可以在比赛期间站着向球队发号施令，但是必须待在一个特定的区域。包括替换自由人在内，教练在每局的比赛中共有6次的机会替换队员。替补队员可以换下某一名先发队员或再被相同的队员替下。

（六）　其他规则

（1）只有前排的球员方可拦网。

（2）前排球员可在对方来球越过网之前进行拦截，但是不得触网或干扰对手。

（3）拦网不算作一次击球。

（4）每个队在每局的比赛中都有两次的暂停机会。

第八章　乒乓球运动

第一节　乒乓球基本技术

一、握拍法

握拍法即单手持球拍的方法。世界上流行直式和横式两种握拍法，两种握拍法各有千秋，实践时应因人而异，扬长避短。下面以右手为例讲解。

（一）直式握拍法

正面拇指第一指节和食指第二指节握拍，拍柄压住虎口（两指间距离适中），背面中指、无名指和小指自然弯曲，斜形重叠，中指第一指节顶住球拍的后上部，使球拍保持平稳。

（二）横式握拍法

中指、无名指和小指自然地握住拍柄，拇指在球拍正面轻贴在中指的旁边，食指自然伸直斜放于球拍的背面，虎口轻微贴拍，击球时拇指和食指帮助手腕调节拍形和加力挥拍动作。正手攻球时食指向上移动，反手攻球时拇指向球拍中部移动，帮助手腕下压，加大击球力量。

二、准备姿势

双脚开立，约与肩宽，双膝微屈稍内扣，以前脚掌内侧着地，身体重心在两脚中间，上体微前倾。下颌微收，双眼注视来球，持拍手臂自然弯曲，手腕放松，球拍自然后仰，置于腹前，左手自然弯曲抬起，高于台面。

准备姿势的重点、难点是双脚前脚掌内侧着地，屈膝提踵放松微动。

三、发球技术

发球是乒乓球比赛中唯一不受对方来球限制的技术，它可以让使用者最大限度地实现自己的战术意图，具有较强的主动性。因此，发球技术成了乒乓球竞赛中创造得分机会的主要技术。

（一）正手平击发球

身体离球台约40厘米，双脚开立，略宽于肩，左脚稍靠前。左手将球向上抛起，身体稍右转，同时右臂内旋，使拍面稍前倾，向右后方引拍。当球从高点下降至稍高于球网时，击球中上部向左前下方挥动，以向前发力为主。击球后迅速还原。

（二）反手平击发球

身体离球台约40厘米，双脚开立，略宽于肩，右脚稍靠前。左手将球向上抛起，身体稍左转，同时右臂外旋，使拍面稍前倾，向左后方引拍。当球从高点下降至稍高于球网时，击球中上部向右前下方挥动，以向前发力为主。击球后迅速还原。

（三）正手发下旋球与不转球

身体靠近球台，左脚稍靠前，左手掌心托球置于身体右前方。左手将球抛起的同时，腰向右后转，右臂向后上方引拍，拍面后仰，直握拍手腕伸展，横握拍手腕略向外展。当球从高点下降至稍高于或与球网同高时，以腰带动前臂加速向左前下方挥动，同时手腕屈曲并内收，以球拍远端（拍头）触球，击球中下部向底部摩擦。不转发球与下旋加转发球的区别在于：手臂外旋幅度小，减少拍面后仰角度，以球拍中后部偏右的地方触球，击球中部或中下部，减少向下摩擦球的力量，近似将球向前推出，使击球的作用力接近球心，从而形成不转球。球发出后，挥拍动作尽可能停住，以利于还原。

（四）反手发下旋球与不转球

身体靠近球台，右脚稍靠前，左手掌心托球置于身体左前方。左手将球抛起的同时，腰向左后转，右臂向左后上方引拍，拍面后仰，直握拍手腕屈曲，横握拍手腕略向外展。当球从高点下降至稍高于或与球网同高时，以腰带动前臂加速向右前下方挥动，同时直握拍手腕外伸，横握拍手腕内收，以球拍远端（拍头）触球，击球中下部向底部摩擦。反手发下旋球与不转球的区别与正手发下旋球与不转球的动作区别类似。控制动作幅度，快速还原。

四、攻球技术

攻球技术是乒乓球技术中最重要的得分技术之一。它在击球方式上以撞击为主，因此具有击球速度快、动作小、进攻性强的特点。

（一）正手攻球技术

1.正手快攻

左脚稍靠前，身体离台约40厘米。手臂自然弯曲并做内旋使拍面稍前倾，重心移向右脚，前臂横摆引至身体右侧后方。右脚稍用力蹬地，髋关节略向前转动，腰向左转，上臂带动前臂快速向左前方挥动迎球，在上升期（或高点期）击球的中上部，触球瞬间前臂迅速收缩，以向前打为主，略带有摩擦，手腕辅助发力，身体重心由右脚移至左脚。注意击球后迅速还原。

2.正手扣杀

左脚稍靠前，站位远近视来球长短而定。手臂自然弯曲并内旋使拍面稍前倾，球拍呈半横状，随着腰、髋的转动，手臂向后引拍至身体右后方，适当加大引拍距离。借腰、髋的左转及腿的蹬力，带动手臂向前迎球。当来球跳至高点期（位置合适可在上升期），上臂带动前臂同时加速向左前下方发力，拍面前倾击球中上部。以撞击为主，略带有摩擦（近网除外），击球后重心由右脚移至左脚。扣杀后，立即还原，准备连续扣杀。

（二）反手攻球技术

离球台40～50厘米，右脚稍靠前。身体略左转，使腰部扭紧，右肩略下沉，前臂后引球拍至身体左侧，略高于来球。用腰、髋的突然转动，带动前臂向右前方用力。上臂贴近躯干，肘部内收，在球的上升期或高点期击球中上部。手腕和食指压拍，中指在拍后，选定用力方向后将球击出。击球后迅速还原。

五、推挡技术

推挡是我国直拍快攻打法的基本技术之一，特别是在左推右攻打法中占有极其重要的地位。推挡球可分为平挡、快推、加力推、减力挡、推下旋、推侧旋等。下面主要介绍平挡和快推。

（一）平挡

上臂自然贴近身体，拍面稍前倾，将球拍引至身体前方，上升期时触球的中部或中上部。击球瞬间只以前臂和手腕轻轻用力向前上推出，主要借助来球的反弹力将球挡回（回击弧圈球时，球拍须高于来球，在球的上升后期击球）。

（二）快推

上臂和肘内收自然靠近身体右侧，以肩为轴，将球拍引至身体前方。当来球跳至上升期时，前臂和手腕迅速向前略向上推出。拍面稍前倾击球中上部。以前臂和手腕发力为主，并适当借力。

六、搓球技术

搓球是近台还击下旋球的一种基本技术，可用它为拉弧圈球创造条件。将搓球技术与攻球技术结合起来可以形成搓攻技术。搓球在接发球时可以有效地过渡，为自己下一板创造进攻机会。

（一）慢搓

1.反手慢搓

右脚在前或双脚平行站立，身体离球台40~50厘米。手臂外旋使拍面角度后仰，前臂向左上方引拍至胸前，横握拍手腕适当外展，直握拍手腕作屈，拍头指向斜上方。当来球跳至下降前期时，前臂带动手腕加速向右前下方用力摩擦球。拍面后仰击球中下偏外侧的部位。击球后，前臂顺势前送，并注意还原。

2.正手慢搓

正手慢搓与反手慢搓动作相同，但方向相反。

（二）快搓

1.反手快搓

双脚平行或右脚稍靠前，身体靠近球台。肘部自然靠近身体，后引拍动作较小，拍面稍后仰。当来球跳至上升期时，利用上臂前送的力量，前臂和手腕配合，借力发力，触球中下部并向前下方用力摩擦。尽快还原，准备下一板球。

2.正手快搓

正手快搓与反手快搓动作相同，但方向相反。

七、弧圈球技术

弧圈球技术是现代乒乓球中最主流的进攻技术，其优势是将球的速度和旋转有效地结合起来。

（一）正手弧圈球

判断来球情况，确定拉球时间和拉球部位。双脚开立，左脚稍靠前，收腹、含胸、屈膝，使身体重心降低，重心落在双脚之间。腰、髋向右转动，重心置于右脚前脚掌，右肩略下沉，左肩自然转向来球方向，右腿屈膝程度加大，前臂自然下垂，通过转腰带动上臂、前臂经腹前向右侧下方移动，将球拍引至身体右侧腰部下方稍后处。手臂自然放松，肘关节夹角保持在150°～170°。右脚踏地，髋关节适当前转，腰部带动上臂向左转动，前臂向左前上方挥动击球。通常击球的中部或中上部（如果增加侧旋可击球略偏右并带侧向摩擦），前臂和手腕即将触球时迅速内收，手指在触球瞬间抓紧球拍。来球下旋强烈或击球点较低时，多向上摩擦；反之，在保证必要弧线的前提下，可增加撞击的力量以增强球的前冲力。击球后，手臂继续顺势挥动，身体重心移到左脚后，迅速还原。

（二）反手弧圈球

动作原理与正手弧圈球类似。除左右方向相反外，还需注意几点：

1.近台反手拉球时，站位基本上以左脚在前为主；中远台拉球时，站位多以双脚平行或右脚稍靠前为主。

2.反手拉球时，在引拍阶段肘部要稍微离开身体，放在身体外侧，以确保球拍在身体前有一定的击球空间。

3.近台拉球时，引拍动作不宜过大。

第二节　乒乓球基本战术

一、发球抢攻战术

发球抢攻是快攻型乒乓球运动员的重要战术之一。发球抢攻的战术意识首先是尽量争取发球直接得分；其次是迫使对方回球质量不高，从而赢得有利的进攻机会；最后才是迫使对方接发球不具备杀伤力，从而利于自己进行抢攻。

运用发球抢攻时的注意事项如下：

1.注意发球与抢攻的配合。发球时，应明确对方可能会怎样接球、接到什么位置、自己怎样抢攻等。

2.注意提高发球的质量。将旋转、速度和落点的变化结合起来，同时要特别强调发球技术的创新，为抢攻创造更多的机会。

3.注意发球抢攻与其他战术的配合。

4.抢攻时要大胆果断。不论对方用何种技术接发球，自己都应做好抢攻准备。抢攻的技术好，可以增加发球的威力，因为对方在接发球时顾虑多，容易出现失误。

5.发球要与运动员本身的特点、特长相适应，才能达到应有的效果。

二、接发球战术

1.接发球战术是由某一单项攻（冲）球技术所形成的。若进攻性强，可变接发球的被动地位为主动地位，也可直接得分。接发球战术是乒乓球运动各种打法，特别是进攻型打法的主要战术。

常用的接发球战术主要有以下几种：

（1）用快拨、快推和拉球回击，争取形成对攻的相持局面。

（2）用快搓摆短回接，使对方难以发力抢攻或抢拉。

（3）对各种侧旋、上旋或不强烈的下旋短球，可用“快点”技术回接。

（4）接发球抢攻或抢拉。

2.以上4种接发球战术，在比赛中可视场上具体情况结合起来灵活运用。采用多种回接方法，给对方制造回球困难，使其无法适应，从而破坏其发球抢攻或抢拉的战术意图。接发球时的注意事项如下：

（1）接发球抢攻（抢冲）一般不可过猛，否则容易失误，要判断好来球的旋转强度、高度和旋转方向，采用适当的方法进攻。例如，对方发侧上旋球，抢攻（抢冲）时应用推压手法，以免攻球下网，只有当来球稍高时，才可大力抢攻。再如，对方发加转下旋球，接发球抢攻时应采用提拉手法，以免下网，同时，攻球的力量不可过大。

（2）接发球抢攻（抢冲）动作结束后，要立即做好对攻（对冲）或连续攻（冲）的准备，以便保持主动地位。

（3）接发球抢攻、抢冲的力量越小，越应注意球的线路和落点，一般应多打在对方的薄弱面，反手弱则多打反手，反手强则多打正手。

三、搓攻战术

搓攻战术是进攻型选手的一项辅助战术，主要是利用搓球的旋转和落点变化为进攻创造机会。

常用的搓攻战术有如下几种：

1.注意搓球落点变化，伺机进行突击；

2.搓球转与不转相结合，变化落点伺机突击；

3.搓拉与落点变化相结合，伺机突击。

四、对攻战术

对攻是进攻型打法选手互相对垒时常采用的一项重要战术。快攻类打法主要依靠正手攻球、反手攻球、反手推挡或快拨技术，充分发挥快速多变的特点，以达到调动对方、有效攻击的目的。弧圈类打法主要依靠正反手两面弧圈球技术，充分发挥旋转的威力，以达到牵制对方、增加攻击力的目的。常用的对攻战术有攻对方两角、对角线攻击、侧身攻、攻追身、轻与重的结合攻、攻防结合等。

第三节　乒乓球比赛器材、场地及规则简介

一、器材与场地

（一）球台

长 2.74 米，宽 1.525 米，高 76 厘米。

（二）球网

包括球网、悬网绳、网柱和夹钳部分，球网高 15.25 厘米。

（三）球

直径为 40 毫米，质量为 2.7 克，颜色为白色或橙色，无光泽。

（四）球拍

大小、形状和重量不限，但底板应由 85% 的天然木料制成。球拍两面无论是否有覆盖物，必须无光泽，且一面为鲜红色，另一面为黑色。用来击球的拍面应用一层颗粒向外的普通颗粒胶覆盖，连同黏合剂，厚度不超过 2 毫米，或用颗粒向内或向外的海绵胶覆盖，连同黏合剂，厚度不超过 4 毫米。

（五）比赛场地

由 75 厘米高的挡板围成。赛区空间应不小于 14 米长、7 米宽、5 米高。

二、主要规则简介

（一）合法发球与合法还击

1. 合法发球

（1）发球开始时，球自然地放置于不执拍手的手掌上，手掌张开，保持静止。

（2）发球员须用手将球几乎垂直地向上抛起，不得使球旋转，并使球在离开不执拍手的手掌之后上升不小于 16 厘米的距离，球下降至被击

出前不能碰到任何物体；

（3）当球从抛起的最高点下降时，发球员方可击球，使球首先触及本方台区，然后越过或绕过球网装置，再触及接发球员的台区。在双打中，球应先后触及发球员和接发球员的右半区。

（4）从发球开始到球被击出，球要始终在台面的水平面以上和发球员的端线以外，而且不能被发球员和其双打同伴的身体或衣服的任何部分挡住。

（5）运动员发球时，应让裁判员或副裁判员看清他是否按照合法发球的规定发球。

（6）运动员因身体伤病而不能严格遵守合法发球的某些规定时，可由裁判员做出决定免于执行。

2.合法还击

对方发球或还击后，本方运动员必须击球，使球直接越过或绕过球网装置，或触及球网装置后，再触及对方台区。

（二）胜 负 判 定

1.除被判重发球的回合外，下列情况运动员可得1分：

（1）对方运动员未能合法发球；

（2）对方运动员未能合法还击；

（3）运动员在合法发球或合法还击后，对方运动员在击球前，球触及了除球网装置以外的任何东西；

（4）对方运动员击球后，该球没有触及本方台区而越过本方端线；

（5）对方运动员阻挡；

（6）对方运动员连击；

（7）对方运动员用不符合规定的拍面击球；

（8）对方运动员或其穿戴的任何东西使球台移动；

（9）对方运动员或其穿戴的任何东西触及球网装置；

（10）对方运动员不执拍手触及比赛台面；

（11）双打时，对方运动员击球次序错误。

（12）执行轮换发球法时，接发球方连续还击13板，将判接发球方得1分。

2.一局比赛：在一局比赛中，先得11分的一方为胜方，10平后，先多得2分的一方为胜方。

3.一场比赛

（1）一场比赛应采用单数局，如三局两胜制、五局三胜制等；

（2）一场比赛应连续进行，除非是经许可的间歇。

（三）比赛次序和方位

1.在单打中，首先由发球员合法发球，再由接发球员合法还击，然后两者交替合法还击。双打中，首先由发球员合法发球，再由接发球员合法还击，然后由发球员的同伴合法还击，接着由接发球员的同伴合法还击，此后运动员按此次序轮流合法还击。

2.在每获得2分后，接发球方变为发球方，依次类推，直到该局比赛结束，或直至双方比分为10平，或采用轮换发球法时，发球和接发球次序不变，但每人只轮发1分球。

3.在双打中，每次换发球时，前面的接发球员应成为发球员，前面的发球员的同伴应成为接发球员。

4.在一局比赛中首先发球的一方，在该场比赛的下一局中应首先接发球，在双打比赛的决胜局中，当一方先得5分后，接发球一方必须交换接发球次序。

5.一局中，在某一方位比赛的一方，在该场比赛的下一局应换到另一方位。在决胜局中，一方先得5分时，双方应交换方位。

（四）重发球

1.比赛中出现下列情况应判重发球：

（1）如果发球员发出的球，在越过或绕过球网装置时，触及球网装置，此后成为合法发球，被接发球员或其同伴阻挡；

（2）如果接发球员或接发球方未准备好，球已发出，而且接发球员或接发球方没有企图击球；

（3）由于发生了运动员无法控制的干扰，而使运动员未能合法发球、合法还击或遵守规则，裁判员或副裁判员因此暂停比赛。

2.裁判员或副裁判员可以在下列情况下暂停比赛：

（1）要纠正发球、接发球次序或方位错误；

（2）要实行轮换发球法；

（3）警告或处罚运动员；

（4）比赛环境受到干扰，以致该回合结果有可能受到影响。

第九章 游泳运动

第一节 自由泳和蛙泳

一、自由泳

自由泳是身体俯卧在水中，双腿交替上下打水，双臂轮流向后划水，动作结构简单，推进力均匀，既省力又能产生最大速度的一种泳姿。4种泳姿中，自由泳速度最快，在游泳项目比赛中多采用此种姿势。

（一）身体姿势

游自由泳时，身体要尽量保持俯卧的水平姿势。但是为了取得更好的动作效果，头部应自然微抬，双眼注视前下方，头的1/3露出水面，水平面接近发际线，双腿处于最低点，身体纵轴与水平面成3°～5°仰角。自由泳游进过程中，身体围绕身体纵轴做有节奏的转动，转动的角度一般为35°～45°。如果速度加快，角度就会相对减少。

（二）腿部动作

两腿上下连续打水，两个脚尖上下交替幅度以垂直距离计算为30～40厘米。脚稍向内转，脚尖自然绷直，踝关节放松，由大腿发力，带动小腿和脚以鞭打动作打水。向上提时直腿，向下时大腿先下打，膝部随之下打，然后小腿和脚依次下打，整个下打过程犹如甩鞭。

（三）手臂动作

1.入水

肘略高于手，手掌自然伸直并拢，与水面约成45°，拇指领先斜插入水中。入水的范围在肩的延长线上或在肩的延长线与人体中线之间。入水点约是手臂前伸的2/3位置上。手臂入水后积极向前方伸肘伸肩，掌心朝下。

2.划水

手臂向前伸展的基础上，开始下滑并屈腕屈肘，使前臂转成向后推水。在肘约屈成150°时开始用力划水。当手臂划至肩下时，手在身体中线下方，肘成90°~120°。接着上臂与前臂同时向后划去，直至划到大腿旁，这过程中肩向后移，肘靠向体侧，以加长划水路线并使前臂和手掌能以最大面积向后推水。手臂入水后下滑屈肘，划至肩下时手腕与前臂成180°，然后逐渐伸腕使手掌展开，划至大腿旁，手掌与前臂成200°~220°。整个划水动作由慢到快，划水结束时达到最快。

3.出水和移臂

划水结束后，前臂和手腕放松，提肩提肘使整个手臂出水，动作迅速而不停顿。接着，在肩的转动下，带动整个手臂向前移动，移臂时仍保持高肘屈臂的姿势。出水和移臂动作要放松，使用力划水后的肌肉得到短暂的休息。

在自由泳划臂的整个周期中，动作是不停顿的，划水动作的内部循环是有节奏进行的，随着阶段的不同，各部分所用力量也不同，动作速度也不一样。整个水下划臂的路线从仰视图来看为"S"形。

4.双臂配合

双臂配合是前进速度均匀的最重要条件之一，一般有前交叉、中交叉、后交叉三种配合形式。前交叉是指一侧手臂入水时，另一侧手臂已前摆至肩前方与水平面约成30°。前交叉有利于初学者掌握自由泳动作和呼吸。中交叉是指一侧手臂入水时，另一侧手臂处于肩下部位，与水平面约成90°。后交叉是指一侧手臂入水时，另一侧手臂处于腹下，手与前方水平面约成150°。后两种配合有利于发挥两臂力量和提高动作频率，加快速度，保持均匀的推进力。

（四）呼吸与臂的配合

一般是双臂各划一次做一次呼吸。以向左侧转头吸气为例，左臂入水后，口鼻开始呼气，左臂划至肩下并继续后划，同时头随身体绕纵轴向左侧转动，并加速呼气，在左臂出水时嘴把气呼完，立即张口吸气，当左臂前移至肩侧时吸气结束，并随着左臂的入水，闭气将头转正。待左臂入水后又开始第二个循环动作。做好吸气动作，应使头与身体成一线一同转动，口在波谷中吸气。

（五）完整配合动作

自由泳的完整配合技术，是匀速地不断向前游进的保证。在完整配合技术中，双臂各划一次水，呼吸一次，双腿打水有2次、4次、6次等，也有不规则打水或交叉打水等多种配合形式。这往往是因个人的特点、习惯、比赛项目或距离长短不一而异。

初学者以学习6次打水、2次划手臂、1次呼吸的配合技术为好，这有利于学习过程中保持臂、腿动作的协调，以及身体平衡的掌握。

（六）练习方法

1.腿部动作练习方法

（1）陆上模仿练习：坐在池边或岸边，双手后撑，双腿向前伸直并拢内旋，直腿做模仿打水的练习。练习时眼睛要看着双腿的动作。

（2）水中练习：

①手抓水槽打水练习：练习时要求髋关节展开，双腿内旋，大腿带动小腿，踝关节放松。先直腿，后屈腿。

②蹬壁滑行打水练习：练习时要求闭气，双臂伸直并拢，头夹于双臂之间，打水时腿要放松。

2.手臂动作和手臂与呼吸配合动作练习方法

（1）陆上模仿练习：

①原地双脚开立，上体前倾做直臂划水模仿练习。重点体会推水结束后的空中移臂动作和手臂入水动作。先单臂练习，再双臂交替练习。

②同上练习，要求划水时做出屈臂的动作，着重体会划水路线。除划水阶段用力外，其他动作放松，移臂时肘高于手。

③双脚开立，上体前倾，双手扶膝，做向侧转头吸气练习。

④同侧臂开始划水时呼气，推水时转头吸气，吸气后头迅速转回，手再入水。

（2）水中练习：

①站在浅水中，做陆上模仿练习①～④的内容。

②在水中一边走动，一边做陆上模仿练习①～④的内容。要求划水时适当用力，注意手掌对水，推水时掌心向后，体会划水路线及水感。

③双臂配合：蹬边滑行后腿轻轻打水或大腿夹助浮器帮助下肢浮起，身体平衡，做单臂划水，如左臂划两次后右臂划两次。而后做双臂分解配合到左臂划水，空中移臂，入水后右臂再做。最好过渡到双臂前交叉配合划水。

④手臂与呼吸配合：扶板打水，单臂划水，向同侧转头呼吸。转头时下颌向同侧肩靠近，不要抬头。滑行轻轻打腿，划单臂向同侧转头呼吸，要求划水路线长。双臂配合，由分解过渡到前交叉加转头呼吸。

3.完整配合动作练习方法

水中练习：

①由蹬壁滑行打腿开始，加各种配合练习，要不停地打水。首先抓好臂腿配合，再加呼吸配合，但不宜过早强调呼吸，以免影响臂腿配合的质量。

②完整动作配合游时，不一定非要6次打水，只要臂腿配合协调，划水和呼吸时腿不停顿地打水即可，再逐渐加长游距，在练习中改进动作。

（七）易犯错误及其原因和纠正方法（表9-1）

表9-1　自由泳易犯错误及其原因和纠正方法

部位	易犯错误	原因	纠正方法
腿部	小腿打水	（1）动作要领不清；（2）下打时屈膝过度	（1）明确动作要领；（2）先用直腿打水，然后体会用大腿带动小腿打水
	屈髋打水	躯干没充分展开或收腰	（1）多做陆上模仿练习，注意大腿上抬或用直腿打水；（2）水中练习要展髋，打水大腿上摆
	勾脚打水	踝关节灵活性差	（1）要求绷直脚尖打水；（2）多做踝关节灵活性练习
臂部	臂入水后向下压水	（1）直臂入水；（2）过早用力划水	（1）入水时手指先入水，此时肘高于手；（2）入水后臂向前下方伸，抓到水后再划水

续表

部位	易犯错误	原因	纠正方法
臂部	手在肩外侧划水和划水路线短	（1）手入水点偏外侧，并向外侧划水；（2）没有抓水动作	（1）屈臂，手沿身体中线做"S"形划水，可要求在肩前入水，划水时向腹下抱向同侧大腿处推水；（2）用矫枉过正法，要求在身体中线处入水，超过中线向后划水，划水结束时手触同侧大腿
完整配合	抬头吸气	（1）动作概念不清；（2）怕呛水，不敢侧转呼吸	（1）明确转头吸气；（2）吸气时，绕纵轴转动，转头时做"咬肩"动作
	吸不进气	不会呼吸或不会在水中吐气	（1）在水中做呼吸的基本动作；（2）强调水中吐气；（3）掌握转头吸气的时机，嘴将出水时猛吐、深吸气

二、蛙泳

蛙泳是身体俯卧于水中，两肩与水面平行，依靠双臂对称向后划水，双腿向后对称蹬夹腿而向前游进的姿势。整个动作与青蛙游水十分相似，所以取名为蛙泳。蛙泳的特点是游时省力，容易学，游动时动作全部在水下，头部可以出水面呼吸，视野开阔，容易对准目标。

（一）身体姿势

蛙泳在游进之中，身体不是固定在一个位置上，而是随着手、腿的动作而不断地变化。当一个动作周期结束后，身体应展胸、稍收腹、微塌腰，双腿并拢，双臂尽量伸直，颈部稍紧张，头部置于双臂之间，眼睛注视前下方。整个身体应以身体的横轴为轴做上下起伏动作。

（二）腿部动作

1.收腿

双膝自然向下，逐渐分开，小腿在大腿后面向上折叠，脚跟沿水面向臀部靠拢。收腿时力量要小，放松。收腿结束时，大腿与躯干的夹角为120°~140°，双膝距离略宽于髋，小腿尽量与水面垂直，为翻脚和蹬腿做好准备。

2.翻脚

收腿即将结束时，脚仍向臀部靠近，这时双膝关节向内扣，同时双脚向外侧翻开，使脚和小腿内侧对好蹬水方向。脚外翻时，应积极用力勾脚，这是做好翻脚动作的关键，而膝关节和踝关节的灵活性则是完成动作质量的保证。

3.蹬夹腿

蹬夹腿是在翻脚的连贯动作下开始的，即翻脚后不停顿地向后做弧形蹬夹水，直至双腿并拢。蹬腿时应以大腿发力，先伸髋，再伸膝，到最后还有约1/4的路程时快速伸展踝关节并拢双腿，使蹬水获得更大的效果。伸踝关节时伴有下压的动作，可使身体升起，有利于向前滑行。

4.滑行

蹬腿结束后，腿略低于身体，随着蹬水产生的推进力向前滑行，腿应快速稍上抬，以减少滑行的阻力。

（三）手臂动作

1.抓水

抓水是在双臂已前伸并拢且掌心转向外时，前臂、上臂内旋，掌心向外斜并稍屈腕，双手分开向斜下方抓水。当手掌前臂有压力时，抓水动作即完成。

2.划水

抓水后，双臂开始提肘屈臂，并继续向后方划水。当两个手掌外划，宽度约近两倍肩宽，上臂和前臂夹角约为115°时，即转入内划。

3.内划

内划是划水的继续，它是划水动作中的一个重要组成部分，能产生较大的升力和推进力。内划时掌心由外转向内，完成此转腕动作，只要小指由向上转为向下即可。同时必须与前臂、上臂同时用力向内夹，两肘自上而下直线内夹。内划动作完成时，双掌心向上，两肘正处于肩前下。

4.前伸

手臂内划结束，此时要借助手臂向前的惯性，立即伸肩、伸肘。两个掌心由向上逐渐转为向下，双臂呈并拢伸直状。

蛙泳整个划水路线，近似"桃形"的轨迹。划水方向是向侧、下、后、内、前方；划水力量由小到大；划水速度由慢到快。特别强调：内划至前伸段中间不能有停顿，动作必须连贯，一气呵成。

（四）完整配合技术

由于蛙泳是通过臂腿相互交替运动产生向前的推进力，因此臂腿配合时机是十分重要的。配合得好，游速均匀效果好；配合得不好，出现减速，效果差。手臂划水时腿伸直放松，收手臂时收腿，手臂将伸直时开始蹬腿，接着臂腿伸直滑行。

手臂与呼吸及手臂、腿、呼吸完整配合。蛙泳中手臂与呼吸配合有早吸气和晚吸气两种形式：早吸气是双臂划水开始时抬头吸气，收手时低头屏气，双臂前伸时逐渐呼气；晚吸气是双臂内划时吸气，内划结束吸气也完成了。双臂前伸时屏气，向外划水时呼气。早吸气的吸气时间长，对初学者来说较容易掌握；晚吸气的吸气时间短，但完整配合连贯、紧凑，有利于力量的发挥，对提高成绩有明显的优势，为运动员所采用。

蛙泳手臂、腿、呼吸的完整配合，一般为一次划臂、一次蹬腿、一次呼吸，但也可以2~3次臂腿动作呼吸一次。

（五）练习方法

1.腿部动作练习方法

（1）陆上模仿蛙泳腿部动作练习：坐在池边或岸上，上体稍向后仰，双手体后撑，双腿伸直并拢，髋关节展开，做蛙泳的收腿（大腿带动小腿，边收边分）、翻脚（向外翻脚，脚的蹬水面对准水，膝稍内压）、蹬夹水（向后弧形蹬夹水）、停（双腿并拢伸直放松停一会儿）的动作，先分解练习再过渡到完整连贯动作。

（2）水中做蛙泳腿部练习：手扶支撑物，身体平卧浮于水中，髋关节展开，双腿放松伸直并拢，做收、翻、蹬夹、停的动作，先分解再连贯起来做。要求：肩浸入水中，腰腹部肌肉稍紧张，臀靠近水面，防止塌腰、挺腹、臀下沉；收腿时要放松慢收，小腿和脚在大腿投影之内；向外翻脚要充分，脚掌和小腿内侧对准水，脚心朝上；蹬夹腿动作要连贯，速度相对要快些；蹬夹腿结束后，双腿并拢伸直漂一会儿。

（3）滑行做蛙泳腿部练习：蹬壁或蹬池底滑行后做蛙泳腿，要求双腿蹬水后漂浮的时间长一些，注意蹬腿效果和动作节奏。

（4）游动支撑做蛙泳腿部练习：扶住浮板的近端，双臂伸直，面部浸入水中，做蛙泳蹬腿动作。

（5）蛙泳腿和呼吸配合练习：当蹬夹动作结束、双腿并拢伸直时，抬头吸气，随后低头没入水中闭气再收腿。

2.手臂动作练习方法

（1）陆上站立，上体前倾，双臂前伸，掌心向下。按口令做以下动作：双手同时向侧后下方划水；屈臂收手至颌下，掌心斜相对；双手向前伸直并拢稍停。要求划水时掌心向外侧下方，内收时，用力压水。先分解练习再过渡到完整连贯动作。基本掌握手臂的动作后，即可配合早呼吸，开始划水时抬头吸气，伸臂时，低头闭气及呼气。

（2）站立在齐胸深的水中，俯卧，双臂按陆上练习的要求做划水动作，先做原地，后做走动的小划臂练习。划水时不要用力，体会水对掌的压力（水感）。手每划一次水，双臂在体前伸直并拢稍停一会儿，主要是体会划水路线。

（3）手臂和呼吸配合练习，手臂的动作同上，由走动到俯卧滑行做手臂与呼吸配合动作。要求划臂开始抬头吸气（早吸气）或划水结束时抬头吸气（晚吸气）。

（4）双人配合练习，由同伴抱住练习者双腿，做蛙泳臂与呼吸配合动作的练习。

3.完整配合动作练习方法

（1）陆上模仿练习：站立，双臂向上伸直并拢。一腿支撑另一腿做模仿练习。按口令做："1"——双臂向两侧划水。"2"——收手臂同时收腿，收腿即将结束时开始翻脚。"3"——手臂将伸直时蹬腿。"4"——手臂、腿伸直稍停。然后逐渐连贯做，加呼吸动作。

（2）水中练习：

①滑行后闭气做手臂、腿配合的分解练习。即先完成一次划臂动作后，再做一次蹬腿动作，手臂和腿依次交替进行，以建立手臂先腿后的概念。

②闭气滑行，划臂腿伸直、收手臂又收腿，手臂将伸直再蹬腿，臂腿伸直后滑行的配合练习。

③同上练习加呼吸配合。由多次蹬腿一次划臂逐渐过渡到一次臂、一次腿和一次呼吸的完整配合。

④逐渐远距离游，在远距离游中改进技术。

（六）易犯错误及其原因和纠正方法（9-2）

表9-2 蛙泳易犯错误及其原因和纠正方法

部位	易犯错误	原因	纠正方法
腿部	蹬水时没有翻脚或一脚翻、一脚绷直剪水	（1）小腿肌肉对翻脚的动作未建立感觉和体会；（2）绷脚尖形成动作定型	（1）多在水上做翻脚的强制性练习；（2）强调蹬水时保持脚翻、勾（勾脚尖）状态
	平收腿、蹬得过宽，先蹬后夹或只蹬不夹	（1）收腿时双膝外张；（2）旧的动作定型影响	（1）陆上模仿练习加深体会；（2）用矫枉过正方法，要求收蹬，用绳固定双膝距离，限制其外张
	收腿时游速突减，蹬水时不走	（1）收腿过快，收大腿过多；（2）蹬腿时脚内侧与小腿内侧未对水	（1）强调慢收腿，控制大腿与躯干的夹角约为130°；（2）强调慢收到位，小腿约与水垂直。注意翻脚后蹬腿，并相对快些
臂部	划水时手摸水（划不到水）	（1）划水时拖肘；（2）手臂力量差	（1）划水时，高抬肘，屈臂划水幅度小些；（2）加强手臂力量训练
	划水路线太靠后，超过肩的延长线	（1）急于用力划水，推动身体前进，收手过晚；（2）抬头吸气时间过长或吸气时抬头过晚	（1）伸臂划下抓水，保持高肘提前划水；（2）屈臂划水，或用水线限制划水过肩
完整配合	蹬腿的同时划臂	配合节奏紊乱，急于划臂	强调先伸臂后蹬腿，臂腿伸直再滑行。或双臂前伸，蹬两次腿，划一次臂，然后做一次腿一次臂配合
	蹬腿的同时伸臂	臂划水结束后没有及时转入收手和伸臂，而是停留胸前	（1）强调收手时收腿，适当地慢些；（2）划、收、伸衔接应紧密连贯，强调手臂先伸直再蹬腿

续表

部位	易犯错误	原因	纠正方法
完整配合	吸不到气	（1）吸气前未呼气或呼气过早过猛，使呼与吸之间有停顿；（2）抬头太慢，吸气时间太短；（3）用鼻吸气，呛水	（1）手臂前伸时开始呼气，注意呼气节奏。呼与吸衔接，嘴将出水加速呼气，嘴一出水顺势吸气；（2）滑水时开始抬头并吸气；（3）用嘴、鼻呼气，用嘴吸气

第二节　游泳安全防护

一、游泳的安全卫生常识

游泳是一项深受人们喜爱的体育活动，游泳具有调节人体机能和增强抵抗力等作用，是男女老幼都适宜的健身运动。在游泳时，要自觉遵守游泳安全和卫生守则，防止发生意外事故和传染疾病。

1.选择安全卫生的人工游泳场所，池水经常消毒、排污和过滤，清晰度较高。

2.游泳前严格体检，患有心脏病、高血压、癫痫、活动性肺结核、传染性肝炎、红眼病、精神病、中耳炎、发烧、开放性创伤者，都不宜游泳。妇女在月经期游泳要采用卫生措施，未采取措施不宜下水。

3.酒后、饱食后、饥饿或过度疲劳时不能游泳。

4.游泳前要做好准备活动，使身体更好地适应温差的刺激和游泳活动的需要，防止抽筋、拉伤。

5.游泳时最好戴上泳镜，以免双眼被氯气侵入或被细菌感染。

6.游泳时应掌握正确的呼吸方法，用嘴吸气，避免呛水。

7.游泳时若耳朵进水，应将头偏向进水一侧，并用同侧的脚连续震跳，使水流出，或者将头偏向进水一侧，用手掌紧压耳廓，屏住呼吸，然后迅速移开手掌，反复几次后，可将水吸出。

8.游泳时若发生肌肉抽筋，要保持镇静，不要紧张。在浅水或离岸较近时，应立即上岸进行处理；在深水或离岸较远时，应大声呼救，同时展开自救。

二、游泳救护

（一）接近溺水者

接近溺水者是指救护者在发现溺水情况后，由岸（船）边跳入水中准备赴救的过程。

1.入水方法分两种：在熟悉的水域或游泳池，可用鱼跃式（头先入水）的出发动作，其优点是速度快。在不熟悉的水域，可用"八一"式（跨步式）动作。

2.游近溺水者：救护者在入水后迅速靠拢和控制溺水者并做好拖带准备。一般采用速度较快的抬头自由泳，亦可采用头不入水的蛙泳，以便观察溺水者。

3.游到离溺水者2～3米处时，深吸一口气采用潜深技术接近溺水者，以保证自身体力。如溺水者面向自己，则潜入水中，游到溺水者身旁双手扶住他的髋部，将他转至背向自己，然后进行拖带。另一种方法是正面游近溺水者后，用右手握住他的任一只手，用力拉向一边，借助惯性使溺水者身体转180°背向自己，然后进行拖带。如溺水者背向自己，可直接游近溺水者急停后，一手托腋，使其口鼻露出水面，一手夹胸做好拖带准备，并有效地控制对方。

（二）水中解脱法

水中解脱法是救护者在接近或寻找溺水者时被溺水者抱住后施行解脱，并有效控制溺水者的一项专门技术。

1.虎口反抓解脱法：虎口是指拇指与食指之间的部位。救护者的臂部（单臂或双臂）被溺水者抓住时，可握紧双拳向溺水者的虎口方向外旋，肘内收并紧接着反抓溺水者的右肘和右前臂，同时将溺水者右臂拧向背后，使其背向自己，随即拖运。

2.托肘解脱法：当溺水者从前或后面抱住救护者的颈部，救护者用一手托住溺水者一肘部，另一手握住溺水者同一手腕，同时将托肘部的手用力向上推，抓腕的手用力向下拉，即可解脱，进行拖带。

3.推扭解脱法：当被溺水者从前上方拦腰抱住时，救护者一手按住溺水者的后脑勺，另一手托住溺水者的下颌，向外扭转他的头，并顺势把溺水者转至背向自己，然后进行拖带。

4.扳指解脱法：救护者扳动溺水者右手一指，用左手抓住溺水者左手的一指分别向左右用力拉开，然后放开溺水者的一只手，顺势转至溺水者背后进行拖带。

5.外撑解脱法：当被溺水者从背后连同双臂拦腰抱住时，救护者双腿用力蹬夹，连同溺水者一起在水中升高身体位置。当头出水后深吸口气，然后突然下沉，同时用双臂向外撑的方法进行解脱，随后转到溺水者背后进行拖带。

（三）拖带法

拖带法是指救护者采用侧泳或反蛙泳进行水上运送溺水者的一项专门技术。

1.侧泳拖带法

救护者侧卧水中，一手扶住溺水者，另一手在体侧划水，双腿做侧泳、蹬剪水的动作前进。另一种是一手抄腋下，同侧髋部紧贴溺水者的背部，另一手在体侧划水，双腿做侧泳蹬剪水动作。

2.反蛙泳拖带法

一手或双手扶住溺水者，以反蛙泳腿的动作使身体前进。拖带时，一种是仰卧水面，双臂伸直扶住溺水者的两颊，腿做反蛙泳动作使身体前进。另一种是仰卧水面，双臂伸直，双手的四指放在溺水者的两侧腋下，拇指放在肩胛骨上，腿做反蛙泳动作使身体前进。

三、肌肉痉挛自救

肌肉痉挛是游泳运动中常见的一种突发状况。解决肌肉痉挛的有效方法是将痉挛部位的肌肉拉长伸展，然后进行按摩使痉挛缓解。下面介绍两种肌肉痉挛的解救方法：

（一）手指肌肉痉挛解救法

先将手握拳握紧，然后用力伸开，伸直，反复几次痉挛就能缓解。

（二）小腿肌肉痉挛解救法

先伸直患腿，一手按住膝盖或小腿部位，踝关节屈，另一手抓住脚趾用力后扳并蹬直患腿（大腿后面肌肉痉挛解救法与此相同），反复几次痉挛就能缓解。

参考文献

［1］景志辉.大学体育［M］.成都：电子科学技术大学出版社，2023.

［2］单保海.大学体育［M］.西安：西安交通大学出版社，2023.

［3］马祖勤.大学体育［M］.上海：复旦大学出版社，2023.

［4］洪锡均.大学体育［M］.北京：北京体育大学出版社，2023.

［5］于鹏飞.大学体育［M］.北京：高等教育出版社，2023.

［6］邱建国.大学体育［M］.北京：高等教育出版社，2023.

［7］郭秀文.大学体育［M］.北京：中国科技出版社，2023.

［8］张昕.大学体育［M］.西安：西安电子科学技术大学出版社，2023.

［9］李健兵.大学体育［M］.北京：新华出版社，2023.

［10］付玉坤.大学体育［M］.北京：首都经济贸易大学出版社，2023.

［11］马艳.大学体育教程［M］.西安：西安交通大学出版社，2023.

［12］肖锦山.大学体育与健康［M］.北京：北京理工大学出版社，2023.

［13］李梅.大学体育与健康［M］.武汉：华中科学技术大学出版社，2023.

［14］许水生.大学体育理论与实践［M］.哈尔滨：哈尔滨工程大学出版社，2023.

［15］王玉斌.大学体育与健康［M］.北京：北京体育大学出版社，2023.

［16］林立新.大学体育与健康［M］.厦门：厦门大学出版社，2023.

［17］程亮.大学体育教程［M］.上海：同济大学出版社，2023.

［18］余洪权.大学体育与健康［M］.武汉：武汉大学出版社，2023.

［19］徐嘉.大学体育与健康教程［M］.天津：天津大学出版社，2023.

［20］王国旭.大学体育与健康［M］.重庆：重庆大学出版社，2023.

高原
皇后

姜文社 / 著

陕西新华出版
陕西人民出版社

图书在版编目（CIP）数据

高原皇后／姜文社著． -- 西安：陕西人民出版社，
2024． -- ISBN 978-7-224-15522-8

Ⅰ．I247.5

中国国家版本馆 CIP 数据核字第 2024ZJ8377 号

责任编辑： 齐向红
封面设计： 姚肖朋

高原皇后
GAOYUAN HUANGHOU

作　者	姜文社	
出版发行	陕西人民出版社	
	（西安市北大街 147 号　邮编：710003）	
印　刷	武汉绿色印务有限公司	
开　本	787 毫米×1092 毫米　16 开	
印　张	33.75	
字　数	588 千字	
版　次	2025 年 1 月第 1 版	
印　次	2025 年 1 月第 1 次印刷	
书　号	ISBN 978-7-224-15522-8	
定　价	98.00 元	

序

高原上的守林人

不经意间，被一个书名瞬间击中——《高原皇后》！是什么样的女子，能当得如此威严、如此霸道而又如此母性、如此博爱的名称？好奇心推动我读完了这部大部头的小说。在小说中，厚重的历史底蕴与鲜明的环保主题结合得如此水乳交融，让人忍不住击节赞叹，为作者的才华，也为作品所构筑的这座复杂深邃的精神城堡。

故事开端于 20 世纪 30 年代，收笔于 20 世纪末，时间跨越 70 年，围绕一家三代人前仆后继保护山林的事迹展开情节。高阳镇中山村姬家长子带回一个维吾尔族女子，从此中山村灾异不断，愚民们将一切归罪于这个异族女子，迫使夫妻二人逃入山林，后死于一场声势浩大的毁林运动。他们的女儿由祖父姬长庚夫妻抚养长大后嫁给武家，人称"武七嬷"。1965 年，姬家幼子夫妇相继弃世，武七嬷将他们襁褓中的小儿姬发带回抚养。原始森林被毁后，姬长庚四十年不辞劳苦，终于使险些成为秃山的张家山恢复一片绿海。为了护林，1991 年，他被盗伐者推下悬崖而亡；已经成年且娶姜姓女子为妻的姬发，买下了张家山林场的经营管护权。1993 年，年仅 28 岁的姬发死于毁林者所纵的山火。姬发死后，武七嬷继续进行保卫山林的事业，生于山林亦死于山林的她，为姬家的护林事业抹上了最为浓重、最为动人的一笔。

熟识中国上古历史的人，一眼就能在武七嬷身上看到"永恒的女性"的影子。《史记·周本纪》载，周族（姬姓）始祖后稷，为其母姜嫄践履巨人足迹而生，后稷的十四世孙即周朝的立国之君武王姬发。周族以农立国，后稷"教民稼穑"，是开创华夏农耕文明的伟大的农艺师，他的母亲姜嫄对后稷既有生养启蒙之恩，亦是他的助手，后稷的丰功伟绩倾注着母亲的心血。对重视血脉传承的中华民族来说，没有姜嫄，周族八百年的统治便成为无根之木、无源之水，华夏民族的历史源头也势必另有面目。《高原皇后》的作者将故事的发生地命名为高阳(三皇五帝中的颛顼帝，为中华人文共祖之一，姬姓，乃黄帝之孙，号高阳氏)，将主人公家族定为"姬"姓，将姬家所在的村落称为中山村，将与姬家联姻的两个家族分别定为姜姓、武(周朝立国之君为周武王)姓，这为全书确定了一个苍凉浑厚的历史基调。而武七嬷作为连接姬、武两家三代的纽带，其身份与姜嫄在历史中的地位相当。她的出身、个性以及在家族事业中的作用，都顺应了这一基调，因而也愈发显得厚重鲜活。在历史的演进中，无数的异质文明与中原文明发生了碰撞、冲突与融合，这才形成了中华文明博大宏深的面貌。武七嬷的身世与此文明发展历程隐隐吻合。武七嬷的母亲是维吾尔族女子，这样的"异质"渗入以"中"自诩的中山村，开始自然无法得到认可。夫妻二人遭到驱逐，过起了野人一般的生活。而他们的女儿，却作为异质文化与中原文明融合后的产物留在了中山村，并且成为家族的中心人物。武七嬷因为家人的宠爱，"从小就养成了一种霸气，敢想敢说，敢求敢舍，敢作敢当"。在爱情上，一字不识的她竟敢放出话来，非高阳唯一的大学生武清俊不嫁，而后者也被她混合着"纯真无邪"和"慈悲大爱"的独特气质所吸引，二人终成良缘；她不顾夫家的反对，抱养失去双亲的姬发；她从自己的人生经验出发，阻止姬发买下林场的经营管理权；她自幼失怙，目睹姬家三代男人的死亡。她所遭受的磨难与面对磨难的那种坚韧与包容，正是中国传统女性命运和独特品质的写照。尤其是在姬发死后，她以年迈之躯接过了护林的重担，"在固守已有绿色的同时，又买下了十余万亩荒山……要让张家山重新树木高低参差，万花齐放，豹吼熊叫，鹿獐成群"。这浓墨重彩的一笔，使她具有了"中华民族的老祖母"的形象特征。

《高原皇后》的主题初看是保护山林，但是，若单纯将其视为环保小说，显然是对作品的一种误读——最少也是太浅看了这部作品的内涵。姬家三代人保护山林，从其行为表象来看，自然有保护环境的意味，但是，对他们来说，保护山林，事实上意味着保护家园。从这个角度看，他们的行为才能得到合理的解释。因为一个几乎没有受过教育的山里人，之所以会对环保事业如此热衷，原因正是在于护林与保护家园原本是同一内涵。事实上，在小说开始，作者就对姬家人的护林行为做了一个隐蔽但又明晰的铺垫。武七嬷的父母因为不容于村民而被迫栖身山林，他们"借森林，回归原始，活的是真实的自我"，"他们的生命、爱情，已与这片森林浑然一体。森林被毁，他们的生命之歌便没了伴奏，爱情之剧就失去了舞台"。武七嬷的父母过着类似于原始人的生活，他们与自然融合无间，视山林为自己的家，这也是姬家三代对森林的真实感情。他们对于山林的珍爱是混沌的，出于本能的，与环保主义者那种出于清醒意识而产生的使命感完全不同。正因为这种本能，在他人毁林时，姬家人才会有那样非常的举动。也只有如此理解，姬家人的行为才不让人感到突兀，他们的命运才会让人扼腕叹息。

从作品描述的中心事件看来，《高原皇后》是一部环保小说，这是大多数读者的看法，而该书也因为关注环境保护于2004年获得了六部委联合举办的"第二届关注森林文化艺术奖"一等奖。但是，从作者对武七嬷这一中心人物的塑造与着力挖掘，与小说中心事件背后的诸多看似无心实则有意的情节与细节设置看，《高原皇后》无疑更是一部寻根小说。正是由于这种具有多义性的特点，使得这部小说具有无穷的魅力。

原文化部副部长
故宫博物院原院长　　郑欣淼

噫吧——

甭说好死不如赖活着，

活得没三分人气。

走上景阳冈，

好二郎哥哥，

就休怪酒误你。

人要在虎口里生，

虎就得在人拳底下死。

看人楚霸王，

活——英雄，

死——英雄！

目 录

第一章　张家山遭劫

　　愚昧野蛮是可怕的，张家山原始森林就那么轻易被毁，姬长庚的大儿和大儿媳就那么死于非命。当时人们从四面八方蜂拥上张家山，争相砍伐树木。大难临头，鸟飞他乡；野兽无翅可飞，只得同伴相呼，母子相从，不住地往森林中心退。森林面积越来越小，动物的相对密度越来越大，猎取越来越容易。鹿茸、熊掌等也很值钱。一些汉子便技痒，丢下了斧头、砍刀、锯子，操起了猎枪。于是，人喊声、砍伐声鼎沸的张家山，又枪声四起。

　　早年因被山民追杀，逃入张家山森林的一对俊男靓女——姬长庚的大儿和大儿媳惊恐莫名，随着那些惶惶然的动物往人迹尚未到处退，退。两个月不到，张家山森林只剩下了几百亩，夫妻俩与动物们已无处可退。草食动物本不敢接近肉食动物，然而没有办法，不得不直面天敌，它们快吓疯了。肉食动物受到的惊吓也一点儿不比它们差，除非饿极，便无心进攻。

　　争砍这几百亩山林的，是张家村和胡家村的人。双方气势汹汹，争执得声嘶力竭，却毫无结果，干脆一不做二不休，抢木棍、挥砍刀，开始械斗。外村持枪的猎人，正如俗话所说"看热闹的不嫌事大"，非但不阻拦，反而在一边起哄叫好。两村多人受伤，场面恐怖，空气中血腥味浓烈。一个老爷子，鼻梁被砍刀削了下来，却又没有掉，和上唇连着皮，像颗红樱桃般在白胡子上晃来荡去。老爷子疼痛难忍，"啊——啊——"惨叫着，一只大山羊似的跳来蹦去。突然，他发狠道："我们砍不成，都休想砍成！"于是纵火引燃了森林。

　　熊熊大火，结束了两村人的斗殴。猎人们举枪向火射击，火迅速向林中心烧去。草食动物与肉食动物简直成了亲密伙伴，身贴着身。空气灼热，它们却瑟瑟发抖。母鹿望着小鹿，母狼望着小狼，都眼含悲泪。火已烧上它们身。出于生命的本能，动物们纷纷向火外逃窜。枪声密集，狂吼哀号声一片。少有动物能逃走，多一蹿出火来就中弹。突然，一对裸体男女也狂吼着冲出火来，正是姬长庚的大儿和大儿媳。众人惊奇地大睁着眼睛。有动物蹿出火来，猎人也忘记了开枪。

早衰者，多欲望无穷、烦恼无尽，而这一对男女，借这片生机盎然的森林摆脱了所有烦恼，除了彼此那深沉而强烈的恩爱之外，便别无欲望，人生简单而充满愉悦与活力。他们虽已三十七八岁，看上去却鲜活似不到三十。攀树上崖，跳跃奔腾，使他们的躯体异常健壮、柔韧。森林里湿润的空气，又使他们的皮肤极为光洁好看。他们的躯体，几乎是男女人体美的典范。不过这阵子，他们很茫然，冲出火后，不知何去何从，半晌站立不动。女人怯怯地倚靠着男人，男人则警惕地望着毁林者。

有人突然喊："见鬼了。鬼，活鬼！"

众人响应："打，打死活鬼！留着也是祸害，打死！"

一对男女闻声后退了几步。众人便扑上，乱棍击向他们。男人横在女人前面，替她遮挡棍棒。女人又扑到男人前面，要为他遮挡棍棒。一棒击在女人头顶上，鲜血直流。从未有过害人之心的一对男女，在这生死关头，终于忍无可忍，以残忍对抗起了残忍。男人抓着一汉子的两只脚倒提起来，怒吼着抡向另一汉子。两人头撞头，当即倒地而亡。女人则抓住一汉子，野兽一般狠命咬向那人喉管。人们又怯声而喊："真是祸害！还吃人肉，喝人血哩。快，打死！"男人横挡在女人身前，举起倒地的一条丈余长正呼呼蹿火苗的树干，照人劈头盖脸便打，多人倒地。众人大恐，纷纷后退。猎人连连开枪，男人中弹倒下。众人又扑上，有人揪着头发拖开了女人。那被咬者脖子上血喷如泉，软瘫在地，再也不动了。拖女人者惊呼："我的老娘，她一口就能把人咬死，真是个活鬼！"众人把女人搡倒在地，提脚没命踩肚子。这时树干突然被撑起，男人双手捉住树干的一头，飞向半空，又在空中丢开，直扑向一个踩女人最凶的人。那人趴倒在地，口鼻出血，命归西天。男人踩着那人的脊背站起，伤口涌着血，威风凛凛。众人惊呆。男人低头看女人，已被人踩死了。他仰起头来，纯净的眼里满含泪水，极为晶莹澄澈，叫人只能想到纯情、纯真、纯美。突然，他夺过了一个呆立的人手中的猎枪。众人惊叫着四散。他却"咔嚓"一声将枪折为两截，扔出老远，然后向中山村姬家的方向凝望了一瞬，便弯腰抱起女人，飞身跃入火海。烈焰中，他壮美的身影黄亮放光。一闪间，便没有了踪影。姬长庚的大儿和大儿媳，与张家山原始森林同归于尽了。

张家山原始森林，有十余万亩之广，处于渭水之滨的蒲城县。这片森林，分属高阳等六个乡镇管辖。20世纪30年代的一天，高阳镇中山村人轰动了。姬长庚十六岁的大儿，去口外贩马，竟带回了一个高鼻梁、大花眼、皮肤白皙、身材高挺壮实的维吾尔族女子。高阳自古汉族与外族不通婚，姬长庚捏了一大把冷汗，村人却因老几辈人从没见过这种事情，一时不知所措，便任那女子出出进进，忙来忙去，似乎已接受了她为本村媳妇这一事实。既然那女子又不是地畔子界墙，与人无争不碍谁的事，长庚一家还在村中极好事，有求必应，"远亲不如近邻"，谁要和他们过不去，真成吃饱撑着了。况且山村生活太平淡无奇，人们活得昏昏欲睡，出这么个新鲜事、新奇人，让大家茶余饭后有说不完的话题，岂不是一桩乐事？村人有一段时间，比谁家正儿八经娶了媳妇还高兴。娘儿们为看稀奇，往长庚家跑得格外殷勤，不是借酵面团儿、花样儿、鞋样儿，就是找乱跳窝的帽帽母鸡；小伙子们则为饱眼福，有事没事都爱到长庚家去串门，取笑老大："你倒会空手套白狼，一分钱不花就娶了个妙媳妇儿！"

维吾尔族女子说话叽里呱啦的，长庚一家除老大外，别人一句也听不懂。但那女子很聪明，用手势姿态，就可以和这一家人沟通。看来，她分明是一个心怀美好的女子。长庚的大儿年纪虽小，却是个汉子，威武英俊，豪爽勇猛，啐一口便如子弹出膛。长庚心中，自来有个英雄情结，闲时爱向家人说古今英雄。受其感染，一家人都崇拜英雄。英武的老大，便成了一家人的最爱，当然也爱屋及乌，爱他所爱的女子了。

当时的高阳人，相信人死了会成鬼，鬼魂可以附到活人身上。不知为什么，大概是这种执念长期潜移默化的作用，经常有人会突然神志不清，张口闭口说自己是死去了的某人。不过几天之后，有的只过一阵子，就会恢复正常思维。人们便道：他叫某死鬼缠住咧。于是家人烧符作法，替他驱鬼。他们不光认为死人会成鬼，还认为活人身上若带邪气，也会成活鬼。

神志不清者的一时胡话，神志清醒而愚昧的山民，却信以为真。一些不通今的老娘儿，也借以炫耀自己博古，搅动三寸不烂之舌，穿凿附会，说什么时候某死鬼害得村里鸡死狗病，什么时候某活鬼又害得村里瘟疫大发、家家死人，俨然在这方面是大知识分子。

一日，有个娘儿突然口吐白沫倒地，哭叫不已，说自己正是那外族女子，来中山就是为把全村人害死，村人大惊。这方面知识很"权威"的一个老娘儿，刚吃饱了饭没事做，要向人们说些什么以助消化，便打了一个响亮的饱嗝，两手抱腹，拖着长声道："来者不善，善者不来。瞧那外族女子，鼻子多高，脸多白，说话像巫婆念咒，叫人听个稀里糊涂，分明是个奇人。奇人准就是精怪、活鬼，只怕还是个豹子、熊瞎子托生的，吃人肉，喝人血哩。小心！小心没大错。"

长庚家的人都很宽容，凡事让三分，从来与村人无利害冲突，但是维吾尔族女子在这个家的存在，终于使这个家与村人有了"莫须有"的利害冲突。

娘儿和小伙子们从此即便真有事，宁肯误事也决不进长庚家的门。偶与那女子相遇，也赶忙躲开。躲不及的，就向她翻白眼，啐唾沫，口中念念有词，是山里代代相传的招神驱鬼咒语。女子听不懂，但知道除了家人外，别人对她已很不友好了。

平常谁家鸡死了，也就那么回事，可自从人们认为那女子是"活鬼"后，一遇鸡死，主人便会唉声叹气说："又是那外族女子搞的鬼！"巧的是人们对"活鬼外族女子"之说正盛时，发生了一场鸡瘟，十几天内村里的鸡死了个干净。此一说，这下更名副其实了。之后，又死了几头大牲畜。村人说："轮也该轮到人了。牲灵有灵性，先替人死哩。"于是，全村便被恐怖气氛所笼罩。人们一提到那女子，犹如屠刀向顶，毛骨悚然。恐怖里，人们也对她恨之入骨，只欲除之而后快。不过是村邻之间那层情面在挡着，一时还没有人首先站出来而已。

一个月后，有个后生无病而死。据那个权威的老娘儿说，这后生托梦于自己，说他是被外族女子使妖术迷入阎罗殿的。阎王爷说："我本没叫你，你自己找上门来，就给你在地狱一个安顿吧！"

村人的恨火，熊熊而燃。死者的母亲首先撕破那层情面，一呼全村应。人们拿着粪耙、铁叉、扁担、砍刀、土枪，围了长庚家。一老爷子翘着大白胡子，溅着唾沫星子道："长庚，你是好人，咱们好说。'亲望亲好，邻望邻安'，为一村人安生，把那外族女子交出来吧！"众人狂呼："把那外族女子八劈了！捆在石头上，沉河里去！点人灯！"

长庚妻出来，痛哭流涕，跪求宽饶，却被乱石砸得鼻青脸肿。此时，门突然大开，长庚的两个女儿搀着老大媳妇，长庚和众儿持土枪围护，冲出门来。"砰"的一声，有人开了枪，老大媳妇一腿即刻被血染红。长庚看也不看，震天一吼，枪声炸响。那个向老大媳妇开枪的人，惨叫一声，一腿也成了血红色。长庚血红着眼，吼道："看着，他就是样子。谁不要命，老子就把散弹丸子往谁身上送，绝无二话！"村人没想到他这个大好人，却如此不好惹，一时惊惧，连动一下的人也没有。

老大背起妻子逃去。长庚领着另几个儿子，横挡路口，狂吼着，朝天连连放枪。妻子领着两个女儿，在旁不断为他们放空了的枪膛里装药。村人无一敢追。

两口子逃入了张家山原始森林。隔些时日，他们便会趁夜色溜回家，与亲人团聚。然而不久，长庚的二儿子突然惨死。村人不同情反背地里嘲笑："妖怪就是妖怪，不近人情，保她的人也害。长庚家的人是好，就是好得太过火了！"连老大也疑心妻子身上真有邪气，回家时总独自一人。可惜灾祸仍免不了，长庚的两个女儿又相继弃世，村人已当面嘲笑起了长庚。巨大的悲痛加上乡邻的无情伤害，长庚脑后的头发都白了。老大则以为自己身上也染上了邪气，一夜回来，跪向父母泣道："她是怪也罢，鬼也成，我都丢不下她。我跟着她，死死活活，都认了，就不愿连累家里人。你们权当没有生养我这个儿子，我再也不会回来了。"

长庚忙道："什么邪？说不清、道不明的。孩子，不信邪。天底下的事情，都有个因由。你兄弟、妹子的死，各有因由，跟你们没关系。你们只管回来！天有天灾，人有人祸，是福跑不了，是祸躲不过，家里出什么事，爹都知道，不是你们害的。你们怎舍得害亲人呢？"老大态度坚决道："爹明白，我糊涂，说不清我们害没害兄弟、妹子，或许就是我们害的。从今往后，我们连看也不看家里人一眼了。"

两口子的女儿，那时已在森林中出世。长庚妻见说什么都没用，便哭道："我的儿女，一个个没有了，你不见我，跟没有了有什么两样？把孙女给我送回来吧！我天天看着她，就跟看着你一样。她能有什么邪气？刚上世的孩子，最干净不过。把孙女儿给我送回来吧！"老大虽不忍跟女儿永远分开，却更不忍拒绝母亲的恳求，微微点了点头，便悄然离去。一日早起，天色惨淡。树上水鸡子的叫声，脆滑清亮。长庚妻打开大门，见门口放着一个女婴，用兽皮裹得暖暖和和的，正在熟睡。老娘儿哭叫着"肝儿"，忙弯腰抱了回去。

长庚的这个孙女，因为有父母不得见，一家人对她倍加宠爱，从小便养成了一种霸气，敢想敢说，敢求敢舍，敢作敢当。只要是她认准的理，天王老子也不怕。山里人，没有敢随便招惹她的。

森林的法则是严酷的，老大与妻子随时都有葬身兽腹的危险。好在老大既力大无穷又极敏捷，还有过人的聪明，他们一年一年活了下来。借森林，他们回归原始，活的是真实自我。巢居穴处，冬则衣兽皮，夏则放浪形骸，食山果、兽肉而不食人间烟火，沉醉于男欢女爱与自然之美中而忘记林外的丑恶与纷争，倒也乐和。他们仍怕人，人最凶险。一遇人，老大就领着妻子急忙躲开。人遇他们，也已不再追杀，而忙忙避开，害怕给自己染上了那要命的邪气。

长庚年轻时好进林打猎，有了老婆、儿女后便不肯干这行当了，怕万一有个闪失，丢下老婆、儿女受罪。孙女十来岁后，他又操起了旧行当，且教会了孙女骑马使枪，进林时总带着孙女。不是看重猎物，而是为让孙女见到父母。爷孙俩不知多少次血淋一身，死里逃生，却没一次能见上那两口子。不过那两口子肯定看到过这一双老少亲人，并默默地保护着他们。因为数次最危险的时候，野兽突然被石箭射中致命处。长庚大叫："是你爹！除了你爹，别人不用这种东西。"孙女忙抹了一把糊住眼睛的兽血，四下打量，呼爹唤娘。林海茫茫，了无人迹，绝无应声。

正是张家山森林，让长庚的孙女少小时就富有血性，也让她有了为向善求美，敢出生入死的勇气和胆量。

如果要为张家山立部山志的话，血涤火荡，将是主要内容。

明末李自成的起义军，曾被官军追入张家山森林。可想而知，当初此地，林涛怒吼，人喊马嘶，刀光剑影，血流满地，尸横遍野，是何等之悲壮惨烈。

曾发动"西安事变"的杨虎城将军，正好是蒲城人，初为刀客时，也曾以张家山为营，还认一个山里老娘儿为干娘。1930年任陕西省政府主席后，又把这个从没出过山的老娘儿接到西安，让她美美地见了一回世面。至于曾一度割据陕北的民国军阀井岳秀，家就在张家山附近，初起事时当然少不了拉着队伍到张家山森林躲一躲。同乡杨虎城领着败兵残将落难到他所割据之地时，两人曾常常忆起张家山，都对家乡还有这么个保持原始生态的地方感到骄傲，又都对能否保持下去感到忧心。

散落在张家山原始森林浅处梁峁沟岔的十几个村寨，民国时人称刀客（土匪）窝，是匪寇聚集之处，常有一伙彪形大汉骑马出山，向渭河平原而去。他们戴着三耳狐皮帽，反穿羊皮袄，面部线条如刀削斧凿般生硬，神情蒙昧。据说他们擦眼泪都用刀子，劫富而不济贫，重情而不讲理，说是匪又有家园。兵荒马乱，闭塞落后，使他们穷煞苦焦，也造就了他们刁野的性格特点。这种集体性格特点，是致命的缺陷，也是极具生命力的体现，既有毁灭性，又有开创性。

蒲城县的共产党地下县委，好多年都设在张家山绿树掩映的草屋里。共产党所领导的游击队，也曾以张家山为据点，时时出击渭河平原的国民党军队。许多山里穷青年参加了游击队。老人、妇女、儿童，也明里暗里帮助游击队。他乡的故事，比如牧童把国民党军队引入游击队的埋伏圈，狡黠的老大爷、老大娘掩护游击队撤退等等，也曾在张家山发生过。面对国民党军队一次次的清剿，山民上演了一场又一场悲壮活剧，无数参加游击队的青年牺牲，他们的家人也屡被杀害。高阳解放后，张家山父老，又举酒送子弟随解放军南下。

不久，新中国成立，百废待兴。人们便以巨大的热情投入改造自然、向自然索取中，甚至认为自然资源是取之不尽、用之不竭的。张家山周围的群众，也披荆斩棘，伐木移石，向原始森林要田。鸟叫兽吼，从一座山头逃往另一座山头。逃离的山头，不再植被多样，而变成了整齐划一的梯田。在造田的同时，砍下的木材被有组织地或被私人变卖，也使人们的私欲膨胀。于是，有一年，两个乡镇的群众，明里为畔界发生争执，暗里却是在制造混乱，以便趁乱伐木卖钱。果然，一方突然出动数百精壮，将有争议的几百亩森林，一夜之间砍伐个精光，而对方则以同样的方法应对。上级制止不力，人们疯狂了。连与这片森林不接界乡镇的人，甚至外县的人，也蜂拥而来发横财。局面彻底失控。人们大呼小叫，反常地快乐：

"天要下雨，娘要嫁人，没治咧！"

"乱咧，乱黄子咧！"

张家山上，似在打一场规模空前的战役。沟梁峁岔，树倒人现，人有数十万。有抬树的，有抢砍刀的，有指手画脚的，有裸上身的，有拿羊肚手巾擦汗的，有大笑的，有骂娘的，众生百态，不可名状。张家山森林，成了张家山人林。

狭窄的山路上，车马拥挤，人头攒动。马踢人，人打马。打马屁股的皮鞭，一不小心就打在了人头上。好好行路的大车，却不防轧断了人腿。正笑容满脸的人忽然哭爹唤娘，才生龙活虎的壮汉转而僵死不动。十数辆马车掉下悬崖。数十男女树还没砍，人先或死或伤被抬了回去。反常的快乐很快变成了真正的悲剧。

惨不忍睹的尸体，在警示着人们。"天哪，造孽啊！"死者的母亲或妻子拖着长长的悲声，如警笛在警告着人们。人们却无一警醒，依然前呼后拥赶往张家山。

砍不及，先到者便占地盘。后到者当然不服，要重新划分势力范围。于是发生了口角之争：

"树是你先人栽的吗？没栽就人人有份！"

"我先人没栽，我先到一步，就归我。你迟脚慢手的，先人准是熊瞎子！"

"敢骂我先人，我把你……"

"我看你敢把我咋？"

"我绝了你的种！"

"你来！有种你就来，看谁绝谁的种！"

汉子们的舌战，只有蛮横、挑衅、侮辱，绝无外交策略可言，导致矛盾迅速激化，一方挥动老拳，一方棍棒相迎，打了个尘飞草动，头破血流。双方的娘儿们，则在一旁助威，或仰胸腆肚跳脚臭骂，或弯腰弓背拍腿啐唾沫。最后，娘儿们也头撞脚踢，大战起来。这个撕破了那个的嘴皮子，那个又揪下了这个一绺头发，乱七八糟，一塌糊涂。

家族相争，村寨相争，乡镇与乡镇相争，本县与外县相争，械斗四起，乱战不停。就是同族，也并不一致对外。有人疑老婆与族侄有染，趁乱击了族侄后脑勺一石头。有人因多占一犁地，曾被堂兄揍过，也趁乱朝堂兄屁股击了一铁镐。死伤者，又有近百。谁都无法预见人们在失去理智的情况下会干出什么事，什么事都干得出来。

姬长庚家是中山村唯一没有参与砍树的人家。当中山村人乱哄哄赶往张家山的时候，这一家人却陷入焦盼苦虑中。林一旦被砍光，他们的亲人是死是活，就有了分晓。一家人虑那两口子早已葬身兽腹，又盼他们还活着，重还家来，与父母、女儿、弟弟共享天伦之乐。然而，社会制度的改变，并没有改变山民的愚昧、野蛮。姬长庚一家绝不会想到，他们的亲人没有葬身兽腹，却在山民的枪棍威逼之下，葬身林火之中。

这也是这个家族的人，第一次把生命献上了张家山的绿色祭坛。此后，这个家族的人，一次次托举着自己的生命，走上这个祭坛。

没有了森林的张家山，鸟无踪、兽无迹，水断流、雾不起。沟梁峁岔，失却了神秘奇幻，一片荒凉死寂。

伤天害理，必遭老天报应。

森林给张家山周围形成的宜人小气候，随森林的不存而消失了。冬酷冷，夏酷热，空气干燥，风多风大。有人悲哀地说："张家山光了，张家山女子的脸糙了。"又说，"张家山人哭不得笑不得——仰天笑沙碜牙齿，向地哭泪半为泥。"话虽有些夸张，却并非无稽之谈。这也不足道，大自然真正发威，还在后面。

林毁后第三年夏，山洪使张家山周围六个乡镇不同程度受灾。从此年年夏天山洪不断，房屋坍塌，田地冲毁，人畜伤亡。第五年，一场雷雨突然来临，有个老娘儿正领着孙子拾野菜，忙躲入谷底的瓜棚。不防泥石流轰然袭来，吞没了婆孙俩。第八年，山体滑坡埋没了一个村子。当时正值深夜，村民们顾不得穿衣，来不及拿值钱东西，惊恐万状，不知所措，正向东逃，又转向西，可怕的声音响成一片，一派末日景象。

千万年来，森林动植物生生死死，在张家山累积下的那厚厚的熟土，也被雨水冲刷得越来越薄。野草稀疏，极为弱小。有的山头，干脆成了石山，单调乏味，无生无死。周边村寨的庄稼地，也肥力一年不如一年，粮食产量大幅度下降。山村人整村整村出外谋生。附近城乡的叫花子，不用问，十有八九是张家山人。

破坏生态环境并受到大自然惩罚，不独张家山周围的人如是，整个人类都如是。如果人类向自然继续掠夺式索取，人类最终必遭天诛地灭。

人类面对自然，需要理性和良知，并且理性和良知只少数人有便没有意义。再好的生存环境，只少数人保护，迟早要被毁。人类的事情，许多是一时一地一个民族一个国家的，保护生态环境却是全人类永久的事情，是每个人自生至死的天职。

时势造英雄。张家山周围越来越恶劣的环境，需要环保英雄。于是一个英雄的家族，应时而出，随势而起了。这个家族，就是姬长庚及其后人。他们以世世无改的真纯、代代不息的激情、前仆后继的勇毅，终于使张家山高阳所辖几万亩山地重披绿装。张家山成了这个家族的化身，这个家族成了张家山的灵魂。家族命运史与血涤火荡的张家山连为一体，这个家族也就无法不经受血与火的洗礼。

山民既愚昧野蛮，又淳朴善良。老大抱着妻子跃入火海的消息传到中山，姬姓族人独长庚一家不知。族人怕那一家人伤心，不忍告知。第二天，一个身穿黑色学生制服的青年来到了长庚家。他是后山武家村里的武清俊，正在清华大学上学。回来探亲，不巧遇上张家山森林遭劫，他忙赶上张家山去劝阻。可惜处于疯狂状态的人们，哪还听得进他的劝阻？只有他的六个哥哥歇了斧头、砍刀，回村里去了。倒不是哥哥们不想发横财，也不是有多理解小弟，而是他们不讲理却重情，大学生小弟是他们最大的骄傲，当然支持小弟没商量。

老大抱着妻子身赴火海时，大学生不在现场。那一对男女，他虽没见过，早听说过，深为同情。得知他们的结局，又大为感动，忙赶了来。那时大火已灭，张、胡两村人已散。他找见老大夫妇的尸体，怕被满山乱窜的野兽吃掉，坐守着等其亲属来收尸。第二天，他的六个哥哥放心不下，上山来找他，却不见长庚家人来。他便让哥哥们守着尸体，赶来长庚家。

长庚套上马车，急奔张家山。

老三、老四背土枪骑马跟在车后。老大与维吾尔族女人的女儿已长成大姑娘，怀抱尚是小崽的老五坐在车上。车上还坐着大学生。他身边，放着几把铁镐、两张苇席。

大学生对姬家大姑娘很感诧异。当他把老大夫妇的死讯带到姬家后，姬家独大姑娘没有哭。一路，她都没有落泪，只默默然。

姑娘的父母，对她的祖父母和三爹、四爹来说，是真切、亲切的人，所以他们自然是悲不自胜，而对别人来说，几乎跟没有存在过一样，所以并不那么悲切。她的三娘、四娘，有陪哭的成分，而她的小五爹则是被大人的哭吓哭了。她是个性情至诚的人，当笑就笑，当哭就哭，不会陪笑陪哭，更不会被吓哭，没到哭的那份儿上，她就不哭。

车已到了张家山的坡路上。只见上坡下坡，满是白森森的断桩残茬。野草葛蔓，被人脚踩得半死不活，盘根错节伏于地。大学生的内心，难以言说地沉重。

到了路绝处，停车拴马，大家步行向死者所在的山头而去。远远地，便看见山头的树木无枝无叶，如被战火烧焦的旗杆，许多树木还在冒着缕缕白烟。武家的六条壮汉正站在一块石边望着他们。长庚步态踉跄，哀叫："我的孩子啊！"老三、老四忙扶着他。

到了山头，又见地面灰烬上，横七竖八地倒着些烧焦了的动物。老大夫妇的尸身就在武家兄弟脚边。他们眉目不辨，身黑如炭，死死相拥，浑若一人。长庚惨叫："儿啊，我的儿子、儿媳啊！"眼冒金星，摇摇晃晃，就要跌倒。老三、老四大哭着，架他坐在石头上。

大姑娘本能地去捂老五的眼睛，然而手举到半空却停住了。眼前即便是外人，她也觉得惨不忍睹，更何况是自己父母？她饱满、圆润的嘴唇微启，脸上无一丝血色。父母由遥远、模糊、抽象变得真切、具体了，肉躯就在眼前。他们相爱如命，也一定爱女儿如命。他们本应给女儿以保护和温暖，如今却连自己也无力保护，肉躯焦黑且冰冷，怎不叫女儿心碎？姑娘突然疯扑过去，跪地搂尸，撕心裂肺地哭叫："爹、娘，我是你们的女儿，快活过来，摸摸我，跟我说几句话吧！天哪，爹娘把我丢下咧，我没爹没娘了哇!"

凄切的悲哭，如刀子般划碎了空气，也划碎了武家兄弟的心。六学生最为动情，泪如泉涌。

尸体已焦粘在了一起。老三、老四欲将他们分开，却不知怎样才能分开。大学生道："拿刀子割开呀！"老三吼："还讲究念大学哩，道理念屁眼去了，尽放屁!"大学生道："他们分明是死活不愿分开。还是他们兄弟哩，不从死人愿，你们做的屁事!"老三气短，望着长庚道："从来夫妻没有这个入土法。"长庚斩钉截铁道："从来没有，今儿就有了。谁有我的这儿子、儿媳痴情成这样？那孩子有理，就听他的。"

姬长庚以他包容、通达的胸襟，让知识分子介入了他的家事。这个知识分子，将成为他的孙女婿。作为知识分子，武清俊一生将很窝囊，事业上无多大建树，但毕竟远见卓识，姬氏家族能成为一个大气的家族，与他的影响不无关系。

中山与后山相邻，大姑娘与武清俊少小时就相识，不过相知却晚。直到此刻，她也没太留意他。

武家兄弟帮着姬家兄弟把尸体放在苇席上，用麻绳仔细捆了。老三道："就埋这里吧！大哥倒罢了，大嫂只怕村里人不让埋进祖宗坟地去。"长庚愤恨地道："我不管外族不外族，我只认儿媳。她跟了我儿子二十来年，还给我留下个孙女，不是我儿媳是什么？是我姬长庚的儿媳，就得葬进姓姬的坟地。"大学生也道："正是老爹的话。按说人已死，葬哪里都一样。只是活没把她当人，死就得把她当人，总得给她有个结论。我陪你们送她入姬姓坟地!"

一家人当然对大学生很感激，大姑娘这才对他有另眼相看的意思。于是搬尸上车，车掉头而回。大姑娘怀搂着卷有父母尸体的苇席，微仰头望着一片狼藉的张家山群峰，脸上是悲天悯人的神情。这一切对她刺激莫大，从此她便觉张家山包藏险恶，对张家山心怀警惕和敌视。每当有亲人走向张家山的时候，她都极力阻挡，阻挡不住就无限担忧。亲人们将如生命接力赛般一个又一个走向张家山，她也将因此而无法不一生过着忧心忡忡的日子。

到了交叉路口，武家六兄弟自向后山，大学生则跟着姬家人向中山而去。

中山姓姬的，果真有一群人拦在路口，不许老大媳妇葬入祖坟。有老爷子道："长庚，一村的人都敬你，你咋不识人敬嘛。她活招祸，死了你还把她带回来害人不成？趁早把她丢沟岔叫狼吃了，大家都落个好。"长庚插皮鞭于鞭插，掮镐在手，镐头直指那老爷子头，声不大却威十足，道："是谁招祸害人来着？是你们害得我儿子儿媳进了野林。你们没有当初，他们怎有今日？今日有谁敢拦，我这掘墓坑的镐头不长眼睛，就在谁头上掘个坑。我早想算账了，旧账新账一齐算！"老三、老四则举着土枪吼："坟地是姓姬的坟地，我哥姓姬，我嫂嫂是姬门人，姬姓坟地叫他们进也得进，不叫他们进也得进！"大学生也一拍车护栏，厉喝："岂有此理！她是人。活你们把她逼成了野人，死你们仍不放过她，你们还是人不是人？来，谁不是人，只管拿着砍刀过来，在我肩膀中间划一个冒血的句号。来呀！怎么，都是人？是人，就闪开，让路！"

有长庚和儿子们的武力威胁，村人为要命，才要起了理。他们觉得懂大道理的大学生都说"岂有此理"，他们还能有理吗？于是面面相觑了一阵，让开了路。

内心不美者，五官身材恰到好处，也难给人以美感；而内心美好者，五官身材即便不谐调，却依然能给人以美感。武清俊就是这样。他皮肤太白，脸有些长，额头有些凸。不过眉宇凝忧，目含敏感。敏感说明他善解人意，忧中自有真情和至善。正因如此，他的容貌明明不太谐调却让人感觉特别顺眼。白嫩的皮肤配上黑黑的修眉和乌黑的眼仁，显得极其眉清目秀。虽不健壮但还健康，只是个子稍高，人有些显瘦。身重也就一百来斤，却叫人不能不看重，是书香又给他身添百来斤。只怕二百来斤重的粮袋他是扛不动的，然而山里最力大的莽后生，也没有他给人的力量感强烈，知识比什么都有力量。书生文而不弱，书香最叫人心醉神迷。武清俊名副其实，的确让人感觉清爽、英俊。

大姑娘没想到武清俊的几句话，比三爹、四爹的枪还有震慑力，不由得细看了他一眼，忽觉一种说不清道不明的力量，如子弹般击中了她的心房，身子一阵微微的悸颤。这个武清俊，从前在山里时并不起眼，可如今一成大学生，忽然变得光彩夺目了。特别是那乌亮如点漆的眼仁，透着多少灵气，分明是个能体察到人最曲微隐秘处的人。她心中竟冒出许多话来想向他说，甚至想得到他的爱抚。这可是前所未有过的欲念。一个女孩子家，竟想入非非，她被自己吓坏了。况且父母新丧，她简直有些羞愧难当，早红了脸，低下头，不敢再看他。

到了坟地，姑娘更觉得大学生朴实亲切。他亲自持镐掘坑，一点儿也不惜力，把整洁的学生装都弄得满是土污。待死者入土，他又劝慰家属了些"节哀顺变"的话才离去。姑娘也拉着老五，忙忙回家。

大学生已走出好远，却见老五气喘吁吁追来，说："这是姑娘的项圈、镯子、耳坠，都是银的。姑娘说，东西有用才值钱，她不爱戴花插银，放着不用可惜，不如送你换钱买书本纸笔用。还说，山里要多些你这样的大学生，就没有人毁林子了，她也就能活着见上爹娘了。"不由分说，塞在大学生手里，便一溜烟跑掉了。大学生拿着那些东西，在路边怔了好久，心里热乎乎的。白得人家的东西他很不好意思，退还又怕惹得姑娘不高兴。最后他决定收下，等将来挣了钱，再加倍偿还。

这一债，他可还得长远，将为姬家还到死了。

西北汉族与维吾尔族等少数民族通婚所生子女，通常都很漂亮。姬家大姑娘在高阳，就艳压群芳，求婚的人自然不少。她却放出话来说："穷我不嫌，山里后生我不嫌，只有两样儿缺不得。一得人品好，二得是大学生。我娘是大学生帮着葬入祖坟的，我欠了大学生的恩情债，得用一生一世来还报。"

这就是说，她非武清俊不嫁，因为高阳当时没有第二个大学生。一个山里女子，又不识字，这可真是口出狂言了。姬家大姑娘不是不知道她与大学生的天壤之别，甚至感到深深的自卑。可是大学生的至真、至善、至美已征服了她，她已不顾一切，破釜沉舟了。嫁就嫁那个大学生，否则她就终身不嫁。爱是甜美的，但她的爱又是无望的。她日日受着痛苦的折磨，真是度日如年。

大学生来年又回来探亲，父母兄长便以讥嘲的口气，把姬家大姑娘的话告诉了他。那意思是："我们清俊，准娶个上过大学的城里女子。你姬家大姑娘凭什么配我们清俊？不自量力！"

殊不知，武清俊早就对姬家大姑娘存有好感。她因健康而周身透着无尽活力，又散发着迷人的新鲜气息。特别是那一双眼睛，纯净而灵智。还在没有考上大学的时候，遇见她，他就想："今生要能娶这么个女子，便别无所求了。"然而一考上大学，外面的女子让他眼花缭乱，就把这个山里女子丢在脑后了。从父母兄长口里听到她的话后，爱之情愫，再一次如潮涌一般，涌满了他的身心。言是心声，武清俊耳里那姬家大姑娘的话，不同凡响。

不单这话，早在去年她送他银饰时，让老五说给他的话，就不同凡响。她将表面似风马牛不相及的大学生、森林、她父母之死联系到一起，分明是期望山里多些文明，少些愚昧。除她而外，哪个山里女子能善思如此？

他又想到了搬尸离开张家山时，她那悲天悯人的神情。妙龄少女一个，不少纯真无邪，却又有着老太太般的慈悲大爱。这样的女子，才可爱、可亲、可靠，才可以荣辱与共，患难相随。令他眼花缭乱的城里女子在他心中已然没了位置，他心中只存姬家大姑娘。他的女人，非她莫属。

关中民歌，俗称乱弹，也称苦调，没有什么讲究，不过是随心之喜怒哀乐，自由自在地歌唱而已。关中平原已少有人歌唱了，然而在关中北部山区，仍很流行。于是有一天，远近闻名的关中民歌艺人武剩娃，赶着辆三套车，往中山村悠悠而来。车上坐着大学生的父母，手里拎着求亲的礼物。老两口一百个不情愿，只是拗不过小儿子，才硬着头皮上路的。

姬家大姑娘红毛线头巾半掩脸，正在院里挤牛奶。武家老两口一进门，她窥一眼就明白了。事出意外，她心花怒放，不由得流下泪来，又怕武家老两口瞧见笑话，忙弃下奶桶避入里屋。

车夫年轻，没有资格在老人们中间掺和，便躺在老四炕上吸羊娃纸烟。姬家祖父母将武家二老笑迎入自己屋里，脱鞋上炕，俩老汉对面蹴着，老娘儿各傍自己汉子的肩盘腿而坐，神情肃穆。武家老娘儿的花边羊肚手巾在髻上结作羊角子花儿，忽闪不已，盛气凌人。姬家三娘、四娘手脚忙乱地在炕中间摆上小方桌，铺上核桃、柿饼、腌菜、老酒、酽茶。老人们说着天气、农事、家务，酒已过了三巡，茶也饮了两碗。姬家老爷子便从脑后领口抽下旱烟锅，从绣花烟荷包满勾了一锅金黄色的碎烟叶子，用大拇指按实了，说声"吃"，双手递过去，武家老爷子也双手接住，呔在嘴角。姬家老娘儿从炕墙板上取过艾蒿编的火绳，武家老爷子接住，点着烟叶子，"吧嗒吧嗒"吸着，就眉飞色舞地把自己那"中了状元"的小儿子夸了又夸，然后问起姬家大姑娘，神情已然冷了许多；当知道年纪后，则说："偏不偏比我儿子小了四岁！"

山里人忌讳"四"字，"四"与"死"谐音，说是"克夫"。姬家老人知道武家父母并不喜欢自己的孙女儿。既不喜欢，送进武家岂不是让孙女去受气？武家的小子是"状元"，姬家的孙女也是"金不换"，两位老人哪舍得让孙女受气？于是姬家老娘儿先沉了脸，向厨房的儿媳们喊："把席面撤了，客人够咧！"

武家父母知道已不受欢迎，便下炕穿鞋。他们巴不得这样哩：主家逐客，便是不愿这门亲事，自家跑腿还让臊脸皮，想儿子也就无话可说了。

客人还没出前门，后院就闹将起来。姑娘正满心的甜蜜，却听见祖母下了逐客令，心一下子跌入冰窟，冲出里屋，跺脚而哭。祖父母赶到她跟前，高一声低一声地数落她太心高。姑娘道："难道叫我只要是男人，随便谁都嫁不成？水往低处流，人往高处走，我就不自轻，不低就，除过那大学生，谁也不嫁！"赌气回到里屋，只流泪，午饭也不吃。

祖父母又心软了，商议着如何回转这事。长庚道："当年周朝的文王老爹，坐在大牢里推演出了八卦，从此出门有乌鸦引路，过水有鲤鱼结船。文化人了不得！女皇武则天说，姓武的原和姓姬的同宗，就把她建的朝代也叫大周。我看武家老七还有些文王老爹的遗风。论说，难得孙女心高，不嫁有钱的，不攀当官的，只爱文化人，倒是我们错怪她了。我们家祖宗八代目不识丁，只知使蛮力，也该叫门里飘些书香气进来。罢，我们厚了老脸去求武家吧！"妻子凡事依他，当然答应。

长庚正要套车上武家，不期武剩娃赶的那辆三套车又来了，车上坐的正是大学生本人。姑娘在里屋泣不成声，家人则笑逐颜开。

武家大学生和姬家大姑娘，囿于山里人的讲究，吹吹打打，轿迎马送，热闹成亲。姬长庚家门前，满是看热闹的村民。一群小不点孩子，则喊着"花花轿子四人抬，吹吹打打迎亲来"，互相追逐嬉戏，滚得土人儿似的。几个女人，把一个四十来岁的女人抬上了花轿。

那个女人挣下轿来，笑吼："去他的，娘早坐过了。这东西，不是随便坐的。坐一回，就够了。死了男人的，才坐第二回。"

欢快的唢呐声里，新娘一袭红裙，蒙着红盖头，抱着针线笸箩，被扶出大门，坐上花轿。

照高阳风俗，新娘辞罢亲人，花轿抬起时，要把针线笸箩扔下轿来，表示为娘家操劳到此为止。娘家祖母或母亲，则要泼水出门，表示"嫁出去的女，泼出去的水"，从此再也不管了。然而新娘举着笸箩犹豫半晌，竟收回不扔。祖母在门内端着水盆，也到底没泼。武家迎亲的人不满，落轿止步，讥祖母："孙女出了门还丢不脱，干脆招一个上门孙女婿算了。"又嘲微胖的新娘，"看你那肉乎乎一身，负担怪重的啊！"

新娘"呼"地抽下红盖头，照着那人痛啐过去，声色俱厉道："呸，狗拿耗子多管闲事！我负担我娘家，不要你一分一毛，你喊什么重？要叫我丢下娘家老小不管，除非叫我死了。"武家人大哗，道："刚上轿就敢撒野，进了武家一准是霸家婆。算了，算了，留她在娘家，永管娘家老小吧！"

新郎却喝彩叫好，在大红马上把红缨鞭甩得"啪啪"响，晶亮的眼睛一望新娘，向武家人笑道："你们不抬轿，我把她背回武家。我选了她，就选了她的重负。别说她只是负担着娘家，她就是背负着张家山，我也不嫌她拖重带累！"新娘幸福得热泪长流。艺人武剩娃笑道："我们老七，看来娶了个泼辣娘儿。好，跟酒一样，辣得可劲，辣得醉人！你们不抬轿，我们就不吹打了，抬轿！"又向新娘道："你嫁了我们武家的老七，就是我们武家的七嬷了。"语罢，拖着长腔吼："起——轿——迎——武七嬷——"

众艺人齐声狂吼："迎——武七嬷——"

于是"武七嬷，武七嬷"的声音，在山谷里不停回荡着，艺人们抬起花轿，吼着关中民谣，大摇大摆而行。一双双大脚有力地蹚过去，满路黄尘滚滚。

众艺人且行且吼："呜呜，嘘嘘，山坡子上的桃花花儿，映着一双妙人人儿。"

武剩娃仰头扯长了脖子吼："好妹妹——"

另一艺人学做女人样，低头高哼："亲哥哥——"

武剩娃声变得甜软轻柔，唱："你咋不抬头把哥哥看？"

另一艺人捏细放柔了嗓门哼："哥哥呀，摸摸我的心口儿，跳得咚咚；看看我的脸蛋儿，红个扑扑。羞个答答的，咋抬头把哥哥看？"

武剩娃唱："一只野兔儿，蹦出草来，吓得妹妹直往哥哥怀里钻。猎户的女儿，狼虫虎豹也敢杀，不信你还怕野兔儿？"

另一艺人羞怯怯地唱："没个由头儿，妹妹咋好往哥哥怀里钻？"

众艺人羞着后者，滑稽百相，吼："嘘——嘘——，呜——呜——"

武剩娃踢踏着脚，哈哈大笑，好容易收住笑，唱："天哪，你个小刁钻，真能把哥哥的心疼烂！"

他突然又变唱为高声大吼："好妹妹——"

另一艺人可尖了嗓门接吼："亲哥哥——"

二人同吼："任他天崩地裂也不散！死死活活，死也要热乎乎死在你怀里，活也要精灵灵活在你身边！"

众艺人便刺耳地尖声怪叫："呜——呜——，嘘——嘘——"

刚才还闹别扭的武、姬两姓迎亲送亲人，此时却由不得大乐。

于是，就在这乡谣声里，一个热烈奔放的女子——姬家大姑娘，被迎接护送，走向了忍辱负重的女人——武七嬷。一长卷热血和苦泪写就的悲壮辉煌的姬氏家族沧桑变迁史，也在这动人的乡谣声里，由这个忍辱负重的高原女人，以博大的爱心徐徐托出翻开了。

第二章　岁月，有什么你不能改变?

苦吧——苦吧——

身已赴黄泉，魂还在人间。

丢不下，抛不开，咱的小亲亲。

情未了，愿难遂，恨满天，怨满地。

唉呀，丢不下，抛不开，咱的小亲亲!

苦吧——苦吧——

　　这是 1965 年夏收之前一个月色朦胧的夜晚，"吱噜"的车声，在高阳后山空谷里回荡了好久，一辆三套车才出现在山路上。车夫的吼苦调声，时弱时强。弱时如游丝，如泣如诉;强时如雷霆，如山崩地裂。吼完最后一句，他意犹未尽，便把那余意化作一口浓痰，朝辕马屁股下死劲啐了过去。又抽出用鞣皮精心缠裹了把子的马鞭来，在马头上一阵呼呼乱舞鞭鞘。马惊了，一尥蹶子，一声"咴"，回荡在空谷中的马蹄声便如擂急鼓。车轮几次悬空，又倏忽滚回路面。路边一块石头松动了，滚将下坡，即刻从坡上艾蒿丛里惊出两只斑头雁来，"嘎嘎"叫着在空中变为两个小黑点了。

　　车夫正是那苦调艺人武剩娃，家穷，快四十了，尚未娶亲。一个半老光棍，自然心理变态，什么都看不惯，爱挑毛拣刺，不大讨村里人喜欢。他也就不爱和人说话，只爱吼苦调，要不就是一种沉思模样。久久，他似乎又陷入沉思状态了，坐在辕板上一动不动。马便趁机缓下步来，长长地打着响鼻，又用尾巴扫身上的牛虻。

群山静寂，像正在积聚力量、准备突然爆发的火山。果然，在一块峁梁下，麦坪边，车夫的鞭梢又飞舞起来。先是牛虻惊飞，接着马也惊了，车滚滚声如雷响。麦坪里，有个娘儿在偷捋麦穗，一见车来，急忙蹲了下去。车夫居高临下，瞧见她梳着如意大驼髻，分明是本村的七嬷，惶恐地在心里道："这娘儿不要命咧！"他像自家做贼一样，出了一身冷汗。

山里女子一嫁人，名字也就嫁丢了，人都按她男人的辈分排行称呼她。七嬷的男人武清俊，从清华大学毕业后，被分配在上海工作。嫁这样的男人，她在劫难逃也在劫不逃，以随他被人称呼为荣。

七嬷初嫁时，山里人还不开化，娘家汉子牵马来接闺女，这做了人媳妇的闺女，必定要系着下裙绣金的红裙出门，见了村里的老爷子、老娘儿甚至辈分高的小崽儿就拜，拜个没完没了，拜个一串"好走"声，一直到村外的上马石旁，才可被娘家汉子扶上马。拜也烦死人，没穿裙子也最要命，不然头脑冥顽、琐碎，眼睛浑浊的老爷子、老娘儿们——特别是老娘儿们，就会指着背影大发议论："呸，精尻子也敢出门！"似乎只要女子单穿着衬出曲线美的裤子，他们的老眼非但不昏花，而且还有了穿透力，能看见女子赤裸的下身。在山里，人们的法律观念淡薄，但对旁人的议论，却格外看重，而老人们的议论尤为重要，轻易可使一个娘儿名声扫地，没脸见人。新中国成立前两年，武家村里有一位小娘儿被土匪劫去了。她设法逃出了土匪窝，却逃不出人们的议论，终于投水自尽。

这武七嬷，偏是个出格娘儿。做新媳妇那阵，回娘家竟破天荒不用汉子来接，不系那在脚底下绊来绕去的裙子，不一拜再拜，不寸步点点，一双大脚只管痛痛快快迈大步，见了老爷子、老娘儿们也只管挺直了胸脯，大大咧咧地问："吃了吗？"老爷子老娘儿们老眼愈为昏花，一口气闷在胸口，差点背过气去，舌头僵直地说："吃咧吃咧！"七嬷显然知道自己这是一大壮举，必然产生轰动效应，一不做二不休，越发大摇大摆着肥硕的屁股，往村外走去。小媳妇们用头巾半掩住脸，从门缝里窥着，羡慕地说："髻子也梳成了牛屎扑塌！"

山里娘儿们惯于梳圆正的抓髻。发髻梳成尖尖子、偏偏子、翘翘子、塌塌子，是一种风骚的表示，七嬷公然于这忌讳不顾。直等到她那丰满的身影隐入村外路那头枣树林里，老爷子、老娘儿们才转过气来，啧啧说："到底是人家清俊屋里的！"

有学问的老爷子说：清华在皇城里。要是皇上坐龙廷的那阵，清华就是太学院，武清俊就是状元，七嬷就是皇封的诰命夫人，戴凤冠披霞帔，回娘家也坐的是八抬大轿。"如今把人亏了，走着回去不说，凤冠霞帔也没有，只梳个牛屎扑塌！"

新中国虽然讲人人平等，但对山里的老人是讲不通的，他们心中等级观念根深蒂固。武清俊既然是"贵人"，他的女人在他们心目中也就神秘、高贵了。如果她跟别的女人一模一样，反让他们觉得是怪事了，她应该有特别之处。因此她另式另样，他们倒觉得最自然不过，竟破例没有骂她"精尻子"，而且望着她那微胖的身材赞叹："福人，生来是福相！"

"学好三年，学坏三天。"老人们的这一宽容不要紧，小媳妇们群起效仿七嬷。一个个出门不肯再穿裙子了，而直接穿着衬出双腿线条之美的裤子。发髻也尖尖子、塌塌子、歪歪子、偏偏子，梳个五花八门。老爷子、老娘儿们直看个花眼昏黑。然而见多不怪，见惯不怪，看着看着，他们就看惯了，不怪了，顺眼了。非但觉得顺眼，还觉得特美。连有的老娘儿，都把那只剩核桃大的白花花发髻，用有机玻璃发卡一卡，或干脆用铁丝弯成的发卡一卡，卡成小巧玲珑的马鞍子髻，也试图一领风骚。

七嬷的娘家从她的祖父以上，四世单传。到了祖父，才养了五儿两女。可惜如今，娘家就剩下祖父母和守寡的五娘了。五爹是几个月前才弃世的。

五爹比她小十来岁，剽悍而又有一双黑白分明犹如润玉的丹凤眼。那一双眼睛瞥一眼女子，就会像磁石一样让女子几乎走不动路。他聪明伶俐，爱说俏皮话，爱热闹。有一年耍社火，他头上的白羊肚手巾扎成羊角花子，反穿羊皮坎肩，坎肩敞着襟子，隐隐约约露出绣着龙凤相欢的红肚兜，下穿白裤，裤脚筒入黑靴里，胸前挂一只用红丝带系着的羯皮鼓，手持把柄上挽着红绸花的鼓槌，倒栽葱，钻天杨，旱地忽雷，耍大场，把人看得眼花缭乱，夸赞不已。姑娘们更是心动。他不只能玩，还能干。打猎时，别的少年若空手归来，他肩头依然有獐子、狍子、山狸子。打铁、木工、石匠、泥瓦活，他无所不能。七嬷家的锄头、镰刀、柱石、箱柜，样样出自他手。老早，七嬷就为他张罗媳妇了。偏他眼头高，姑娘轻易难入他眼，相亲时总是欢喜而去，不欢而散。

自小七嬷就为他抓屎挖尿，抱出背入，把他带大。自小到大，他的方口鞋、袜垫子、三耳狐皮帽子，一年四季、热天冷地打猎种田的穿戴，上街赶集、走亲戚相媳妇的头面装饰，都是七嬷缝补浆洗打点。媳妇还没张罗下，娶媳妇的各样礼物，七嬷已经刺绣缝纫好了，花样繁多，样样精美，包了几大袱子，就压在他亲手打的板箱里。自小到大，他从不敢在七嬷面前端长辈的架子。倒是七嬷，已忘记自己是侄女了，时时呵斥他。比如相媳妇时，他头发蓬乱，七嬷就会白他一眼，拿起梳子来替他梳头；或不肯穿新衣，七嬷就会臭骂着，把新衣甩给他，逼他穿上。

娘家人一个接一个死去，七嬷成了惊弓之鸟，只怕五爹有个闪失，娘家断了脉。偏五爹最顽皮倔强，让七嬷成天为他捏着一把汗。有一次，他跟人打架，竟动了刀子。七嬷闻知，赶往娘家，一进门，也不称"爹"，只吼："小子，你给我出来！"五爹不敢怠慢，忙从屋里出来。墙高的男人，乖乖站在院里。七嬷上前，啐到他脸上哭道："刀子呢？把刀子拿上，把我也杀了。"五爹低头道："我错了，再不敢了。你别哭。我不敢见你哭。"这么一说，越说得七嬷放声大哭，照脸抽了他几大耳光说："你还不敢见我哭？你再拿上刀子跟人拼去，把你拼死了，我哭你就见不上咧。你拼去呀，快拼去呀！"五爹也哭道："我不敢了，真不敢了。"七嬷又啐道："你给我说过多少回不敢了，哪一回顶用过？我掰着你耳朵说了又说，叫你甭逞强，你就是不听我话。我叫你不听我话，我叫你不听我话！"抽他耳光，捶他胸脯，拧他屁股。五爹不敢逃，也不敢顶嘴，更不敢还手，只会哭着说："我不敢了，我不敢了。"老娘和村里人拉开了七嬷。七嬷坐在老娘屋里炕沿上，一会儿哭，一会儿骂，整整把五爹教训了一上午。五爹就那么端端正正站在院里，动也不敢动，只会哭。

张家山张湾头张二老汉有个闺女，人品绝伦。相术先生说她是大富大贵的命，不过得进城才行，至少得出山。因此那姑娘从来不正眼瞧山里后生，偏五爹一心看上了她。七嬷自己就嫁了个大学生，当然替五爹往高处看，觉着凭五爹的人才相貌，山里就只有那姑娘相配，便三番五次托老人去说媒，最后还亲自去说，都碰了一鼻子灰。不想五爹自己替自己把亲事给敲定了。

一天，他穿得破破烂烂的，像个叫花子，扛着一声嘣土枪，挎着绣花散弹袋子，随便就走到了靠近张湾头的那片林子，又不肯进林打猎，大叉开腿躺在林边草地上等着什么，果然就等着了张家姑娘。她打扮得花枝招展，光色流荡，艳而不腻，正要去赶集。五爹打了个呼哨，她才看见他，吓一跳。他看着她，那磁石般的眼光，就把她定在了那儿。他要她过来，她怯怯地不敢过来。他就滚将而起，走到她跟前。那么标致的脸蛋，再配上那么可爱的一笑，动人至极。姑娘也不由一笑。天空一只山鹰飞过。他怕她抽身走了，只含笑看着她，用那魅力无限的眼光把她定在那儿，不看天空，却摘下背上的枪，举枪朝天，一声炸响。姑娘一看，那山鹰斜刺啦拼命朝高空飞去。在高空已成一个黑点了，快要看不见了，却突然笔直落下，越落越大，最后落入林中不见了。少年以轻柔却富刚质的声音说："傻丫头，你嫁山里汉子，知根、知面、知底，准嫁个顶棒的汉子。跟他过一天，也准美气一辈子。要嫁城里汉子，过一辈子，准窝气一辈子。莫不成你不懂这个道理？咱们口内人，凡是傻子、跛子、癫子、二流子，就到口外沙窝子里去找个婆姨。你说肯从咱山窝窝里找婆姨的城里汉子，合该是啥样人？"

姑娘一下子黄了脸。这小石匠轻轻几句话，就像他有力地抡起大锤砸坚石一样，把她的虚荣心砸粉碎了。少年向她打了个响指，又一笑，便转身向林中走去，再没回头。白桦林神圣、庄严里，又不乏飘逸与幽美。而那边断崖上，倒挂的松柏和飞泻而下的瀑布，则颜色碧、白参差，犹如巨大的彩壁。从来不正眼看山里少年的这姑娘，一直看着那少年在如诗如画的景致里消失。她脸上的黄色褪去，两腮潮晕了。天哪，人世哪里还能再找到这么潇洒出尘的少年？让大富大贵见鬼去吧！"良禽择木而栖"，她宁愿跟着这少年受贫贱，死也心甘。

山里人习惯于男方向女方求亲，女方向男方"倒进门"求亲的极罕见，而且会被人耻笑的。没想几天后，张家竟不顾人耻笑，"倒进门"向姬家求亲来了。

活人不易，而老天轻易一下，死神就会临头。姑娘的娘鸡鸣方睡，纺线织布，为姑娘备下了一份丰盛的嫁妆，单各色单子就二十四床。有一夜，她织布时，头往经线上一贴，就那么死了，而给姑娘的嫁妆，多落在了儿媳之手。"百日"孝满，姑娘出嫁上轿时，想起了娘，忍不住呜咽起来，嫂子竟抽了她一巴掌。

押着红漆硬木轮子、带毡顶棚、栗色牛车轿子来迎亲的五爹，骑的那匹红色高头骏马，是烈性儿马，牙口又嫩，又少调教，一路尥蹶子，四面乱扭身子，有时还嘶鸣一声，前蹄腾空打蹦儿，他却稳稳地贴在马背上。他也不下马，抡圆鞭子抽得那嫂子满地打滚，警告她："臭娘儿们，姬家没有你这个亲家。日后敢踏进姬家的门槛，老子就打折你的腿！"

做了姬家五娘后，张家女子就再也没回过娘家。有一夜，她梦见嫂子青面獠牙的，伸着狼爪追她，要撕吃了她，她惊叫了一声醒过来。五爹也被她惊醒了，问怎么回事。她说了梦，五爹便披衣坐起，点着灯，抚着她道："我看着你睡。只管睡，有我护着，没人敢欺负你。"她就在他那动人的眼光注视下，又入睡了，睡里尽是好梦。

　　婚后不久，天灾、人灾连连，国家处在了"三年困难"时期。患难见真情，小两口的互相付出和牺牲，已使他们二人如一人，心心相印，互为支撑，他们挺过了"三年困难"，只盼那不只有爱情的芳香和温暖，还有物质富裕的日子，快快到来。然而，高阳山里人迟迟不能走出"三年困难"的阴影，几乎所有家庭，一到二三月就断粮，靠树皮野菜度日。

　　1964年秋，五娘怀孕了。要是生个靠山柱子，快断脉的姬家，又要枝繁叶茂了，一家人自然欢喜异常。怀有家庭的希望，怀有与心爱的男子爱情的结晶，五娘别提有多骄傲、幸福。五爹更是恨不能把她捧在手心里，一从地里回来，就绕着她团团转，叽叽咕咕的，淘气调皮个没完，逗她开心。两口子愈发恩恩爱爱了。

　　来年春天，公社决定修一条通往社办林场的汽车路，从各生产队里抽了许多年轻人，五爹也被抽去了。公社林场在张家山一带，姬家老爹的负责人。蒲城县那时几乎没有像样的林场，高阳公社林场不过稍能看得过眼而已，公社领导就借此大做文章，三吹两不吹，也就引起了县领导的重视。县上又三吹两不吹，高阳公社林场就成省上的典型了，常有领导来视察。林场通往公社街上的路，只可过牛车，领导去时很不方便，于是公社李主任决定扩路。他跟着这个典型，已有了升官的希望，所以很卖劲儿。

　　修路总指挥是公社李主任，但他不常在现场。吃住都在现场的是副总指挥胡向阳。他是里山大队的支书，原先名叫"瞎狗"，当了干部后，嫌这个名字掉身份，就改称"向阳"了。这是个最无能又最自能的人，谁都没他"革命"。"瞎狗"这名字是慢慢被人忘了，不过背地里，人们又送给他了个"能不够"的外号。

　　修路的青年们也吃住在工地，一天两顿饭，一顿两个馒头、一碗稀饭。能不够纪律严明，要他们以工地为家，路不修好谁也不准回家。五爹虽然已成亲好几年了，却一天不见妻子也想得慌。再说家里已断粮了，只靠菜团子度日。自己壮实的大小伙子，挺一挺就过去了，娘老迈，妻子又有身孕，吃不上人食，身子垮了咋办？于是他每夜给自己被子下塞些草，便带着省下的馒头溜回家，天不明又赶来。青年们都和他好，没人向能不够告状，只私下取笑他："你就那么憋不住？你也真有能耐，干一天重活，晚上来回四十里，还一晚一回！"五爹总是羞红了脸道："胡说什么呀？我是放心不下家里，回去看看就赶紧来了。"

　　能不够每晚是要到青年们的帐篷里去查夜的。一连六夜，他都没发觉。第七夜，他终于觉得五爹的被窝有些不对头，揭开一看，是一堆草。竟然有人敢抗他的命！他即刻就领着几个基干民兵，拿着绳索，要把五爹捆来批斗。

五爹每夜赶到家里，就快十二点了。这夜回去，妻子跟他大闹了一场，把他拿回的馒头摔在院里，并且关了屋门，要他即刻就回工地去。几时不完工，几时就别回来。原来她也怕五爹又干重活，又来回跑这么多路，又省吃的，最后把身体弄垮了。五爹在门外苦苦哀求，答应日后不再回来，今夜已回来了，就让他跟她待一会儿。老娘也披衣出来帮五爹哀求，五娘才放五爹进去。

虽说是和平年代，五爹却有一种战争年代底层青年的心理，总有一种小命朝不保夕感。也许是四个哥哥在想不及想、防不胜防中猝然死去，给他种下了心病。没去修路前，他每天下地时，都对妻子恋恋不舍的，生怕一出门，就永见不上她了。这阵答应了她等路修完再回来，而路修完至少还得一个月，谁知这一个月里会发生什么事呢？所以他站在脚地看着妻子，心里竟酸溜溜的。

小油灯也昏惨惨的。妻子在炕上，背对他面朝里躺着，不肯理他。他立了半晌，突然愤愤道："当干部的又不是奴隶主，咋把我当奴隶一样，驱来赶去的，不得自由？"妻子吓一跳，回过头来瞪了他一眼道："胡说什么？这话可不敢说第二遍了，小心人家把你抓到监狱去。"高阳就有一个人，管不住自己的嘴，胡说了几句，被抓去坐牢了。五爹竟然像个孩子一样哭了起来，道："我就想跟你守着，天天跟你守着。"妻子也落下泪来，道："我难道不是为长远跟你守着？你天天这样，把身体闹坏了跟着病走了人，叫我咋活？"五爹看着妻子娇美的面容、含泪的双目，如花带露，更心爱个难以自控，道："我几个哥哥，哪一个是病死的？我就不病，谁知明日又会怎么样呢？今日活着，今日你就叫我好好疼你，你也好好疼我吧！"说着已泣不成声。妻子忙坐起来道："那日你在路上等我说话的那个样子，还真叫我把你当个男子汉大丈夫哩，谁知你原来跟个小孩子一样，动不动就哭鼻子。快歇会儿吧！"

五爹关了屋门，夫妻刚脱衣睡下，邻家的公鸡就啼了起来。妻子道："看看，又该走了。是铁人，照你这么折腾，也会散架的。等路修完了再回来。明晚要还回来，打死我也不给你开门。"五爹只想扑出去把邻家的公鸡给宰了，只想把太阳用绳索捆在东海，让大地永夜无明。然而，他能怎么样呢？他卑微可怜，对什么也无能为力，只能让人家吆来喝去，只能活在这破烂堆里。要不是有这个模样与人品两绝的女子还爱着他，这世界就太让他绝望了。在这即将久别的愁绪里，对女子不嫌弃的感激，对命运的悲哀，对来日的恐惧，使少年爱之激情，此刻最集中和强烈。女子也不舍与他久别，于是一对青春男女，爱之狂涛巨浪骤起。今夜此时，真正成了他们恩爱的绝唱。

那几个民兵，总觉得姬家小五从没误过工，又不是钻野女人，而是回去跟妻子聚一聚，堂堂正正的事，深更半夜去捉人家有些不太合适，一路便磨磨蹭蹭的，鸡叫才到姬家门前。那时高阳的"政治家"们，觉得养狗跟爱情一样，是"小资产阶级情调"，已组织"打狗队"把村里的狗全打死了。他们搭人梯翻墙进入姬家，无狗报警，小两口竟一点儿也未察觉。激情洋溢的爱，也使他们一时迷醉只知美好，不知人世还有丑恶了。

能不够见屋子灯亮着，悄声道："好不如巧，正巧，他要回工地哩。再迟来一会儿，就扑空了。"姬家穷，屋门破旧，一脚就可踹开。能不够打头到门旁，却不踹门，把耳朵贴在门上听了起来。拿绳索的那个民兵和五爹很要好，见状只想踢这下贱家伙一脚，又没那胆量，便装忍不住，咳嗽了两声。能不够只得一脚踹开门，吼："上，捆起来！"

夫妻俩忙分开。五娘拉被子盖严自己，不知五爹犯了什么事，吓得簌簌发抖。五爹恼羞成怒，睁圆眼瞪着这些人。

能不够年轻时就游手好闲，没有女子能看上他。最后，一个实在嫁不出去的丑女无可奈何嫁了他，可那丑女也从来没看上过他，几乎没给过他一口好气。能不够得不到真正的爱情，便嫉妒人家夫妻恩爱，此刻惊散了鸳鸯，他好不得意。知道五爹逃不了，便一板一眼地给他讲起了革命大道理。他集体的活懒得做，家里的活也懒得做，连自己的衣服也懒得洗。丑女人要一辈子不给他洗，他也会脏穿一辈子。丑女人既讨厌他，家里的活又全靠她，便轻易不给他洗衣服。身上的褂子，已几个月没换洗过了，里面早惹满了虱子。他讲话时，褂子纹丝不动，褂下窸窣有声，是在搔痒。上身在褂下，扭了个欢快。若不是忙着讲话，早舒服地哼哼起来了。

五爹好奇心强，人又聪悟，小时七嬷的男人回来，他尾巴一样撵前跟后，问这问那，如今老大了，只要那书生回来，他跟那书生仍然有着说不完的话儿，所以虽没上过几年学，也没出过大山，在山里后生中却是很有识见的，冷笑道："少给我胡灌米汤！我是贫农，你是下中农，你有我革命吗？贫农跟工人是一样的。共产党只让工人干八小时就自由了，资本家才把工人不当人，不给自由休息时间，你难道是资本家？我就是偷粮了，寻花问柳了，捉我也是公安的事，你有什么权力捉我？我跟老婆在一块，公安也没权力捉我。半夜翻墙入室，你是犯法的，我还要告你哩。"能不够张口结舌。民兵也受够了他的管制，五爹说出了他们不敢说的话，他们几乎要为五爹喝彩了。

半晌，能不够才道："你还有理了？先捆起来，批斗会上再说。"拿绳索的是武家的小九，道："老五，你跟总指挥讲什么歪理？总指挥还没你知道得多？小心吃亏！工地上都是些跟你耍尿泥玩大的后生，我们批你，丢人就丢了。快穿上衣服，好叫我们捆住！"

五爹裸着上身坐在炕上说话，越说越气，身上的肌肉块块暴起，雄美异常。能不够貌既丑陋，又懒得做力气活，身子不过是干骨头一把，因此他看见五爹这种健美的男子眼睛就发黑，嫉美如仇，恨不能天下美男子死光，就剩下些比自己丑的，那样就可把那丑女人一脚踢开，娶个美女人了。此刻竟恶狠狠地想，干脆把这臭小子冻坏，叫大病一场，也瘦成干公鸡，张家那美女子就不死黏着他了。于是道："衣服也不准穿，就这么捆起来！"

小九心想这家伙简直不是人，外面冷地里，他敢自己光着身子站一站吗？再说五爹最爱面子，赤身裸体被押在路上走，走着走着，天就亮了，过路的男女看着，不把他羞死才怪哩。多大个事，难道非闹出个人命来？于是把绳索往衣下腰里一塞道："呀，刚才翻墙，把绳忘到墙外去了。总指挥，你拿着手电，给我照一照，找找绳去！"能不够骂道："打仗你也把枪忘了不成？真是个提着裤子摸不着腰的东西！"只得跟他去了大门外面。另几个民兵笑道："搅你好事了。我们是没法子，别事后揍我们。就是小九的话，工地上都是自家弟兄，批你跟闹着玩一样，别怕。也别跟那瞎狗犟嘴，他把你咬到了公社，那才真丢人丢大了。快穿衣服吧！"说完也退出了屋子。

小九和能不够进来，夫妻俩已穿好衣服站在屋子脚地上。五娘听了民兵的话，也不害怕了，趁着能不够出去，还劝了五爹几句。她感激那几个民兵的同时，又有几分羞涩，低着头。五爹给她的激情和温馨还没最后从身心消散，低头里，又斜眼一瞥自己的如意男子。他穿着当时很时兴的军袄、军裤、胶鞋，头发半分不分，乌蓬蓬的，配上那漂亮的脸蛋，英武透顶。傲然凛然看着进了院的能不够，又难以言说地器宇轩昂。拥有他，她就感觉自己应有尽有，别无所求了。正因为这么看重他，所以她最怕失去他，又道："弓硬伤弦，千万想着人家还有你的孩子哩，不敢再跟那种人硬碰了。"

五爹看着面容娇嫩、身子骨单薄的妻子，想她平时最胆小怕事，今晚自己惹出这事来，自然把她吓坏了，也就准备忍气吞声。偏老娘睡梦里被闹声惊醒，起初以为是梦，后来听确真了，忙摸摸索索穿上衣服出来，正赶上能不够进了院大喊："怎么让穿上衣服了？快捆！"当时因为说几句"反动话"，被枪毙的人都有，老娘知道小儿子嘴没个遮拦，好信口乱说，只当他也说错话了，能不够领公安局的人来抓他，几乎没吓死，跌跌撞撞到能不够面前，跪了下去，搂住他的腿哭求："我老咧，就剩这么一个儿子，把他抓走，叫我靠哪个呀？好人，饶了他吧！"

能不够毫不动情，一脚踹开了老娘。是儿子，谁能看着母亲遭打而无动于衷？五爹一声吼，矫健的身影从屋里扑出，一拳过去，能不够便仰面倒地，大叫："哎哟，头磕碎了，疼死我咧！"五爹仍拳如雨点而下。民兵们拦已拦不及，人已打了，祸已惹了，索性让五爹打个痛快，不忙拉他，只干喊："不许打人，不许打人！"老娘惊呆在一旁。五娘慌张跑出屋子去拦，小九扯住她吼："你也来闹。你闹，小心把你也捆了。滚回屋里去！"把她扯入屋，却悄声说，"这下老五非被扭送公社不可。你公爹在公社领导面前是红人，我们一走，你就快去告诉他。他求求情，怕老五就没事了。"

能不够的两颗门牙被打掉了，眼角青肿，鼻血也淌了出来。民兵们这才上去拦，依然是装腔作势。小九出来，还躲在后面狠踩能不够的腿。老娘醒过神来，爬过去拦着五爹让放人。五娘也出来拦。民兵们才拉开五爹，骂骂咧咧地把他五花大绑起来，绑得也不紧。

小九赶忙拉起能不够，又轻踢了五爹一脚道："领导你也敢打？目无领导，看我批斗会上咋个批你！"能不够搂着肚子，弯着腰，呻吟着"疼死我了"，半晌抬不起头来。好容易抬起头，小九赶紧趋过去，手捏着袖子要给他擦脸上的血。能不够打开他的手，哭腔泣调道："不擦，这是血证。我是党的干部，把我打倒在地，就是在打倒党。押他到公社去，交党处理。"

此一举，五爹是知不可为而为之的，什么后果他都能承受，就怕母亲、妻子无法承受，向民兵们道："代我扶起老人家吧，都有娘！"两个民兵扶起了老娘。五爹又回头向五娘一笑，正好被门里射出的灯光照着，笑容灿烂可亲，似乎在说："别怕，没什么大不了，我去去就来。"方才的金刚怒目与此刻的温情脉脉，对比鲜明。天底下健壮、标致、聪明、善良的男子多的是，五爹这样子的却就这一个，就这样的男子才让五娘动心。她咽声道："再不敢没事惹事了，要听胡大叔话！"能不够正疼得吸溜嘴，瞪了五娘一眼，咬字不清道："是听党话！"五娘忙道："就是，就是。"

五爹从鼻孔里"嗤"了一声，转身而去。五娘挽着老娘，送出了门。她绝没想到，这最撩动她心弦的少年，此一去，就再也不得回来了。路上，恰遇赶车夜行的武剩娃。看情形，五爹连夜被人押走，事情肯定不妙，他又无能相助。想到五爹丢在家里的那个美丽贤良的女子，他由不得悲吼：

亲亲，甭抛泪蛋蛋咧！

唉，一声嗨哟，拽得过拽不过黄河水，

头顶有苍天，由不得咱，咱只把头低下。

亲亲，甭抛泪蛋蛋咧！

一声嗨哟，闯得出闯不出黄河滩，

头顶有苍天，由不得咱，咱只把撑杆牢抓。

纤绳拽断，亲亲，还给你留下个挣死的七尺。

河心翻船，哎哟亲亲，连这七尺也喂了王八。

你甭抛泪蛋蛋咧！

唉吨亲个当当的亲亲，看哭干了眼窝抓瞎，

头顶有苍天，由不得咱。

到了公社，能不够让把五爹绑在树上，进了李主任办公室，以血为证，把自己打扮成了不怕牺牲抓"反革命"的英雄。他惯会造谣生事、血口喷人，有的没的，给五爹编了一堆只有"反革命"才会说的言论。当时揪出"阶级敌人"来也是政绩，李主任只要政绩显赫，也不调查，就准备把五爹送交县公安局。

姬家老爹赶来了。公社领导需要能不够这种表现欲强烈、好出风头、爱耍花尖子的人，但又对他有一种说不出的反感。比如他坐在李主任办公室里，不住搔痒儿，就让李主任直皱眉头。姬家老爹衣虽破旧却整洁，特别是那一部整齐的大胡子，让人看上去有一种飘飘然欲仙感。他不出风头也没花尖子，但朴素平实、兢兢业业，能固守住一片阵地，公社领导对这种人也是需要的。他为人又谨慎小心，从不背地说别人坏话，凡有上级领导到林场视察，功劳他全说成公社领导的，万一有个不对头处，就尽往自己身上揽，所以公社领导不但喜欢他，甚至还对他有些感激心理。李主任快要走了，前几天还专门找姬家老爹谈过话，想提拔他为不脱产的公社副主任，没想老爷子竟然婉言谢绝了。李主任事先并不知五爹是姬家老爹的儿子，如今知道了，心里已网开一面了。姬家老爹先千错万错，替儿子向能不够认了错，然后便向李主任求情。李主任道："共产党是铁面无私的，这话你不要向我说。共产党不放过一个坏人，也不冤枉一个好人，老胡同志所反映姬老五散布反革命言论一事，公社还要进一步调查，取得证据后，再作处理。不管怎么说，你儿子把人家老胡同志打得鼻青脸肿，这个问题不马上处理，老胡同志怎么工作？让你儿子给老胡同志认个错吧！"

老爹出去，数落了五爹一阵，把李主任的话说了，民兵们就给五爹松了绑。五爹展了展胳臂，朝李主任办公室方向大声道："他姓胡的翻墙入室，我该打。我没打错，认什么错？"老爹臭骂着他，逼他认错。小九也在一旁劝着。五爹冷笑道："是我的错，我跪下认错都行。不是我的错，就别想让我稍稍低一下头。"老爹气得打了他一巴掌。他把脊梁挺得笔直，几乎用发怒的公牛一般的声音道："打死也不低头。"小九向另外几个民兵叹道："这东西，真是犟屎搬不到尿壶里！"

能不够出来，声色俱厉道："我就不信整不下你。押回工地，批斗！"原来李主任听了五爹的话，竟有些佩服，便把没有给老爹送出去的那个人情，转送了能不够，许愿合适的时候提拔他为公社不脱产的副主任。能不够自然欢喜，也知道李主任的意思，便没心往大闹这事了，但也得给自己个台阶下，就发出了这个话。儿子死不低头，老爹想这已是给他老大一个面子了，也就不好再说什么。

所谓的批斗会，能不够只准备草草做个过场。主席台是一张桌子，能不够站在桌后。五爹被小九等民兵押在桌旁，昂头不低，能不够也没让民兵把他的头摁下去。这种场合，能不够最会表演，事先并不准备发言稿，却讲得振振有词。到他讲得口水四溅、义愤填膺的时候，站在五爹身后的小九便振臂高呼："打倒姬老五！"众青年也随之振臂而呼。能不够扫视一眼众人，满意地点了点头。小九进一步揪住五爹领口，指着他鼻尖喝问：

"姬老五，你老老实实低头认罪，昨晚跟你老婆干什么了？"

"说话嘛。"

"说什么话？"

"人话嘛。不是有的人就不说人话！"

青年们大笑，鼓掌叫好。小九又涎着脸问："还做什么了？"五爹笑道："怎么说得出口？"小九道："老实交代，亲嘴了吗？"五爹只笑不言。众青年非嚷着要他说不可。会场大乱。最后批斗大会除能不够一人外，皆大欢喜而散。

能不够本想开罢批斗会就了事，这下又窝了一肚子气，便气冲冲罚五爹去最危险的地方干活。五爹满不在乎，一边干活，一边还哼着小调儿。不想当天下午，祸事降临。开山炮声里，一块长二十来丈、宽和高都七八丈的峭石，突然崩塌。五爹逃不及，将身子贴在陡峭的石岩根底下，于是他被死死地夹在了石缝里。当时的条件，大石撬又撬不动，炸连人都炸了，已无法救助，只能等死。能不够惊慌失措，只会大喊大叫，向石缝里喊："老五，挺住，有党哩！"五爹忍着剧痛吼："去你妈的，这下称你心了！"小九推开能不够道："五哥，你是明白人，不说那些狗屁话了。你有什么要交代的，给兄弟说吧！"五爹道："我娘跟媳妇，不要让来。我丢下她们，就够她们受的，看着这个样子，不把她们伤心死了？让我爹来一下。再，大姑娘是刚强人，也让来一下。"

"大姑娘"是五爹对七嬷的称谓。地里的活路还没有开，她正经了二丈红麻麻布在织。有节奏且悦耳的"咔——唧，咔——唧"声里，坐于机座上的她，娴熟地飞着红梭，同时身姿优美地前摇后晃着，以松紧枣木吊弓。不防小九慌张赶来。她听了消息，简直不敢相信。好容易相信了，伤心欲绝，一时解不开鞣皮腰圈，便操起剪子，"哗啦"一声，齐茬绞断经线，挣扎下机，拖着两条稀软的腿到了村口。小九又告诉了车夫武剩娃，他忙赶着马车滚滚而来，在七嬷身边停住。小九跃下车，半晌才把她扶了上去。她久哽于喉的悲声，终于震颤而出："都说你倔，就咱骂你不还口，打你不还手！五爹，亲人哪，谁还有你到咱跟前亲吗？该活的人不得活，该死的人不得死。天，老天，你把眼瞎咧哇！"

悲声刺耳惊心。两个男人肠断肝碎，马也惊了。惊驰的三套车，已不是三套车，而是行进在风暴中大海里的船，剧烈地颠簸着。车夫驾驭技术娴熟，鞭鞘舞个行云流水。马腰如弓，跳跃向前，偶尔四蹄腾空，简直不是在驰，而是在飞。尘土迸飞，石滚鸟惊，天摇地动。行路人急避于路侧，脸成土色。七嬷今日倒梳着乌光水亮、圆正端庄的一窝子抓大盘髻，早散乱个不成式样，眉目绞紧，颤抖的哭声如打碎了玉器。

老爹被人架着先到。五爹怕年迈的爹爹伤心过度，反说着调皮话安慰他，又交代了家务，人们便把那心碎了的老爷子强行架走了。不久，车夫赶着三套车也到了，小九扶七嬷下了车。她望着那偌大的岩石，竟胆怯得半晌不敢上前。车夫怕看亲人诀别，逃离了现场。到一峁梁子上，他忍不住捶胸跺脚朝天哀吼：

> 石头滚坡哥哥你说走就走，
> 丢下老的小的叫靠哪一头？

天地间黄尘弥漫，一坡一坡枯死的艾蒿，在风中抖瑟不已。夏日里艾蒿丛中的斑头雁、溪水里的野鸭子，一俟秋日寒气初料峭，就引吭振翅南去了。秋去冬来，朔风数番无情扫荡，溪水犹如红颜，不堪折磨，窄瘦窄瘦，终日冰冻，终日冷静。

小九上前，向石内道："五哥！"石内响起极富刚质、故作轻松的声音："嗯。"小九道："七嬷来了！"石内一下子响起了哭泣声，脆碎如童音。七嬷跪爬向前，抠着石头哭道："天哪，叫我死了，换他活下去吧！我三十老几了，他才二十刚出头哇！亲人，你这叫我咋办是好哇？你把我的肠子扯断了哇！"绝望地用头磕石，头破血流。小九死死拉住了她。

五爹更忍不住大哭起来。七嬷更哭得死去活来。

久久，五爹压抑住哭声，道："男靠外家，女靠娘家，只说有我在，大姑娘就有个靠头，不想我落了今天这一遭。我们弟兄五个，个个倔脾气，强梁者不得好死，这一遭，迟早是要落到我头上的。家事除过大姑娘，再没人可托付了。唉，姬家总是难了你，苦了你！我媳妇要生个囡儿，就跟你一样，姬家还有靠，你帮她把囡儿好歹拉扯成人。要生个崽儿，一生下来就溺死，省得辛辛苦苦拉扯大，又遭灾落祸。"七嬷拼命抠着冰冷的峭石，才忍住了哭。想到五娘怀有身孕，又让她生了希望，用平静得可怕的声音说："五爹说什么话？是崽儿，我越要叫他活下去。你命好，这石头不大，他们正在想法儿哩，很快就把你弄出来了。宽心些，还没到你给我说后话的地步！"

五爹岂不知她是不忍自己在绝望中离开人世，才这么说？他也不忍她因自己的绝望而更伤心，于是故作轻松地笑道："是吗？那好嘛，我等着哩。"如果他放任自己的脆弱，悲哭哀叹："谁也救不了我，我完了！"那么做人坚强的七嬷，会继续给他以最后的安慰。然而他却坚强地超越了悲哀绝望，反过来体贴起了亲人。武七嬷之所以坚强，一个重要原因是娘家经历了接连的灾难后，剩下了些不老即弱者，多年来一直需要她。好容易，她把娘家的弱者照顾成了强者，反过来成了她的精神支撑，不想今日却全完了。那至亲的人最后表现出的坚强和力量，把她的精神击溃了。她再也无法控制自己的脆弱，又怕自己的脆弱让那至亲的人难受，跌跌撞撞地离开了峭石，尽力要远些，但是没多远就腿软得坐在了地上，上身颤抖着俯下去，脸贴住了地，一手捂住心口，一手前伸抠着土，双肩抽搐，拼命压抑却仍迸出的声音，撕布一样刺耳："天哪，你这是把咱的筋抽咧！打娃崽，咱就嘴里说着他，心里想着他，眼里看着他，直到如今成了一彪汉子，没人再有他对咱亲了。这日后，咱回娘家，谁活蹦乱跳满脸是笑出来迎咱呢？谁隔三岔五跑来哭鼻子掉眼泪给咱诉委屈呢？谁再顽皮淘气老惹咱生气呢？天哪，我情愿为娘家操碎心，为他操碎心，你把他给我留下吧！天哪，天哪！"

五爹向小九道："我反正这样子了，受不了也得受。就是听着她哭难受，我受不了。把她带走吧！"小九找来车夫，和两个青年把七嬷强架上车。七嬷只想和五爹在这里守到最后，哀求，挣扎，怎么也不顶用。小九他们死死抱她在车上，车夫赶着车，把她送回家去了。

小九依然来到这里，和几个与五爹关系亲密的青年，守着他。五爹一再道："顾活人不顾死人，怪冷的，别让你们着凉了，去吧，守着也无益。"青年们只应不走。五爹也就不催了，而陷入沉思。

面对死亡，他的内心世界最丰富多彩。

他想到了与石外那些亲密无间的伙伴们狩猎于张家山森林，想到了爹娘的养育之恩，当然也想到了他深为爱戴的七嬷。那年反右，七嬷男人在外面被打成了右派，后山的"革命家"们遥相呼应，也准备把右派的老婆挂牌子批斗批斗。他提了把弯镰大闹后山，要把人脑袋当冬瓜来削，差点把七嬷吓死。"革命家"们怕人头落地，从此连提也没敢再提批斗七嬷的事。

虽说头顶有苍天，万事不由他，偏他不听命于天，由着性子做人。最让他得意的，是追求到一个如意女子。夫妻厮守仅几年，偏他们相亲相爱的细节无数，让他回忆不尽，回味无穷。如果没有那女子的爱，他来这人世还有什么意思？他是为得到那女子的爱而来到这人世的，也是为爱那女子而死的。人活百岁也是一眨眼，他虽然二十来岁向死，但被爱和爱过，死无悔！

第二天早上，小九他们向石内喊话时，没有了应声。五爹对这人世，永无感知了。

红霞满天，彩云似练。

唉，总说风雨同舟，却总被雨打风吹散！五娘得知，如遇天崩地裂，昏死了过去，醒来后因为太痛苦，竟不知哭天抢地，好多日子都处在精神恍惚里，给饭就吃，有活就做，自己不知做了什么活，吃了什么饭。别人安慰她，她也不知道人家说了什么话，她则难得跟人说一句话。对她来说，这还不是真正痛苦的时候，真正的痛苦是痛定思痛。花儿般娇嫩的她，因为失去了最爱的男子，将要很快走向枯萎、消失了。

七嬷却更坚强。多少亲人都死了，她还活着，不敢不坚强。为了撑起娘家的将来，她也不能被过去打倒。如今最要紧的，是给五娘弄些人食吃。这年头，粮食贵比金子，而山中古风犹存，特别是老人们眼里，偷粮与杀人同罪。山里的"革命家"们，则视"偷"之罪比老人们更甚。在麦子快熟时，保守落后的老人们和激进的"革命家"们，在群众大会上不约而同提议组织麦田巡逻队。

于是白天晚上、田边地头，不时有扛土枪的青年转来转去。七嬷公然对这恢恢天网不屑一顾，于一日黄昏，趁人不留意闪入麦田里。她的裤衩是特制的双层，像半截口袋，麦穗就捋来装入裤衩里。她一面捋，一面却恨不得剁掉这双指头修长、工于刺绣的手。"偷"这个字眼，她比老人和"革命家"们更憎恶。

不期就被车夫撞见了。武七嬷忙缩下身去，有一刻简直停住了呼吸。她知道，车夫也是憎恶手脚不干净者的，难保他不说出来。一说出来，她在群众会上挨批斗，丢人现眼倒在其次。事到如今，她已用泥巴把脸皮抹厚了，不在乎丢人现眼。当日五爹只是没有遵守能不够的纪律，要说问题，比她偷粮的问题小得多，本应批斗批斗就完了，谁知事引事，竟引出了那么大的祸事。她就怕这事引事，小事引大事，最终引出难以设想的大祸事来。

三套车逃入岽梁口子，蓦然不见了。一群萤火虫，明明灭灭，闪闪烁烁，逐着"轰轰隆隆"的三套车，也从岽梁口子消失。月光冷冷的，麦田泛着微波。半晌，一声叫魂鸟的惨叫，从田里惊出一只耗子，在路边矢车菊丛里一阵飞窜，悄无踪迹了。矢车菊叶子久久地颤着。

大驼髻又从麦穗中挺立而出。撞见已被人撞见了，将要出什么事，她既难设想，也就不多想了。眼下要紧的，是把粮偷下给五娘送去。到时是沟是岩，她往下跳就是了。反正是福溜不走，是祸避不过。于是，她又飞快地捋起来。一只萤火虫，颤颤悠悠落在她那大得出奇的发髻上。她一动，萤火虫又张皇而去。

干硬的山路上，马蹄声再次咚然响起。两个巡逻的青年，骑在马上，背着土枪，头像拨浪鼓一样四面张望。七嬷又向麦行子间蹲下去时，不防麦秆一阵窸窣作响。惯于打猎的山里汉子，夜里耳朵比猫还警觉，蜘蛛结网的声音都听得见，这声响便立刻引起了两个青年的注意。一个说："怕是獾。"另一个说："放它一枪。麻利点，看跑了。"说话间，枪已端在手里。七嬷早站起身来摆着手喊："敢放！你娘在里头屙屎哩。"

两个青年吓一跳。其中一个正是小九，半天才说："算你命大。稍微口紧些，就放倒你了。哪里屙不成屎，钻粮食地里去了？不知道的，还当你在偷粮哩。快出来吧！"七嬷不敢出去，怕鼓鼓囊囊的腰让他们看出破绽来，故意干笑两声，蹲了下去说："呸！屙堆屎，不屙地里，屙你娘饭锅里去不成？屙了半截子，都叫你们两个乌龟咋唬回去了。滚吧，喝了猫尿，没大没小的东西，我再说也是你们的七嬷！"她的自我作践，果然招得了两个青年的笑声。不过他们不肯离去，求道："好七嬷，快出来吧！看人知道了，我们交不了差。"

七嬷身子有些抖了，声音却不变调，又一声"呸"说："小九、狗柱子，你娘还托我给你们说媳妇哩。平常你们还孝顺七嬷，今个七嬷屎到尻门子上，你们倒不孝顺了！看我说给了你爹，拿鞭子抽你们！"小九道："你到武家的时候，我们还穿着开裆裤哩。在我们跟前，你有什么难为情的？出来在路边屙吧！我们背过脸去。"

七嬷心想完了，赖不过去了，却依然赖着说："吃喝屙撒，人命关天的事，你们这是催七嬷的命哩。"不惜拉出死人来，"还讲究你们跟我五爹好哩。他要在世，你们就这么待他家这出了门的女子吗？"一说起五爹，她心里就隐隐作痛。

两个青年沉默了。这时，远远的，后面又响起马蹄声。小九道："那几个来了，他们最爱看人热闹。别人不安生，他们就高兴。你明明是屙屎，他们要瞧见，偏要说你是偷粮，你也说不清，我们也说不清。快走吧！"七嬷不得已，慢慢站起来，蹭出地。月光下脸色不甚分明，三人都呼吸紧促。小九和五爹是朋友，狗柱子则和五爹并没有多少来往，方才不过是七嬷硬把他和小九扯到了一块。这年头，即便是亲人，也常互相揭发，朋友又能有多可靠呢？七嬷心跳得胸口疼。小九倒是五爹可靠的朋友，一心要包庇他的亲人，就担心狗柱子，心提到了嗓子眼上。狗柱子没想到七嬷真在偷粮，血直往太阳穴涌。七嬷不顾长辈的尊严，挺着那威风发髻，就要向狗柱子跪下去。才有了这个意思，狗柱子就看出来了。原来他是个表面粗野、心地善良的青年，不等她跪下去，就用鞭把子一拦，吐了吐舌头说："七嬷，这年头娘儿生娃跟兔子下崽一般，你又怀上咧！人家娘儿是怀在肚子里，你是怀在尻子上，怕是鬼胎吧？如今村里会除鬼的人多，看他们知道了，拿马鞭打下你的下半截子来！"

七嬷明白他动了恻隐之心，又羞窘，又感激，鼻涕眼泪，却又狂喜地说："就你鬼精灵。你娘怀你才是个鬼胎！你今年是十九吧？西家坪王材的女子也是十九……"狗柱子不好意思地用鞭把一捅她说："快走人，看啰唝出好事来！"小九也放下了心，道："我们放你走，那几个疯狗过来就难放你走了。快走吧！"

七嬷如蒙大赦，慌张离去。不敢走大路，从小路回到村子，打后门进了家。关了门，又用杠子顶了，还不放心，从门缝里瞧了半天，怕有人跟着。直到进了自己房里，依然心惊肉跳的。点着灯，才看到衣服上满是草刺、草汁子。前思后想，忍不住哭了，又不敢放声。心稍安些，将麦穗揉搓出颗粒来，就着嘴吹掉麦芒，捣烂，烙了三张薄饼，已到鸡叫一遍。饥肠辘辘，却舍不得尝一口。和衣躺下，刚闭上眼睛，五爹就出现了。先是可亲可爱地一笑，倏然阴沉下脸来，叹着气说："崽儿就溺掉吧！"接着他不见了，老娘正在大木盆里溺一个男婴。她拼命扑上去，抢出孩子，已呛断了气。她抱着孩子号哭起来，不想就醒了，才知是梦。枕头湿了一大片子，身上冒着冷汗。她翻身坐起，回想着梦，到底娘儿家心肠，一夜没有再睡，不时叹道："咱这活的啥人嘛！"

第二天，七嬷从箱底翻出几样活计来，打了个包袱，饼子就打在包袱里。扮作回娘家样出了门，见人就问候，甚至和个蔫了吧唧的后生说了几句玩笑话，大模大样地出了村子。路上，遇到一个外村赶牛的汉子，知她是武清俊的老婆，问："他在外面咋成坏分子了？"七嬷冷笑道："有学问，难道就有罪？人家给他抹黑哩。他黑，我就跟着他背黑锅吧。我知道他是啥人就是了。"汉子连夸她"是个明白女人"，上坡时让她揪着牛尾巴，好省些力气。

老娘挖马茹菜去了。日日以泪洗面的五娘，已水肿得像是戳一锥子，流一摊水就会瘪了似的，却还在推碾子，碾的是百草梗。看见七嬷来了，她丢下碾枷子，很困难地迎了过去。对死者共同的厚爱，使两个女人感情日见其深，互相关切备至。那七嬷见这当初动人的小娘儿，如今惨不忍睹，不由泪水满脸。五娘自丈夫遭事后，最怕事，只当七嬷遇到了什么事，脸色大变，问："咋咧？"七嬷忙抹掉泪水说："咋也不咋。"五娘看她眼睛里爬满血丝，眼泡子红肿，大忙月里又抱着个活计包袱回娘家，认准她不是受了婆家人的气，就是侄女婿在外面黑了，武家村里有人也整她，七嬷鄙夷地说："谁敢？姬家大姑娘，不是任人乱踩的死狗，谁要腿上掉肉，就只管踩我。"又笑道，"就是有人欺负我，你这个样子，难道还到武家替我闹去不成？"五娘歇下心来，苦笑道："没事就好。"

七嬷把包袱塞入她怀里，一面推碾子，一面说："重活老娘干不成，你跟杨子娘说一声，她会来帮你的，我给她托付好了。不怕欠人情，只要你身子好，有还人情的日子哩。"五娘道："她也说过，有活就说一声。我闲着心慌，才没叫她。"

碾罢百草梗，收拾了，两位娘儿便携着手进了屋子，坐在炕沿板上，说了一会儿鸡儿、猫儿、锅上头、枕下面的知心话儿，七嬷才关了门，打开包袱。五娘看着饼子，吃惊地问："大姑娘哪里弄的这宝贝？眼下借粮也没个去处了，家家在咽野菜。"七嬷故作轻松地说："不做歹不发横财，李闯王一开头也是反贼，偷的嘛！"五娘吓得望了望窗外，半天定不下神来，拍着她的膝头哭道："都是我，害得姑娘把人活成贼了。"七嬷想起昨夜那千惊万怕来，也要哭，却怕五娘更不安，笑道："你放心！我这双手，掂得起针线，也使得起犁耧耙耢，你莫愁日子。等五爹过了三年，你另寻个主儿，就好了。"五娘叹道："死，我也是这家里的鬼了！这家里，死了的我丢不下，活着的我也舍不得。再说有我在这家里，老人过世后，大姑娘回来，娘家也有人嘛。"七嬷道："快别说傻话。年轻轻的，守这空房冷院有什么意思？五爹再好，一死百了，活人还该走活人的路。你肚里的孩子，跟我连骨带血，走哪里，你也是我的五娘。两头三节，忙罢农闲，我都要去看你跟孩子的，就跟回娘家一样。过去的不想了，只想往后。雨过了就天晴，我们不会倒一辈子霉的。"

老娘回来，七嬷又叮嘱她一些照顾好五娘的话，便忙忙回去了。

路上，她脚底沉重得像地上有什么在吸。头顶的太阳，有一刻被云遮住了，峰峦暗如她的心。昨夜仍让她心有余悸。蓦然，那雄伟的发光体又破云而出，天地万物被镀成了亮色，将要收割的麦子，尤为金黄可爱。麦穗又粗又长，眼见得是个丰年。她不禁有些释然，步子变得轻快细碎，一按发髻说："熬到麦收罢，就好些了。也没几天咧，熬吧！"

脚旁，涧水晶亮。山谷里，姹紫嫣红。野鸭子将长脖颈探入水里，尾巴挺着，终于叼到一条小鱼，于是昂起头，几次伸缩脖颈，咽下猎物，兴奋得引吭高歌。心怀美好，使七嬷无比热爱生活。面对这生机勃勃的大自然，她一时都忘了高压的政治空气、娘家的不幸和自己肩上的重负。天气郁蒸，她奢望像野鸭子一样，在水里扎一个猛子，扎出一身透爽来。

几只燕子，优雅地侧身从她簪缨子边飞过。一群翠鸟，毛色钻石般光亮，于路对过涧那边枝条袅娜的垂柳上，"啾啾"而鸣。七嬷怕气息粗重会惊吓了它们，上坡时也不敢喘。正心动神摇间，一只灰兔又从路边的艾菊丛里蹿起来，东张西望，又掀鼻子，又翘胡子。七嬷竟露出做姑娘时的淘气来，朝灰兔一跺脚，"哈"一声。那兔子大胆异常，闻若未闻，翠鸟倒从柳树上惊起，在树顶团团缭绕。七嬷不甘心，蹑手蹑脚去捉兔子。到了艾菊丛边，兔子早不知去向了，只见在水边石上洗衣的谁家大姑娘，望着她的眼光，很是羡慕，见她有所察觉，又赶紧埋下头去。七嬷不由低头，瞧见自己穿着红条绒琵琶襟衫子，青裤，绣花黑鞋，举头再瞧那姑娘，见她从上到下全是黑家织老布。她顶大不过十七岁，正是姹紫嫣红的年纪，怕已经有媒人登门，母亲却没钱打扮她。可怜她，青春都被老布裹老了，女儿情都被老布裹粗糙了。唉！

七嬷怜悯着那姑娘，又脚步沉重，往东而去。一辆三套车，轰轰隆隆，向西而来。车与人，终于相对。真是冤家路窄，车正是昨夜七嬷偷粮时从路边驰过的那车。七嬷怕看车夫，车夫则瞧七嬷个不起。七嬷低着头，抱包袱的手绞着，厚着脸皮要从车边闯过去。车夫则昂着头，舞着鞭，准备从七嬷身边直冲过去。

当车逼近七嬷时，车夫不由产生了好奇心，想瞧瞧这昨夜做贼的娘儿今天的神态，于是就斜了一眼。这一斜眼不要紧，车夫心软了。武七嬷给谁低过头？不过几把麦穗子，算不得做贼，她却在自己面前那么心虚，把头垂得低低的。于是车夫停住车，笑道："我说七嬷，大忙月里，你倒有闲心红衫衫、青裤裤，花个棱登窄把鞋的风流。"七嬷受宠若惊，抬头啐道："扯你娘的膁！别看你胡子一把，在我面前也是下辈，少没大没小的胡扯！"

言不在多，昨夜里两位惊魂丧魄的人，此刻神经都松弛下来。七嬷于是有了兴趣打量车上。车上坐着一群汉子和壮妇。汉子们个个戴着灰渍渍的遮阳草帽，娘儿们则人人顶着防落尘的绣边发帕。无论汉子、娘儿，都肩搭擦汗的毛巾，肘夹明晃晃的镰刀。七嬷知道，他们是要收麦去了。就像战士听到战斗的号声一样，农妇武七嬷，见要收麦，身心马上处于冲刺状态。

饥饿将在镰刀下被送走，车上的人无不通身充盈着活力。七嬷对车夫的好感，扩散到所有人，包括那坐在车尾，瘦屁股像要下蛋的母鸡一样不安宁地挪来挪去的黄脸娘儿秀花。据说摸过这娘儿那黄瓜一样窄硬屁股的汉子，用三套车也载不下。她跟七嬷同辈同岁，村里人却轻易不用"嬷"来尊称她，而好直呼她小家碧玉时的芳名。七嬷是最要强自重的娘儿，从来不正眼瞧这"不要脸的骚狐狸"，今天竟笑着问她："收哪块子地？"

秀花见这娘儿们队里的霸王，居然肯给自己笑脸，惊喜得屁股颠颠的，笑道："核桃湾那二十亩。七嫂，你也分在这一组了。"七嬷问："有多余镰刀吗？"秀花赶忙又挪了几下屁股说："有一把。就是可惜了你这一身出门的好衣服，回去换了再下地吧！"七嬷声音平淡地说："叫花子也不要的衣服，有啥好的？拉我一把！"秀花将七嬷拉上车，挪了挪屁股，腾出一块地方来，七嬷就把自己那肥硕的大屁股安了下去。秀花被卡住了，腰扭了几次，屁股纹丝不得动。她不动屁股就不舒服，脸上显出很难受的神情来，却发现七嬷光着头，忙把自己的发帕拉下，送给七嬷。

七嬷女皇受朝贡似的接受了，凤颜大悦。秀花见她如此赏脸，那股难受劲儿也没了。人喊："走吧！"车夫说声"走咧"，一扬鞭，马一声"咳"，路上一股轻尘，车就到了核桃湾。汉子们"呼啦"跳下车。娘们儿则扭扭捏捏的，这个说："五嫂，叫咱把着你!"那个说："我的娘呀，你抓疼咱咧!"

车夫走到车尾，耸着肩说："谁把咱呢？娘儿把了肩，没汗臭。"秀花兴奋地摆着屁股，嗲声嗲气说："嬷子把你!"便扶了他的肩，要往下跳。车夫突然一闪身，秀花不防，"呀"的一声跌了下来。车夫一下子抱住她。她更称意，连脸都贴在了他脸上。七嬷是唯一自己跳下车的娘儿，又看不过眼那黄脸娘儿了，啐了一口说："天下男人全给了这货，她也没个够哩!剩娃，你快四十的人了，咋还不寻媳妇？你一彪好汉，跟这种货色拉拉扯扯，划得来吗？"车夫推开秀花，脏了似的拍拍衣服说："穷寻乐哩。七嬷，咱跟你一样心高!娶就娶绝品，不娶就不娶。"娘儿们都朝他啐起来。七嬷叹道："像我这么心高又命好的，世上没几个，心高多命薄。我倒有个人，怕还称你心。这阵还不是说的时候，缓三年再说。"

说笑间，老爷子们已站在了地边。年轻人也就停住嬉戏，在地边一字排开。人人神情肃穆。

有老爷子对天讷讷道："行咧，庄稼还不错。我们庄稼人，面朝黄土背朝天，不敢再有啥想头，就想把肚子填个八成饱。老天爷慈悲，这十天半月里，万万不敢落尿水子，叫我们把粮食收到囤里吧!庄稼人，苦哇!娃崽半年多没吃过正经粮食了，肠子里少油没水的，屎都是干截子，屙个不出。"说着，浊泪都涌出了眼睛。哆哆嗦嗦蹴下，开第一镰。年轻男女跟着蹴下，开镰。"嚓嚓"的收割声，在庄稼人耳里，是最庄严、神圣的音乐。人心似火。起初大家还是齐头并进，不久就有了先后。渐渐地，距离越拉越大。车夫一马当先，他之后一丈有余，便是那脊背宽阔的武七嬷。秀花在最后压阵脚，她手没有屁股好动。麦芒扎得人身上到处刺痒怪疼，麦田达四十余度的高温，又使人晕头转向。

半地里，七嬷终于追上了车夫。一阵相持后，这汉子被那娘儿甩下了。娘儿不回头，鄙夷地笑道："呸!准在耍奸，没娘儿手底麻利。"车夫羞愧地说："忙天，谁好耍奸？人不是牛，填一肚子草，咋有力气使？手都颤哩。"听了这话，七嬷心里不止一处在颤动，哑了嗓门说："你搓些麦穗子吃吧!后头人看不见的。"

车夫一下子憎恶起了这娘儿，以为她卑鄙，在借此堵自己的嘴，悄声说："少来这一套，我不是那种人!"七嬷好心碰了一鼻子灰，本来就心虚，竟想他这是留有余地，必要时还是准备揭出自己的。她又气又怕，连热带累，汗都淌湿了衣服，嗓门嘎哑威胁道："昨夜的事，你敢放一个屁，娘就敢拿马粪塞住你的屁眼。"车夫最是个吃软不吃硬的，"哼"了一声，七嬷则报之一声"呸"。双方又处在对峙状态了。这种对峙，使二人一心于镰刀上，挥舞镰刀的技术愈加精湛。车夫痛快地脱了上衣，光着膀子。七嬷则解开了脖子上的蝴蝶盘纽，露出一线雪脯来。

快到地这头时，车夫有十分力气，竟挣出了十二分，到底追上了七嬷。七嬷却不甘示弱，始终没有让他超越。两人同时到达了地头。劳动竞争的快乐，使七嬷忘了别个，抓下车夫的草帽来，扇着凉，喘着气，傲然回视后面的汉子、娘儿，那黄脸秀花尚在半地里晃屁股。武七嬷面带强者的微笑。

突然，山道上腾起四股高高的烟柱，一匹良种马飞奔而来。七嬷心里暗暗叫苦，怕有事了，已收去笑容，眉头紧皱。田里的人，都站起了身子。那骑马人在田边一勒缰绳，马"咴"的一声，前蹄腾上半空，又稳稳落下来。他点着鞭子，说着什么。果然是有"通知"下来，让上"工地"。那时"全民皆兵"，人们的一切行动，只有听指挥的权利。汉子、娘儿们，丢下镰刀，挺着满是土垢的脖颈，恋恋不舍地出了地，坐上车又走了。

七嬷依然没顾得换那一身好衣服，膝头上白白的，是土。好看的银盆大脸上，也满落土垢。

各村的成年男子、青壮妇女，于前山会齐，山道上便出现了一条弯弯曲曲的车马长队，马的打响鼻声此起彼伏。车轴未上油，"吱嘎"声分外刺耳。晴明天空壮丽得使人心虚，粮食的香味引诱得马不时把头探向麦田，骑马的汉子忙踢着马肚子。马并不加速，队伍缓缓的，像是送丧。男男女女，神色木然。苦愁，充天塞地。

车夫无意间一回头，一下子被端坐在车厢里的七嬷极度忧郁的眼神所打动，咳嗽了几声，哑着喉咙哼起庄稼人一百年的苦酸来："苦——哎，一阵西风，一路黄尘，一眼荒凉，一坡苦艾。苦——哎，今年旱灾，明年蝗灾，后年人灾。天灾人灾，年年是灾。苦——哎，苦——哎，苦——吔哎！"

车夫借哼小曲以宣泄苦闷，但这小曲太不合时宜了，队伍骚动。好在山里的"革命家"们不端铁饭碗，也怕麦子收不到囤里饿肚子，对上头竟心怀不满，不肯追究；一般山里人则字眼不深，善于抠鸡屁眼而不善于抠字眼，因此骚动旋生旋灭。老爷子们翻卷着胡子尖，睡去了，头低下去，低下去，然而突然车一颠，老爷子们睁开眼睛，并没有睡。娘儿们怕太阳晒黑了皮肤，脸用棉纱头巾包得只露出眼睛，眼睛无神。青壮年汉子们，则大秃头，光膀子，骑在马上，眼睛似乎在看前面，其实什么也没有看。

队伍在峁梁子口缓缓消失，扬起的尘烟则久久不逝。

五爹出事后，提拔能不够为公社不脱产副主任一事就成了泡影，连他的修路副总指挥也被李主任免了。继任的，是姬家老爹。起初，老爹沉浸在失去儿子的悲伤里不能自拔，不肯赴任。李主任把他狠狠教训了一通，说："任命你，是党对你放心。不过是扩修一条路，死一个人就了不得了，难道还要死人不成？别的青年不是你的儿子，你就不关心他们的死活了？你还有没有无产阶级革命感情？"

老爹只得忍悲赴任。

他让青年们放工后尽可以自由，每隔五天轮换着休一天假。冢里有要紧事，只要向他说清楚，就可以走人。放炮炸石，危险地段，他则慎而又慎，并且身先士卒，自己总处在最危险处。青年们深为感动，一天的进度，是能不够在工地指挥时三天的进度，提前十来天完成了任务。

路扩修好后不久，李主任就被调到了县里，不过不是升调，而是平调，并且是个无所事事的闲职，事实上是"靠边站"了。他有些不太合县领寻的胃口。

新来的王主任，原是蒲城县纺织厂的修理工。他厌烦透了那油脏的工作，一心要出人头地，有风头就出，得机会就踢咬。当官的有个习惯，就是对自己整不下者，便采取安抚策略。那时把一个人开除公职是很不容易的事情。除此之外，纺织厂领导对一个小工人，就没有下策了，于是采用了上策，提拔他为自己的副手，施恩于他，以免他踢咬自己。这吊儿郎当、不学无术的家伙，却表现出非凡的才干来，华而不实的尖子层出不穷，纺织厂一片轰轰烈烈的局面，终于引起了县领导的注意，他被调出纺织厂，任命为高阳公社三任了。

得知高阳林业搞得好，他也想在这方面大做文章。上任之前，他就向县领导保证，一到任便植树五千亩。偏不巧，到任没几天，儿子病重。这位革别人命如踩蚂蚁的王主任，却和常人一样，视儿子如命根，于是抱着儿子到西安去看病。儿子还是失去了。回到高阳时，已近收麦。丧子之痛，使他更不近人情，脾气异常暴躁。谁说实话，他就跟谁光火。有一位大队书记，因说了几句不中听的话，竟被他吊树上打成了半残。一时间，能不够那类人又活跃起来，为他推波助澜。而连公社的"红人"姬家老爹，也三缄其口。

高阳出现了万马齐喑的局面，王主任"专政"了。

县领导在向省上汇报工作时，竟把王主任上任之先的口头保证，当作实际成绩汇报了上去。不想省上在夏收前突然下来个通知：一位省主要领导，准备到高阳看看春天植的树。时间不确，大约在二十天后。

通知到了高阳，王主任一棵树没栽，却一点儿也不心虚，反而大喜。省主要领导能来高阳，机会难得，不可放过。弄好了，他青云直上，也难说。没栽树不要紧，他惯会弄虚作假，瞒天过海，自有办法。

李主任在任期间，看着群众饿肚子于心不忍，除了农闲时扩修了那条路外，再没有集中劳力轰轰烈烈搞过别的什么，让大家把精力全放在农业生产上。他虽把林场吹嘘成了"典型"，但林场的业绩是把原有的林木看管得好而已，没栽过一棵树，也没修过一条育林带。王主任无法以前任的成绩来冒充，便下令：夏收先放下，集中全公社的劳力修育林带。林场山坡上，树籽落地，又生出无数小树。把那些小树挖下，移栽到育林带里。

命令是在各大队支书聚集于公社开会时发布的。想事周全的能不够献策说：栽树已错了节令。树一移栽，要不了几天，叶子就会落光，省领导来了看着煞风景。不如连土挖下，每棵树浇水三桶。

这无疑加大了劳动量。龙口夺食时节，迟一天收庄稼，就多一份庄稼被毁在地里的危险，但是暴戾、专横、主观的王主任，根本不考虑群众的饿肚皮问题，只想给自己脸上贴金，接受了能不够的建议。于是林场的数架荒坡上，喇叭声阵阵，红旗招展，人山人海。

图虚名，必遭实祸。

那些成年男子和青壮妇女，被迫离开麦田，组成浩浩荡荡的车马大队，从崾梁子口消失后，扬起的尘烟还没有消散，麦田里又尘土沸沸扬扬了。丢下的镰刀，被捡了起来；没有割到头的麦行子，被割到了头。于是，新的麦田里，又响起了那庄严、神圣的"嚓嚓"声。山里人拼出了最后的力量，头发霜白、满脸苦皱的老娘儿，扑入了田里。

这些为人母亲者，纺线绩麻一生，采桑养蚕半世，自己身上却没有一件像样衣服。车夫的娘穿着政府救济的一套男式军装，算是最好的了。她心爱得不行，怕磨破了裤裆，把开衩穿在后面。山里老娘儿有扎裤脚的习惯，再加上她那核桃大的发髻，伶仃小脚，军装已然不伦不类。别的老娘儿，一律老黑布衣服。衣服上的补丁之多，一看就知已穿一二十年了。我们的王主任同志，也曾为儿子操心过。这些为人母亲者，为儿女操心了一辈子，已离黄泉路不远了，应安度晚年，可她们吃的是什么呢？穿的是什么呢？凡有人心者，见状都不会心安的。

天空无半丝云彩遮日，日光流火。草虫的鸣叫有气无力，布谷鸟的催割声却异常惨烈。老娘儿们不时拉下搭在肩上的白羊肚手巾，擦一把汗。白羊肚手巾像是刚从水里捞出来的。老娘儿们嘴角起泡，口里生了热苔，喉咙发肿，却说："好天气！"说话咬字不清。

她们不会叫苦连天，夏收就需要这样的天气。只要儿孙——母亲的心头肉们，不再咽牛羊才吃的东西，天底下还有什么苦是母亲不能受的呢？

地头谁家未断奶的娃崽，不再耐烦吮指头，空划着小腿、小脚，哇哇大哭。车夫的娘养大了儿盼不到孙的人，疼煞娃崽，听不下去，便放下镰刀，拐着麻木的老腿到地头，声音浑浊地叫着些诸如"亲亲""蛋蛋"一类充满慈爱的词眼，抱起娃崽来。那娃崽早滚成了土人儿，不知什么时候屙了屎，也滚了一身。土天土地的，车夫的娘也一身土，没有给他拍土，只摘下几片柿树叶子给他揩净了屎，便解开自己的衣襟，把那干瘪的奶头，塞入他口里。娃崽略略吮了吮，便知上当受骗，吐出奶头，更加凄切地号呼起来。车夫的娘已然老泪纵横。望望那颗粒就要落下来的麦子，她忍心放下娃崽，又扑入了田里。小脚蹴着难受，她就跪着割。顺弟的娘说前天她在红土岩看到了一只狼，牛犊那么大，熟透了的麦子那种黄色，车夫的娘便不时回头瞧娃崽，怕那狼窜到了这里。

连续八天，都是庄户人称为"炸晴"的那种天气。地皮黄而白，白而龟裂。老娘儿们的脸，菜色而焦黑，黑而又因失去血色泛青变白了。麦子全部被放倒。精疲力竭的老娘儿们，直起发酸作疼的老身来，拢一拢那蒙满尘土的稀疏白发，开始装运。

驾车是把式活儿，男人也只村里有数的几个人对这活儿精湛，一般的只敢驾乖顺的马所套的车。女人即便是"男女平等"时代的青壮妇女，也不敢驾车。老娘儿们都是旧式女人，更不敢了。村里剩下的还尽是劣马破车，最不好驾驭。没有办法，既是车夫的娘，她只有自告奋勇去驾车了。辕里套的那匹马，名叫"躁货"，胆子异常小，耗子"吱"一声都会受惊。车夫的娘半跪在车辕板上，白发零乱，头皮发麻，缰绳抓得紧紧的，手抖如筛糠。运了两趟，倒也没事，她神经才松弛下来，在老娘儿面前甚至有一种成就感。

装车时，她站在车顶上拢麦捆。一大把年纪，竟然不眩晕、心悸，就是不小心挂破了裤子。每当老娘儿们给她用木杈挑送麦捆时有了空当，她就叹息着说："人家一身家常衣服，直穿到裹尸还不上补丁哩。这么好的料子，才穿了四年零七个月，还差两天才满哩，就糟蹋咧，唉！"

这一趟到红土岩，辕马被林里蹿出的一只黄狼惊了，车翻下断崖。老娘儿们在崖下涧边冰草丛里，找到了车夫的娘。她手里还紧紧揑着断了的缰绳，也捏着血和汗。一见人，泪水便从眼眶里溢了出来，流到了那饱经忧患、早已失去光泽的脸上，在密密丛丛的皱纹里，与苦汗和鲜血汁子混合了，哽咽着说："把我拉到场房里，先撂下。派人去工地报丧。想娘都死了，他们不会不放剩娃回来的。回来叫他先拉麦子，闲了再埋我。我反正到死的年纪了，死了就死了。死了，臭了烂了老鼠咬了，也就那么一回事。娃崽日后还长。千万不敢把粮食瞎在地里，饿死了娃崽！"说完咽了气。

唉，民以食为天！

老娘儿们一面派人去报知车夫，一面继续装运麦子。满载麦捆的车，依然不断地从红土岩经过。驾车的依然是老娘儿，马依然是不驯的，车轮依然时时悬空。车轮悬空时，坐在车辕板上的老娘儿神情木然，连鞭子也不从铁鞭插里抽出来。她明白凭自己的驾驭技术，真要翻车，即使将鞭把子舞断，也是白搭，因此就不必徒费气力了，听天由命吧！

第九天，天空些有微云，所幸第十天仍是云不遮日。往年有壮男、壮妇，十天工夫足使粮食入囤了，今年还是满地的麦捆子。

第十一天，一股子瘴气卷来，弥漫群山。瘴气又湿又热，湿得连太阳光线里似都含有浓重的水分，热得人像在憋闷的蒸笼里，直要淌汗，又淌不出来。蠕动在田里的老娘儿们，衣服更加破烂。麦芒把裸露的皮肤扎得满是细细的伤痕，灼痛。一个个身子松松垮垮的，像在打摆子。束车时发着喊，喊声瘆人，像喉咙里有沙子，更加力不从心，却像蚂蚁群，忙忙碌碌，不敢停歇。

下午，玻璃样的天空骤然暗沉，山鹰逃命似的箭窜而去，风悲号着，扫将而来。老娘儿们惊惧地喊："不得了咧！"乱奔着拢被风吹散了的麦捆子。

一辆车，副马懒洋洋地将屁股对准风，辕马倒通人性，迎风昂首，悲鸣不已。

风突然消失，瘴气也早已消失，空气透凉，万籁俱寂。

老娘儿们已然泪涔涔了，仰头而望，半空里，乌云沉沉的，若十万天兵天将压将下来。马焦急地刨着蹄子。才装了半车，车就"吱嘎吱嘎"着忙忙走了。车上的老娘儿摸摸索索的，和车下的老娘儿喊着什么，像害了热病。

天空奇特，有电闪而无雷鸣。终于，一道电闪，撕裂沉云，轰然声震天惊地。骤然，雨鞭扯着高空的森寒，朝老娘儿们不分青红皂白地抽了下来。衣服被打湿了，紧贴在身上，显出老娘儿们身体的轮廓，枯瘦若十二三岁的孩子。身也寒透，心也寒透，瑟瑟发抖。

大地上即刻遍布小溪流，到处是泥淖。车轮深陷，老娘儿们作了一番无益的努力后，便弃车牵马而走。泥浆溅满了马腿，老娘儿们的裤脚撒开来，在脚底绞着。上了一面坡，转出一道弯，蓦然见一队人迎了来。一个个纹丝不挂，两条棍子样的细腿支着个偌大肚子，全是些五六岁的娃崽，啜泣着。手里捧着草帽蓑衣。老娘儿们怆然朝天道："打住吧！可怜的娃崽，自上世，灾荒就没断过。今年歪好，给娃崽留几升口粮吧！"

雷声滚滚，无情地淹没了老人、孩子的泣声。电光刺目，大地全为汪洋。悲风又呼啸起来，树木刚刚挺起，又被迫伏下。天不再为天，地不再为地，似乎天摧地裂，复归混沌了。

雷声在黄昏里消逝，雨声依然潇潇。潇潇雨声里，谁家炕头上，相拥瑟缩着一老一少。孩子的薄皮大肚子里，"叽里咕噜"作响，不时就有一股苦菜味，从胃里泛上，冲出口来。老人目不转睛地望着窗外，一遍又一遍地祈求上苍："天，打住吧，娃崽正长身子哩！"

五天后，这老人不住叹气摇头说："娃崽命苦吔！"发髻都摇松了。又过了五天，老人头低垂下去，脸贴着孩子，表情木然如死人。偶尔孩子一动，才把她从木然中惊醒，但已然不敢望窗外。

十二天之后，云散日出，山洗了一样的清新、凄美。雉鸡"呱呱"叫着落于道旁，啄水蝎子，饱餐后正展开华丽的羽翼舞蹈，却被鹞鹰惊走，独留下些菊花形爪印在路上。草虫欢鸣不已。布谷鸟已然完成使命而北迁。只有村寨是死了，不见炊烟，无有喧哗。田里场上，了无人迹。老娘儿们不敢去看，不忍去看，亦不必去看。农家最悲惨的事情发生了。

终于，有娃崽出了村子，惊呼场上田里麦苗好绿，牵了马去放，晚上马腹胀而死。于是老娘儿们出来了，悲愤地哭倒在田边。

"植树大会战"中，王主任对能不够很满意，觉得林场是高阳的牌子，这样的人放在那位置上，牌子会更亮。会战胜利结束后，那位省领导迟迟不到，王主任趁空便和胡向阳同志谈了话。免去姬长庚同志的林场场长职务，由胡向阳同志接任的文件已经打印好，正要宣布，那位省领导却突然在前呼后拥中，大驾光临高阳了。这一光临，使胡向阳同志的光辉前程，再一次受挫。

一行人的车，驶在通往林场的道路上时，只见路两边，满摆着出了芽的麦捆子。这突然的情况，急得王主任出了一身汗，一时没法处理。行了五里，依然只见前面满是出了芽的麦捆。省、县领导脸上已不是人色，王主任的脸更如死猪肝。

又行了几里，大路上出现了一群牵着孩子的老娘儿们。这些不顾死活的老娘儿们，拦住省领导的车，跪地哭告起了王主任的状。有老娘儿哭喊："把姓王的上吊（调）了吧，害人鬼！我们要老李回来！"我们的老百姓太容易知足了，李主任在高阳政绩平平，仅仅是没有太多折腾百姓，百姓就很怀念他。

省领导只向县领导甩了句："怎么搞的？"便让掉转车回去了，到县上也没停。还用他再说什么呢？真是风云变幻无定，王主任即刻就卷铺盖从高阳滚蛋了，又回到原来的位置，在纺织厂当起了修理工。

那位李主任听说高阳群众对他很有感情，甚为感动，既在县里闲着，他便主动请求调回了高阳。然而他也没有能力使高阳百姓过安宁的日子，因为更轰轰烈烈的运动——"文化大革命"，在他回高阳不久就要到来了。

七嬷的娘家，孤家寡人似的耸立在中山村外的一片坪地里。正在田里收割的人被召集走后，老娘望着熟透的麦子，不敢空挝着手守在临产的儿媳身边，把五娘一个人丢在家里下地了。这日，大雷雨里，她挣扎着回到家，发现儿媳侧躺在炕上，一只手抱着个褓裸，一只手伸向炕头的板箱，已死去多时了。

雷声犹如一辆巨大的马车，轴子未上油，滚滚从屋顶碾过，又犹如无数树突然拦腰折断，惊心动魄。多年的老屋，震荡得灰尘纷扬。老娘肝胆俱裂，摊开手，跪坐在儿媳头边，身子摇晃不已，却哭不出声来。半天，那燥裂的嘴唇里，挣扎出一阵猫咪般的、嘎哑的哭声："天哪，这叫我死了咋见张湾头的亲家呀？"她也不看褓裸里是男是女，从儿媳怀里搂了开来，一声声抱怨，"鬼，冤孽，娘都殁咧，你咋还活着？"向着儿媳，她把自家千数落，万抱怨。末了，这久经沧桑的老人，把一腔悲哀压在心底，烧了一锅热水，给儿媳洗了血身。到儿媳板箱想取件好些的衣服给她穿时，老娘惊呆了。板箱箱底：一件硬硬的东西，被用红袄子里三层、外三层地包裹着，又不像什么宝贝。她打开来一看，原来是孙女送的薄麦饼。这可怜的娘儿，舍不得吃，备着产后将补，不料身体太虚弱，产后力竭，那救命的东西，自家已取不出来了。老娘把饼子连包袄献在儿媳身边，一声凄长的悲哭，老眼昏黑了。

第二天一早，老娘哆哆嗦嗦立在大门口，望着雨地里马路上一声声叫："那走路的人，可怜可怜我，给这家的老爷子捎个话吧！"叫了多少声，那人应也不应。老娘揉了揉眼睛，才看清是一株山毛榉树在风里抖动。终于，她觅得一个捎话人。姬家老爹一听到消息，心都碎了，不知是怎么走回家里的。捎话的人知道五娘与娘家不往来，并没有告诉她哥嫂。但是会战雨天也不歇，未免太受罪了，五娘的哥嫂，借奔丧，逃脱了这活罪。七嬷的大伯子，也要脱这活罪。恰恰七嬷知道消息后，伤心得死去活来，路也不知道走。大伯子竟请脱了假，牵马送七嬷去奔丧。

那下午的霹雳，像把天震裂开了许多口子，到处在渗漏。渗漏下来的水珠，在桐叶上积攒着，终于成了晶亮亮的一个大珠，突然"吧嗒"又落下去。马蹄子下也是"吧嗒"声，连大伯子的光脚踩在泥里也是"吧嗒吧嗒"的。鸟与虫俱沉默了，世界似乎就剩下了这"吧嗒"声。七嬷口里塞着绣边帕子，压抑着哭声，而身子在马上却难以控制，摇摇摆摆的。大伯子怕她冷不丁跌下来，一路提心，不敢快走。

七嬷像处在噩梦里，不知自己骑在马上，更不知大伯子在旁提心吊胆，心中只有死者。半路，一个念头升上心来：或许是五娘怕自己在雨地里干活把身子弄病了，才这么让人说。不这么说，工地上的头儿怎么会放自己走呢？一到娘家门口，五娘就会挺着大肚子，亲热地喊着"大姑娘来了"，迎出门来的。这么一想，她心头才轻松了些，也就对周围的一切有了感知，道："哥，叫牲灵快些！你的鞋呢？"大伯子道："在口袋里装着。一双新鞋，泥地里糟蹋了可惜。"七嬷道："穿上，快穿上！叫瓷片子、玻璃碴子扎破了脚咋办？人要紧是鞋要紧？闲了，我十双八双给你做新鞋。快穿上！"

大伯子还不情愿，七嬷立逼着他穿上了鞋，才又赶路。

姬家一间没有檐墙的破屋下，两块旧门板上，停放着五娘的尸体，上面蒙着一床烂得露絮子的被子。五娘的哥嫂，先行到了姬家。五爹虽死了，敢怒敢恨的七嬷，他们也有些怕。好在七嬷还没到，他们连死者看也不看一眼，只气势汹汹跟老人们闹，责问老娘："咋没饿死你这老货？"竟然要打她。打人是假，他们也真怕打了七嬷一来跟他们放不下，搬五娘的嫁妆是真。果然老爹、老娘答应让搬时，他们就心平气和了。只是女人检点五娘的遗物时，又大惊小怪起来，说是少了一条麻麻布单子，一口板箱。老娘怆然说："麻麻布单子，她送给大姑娘了。大姑娘也送了她东西，你们不是一同打点上了吗？那口板箱，拣了老五的骨头，总不能把老五从地下头刨出来，把骨头撒到圪里，好还你们的板箱呀。这家里人都一个个殁了，还要东西做啥？里屋外屋，任亲家随便去拿！"

女人已把里屋外屋看遍了，实在没有可拿的东西，也就作罢。又怕七嬷来了拦住不放，女人先让汉子把东西搬了回去。她看到炕上的褓裸时，想起同村王瞎子家还存有一只母鸡。汉子一心要偷，就没寻到机会。那王瞎子的老婆是个半傻，生一个死一个，王瞎子一心想养人家的孩子，姬家反正连大人都饿死了，不如将孩子送给瞎子，人情上头，那只老母鸡也归张家了。于是骗老娘说王家如何锅里顿顿有黄米、白面，孩子跟了瞎子如何有福气等等。老娘冷冷地说："半废的人，娘儿心里又囫囵，哪里弄黄米、白面去？"张家娘儿笑道："这就是你老人家的不明事理处，正经废人，才当得上五保户。国家月月给王家有救济哩，就跟拿工资的人一样，旱涝保收。"老娘拿不定主意，便跟老爹商量。老爹万念俱灰，道："我把儿子、儿媳们一个个送走了，临了没人给我顶灵摔盆子咧。这日子过不成了，姬家绝门在我手里咧。抱走吧，快抱走吧！"

张家娘儿抱上褓褓就要走，只听大门外一声震天悲哭："五娘，亲人哪，你咋不出来迎咱嘛？我来了哇，你的大侄女来了哇！"除张家娘儿外，人人脸上挂满泪。有几个村里的老娘儿也在这里帮忙料理丧事，对张家人早心怀不满，夹枪带棒道："人家亲哥哥，哭也没哭一声就走了。她又不跟死了的人连血带骨，有啥好哭的？"张家娘儿专会欺负老弱，听了本要撒泼，又害怕七嬷，仅瞪了那老娘儿一眼。也因为害怕七嬷，不好马上就走，坐地干号起来。五娘在世，她已权当五娘死了，所以面对死者，丝毫无悲。只是为巴结七嬷，她才装起悲来。欺弱者，永远怕强者，只会逢迎巴结强者。

七嬷从大门外，看见张家娘儿穿着白丧服坐在房檐下，知道五娘之死是真，自己在路上生出的念头不过是一厢情愿。她害怕看见那个与自己亲密无间的女子一动不动，马也不敢下，只伏在马背上悲哭。村里的那几个老娘儿出去，扶她下马。大伯子把马拴在桩上，也用袖子擦着眼泪泣道："顶呱呱个女子，才二十刚出头，咋这般薄命？"

七嬷一方帕子捂住眼睛，被老娘儿们扶着，倒错着一双大脚，颤颤地哭了进来。发髻蓬乱，还穿着那件红条绒衫子。到了门板旁，看着那个被子下面任她怎么哭叫也了无动静的人形，她心碎肠断，伏在门板上，紧紧搂住五娘道："亲人哪，亲个当当的人哪，说好了日后你要让我永有个娘家回，你咋就把我丢下走咧？狠心的亲人哪！"老娘儿们拉起她来道："你是下辈，还没行礼哩。"

七嬷在门板前的一张苇席上，毕恭毕敬跪了下去，额头紧贴着地，哭个抬不起头。老娘儿们搀起她来，转到门板后面，揭开被头。七嬷泪眼看五娘，她颜色犹生，失血的脸庞愈发俏丽，只是她那一双清澈明亮、纯洁无瑕的眼睛，再也不睁开看自己了。七嬷疼怜地把脸贴住她的脸，又紧紧搂住大哭起来。老娘儿道："看把眼泪滴你五娘脸上了。她在人世苦，别叫她在黄泉下也成天是个泪人儿。"强拉起七嬷来。

张家娘儿见她礼数已尽，该轮到注意自己了，便放尖了嗓门道："妹子呀，没吃没喝的可怜妹子哇！"七嬷想，两家虽关系不好，但五娘毕竟是张家的骨肉，张家人当然心里要比自己难过。就忍住哭，拉着那娘儿的手说："亲家心里放宽些！怪只怪我们家，没照顾好五娘，叫她受罪走了。"张家娘儿越发可尖了嗓门号道："这肠子都断咧！"

七嬷听说，忍不住也大哭起来。哭着，看见了那娘儿怀里的襁褓。她原以为五娘难产而死，孩子并没生下来，此刻见还有孩子，心里不知是何滋味，一下子没了哭声，几乎是从那娘儿怀里把孩子抢了过来。解开襁褓一看，是个男婴。她还从没见过这么弱的初生儿，显见得是胎里头失调养。婴儿头只有拳头那么大，小脸核桃壳似的满是皱纹，稀疏几根黄发上沾着厚厚的胎脂，有气无力，啼声如蚊子哼哼。她却一眼看出，这孩子将来一准会出落得绝顶英俊。武七嬷如获至宝，不知有多激动，抱着孩子又跪在苇席上，连连磕着头泣道："五娘，你给这家把根苗留下咧。姬家的香火没有断！日后崽儿懂事了，我给他细细说你，领他到你坟上烧纸磕头，叫他永不敢忘你。好人，我没照看好你哇，姬家把你亏咧！"

张家娘儿见她这样，站了起来，很后悔自己方才错了主意，该不等她来就早早溜走才是，这下只怕难用孩子换王瞎子家那只母鸡了。

那武七嬷也不管旁边有男人，就解开衣襟，掏出肥大的奶子来，把奶头往婴儿嘴里塞。她的女儿已好几岁了，还没断奶，所以仍有奶水。婴儿不会吮，又吐了出来。张家娘儿在七嬷再次将奶头塞入婴儿嘴里时，道："你是忙人，孩子就不用你管了，交给我吧！"七嬷当她见姬家遭丧，家事零乱，怕孩子受委屈，要带去照管几天，感激地道："你有这心就行了。我五爹待你不好，他也死了，你就忘了吧！有这孩子，我们就跟张家是割不断的亲戚了。我是做娘的人，这世上再没有比孩子在我心里重的了。我不去工地，他们把我杀了不成？杀我，我也是抱着孩子去挨刀子。说句亲家不爱听的话，孩子这么弱，气跟游丝一样，我一天也不放心你照管。等他懂事了，我再带他来给舅舅、妗子拜年。"

张家娘儿又想，家家都是汉子做主，姬家老爹一句话，这事应是一锤子敲定了，便讲出了孩子准备送人之事。话没说完，七嬷就跳了起来，啐进她口里道："打嘴！给脸不要脸，真不是人敬的东西！我就说嘛，今个太阳从西边出来咧，活着你都没想起这世上有个妹子，任她遭灾受难也不照望一眼，死了倒想起这世上有个妹子了，原来是安的这个好心！孩子的娘死了，我还没死。你们亲亲的娘舅、妗子怕拖累，一推六二五，我这隔了层的大姐不怕，我遭这罪，我养！我五娘活着时，我在这家里说话是话，你们咋不到妹子家来多事？

这不是你妹子的家，是我五娘的家。这家里男人不好惹，女人也敢豁出命来。滚，从姑奶奶的娘家滚出去！想叫姑奶奶在头上拿刀子开天窗，你就待在这家里多事！"张家娘儿吓得连连后退，却不肯就此善罢甘休，望着老爹怯声说："亲家公，你孙女不明白，你老人家总有一句明白话呀！"

老爹愧得低下头说："实在是我拿的主意。这家没有孩子的活路，你又有孩子，带到武家，你作难哩。"七嬷道："老爹，你老糊涂了？那王瞎子不是没养过人家的孩子，他那傻婆娘睡到半夜，把孩子压到身子底下，活活压死了。咱们家的孩子，送给他能算是活路吗？"老爹恍然大悟，头垂得更低说："那……我也不知该咋办了？你就做主吧！"

张家娘儿眼看快要到手的母鸡没了踪影，狗急跳墙了，对七嬷由害怕、逢迎转而恨之入骨，指着老爹跳起来说："兔子能驾辕，还养马干什么？由出门的女子做主，姬家还要你有什么用？屙下的屎能回到肚子去？你这老货说出来的话不算话，还像个老爷子吗？白长了一大把胡子。"又向七嬷，"亲娘舅、妗子咋咧？满山里的老爷子、老娘儿们跟前打听去，谁的名声好？谁不说武清俊的老婆是母老虎？我倒疑心我们家姑娘不是饿死，是活生生叫你这刁姑子气死的。我们家姑娘活送进的你们家，我如今只向你们要活人。"一屁股坐在地上，拍腿打地，放开音量号道，"天哪，妹子，你死得不明不白呀！我不活咧！我今日死在姬家，也要出妹子那一肚子的不明冤屈哇！"

七嬷身子都气得颤圆了。这娘儿明明是欺姬家没有青壮男丁，才敢如此放肆。当日五爹拿鞭子抽得她满地打滚时，她怎么一句响屁也不敢放？武七嬷岂能容忍她这么作践自己？正要发作，大伯子佯作说好道："看看，孩子还没养，就有事了。这年头，吃食艰难，孩子有个一差半错，就没法子交代咧。老七家的，省了这份心，把他送给缺崽儿的人家吧，咱们家一二十个张口要吃饭的崽儿哩。"

武家有一二十个张口要吃饭的崽儿，却一个不多余，姬家只有这么一个，倒成多余人了？五娘之死，已把七嬷伤心疯了；张家娘儿，也把她气坏了。她把对张家娘儿的火，不假思索就移到了大伯子身上，不等他说完，早把孩子一只手抱了，腾出一只手变成巴掌，举了起来。大伯子吃一惊，登时勃然大怒，捏紧了拳头。小婶子打大伯子，山里自古未有的事。山里古风："娘儿是马，要调教哩。舌头胡卷就上铁嚼环子，乱踢腾就拿鞭子往死地抽。"今日七嬷的巴掌只要打到大伯子脸上，他就敢把她打烂在地。老七回来，他还要责问："老哥当爹，我们粪里、土里抠出来的钱供你上学进城，你进了城就心里没我们了，一味护持老婆，连老哥都敢让老婆打！"谅他老七也没话说，谅他姬家的老爷子、老娘儿也没本事救她。全山上的老爷子、老娘儿们，没一个会向这刁婆娘说话的。

张家娘儿幸灾乐祸了，冲起来跳脚拍屁股为大伯子呐喊助威："惯下毛病咧，她还像个娘儿吗？拿鞋把子照嘴打，把爪子给剁了。"老爹喘着粗气，摸上了一根橡杠子，他也疯了。是孙女的错也罢，他决不容忍有人敢打他的孙女。那几个老娘儿，忙强按下七嬷的巴掌，劝道："瞧瞧，你们家这样，有人巴不得骑在你们头上拉屎哩。好姑娘，千万不敢逞强了！"老娘爬地抱住老爹的腿，哭叫："打就打我吧，不敢打武家他大哥。他大哥，我给你磕头了。看在我们家如今在难中，饶了我的孙女吧！"

家族的不幸、生活的艰辛、重压、女人的难处……桩桩件件，千头万绪，今日早在七嬷心头化为炽热的岩浆，汹涌澎湃了。大伯子的拳头，更激起了她的血性，那岩浆就要成为火山喷发而出了。她将婴儿塞入一老娘儿怀里，血红了眼睛，正要朝大伯子低头撞去，婴儿一声无力的啼哭，将她愤极发昏的头脑惊醒了。那脆弱的小生命，需要她学会委屈自己，把咽不下去的咽下去。没有她，孩子怎么活？她跪着活人，也得活下去。然而，她武七嬷从来就不向人示弱，今日当众向人示弱，有多少不甘？她突然扑向死者，捶着床板一声声叫："五娘，这就是你的灵堂吗？摆不起祭桌，没得花供、纸幡，连纸钱都烧不起，倒一灵堂的乌眼鸡。活着苦命，死了还不得安宁，亲人，你一生一死，就这么不值钱吗？"

除大伯子、张家娘儿外，众人都哭了。大伯子见七嬷到底没敢打自己，松了一口气，收了拳头。回头一想，姬家遭了这难，武家就算不愿收养姬家的孩子，也该等死人入土，弟媳心境松宽下来再说。死者尸骨未寒，自己就急着说这事，也难怪弟媳听了光火，于是向张家娘儿冷哼了一声说："我这鞋，是兄弟媳妇给纳的，你倒吼天吼地，叫我拿鞋打兄弟媳妇。我跟兄弟媳妇，说不到一块，想不到一块，就是骂一场，打一顿，也不会被人笑话，过后哥还是哥，兄弟媳妇还是兄弟媳妇。不像你们张家，跟妹子有啥情义？"

张家娘儿大失所望，恨恨道："你这话，倒是我们没把死人放在心上了？"她一把扯起丧裙，又白花花抖落说，"你兄弟媳妇红褂褂、青裤裤、花花鞋，出嫁一般来哭灵堂，就是把死人放在心上了？说嘴现打嘴！"明明没有泪，她却一副忍泪含悲的模样。大伯子冷笑道："你要有情义，这村里一时找不见个青壮年人，你跟我，还有我兄弟媳妇，到地里给死人挖墓坑子吧。别的话先不说，人入土要紧。"

张家娘儿在工地上累得要死，要不是到姬家发难财的诱惑，她回到家里早一头倒在炕上挺尸去了。这阵听说要她去挖墓坑，着了慌，故作气冲冲地道："人走情了，我妹子脚一蹬，我们还算这家的什么亲戚？你们武家娶了姬家的女人，她还活着，你们还是亲戚，这个苦你下去吧！我才没那个心哩。"落荒而逃。

七嬷照着她的背影，一口接一口地啐着，跺脚道："这就是娃崽的好妗子，枉在世为人了！呸，娃崽要逃个活命，路上要见了她这号人，还有那亲个当当的舅舅，敢唤一声，我先打肿了他的嘴，再揪着他上娘老子的坟上哭去！呸，呸！"她这才觉得刚才对大伯子有些过分了，一时又拉不下脸来赔罪，道："哥，这家里人心都乱了，丧事你安排吧！"大伯子道："我只说跟着你出了工地，就把苦脱了。看来，这大苦还得我下。太亲家公在家里钉棺材，你跟我到地里去挖坟坑吧。"

五娘的坟坑，当然就挖在乱石岗五爹的坟旁。地下的五爹，若还有灵魂，一准怎么也想不到，这么快，妻子就来和他相聚了。坟坑挖好后，怕七嬷看见刺心，大伯子先把七嬷打发回去，说自己要抽一袋烟。等七嬷走后，他把两个坟坑打通了一个小孔。当然是活人对死者的良好愿望：小两口日后可以隔着这孔，拉拉话儿。

照例，饿死的人，不得见天日。傍黑，待雨小些，一口白森森的薄棺，把五娘抬出了家门。棺材前端系着绳，七嬷和老爹用杠子抬着。后端只大伯子一人，搂在怀里抬着。几个老娘儿扛着锹，提着马灯，互相搀扶着，走在旁边。走了不远，雨又下大了，棺材湿淋淋的，人脚底打着滑，马灯则在雨雾里闪烁不定。到了乱石岗，一阵吭唷之声，一阵钝器与顽石的撞击声，墓堆隆起。七嬷恭恭敬敬地跪在了泥地里。大伯子随七嬷，算是小辈，也跪了下去。别人都蹲着，怆然而哭。

七嬷没有哭。千思万虑，在煎熬着这娘儿。她已然为娃崽的来日担惊受怕了，怕他挨饿，怕他过不了天花一关，怕他长大了又因硬脖项而落祸……

人哭罢，便劝她回去。她应也不应，动也不动。老爹只得让别人先回去，他守着她。

空中雨云，由微薄而渐沉厚，夜也就由薄暗而黑沉，终于漆黑了。只有雨声潇潇，别无他声。然而，突然，不知何处，一声痛极呻吟般冗长、嘹亮的声音响了起来。这声音愈来愈不可名状，好像在半空里停留了一阵，才慢慢四散开去。天地复归雨声潇潇。但细一听远远的什么地方，还有这种声音在连续不断地响着。近处林里的叫魂鸟耐不住了，一会儿像人的笑声，一会儿像锯木声，一会儿又像老娘儿牙疼得在"咝咝"抽气。

爷孙俩充耳不闻。他们把最贵重的东西丢了，明知就在这乱石岗，却不能找回，恋恋不舍。久久，疏落的雨珠变为倾盆大雨，老爹才恳求道："大姑娘，看伤了身子，回吧！"她的呼吸声仿佛患了重感冒，依然不动。她心里太难受了，就想让这冰凉的雨水好好浇一浇。两个年轻人，就要永远丢在这荒野里了，她想多陪他们一会。记得他们新婚头一年，按理是她给他们拜年，他们却到武家给她拜年来了。五爹笑道："要我们给你磕头吗？"她只当他开玩笑，也笑道："放屁！世事都叫你们颠倒了。只要你们当爹为娘的敢给侄女磕，我就受你们的头。"没想五爹竟一脸认真道："我是在你怀里长大的。日子穷，没什么好东西拿来给你拜年，就给你磕个头吧！"说着跪在了她面前，五娘也跟着跪了下去。她慌得忙拉他们，拉不起来，就也跪在地上，一手搂着一个，把两个人的头搂在怀里，抽泣起来。除了老爹老娘，还有谁比得上他们对她的亲情深厚呢？她舍不得把他们丢在这荒山野岭里，与狐兔为伴。

天亮，老爹发现她松脱的发髻里，有了白丝，以前竟没留意到，似是这一夜白的。老人已然颤着嗓门说："够咧！"她梦中惊醒似的，睁眼一看面前，是两隆土包。人死就这么轻易，那一双俊男丽女，就这么轻易地变成两隆土包了。她倒下身去，把脸贴在新坟泥土上，全身痉挛地起伏着，后颈骨忽高忽低，压抑在心里的悲哀，终于滔滔不绝地迸发出来："亲人，你们就这么完了吗？"

三尺深黄土，就千里万里隔开了她与亲人，永无再见之日。面对这两隆黄土，武七嬷活下去的欲望空前强烈。虽然死是如此轻易，活是如此不易。

她不知道，把姬家的孩子带进武家后，将要面对的是什么。自她下了花轿，一双有力的大脚踏进武家门，就以强烈的个性、超人的勤苦以及对武家老老少少的爱心，在那个大家庭树立起她为人的尊严，成了七个媳妇中，唯一没有被公公拿鞭子抽过的。然而，为了姬家的孩子，她此刻做好心理准备。公公要拿鞭子抽，她就撩起脊背上的衣服。婆婆要数落，她就洗耳恭听。那怕武家的孩子要她跪下，她万不得已也只有跪下了。从今往后，她不耻苟活。她忍住哭，站起道："五爹、五娘，你们不在了，我还在。你们做不了的事，我还能做。我不死，你们的孩子就一准能长大成人！"

大伯子先回武家去了。天晴后，七嬷才抱着褓褓，顶着虐日，忐忑不安地往家里赶。紧闭的嘴唇，是黑紫色。娘家灾祸连连，她老像在打仗，神经绷得紧紧的。无时无刻，她都在奢望让自己松松泛泛活个人，可是她什么时候才能松泛下来呢？她能把这个孩子养大吗？养大了又是个什么脾性呢？她喜欢五爹，铮铮一条硬汉，男人嘛！可是她希望这孩子长大了，像井绳一样提起来一吊子，放下一摊子，是个没刚性的，那样平顺。她宁愿这孩子让自己不喜欢，也不愿他像他父亲一样，能把自己心疼死，却没个好结果。这不愿把孩子养成自己所喜爱的那种孩子，更添了她的痛苦和伤感。

田里那苦重、浓烈得令人窒息的禾腐味，使她的鼻翼翕动不已，分明在哭。峰回路转，路进入了一条大峡谷，更为泥泞。少女时，她是多么无忧无虑，热情奔放啊！去采蘑菇时，体态丰盈的她，却像梅花鹿一样在溪水列石上敏捷地跳跃而过。而如今她因为心情沉重，一双大脚也沉重似铁，竟跃不过列石了，干脆就踩入没脚踝深的泥水里艰难地走着，一副挣命而行的样子。

幽谷溪水里，芦苇随风翻滚起伏，瑟然而响，响得大峡谷荡起一股神秘之气。七嬷的心，郁结成了一块冰，又沉甸甸似铁。一只鹞鹰，从谷顶翻飞而下，直入一棵柳树上的鸟巢里，利爪攫起还未生羽的小鸟，升上云霄。起初还听得见小鸟惊恐的吱叫声，终于那声音杳然，只有小鸟的父母悲哀绝望地嘎叫着，远远地追着鹞鹰。它们岂能追上那鸟中之虎？即使追上，又岂能敌过？就在它们远追鹞鹰之时，七嬷发现，柳树上的一条葛藤动了。原来并非葛藤，却是蛇，蠢蠢而入鸟巢，于是就听到了巢中小鸟的惨叫声。七嬷神经质地弯着背，紧紧搂住了孩子。而在远处，有车夫武剩娃的苦调声，正隔山穿林渡水传来：

> 唉吼，小亲亲，
> 娘的眼泪伴大了你。
> 麦罢你爹走的西口，
> 骑的是那匹七岁牙口的红儿马。
> 人影子不见咧，
> 马蹄声还揪碎娘心的一个劲叮咚。
> 唉吼，小亲亲，
> 布谷子鸟，
> 都不敢叫"盼黄盼割"哩，
> 一料庄稼糟蹋光咧！

唉吆，小亲亲，

你爹一走，

就永没回来过。

他给娘啥都没留下，

就留下个你。

留下个你，

娘就啥都有咧！

　　大伯子在参加了五娘的葬礼后，内心发生了微妙的变化。也许是张家人的无情无义作为镜子，让他照见了自己为人自私的一面，也许是给五娘掘墓坑时，他发觉人活一场不过一把土，争究来争究去没有意思，所以起初对七嬷把姬家的孩子带进武家持反对态度的他，后来竟觉得无可无不可。七嬷在武家的几个已二十岁左右的侄子，心还没有受太多世俗的污染，从小又深受七嬷疼爱，都坚决站在七嬷一边，但他们在这个大家庭中是小字辈，没有发言权。公婆和别的哥嫂，都持反对态度。婆婆准备在七嬷把孩子抱回家后，首先发难，跟她大闹一场。

　　终于，七嬷抱着孩子，忐忑不安地来到了武家大门前。几个孩子正在门前玩耍，一个孩子笑道："七娘回来了。"七嬷强笑着点了点头。孩子向大门内喊："七娘回来了，还抱着个孩子！"

　　武家的男女大人听到喊声，不约而同都出了大门，望着七嬷怀旦的孩子，个个冷着脸。婆婆先开了口："他爹，你是一家之主，说话呀！"公公支支吾吾的。婆婆道："人说老七媳妇是母老虎，难道她真像老虎一样，会吃人不成？你咋吓得连响屁也不敢放？拿出公爹的派头来！"公公只得道："老七家的，养这孩子的事，咱先商量商量。"婆婆道："没什么可商量的。武家凭什么要当傻大头？这孩子不能养！"七嬷跪下哭道：

　　"求娘了，让我养大这孩子吧！"

　　"缺孩子的人家多，听娘话，把孩子送人算咧！"

　　"不送，我养。连姬家的孩子都不养，我还是姬家的女子吗？"

　　"你不听我话，跪也白跪了。"

　　七嬷不言。婆婆从门内取来皮鞭道："他爹，拿鞭子抽着让她听舌！"武家大伯子笑道："爹吓得连响屁也不敢放，娘反倒屁放得太响了。"婆婆举着鞭子说："我再说也是婆婆，怕她了不成？"七嬷眼神痛苦。婆婆半晌举着鞭子不敢抽，且手颤起来。大伯子道：

"娘，你看看老七媳妇的眼神，跟个疯子一样。"

"她疯了，我也疯了。"

婆婆说着，便狠抽了七嬷一鞭子。七嬷忙弯腰护着孩子，大伯子赶紧抓住了婆婆的手。婆婆打了大伯子一巴掌道：

"你放开！我今个不教训她一场，白当婆婆了。"

"娘家出了那么大的祸事，老七家媳妇快疯了。娘，别闹了！"

公公也道："是老大的话！老婆子，算了吧！"婆婆不甘，怒道："难道要我当婆婆的，给儿媳妇服软不成？"大伯子道："谁也不给谁服软。咱们都给钱服软吧！咱们这个家，没有老七挣的钱贴补，日子准烂包。靠他的钱过活，家里的大事，自然只能让他定夺了。"夺下婆婆手里的鞭子，扔一边，道，"发个信，叫老七回来吧！你闹，她把捆子上到你脸上，我们不向你不好，向你揍她，惹外人笑话。万一揍出个事来，也吃不消。"婆婆才没有闹。

远在上海工作的武清俊，接信后赶了回来。到家门口时，举家迎了出来。母亲向他跪了下去，哭诉家里日子艰难，今年的粮食又全瞎在了地里，哀求他别再为家庭添个张口要吃的人了。他见家人都破衣烂衫，菜黄着脸，也心酸落泪，搀起母亲来，却故意沉着脸向七嬷道：

"说说，你是要养这个孩子，还是要我这个男人？"

"两个都要。"

"我只准你要一个！"

"结婚的那天，你不是说过，你选了我，就选了我的重负，别说我只是负担着娘家，就是背负着张家山，你也不嫌我是重累吗？"

"你先答我刚才的话！"

"看来，你那天说的不是心里话了。要那样，我就哪里来，还回哪里去。"

"原来我在你心里，没这孩子重要啊！"

"不是谁重要不重要的事，是我看不上你的做人。"

"倒好，你倒看不上我了！"

婆婆大为惊讶，摊着手向众人道："她一个山里婆娘，倒看不上我在外面干公事的儿子了？"瞪了七嬷一眼，"看不上好！这阵就给我滚！"

七嬷抱着孩子，掉头欲走。武清俊喊道：

"慢！高阳截至目前唯一的清华大学毕业生，你真看不上？"

"不假。"

"知道我当初看上你的原因吗？"

"说不清。反正我当初是看走眼了，只看到你有文化，没看清你的做人。今天看清了。别说你们武家不容我，我也不容我留在你们武家，不容我的男人是个心冷冰冰的人。"

七嬷说完，便决然离去，她不想乞求丈夫。把一个孩子抚养大，是多少年的事情，丈夫要心里不愿意，即便违心答应了自己，孩子日后也是会受难场的。到了她这个年纪，母性已跃居她感情的第一位了。如果丈夫不情愿，她会毫不犹豫地抛弃丈夫，抱着孩子回娘家去，一心一意抚养孩子。

武清俊忙追上，挡在七嬷前面说："听我把话说完。我当初看上的，正是你的做人，是你人品的魅力。你今天看不上我，倒让我越看上你的做人了。放心，我那天说的是心里话！我的心，不是冷冰冰的。别说是你弟弟，就是路上遇个扔了的孩子，我也不会忍心不管，让狼把他吃了的。"

听了丈夫说的话后，多少日子来她内心那使她窒息的压抑、沉重感，一瞬间消失殆尽，泪流一脸。

婆婆赶了过来，又跪下，抱住武清俊的腿，仰头巴望着他，把鼻涕眼泪抹在他裤子上，哭道："好儿子，娘求你咧！咱家日子本来就艰难，你跟你媳妇好好说说，还是把那孩子送给有余粮的人家吧！"武清俊肃然向母亲道："没有那个孩子，日子也难。反正难，再难一难吧！孩子没了父母，祖父母又年迈，他不靠这年轻力壮的姐夫、姐姐，靠谁？要不养那个孩子，我一辈子良心也不会安的。"母亲依然哭求不已。他震怒了，一改斯文，吼道："我只有一个女儿，他们个个一堆孩子，我就多一个孩子，也不是这家的拖累。要嫌拖累，好，把我们两口子分出去算了。"几个大侄子击掌叫好，父母、哥嫂被震慑住了。半晌，大哥拉起母亲道："老七说的是人话。人吗！就这样了，别的话不说咧。"

于是，七嬷的小堂弟，从此有了着落。

夫妻进了自己的屋里，七嬷哽咽难言。武清俊见妻子发髻松垂，黝黑的脸庞上爬上了许多细细的皱纹。想当年，她初嫁他时，一袭水红长裙拖地，裙裾下隐约露出绣花鞋尖，光艳惊人。不想一个筋斗翻过，就老似自己的小娘了。贫困、多难，使她的美貌如昙花，瞬间凋衰。他心里更为酸楚。七嬷只会撩起衣襟擦眼泪。想起那些不幸的人，她都为自己的幸运不安了。她从来不低看自己，但还是觉得自己有些不配他。单单他的英俊，饱学多识，如果没有这美好的为人，她在他面前不但没有自卑感，而且还看不起他。正是他美好的为人，才使他的英俊和饱学多识富有光彩，让她在他面前，有些诚惶诚恐了。够了！她历来不像别的"公家人"的老婆，自己也成了半个"公家人"，在家里和队里的活中，挑轻拣易的。在家里，轻重活她总是抢着干不说，在队里她也总是抢着干工分高的重活。她只需要他在精神上的支持，生活中的难处，她会自己解决的。

晚上，武清俊把自己省吃俭用攒的钱，一半交给妻子，一半准备交给父亲。往常回来，他只给妻子一小部分，大部分交给父亲，大家庭日用大。这一次妻子有那个孩子要抚养，当然不能同往常。妻子却仍从自己的钱里拿出一些硬塞给他说："还跟从前一样吧！这家里能容我兄弟，我就知足了。我到你家，就把你的侄儿、侄女当亲儿女一样心疼。他们也怪可怜的，也要钱花！"妻子的美貌已逝，但如花美质还在，武清俊不由得生出满腔缠绵来。

几天后，他又要离去了。临行，摊开手，从妻子怀里接过那孩子，亲了又亲，道："是个标致小子。长大了，准跟我一样，娶个绝色女子。"一旁的家人望着他那白嫩的脸颊和七嬷粗糙的面庞，都给惹笑了。懂事的大侄子接过孩子在房里哄着。孩子还没出满月，轻易不敢出屋，怕受了风。

大哥赶着马车送他到镇上去搭班车。别的家人送到村口就停住了，父亲和妻子还跟在车后面相送。养出了这么个状元儿子，虽然还戴着右派帽子，但父亲不管这个，永远为儿子骄傲。老人家走在路中央，挺胸腆肚，脑后烟荷包忽闪忽闪不已，一副老太爷模样。虽然他摆脱不了农民的狭隘意识，但他为这愚昧的大山贡献出了一个知识分子，也应骄傲。妻子则倚车栏走在路边的香茅丛里，依然是展不开的眉头。武清俊知道，让那孩子留在武家，并不能抹去姬家的灾难带给妻子心中的悲凉，更不能赶走妻子对那孩子未来的忧虑。妻子不过是一个女人，女人无论如何，终究属于人类软弱的那一群。然而，压在她脊背上的负担未免太沉重了。他不能在身边替她分担，便寄希望于家人，于是讨好地顾盼父兄，向妻子说："我不在家，好好孝顺父母！"妻子懂他的心意，点了点头。父亲笑道："都叮嘱她好几遍了，她年轻人不烦，我这个爱唠叨的老头子倒烦得不行。用得上给她叮嘱吗？你媳妇呀，人没进咱家门，那厉害名声早就先进了咱家门。我跟你娘，当初还不愿意你娶她哩。谁知她进了咱家门，原来是个贤妻良母外加孝顺媳妇——空有厉害名声。真是人言不可信！"一席话，把武清俊也逗笑了。

出了大峡谷，武清俊道："回去吧，千里相送，终有一别。"父亲、妻子才止步。马车悠悠而行。他蓦然回首，见妻子上了路旁的土岗，站在没膝深的艾蒿里望着他。红衫青裤，蓝印花围裙，发髻圆正，脸若银盆，体态丰盈。他内心不由得又生出无尽缠绵依恋之意来，向大哥说："不幸总是对心地善良的人打击最大，娘家的不幸，让我媳妇老多了。"大哥抡鞭抽向武清俊。武清俊忙躲开说：

"干吗？"

"你该不是嫌弃她了？"

"怎么会呢？"

"你敢嫌弃她，我就敢揍扁你。嘿，你那媳妇，做姑娘是高阳头一个美女子，将来脸上满是皱纹，头发全白了，也没人说她不美。"

"大哥说得对，她的美是内在的。只要她活着，有意识，她的精神，总使她很美。"

"她哪怕死，也会死得美。"

"我想过，她连死，也会非同寻常，只怕还会感天地，泣鬼神哩。"

"就是，就是，她做人，定会做到感天动地那一步的。"

土岗变小，艾蒿成为一抹绿带，那亲切的人终于化为一点，倏忽不见了。武清俊的心，于是寂寥起来。

五娘留下的那个男婴，胎里失调养，瘦弱得七嬷都不敢抱紧了，怕他憋过气去。三岁前，稍不当心，就伤风感冒。两天一小病，五天一大病。几次，大伯子把裹尸的苇席都准备好了，七嬷已经绝望地要背过气去，他却死而复生。这样熬过了三岁，他的身体一天天眼看着好了起来，后来连感冒也轻易不得，七嬷才松了一口气。

"人穷志短，马瘦毛长。"山里人太穷了，姬长庚便给孙子取了个很俗气的名字——发子。不盼他人生里能有别的大好事，只盼他将来能发个小财，不再受这要命的贫穷磨折，就万幸了。

那几年，七嬷不知是怎么过来的，祖母也去世了。但让她难以承受的事情，并不只是亲人的死亡。有一日，她又遭逢不测之事，心正绝望，突然看见草地里，野菊花丛后面，穿着精致的绛色条绒裤褂的发子正亲昵地唤着她，蹦了过来。裤褂式样新颖，胸前、领口还有贴绣。其实这就是七嬷的那件红条绒琵琶衫，穿得不能再穿了，就染成了绛色，改剪成了这个样子。配上发子那精致的脸蛋、纯洁的神情，让人看了格外神清气爽。她忙跪了下去，摊开手，把那小命根揽入怀里，摩挲着，嗅着他头发中孩子独有的汗香，心疼得连绝望也忘了。

人生难免一而再、再而三地遭逢令人绝望的不测，而娇弱的孩子，总能给绝望的母亲带来希望。

　　发子六岁时，七嬷觉得他长大了，不能再没黑没白地逛家家了，得有一宗正经事干，便花五毛钱，给他买了一只山羊羔子。发子穿开裆裤的年月，也随之宣告结束。

　　乡下孩子玩具少，羊羔成了发子的活玩具，爱之如命，恨不能抱进被窝里一同睡觉。一年之后，羊由一只变成三只，那只羊羔俨然做了母亲。七嬷称盐没钱，便带着发子到集上去卖那两只新生的羊羔。偏偏就卖了个好价钱，共得了一块五毛钱。七嬷用这钱称了五斤盐，给发子买了两个油糕，另外给公婆包了四个。回到家里，武家老两口自然对发子赞不绝口。这是发子有生以来最骄傲的日子。从此后，他更爱护那只母山羊了，甚至小心眼里盘算着赶十七八岁长大成人，这只羊卖羔的收入，就可以在中山村的姬家盖上新房子，给他娶上新媳妇了。

　　那时候，山里狼很多。七嬷叮嘱发子："鸡上架，狼叼娃，放羊早些回来，小心遇着狼。"但她总是天黑才从地里回来，那时发子已在家了，也就没起过疑。其实发子为让羊把肚子吃得滚圆，总是在山坳野峁上磨蹭到估摸大人快收工了才急忙赶回家。这天，他还带着一个小伙伴。太阳眼看快落山了，小伙伴怕黑，哭着要回去，他不肯，就给小伙伴在崖边摘起了酸枣。这东西核大、肉薄，味道又能酸掉牙，但对农家孩子来说，却是美味珍馐。小伙伴真不哭了。

　　两个孩子，正在为发现了一株果子大的酸枣树高兴，忽听羊一声惨叫，抬头一看，两只狼已将羊拖出好远了。小伙伴啼哭着，就往娘儿们干活的谷子地里奔，裤子都掉到了脚面上，绊了一跤，爬起来提一把裤子，又撒腿奔跑。发子则不跑，捏紧小拳头，眼睛血红望着狼。原来是群狼。有几只狼向他扑来，他才忙爬上了一边的大树。

　　七嬷听了那小孩的诉说，吓了个半死，和娘儿们拍着手，呐喊着，赶到大峡谷。见远远的，苇子荡边，红苕地里，狼群正在争食什么，却不见发子。她腿都软了，嗓门嘶哑地哭喊着，没命地往狼群那边扑。狼群全然不惧，发出一阵阵凄厉的嗥叫。有狼还朝娘儿们龇了龇牙，几个娘儿便丢了魂，不敢再往前。狗闻到狼腥味，也赶来了，但一发现是群狼，就只敢跟在娘儿们屁股后边干汪汪。

　　就在这时，忽而土枪声连连响起，车夫和一群汉子驰马赶来，狼群才鼠窜而去。地上，留下一条拖了丈余长的羊肠子。发子眼里，家畜与人一样是有思想感情的，况且他在这羊身上花费了多少心思，寄托着多大希望，如今一并成空了。复仇的怒火，使他跃下树来，崴了脚也不知道疼，一拐一拐地往最后那只狼扑去。已是深秋了，他戴着小小的三耳狐皮帽，穿着马蹄形套袖的二毛毛小袄，一副小男子汉模样。那狼见一个小孩子竟然来进攻自己，血性大发，掉转嘴角淌着羊血的头，也扑向了发子。

七嬷起初不见发子，又见地上剩了条肠子，已痛心得要死，忽见他从树上跳了下来，正高兴，却见他与狼相迎而上。小小的人儿，如何敌得过一条恶狼？她又离得远，欲救不能，一下子闭上了眼睛，是怕亲眼看见狼交断他喉管，也不哭，也不喊，两腿再也撑不住了，瘫坐在地上，抖成了一团子。

狼到发子跟前，张开大口，朝他脖子咬去。蓦然，一匹马奔来，一个剽悍的汉子扑下了马，一双骨节粗大的手钳子一样掐住了狼脖子。狼与人在地上打着滚，压倒了一片一片的艾蒿。荆棘挂破了人的衣服，艾蒿上留下了一撮撮的狼毛。别的汉子们围了过来，举着枪托，怕伤了人，不敢砸下。一只狗扑了上去，叼下一片人衣来。

终于，滚动停止，狼颓然，已被掐死了。汉子站了起来，正是车夫，一面拍身上的土，一面喘大气。发子脸上绝无怯色，悲伤地望了望羊肠子，又愤恨地望着死狼。车夫叹道："三岁看大，七岁看老，看来，姬家又出来一个犟屎了！"

七嬷睁开眼睛时，看见车夫搂着狼在打滚，发子还好好地站在那儿，以为是梦，半晌怔怔的。人叹："好险！"她才如梦初醒，喜极而悲，放声大哭。拖着两条不听使唤的腿，爬了过去，跪起，挓挲着两手哭叫："天哪，心肝，刚才把你万一殁了，叫我咋受得了吗？"发子见姐姐吓成了这个样子，才后怕起来，"哇"的一声哭，扑入了姐姐怀里。

七嬷惊魂未定，摩挲着他，哭得噎住。想起他方才的不要命来，又满肚子的气，摊开巴掌，照他屁股乱打，骂："我叫你不听话，长不大，不要命！你爹就这号脾气，如今他在哪儿呢？"想起死者，又不由得伤心，哭叫，"五娘，你一走百了，留下这个孽种，叫我什么时候才能歇下心吗？"发子一面伸手拭她脸上的泪，一面哭道："再不敢了！"

当年五爹在她面前就老是这话，一不见她就把这话忘了。她越生气，又没头没脑乱打起来。车夫过来劝住她，也训诫发子说："就是金子丢了，也没命值钱。一只五毛钱的羊，能有金子贵？再莫敢不要命咧！"七嬷忙把额头重重在地上磕着说："恩人，咱一辈子也谢不尽你的恩，地底下他爹娘有灵，也感你的情。没有你，我娘家今日可就断苗了。"车夫急得后退了几步说："嬷子，你长我辈分哩，不敢给我下跪。"七嬷又要发子认他干爹。车夫道："平常他称我哥，就错辈分了，称不起'爹'。再说，认干亲礼节多，我怕烦。"不过从此后，发子对他特别亲。他没个孩子，也最疼发子。

七嬷前几年怕发子熬不过病，神经绷得紧紧的，才松泛了几年，这下又为他的个性把神经绷紧了。一个小孩子，就敢冲向恶狼，等长成一彪形大汉了，他还有什么怕的呢？

她依然双腿稀软，膝头抖得像筛糠，站不起来。娘儿们扶起了她。车夫抱着发子上了马，马背上还搭着死狼，往村里赶去。几个娘儿架着七嬷跟在后面，七嬷头巾都落到了肩上。

薄暮余晖里，山黛草碧，天高地阔。

第三章　名落孙山

　　武清俊在事业上蹉跎了多年，心灰意冷，转而一门心思扑在了妻儿身上。在上海工作，回到远在西北的高阳探亲，单来回路费，就花去了他一年的大半积蓄。首先是从钱上考虑，他设法调离了那个大都市，回到了闭塞落后的高阳，在中学任教。1979 年，他的右派帽子被摘，随即就任高阳中学校长之职。

　　一个时代业已过去，一个时代不知不觉中已经横空出世。这是一个伟大的时代，繁荣、昌盛虽然还没有到来，但毕竟是要在这个时代到来的。处于这个时代的人，当然是幸运的，想有所作为，就能有所作为。

　　高阳父老以武清俊为荣，他是蒲城县至今，绝无仅有的从清华出来的人，已然算鸿儒泰斗了。高阳在本县最穷，外乡人常笑话高阳人穷。父老为叫人家瞧得起自己，则常反唇相讥："你们富，怎么供不出来个上清华的？"

　　武校长也是蒲城县第一个被落实知识分子政策的，其一就是家属户口农转非。七嬷把村里的几间草房一卖，带着孩子住进了高阳中学，被安排在校务办干临时工，从此吃起商品粮来了。学生们张口闭口称她为姬老师。她起初不好意思，慢慢地就习惯了。

　　武七嬷还不到五十岁便过早衰老，已然成了老妪，苦皱满脸，头发稀疏且花白。老年人容易有的那些毛病，她也有了，比如爱发人生迟暮的感叹，对什么都容易看不惯。身为小媳妇时曾领导山里时尚的她，有一次看见一个女教师穿着连衣裙招摇而过，就忙闭住了眼睛，使劲摇起了头。姬发笑道："姐，我觉得那倒挺好看的。"老娘儿哼了一声道："好看？那你也买件恋你裙穿穿，我出钱。反正世道阴阳不分了，男女穿得都一样。"姬发道："是连衣裙。"七嬷啐道："我哪知道是连的断的，露奶子的光屁股的？我只知道世道看不得了。"

姬发因为是寄养关系，还是农民户口。校长夫妇的女儿则也转成了商品粮户口。她地里活样样来得，缝补、浆洗、烧饭、炒菜也心灵手巧，就是拥有那样一位父亲，读书却不开窍。每次考试成绩下来，人家尖子生动不动得一百分，她则不是二分、五分，就是抱着个大鸡蛋去见慈父。女孩子家，羞得不行。初中一毕业，就死活闹着要校长给她找工作。她觉得校长还有些面子，竟然要坐办公室。校长道："我没面子，有面子也不看人脸。"找人给她在县纺织厂安排了个临时工。

校长的用意，是让她吃吃苦，说不定又想读书了，再回学校不迟。偏她从小在山里干重体力活惯了，纺纱车间一天来来回回穿梭有十几里路，根本不当回事。并且真要让她坐办公室，就得提笔杆子。她一提起笔杆子，就头疼得要死，倒不如干这个工作自在。日子一久，竟喜爱上了这工作，还年年被评为先进，不几年就转了正。校长失望之余，无可奈何，只能由她了。

姬发则天生聪慧，思维敏捷，尤以分析推理能力见长，数学、物理单科成绩在全年级拔尖。想象力也丰富，作文总被老师在课堂上阅读评点。就是生性不爱死记硬背的知识，总是马马虎虎，似是而非，如政治、外语、化学，总成绩只在全年级落个中上。眼看就要高考了，他一心要跃"龙门"，学习格外刻苦。校长夫妇似比他更心切，督促得也极辛苦。

姬发十来岁后，一觉起来，似乎就猛蹿一截。1983年，他十八岁时，个头已超过了一米八。七嬷裁衣时还说："正抽条子哩，留些余头。"

姬发脸庞秀美，眉峰微微隆起，大花眼睛，鼻梁高挺，神情肃穆时上唇中间那一条红线沟尤为生动，笑时则嘴角一颗虎牙半露，极可爱。当初校长第一眼看到姬发，就觉得是个绝顶标致的孩子，只恨不是自己亲生的，即便七嬷不肯抚养，他也非逼着她抚养不可。弟兄们越穷孩子越多，那一堆侄子在经济上也给校长造成了沉重的负担。"多生不如好养"，决定抚养姬发后，他也就和七嬷决定不再生养，以免委屈了姬发。当初姬发父亲就让他格外疼爱，而今亲自将姬发教养成了个大小伙子，姬发便在他心里，比他的命还重要，都不知怎么疼爱才好。真是父爱如山！

身为孤儿的姬发，从不知孤儿是什么滋味。相反，和所有在外干事的人的孩子一样，他从小比山里孩子衣着洋气，常有买的玩具、零食等等，倒让父母双全的山里孩子羡慕得不得了。他也常想，要是那一对没有多少文化的父母活着，肯定崽儿、囡儿高高低低一大群，别说自己只能粗放式长大，就是长不大，早早死了，父母心疼归心疼，也不碍大局。校长夫妇受得了失去自己吗？

只不过这不孝的想头，他不敢说出口罢了。后来转商品粮户口，校长夫妇本也要转他，没被批准。这多少伤了他的自尊心，不过很快就平复了。只要那一对可亲可爱的老人疼他，别的对他都是次要的。他在那些有父母的山里少年面前，依然有一种优越感。

学习上姬发虽总成绩不得拔尖，篮球场上，他却是皇帝。白背心、白短裤、白球鞋，裸露的皮肤几乎与衣着一般白，头发、眼珠则乌黑；双腿修长而微有些黄汗毛，胸脯上的肌肉鼓囊囊的，又如弹簧一样富有弹性；轻轻跃起，漂亮的一盖帽，掌声雷响。黄金般的青春，那个潇洒劲儿和健康之美，因涉世未深而透出的那一股子动人的清纯之气，令多少女同学怦然心动。有两个女同学心动最为激烈，一个是同级的武春燕，一个是低一级的姬秀珍。春燕情溢于言表，秀珍则不露声色。

姬发更明白自己的魅力，回望场边的校长夫妇，那颗珠贝般的虎牙在鲜嫩的口角一闪，笑了，粲然可亲。校长夫妇满是褶皱的脸上，则绽放着幸福的光彩。

高考成绩终于揭晓，姬发名落孙山。高阳中学几百个学生，每年只能考上十个八个，老夫妇并没有指望姬发能一举中榜。校长道："功成八百，行满三千，干什么事情都要持之以恒。二十二岁以前都可考，你才十八，再补习几年。只要塌下心来，非考上不可，我看你能考上。"七嬷也道："是这话，不考上就不罢休。二十二还考不上，我有办法瞒你年龄，再补。"

姬发最是个没耐性的，凡事开始劲头十足，一遇打击就灰心丧气。高考不中，他便对自己上大学没了信心，苦笑道："姐，饶了我吧！成天死记硬背那些学过了的东西，我害烦。这考大学跟过去的科举考八股没两样。我不当范进，老大了还考来考去的。我要参军。"

姬发搂着武七嬷的肩头坐在床沿上，校长坐在桌前的竹椅里。人总是羡慕自己所缺的，校长打量着阳刚之气撩人的姬发，想着他穿起军装来不知有多英武，笑道："我这一辈子，连枪也不敢摸。你这身体、脾气，最好是当兵。我没意见。只要脖子上不光有脑袋，还有头脑，哪里都有学问。部队就是个大学堂。"七嬷白了校长一眼，又拧了一把姬发屁股道："我把你个猴儿，尖尖屁股坐不住。我当日要能念书，非跟你姐夫一样上大学不可。可惜没你这福气！"姬发摇着她的肩头道："吹开了！哪怕有人供你念书，你想上大学，就能上大学吗？谁不想上大学？那是天之骄子，轻易当不上。我没那个命。参军我这么棒，这么帅，准是北京兵。说不定，还天天在天安门升国旗哩。你想了，就能从电视上看到我。"七嬷虎了脸道:"要再提这话,小心我把你的脑袋瓜子一把揪下来。不念书我许你,下煤窑、参军我不许。"姬发低头道:"你不许,我偷着报名走了,你把我拉回来不成?"七嬷断喝:"你又不是我儿子,我没拉你回来的心。要走这阵就从我门里走出去,永远别进我的门。"

七嬷在这上面态度是坚决的。早年她曾算过卦,算卦先生说姬发命里多灾,不早早消灾,就不得长久。七嬷一般是不信邪的,但要命的事情上宁肯信邪,便给了那算卦先生些钱,让为姬发消灾。只是那算卦先生还留有后话,说是这灾只能消十年,十年之后,还得再消。谁知十年到了,七嬷再去找那算卦先生,他已被汽车撞死,自己的灾都消不了,哪里还能顾到旁人?七嬷心里便七上八下的,夜夜临睡,不到姬发屋里看着他好好地躺在床上,就无法安然歇息。有一次,姬发没给她打招呼,就在同学家过了一夜。七嬷等不回来,只当出事了,几乎吓疯,整整找了一夜。从此姬发轻易不敢在外过夜,即便非在亲戚或同学家过夜不可,也无论如何事先要给七嬷打个招呼。七嬷想,姬发要有灾,除过病,就是炸石、下井、握枪、出远门。因此唯有上大学出远门她准许外,别的她死活不许。

姬发见七嬷动了火,忙站起来搓着手说:"我开个玩笑,姐就生气?要偷着走,我还会跟姐当面说吗?什么有姐要紧?姐不同意,我就不参军了。"七嬷放下心来,拉他坐下,抚着他,才要说些安慰话,不想武校长又拍案而起。他想七嬷虽于姬发恩重,但不能把恩情变成权利,否则就自私了。原以为姬发也个性强烈,必坚持自己的主张,没想到他也把恩情当枷锁,锁住了自己,先软了嘴。既这样,就需要他挺身而出了,道:"今日我们不是在说玩话,是关乎你的前途命运大事。你的命运,只能由你决定,旁人谁也无权决定。就是亲娘老子爱你,也不能爱得太霸道了。你要参军,到时只管去报名。"又语重心长道,"人生关键的一步,不能错。错了,日后就会步步错,很难扳过来的。到了部队,可以考军校,比考大学容易些,以你的成绩,还有把握。"

亏他想得出这一说。大人要反对孩子上学,就太没道理了。好,参军也是为了上学,就从这上面将七嬷一军。

姬发只会低头拿手搓膝盖。许多同伴高中毕业还没到过县城哩,他在上小学的时候,假期里校长就带他逛过附近的两个大都会——西安和兰州。校长一心要阔他胸臆。当兵即便考不上军校,山南海北走一走,开开心胸也好。姐夫的话,很令他感动。可是他还从没见过姐夫对姐姐这么声色俱厉过,又觉得有些对不住姐姐,自己不敢说话,只看姐姐的反应。

能嫁上清华的，可知七嬷并非等闲女流。她并没有被将住，眼光逼着校长道："亲娘老子都没权管他，我不过两世旁人，还敢管他吗？好，好事，我叫他当兵考军校去。他爹虽说是我的长辈，比我年纪小，当年差点没把我的心揪烂了。他上了军校，出来就是军官，打起仗来还要上战场，我这两世旁人心又重，又该为他没完没了揪心了。我一辈子没安生过，如今也老了，乐得清静活几年哩。走了好，走远远的，我眼不见心不烦。我不管，有权我也不管他。我为他父子俩，早受够了。"说着手捂住脸，失声哭了起来。

校长无视七嬷的哭闹，只望着姬发，神情坚决。既然理讲不通，他希望姬发只拿定自己的主意，不必再多说了。姬发果真起身，离开了他们的卧室。武七嬷也不哭了，上床拉开被子，蒙头躺下。

姬发到自己屋子，打开皮箱，拣了几套换洗衣服装入背包，准备去林场祖父那里住几个月，等待征兵。话已说到这个份上，他和七嬷已经无法面对了。七嬷会成天虎着脸，不理他，甚至还会摆死人阵，连饭也不做，躺在床上不起来。如果那样，纵然有校长的支持，说不定他的决心也会动摇的。还是不见她为好，等到征兵时一走了之，将来再说。

背上挎包，出了房门，他不由又回头看了看自己的房间。床上的布单，白净如雪。罩着绣花被罩的缎被，叠得整整齐齐的，上面放着一个松软的柳絮芯子大枕。窗台的瓶子里，插着几枝塑料花。靠窗的桌子上，摆着些书籍、流行歌曲磁带和一台收录两用机。墙壁上挂着一只装在网兜里的篮球，还有一把夏威夷吉他。他一时热心，让七嬷给他买了那把吉他，但是学了几天就烦了，至今还弹不出一个曲子，只挂在那里做摆设。多么温馨整洁的屋子，他真舍不得离开。硬扭过头，在客厅走到校长夫妇卧室门口，想给校长说一声。口张了几张，却没有说出来。怕七嬷听见，大闹起来。还是不辞而别吧！

一转身，看见衣橱镜子里自己伟岸的身影，眼泪突然下来了。自己虽不记得，但听武家人常说，自己初被武七嬷抱进武家那几年，弱不禁风，几次都病得似乎无救了，是武七嬷请医买药，精心照顾，又让自己死里逃生，活了下来的。没有她的辛辛苦苦，自己就没有机会感受到生命的美妙。她把自己拉扯成了小伙子，有力气养活自己了，用不着她了，便说走就走，还有良心吗？少年的一双无朋大脚，怎么也迈不出门去。他的决心动摇了，回身坐在了沙发上。茶几上有一盒烟，校长不抽烟，他也不会抽，是用来招待客人的。这时他弹出一根，点着吸起来，呛得几次咳嗽。去同学姬杨家玩时留宿，那破屋黑黢黢。姬杨也一条大汉了，却和祖父母、弟妹挤在一张炕上。炕上只有苇席，连褥子也没有。几床被子，也烂得到处露絮子。他和他们挤在一处，他们觉得委屈他了，很不好意思。他笑道："挤着好，亲热。我一个人住间屋子，还怪冷清哩。"其实他心里，感觉自己简直是高阳的白马王子了。姬杨有什么奢侈品呢？像他这样拥有收录机的少年，高阳是独一无二的。客厅的那台黑白电视机，其实也是七嬷为他买的。七嬷不爱看电视，只爱和学校的女教师聊天，校长也只看看新闻。大部分时间，是他一人在看电视。

他怎忍违七嬷的心意呢？童年时，他是孩子王，没少跟伙伴们打架，但只要七嬷一声断喝，他就乖乖的了。他记不得自己什么时候和七嬷闹过，舍不得伤她心。于是少年把挎包放回自己屋子，又进入老夫妇卧室，向校长笑道："咋说我姐对我的事没有决定权？就是没有，我愿意把这个决定权送给她。"走到床边，俯身揭开被子，拿手擦着七嬷的眼泪问："好大姐，肚子都叫我气得鼓成气球了，可别爆了。你愿意叫我当兵考军校吗？我听你的。"这是个以退为进的法子。或者武七嬷会被感动，不再阻拦他当兵了。姬发到了最后，还心有不甘。

武七嬷果被感动，又失声哭起来。姬发扶她坐起，拍着她的发髻道："又不是小姑娘，咋这么爱哭鼻子？姐，你决定吧！"七嬷哭道："就是你姐夫说的，我没有决定权。我说的只是意见，你一辈子的事，你定吧！我还不是为你好，我就怕你有个三长两短。"她真会说话，已经替他决定了，却表面上让这个决定权仍属于他。校长冷笑道："坐在房子里，也有个房倒屋塌砸死人的万一情况呢。怕这怕那的，孩子怎么活人？"姬发向校长苦笑道："不说了，还是我自己决定吧，当兵就免了。"

校长叹了口气，坐在椅子上，望着窗外，半晌无言。他不忘养育人的恩，的确可爱，只是不忘恩到没原则的地步，又让校长觉得他可气了。

七嬷把头埋在姬发怀里哭道："我也不知道，我是在害你，还是在为你哩。"姬发抚着她的背也哭道："姐怎么能是在害我呢？"校长又转过头来，沉吟道："一进入社会，就很难静下心了。十七八岁，不当兵，我的意见，你也不急于进入社会，再补习几年，或许还能考上大学。"七嬷也道："你姐夫今日生我气，也生你气了。从长计议，你还是听了你姐夫的话好！"姬发死活也不肯再补习。不过姐夫把这话说几遍了，马上回绝，辜负了他的一片苦心，似乎自己只听姐姐的话，不听他的话，便道："我好好考虑几天再说。"校长道："你不必为听我的话，违你的心。不管你做出什么选择，只要不是走邪路，姐夫都理解你。"

姐姐要像姐夫这么通情达理多好，姬发止不住又落下了泪。

祖母去世后，祖父便将中山家里用得着的东西搬到了张家山林场，用不着的送了村里人，只剩下了几间空房。大门一上锁，便从此再没打开过。祖父不愿进去，怕想起被从家里冷冰冰地抬出去的孩子们伤心。姬家成了一座阴宅。村里人常说，姬家的那些死鬼，一到半夜就满院鬼哭狼嚎，其实是黄鼠狼、狐狸在叫。七嬷无时无刻不盼着那个家又恢复生气。过了几天，姬发向校长夫妇说："我想来想去，还是不想补习。我舍不得姐夫、姐姐，只是我们家，也该有人烟了。我想回家！"

校长那天看他的神情，就知他考虑自己的话，只是为表示把自己的话当话了，并不真考虑，也必选择回家这条路。既没出自己的意料，校长也就没有特别反应。七嬷怔了怔，一下子泪流满脸，忙到客厅，让眼泪流了个痛快，才回到卧室，说："你一个回去，吃吃喝喝没人管，病病灾灾也没人知道。这么吧，再过几年，娶媳妇的时候，红红火火回去。眼下你天天推个车子，到街上买香烟呀什么的，不图挣钱，只图有个干事。"姬发把头一扭道："我不干。那是老娘儿们的干事，我一个大小伙子，嫌丢人。"七嬷又道："前一向老爹来，说你万一考不上学，要再没事，就跟着他待在林场，当个护林员。"

人家把高阳张家山林场叫"难民营"，护林员或是外地来的叫花子，或是被儿子儿媳嫌弃的老人。纵有几个少年，也是人长墙高了，还只能跟老人弟妹窝一炕，家里穷得没个单独住处，才去林场住守林小屋的。姬老人一月不过二十几块钱工资，护林员只十来块，根本不够花，只能种些小荒地贴补。除了姬老人有一个好孙女，衣着还体面些，别的人衣不遮体，简直像野人。姬发哪肯把自己的一生安顿在那儿？再说姬老人一个大老爷子，一直不大关心姬发的生活，反正有七嬷，见了面，不是吹嘘从前多英雄，就是唠唠叨叨教训姬发要如何做人。姬发本对祖父感情不深，又成年听他唠叨，烦也烦死了。中山姬家村里有他和姬老人的四亩责任田，一直让村里人种着，收回来先侍弄着，再慢慢谋别的生路。反正一个人待在家里，没人管束，自由自在，所以他一口就回绝了七嬷。

七嬷道："我其实也不愿让你当护林员，成天撵贼扑火。万一有个闪失咋办？好，你先回去。姐给你踏摸着，一年半载，娶个媳妇，就有人照管你了。"正值青春，爱与被爱的情焰，时不时就在姬发身心不点自燃，但是娶媳妇的事，他觉得还很遥远。眼前就娶媳妇，他惶恐了，双颊嫣红，捻着手指，望着校长笑道："听我姐姐，又牛不喝水强按头了。"校长也道："才十八，就娶媳妇，只怕连结婚证也领不下。别叫我去求人，我不做违犯婚姻法的事情。"七嬷道："校长架子大，我知道搬不动。不敢劳驾校长大人，我想办法吧!"姬发只得道："我小着哩，不敢急着弄个媳妇把我拴住。好姐姐，让我自由自在几年吧!"七嬷啐道："由你了？我不包办，媳妇得你称意的，婚可要早早结。过几年，生两个崽儿，姬家又人丁兴旺了。我的这个心，也就算歇下咧。"

姬发常想，自己要和这夫妇俩不是寄养关系，而是收养关系多好，那么他就是商品粮户口，高中毕业就可在县城或镇上安排个工作，不必回山里。既然非回那莽莽野山不可，他对自己的未来就有些茫然，甚至有些悲观。大姐既然非要自己早婚，就早婚吧，反正迟早得结婚。话说回来，娶媳妇的一切花费，自有姐夫、姐姐掏，又不用自己费什么，轻轻松松的，何乐而不为？便笑道："小小年纪，就给人家弄个媳妇，怪难受的。多亏是 20 世纪 80 年代，要是解放前，尿裤子的那当儿，你早给我把媳妇弄上了。好，好，姐姐的话，敢不听？就娶媳妇。"七嬷道："我还不是为你好？你剩娃哥，如今五十大圆了，还穷熬光棍哩。"姬发道："明白，姐姐就是好。"

老光棍武剩娃，成年赶着辆破车东来西往，贩些时鲜蔬菜水果赚生活。人家婚丧事上，他则领着一班乱弹艺人，吹吹打打唱唱，解解嘴馋。那年姬发险些叫狼吃了，亏了他搭救，所以他和这一家人关系密切。武七嬷把姬发回家当用的东西，置盘了一堆，便托人捎话给武剩娃，让他逢集的那一日下山来拉。所以选逢集，是还想给姬发买一头牛，她和校长都不会挑牲畜，让武剩娃顺便帮着挑买。

到了那日，武剩娃果真早早赶着破车来了。七嬷招待他吃了一顿羊肉泡，便到牛羊市上挑了头好犍牛买下，学校的老师们又帮着把东西搬上车，武七嬷便押着姬发，出高阳中学向中山村出发了。

校长只送到街口就止步。他一直对七嬷阻拦姬发参军不满，推说忙，不肯同他们上山。看着他心爱的孩子离开高阳中学这知识之门，神情凄恻，缓缓向愚蛮的崇山而去的样子，他心里也一阵凄然。

姬老人说好这日要来安顿孙子的，可到时一片林子失了火，他忙着领人打火，就没有回来。

姬发纯真的大男孩时期已然结束，就要进入社会了。他心情沉重，有一种不祥的预感，觉得日后必磕磕碰碰的，因为刚一起步，自己就不能决定自己的命运。但洋装所裹的，是野拙与犟韧，小子并不甘心，仍有太多的好梦。武七嬷则兴致颇高，一路向车夫唠叨着自己从前的艰难。如今说起那艰难，并非诉苦，而是在炫耀。千辛万苦把个孱弱崽儿拉扯成一彪形大汉了，她自觉得这是一番壮举。嘿！

姬发屋子里的东西，除床板外，连桌椅都搬上了车。另外是一些安家必需的东西，还有一只红漆皮脱落的大皮箱和一只纸箱。纸箱里装着电视机。校长夫妇怕他一个人在家里闷得慌，无论如何也要给他带上，本来就是给他买的嘛。皮箱跟着校长从北京到上海到高阳，几十年了。校长把自己的书拣了一些姬发可看的，放了这箱子里，一再叮嘱："闲了不妨硬着头皮看看。就是在山里，人也不能活个少知没识，鸡肠小肚的。"

马车上岗下坡，左折右弯，不知多久，七嬷不言了。车夫寂寞，便吼道："哎哟，穿开裆裤的那阵儿，拉着娘的手儿，说了一遍又一遍儿，长大要当孝子儿。一穿上有裆裤儿，那女子的头巾角在面前一闪，魂儿就飞走了，哪里还记得老娘儿？哎哟，哎哟哟！"七嬷笑道："只要他跟媳妇和美，忘了我也没什么。"姬发搂着七嬷的肩，嫩脸摩挲着七嬷的老皱脸，撒娇道："咋知道我有了媳妇就不是孝子？编排得太早了！"

车前突然闪出一块大坪来，坪那边有一条清溪。溪边多洋槐、白蜡条、柳树、柿树。坪这边则是一座黄土垒墙、绿树掩映的人家。墙内房上的灰瓦，满布瓦楞松。这就是姬家了。

车在大门前停下来。一把锈迹斑斑的铁锁，紧锁着朽旧的铜钉大门。三人下车，七嬷从腰里摸出钥匙，无论如何也打不开锁。姬发就一石头砸了开来。姐弟合力，"吱嘎"一声推开了门，一股阴郁之气即刻夺门而出，人都打了个寒噤。院里灰蒿、苇草、野荞麦已半人高。受惊的野鸭子，"嘎嘎"叫着从深草里蹿上了天。这里那里，是鼠穴兔窟。一条蛇垂在那棵枯死的梨树上。房屋破败。几只蝙蝠，在房檐下笨拙地飞来飞去。

三人踏倒野草，进入院里。姬发仰天而立。他的头发乌黑浓厚，像歌星那样从中间分开，梳得光光的，齐齐地垂在眉眼旁。脸蛋比山里的女子还白。雪白的 T 恤衫筒在牛仔裤里，牛仔裤是大号的，仍然在臀部和大腿上绷得鼓圆。皮鞋黑亮。一般山里人的那种麻木、呆滞、无奈的神情，他脸上绝对没有。他的人和这个家极不协调，他对这个家一点儿也没感情。一想到鲜亮的青春，将囚禁在这个破败的家里，他就只欲逃走，逃回高阳中学那个窗明几净的家。

武七嬷则对这个家一往情深。曾几何时，这院里鸡鸭成群，狗吠牛哞，汉子赶着三套车出去了，娘儿抱着劈柴进来了。汉子相约去围猎，娘儿团坐在炕头做针线。曾几何时，自己是这院里唯一的闺女，享受着所有人的宠爱，天真烂漫，不知忧虑。曾几何时，这一切消失了，取而代之的是蒿草、野鸭、练蛇、蝙蝠。自己的韶华也已逝去，鬓发如银了。老娘儿的心里，万千感触，波涌浪翻，突然双膝一软，"扑通"跪了下去，把额头紧紧贴住地，肩胛抽搐着，嗓门像数日未饮水，干涩难听地哭道："祖宗，姬家的香火没断，我把根苗送回来咧！五爹、五娘啊，苦命的人儿吧，你们知道么？你们的发子，长成人咧！"哭着，不住地"咚咚"磕头。姬发搀起她来，她擦净了眼泪，逐一指给姬发说，这是三爹的屋子，这房子里原先住着四娘，这是她做姑娘时住的屋子。在一间好一些的屋子前面，七嬷推开门，望着里面的蛛网说："打扫了，就住这里面吧！这是娶你娘的屋子，你就生在这炕上。"

姬发像是听她在说梦话，从前这里的一切，似乎与他无关。他从车上取下一盘万头鞭来，在院里放了个"噼噼啪啪"震天价响。七嬷又泪流了一脸。

村里人听到鞭炮声，才知道姬发回家了，纷纷而来。最先赶到的，是他的三个中学同学——姬杨、姬槐、姬军。一上初中，他就从校长的花名册里查出姓姬的学生来，到他们的班里去认识。到底是自家宗族里的少年，大家一见面，就亲热如故。七嬷见他和娘家村里的孩子们亲亲热热的，自然高兴，隔些日子，就做上一顿好饭，让他把那三个叫来解解嘴馋。三个人家里都穷，不上灶，背些馒头啃，再喝些开水。夏秋来时瓶子里还装菜，冬春就什么也没有了。只一床又破又小的薄被，钻筒子睡，夏夜好混，冬夜睡觉冷得不行。姬发房里冬天有炉子，被褥也又厚又大，暖暖和和的。他就把床加宽，让他们冬夜跟自己大被同床，抵足而眠。日久，那三个便跟姬发"狗皮褥子没反正"，亲密无间，心心相印了。

三人来时都带着工具，一进门就铲草。姐弟俩也要干，姬杨和姬发最要好，拦住道："反正我们是烂稀脏，别弄脏了你们的干净衣服。"姬发笑道："山中打柴，河边脱鞋，从今往后，我和你们一样是泥腿杆子了。"姬杨也笑道："可不是。今天是你最后一天当洋气娃娃了，就好好当吧！我们在学校，没少受大姑跟你照顾，正没机会报答哩，就让我们来干吧！"姐弟俩只得从命。

姬杨又从车上端下桌椅来，把桌子放倒，让姬发和车夫坐在桌框上，扶七嬷坐在椅子上，道："村里的叔伯、嬷子、婶子来了，大姑教发子认认。日后抬头不见低头见的，他不知道称呼，跟长辈也白搭话，人家要说他傲哩。"七嬷笑道："正是这话，你倒有心。"

果真村里的长辈，拿着些白面、绿豆、小米、鸡蛋、菜蔬，一个接一个来了。七嬷感动地道："又不是入新庄，拿东西做什么？"高阳人乔迁新居叫"入新庄"，亲邻都要送些日用的。女人们道："孩子回来，比入新庄还大喜哩。"又感叹，"他爹娘在世，也把他养不得这么齐整。瞧他那个好身子骨！"七嬷眼角湿湿的，向姬发道："这是三嬷，这是南沟沿婆婆，这是十嫂。"姬发忙逐一亲热地问候。

姬杨娘道："日后发子就在我们家吃饭吧！"七嬷笑道："见天日长的，不烦死嫂子了？"姬杨娘道："杨子在你那儿吃吃住住的，你也不烦。种你们家的地多年了，也没要过一粒粮食。不过是多做两碗饭，有啥烦的？"七嬷道："嫂子爱跟我们一个锅里搅稀稠，我就认下嫂子这门亲吧。这下节来年头，我都要回娘家村里转转，也给嫂子送送节。多年没回娘家送节了。嫂子的心，我们领了。还是让他自己做着吃吧，他会做饭，也做不太久，我就给他赶着把媳妇娶进门了！"说得女人们都笑起来。七嬷听见一声喊："撂瓦！"扭头一看，只见姬杨身手轻捷地从梯子爬上了房，蹲在房檐口，正伸手接姬军扔上来的瓦，要补房子漏天窗的地方。

姬杨已二十岁了，个头虽只及姬发肩头，但也不低，至少有一米八。从小参加体力劳动，膀大腰圆腿粗的。黑背心黑裤子，不知是几年前置的衣服，又短又窄，在身上捆个死紧，倒像穿着健美服。眉清目秀，红扑扑的脸蛋圆圆的，且有两个笑靥，不笑也似笑。七嬷看着，心疼道："给杨子说个媳妇吧，好跟发子一块儿成亲。"姬杨娘叹道："他跟发子不一样，还没到说这话的时候！"

村里的青年男女，都来帮忙，姬杨的两个妹妹也来了。姐妹俩都很朴实，却朴而不俗，实而不拙。大妹秀珍，最是个婉约温柔的姑娘，眼眸乌黑，深若秋水。她给扫帚上绑了个长棍，在扫墙壁，落了一身的灰尘。二妹芳珍则端着个脸盆儿，拿抹布擦窗框、窗台、炕沿。电工从村里引了电线过来，给房子装上了电灯。黑白电视机在山外的农村已不稀罕，但在中山村里，姬发所带回的还是头一台。他便让电工给大门脑子上装了个插座，准备晚上把电视机放在门前让全村人看。姬杨听说，便回去让他父亲做放电视机的木架子。他父亲粗懂木活。他又扛了一根高高的木杆，绑上天线，栽在院里。

七嬷见厨房已收拾好，姬杨又给水缸里挑满水，便高挽衣袖，和面做晚饭。袅袅的炊烟，宣告这宅院的死气沉沉已成过去。

饭做好，院里却不见了一个村里人。七嬷向姬发道："别人不叫，你把杨子叫过来吃顿饭吧！"姬发笑道："吃顿饭减轻不了他身上的负担，你难道不知道他是故意没考上大学的吗？"

姬杨是尖子生，却落榜了。他的弟妹一个比一个小两岁，一个比一个低两级，个个是尖子生。大妹十七，明年就将参加高考。武校长弟兄七个，就他一个书念得好，所以一再称姬杨兄弟姐妹是高阳的奇事："真真穷家出娇子！"心如天地一样宽厚，最爱为孩子们遮风挡雨的武七嬷，方才和姬杨娘认亲，就是有心要接济那些孩子，不叫再出现姬杨这种能考上大学却不敢考上的情况，于是道："我知道你跟杨子亲得像兄弟一样。放心，他妹妹只要考上，钱我包了。开学我就叫他的两个妹妹，住到你的房子里。"姬发自然高兴，道："这话你事先要给他妹妹说开。杨子本来考上不去也行，就怕爹娘心里下不去，才故意没考上。不管怎样，先得叫他妹妹考上。"七嬷笑道："我也想到这上头了，自然事先要给她们说开的。"

吃罢饭，武剩娃便赶着车送七嬷下山。姬发扶着车护栏，迈着大步子送了好几里。七嬷道："年轻真好！等你老了就知道，身体毛病一堆，脑子也不灵泛，就是使出十二分力，也比不上年轻人使出一分力。"姬发不语。七嬷又道："读书，本来是你们孩子的事，偏你不爱读书。你不读书，我老婆子读。今天回去，我就让你姐夫教我认字。过几年，我就能看那厚厚的书了。到时候，我锦心绣口，你满口粗话，我看你羞不羞！"

"老成啥了，还出洋相？"

"学文化也是出洋相？学文化要也是出洋相，再老我也出。要是老人还让考大学，我准考！"

"你累不累？"

"成天混来晃去的没事干，我才累。人，得活得有劲头。"

又走了一段路。七嬷强笑道："回去吧！十八了，该离娘母子咧。这逢五见十，镇上过集，姐给你备着好饭哩。"小伙子"嗯"着，依然不停步。又过了好几道沟岔，七嬷又劝了好几遍，小伙子才在路边的车前草上站住，磕着脚，勉强笑着。七嬷也笑着。该说的话，已重复了多少遍，两人都没有再说什么。然而无尽眷眷之情、依依之意，全在不言里。三套车在转弯处消失，姬发分明看见大姐眼角滚落下几颗硕大的泪珠来。小伙子也流泪了。

远处奇峰如天外飞来，近处山峦如万马奔腾向西。薄暮余晖里，苍天凝血。有鹭鸟一只，如银似雪，在天际孤独地奋追落日。

少年心血潮涌。雄伟奇特的山野，向他昭示着一个充满魅力的未来。虽然他违意又回到了山里，生活将重复普通山里汉子的生活，但他的生活将不只是重复普通山里汉子的生活，雄狮般的心性，必使他这一生，火海般异常惨烈。

少年口角噙着一朵山丹丹花，打着响指回到家里。牛棚、牛槽都现成，就缺个铡刀。姬杨家有两把，小伙子已给朋友扛来一把，另外还扛来些农具。一只黑背狼狗，拴在院里。姬杨正手脚麻利地在墙角用砖砌狗窝。

狗亲热地向姬发摇着尾巴。人家送给姬发一个狗崽，校长不许在学校养狗，姬发只得转送了姬杨。过去每隔几星期，他就骑着校长的自行车，上山来引着黑子逛一逛，所以这狗和他很有感情。姬杨知道姬发爱狗，便物归原主了。

天还没黑，村里的孩子们就在门前吵嚷着要看电视，姬发便把电视机在架子上放好，打开给他们看。天黑后，大人们从地里回来，门前人便挤得满满的，有人还架到树上看，静无人语。姬发悄悄把三位同窗好友拉进屋子，喝酒谈天。

酒是啤酒。除姬发外，三人都没喝过。姬杨喝了一口，就吐在地上，道："什么酒？一股尿水子味。"姬发逼着他们硬喝完了几瓶啤酒。四人只觉身心舒展，东歪西倒在炕上，一个枕着一个的胳臂，一个又把腿搭在一个肚子上，天南海北扯起来。姬发的梦算是破了，姬杨的梦破得更惨，道："你还有你大姐给你娶媳妇，我等到把弟妹们供完学，也就三十老几了，娶也只能娶离了婚的。我这人和武家的剩娃叔一样，偏心高，宁肯打一辈子光棍，也不要人家不要的。"姬发笑道："不要悲观嘛，还有几个铁哥儿们呢。到时我们凑钱给你娶个大花姑娘。"姬杨道："我可说开，你们一个破裤子也不要送我。要帮我，就帮我供弟妹们上学。帮一分钱，我也感恩到死。士为知己者死，真帮我供弟妹们都上完了学，你们需要人送死时，我连想也不想，就会替你们去送死的。在供弟妹们上完学之前，我不接受任何人对我本人的帮助。"姬发道："你原来是这个心？怪道原先我大姐把我的衣服送你，也不甚旧，你就是不要。我还跟大姐说，你自尊心强，要送就送新的。我不要了的给你，伤你的自尊心哩。你是这个心，也就犯不上不要我的旧衣服了。下午你蹲在房檐口，我看你那裤裆怪心悬的，只怕一用力绷开了，满院的大姑娘、小媳妇，你羞个跳房自杀。既不伤你自尊心，我现有不喜欢穿的旧衣两套，你穿了吧！省万一什么时候丢羞露丑。"大家都笑了。姬杨笑道："我说不要就不要。话说难听点，这叫感情储蓄。感情再好，也是有量的。我要了，我少了些储蓄，我舍不得。永远别提送我什么，我是绝对不要的。"姬发道："你也太苦自家了。好吧！钱是硬头货，你别的弟妹到时再说，秀珍上大学，下午我姐弟俩吃饭时已说到了。你知道，那一对老东西，一生的积攒就是昏花老眼和皱巴老脸，别的都是随手撒。副镇长刘东海和好一些前几届高阳中学的学生，就是他们供上大学的。反正他们见月有工资。外甥女已成亲，我成亲能省下一分就一分。大姐说了，秀珍上大学，钱她全包。"姬杨翻身亲了一下姬发的脸道："真哥们！我要是个女孩，一准嫁你。"又亲了一下道，"这一下，是在你脸上代亲大姑。等她老人家上西天的时候，我们兄妹全为她披麻戴孝。她只有一个女儿，走的时候，一准孝子、孝女一长串。这多年，一堆学生，把我们的家底早掏空了，时常连买盐的钱都没有，一家人正为大妹明年考上大学愁得要上吊哩！"

以心活人者，心需要人懂，所以爱人。有爱人之心者，总热情洋溢。姬杨就是这么一个人。他兴奋得泪水在眼睛里闪闪发光，躺不住了，干脆在脚地来回走起来。

姬发笑道："可惜脑袋不能互换。要把杨子的脑袋换给我，上大学岂是难事？"姬杨也笑道："那样的确好，我是你，你是我，一人上大学，两个人都上了。"姬槐拖长声道："要是发子爱上一个女人，就只能进行精神恋了。要发生肉体关系，脑袋是他的这个，眼看着杨子的下身跟他心爱的女人发生关系，脑袋瓜非气炸不可。"姬发叫着："我把你这个刁钻古怪！"扑过去打他。别的人则大笑。姬杨笑得最开心，脸上那鲜明的笑靥，如甜柔迷人的花蕊，好似一个女孩子。

姬槐瘦弱而眉清目秀，姬军体魄壮健，五官顺眼却无特色。两个人学习成绩都跟姬发差不多，只是梦还不灭。姬军家里也难，供不起他上大学，但也不需要他负担家庭，所以他准备走当兵考军校这条路，不用花钱。姬槐家里条件好些，又是老小，一家人只巴望他能考上大学，他准备还去补习。

直到山里能收到的几个频道都没节目了，村里人才恋恋不舍地离开了电视机。姬发的三个同窗好友，也起身告辞。姬杨已从家里拿来草料，给他喂了牛。姬发把电视机抱进屋子，关了大门屋门，准备睡觉。直到这时，他才有心打量自己的新居。窗户糊着粉纸，但总不能给他那种吊着窗帘的玻璃窗的感觉。桌椅依旧放在窗前，窗台上摆着那插着几枝塑料花的酒瓶，桌上摆着些书、歌曲磁带，还放着那台收录两用机，墙上还挂着篮球、吉他，但那虽然扫去了尘网却难除熏黑的墙壁，使这些摆设都不伦不类，失去了在高阳中学那个房间里的情调。布单再雪白，铺在土炕上，也让他看着不舒服。草草洗了脚，他就脱衣上炕，拉灭灯躺下。心里不知道在想什么，翻来覆去，难以成眠。

起初，外面黑漆漆、静寂寂的，然而不久，墙外响起了黄鼠狼的凄叫。黄鼠狼的窝原在院内，白天已被毁了，它欲进来又不敢进来，因为有狗。狗则欲扑出去向黄鼠狼发威，又挣不脱铁绳，只会干号。风也吹得树叶"哗啦哗啦"响起来，一片凄惨之声。

姬发怀搂绵软的柳絮枕头侧躺于炕，油然而生一种落魄、凄凉、孤独感。

他的归来，并没有使这家恢复生机。

生机到底是什么呢？

生机是女人的气息。

有校长夫妇做后盾，姬家迎入这气息，万事俱备，只欠东风，就是遇上一个与他有夫妻缘分的女子了。呵，不知哪只小鹿，将要撞到这小子的枪口上！

高阳中学的师生，都要跑早操。姬发在那里长大，便有早起跑步的习惯，从不睡懒觉。虽然一夜无眠，看看手表已六点了，他却一骨碌滚下炕，穿着白汗衫、白短裤、白球鞋，红着眼睛冲出门，在山路上跑了起来。

树叶油光鲜亮，山里的空气格外新鲜，天也格外蓝，少年不由精神焕发。路遇背着筐子捡粪的老爷子，他忙笑着点头喘气问："早？"老爷子不知如何应答，只会说："啊，啊，早得很哩，你就起来了？"心里却道，"这小子怪，早早起来不干活，倒蹓马步儿。"

少年把一股新气，带进了山村。

跑步回来，他见姬杨已在牛棚角落里放下了铡好的草，还有半化肥袋子精料，就给牛拌好喂上，也给狗拌了半盆子食端到跟前，然后洗脸、刷牙。

姬杨背着个大草筐推门进来了，道："娘怕你做饭，叫我先来打个招呼，早饭无论如何，得到我们家去吃。"姬发擦了嘴，笑道："我三下五除二就能把饭弄出来，免了吧！"姬杨道："你的手艺，我领教过，不敢恭维。我们家人是填饱肚子就知足了，天天招待你，也招待不起。为招待你这一顿，大妹昨下午跑了七八里，特地到外(wēi)婆(关中方言)家去弄菜。大姑夫是高阳名人，你们能偏心我们家人，我们都觉得在村里怪有面子的。就这一顿，你也不给我们面子吗？"姬发道："这么说来，我就非去吃不可了。好吧！"

姬杨看他眼睛红红的，笑问："咋？昨夜想大姑哭了一夜？"姬发笑道："我就那么没出息？这家真是阴宅，一夜鬼哭狼嚎的，我一夜没睡着。不是怕，是听着有些惨。你家里反正住处紧，晚上过来给我做伴，不正好吗？"姬杨搔着头道："我来，晚上怕也睡不着了。白天活多，我晚上得好好睡觉养精神哩。又没狼吃你，我不来。"

校长书架上的书，姬发基本没看过，姬杨却全看完了。不光有趣的小说，枯燥乏味的哲学、科学书籍他也看得津津有味，简直是如饥似渴。校长难得和姬发阔论，却好跟姬杨高谈。姬杨在全年级成绩名列第一，深得校长珍爱。他在这师者、长者、尊者面前，也不局促，不附就，自己心里有什么感想，就说什么。有时一句话动了校长的心，便示意他坐在沙发上，把自己的好茶沏一杯奉上，然后开谈。师生俩常争个脸红脖子粗。姬发可从没受过校长这么尊贵的礼遇，只是很亲昵罢了。也不敢和校长那么争，校长一急，他就闷声不吭了。姬杨全不在乎这些，却越来越得校长好感。校长夫妇原是准备助姬杨上大学的，谁知他没考上，只得把对他的好感移到了他大妹身上。

校长的书里，姬杨对路遥的作品最有感应，一说起路遥，他先要称一句"我们亲爱的路大哥"，然后才说正式的。他常说："'生不愿封万户侯，但愿一识韩荆州'，这一辈子，要能和亲爱的路大哥交上朋友，就好了。"

路遥真是太知道他们这些人了，后来在他的长篇小说《平凡的世界》里，写到孙少平上高中时，穷得没个裤衩穿。高阳那时的山里孩子，就大多上高中没裤衩穿。家里的老人，也到死没裤衩穿。都这样，历来这样，也习惯了。可是姬杨这个高阳中学八三届无与伦比的尖子生，因为知识的浸淫，已经不习惯了。他家有两个住处。父母带着小弟住一屋，祖父母、他、大妹、二妹、大弟住一屋。大弟跟他打对儿睡一个被窝，年轻人又睡相不好，这个扯被子那个又蹬被子，一觉醒来常发现光溜溜地晾在外面，两个妹妹在旁，心里真不好受。晚上脱衣，早上穿衣，也很难为情。昨晚他就准备提出跟姬发住的，只是后来姬发说到七嬷要供大妹上大学，他就再没敢张口。

校长跟前，姬杨从来不在乎小事小节。那老夫子的涵养功夫早到家了，除了大是大非大原则上可招他讨厌外，他不把小事小节放在心上。可是姬发不一样，他没有校长那么好的涵养，历来在小事小节上，姬杨在姬发面前都很留意。原先在学校，自己虽衣衫褴褛但不脏，如今干活干得一身臭脏，跟姬发住，他讨厌了自己就不好了。小现实，也是很复杂微妙的。七嬷比姬发的涵养好不到哪里去，她是因为姬发跟自己关系密切，才对自己有好感的。如果姬发讨厌了自己，她也就讨厌了。她只无权干涉校长的公事，家事她是拥有决定权的，校长顶大只是提提反对意见而已。她是因为对自己的好感才决定资助大妹的，若对自己讨厌了，随便都可以找个借口不再资助。因为这个事情，他对姬发倒诚惶诚恐起来。事物总是辩证的，太亲近，也就快要疏远了。为了保持他和姬发业已存在的亲近关系，最好还是拉开一定距离。所以他昨晚没有提出，今日姬发提出来，他也不假思索，就以自身的原因一口回绝了。

没想姬发早把他看个透，道："你是怕我嫌你脏吧？没有的事。你学习那么好，我一直很崇拜你哩，又能吃苦。我不过是个二混子，上不来下不去，你不嫌我就好了。晚上你总洗洗脚吧？隔几天，咱们再到河里洗上一回澡，不就得了？放心，你大妹考上大学，我们帮你供她，那是铁钉钉下的。咱俩翻了脸，那个事也不变。"姬杨不好再回绝，只得答应，道："也只能伴你到忙罢收秋。收了秋，我就要到武宜下煤矿去了。"姬发吃一惊，道："挣钱的事儿多着哩，为什么非要冒险下煤矿不可呢？"姬杨叹道："你是家里的根本，缺不得。我嘛，家里有我不多，缺我不少。死了就死了呗，反正煤矿挣钱多。"

姬发无话可再说，穿上长裤，就和姬杨一块去给牛割草，回来便跟着姬杨去吃饭。姬杨的大妹秀珍，忙领着弟妹给他打洗脸水，在院里排桌椅。姬发洗罢脸，姬杨硬让他坐在祖父母旁边，算是上座了。秀珍领着弟妹排出饭菜来。菜装在塑料盆子里的也有，老海碗里的也有，碟子却少，他们家很少用到碟子。菜很丰盛，饭也特别可姬发的口，这一家人都知道姬发爱吃什么。别的人都围坐在桌边吃饭，独秀珍系着围裙侍候。她待在厨房里，从窗户看见谁的饭完了，便忙忙出来给添饭。

秀珍是个娴静美丽、仁心蕙质的女子，如清水出芙蓉，天然去雕饰。一米七几的个头，极挺秀。瓜子儿脸上，泛着健康的红润。明目辉光闪闪，两排长睫毛也颤闪闪的。五六年前，她见到姬发，并没有特别的感觉，只觉他是一个洋气的娃娃。过了不到三年，好像是在一天间，她像发现新大陆一样，发现姬发长成了一个挺拔的大少年了，而且帅气逼人。为姬发外表所动的山里女子，不知多少，秀珍虽不能例外，但她天性看重做人。她宁愿嫁一个丑八怪但心好的男人，也不愿嫁一个花花公子。自从姬杨和姬发成为要好的朋友后，秀珍也就进入了姬发的生活圈。姬杨常带她到校长家里拣书看，七嬷也常做上好饭让他们兄妹几个换胃口。姬发来山里，虽然姬军、姬槐家条件好一些，但他总吃住在姬杨家里，同一家人一块儿下地劳动。日子久了，秀珍发现他不只有一个好外表，还有一副好心肠。虽然书念得不是太好，但从小受姐夫的耳濡目染，身上自有一股书香气。秀珍无法自制地爱上了他——姬发是她最理想的男人。他对她的吸引力，是语言说不清楚的。

在山里，这么多年，表亲戚同龄男女成亲已经没有了，但是过去从没见过的同宗同龄男女相爱成亲，却时不时就会出现。山里人嫁娶不出十里，即便异姓男女，若论起血缘关系，也常比同姓近。同姓正因为视作同宗，常常几十代也不会互相嫁娶的。姬杨家和姬发家正是如此，所以秀珍并不在乎她和姬发同姓，并且差了一辈。

令秀珍在乎的是，姬发虽不在她面前端叔辈的架子，但就像哥哥一样，对她只有亲昵和疼爱。她从来也没从他看自己的眼神里，发现一丝恋慕的意思。难道是因为两家经济条件的差异？捉襟见肘的秀珍，对衣着时髦的姬发，是有深深的自卑感的。或者还因为是同姓？虽然这几年已出现了同姓成亲的事情，但人们总的来说，还是囿于传统习惯的。不过秀珍以为姬发只是没有考虑过她。如果一考虑，说不定就不会在乎这些原因了，而会觉得她挺合适的。

秀珍也如哥哥样，虽然是学习尖子，但不准备上大学。一个山里女孩子，能够高中毕业就很不错了。这么多弟妹，都有考上大学的希望，他害怕把哥哥压垮了，准备帮着哥哥供别的弟妹上大学。等到高中毕业回到村里，合适的时候，她想主动向姬发表白。即便被拒绝，她也要表白，宁肯追求不到，也不能不追求。

山里轻薄的后生，曾私下把山里的美丽女子列了八枝花，秀珍就在这八枝花之列，不过她不是最美的那枝花。那枝最美的花，在前山姜家村里。然而在这八枝花里，她最有品位，因为唯有她将会成为大学生。

姬杨早就知道，大妹明年高考的时候，一定会自动落榜。他一直很想跟大妹好好说说，但知道只要他张口一说，妹妹就准答应会好好考试。不过是嘴上答应，到时候还会落榜。没有经济实力，道理再多，也对妹妹没有说服力。昨晚姬发说七嬷准备供大妹后，他激动得都等不到第二天，一回去就把大妹叫到村外，告诉了她，说："我不敢在家里说，怕万一到时大姑拿不出钱来，家里人反生她的气。大姑对咱们没有任何责任，拿不出钱来，人家也不是不好。很有可能，大姑是会拿出钱来的。无论如何，你得先考上。想想，你要回来，哪里挣钱去？只会围着锅台转，怎么供弟妹上大学？只要大学出来，你就是高工资了，那时你才能帮上我。你答应我吗？"

秀珍犹豫不决。姬杨很高兴。如果妹妹不假思索答应了，那她就是根本不考虑上大学，口是心非。这样好，是她在考虑了。姬杨便咬破指头，黑暗里看不清，他道："你摸摸我手指。"秀珍一摸，忙问："是血吧？咋流血了？"姬杨道："哥为你咬破的。你摸着哥的血，向哥起誓，一定要考上大学。你到那时要糊弄哥，哥一辈子不再疼你。"秀珍扑入姬杨怀里，哭道："哥，我答应你，我起誓。"姬杨紧紧搂着妹妹的头，也哭道："等明年，哥就有一个大学生妹妹了。那时候，哥走在人前，不知有多光耀。"

姬杨了却一大心事，回到家里，一躺到炕上，就呼呼入梦。秀珍却翻来覆去睡不着。七嬷有这个心让她感念，姬发有这个心则让她既倾慕，又感念，由不得想入非非。谁都不能免俗。当她是一个纯粹的村姑时，有校长夫妇为后盾的姬发，可能自视比她高半等，而她要是个大学生，他就得仰头看了。当然，别说女大学生，就是女博士、女局长、女县长，她心里对自己的感觉也是一个山里女子，跟那山里少年也是平起平坐的。环境、地位的变化，只是为让姬发爱她，而无改于她对姬发的爱。况且，姬发现在就有心帮助这家人，将来成为这家的女婿，更愿意帮这家人了。这很要紧。等帮着哥哥让弟妹们都上完大学，她就要把哥哥接到城里，让他吃美美的，穿好好的，什么也不干，只自学。聪明不过的哥哥，最终一定能成为知识分子的。如果她爱的男人，不肯让她供弟妹，报答哥哥，她立刻就会觉得这男人不可爱的。姬发不会是这种男人，她相信。但是她也相信，像姬发这种男人，世界上不会有第二个。因为她准备自己一生在物质享受上马马虎虎，而让哥哥人活得美美的。除了姬发，谁愿意她这样呢？

哥哥因为带弟妹，才迟上了几年学。从小，她对哥哥都是如父亲一样尊敬的感情，虽然哥哥只比她大三岁。

弟弟一个转身，扯得被子"吱啦"作响。秀珍知道，哥哥又被露在外面了。她怕哥哥着凉，爬起身，摸索着，又把被子给哥哥盖在身上。哥哥粗壮的胳臂，斜伸着，被子盖不着。她便轻轻抓着哥哥的手，把胳臂塞进被窝。哥哥的手，粗糙得像老树皮，秀珍不由心酸落泪。躺回被窝，听着哥哥均匀、有力的呼吸，她又觉得很幸福。拥有这么一个哥哥，比什么都让她幸福。哥哥才是她的最爱。别的爱，必须服从于这个爱。她祝愿哥哥平顺，好给她时间，让她有报答的机会。

姬发、姬杨、姬槐、姬军四个人，忙里偷闲，闲里取闹，闹中有静，来来往往不断。不过是随兴而来，兴尽而去。谁说了冒犯谁的傻话，谁做了冒犯谁的傻事，互相一点儿也不在乎，尽得朋友之乐。

转眼已是 1983 年 8 月的中旬，自信"长风破浪会有时"的姬槐，待一开学又要紧张地在无涯学海里搏击了。而收秋种麦告罢，姬杨也将要去武宜，两块石头夹着一块肉，为钱拼命了。再往后，姬军说不定也将要参军，远走高飞。姬发想到自己很快在这山里将成为孤家寡人，未免伤感，便向那三个说："趁着咱们还在一起，到老林子打一回猎去怎么样？"那三个都是贪玩少年，只想在那混沌苍茫里恣意狂欢，极度张扬生命活力，当然同意。

第四章　狩猎张家山

武七嬷的祖父姬长庚，人活到后半生，为自己增添了一道壮观的生命风景线，足以让这农民老汉昂着头活人了。

亡羊补牢，为时不晚。初被毁的森林，还有再生能力。张家山原始森林被毁后，姬长庚主动请缨，要求守护高阳所辖张家山的林地："我这把老骨头，能压得住张家山！"当时的高阳镇领导拍案叫好，真任命他为林场场长。姬家老爹走马下中山赴张家山上任时，穿一身死人的寿衣。三爹打马在前，四爹催马在后。兄弟俩都披麻戴孝。三爹还高擎着一纸引魂幡。上面所写，不是"人成仙，魂升天"一类通常写的话，而是"宁叫我死，不叫树死"。父子仨，神情庄严肃穆，在张家山周围的村寨整整转了一天。

七嬷事先曾极力劝老爹别当那个要命的林场场长，可惜劝阻不住，就只好认命了。从此后，她倒成了老爹的后援。

果然，姬老人以不要命的劲头，历二十余年，终于将张家山高阳这一片，守护得郁闭成密林了，如今更茂密。可以说，姬老人是以满腔热血，染绿了张家山高阳这一片的，人悲壮，事辉煌，堪称"张家山森林之父"。而周围乡镇所属的林地，虽也同样任命了场长，但因看管不力，长出一茬幼苗毁一茬，终于无幼苗出土了。连绵山丘上，干土层深达数米，只能偶尔见到一些低矮不过几厘米的野草。因无森林涵养水源，那些乡镇地盘内曾经有过的几条小河，也永远消失了。

伟大领袖发出"植树造林，绿化祖国"的号召后，张家山周围各公社，年年人山人海造林，却除高阳外，年年仍是秃山连绵。而姬老人则几乎年年被评为公社、县、地区、省上的林业先进。高阳这片有两万余亩的林子，在本县是最大的一片绿色，在本地区也是少见的。这片绿色，也是历届公社领导的政绩，一有上级来人就带着去看。对老人的护林工作，他们当然也是尽力支持的。

姬老人一身正气，两袖清风，岿然如山。武清俊夫妇需用些木料，也是到别处去买。一则姬老人不肯给自己人卖木料，怕即便没占便宜，也落个说不清。二则绿色已成了他的宗教，不到无奈，他是绝不砍树的，自己人当然就"没门"了。

在那个时代，政治高于一切，遭到了后来人的非议。而到了如今这个时代，如果经济高于一切，特别是破坏了环境，也必将遭到后来人的非议。

改革开放之初，人们有些急功近利了。上级论下级的政绩，多以产值、税收等等硬指标来卡。林场没多大经济效益，姬老人这个场长也就没多少光彩了。自20世纪70年代末起，"门前冷落鞍马稀"，少有领导去张家山，也没给老人发过一张奖状。

八十来岁的高龄老人，还当着场长，自有其外在和内在原因。一个外在原因，就是基层干部都愿到"能来钱"的水泥厂、煤矿等处去当头儿，没人愿去当那个穷"山大王"。另一个外在原因，则是姬老人好歹也曾经是本县的一面旗帜，一些原在蒲城县任职，后升为省、地的老领导还记着他，偶尔便会问现任县领导："张家山的那个姬老头儿，还好吗？"现任县领导不知这个姬老头何许人也，自然有机会就要问问高阳镇的领导。问来问去，高阳镇的领导便觉得老头儿"上面有人"，也无心换他了。至于内在原因，则是姬老人自己不肯善罢甘休。

英雄迟暮，姬老人不怕死，就怕人家嫌他老迈无用罢了他的官儿。倒不是官瘾重，而是护这片林子几十年，他已经像母亲丢不下婴儿一样，再也丢不下了。二者，当这个场长，一月可拿二十来块钱工资，再种几亩地，就可养活自己了。他不愿伸手向孙女、孙女婿要钱，成他们的累赘。

人老病多，姬老人可以说是百病缠身。一到高阳中学孙女那儿，他就哼哼唧唧的，这儿也不舒服，那儿也疼。孙女要带他去镇医院，他又怕人知道自己有病，死活不肯去。孙女只好把医生请来，给他看看，买些药。可一进镇政府的大门，他就健步如飞。一天，白须白眉白发的姬老人，与一些人相伴又走进镇政府大门时，旁边一个小伙子为和他说话，几乎是在小跑着。小伙子忍不住道："哎呀，姬场长，你慢些！八十好几的人了，别绊上一跤。"姬老人声如洪钟道："胡说！我才二十八。"众人大笑。姬老人道："笑什么？六十年一个甲子。六十岁以后是重活一生。我第二生二十岁才过了几年嘛！"小伙子道："真有他说的。活不够！"姬老人笑道："我就是怕死爱活，怕老爱年轻！活人哇，就是美，人活在年轻时最美！"

偶尔开会，当着众人面，他还特意多吃两碗饭，以显示自己硬朗。人到了老年，就爱吹嘘，姬老人也不例外。林场他那黑洞洞的屋子最亮处，挂着一个大镜框，里面是他和当年的县领导——如今的省、地领导的合影。无论是什么人，一和他开谈，他就吹嘘某某省、地领导当年在本县任职时，对他如何关心。虽然总让人耳烦，但久而久之，无形地加强着人们对他的那个感觉："这老头儿上面有人！"

多亏在人们都急功近利的时候，有这个快死的老头子挺在山上不死，那片绿色才没有被急功近利了去。

为着那片绿色，姬老人成天在玩着战争游戏。周围村寨的山民来钱最快的事情，就是盗伐偷卖张家山林场的树。他们乐此不疲，可苦了姬老人。姬老人领着他的兵将们，唱空城计，围点打援，打声东击西战，打围剿战，打突袭战，没完没了，成年累月。结果是偷者自然偷了些，但无损大局。

姬老人还在玩政治游戏。镇政府只有十几个正式编制，却养着五六十号子人马。不过是因人设事，事少人多，人浮于事。别的不说，单工资一项，一年就是一大笔支出。政府财政，年年赤字，发不出工资的时候，镇长就会大笔一挥，让人给姬老人送个镇长令来：组织人力，砍伐木材，卖掉后必须在某月某日，送多少万元到镇政府。

姬老人粗粗一估，至少得砍伐几千亩山林。两万亩山林，要这么砍，能砍几回？这比盗伐还厉害。没办法，乌纱帽要保，不敢生碰硬顶，他只能答应砍。于是大张旗鼓，好不容易组织了一点点人力，尽磨洋工，几十亩砍呀砍呀，总也砍不完。砍下的一点点木材，也总堆在那儿只显眼就是卖不掉。不过镇长家里，夫人却收到了十几袋子核桃、几根可做家具的好木头。都是夜里用林场的那辆旧手扶拖拉机神不知鬼不觉送去的。镇长知道了，又恼姬老人不得，只是三道圣旨、五道圣旨地催要钱。林场方面，姬老人总是痛快答应，就是迟迟不见实际行动。或者有一天大张旗鼓地把钱送到了镇政府，可惜只是区区小数。事情只得不了了之。批评姬老人是要挨的，检讨也是要做的。批评挨了不少，检讨做了不少，场长还是姬老人的场长。镇长包括夫人，特别是夫人，对姬老人没有恶感。

姬老人就这么圆滑、狡黠地保着自己的乌纱帽，也保着这片绿色。谁能有他对这片绿色感情深厚呢？姬老人常常望着那一望无际的生机而骄傲，因为这是他一手缔造的。他又常常望着这片绿色而忧虑重重，因为年纪、身体告诉他，他已活不久了。他之后，这片绿色还能继续存在吗？当年十余万亩原始大森林数月被毁的景象，姬老人至今记忆犹新。造一片绿谈何容易？毁一片绿何等轻易！

　　张家山林场，依然是高阳男子狩猎的好去处，但早已没有以狩猎养家小的了，狩猎的目的就是为狩猎。对少年们来说，去狩猎，等同于城里的少年们去迪斯科舞厅狂舞，仅仅是为放纵那过剩的激情而已。

　　姬发很小的时候，七嬷就给他颁布了一条不成文的规定："不许摸枪！"他要是个女孩子，一辈子也不会违反这条规定的。可他是个男孩子，山里的男孩子历来对枪兴趣最浓。姬发口头答应，却阳奉阴违，小的时候就跟着校长的侄子们学会了放枪。

　　迁家到高阳中学后，姬发假日里常借着去给校长的侄子或是同学帮忙为由，偷着去打猎。七嬷问及那些人，他们当然是要为姬发圆谎的。二嬷便道："好，爱吃苦的孩子好！"因此从没阻拦过他。

　　姬发还用七嬷给他的零用钱买了一杆土枪，让姬杨保管着，秀珍又给他精绣了两个散弹袋子。回到山里，他并没敢让姬杨拿过来。七嬷隔些日子就会来看他，一来就翻箱倒柜，把家收拾个遍。他怕万一让老婆子发现了震怒。

　　镇林场距中山村有二十来里路。这天中午，四位好友全副武装出发了。人说："绸衫的老爷，烂布条子的猎人。"猎人的衣着，永远让人看着伤怀。伟岸英俊的姬发，穿着姬杨爹的一身破黑布衣，倒有一种不伦不类的趣味。两只精致的绣花袋子缚在腰里，一只装火药，一只装散弹。肩除挎枪外，还挎一只大布袋，以备装猎物用。

　　四双大脚踩在干硬的路面上，如战鼓咚咚然而响。四条狗在人脚旁窜来窜去，激动得肚皮忽闪不已。

　　生人进入张家山森林，会迷路走不出来的。数百万棵树向空中散发着浓浓的潮气，黄尘不起，天色碧蓝。

　　一片混交林里，千万只蝉在气势汹汹地鸣。一条被羊齿植物覆盖得时隐时现的羊肠曲径，穿过混交林，又通入一片桦林。桦林闪着白绸一般的柔光，弥漫着桦树特有的稠重辛味。林荫匝地，落叶直没脚踝。野葡萄藤绕茎攀枝向上，绿得要滴油。树上鸟儿在欢快地啁啾。然而时不时，就会有一声兽吼，给这神秘山莽平添一种恐怖气氛。

突然，一只正忙碌着的红腹锦鸡，警觉地伸长脖子，四下打量。华丽的项羽，有半刻静静的。终于"嚓——嚓嚓"一阵狂叫，抖开各种颜色相杂的羽翼，直窜上天。有狗四条，出现在了这里。

一条黑狗，头部窄狭，身躯强壮，四肢细长，正大发兽性，一副噬血者的狰狞相。瘸着一条腿，抿着一只耳朵，不时嗅地下野兽留下的尿迹，又不时将自己的尿迹也印在石头或树身上。

这企图以尿迹占领世界的狂妄之徒，正是姬发的黑子。

中山村里有一个小后生，人称二女子，走路大姑娘一样甩着手，捏着莲花指，扭着水蛇腰，开口娘娘腔。他剪一手好窗花，绣荷包更是绝活，就是听见鞭炮响便恨不得钻娘怀里，人家老远放枪他就捂耳朵，他自己放枪更是闻所未闻。这天他去里山看姨娘，回来怕赶天黑到不了家里，抄近路走在林中。脑袋拨浪鼓似的左看右看，自惊自怕，生怕林里扑出野兽来。"怕处有鬼"，他只顾看左右，不防前面突然一阵粗重的兽喘，一下子魂飞魄散，四肢发软，惊叫一声，跌坐在地。看清是狗，才没有死去，但仍心怵，一动不敢动。

狗也被他惊了，毛竖立，舌头血红地吊在外面，不吠，绿眼睛瞪着他，一眨不眨。

惊呼传到后面的猎人耳里，一声脆亮的呼哨，狗一眨眼间踪影全无。二女子才敢爬起来，猎人也出现了。

猎人中的姬发，嘴角噙着一茎野草，草顶尖一朵小红花，颤颤的。

二女子见是他们，放下心来，笑道："发子哥那散弹袋子，金线配绿底，红边子，好鲜亮颜色。是没过门的嫂子给做的吗？谁家女子这么心灵手巧？就狗不好，吃人一样！"

姬杨对这饶舌的后生很不满，他的必成女大学生的大妹，怎么能是山里愚顽姬发的没过门媳妇？自顾向前走了。

姬发舌头淘气地一鼓捣，小红花在脸前舞了一个大圈，慢慢落到地上最干净处，被他一脚踩烂，摘下枪说："哥们，吓软了吧？硬棒些！软了女人谁爱？生身汉子，能叫畜生欺负？有种，就一枪放掉它！"二女子嚅嚅道："伤天害理的，咱也不敢放枪。"姬发鄙夷道："你不敢，看老子！"衫子胸襟敞开处，裸露的肌肉极厚实，如紧收的弹簧，蓄积有无尽力量，只找机会爆发，举枪间，肌肉隆起，突然一枪照二女子头上放去。人无不惊心。二女子软软坐地，已差不多死过去了。黑子却从前面噙过两只山鸡来。姬槐没有说话。姬军惊叹："双料!"

姬发提起山鸡甩向二女子。二女子还没有活过来,不知道接,山鸡重重地打了一下他的脸落地。他这才有些活过来的意思,眼睛泛白,脸无血色。那飞扬跋扈的青年猎人嘲笑道:"你老子娘养你这个不敢放枪的种,怄没野味吃吧?提回去给她尝尝鲜。她该把你重生一回,生成个闺女算了。你这算什么?干脆把裤裆那东西一刀两断算咧。哪个娘儿要嫁了你,好没趣!"

姬杨突然转过身来,朝姬发吼:"臭美国佬,少在我面前欺负人,小心我揍你!看不惯就欺负,这世界还能有安宁的地方吗?"姬槐拍手道:"骂得好,我没敢骂出口!"

姬发自嘲式地哈哈大笑一通,便哼着小曲儿,迈着富有弹性的步子往前赶去,冷不丁在草地上打了个旋子,旋回二女子身边,拉起他来,拍拍肩头,以示歉意。姬杨这才笑了。二女子也最后活过来。姬发捡起山鸡,塞入二女子怀里。二女子抱着便走。姬杨又吼:"别要他的臭东西,砸他脸上!"二女子回过身来,望了望姬杨,又看了看山鸡,有些不舍。姬杨断吼:"砸!"二女子只得朝姬杨笑笑,把山鸡扔在地上走了。姬槐道:"真不争气,叫人欺负了,还想要人的东西。"姬发笑道:"争气人我不敢欺负,我就不敢欺负杨子。"姬杨冷笑道:"未必。我们日后长着哩,但愿!"

林莽深处,近是清明,远则笼裹着蓝色透明的雾。似有似无的风,时时把花粉送入人鼻孔。野花之多,使得香气之浓郁,都成黏腻的了。偶有泉水从石头缝里涌出,"咕咚咕咚"欢快地响着。长脚花蚊,在草上嗡嗡嘤嘤。幽深处,暗无天日,蛇挂树枝。开阔处,碧色连天,蝎行草里。人不由身心解放,魂动魄摇。

无胆量不可狩猎,有胆量无力气不可狩猎,胆量、力气二者兼备,无智谋不可狩猎。猎人的智谋,不只用于野兽,还用于同伴。

同猎的人,只在危险时需要帮伙,更多的时候,是设法甩脱别人,以免上风被抢。

姬发很快就狡猾地甩脱了同伴。事实上,这些讲义气的汉子,人人都是这个永远不诉之于众的心理,谁也不会抱怨谁,更不伤和气。倒是新手、外行,才缠住别人不放,落个人厌烦和瞧不起。不过他们似散非散,以枪声互报平安或紧急求救。枪声愈远,人愈得意,这证明他的甩脱十分成功,但枪声远到消失,人就恐慌起来——他已无法找到同伴了,处境孤立无援。猎人知道,这是十分危险的,死了连骨头也找不到。如今这片林子里虽不是当年原始森林时虎豹出没，但野猪较多，狼也偶见，并且如今的猎人不是以此为生计，只是消遣，猎技远远逊色于原先的猎人。

起初，姬发还可以听到同伴的枪声。凭枪声，他就可以知道打中了没有。他们全在放空。

姬发念书上不太出色，但动手能力极强，猎技在山里少年中是出类拔萃的。他不大看得上山鸡一类，一心要猎羊鹿子什么的像样一些的猎物。羊鹿子似能感应到与他遭遇必是死路一条，踪影全无。

一个荷猎枪、引猎狗的高大男子身影，从树林走入草地。那身影在神秘、高远的苍穹和富有力度、坚实的土地衬托下，充满诗意，似从地里长出来，头顶着天。

姬发不正是一个土生土长的西北汉子吗？他有时既明智又宽宏大量，可亲之近之；有时却既愚昧又俗气刻薄，叫人无法忍受。因为有美好也有不美，他才是他。

他的人生，还充满着未知。或者会走向黑暗无边的深渊，或者会走向辉煌的极顶。

黄昏，他终于有了一个小小的机会。远远的一簇艾菊，略略一动。常打猎有经验但不十分老练的猎人，也会以为是风吹草动，连狗也没有觉察到什么。姬发那一双锐目，却透过艾菊枝叶的缝隙，发现了一点点猫狸的毛皮。才发现，早已扣动扳机。枪托"后坐"震动猛烈，肩像被人棍击似的剧痛。真真臭枪，他很少这样，猫狸只被打伤，惊慌奔命。这要是猛兽，就很危险了，会反扑过来的。土枪是"前装药"，很麻烦，再装药放枪已来不及，姬发扔枪便追。滚荡下坡，闪过幼松林，又过灌木丛。在一土岗上，两块石头足有丈来远，一高一低。姬发猎鹰一样，纵身从高处的这块石头飞落在低处的那块石头上。用力之间，衫扣全绷掉落入草里，衣摆腾起，露出了极宽的雕花鞣皮带。猫狸眼看就被追上了，却一蹿，上了树。狗在树下狂吠着，绕着树打转，黔驴技穷。姬发却也蹿上树，偌大身躯，敏捷如猿，从这个树飘到那个树上。手一伸，就够着猫狸了，却听"啪"的一声，猫狸落到了地下。人也紧随着落地，却站住不动了。猫狸已在没人深的狼草中，消失踪影。

姬发沮丧地踢了随后赶到的狗一脚，脚拐子一阵剧痛，原来是脚崴了。他就地坐下，脱下鞋，按传统方法自疗，很快便觉得好些。天色更晚。他和狗休整了一会儿，找回土枪，安顿好肚皮，又扛枪一拐一拐走在林里。

那放光玉轮，不知不觉横空出世，群星黯然。月光下，土岗、树，拖出一块一块黑影，狰狞如盘蜷着的蛇，如缩身屏息的豹，如张牙舞爪的狼。远处似有人在偷砍树，"嘭嘭"几声，又停半晌。细听又不是人在砍树，那不知是什么发出的声响。

草里，有蛇动的瑟瑟声。一只猫头鹰从近处树上蹿了起来，"哇"的一声，惊动几只野鼠在他脚旁吱叫逃遁。

姬发觉得今天狩猎从未有过的败兴，疲惫、机械地迈着步子，眼睛眯着，蒙蒙眬眬的似要睡去。狗却兴致勃勃，东蹿西嗅的。

突然，远处响起兽吼，似人睡着时打鼾，又似锯木的声音。姬发一下子睁大眼，疲惫感顿失，也不知脚疼了，屏声侧耳细听。

狗双耳耸立，望着人。

姬发起初以为是野猪，后来听清是狼。天不负他，终于可以血淋一身了。他向狗轻轻一嘘，人与狗蹑手蹑脚来到最佳位置，摆好阵势。

吼声一步步临近，时像孩子嘤嘤，时又像钝刀割鞣皮一样，并不刺耳却令人难以忍受。月光之下，草地远处，先出现了两只尖竖的狼耳。倏忽一下，狼的全身闪出来了。狗已是待令冲刺姿势，土枪口也瞄准了狼的顶门骨。

姬发小的时候，常见成群出没的狼，如今却几年没有见过了。好容易今夜遇见，也形只影单。那狼已嗅到了人和狗的气味，准确地判断出了所在，站住，瞪着这隐藏危险的地方。

狗紧张姿势保持太久了，身体微微战栗着。人还没有扣扳机。

狼明白自己的实力，并不主动攻击，似乎在等猎人发出攻击后，才拼死还击。猎人久无声响，狼不再等待，但也不退去，依然按照原来的方向，继续走起来，傲慢地朝天嗥着，步子不慌不忙。好一个西北狼，似乎置生死于度外，因而遇危险泰然自若。

土枪口依然对准狼的顶门骨。狼在森林里，不是猫狸那种弱小动物，永处于隐蔽状态。姬发只要扣动扳机，绝不会是对猫狸那样枪臭。但他对准狼，只是怕狼万一主动攻击。狼没有攻击，他也就目送那孤独的行者从草地尽头消失，便收起了枪。狗也沮丧地放松下来。

校长夫妇待姬发虽如亲生，可姬发从不敢在他们面前像亲生的那样太随意任性，总有一些屈就、附和的意思。而这屈就、附和，分明是心理上的自我伤害。他是孤儿，心里有一道深深的伤痕。踽踽独行的狼，触动了他那根最易痛的心弦。他不忍伤害狼，如果说是同情它，不如说是自我怜惜、同情。他站起身，又觉疲惫不堪了，无心再打猎，更懒得回去，便向林场场部走去，准备在祖父那儿睡上一大觉。

　　林里，时不时，就有那三个的枪声响起。姬发到了场部门口，便朝天放了一枪，告诉他们自己上祖父这儿了。果然那三个从枪响判断出他在场部，从不同方位，也陆续朝天放了三枪，告诉他"知道了"。

　　姬杨也遇到了那只狼。他不是出于姬发的那种自我同情，而是出于一个比较有知识的山里青年的理智，没有开枪。渭北还存在的狼，扳着指头都能数过来，不能再捕杀了。

　　天明，三人聚到了一处。姬杨打了几只山鸡、野兔。姬军打了一只大黄羊，得意洋洋。姬槐枪法拙劣，一无所获，不过他的人生拼搏在高考考场上，并不失意。姬杨送了他一只山鸡、一只野兔，他也不道谢，心安理得地接受了。

　　姬老人自姬发回到家里，还没回去过。三人想，姬发此一去，老爷子准有一肚子让他安心过日子的话要唠叨，便没有去场部叫姬发，先回去了。

　　姬老人正领着些护林员去林里巡游。给姬发开场部大门的，是有些弱智的护林员猫蛋。姬发向猫蛋要了半脸盆热水，洗了脚，便倒在祖父炕上大睡。一觉醒来，天已大亮，祖父正在外间屋里咳嗽。姬发下炕到外间，见祖父已做好了饭，不过是搅了半锅糊糊，烤了几个馍。姬老人行动迟缓，一副随时都会栽倒的样子。姬发便笑道："我回家了，你也回家吧。咱们爷孙俩在一起，好照看。"

　　老人道："你那脾气，我还不知道？这阵高兴，把我叫回去，待两天又不高兴了，只怕把我要推出门哩。我还是在这里混一天是一天吧，等动弹不得了再说！"姬发道："你把我说成什么人了！"洗过脸，便和祖父坐下吃饭。祖父道："什么时候，派出所把你们的枪都收掉就好了。林里能有多少野兽？还经得住你们打？再说，万一把护林员当野兽打了，可咋办？"姬发笑道："放心，我们又不是瞎子。"姬老人道："再好的眼睛，也有看离了的时候。"姬发沉默不语。姬老人也沉默了一时，忽然表情跟庙里的神塑一样肃穆、庄严，道："这张家山，是天宫张夫人的玉身哩。张夫人有一件百褶裙，绣着三百样鲜花、三百种鲜鸟、三百品鲜果、三百团鲜雾，费了整整三百年才绣成。刚穿到身上，就让王母给看上了，要她献给自家。张夫人是个倔性子，偏不献。气得王母犯了老病，从秋天里蟠桃下来，一直咳嗽到春天上打碗儿花开，都咳出了血。惊动了玉皇大帝，就命小神从张夫人身上扒下那件百褶裙来，献给了王母。王母一下子不咳了，大摆筵席，请了九九八十一路神仙。众神正行酒令取乐，一个小神来报：'了不得！张夫人哭天抢地，连东海龙王爷都哭烦了，一个喷嚏打来，就把天喷了个窟窿。张夫人从那窟窿给跳下去了。'众神围护着拄凤头玉杖的王母来到窟窿边，朝下界一瞥，咱这地方，张夫人光着玉身躺着。王母从百宝髻上拔下金簪一划，玉身就化作了张家山。张家山原先的老林子，就是先人给张夫人的装裹，可惜后人又剥光了。老爹干了一桩大事，给张夫人又装裹上咧！"姬发鄙夷道："不过一个小看林的，倒自我感觉怪伟大神圣的。"姬老人道："呸！你也小看老爹了。你不知道，当年你大爹、大娘还在张家山林子时，林子有多美啊！眼睛一闭，睡着了，是画一般的梦；眼睛一睁，醒来了，还是画一般的梦。真是鸟语花香，山绿水清，人像在画里一样。后来被毁了。老爹啊，又让张家山重新变成了画一般的地方。老爹难道不是干了一桩大事吗？"姬发道："屁大个事，就吹得跟天大一样。有本事，当一个百万富翁来，我就服你。"姬老人呵呵笑道："老爹没那个心。你有那个心，就只管富。老爹还能跟着你享富贵哩！"又话锋一转，教训了姬发一些"君子爱财，取之有道"的道理。不过是老生常谈，姬发不爱听，只闷头吃饭。

　　姬老人早从教训孙子转到显摆自己从前的过五关斩六将上了，越显摆越来劲。姬发烦得要命，只欲逃离，正好一个护林员进来道："冬子在南山坳看见了两个砍树的，叫我来喊人，他盯着。"老人一下子把五关六将丢脑后去了，连姬发也忘了个精光，胡子炸开，像打枪一样射出一口痰来，声震屋瓦道："你跟猫蛋从沟里过去，我从山背过去堵住他们的后路。快！"一跃而起，早出了门。姬发只得追出喊："老爹，我不等你，吃过饭就回去了。"姬老人头也不回道："你回去吧！"脚底轻捷，全不像个八十来岁的人。正往前奔，却突然像狼一样急转身，跃上堰，没入林中不见了。

　　姬发忍不住笑了。倒也好，老爷子干朽干朽的，似乎只要指头轻轻一弹，人就会垮作一堆灰，被风吹个四散一般，却因成天在这林子里奔来奔去的，精神不垮，劲头十足，分明还能活些年头。设若让他跟着自己待在家里，唠叨个自己生烦不说，他先会闲个没精打采，病病歪歪，走起路来胳膊腿老是打架，那可就剩下等死的份儿了。

　　吃过饭，他把锅里的面糊糊盛在碗里，洗了锅，又给锅底煨上火，把饭给祖父热在锅里，便挎枪引狗，踏上了归程。

　　幽林里，光线黯淡，树冠下空气森然，树梢却挂着温暖的红光。突然会听见一声鸟叫，但看不见鸟在何处。出幽林，则见山峦被透明的淡蓝色蜃气所包裹，神奇如幻。脚旁草茎下，有兔子梅花形的蹄印和雉鸡布满密纹的菊花形爪印，溪水碧绿得和草一个颜色，所不同的是闪着光。水葫芦、萍叶、芦苇在溪水里晃荡；冰草、马齿苋在溪岸招摇。空气里透着一股子沁人心肺的草腥味。蜻蜓、水蚂蚱四处飞动。野鸭子、水鸡子"咕咕噜噜"叫着，追着啄金龟子。偶尔空中一只燕子飞来，在水面上与自己的倒影轻轻一吻，又形影分离，各奔天地了。

突然，五六步远处，一只雄雉鸡，麻色羽冠，火红与闪光绿相杂的项毛，翅是鲜艳的玉碧色，翎毛有两根近一米长，几乎囊括了所有颜色，正在石头旁啄虫子。狗要扑过去，姬发弯腰一按狗头，把枪和挎包挂在它脖子上，明知活捕不着，却只想活活地把雉鸡捕着，养起来玩儿。轻手轻脚，眼看就到了雉鸡跟前，那雉鸡却突然飞起，并不飞走，又在五六步远处落下。姬发欲罢不能，不住追着。峰回路转，蓦然见这一处水更深更绿，有小鱼在水面喋咻。姬发便动了下水痛快一番的欲望。反正深山野林里遇不到人，他便丢开雉鸡不再追，脱了衣服，用那雕花鞣皮带一扎，放在一簇茅草上。狗拖着枪和挎包过来，蹲在衣边。

他踩着松软滑润的青泥，走到溪边，溪里便倒映出他那优美迷人的胴体来。双腿粗长，胸脯宽阔，肌肉发达，上身刚好成倒三角。他自然知道自己的胴体罕有地迷人，也引以为傲，自我欣赏着，愉悦非常，孩子气十足地捡起个石子，朝水面撒去。小时候，他能一连撒八九个水漂，但久不有这童趣了，此刻只撒出了三个。然后到一株老柿树旁，弹掉柿树虬节里的一只臭虫，矫健的身躯轻捷地爬上树，站在一条伸到溪上空的胳膊粗的长枝上，嘘气，收腹，跃身，漂亮地翻转三百六十度，轻轻入水，未溅起一点儿水花。树枝忽闪忽闪晃动不已，终于有一个水晶柿子掉入水里，溅起几点水花来。

好久，溪中间出现了一个旋涡，莲花蓬叶急速往涡里卷去。眨眼，涡凸，所有东西又往四边滑去。姬发露出了上半身，水珠淋淋沥沥往下滴个不住。

他以各种优美的姿势嬉游着，不时侧头一吐水。只有指甲盖那么丁点的鱼，毫无畏惧地在他身上蹭来蹭去，麻酥酥地惬意极了。

尽情后上岸，他展开身子，松坦地躺在绿缎一样蓬软的草上，像草上开了一朵人形的泛白黄花。

蓝天、白云明朗朗的，溪水上下天光。蜻蜓在溪上空飘来翻去，不时有花媳妇虫儿落在他身上。而微风吹来，草夹着湿气柔情蜜意轻拂着他，他舒服得闭上了眼睛。飒飒风声，唧唧虫鸣，呼呼林涛，瑟瑟草响，物我交融，他完全沉醉于大自然的魅力中。

生在环境恶劣的大西北，却有这么一个山川秀美的故乡，他觉得自己太幸运了。人生正逢青春，最美不过。美好的青春里活在美好的自然中，让他觉得活着太幸福了。无论如何，要对得起活着。他在心里呼唤："爱我吧，一个美丽的女子！青春只有一次，逝去了不会再来。快快走入我的生活，尽情享受我的青春，也让我尽情享受你的青春吧！"而青春期的欲望，自然极强烈。有了这念头，冷不防，他硕大的阳器，就不由自主地从茂密的阴毛里，冲天昂举了起来。他都在心里好笑道："什么是生机勃勃？这就是生机勃勃。妙趣横生！"虽然无人，但他还是害羞地拉过衣服，盖住了下半身。然而，欲望好久不能平息。生为男人，其乐无穷；生为女人，虽然让他感到神秘，但也一定其乐无穷。他无比自恋，也无比渴欲被恋，无比庆幸父母生自己到这人世，无比热爱养育自己成人、能让自己有机会感觉这美妙的校长夫妇，无比热爱活在这丰富多彩、魅力无穷的天地人世。天哪，人，人世，天地万物，浩茫宇宙，无不美不可言，妙不可言！

第五章　血色追求

　　同窗好友们朝夕相处多么美好，可惜已成追忆。姬军不久就当兵走了。姬
槐备战高考，忙得跟姬发见了面连坐下说一会儿话的工夫也没有。姬杨去了武
宜，过年也没回来——来信说过节还上班，可以挣双工资。人家各奔前程，姬
发却百无聊赖，甚至变得庸俗不堪。

　　如今种庄稼，收种忙得要死，闲来又闲得要死。姬杨的祖父母、父母，还
养着一大群鸡、猪、羊，农闲也忙得团团转。姬发要不是山路拉运庄稼费力，
连牛也懒得养，哪里还肯养那些？农闲时，他在村里转悠来浪荡去，所见不过
是半片破瓮扣墙头的院子，草顶泥地的屋子，忙里忙外的大裆窄裉村妇和黑红
脸膛的山里汉子，追逐嬉戏得土人儿似的小布点孩子，牛马鸡猪，简直腻味透
顶。花季年岁，大好时光，日日虚度，他却不知可惜。

　　他那庞大的身架，简直是男子汉的标本，却成天拿着个弹弓打麻雀玩儿。
村里大一些的男孩，也早出晚归去上学，没工夫打弹弓。村邻看着他的样子，
无不发笑。那时高干子弟、高知子弟这些词儿山里人也知道，他们并无恶意地
嘲道："吃粮不管纳粮事，花钱有那上过清华的供着，他万事不愁，可真是个
高知子弟了。"

　　山里人总是拾城里人时髦的余唾，什么东西在城里已不时髦了，在山里反
倒时髦起来。城里男孩时髦穿红衫，几乎同时，姬发也穿出来了，令村人
侧目。

　　一日嘴馋，他竟偷了人家的老母鸡来吃，惹得那家的老娘儿横在他家大门
口，骂了个天翻地覆。姬杨娘忙捉了自家一只鸡给了人家。七嬷知道，上山来
又把他骂了个狗血喷头，还硬塞给姬杨娘两只鸡的钱。老太婆向姬杨娘道：

"嫂子替我打寻着，看谁家有个可心的女孩儿，该给他娶个媳妇了，顶好娶一个比他年纪大的。跟前没个人管，他要闲荡成二流子了，我死了咋见他娘？"

1984年4月的一天，武七嬷提了两斤肉上山，包了饺子，姐弟俩吃了。她又把家从里到外清扫了一遍，把姬发的脏衣服洗了，便教训了他一场。唠唠叨叨的，无非是要他做个正气人。姬发听得眉头都皱成了疙瘩，她才下山。

老娘儿沿着葱绿的庄稼地畔悠悠走到半路，正遇那后山闲荡汉武大，穿着城里已过时、山里还不时兴的大喇叭裤，迎面扫地而来，笑问："七老娘，又朝拜娘家去了？"这武大自幼丧父离母，由老爹抚养成人。他老爹是后山的"村盖子"，无法无天，把个孙子也惯得腹无点墨，胸无大志，好吃懒做，最爱寻衅生事。七嬷一见他，不由动了那嫉恶如仇的老脾气，仗着她在武大面前是祖母的辈分，两手抱腹，命令道："你给我站住！"

武大从没听过人以这种口气向他说话，吃一惊，站住了。七嬷奚落道："你也留起了胡子？你三十出头还是四十大圆了？懒得连嘴边的那一茬子荒草也不割！呸，你再上些化肥，催他一催，就能放羊咧！你看你的鼻涕，那倒是好肥！我要是你老爹，不揪着你那一把荒草，批几大耳光子，我就白活这岁数了。你老爹原来也不成器，真是'虎生吃人的崽，鸡蛋孵不出天鹅来'，呸！"

扬长而去。爽利的言谈不说，老娘儿气昂昂走过，那一双大脚把路面只差没踩出一串窟窿来。肥硕高大的身材上，黑家织布裤褃肥裆大襟，飘飘而然。半辈风霜雪雨留在脸上，威风而又威严。好一个武七嬷，活透出西北娘儿的豪气和野性！

武大从没受过人的奚落，一时发蒙，等反应过来，老娘儿早转过山弯不见了。他恼羞成怒，凶神恶煞地骂："母马，牙口生老，倒能磨牙！老子一嘴巴荒草，你这老母马还一脸犁沟哩！撒上种子，再拿化肥催一催，也能汀不少粮食！噫唔！哼，臭老娘儿，发羊角风，不怕我敲下你的老牙？看我不给上一副铁嚼子，叫你去嚼舌！"

武七嬷没有想到，这武大此刻正要去姬家，他和姬发已成哥们儿了。

这几年，高阳"名人"辈出。上过清华的武校长成了名人，发了六财的成了名人，地痞流氓也成了名人。这武大和另两个地痞，号称"三大混甘魔王"，在高阳无人不晓。他们常拿着刀子，替那些发了大财的人讨债，盗古墓，偷人家，拦路抢劫。有谁让他们看着不顺眼，就大打一场。好好的一个四川来的过路人，问武大路。他听不惯那个"啥子"口音，就把人家毒打一顿，然后指路，指的路还是反方向。

姬发一则因自己是孤儿，没有近宗堂亲的兄弟可以倚傍，跟这些人做"哥们"是为不被人欺负。二则也因为精神极度空虚，厌倦山里人的传统活法，想发大财又苦于无路数，听武大说盗古墓可发财，手心便痒痒，欲跟着这些人一试。他当时的思想实在不敢恭维，曾向人道："别信啥球黄道黑道，也别讲啥球义气德行。能屈能伸就是男子汉大丈夫，有钱就是爷！"

因姬发年纪太小，七嬷在武家的侄子不好直呼他为"舅"，便戏称为"国舅"。姬发和武大关系密切，起先校长夫妇并不知道。这日七嬷半路遇武大，回到学校后，校长的大侄子来看他们，顺口说："几回在咱们村里遇到国舅，我叫他到我们家吃饭，他一回也没去。我只当他犯我什么病了，后来跟弟兄们说起，也都说没到他们家去。听说是在武大家喝酒了。武大什么人，他咋能跟那号人交往？我们虽说比他年纪大，可辈分小，不好说他。七娘见了，该把他好好说一说才是！"

校长夫妇吃一惊，但还有些不太相信。恰好隔了一天，姬杨爹来给秀珍送干粮，七嬷便问起这事。姬杨爹道："真有这事，发子跟那些人拜了兄弟哩，三天两头在家里喝酒。喝醉了，就在村里乱骂人。看在老妹子面上，我有一回说了发子几句，还叫他打了一顿。我见他醉了，不跟他计较。本来我早就想跟你们说的，又怕你们生气，没敢说出口。想不到那孩子变得这么快。你们既然已知道，就赶紧管管吧，别叫跟着那些人出了事。"校长叹道："不肯看书，没分辨是非的能力。那个年纪，又是走钢丝绳的时候，一不小心就跌下去了。"七嬷震怒，当时就逼着校长跟她上了山。

一见姬发，七嬷就照脸啐了一口，拉住要打。校长吼道："不许撒野！好好跟孩子讲道理。"七嬷才松了手。校长道："进屋说话吧！"先进了屋，坐在椅子上。姬发只得跟进屋，坐在炕沿上。七嬷不坐，两手抱腹立在脚地。校长把"近朱者赤，近墨者黑""约束自己，是一种本领""小人是狗脸，说翻脸就翻脸""君子斗不过小人"的道理讲了又讲，七嬷不时没头没脑插几句。姬发低着头，一声不吭。七嬷道："日后不许跟那些不三不四的人来往了，听着了吗？"姬发不回答。校长又问了一句，姬发突然抬头喊："我早不是刚出世得让女人兜在围裙里的孩子了，交什么人做什么事，不用你们管！"

七嬷一下子扑在他身上，揪他，拧他，哭道："你大了，不要我们管了。当初在地上爬的时候，你怎么不说这话？呸，忘恩负义的东西！"姬发只轻轻一推，老娘儿就跌坐在地上。她愈怒，抱住他的腿，拿头撞着哭道："反了，敢打我。你索性把我打死，就没人管你了。"

姬发抽出腿就要走开，只见校长一跃而起，追上他，"啪啪"就是两记清亮的耳光。这可是他长这么大，校长第一次打他。他捂住脸，吃惊地看着校长。校长声色俱厉道："家跟国一样，温情脉脉不成，就得用法律。道理你听不进去，我就只有逼你了。你要还跟那些人来往，我就领着我的侄子们，把你打得摆在炕上，半月下不来。你跟我说，你还跟那些人来往不？"

姬发僵硬地蹲在了地上。校长喝道："说话！"姬发哭声道："我还有什么说的呢？你养我了嘛，你是老子嘛，我敢不听你的话吗？"七嬷扑过来捶着他的脊背叫："我叫你嘴里不念心里佛，我叫你嘴软心硬！"姬发一动不动。校长在脚地踱了几来回步，仰天长叹一声，拉开七嬷道："他毕竟是孩子，只长个子不长心。听了我们的话就行咧！过几年就好些了，'树大自直'！"七嬷也就收住，反拿好话来哄姬发，像哄五六岁的孩子。校长又给姬发讲道理，还是语重心长。姬发一句话不说。

老两口离去时，姬发连看也没看一眼，更没有送。走在山路上，校长忧心忡忡，道："我怎么不会管孩子了？看他那样子，根本就没听进去。我就像是在给石头说话。唉，等到事来教训他，悔也晚了！"七嬷只会抹眼泪。

回到高阳中学，七嬷几夜没有睡好。这日她哄校长说要上中山看姬发，却回到后山，在武大家大闹了一场。从没人敢惹的武大爷孙俩，乖乖答应，此后不许姬发进他们家门，武大也再不进姬家门了。爷孙俩若不知趣，敢拿着草棍儿戳这母老虎的鼻子，必吃眼前亏，因为七嬷是领着二十多个侄子气势汹汹闹来的。

到了姬发这个年纪，人都有强烈的想摆脱父母管束的心理。姬发本只对七嬷把自己管得太紧有些怨，现在对校长也有些恨了。表面上他和"三大混世魔王"断绝了来往，背地里却仍是往来不断。"弦绷得太紧，就会断的"，校长夫妇虽不能放手不管，但又怕管得太严出了事，真不知该怎么办才好。好在不久"严打"中，"三大混世魔王"都被抓去判了刑，姬发也被传审了几次。因无罪证，才免了牢狱之苦。到这时，他才稍懂一些校长夫妇的良苦用心了。但做人并没有发生根本转变。

高考揭晓，秀珍一举中榜，姬槐则再度落榜了。那小伙子已架上了眼镜，暑假在村里跟人连一句话都没有。他决定还补习，下地时都背着书。

不久录取通知下来，秀珍被西北林学院录取。姬杨从信中得知，兴高采烈地从武宜赶了回来。大热的天，他还穿着一身矿上发的劳动布工作服。舍不得吃有营养的东西，人瘦多了。常年钻在地底下，少见阳光，脸上也没有红扑扑的气色，白得有些泛青。秀珍一见，就拉住哥哥的手哭了，道："穿衣不讲究倒罢了，可要吃好。瞧你，跟个病人一样。"

家里供一堆学生，已无积攒。校长夫妇本来要全包秀珍上学的费用，姬杨不许。他的工资，除了伙食、路费花了些外，都为妹妹上大学攒着，只让校长夫妇补其不足。他私下还把校长夫妇给的钱在本子上记着，准备将来有能力时慢慢还。

在家的那几日，姬杨晚上仍跟姬发住着。近一年不见，两个小弟弟爱大哥爱得不行，晚上非跟他睡不可，而且非睡一头不可。左边一个右边一个，把他挤得紧紧的，他整夜连个转身也没法打。少年付出了，弟妹们也给他献上了最真挚的爱。世界上，没有比爱更珍贵的了。少年心里很充实，也很幸福。

姬杨要带秀珍去镇上买两身衣服，一只皮箱，秀珍不许。衣服她用母亲织的粗布给自己缝了两身，箱子则让父亲用家里的薄板打了一只，就是本色，连漆也不让漆。姬杨本来准备把妹妹一直送到学校，秀珍笑道："这么一点儿东西，我从小干力气活，才不放在眼里哩。女大学生一个，也丢不了，再说还有学校的车在车站接。不用送，省下路费，哥多吃些有营养的饭菜。要让我再看到哥瘦了，我就不上这大学咧。什么有哥的身体要紧？"

这日，校长夫妇、姬杨、姬发在镇上送秀珍上长途公共汽车。两个小伙子把箱子、被褥装到车顶上，车就要走了。秀珍含泪笑道："大姑、姑夫不说，哥哥和发叔千万不要以为我从今往后高你们一等了。我跟你们永远是平等的。"

当她的眼光逐一扫过这些人时，姬杨的心"咯噔"了一下。她的话，她看姬发的眼光，已经让那聪明的哥哥发觉她爱上姬发了。姬杨并不认为妹妹嫁一个山里少年就不配，校长娶了一个山里女子，不是很好吗？他就是不情愿妹妹嫁姬发。他很了解姬发，谁要跟了这臭小子，一辈子也别想安生。不过他又想，妹妹过去的生活圈子只局限于这些人，姬发又那么风流潇洒，妹妹一时倾慕也是可谅解的。等她到了外面大世界，比姬发有魅力的男子多的是，只怕妹妹就另有所倾慕了。即便妹妹最终真要嫁姬发，姬杨也没有干涉的心。他不是武七嬷，为姬发付出了就觉得自己有一种权利。他是有文化的哥哥，爱妹妹，就得尊重妹妹的感情和意志。

爱，是一种学问。

姬发光彩照人。一款魅力无限的运动发型，米黄汗衫筒在藏青西裤里，白球鞋，大红的雕花鞣皮带。分明刻意修饰，却不是今日刻意修饰，历来他在衣着上就没有辜负自己的青春。虽然秀珍强调她和他依然是平等的，但他却感觉她已是另一个世界的人，比他高贵。正因为自卑作怪，他没有听出秀珍的言外之意，没有发觉那女大学生爱上了他。

姬发跟武大成了哥们儿，并没有改变秀珍对他的恋慕。武大从小就一身毛病，秀珍从没正眼瞧过他。姬发从小受校长影响，本质还是好的。纵然一时误入歧途，终究还是要变过来的。她相信爱情的力量，相信自己就能叫他一生走正路。刚刚考上大学，她心里很乱，还没想好怎么向他表白。寒假回来的时候，她必须向他表白。否则他万一和一个山里女子定亲就不好办了。

司机按起了喇叭，催她上车。她已转身向车，却意犹未尽，又回过身道："没有你们，我就走不出大山。我还没和人握过手，咱们握手告别吧！用力握。在外面，我还有很多事情无奈，需要你们继续给我力量。"

过去她和姬发见面，只是亲切地问候一声，连话也没认真说过，更别说碰手了。显然，她醉翁之意不在酒，这是要和姬发亲近，拿别人做掩饰。姬杨揣着明白装糊涂，别人则根本不明白。校长和人握手惯了，大大方方的。七嬷则很不自然。秀珍突然在七嬷脸上亲了一下，车上的人都笑了。七嬷打了一下她道："疯丫头！"眼泪却下来了，叹，"你兄妹们，比我养的强。我不知有多心疼你们。你放心，总要叫你上完学的。"

到了姬发跟前，秀珍伸出手时，神情微有些羞涩。姬发把长臂一抡，猛用力一握她的手，她疼得差点叫出声来，心里却别有一股甜蜜滋味。最后是哥哥了。要不是她，去年的今日，哥哥就走向那神往已久的知识王国去了。她改变了哥哥的命运，让哥哥成了"煤黑子"。秀珍没有把自己的手交给哥哥伸出的那一双粗糙大手，却勾住哥哥脖子，头偎在哥哥宽阔厚实的胸脯上，哭了起来。姬杨紧紧搂着妹妹，也哭了，道："你是中山村第一个大学生，天之骄女。哥哥以你为荣哩！"秀珍哽咽得抬不起头。

司机又按响了喇叭。秀珍只得离开了这些亲爱的人，向车走去。一坐上座位，她又从车窗里泪眼看着他们。看不见那些亲爱的人了，她又泪眼望着家乡美丽的田野，远处那朦胧而神秘的张家山。

公共汽车载着这个追求知识的山里姑娘，在远处消失了。姑娘人去心不去。

在秀珍离开高阳的同时，姬槐也进入了高阳中学，三度备战高考。姬杨第二天则又去了武宜。

姬发种那四亩地，一年下来，收入与投资相抵，手里没落几个钱，还不够自己抽烟喝酒用。（武七嬷当初不许他抽烟，烟瘾是回到家里独居孤处时惯下的。)想着别的挣钱门路，自己都没能耐，自己都觉得自己太没出息，甚至自嘲为绣花枕头，白有好皮囊，不过是草包而已。他对来日没了指望，成天只觉空落落的。孤独和苦闷怎么也无法摆脱，于是他想：还是找个女人，胡乱混一辈子人算了。

上高中的时候，姬发和武家村里的春燕曾互有好感，但那春燕因为相对于一般山里女子文化程度高些，人便有太多的精神和物质上的渴欲。姬发已懒读书，又没本事挣来钱，此时便觉春燕作为妻子很不合适。"米面的夫妻"，他考虑这个问题很实际，把感情放在了次要位置，想找一个没有太念过书，在生活上知足常乐的女子。

武家村里嫁到前山姜家的一个女人，姬发随武家人称她为三姑。六岁那年，七嬷带姬发去逛集，遇着三姑带着她十岁的女儿。七嬷见那小姑娘水灵灵的，扎着一根小小乌油辫子，躲在三姑背后，再三叫不出来，便心疼地摸着姬发的头说："三姑的女儿靓吗？"姬发抱着七嬷的腿，只是笑，不说话。七嬷道："等你们大了，把她娶到咱家，给你做媳妇吧！"姬发害羞了，抱着七嬷的腰，用头顶着她的肚子，把她顶得后退了好几步，引得两个娘儿大笑个不住。不过戏言，七嬷掉头就忘，姬发也早忘了个精光。

他随七嬷在武家村里的那多年，姜家姑娘常来外家小住，一年比一年动人。姬发却从没有娶她的想头。一则小，二则他崇拜姐夫，对身上文化气息浓的人特别有兴趣。姜家姑娘有个致命的缺陷，没上过学。

移居高阳中学后，他就再没见过姜家姑娘，不过知道那姑娘已被后生们戏称为山里八枝花之首，可想而知越发美了。可是直到现在，他很实际地考虑自己的婚姻问题时，仍没有想到姜家姑娘。自己没有多少文化，有些文化的女子做妻子，他怕有一天控制不住人家，但从小受校长的影响太深，没有文化的女子，又让他在心底里老大瞧个不起。

这日，中山的几个后生约姬发去打猎，还绕路去约前山的二春。二春的妹妹，即那山里最美的女子。姬发知道，约二春是借口，饱一饱眼福，才是他们的真心。到了二春家，姑娘甩着直拖到大腿上的乌油长辫出来向哥哥送散弹袋子时，满院的火堆子。姬发也斜吊着大花眼睛瞟着那姑娘，忽觉眼前如有一颗炸弹爆了，惊心动魄，又如中了孙大圣的定身法，定在那儿半晌纹丝不动。果然名不虚传，几年不见，她已出落得美丽绝伦了。高挑身材，体格健美。鸭蛋儿脸，皮肤瓷器般光洁。神情沉重，柔而不媚，天然一种端庄风韵，正是那种能吃苦且感情专一的女子。向哥哥说话的声音，让人听来如春风拂面一般和暖。到底比姬发大几岁，那个成熟味儿，又让他有一种姐姐式的可依靠感。少年在心里道："真是天外有天，人上有人。我也见过些漂亮女子，连她原先也见过，怎么我没想到今天见到的她，竟成了绝对的上上品人物？"

姑娘必然有许多缺陷，但少年一时看不到。连事先知道的她没上过学的缺陷，也抛到九霄云外去了。当下姬发就暗定，姜家女子，非他莫属。

三姑手里捏着个白粗布手帕，一摇一晃地出了屋子，一望姬发，笑向二春道："这不是你武七嬷养大的那个姬家孩子吗？"二春点了点头。三姑向姬发笑道："你们打猎，缺一个人可不好。"姬发道："谁？"三姑一甩手帕道："你大姐呀。她那枪法，比男人还厉害。"姬发笑道："我那大姐，老来不爱提枪了，倒爱提笔，一闲下来，就读书写字哩。"三姑道："那才是武七嬷呀。武七嬷跟我们活得就是不一样。我连一个山里男人的心都拴不住，她倒把个'状元'的心拴得死死的。"屋内传出姜老爷子的吼声："呸！孩子们跟前，你也丢我的丑。"三姑也吼道："你不会把人活得美些？人活得丑，就别怕丢丑！"

打猎回来，姬发便托前山一个女同学先探探姑娘的心。隔了一天，他就去见女同学。女同学说："提起你，她就没好话。"姬发有些失望，强堆着笑脸问："话咋说？"女同学道："她说你跟着文化人长大，理应文气，倒横行霸道的。"姬发道："我没拦路抢劫，也没杀人放火，空口白牙，凭什么说我霸道呢？"女同学道："她说那日你去她家，她一眼就看出来了。"姬发叹道："这么说，她倒是个眼里有水水的。"原来不识字的姜家姑娘竟然和上过清华的武校长"英雄所见略同"。当初姬发在学校时，有一次七嬷夸起他的"乖"来，校长批驳道："这阵说他乖还早，'出水才见两腿泥'哩。我倒觉他有些刚愎自用。"七嬷不解，校长解释道："就是为人霸道的意思嘛。"

感叹之余，姬发对那姑娘越钟情了。不是说"米怕筛，女人怕缠"吗？他缠也要把那姑娘缠到手。

又一日，前山姜家通后山武家的碎石子马路上，一个大姑娘正轻捷地走着。身穿白底蓝条子琵琶衫，毛蓝布裤，臂挽个八宝竹篮子。不是别人，正是姜家那姑娘，要到武家去看外婆。

远远的，一袭晕雾，呈猫眼石色，与那葱郁的槐林若即若离。极目而望，群山虽为万顷波涛，却不闻惊涛拍岸声。近处野花含羞带笑，馥郁之香扑鼻入肺。姑娘嘴角，挂着醉人的微笑，似乎想到了什么美好的事情。

她在姜家是金枝玉叶，打一个哈欠，也天摇地动。"大姑小姑，是非满屋"，可谁也没听说过她仗着父母的势，在嫂嫂面前逞小姑子的威，姑嫂亲姐妹一样。嫂嫂坐月子，她煎红糖荷包蛋，洗尿布。侄儿满月，她给绣有肚兜。过岁时，她把娘送自己的两个银镯子给打成了项圈。哥哥出猎的绑腿、散弹袋子，无不是她的手工。爹刚把烟锅杆头含在嘴里，她就把艾蒿火绳举到了烟锅边。娘爱闹心口疼，等不得呻吟，她的手就在轻轻地揉娘的心口了。里里外外的活计，她从没落个"孬"字。上外婆家外婆疼，走八姨家八姨爱，嫡里嘟当亲的一家人，怎么会不宠她？

这几年她家的日子好过，娘隔三扯条单子，逢五是身衣服，忙着给她备嫁妆，只嫌嫁妆不丰厚。就是娘心不能做陪嫁，不然也就剜出来用红袄子包上装入那大红板箱了。山里人以为山里是苦海，有心爱的闺女，都以嫁到山外为解脱，姜家也不例外。只是肯娶山里姑娘的山外少年，总也难中人意，所以姑娘至今还没有个着落。

山里人往来，礼物是花馍。出嫁的闺女回娘家的花馍，是油馅子的。因此谁家生个囡儿，人便说："好咧，这下有油馍吃咧！"这一说不要紧，山里闺女昵称油馍的，与城里女孩昵称姗姗、娜娜的，同样普遍。姜家姑娘在劫难逃，小名也叫油馍。

不知不觉，姑娘就到了姬家坪地。大门洞开，冷冷静静的。村里那女孩一说姬发，姑娘就知道什么意思，这阵路过他家门前，心里未免有些慌乱。忽然，姑娘听到哪里有"吭哧"之声，四下一展望，就看见不远处的坡地上，一个青年汉子在刨地。光着上身，赤着大脚板，高挽着裤腿，骨骼粗大，筋肌健壮，阳光照射下皮带扣子亮晶晶的，正是姬发。庄户人崇尚勤苦，看见他在大汗淋漓地劳作，姑娘心里又对他略生了一丝好感。又忽然，一只雉鸡从路旁的羊蹄草丛里蹿到她面前。姑娘不防，吓一跳，"呀"了一声。看清是雉鸡，才放下心来，又被雉鸡华丽的羽翼所吸引，停步盯看起来。

姬发被她的叫声惊动，丢了铁锹，大叉开两条长腿面她而立，愈显挺拔伟岸。姑娘竟有些动心，忙低头赶路。

少年看着姑娘，如看日出。

奇怪的是，姬发在这女子的心目中，可恶、讨厌的东西将越来越多，然而魅力却将越来越大。他竟招手唤起了她。姑娘是传统型女子，认为陌生男女随便招呼是不尊重。两人虽然从小就认识，但没说过话，姑娘就认为他还是陌生人。看他那意思，不单是招呼，还要说什么。说什么她自然明白。那话他不是托人向她说过了吗？即便人没把话说清，他还要再说说，可以让他家老人和自己的爹娘去说，怎么能直接就向自己说呢？可见他是个轻薄后生。姑娘刚刚对他产生的好感，丧失殆尽了。又憎恶，又胆怯，又不肯让他看出自己的胆怯，把头挺起来，旁若无人地走着路。

初秋山里的空气，有一种似薄荷又似百合的清香。姬发穿上衬衫，却不结扣子，只将下摆拴了个蝶翅一样的结，踩着新翻起的松软如缎子堆的沃土，大步向路走来。柔软的腰腹、肚脐，在蝶结下忽隐忽现的。姑娘知道走不脱了，索性站住。姬发踏上土路，在她面前五六步远处站住了。她竭力控制着那因受惊吓而发软的膝头不颤抖，胸脯微微起伏着，红着脸，湿漉漉的眼睛如遇险的小鹿。

姬发那长圆形脸盘却不是粗线条的，剑眉之下，有一双黑白分明犹如润玉的大花眼，吊胆鼻下，则有一层细柔的刚刚生出的黄髭。望着姑娘，露出那颗逗人的虎牙来，粲然一笑。姑娘不为其所动，变了声调道："咱就不认识你。有话，你跟咱爹娘说去！"

姬发道："怎么不认识？我是光屁股小崽儿的时候，你就认识我了。就算咱俩是生的，煮一煮不熟了？"刚往她身边走了一步，只听一声咆哮："站远些！"

"好！"姬发喝彩了。这正是居于独户人家最好的娘儿。那种八面玲珑的俏皮娘儿，很难在这独户中对他尽忠。他要的就是她的端庄威严不可侵犯。

随着那一声咆哮，姑娘的胆怯已然消失，大不了一死。她恢复正常声音，冷冷道："大天白日，车马道上，我看你敢咋？你只有一个，咱的哥哥有两个哩。呸，放开路，咱就没话跟你说！"姬发不由打量着她，亭亭玉立，胸脯两座山峰神幻般奇美，天鹅般修长的脖颈泽似羊脂，洁如润玉，潮红丰满的颊上微有几点雀斑，嘴唇红宝石似的，秀目圆睁，饱含泪水。"色不迷人人自迷"，他目眩神迷了，如坠庐山十里云雾，半晌一笑道："放路容易，看话咋说。"

他那肆无忌惮的眼光，让姑娘恨不能拧他个面朝后；想想如夺路走，他就急了，不如先拿话消磨着，等有过路人再夺路不迟，便低头道："早先见过面，没说过话。咱是不跟生人说话的。"姬发见她换了口气，也换了口气道："有趣！人长半墙高了，还怯生！好姑娘，我听不见也能感觉到，你的心滚得'咕咚咕咚'响哩。咱俩就是生的，怕也快煮熟了。"他一步步将话推向主题。姑娘呼吸紧促，不肯再言。姬发终究还是个大男孩，有些不好意思起来。不过他全然没有一般山里后生的憨厚木讷，潇洒出尘处也不是言语。他那精致的脸盘上，表情丰富动人，一摸脸道："还没煮熟，我这里先熬滚烧了。好姑娘，你可知道，我在这空院冷房里，和尚道士一样为谁在熬吗？"说着忘情，朝前跨了一步。又听一声断喝:"远着些!"吓他一跳。姑娘冷若冰霜,他只得站住,磕着脚说:"我听说,你嫌我这个人霸道?我们村里的二女子,倒不霸道,柔得没滋没味的,你愿意嫁他吗?一个霸道的家伙,要温柔起来,那才最有滋味哩。我是谁?无父无母孤儿一个,天底下的头一个可怜虫。我又是天底下头一条好汉,人不敢做的,我敢做。"说着从腰里抽出一把尖刀来,神情已然不再可亲,冷笑道:"我要人可怜,不然的话,我就会杀人。姑娘跟我是生的,这半天也该煮熟了。那就说话吧!"

姑娘勃然大怒,啐了一口道:"敢说这话,你不记得咱哥了?"姬发哼了一声说:"我活了十几岁,经事不多,胆子不小,就把这脑袋叫你哥提去,也才三斤八两。你两个哥的脑袋,合起来是七斤。姑娘算算账就明白,这个生意你有些不太合算吧?"

姑娘惊骇了,脸无血色,抖着嘴唇说:"杀了我也不进你家门。"姬发一阵狂笑。笑声戛止,他脸色死人样冰冷道:"好,你这娘儿英雄!你也看一看,我姬发是不是那种拿大话吓人的狗熊!"说着一刀划下,他胳膊便鲜血淋淋。当日姬杨咬破手指,是以自己的血逼妹妹下决心上大学,是为别人。姬发今日叫自己流血,是要挟别人,是为自己。他动人的眼睛轻轻一眨,如两道火光从姑娘身上灼过,声音轻柔道:"我敢叫自己流血,还怕叫别人流血吗?走吧!两天后,老爷子、老娘儿去你家求亲。"

姑娘心碎了,也不上外家,掉转头上了来路。槐树梢上那猫眼石色的晕雾成了灰色,不是雾变色,而是姑娘泪眼凄迷。

不知走了多久,一声鸡啼,使姑娘的步子零乱了。前面就是家,而一旁是断肠崖。她宁肯走下断肠崖,也不肯把遭遇告诉家人。哥哥只要知道妹妹遭了姬发欺负,敢跟他白刀子入红刀子出的。她怎忍心呢?

姑娘闪入草地里,无力地依靠住一株老槐树,久久地望着红瓦房的家,又久久地望着鹞鹰翻飞的断肠崖。突然,她双手捂住脸,泪水从指缝里溢了出来,身体缓缓地顺着树滑了下去,终于跪倒在地,撒开手,揪着草,歇斯底里哭起来。又一个鹞鹰,在断肠崖上翻飞而下。断肠崖下,是无边的绚丽,无边的旷辽。姑娘缓缓站起来,拭尽泪痕,整好衣衫,挽着八宝篮子,从容踏进了家门。

娘第一个听到闺女熟悉亲切的脚步声,下炕趿鞋,迎出来道:"咋这工夫就回来了?"姑娘低着头,不让母亲看到自己的脸色,匆匆掀帘进自己屋里,在帘后说:"娘,咱身子不爽,不去外婆家了。"

娘听说女儿病了，心慌意乱，便喊儿子套车送女儿上医院。姑娘又在帘后道："娘，咱是乏咧，你甭折腾咱。"娘便在院里两手抱着肚子大骂老爷子，还有儿媳妇，说他们不体贴姑娘，累坏了她的油馍。一家子惶惶不安，跟着老娘儿进了姑娘屋里。姑娘已上炕了，脸朝里侧身躺着。娘站在地上摇着发髻子道："油馍，你想吃啥饭，娘给你烧去。想吃鱼肉，也叫你二哥给你下河摸去。"姑娘道："咱啥也不想，就想静静地躺一躺。"

娘忙领着一家人出了姑娘屋子，拴上门吊，打发孙子上村巷里去玩。公鸡啼了一声，也被赶出了门。

午饭姑娘没有吃。娘便向老爷子道："怕真有病。她不上医院，你就套上车把他豁豁妗子接来吧！"后山的那个豁嘴娘儿，原先作为赤脚医生，在县医院培训过两年。二春嫌父亲手脚不麻利，自己套上车接来了豁豁。诊视了，豁豁笑道："没啥病。让外甥女好好歇一歇，怕真是累坏了。"

姑娘下地总抢着干重活。二春当然也心疼妹妹，便提了篓子下河去摸鱼。

晚上大盘子的鲤鱼端进姑娘房里，姑娘仍没动筷子。娘便一把鼻涕一把眼泪往大襟上抹，唉声叹气说："油馍，你有个好歹，娘咋活呀吗？"一夜没合眼，不时到女儿窗下去听，又到儿子窗下叮嘱，"睡警觉些！"

过了两天，老娘儿、老爷子提着丰厚的礼物，出现在姜家门口。老爷子簇新的绵绸衫子，黑布裤，是姬老人。老娘儿则石青的确良上身，绛色卡其裤，式样比城里女人衣服土一些，比山里娘儿的衣服则时新一些。这老娘儿便是武七嬷，大腹便便，如经年怀胎未生；华发已经稀疏了，却在脑后盘了碟大一个髻，其实真正的头发只有核桃那么一点儿，别的是白布。

怕有狗，七嬷喊了一声，没人应，便雷声大嗓吼："人死球咧！"这才听到里面人声："来咧来咧！没死，也叫你这后山母老虎一吼，快吓死了。"一个白发老母，颤巍巍走出来。七嬷上去就拉住手，拍着笑道："他三姑吔，你还没死？多年不见了。"三姑先毕恭毕敬地问候姬老人："老爹身板还硬朗？"姬老人道："冬日里就闹腿疼。你是九老汉的闺女吧？那年咱跟你爹进老林围豹子，你还是个囡儿，跳着出来送散弹袋子。咱还抱着用胡子扎你哩。这就算老了？"三姑叹："真老咧，你孙女都老成嚼不烂的黄葱叶子咧。不敢想！"拉着七嬷的手，一面往屋里引，一面说，"活着还活着，死不下去！女儿没嫁，心事不了哩。"

进了屋里，三姑说着"坐，快坐"，大家便脱鞋上炕。三姑在姜老爷子下首，七嬷在姬老人下首。老爷子们蹴着，老娘儿们盘腿坐着。媳妇泡上酽茶，提出陈年老酒，大盘子大碗地端上柿饼和核桃。

三姑从媳妇手里接过那绣有开裂的颗粒丰硕的大石榴的烟荷包，又从老爷子手里接过玉嘴烟锅。勾一指烟末子，轻按于烟锅，半跪于炕，将烟荷包套于烟锅杆上，将烟锅举到姬老人面前说："老爹，吃烟!"姬老人就于三姑手里含住烟锅嘴。媳妇把艾蒿火绳递给三姑，三姑点着烟，姬老人"吧嗒吧嗒"地吸起来。烟雾缭绕里，人摇头晃脑，绣花烟荷包也在忽闪忽闪摇晃。

七嬷道："多年没见过你家油馍儿了，咋不见她闪面?"三姑笑道："身子不爽两天咧。"便向媳妇使了个眼色儿。媳妇出去不久，门帘打起，人眼前一亮。姑娘倚门框站着，紧扭着双手，低了头问候道："来咧!"

姬老人点头呵呵而笑。七嬷连连夸着，要下炕拉住看个仔细，不料三姑却说："去吧! 看着了风。"姑娘求之不得，说声"好坐"，匆匆走了。那不是人在走动，那是一汪水在流动。

七嬷半天才回过神来，啧啧道："闺女有下落了吗?"三姑谦虚道："没哩。唉，咱命不好，养了个傻不懂事的女儿，还没踏摸下个厚诚不嫌弃的人家哩。他七嬷走东上西的，敢是遇上个好人家了?"七嬷叹了口气说："难为这父母心了! 三姑也知道我，养了个崽儿，比自家生的还亲，这也到了成家的年纪，也是傻里傻气的不懂事，咱也一心要找个厚诚的人家当亲家。打听了一年有余，前山后山，河西河东，就没个人家有三姑家好，才刚一见闺女，出落得一把子水葱样。咱有心高攀，就怕他三姑没心低就。早听人说，你家闺女莫是城里后生不嫁。咱有几句知心话说给他三姑：他三姑心高志大，城里也千好万好，就只是你二老有个头疼脑热，想闺女念骨肉的时候，隔山隔水的，捎个话也没顺路人，闺女受欺负，娘家也不通个消息。再说城里千好万好，也有刁滑不好的人家; 山里千孬万孬，也有金凤凰，也藏龙卧虎。我劝他三姑，不如就把个心肝儿落脚山里，闺女也好照看二老爹娘，哥嫂也好护持弱妹子。我早说，再没有他三姑一家子通理了，又重情分，疼闺女，不是那种城里人掏得起钱，就把骨肉往城里推的人家，人还不信哩!"

说完小心翼翼地审着姜家老两口的态度。他们一来，三姑就知道是说亲。山里老娘儿眼里，镇即城，或者要给女儿说个镇上人家，那也算女儿进城了。这阵一听是姬家，不免大失所望。听说了嫁进城的种种不是，才略微有些动心。及至最后听七嬷说人以为她嫁女儿进城是为钱，不免火从心起，朝地啐了一口说："你这老货，人说咱爱钱，你就该上他一嘴巴子。咱肠子头掉下的一块肉，倒不如他外人知疼了?"七嬷见有些指望，乐得笑道："真真这话!"

三姑想只要闺女乐意，嫁姬家倒不失为一桩好事。后生白杨树一般人高马大，整齐好看不说，那校长两口子待他如父母一般。校长在高阳也算个大官，听说跟县长是一级哩。因此那后生也算官宦人家的子弟，闺女不算下嫁。于是点头咂嘴说："话是他七嬷的话，究竟咋样，还要看闺女的意思。不是咱家没家教，由着孩子，是新世事。他七嬷先坐着，等咱问问闺女去。"七嬷见三姑心动了，以为事情成了八九，不禁大乐，端起酒杯就灌了一气。

　　三姑下炕来，捏着个白粗布手帕，兴高采烈地到女儿屋里。女儿一转身又面朝里了。三姑坐在炕沿上，把七嬷的话又说了一遍，女儿默不作声。三姑就说："怕你是害羞哩。娘再问一遍，你不说话，就是应了。"于是又可了一遍。女儿突然回过头来，满脸的泪，哭道："你应了，就到这房里抬死人来！"

　　三姑惊骇莫名，笑脸变成了愁眉苦脸，过到那边说："他七嬷的话合咱的心坎，你姬家也实实是一门好亲。唉，咱老咧，也不知道现而今的年轻人咋个想事，闺女不乐意。"七嬷道："你不会说话，让我去问。"门帘揭起，姑娘出现了，低着头说："嬷子甭问，咱不配嫁姬家。"说完一扭身不见了。

　　七嬷臊一鼻子灰，脸一沉说："怕你家姑娘要嫁皇帝哩。"下炕就往外走。姬老人只得跟出来。姜家二老送着，一路赔罪。七嬷白了三姑一眼说："你也太过谦了！赔个屁罪？是闺女要嫁人，还是你老不死的要嫁人？"

　　路上，七嬷仍气咻咻的，向姬老人道："他们家的女儿是一枝花，我们家的发子也不是丑蛤蟆。不是我偏疼，人人有眼睛，高阳哪个后生有我们家发子俊爽？他们家女儿斗大字不识一个，我还觉得不配发子哩！"姬老人当然偏心孙子，但也不肯说人家女子一个孬字，一言不发，直接回了林场，七嬷则晃着大屁股回到了姬家。一见姬发，就破口大骂："呸！爱得好嘛，爱蝎子尾巴上去了。撒泡尿照照你是谁？癞蛤蟆一个，你倒想吃天鹅肉！人家想学我这姬家的女儿，嫁个在外首干事的大学生哩。哼，比得上我当初吗？我当初——"姬发忙笑道："快别吹。一吹芳龄十八，你那嘴就信天游了。如今领群芳的，是人家姜家女儿，你这姬家女儿肥头大耳的，靠一边去吧。我是谁？就算我是癞蛤蟆。人常说好花插在牛粪上，她非嫁我不可，除非她死了。"七嬷不知道他背后对人家女子如何蛮横霸道，只当他又是跟自己在调皮，就没琢磨这话，只道："呸，我骂你癞蛤蟆，不过玩儿，你也就把你当牛粪了。哼，把大学生迷个死的姬大姑娘，兄弟能丑吗？'离了张屠户，照样不吃带毛猪'，放心，姐非给你找个人种种女子不可。姬家的种子，从来不在薄地里种！"

　　姜家姑娘知道求亲不成，姬发必然硬下手。七嬷前脚走，她就拉了条纱巾包住那不成人色的脸，后脚出门。娘追出来问："油馍，哪达去吧?"姑娘道："地里转转。"娘道："活泛活泛好! 娘老了，说话着三不着两的，没个尺长寸短，刚说话，不知咋的就寒了油馍的心，油馍千万不敢跟娘计较。"

她一阵酸楚，后悔顶撞了娘，却不敢回头，不敢说什么，只低头往前走，生怕一回头，就会扑倒在娘脚下痛哭起来，那必然会引起一家子的骚动。那骚动也必将动摇她的决心。

路两边的姹紫嫣红，她视若未见。池水里那个楚楚倒影，她不以为是自己。跌跌撞撞，像醉酒；哆哆嗦嗦，像害有热病。姑娘处于异常激动的情感状态中。她要熄灭心中的火焰，因此她走的是直通断肠崖的那条路。

就在这时，后山那孤老爷子武剩娃，在另一条路上出现了。还是那瘦马，还是那破车，还是那么伶仃。她在羊肠小路上，他在马路上。两条路并排着，近在咫尺，他却没有看见她，正怀抱鞭杆与酒瓶，歇斯底里"吼大颈"。这车夫正同姬杨一样，当年是山里后生中的尖儿，因穷而未娶。他此刻要把心中积郁已久的孤寂、哀怨、悲愤，连同五脏六腑一同吼出来似的，全身细胞都动了，上下打抖，左右战栗。所过之处，尘与鸟齐飞，人与马俱惊。惊马拖着破车，滚雷般地轰隆而去。车夫的吼声，却隔水穿林而来：

　　苦哪，苦莫苦过三山，苦瓜汁子里浸黄连——凿石开山，人死无数，才苦出了这三分麦坪，九曲马路。

　　难吡，难莫难过三山，难河滩上发难水——百步九折，高起低落，抬头云，低头涧，前看山连连，后看沟连连。前不巴村，后不着店，叹气有回声，回声也连连。回声连连，娘儿腮上，泪水就涟涟。三山路，难吡难。就孙行者，也难灰苦黄了毛公脸。

　　险呵，险莫险过三山，险崖上险石压顶——林里狼嗥，草里蛇响，大天白日，抢道杀人……

　　苦哪难吡险呵——好汉子，就出山闯荡，一去不回；俏娘儿，就跟了那过路人，远走高飞……

这高腔壮韵，冲入霄汉，在林莽里竭力震颤着，在沟壑里回荡不止。水生波，林起风。姑娘骇绝惊倒了。"不傻不丑，不嫁山里汉。"嫁出山，脱苦海，是每一个稍有姿色的山里姑娘的美梦。别的姑娘是因为山外世界相对于山里富裕的诱惑，而姜家姑娘还因为娘。

从儿子与女儿的容貌，就可知三姑当年也如花似玉，姜老爷子当年也眉清目秀。人们都说他和三姑很般配，但三姑总觉那美少年有些不对劲儿，当他家人来提亲时，一口回绝了。不想父亲中意那少年。三姑是父亲用鞭子逼着嫁给姜老爷子的。果然姜老爷子无知无识，不学无术，一不顺心，鸡毛蒜皮大个事，就把三姑揍个半死。他又仗着生得好看，跟山里那些水性杨花的女人明来暗往。三姑闹了几回，只能挨他的揍，后来就只好打掉牙咽肚里，苦熬着。

大春十六岁、二春十四岁那年，姜老爷子又跟一个女人钻在了一起，夜夜不回家。三姑懒得跟他闹，牵着女儿的手回了娘家。二春送母亲出门时，说："娘多待几天，好好松泛松泛，家里有我跟哥哥哩。"三姑由不得擦起了眼泪。二春目送着，脸上也满挂着泪。半晌，他回到家里，向大春说："爹真毛病多，奸、懒、贪不说，还乱钻烂女人。咱俩该治治他的毛病了。"大春笑道："早该给爹上家法了。爹不正经，别说娘，咱俩也没脸见人。"

一天，大春、二春侍候老爷子吃过晚饭。二春殷勤地给老爷子点着烟，脸上强堆起笑来说："爹，我们孝顺不？"

"孝顺。"

"只要你待我娘好，我们就更孝顺。"

"屁话！我不待你娘好，能有你们？你们看着门，爹今晚有事要到你姑姑家去，不回来了。"二春道："天天晚上到姑姑家去？我问过姑姑了，她说你轻易不去她家的。爹，你别跟那些女人来往了，好好跟娘过日子吧，我们都这么大了。"老爷子给了二春一巴掌道："这么大了，又怎么样？再大，大得过我？儿子想把老子管住，无法无天了？"径自向外走去。二春向大春道："哼，他还满嘴的道理！怎么遇上了这么个爹？造孽！"

大春怒不可遏，忽然扑了上去，一脚把老爷子踢趴在地。二春跃上老爷子背，把他的手反拧过来。老爷子动弹不得，破口大骂："忤逆，反了，敢打老子！"大春便脱下臭袜子，塞住了他的嘴。兄弟俩拿绳捆住老爷子手脚，把他抬到屋子脚地，关了大门，提了鞭子，褪下他的裤子，把屁股抽了个稀烂。一面抽，一面问："再作践我娘不？再作践我娘不？"老爷子动不得骂不得，只会在喉咙里哼哼。

后来，大春抽出袜子来。老爷子刚张开口要骂，那二春早从厕所里铲了一锨屎在旁等着，照嘴一扔，老爷子满嘴满脸的屎，恶心得吐了个昏天黑地。二春道："这下你知道啥叫恶心了吧？你比屎还恶心人。甭喊叫，一喊叫，邻家知道了，我们落个不孝的名，你也叫人笑话。"

大春给老爷子松了绑，二春端来一盆水。老爷子像狗一样，趴在脸盆上，喝了水，又吐出来，把嘴里弄净，又把脸洗了。二春笑道："这下会你的相好女人去吧，回来了我们再这么收拾你。什么叫玩世不恭？爹玩世，我们当儿子的，就对爹不恭。"老爷子挥拳要打二春，二春先一拳把他打倒在地。老爷子张口骂了一句，大春早给了他一嘴巴子。老爷子恨得打又不敢打，骂又不敢骂，委委屈屈地爬上炕睡下了。下身烂个走不成，又羞得不肯见人，半个月装病躺在炕上不下来。兄弟俩端饭端水，倒也格外孝顺。

三姑回来后，儿子们告诉了她。她心里感激儿子，嘴上却把他们臭骂了个死。儿子们一天长成了彪形大汉，三姑的腰也一天比一天挺得直了。老爷子从此再没钻过女人。不过在人前，他常没缘由把儿子们骂个狗血喷头——也只敢在人前骂，人背后怕又挨揍。

老爷子却从没骂过女儿。女儿对父亲过去也不满，但毕竟是父亲，她还是爱父亲的。只是这样一个父亲，让她从小对山里愚昧、野蛮的男人很厌恶，一心要嫁个外面世界的文明男子。而且，她不愿嫁英俊少年，那种人容易花花肠子。谁知她偏遇到姬发这么一个用刀子逼她的山里愚蛮，而且还很英俊。

姑娘心头，怨恨绝望的情感汹涌积聚，终于堤垮水泻，一泻千里，爬将起来，往断肠崖直扑过去。纱巾挂在树枝上，翻飞不已。姑娘的乌油长辫在背上甩动着，刘海高扬，裤脚翻绞。断肠崖下，深涧谷底的森森寒气扑面而来。蓦然，犹如瓦坛破碎似的，不成声音的呼喊传来。那是娘在喊："油馍——呫，亲亲，肠子头哇！"这一喊猝不及防，姑娘双手摊开，跪扑向地，野性地哀号起来。

女儿终于下炕，娘起初还一阵高兴，但心头很快就涌起一丝不祥：平常女儿身子不爽，还怕虚脱了，硬咽几口饭。这一次她豁豁妗子说没病，女儿咋一口饭不咽？姬家早不来提亲，晚不来提亲，咋在这女儿没病却身子不爽时来提亲？女儿迟不出门，早不出门，咋偏偏在这回绝姬家后出门？

老娘儿正在给马拌草，提着搅草棍追出门来，远远地就看见那树枝上随风飘动的红纱巾，一下子惊坐在地。女儿正顺着小路，没命地往断肠崖扑去。娘扔了搅草棍，翻身起来，挓挲着手喊了一声，像个年轻人一样，飞也似的追赶着女儿。其实她不必追赶了，那一声喊，就把女儿赴身断肠崖的决心、勇气，彻底击得粉碎。她不忍哥哥为自己白刀子入红刀子出，岂忍娘为自己心碎？唉！不被人爱，怎么会爱人？正是人伦至情，把姜家姑娘留在了这人世。

眼看追到女儿身边了，白发老母突然显出老相来，哆哆嗦嗦，踉踉跄跄，倒错着脚迈不动步子，索性倒地，向女儿爬去。女儿早已面娘而坐，等娘过来，就像搂个小孩子一样，一把将娘搂入怀里。娘俩相拥，放声大哭。娘把鼻涕、眼泪，全蹭在女儿衫襟上。女儿前垂的柔软光滑的长辫，拂着娘的脸。

娘气断声噎道："娘苦熬苦煎，才把儿女拉扯得活到而今。而今把你哥哥们交给了你嫂子，娘就为你活着。你要不活了，咱娘俩一搭里死吧！"姑娘脸贴着娘的脸，只会哭。娘问："一准是姬家的小子逼过你？不怕，娘跟他拼命。"姑娘惊慌地摇着头说："咱不认识他。"娘狐疑地问："那你咋就走这绝路吗？"姑娘不言。娘道："你知道，这几年，娘跟着你两个哥哥，才活得像个人。念娘大半辈子人鬼不像，叫娘多活几年人吧。答应娘，万万不敢走绝路，好吗？"姑娘只得点了点头。

娘便站起来，然后搀起了女儿。娘俩搀扶着往回走去，娘愈显老迈了，女儿则神色憔悴。

第二日正午，天空布满彤云。山峰犹如天外飞来，奇险怪绝，披着灿然的黄金之色。在险峰绝处，横出一片坪地来，几只蝴蝶在坪里飞来飘去。一楚楚女子，鲜艳的红纱巾、鲜艳的红衫子，正在弯腰摘绿豆角儿。这坪地正是三姑家的。

姑娘神色愁惨，不时一声叹息。冷不防，把一棵绿豆树儿拔了下来。姑娘心疼地蹲下，刨了个坑，将绿豆树又栽上，明知不能活，不过是枉然，但这是庄稼女儿的心。庄稼女儿即便愁心如焚，也不敢一年三百六十五日躺着品咂那愁滋味。

日刚西斜，姑娘站直了身子。身后响起汉子沉重的脚步声，该来的终于来了。姑娘咬着嘴唇，静静地等待着。

脚步声近了，终于在她面前停息，来者正是姬发。姬发天生穿牛仔裤最性感。白衬衫掖在牛仔裤腰里，而衫扣要扣着，则似会被胸脯那坚实隆起的肌肉绷开，所以上面的两个扣子没有扣。宽宽的皮带上，斜挂着做工精美的鞣皮刀鞘，人新潮而野性。望着姑娘的那一双巧夺天工的眼睛，所射出来的光芒，狂热炽人。

姑娘闭上了眼睛。他往前走了几步，粗重的呼吸都扑到了她脸上。其实他也很温柔，微笑着问："还是那话吗？"姑娘睁开眼瞪着他，眼光冷冰冰的。他绝望了，神情冷峻，眼白充血，蹲下，启开那刀鞘小小的盖子，勾出那寒森森、光闪闪的利器，在手里玩弄了一会儿，便开始掘豆株。姑娘气急败坏，胸脯高耸的软峰诱人地乱颤着，咆哮："糟蹋庄稼不心疼，你还是庄稼汉吗？"姬发声音空洞道："我遇到对手了，只好送你去睡棺材。不怕，你不空死。对手嘛，当然是两败俱伤。活不得跟你一起，死我陪你。"

这时，远远的，村口隐隐约约传来三姑的呼唤："油馍，回来吔，吃饭咧！"姑娘望着那鸡鸣狗吠、炊烟袅袅的无比亲切的家，凄然道："怕你是一见好看的闺女、媳妇，就使飞眼、打呼哨哩！"

她终于屈服了。姬发惊愕地扬起眉毛，突然扔掉刀子，站起来，望着她，竟然像女孩子那样羞涩地笑着。姑娘像被捅了一刀，软软跪坐在地，啜泣起来。姬发遇女人哭就心慌，脚尖一勾，刀子飞回手里，落荒而逃。

彤云如火如荼，又似血光。

第六章　山村喜宴

姜老爷子自从遭儿子毒打之后，便虚有家长之名。大小家事，都由儿子们决定，他只有给儿子们点头称"好好好，是是是"的权利。如今大春已分出去另过了，但妹妹的婚事是家里的公事，他仍和大春、二春商量着决定。

第二次求亲，姬老人因林场有事脱不开身，校长只得和七嬷去姜家。校长简直如给自己相亲，紧张得脸成了红萝卜。姜老爷子则像只红公鸡，雄赳赳的。不想姑娘轻易就答应了。校长放松了下来。七嬷则百感交集，潸然泪下。

接下来便是议"聘礼钱"，校长笑道："我不爱拐弯抹角。咱们两家人有话直说，不用请媒人。"三姑便下炕，喊来了两个儿子。校长道："我也不爱讨价还价，你们说多少就多少。"

二春笑道："那好，给一万吧！"校长吃一惊，强笑道："一万是山里五六个姑娘的聘礼钱，我可掏不出来。"二春道："还说你不爱讨价还价哩，这不讨价还价了？我妹妹咋能跟别的姑娘比呢？她是山里一枝花，一万没商量。"大春道："小二别胡说八道，咱们是当亲，又不是卖妹妹。依我，一分钱不要，只要他们待承妹妹好就行。"二春道："不行，无论如何得给一万。"大春道："一定要钱，让他们给一千算了。小二，你讲讲良心吧！妹妹咋没上成学？还不是为咱俩能上学？你这是在向妹妹要钱哩。他们背上债，妹妹过去了，还不是要还债？"二春道："我知道咱俩欠着妹妹的，这一万是给妹妹要哩。"姜老爷子用青筋嶙嶙的手，捧着乱麻般的灰胡子，点头道："是小二的话。钱要到手，我给你妹妹保管着。小心她拿到姬家，叫那小子哄了去。"三姑瞪了他一眼，挥着白粗布手帕道："你就那么爱钱？老婆也能卖几个钱哩，你干脆跟女儿搭着卖了吧！好孩子，听娘说，发子又不是你武老师亲生，养得墙高，不知花了多少钱。咋能再向他给你妹妹要钱呢？还是你哥的话，一分钱不要。"

二春一撇嘴道："亲生不亲生，他养那臭小子，关我妹妹屁事。"姜老爷子忙道："是，是这话。钱要到手我看也不看一眼，全交给你娘。"二春又笑道："钱先在武老师手里寄放四年。"老爷子道："那不把金子放成铜，泥拖成水了吗？"二春道："武老师不是在供秀珍上大学吗？妹妹一过到姬家，就是秀珍的姆娘了。这个好人，该让妹妹当。秀珍算是妹妹供上大学，那一万块聘礼钱，由武老师经手，四年内分期付给秀珍。"

姜老爷子一下子扭过脸去，对着墙。别的人都笑了。七嬷骂道："吓了我一头的汗，我一辈子还没见过一万块钱，哪里弄去？"二春坐在炕沿上，搂住校长肩头道："我高中早毕业了几年，没赶上恢复高考。要是我赶上了恢复高考，也考上了大学，家也那么穷，说不定你们也要供我上大学哩。"七嬷眼角湿湿地道："真要那样，也真难说。这么招人心疼的孩子，我们咋忍心考上了大学上不成呢？"二春道："好七嬷，当了亲，咱们就是一家人了。你的兄弟，也就是我的兄弟。我妹妹还比我招人心疼哩。他要待我妹妹不好，我非把他脖子扭断不可。只要他待我妹妹好，什么话不好说呢？他的日子，我也会帮他过的。"七嬷忙道："放心。他要欺负你妹妹，我就打他个半死。他天不怕地不怕，就怕我！"

校长心里过意不去，要给两千块钱。兄弟俩坚决不收。

七嬷扯着姜老爷子的衣服，进入三姑家另一屋内。姜老爷子怒气冲冲说："干啥？干啥？男女授受不亲，你跟我拉拉扯扯的，像个什么样子？"

"呸，你这号人，还装正经！"

"一分钱聘礼不给，反正我没好话跟你说。"

"听你说好话，不如去听狗叫唤。哼，人光说好话有什么用？还要做好事哩。"

"我知道，你不把我当好人。不好就不好，我也懒得当好人。"

"我真从没把你当过好人。要不是你有个好闺女，我也懒得理你哩。"

"那还拉我来干什么？我走了。"

"站住！不给你们钱，我心里实在过意不去。"

"那就给我吧！我收。我把姑娘养这么大，别说两千，你就是给两万，我也划不来哩。"

"谁跟你做生意？念你养女一场，给你二百块吧。年纪大了，想吃什么就买。千万不敢拿着这钱钻女人，小心他三姑知道了骂我。"

"听他亲家母说的，我就那么没出息？"

七嬷把钱给了老爷子。老爷子忙揣入怀里说："他亲家母也千万不敢叫那两个愣种知道了。"

"偏让知道。"

"那我就不要钱了，省得又挨揍。"

"放心。要叫他们知道，不背着人给你。"

姜老爷子露出几颗难看的黑牙笑道："好亲家母，你真是个大善人！"

不想三姑竟突然进来了，笑道："你们一男一女，鬼鬼祟祟的，钻到这里在干什么？老东西，看把你兴得屁滚尿流的，莫不是在打亲家母的主意？"

"打我的主意，我抠了他的眼睛。我是谁？他配吗？"

"我要有你那脾气，男人就不会是个花心大萝卜。"

"这跟我脾气没关系，我男人天生正人君子，叫他去偷女人，他也不会。"

姜老爷子只会干笑。

副镇长刘东海当初家穷得一到二三月份青黄不接，父母就领着孩子们出门去讨饭。东海酷爱读书，校长那时还是个平常教师，小学的费用都给他包了。到了初中，还让他跟自己一起上教师灶。东海没有铺盖，也是跟校长住着。高中毕业刚赶上1977年恢复高考，东海一举就考上了大学。走时的衣被，都是七嬷给缝的。几年大学的花费，也是校长供的。后来分到高阳镇政府，因为是唯一的大学生，只当了一年文书，就被提拔为副镇长了。自然，他跟校长夫妇关系密切，简直就像儿子一样。姬发不够结婚年龄，七嬷便去跟刘东海说。东海笑道："嬷子叫我枉法，又不给我赃贪，就这么空手来说，我划不来。不管，坚决不管！"七嬷也笑道："我倒肯给你送礼，就怕你不敢接。"

"不过开个玩笑。你这大恩人真拿着礼来求我，不是在作践我吗？"

"你怎么像念经一样，老念恩情。别念了！老是念，听得我耳朵都生茧了。"

"就是嘴上不念，心里也会念一辈子的。凡忘恩者，必负义，我不是那种人。"

于是，结婚证很快就领到了。姬、姜两家定在腊月二十六成亲。

姬杨爹便让二女儿给姬杨发了一封信，要他无论如何赶在姬发成亲前回来，给人家帮帮忙，尽尽人情。姬杨接信后先是喜，那小子一成亲，他就不必为大妹担忧了。然而忧又从喜中来，还是为大妹担忧。十八九岁的大妹，正是爱得纯真浪漫的年纪，容易受那些爱情小说影响，要是一时想不通，出个事就不好了。他本来不在乎人情礼节，单姬发成亲，就不准备回去，还想在假日里挣双工资。忧虑大妹，才使他把挣钱放在第二位。

姬发的被褥有两床，衣服有五套，都半新。七嬷还要给他缝新的，说："新婚，就讲究个新气嘛！"姬发道："我得了个好女子，就知足了。"死活不让缝。七嬷又在木器店给他买了个大立柜。姬发好说歹说，硬给人家把货退了。小伙子对秀珍满怀兄长式的疼爱，只怕校长夫妇花个手头紧了，给秀珍出手不爽。他又道："客人不要拉扯太多，只请上剩娃哥、杨子一家、外甥女就行了。"

这可是二十年来姬家的第一个大盛典，七嬷无论如何要办得红红火火，热热闹闹，道："你给自家花钱要省，你心知肚明就是了。给客人万万不能省！我的那些侄子们，不请得行？"姬发道："光他们，就几十号子人，置酒席得花多少钱？算了吧，省你日后跟姐夫天天吃咸菜。"任他怎么说，七嬷也不肯听。

腊月二十四，姬杨赶了回来，一见姬发就笑道："你这号货色，怎么就交上狗屎运，把山上最美的一枝花摘到了手？真是好花插到了牛粪上。"姬发给了他一拳道："还用你说？这话我自己早就说了！"

除了秀珍外，姬杨别的弟妹都放了寒假，连同家里别的人都在给姬发帮忙，姬槐也在。姬杨是个最有眼色的，领着大弟、姬槐，上高爬低，给姬发的新房糊了顶棚，用白纸粉了墙壁，在院里用帆布、席片搭了帐篷，又把小学校的条桌扛来，两两相拼为一席，在棚下摆了席口。姬发心里正乱，许多活儿想不到，姬杨都替他想到做好了。姬发心里暗叹："他要跟我是亲兄弟，该有多好！"

私下，姬杨又向姬槐说："情义无价，咱们不必给发子送什么厚礼，他也不会怪咱们。你老大不小的，还向家里张口要钱上学，这种事就别再向家里人张口了。我买了一条毛巾被，写上你跟我的名字就行咧。"姬槐觉得他负担重，要认一半钱，姬杨怎么也不接。

腊月二十五，姜家为闺女"出花"。嫁妆摆在大院里，家织布床单三十六条，虎头枕十二对……十八床缎被一律白葛布里子。想想，山里许多人家，一大家子人就那么两床破被，这简直让人叹为观止了。观花的娘儿们无不咂着嘴唇道："人家做闺女，咱也做过闺女。唉，咱的娘家……"

这一夜，按照风俗，姬发得有两个同族平辈已婚且儿女双全的青年陪他睡觉，俗称"压床"。姬发才不管这些讲究哩。姬杨一回来，就跟过去一样，同他睡着。他又叫上姬槐。一有媳妇，他就不能跟朋友们这么亲热了。再说那跟他关系一般的后生陪他睡，他也觉得很别扭。

三人躺下。姬发跟姬杨打着对儿，姬槐则跟姬杨睡在一头，还把姬杨的胳臂给自己做枕头。可见这三位朋友之间也有亲疏，姬发和姬槐都更喜欢姬杨一些。

高中的时候，姬杨以表里如一的美好，得到许多女同学的倾慕，他也暗恋着一个女同学。上次回来，那个女同学主动向他表白，愿意和他只领个结婚证，就在一起生活，愿意与他共同供弟妹们上学，愿意跟他过衣不遮体食不饱腹的生活到死，可是他冷冰冰地拒绝了。既爱那女孩，他就不忍她跟着自己受苦。这次回来，听说那女孩已跟着一个志愿兵走了。青春少年，谁不渴欲爱情？这几天，辛酸、凄苦、孤独，紧紧缠着他的心。下午，看看该做的活都做了，他独自毫无目的地在山路上走了起来。路绝了，望着悬崖，想着日后抱残守缺的日子，大男子汉一个，他却像娘儿一样伏地恸哭起来。

这三个朋友，同是高中生，却并不代表个人修养在同一层次上。即便是大学生，那个环境文化氛围很好，但若只会啃课本，也未必能比得上有的高中生的个人修养。"功夫在课外"，姬杨对知识广泛的涉猎，使他有一种看不见、说不清的动人处，也就难怪人见人爱了。

清醒的时候，姬杨只有对弟妹怀着好梦，睡着才有自己的好梦。此刻，他便闭眼欲睡。姬槐推了他一把道："先别急着睡，咱俩今晚有任务哩，得教发子明晚怎么过。我可不懂。你年纪大，教他吧！"姬杨笑道："年纪大，也童男子一个，知道屁。发子别的上头，我没有看起过。这在女人上，比我精灵。不用教，他会无师自通的。倒是让他说说怎么勾上那么美个女子的，咱俩好饱饱耳福。"

姬发蹬了他一脚道："干了一天，还不困？梦里享福去吧，快睡！"姬槐笑道："他勾女子那一手，惊天动地，听了你今晚别想再睡着了。"姬杨倒来了兴趣，逼问姬发。姬发只得道："还不跟别人一样，我大姐跑烂了鞋，给我求得的这门亲事，有什么趣？我呀，是老人给包上谁就办谁！"姬槐道："你骗得了杨子，骗不了我。我知道二春的脾气，怕他杀了你，才没敢乱说。杨子也不是外人，我就说了吧！那天我回来背馍，猛看见你把人家女子拦在路上，还把自家胳膊划得血淋淋的，分明在逼人家。我忙躲到树后头去了。"姬发吓一跳，问："谁跟你相跟着？"姬槐道："还好，我一个。"他才放下心，道："再不敢乱说了。"姬槐道："要乱说就等不到今晚了。从那往后，我都有些怕你了。"姬发道："怕我什么？我又不是恶棍。"

姬杨道："我俩都喜欢你，怎么好说你是恶棍呢?《红楼梦》中的凤姐，个性光彩夺目，挺招人喜欢的，但她确实是恶之花。花有雄性、雌性之别，我们不好说你是恶棍，怪难听的，就说好听些，你呀，真是雄性的恶之花。'色字头上一把刀'，小心，别叫这个社会，把你像大粪一样排除掉。"姬槐拍手道："说得好。我早想说他，就是不知道该怎么说。"

姬发又在被窝里蹬了姬杨几脚道："我的好日子里，少说丧气话。睡吧，我还得给明晚养精神呢。"

姬杨仍不肯罢休，道："你没听人常说吗，'头茬茶不酽，到底不酽'，我不相信你娶了她能真正幸福。说不定，还是你们悲剧的开始呢，逼不出好事来。我劝你，趁人还没进门，结婚证换成离婚证，各自找两相情愿的吧!"姬发道："将来咋样，我不想。就是悲剧，我自作自受。我没有你高尚，也没姬槐非考上大学的志气，扶不上墙的死狗一个，不娶个绝色女子，这辈子还活什么味?我不会放手那女子的，别说了!"姬杨叹道："唉，姬发明晚要强奸一个好女子了!"姬发翻身压住他，挥拳打着道："再胡说，就从我这里滚!我从此没你这个朋友了。"姬杨架住他拳头道："是朋友，该说的就得说。不敢说心里话，还算什么朋友?好，睡吧。我要说的，也说完了。'明白人点到为止'，你不明白，我也没法子了。"三人这夜都没有睡好。

腊月二十六日一大早，盘髻仪式宣告了姜家姑娘少女时代的结束。二妗子和八姨，用一根红丝线绞干净她额前脖后的黄汗毛，然后打散她的乌油长辫，总合为一个碟大圆髻。她木然地任人摆布。最后，套上闪缎红袄、红裤，八姨端详了一会儿说："是个清秀小媳妇!"她吓一跳。乍觉得媳妇是另一群娘儿，却突然自己也成了人家媳妇，而且是最恨的那个男人的。难以接受这个现实，却必须面对、接受了，她的神情，由木然变为凄楚。

与此同时，姬家也装扮好了姬发。一套只洗过两水的将军呢制服，更衬出了他的英武。过了新年，他才二十岁，还是个大男孩，喜洋洋里又有些不知所措，一任武七嬷摆弄。

校长没有儿子，亲族、同事、朋友，视姬发成亲为校长给儿子成亲，都来贺喜，姬家人流如水。姬老人这日不能再不回来了。他还假公济私，让人把林场那辆旧手扶拖拉机开了来，准备给孙子迎亲用。姬杨、姬槐，三下五除二，给手扶拖拉机搭上了毡顶棚，铺上了席子，并在手扶拖拉机的车头上系了个红缎花。

夫妻婚后，难免磕碰。为使自己人占上风，这日男女双方都要炫耀自己宗族的势力。伴姬发去迎亲的少年，把手扶拖拉机挤得满满的。姬杨、姬槐自然不能例外，还有校长的许多侄子。副镇长刘东海也坐在手扶拖拉机上，他以姬发的兄长自居。

姬发当然为有这样的官儿给自己壮势，觉得颇有面子。

早饭时分，手扶拖拉机"突突突"地驶进了三姑家的那一条巷里。巷里看热闹的人摩肩接踵。鞭炮声、唢呐声响了起来。端端正正坐在炕上的姑娘，听着这声音如催命，用手捂住了脸。

大春、二春和姜老爷子闻声迎出。只见一个穿银灰干部制服的人，在手扶拖拉机上犹犹豫豫地不敢往下跳。二春笑道："看咱的亲家！"过去抱下了他，人哄地笑了。他是武校长，责无旁贷领着这迎亲队伍。他的衣服并不宽大，人太瘦，才显得宽松飘逸。他也并非胆小，上了年纪，腰椎间盘突出，动作剧烈就疼得不行，才不敢随便跳。

校长上前握住姜老爷子手说："亲家好哇！"姜老爷子抖着山羊胡子说："有一句不中听的话，说到众人面前。亲家，亲亲热热是亲家，不亲不热是仇家。闺女这一交过去，咱还不放手，有个不好，咱这老脸就不好看了，不管你是书生、武生，当官的、为民的。"校长摇着他的手说："这才像父亲。放心！我这双手，握惯了笔把子，不过小时候也是个放羊娃，握过鞭把子。发子要欺负你闺女，我就握着鞭把子，告诉他，姬家的女子，我巴巴结结娶上，老了还拍她马屁。姜家的女子，你不巴结，竟敢欺负。长姊如母，顺理成章，大姐夫也就是老子，你可以打老婆，老子也可以管教儿子。把裤子褪下来，先让老子照屁股蛋抽一顿再说！"

姜老爷子见他书生气而无呆气，为官而平易近人，甚觉可亲，大叫："看酒！"婚礼上许多场合"看酒"，这是向天地献酒。二春端酒壶、酒盅站在老爷子一边，东海则站在校长一边。姜老爷子一脸虔诚，校长则慌了手脚，趴在东海耳朵上悄声说："你嬷子怎么没教我这礼数？"东海笑道："教过咧，是你忘了。你只管看人家怎么办，你就怎么办吧！"校长还是怕人笑话，先声明："我不懂礼数，这脑瓜也像漏斗，老娘们教的礼数一动就忘光了。错了别笑。"他按部就班，照猫画虎，礼数倒没错，那个声明，倒把满脸庄严的姜老爷子惹笑了。礼数一完，车上的后生簇拥着新郎姬发跳下车。姬发一点儿也不像刚才在家被大姐牵着手祭告先人时的那个大男孩样了，落落大方，英俊潇洒。黑亮修美的眉毛，衬得一双多情眼更迷人。人啧叹："那女子好福气，嫁了这么亲个嘟嘟的小女婿儿。"

新郎与新娘的两位兄长眼光相遇时，则不完全是友好，还有那种雄性野兽相遇时的威胁。姑娘那日情绪骤变，从此像换了个人似的，哥哥们虽问不出缘由，但已对姬发有了狐疑。姬发也看出了他们的狐疑，故而眼光也如此。看热闹的人，推推搡搡地拥上前要给新郎抹彩以讨喜。姬发被少年们围个水泄不通，早进了门。姬杨不管姬发，用自己的大身架子护着单薄的姬槐。姬槐的眼镜，要不是姬杨眼明手快，早被人挤掉地下踩碎了。

东海提着个大布袋站在校长旁边，校长便从布袋里抓出一大把一大把的喜糖、分币、红枣来，撒得纷纷扬扬的像天在下雨。娘儿、娃崽们弯下腰，鸡啄米似的抢捡着。并不是喜欢糖、枣、硬币，山里人迷信，以为若给新郎抹上红，或捡到了这些东西，会有好运气。

姜家八姨是个脸如晒瘪的茄子，胸脯扁平、干瘦如猴子的老娘儿，裹腿几乎缠到了膝盖上。她那老姐姐舍不得闺女，没心管事，她就成了姜家喜事的总操办，麻利地跳来蹦去，大呼小叫。她手掌上早沾下了红汁子，可惜那伙后生屏风样将新郎围在席上，让她跟个没头苍蝇似的，到处乱碰，也无从下手。见校长笑眯眯进来，她老远便呼"亲家"。

校长从小跟他们弟兄姊妹玩大，忙亲亲热热答应，又问："你好哇！"

八姨到他跟前，照脸一抹说："好不好，就这一下子了。"校长一愣，用手一摸脸，一看是红，才笑道："这要能给你带来好运气，我情愿你把我抹成个红公鸡。老成啥了，还是个捣蛋鬼女子。大概还学城里女孩减肥哩，越老越苗条了，腰不盈握。昨天我都没吃饭，肚子早控空了。快上饭！我好吃他一个风卷残云。"人大笑。

校长是领队，被安排坐在另外一个席口上，姜家几个老年人来陪席。八姨亲自端盘上菜。校长站起来说："不劳亲家母了，让孩子端吧！"八姨笑道："你这读书人，账倒算得糊涂。咱是发子媳妇的姨，你是发子的姐夫，也该随他们叫咱姨。咱俩差着辈分哩，你还没大没小的对咱不恭敬！"她虽是逗笑，却一下子把校长推回了现实，心想自己要有个儿子，这阵也该欢天喜地娶媳妇了，不禁有膝下空落之感，脸上的笑也不自然了，坐回座位。八姨是个会揣摩人心的娘儿，赶忙用生硬的甜嗓音说："说是姐夫，你比亲爹还亲哩。瞧瞧我那外甥女婿，不说眉眼的周正，说话透出的精灵，单他的穿着，也不愧是打你这从京城回来的人家出来的。人活一世，能有这么一个小子，就不是亲生，死也心安了。咱的小子倒是亲生的，二十多的人了，裤裆吊半腿，见了人只会嘿嘿笑，吸溜鼻涕。你倒说说，亲生的能咋？"校长内疚起来。好在方才那心理，只被这久经世故的老娘儿发觉了，要被姬发发觉，无父母的孩子，不知该有多寒心。以后可一定要小心，于是说："说起这话来，我还对不住那孩子。年轻的时候，不知道疼孩子。一上年纪，知道疼孩子了，他又不是孩子。养他也不足道，那是人情良心。"

引魂面端了上来。校长那一碗，八姨故意放多了醋、辣子，还弄出些苦味来。校长不无感慨地笑道："酸辣苦，这近二十年也吃了些。这一碗算是总结，日后跟着当儿媳的弟媳，一定吃的是甜头。"说着就吃下去了。唢呐、鞭炮又响起来，是催姑娘上路。两个伴娘扶姑娘下炕，来到爹娘屋里。爹娘和小侄子坐在炕上，哥嫂们站在地下。她抱起小侄子，亲了又亲，再三说："狗狗，别生分了姑姑！"

小侄子偎在她怀里，舍不得分开，嫂子硬抱了过去。她一手拉住一个嫂子说："娘的头疼脑热，爹的冬暖夏凉，全托给嫂子们了。"娘忍不住泪水滚落。嫂子们流泪答应着。

她又向哥哥道："到了人家，免不了有磕碰的。哥哥们知道了，千万别动火。哥哥们平顺，就是妹妹好。妹妹再没啥想头了。"

嫂子们递过烟荷包、烟锅，她手指抖抖地从荷包勾出烟末子来，按进烟锅，双手捧给爹，恭恭敬敬地说："爹，女儿再不得天长日久侍候你老人家了！"爹嘴唇抖抖地含住。

她又接过艾蒿火绳，好容易点着爹的烟。然后接过热汤，递给娘说："闺女白养一场咧！"娘手抖了，汤溅了一炕，哭道："闺女，要受了委屈，千万想开些！娘跟你爹都老白了头，还动不动吹胡子瞪眼哩。"

姑娘一脸的戚然，跪倒在地，把额头紧紧地贴在这亲切的、埋着她胞衣的土上，唢呐、鞭炮声已三次催上路了。姑娘哭道："咱走咧！"这一去，要过的将是她所不适应的生活，她愁煞，跪在地上硬不想起来。

两个哥哥早已忙着出去安排送亲队伍了。二人虽是"开门办学"那阵的高中毕业生，但在山里后生中，到底是开了心窍的，人活泛。都生得个高体宽，吃苦耐劳。眼下两家的日子，都已达到了传统日子的全盛。各人有一挂四套马车，木轮子一人高，动一动，轰然惊心。车辕用铁皮包裹。铁皮上錾有万福流云纹样，下垫红绒。民国时山里的财主，也不过就是这个排场。兄弟俩远没有知足，准备在一两年内，各人买一辆手扶拖拉机。但是送妹妹出嫁，等不到哥哥的手扶拖拉机了。就这么一个宝贝妹妹，他们不想像人老几辈那样用马车送妹妹出嫁，从山外的朋友那里一下子就弄来了八辆手扶拖拉机。九辆手扶拖拉机在村巷里一字排开，姬家接亲的那辆手扶拖拉机在最前头。第一辆和第二辆拉开了好大距离，中间是二十条彪形大汉，都是姑娘的堂兄弟，或骑在马上，或推着自行车。山路难行，家家都养着牲畜，但牲畜的主要作用如今是拉运庄稼，而不是代步，所以山里后生有许多不会骑马，只好骑自行车。

第一辆手扶拖拉机是新娘坐的"花轿"。按风俗，娘不送女儿到婆家，爹则要在花轿前骑马为女儿"踏路"，而亲兄弟还要在花轿两边骑马"傍轿"。二春却事先跟爹说好了，自己"踏路"，爹和哥哥"傍轿"。

伴娘扶起姑娘来。姑姨妗子们团团围住她，往外走去。爹娘下炕跟出，小侄子"哇哇"啼哭起来。人群停住，是姑娘回头。嫂子将小侄子抱了过去，姑娘紧紧搂在怀里，眼泪止不住流到了孩子的脸上。孩子勾住她的脖子，越哭个不住气。嫂子好容易将孩子再接过去。人群缓缓移动到席桌边，校长便站起来向姜老爷子说："天不早咧，我们上路了。"姜老爷子嘎哑着嗓门说："吃好！"连围护新郎的那帮后生也站起来说："吃好咧。你老人家甭舍不得闺女，迟早有这一天。"唢呐、鞭炮声，已在第四次催上路了。村巷里，人语喧哗。看热闹的人正在搜寻新娘间，那娘儿们的人群开了一道口子，露出花团锦簇的新娘。新娘回头，三姑老泪纵横地追上来。娘俩拉住手，都哭起来。八姨道："回去吧！养女一场，迟早要分手。闺女是人家一口子！"

人群强将娘俩分开。三姑长一声短一声地哭着说："跟着女子，流不完的眼泪水子，哪个闺女不把娘的肠子揪断呀？"围合的娘儿们在花轿边分开，两个伴娘抱着"把轿"的一对童男童女先上了手扶拖拉机，然后二春抱妹妹上了手扶拖拉机。新娘被伴娘拉着，大哭着唤娘。三姑更加动情，扑到拖拉机边哭得发疯。姜老爷子含泪劝道："闺女又不是去了天边边，几步子的路，抬脚就回来哩，甭难过咧！"

唢呐、鞭炮声，第五次催起程。手扶拖拉机冒着黑烟，轰隆隆响起来。迎亲的"三国联军"——姬、武、刘三姓男子，上了最后一辆手扶拖拉机。二春却从最前面弯过马来，用鞭子指着姬发，道："你跟他们胡挤什么？下来，你是骑马'跟轿'的。"姬发望着校长。校长笑道："免了这个讲究吧，他不会骑马。"

二春便指着年纪最长的堂兄道："你上手扶去，把自行车让给发子骑。"姬发叹道："这下可要上气不接下气了。"二春冷笑道："我们这么多弟兄，为你送媳妇骑车子上坡下坡都不怕累，你倒怕累了。"姬发道："不怕，上刀山下火海都不怕。"便跳下了手扶拖拉机。姬杨跟着跳下车道："骑马就骑马。我是伴郎，伴你骑马。"接过一个少年的马缰，跃身上马，又拉上姬发来。姬发在后面抓着他的肩膀。姬杨催马跟到了花轿后面。他穿一身洗得发白的劳动服，身体健壮，冬天又穿着很厚的毛衣，把粗糙的劳动服绷得紧紧的，剽悍而英俊，真有一股"西部牛仔"味儿。

手扶拖拉机车队动了。三姑追了几步，被几个女人死死架住。她叫着闺女，挣扎不已。新娘也被伴娘拉着，拍着车沿，叫着娘，哭成了个泪人儿。

二春策马领着这长长的队伍上了路。为首的拖拉机上，两个伴娘盘腿坐在后面，新娘坐在中间，童男童女坐在前面。新娘微仰着头，半闭着眼，喉头哽动着，是在抽泣。姬发不敢看新娘的委屈样儿，把头埋在姬杨肩后。他后面新娘的众多堂兄弟，脸上都是不舍之意。在山里，堂兄弟姐妹间的感情，几乎和亲兄弟姐妹一样深。第二辆手扶拖拉机上，放着板箱、被褥、床单等嫁妆。第三辆车上，缚着一群鸡鸭猪羊。姑娘在娘家喂着这些东西，听说姬家没有，一则她怕成天无所事事面对那恶少，二则她是听着鸡鸭猪羊奏出的交响曲长大，没有这些精灵，她会寂寞的，于是便让哥哥缚了也给她带去。后六辆车上，则坐满客人。

姜家姑娘，继续着她的人生历程。车队时而上，时而下，时而出现在松林，时而出现在溪边。松林里的锦鸡、雉鸡，惊得从这个树梢飞上了那个树梢。这几日天气有些转暖，溪里冰融声轰然不绝，水都浸上了岸，恣肆奔腾，蔚然成河。一群乌鸦毫无畏惧地落在队伍后面啄着什么，不时快乐地发出极刺耳的叫声。断坡上，是无尽枯艾蒿、灰蒿、臭蒿、蒺藜。响铃铛的枯蔓像晒渔网一样搭在山毛榉树上，干果在感觉不到的风里微动着，发出细如蚊哼的声响。

空里些有微云，高傲、轻薄、索然无趣，在这冬日荒凉的山道上，一辆三套车正在滚滚下坡又上坡。马响鼻打得格外长，长长的水汽在马额前缭绕。车夫是武剩娃，车上载着一群乱弹艺人，要去姬家凑热闹。

姬家铜钉门前，枝节盘虬的百年老柿树下，破石碾边，人熙熙攘攘，狗都吓得不敢吠。娘儿们袖着手话家常。孩子们欢蹦乱跳，从汉子们胯下钻过，又搂住娘儿们肥硕的大腿。汉子们哑巴着旱烟锅，磕着因袜子破烂而冻得发麻的脚后跟，谈论着庄稼活计。然而人人心不在焉，不时翘首伸脖望从姬家到姜家的弯弯山路。山路上，突然黄尘飞起，孩子们欢呼："来咧！"

院里的人听到外面一声"来咧"，便十声八声地呼"来咧"，往外紧趋。厨房的娘儿们听到院里脚步声乱了，也乱喊"来咧来咧"。正在厨房忙活的武七嬷，也不解围裙，也不掸身上的柴灰，拖着一条黑头巾，挓挲着两手，三脚两步赶出。一辆三套车"轰隆轰隆"滚来，"吱嘎"停住，上面是一群东倒西歪的艺人。七嬷笑道："我才说，不该去接新娘，该锣鼓鞭炮去接他剩娃哥。你还是发子的大恩人哩，他的大喜日子里，你咋到这阵才来？"车夫对人世早已心灰意冷，懒得礼节周全，竟没有搭理七嬷，自顾自卸车，把马拴在桩上。

众人面前，七嬷好不难堪，但她知道这车夫看似暴躁无礼，却最重情重义，并不介怀，引他们到席桌上，叫人铺菜上酒，安顿他们先慢慢吃喝。

弯弯山道上，再次黄尘飞起。姬家轰动了。门里门外，一片声喊"来咧"。鞭炮的轰鸣声振聋发聩。七嬷激动得胸脯高起低伏，解下围裙掸了掸衣服，拖着头巾，晃动着肥硕的屁股冲出厨房，又突然折回来，对着缸里的水照来照去整理头发。姬杨娘笑道："快接亲去吧！你倒成新娘子了，打扮个不够，没个臊！"七嬷啐了她一口说："我哪在打扮？我看缸里有水没有，好叫熬酽茶。"说着和姬老人一人执了一个尘甩子，率领男女亲族，拥出门接亲。

弯弯山道上，那迎亲送亲队伍转入了山丘后面，尘烟俱无，些声不闻。姬家门前，亲戚们拥着姬家的老爷子、老娘儿，手搭在眼眉上，巴望着。突然尘烟又起，是队伍弯出了山丘。姬家门前一阵骚动，人窃窃私语着。原来当时山里人心目中，用手扶拖拉机迎娶，如同城里人用"皇冠"小车一样排场隆重，况且还那么一长排手扶拖拉机，真可谓排场隆重空前了，所以人人惊叹。尘烟愈来愈浓，愈来愈近。近到跟前，却并无尘烟。最前头的二春，跨着枣红骏马，一路马不停蹄，人与马俱汗涔涔了。

武七嬷与人"呼啦"一下退后，亮开场子，是马踏上了姬家门前的硬土。马蹄"咚咚"，响鼻急促。那二春犹自加鞭，这骏马奋蹄朝武七嬷踏去。人一声惊呼，马前蹄在武七嬷头顶腾空，刨着，猛转身朝着"突突"而来的手扶拖拉机稳稳落地，尾巴扫在武七嬷脸上。

武七嬷已经吓得全身稀松，好容易醒过神来，正要破口大骂，却变骂为笑。她想起当年四爹也在自己出嫁时，以此来吓唬武家婆婆。那婆婆当时后仰倒地，一条腿高高抬着，半天动也不动，裤裆早湿漉漉了。这不过是为叫男家不可薄待女子，女家显示女子有倚恃而已。不想二春这一举激怒了姬杨，他策马前来，抢着马缰朝二春冷笑道："姓姜的，你真英雄，英雄到老娘儿身上去了。姑嫂磕碰，古来就难免，日后大姑与婶娘有争纠，你再这么过分，我就叫你吃不了兜着走。不信，你等着瞧！"

姬发也一脸愠色。七嬷忙道："好孩子们，喜日子里，不敢打架。谁家哥哥不疼妹妹？可惜我没有哥哥。"二春笑道："没有哥哥，你可有个好侄子哇！"

原来二春因为那个花花肠子父亲，最讨厌姬发这种花花公子，心想当日求亲的要是姬杨多好。他当初也穷得没裤子穿，所以不在乎姬杨穷，只在乎姬杨的为人朴实本分，通情达理，又不是那种少棱没角的，最有刚性。便道："放心，这是最后一回，我再不欺负你大姑了。你大姑的为人，高阳谁不尊谁不敬？不过发子要小心，他敢欺负我妹妹，我就杀了他。"

姬杨笑道："你杀了他，给他赔上你的命算了，我可不给他赔我的小命，只要你不欺负我大姑就行！"

手扶拖拉机已在门前停了一长排，熄了火。十几个壮汉在车前站定，朝天齐放三眼枪。正在姬家上空飞动的山雀，霎时消遁。

迎亲的众少年跳下车，接过送亲的众少年的鞭子和马缰，把马拴一边，引人进院去坐席。姬老人与姜老爷子看过酒，有人便在第四辆车边放下一个条凳。校长端着酒壶、酒盅，恭恭敬敬站在姬老人身边。人高喊："亲家外爷、亲家姑夫……"被喊者庄严踏凳下车。姬老人也神情庄严，就在这里，他送走了一个个女儿、孙女儿，接来一个个媳妇、孙媳妇。

每一个娘儿背后，都有一长串故事。每一个故事，都让老人想来感伤。至今与他同在的，嫁给武家的这个孙女和娶于姜家的这个孙媳，是绝无仅有的。他高寿八十多，而儿孙们却一个个眼睁睁夭折，高寿于他，实是大不幸。他颤颤地用尘甩子一甩客人衣服，从孙女婿手中接过酒盅递上说："太亲家公来咧！"外爷接住喝了个满胡子酒珠。

客人接完，便是神圣的接新娘仪式了。七嬷的女儿端着酒壶、酒盅，站在母亲身边。姬家对于七嬷的女儿只是一门亲戚，但对于七嬷则是神圣娘家，魂魄所寄，所以娘俩神情迥异。女儿好奇地东张西望着，母亲则一脸肃穆。

人高喊："引新魂！"第一辆拖拉机上那个小男孩抱着红公鸡站起来，怯生生的，姬杨抱他下来。七嬷用尘甩子一甩鸡冠，以酒洒地，又给男孩塞了个红包。姬杨便把他抱往新房。人又喊："财神到！"那个小女孩抱着钱匣子，被伴娘扶了起来。她被这庄严气氛吓得早尿湿了裤子，只哭着往里挤。

八姨道："这囡儿没出息，怕日后当新娘子也吓得尿裤子哩。"姜老爷子便笑道："方才忘了，该让咱俩当童男童女来着。你胆子大，管保这阵不吓得尿裤子。"八姨瞪了他一眼道："你还童男哩，呸，别叫我当着新女婿面，说出你好听的来。"姜老爷子便只笑，不敢再说话。校长抱下那女孩，她更号啕大哭个不已。人三喊："接新人！"两个伴娘搀着新娘站了起来。

这是一个辉煌的瞬间，人人表情肃穆。

十里不同天，尽管这一方土与那一方土，这个民族与那个民族，婚俗迥异，但仪式之神圣，是共同的。这是人类对于繁殖的崇拜，是出于自身生生不灭的本能。

这神圣的仪式，震撼至深的莫过于新娘。她已然不再是离娘上路时的那样忧戚，但成为新娘的反常经历，难言之痛，也使她难以喜气洋洋。此时她目光微淡，神情庄重动人，俨然似神女。另一个心灵受到很大震撼的当然是姬发。事实上，当他五六岁对七嬷的怀抱不再恋恋不舍的时候，就开始踏上寻觅另一个女子怀抱的旅程了。十四五年来，风风雨雨，寻寻觅觅，漫漫长行终于到了终点站，他寻到了她。他成家了。他渴望她把甜蜜、温馨带给他，带给姬家。唉，他到底成家了！

又是一排惊天动地的三眼枪声，接着唢呐声直冲霄汉。姬发磕了磕有些抖的脚，迈开两条长腿走到车前，伸出粗壮的胳臂来，手心都湿了，轻轻抱下了新娘。山里男女讲究多，接触的机会少。他这是第一次拥一女子入怀，胸膛里那颗心如羯鼓劲擂，精致的脸盘上也血色潮涌，臊得都不敢看七嬷。

七嬷此刻心情也极复杂：新娘将接走她肩上对姬家的那副担子，是轻松，也是失落；同时她所钟爱的，牵肠挂肚的孩子，心已然被新娘占据，她又嫉妒。而当尘甩举起时，为人之母的那伟大的慈爱压倒了所有心绪。曾几何时，她锄地将姬发负在背上，他舒服地"咿咿呀呀"着，尿湿了她的脊背。而今他已然长得自己才及他的胸脯高，知羞害臊，聪明英俊，娶上了媳妇。家族繁衍，人丁兴旺，全寄托在姬发娶上了媳妇这一事上，她怎能不感到幸福呢？于是，尘甩轻柔地在新娘身上拂着，拂去了她一路风尘。七嬷眼角潮湿，饱含深情地说："闺女，到家咧！"

唢呐声里，七嬷跟着新郎、新娘，踏着炮仗屑进了门，人也蜂拥进去。姬老人已端坐在祖宗像前。新郎放下新娘，两人并排而立。人高喊："拜天地祖宗！"新夫妇在姬老人脚前跪磕下去。老人一手拉住一个，幸福得嘎哑着声音说："行咧！"一边八仙桌上，设有姬发爹娘的灵牌。人再喊："拜爹娘！"姬发牵着新娘，径直来到校长夫妇面前，"扑通"跪下，连连磕头。老两口吓一跳，刚要说"错了"，却突然明白了姬发的心。校长那颗大似汪洋的父心里，排起了接天巨浪，而指头轻轻一弹似乎就会如纸般破裂的干瘪脆弱的胸壁，如何经得起这么强烈的冲击？他跌坐在长凳上，心中的惊涛巨浪已然从眼角涌出，白皙的手指颤抖着，掏出手帕来拭着眼角，老娘儿似的絮絮叨叨说："我有一同学叫张之源，位子已经很高了。儿子五六个，连妻子也前后换了三任。最近我从电视上看到他携第三任妻子出访，那妻子比他的大儿子还小，至大不过二十几岁，一袭丝绒旗袍，高贵优雅。我不过是侥幸当上了这偏僻山区的校长，梳着马鞍子髻的山野女人伴我至今，按传统观念也算绝后了。我听说了张之源那铺着进口地毯、纤尘不染的家里许多龌龊的故事，而我这土壁、土炕之家，人情却是如此甘美。我虽穷酸卑微，也知足了。张之源虽出类拔萃，抛头露面之余，寻常居家之时，需要点人间真情之时，未必能如愿以偿。如此说来，我这一生也不见得是失败人生。"

他回归乡土后，言谈并不"之乎者也"，也不呆涩，不然他就会失去与乡亲们的正常感情交流，然而这一席半文不土的话，却并不使乡亲们感到隔膜。感动最深的，当然是七嬷。她拖着沉重的身躯，扑倒在姬发爹娘的牌位前，号啕大哭："五爹、五娘，亲个当当的人，歇下心吧！咱跟你侄女婿，给你们的发子把媳妇娶上咧！"

新娘又一次受到震动。以前在集上见到七嬷城里娘儿似的提着网篮买菜，校长则背着手踱方步，已然不同于在织机上前摇后晃的娘和没个稳重的爹，心中便对他们油然生出神秘、陌生感。离娘上路时的忧戚，也有不知如何应付这一对准公婆的成分。经这一絮叨，一号啕，她发现他们情到真时，一如自己的爹娘，对他们的神秘、陌生感，荡然无存了。

姬发挽起七嬷，劝慰着。七嬷号啕并非因为悲戚，也就破涕为笑了。姬发又拉着新娘在车夫面前跪磕下去，起来时，把自己的脸贴住车夫的脸说："剩娃哥，还像小时候那样，拿胡子扎扎我。没有你从狼口里救我，我哪有今日？"

恰在这时，秀珍拎着个提包，兴冲冲地回来了。她已把向姬发表白的话在心里设计了几百遍。想来姬发听后，一定有意思，保证吓一大跳，而且要以不配为由拒绝她。秀珍准备在他心神不宁，认真思考上几天后，再跟他说。只要她不在乎两人在地位上的差别，心诚则灵，相信姬发最终会打消一切顾虑的。

到了姬发家门前，见人乱哄哄的，秀珍吃惊地问一个老娘儿："发叔没出事吧？"老娘儿笑道："大喜事，娶上媳妇咧！"秀珍忽觉头顶如响了个霹雳，脸色惨白，忙捏着提包低头向家走去。那老娘儿喊："你一家子都在这儿帮忙哩，门锁着。"她也没听见。恰好姬杨出来叫客人坐席吃饭，老娘儿便向他道："你那上大学的妹子回来咧！"

姬杨忙向家里赶去。只见秀珍搂着提包，缩着肩，正站在门口打抖。姬杨笑道："山里比你们学校冷，衣服也不穿厚些。"脱下外衣给她披在身上，打开门。秀珍问："发叔真结婚了吗?"姬杨道："坐炕上暖和暖和再说。"引妹妹到房里，让她上了炕。一摸炕，不太热，便要抱柴烧。秀珍哽咽道："哥别忙乎了，我不冷。"

姬杨便在炕沿上坐了下来。秀珍哭出了声，这是她感情上的第一次大挫伤。家里别的人，她都不好给倾诉的。他们非但不会理解，还会为她一个女大学生竟爱上一个山里小子而大惊小怪，惹得她烦恼。只哥哥有一个开放、包容的胸怀，能让她敞开心扉。从小，她遇委屈，就找哥哥诉，而不跟爹娘说。弟妹们都是哥哥抱大的，个个都让哥哥揩过屁股，她也不觉得在哥哥面前有什么难为情的。谁知还没等她张口，姬杨就道："哥知道，你老早就迷上发子了。嘿，你的眼睛不藏事，望他就像探照灯。"

秀珍气得道："我就迷他，迷个死，关你屁事。"姬杨忙笑道："我说着玩儿哩，你就真动气了!"秀珍正一肚子委屈没处发泄，便瞪了他一眼道："这是玩儿的事吗? 你还是人家的哥哥哩，早知道，怎么眼看着他成亲，不给他把话说开?"

姬杨沉默了半晌，才道："我不愿让他知道你爱他，不愿你嫁他。"秀珍不解地望着他。好一会儿，她冷笑道："我还以为哥不同俗，心里没有等级差别呢。你也是农民，看不起他，就是看不起你自己。我是大学生，也是农民的女儿，要看不起农民，就是看不起爹娘、哥哥。我不敢忘本，我不是那号人。"

姬杨点了点头，道："难怪妹妹考上了大学，本来就是个有头脑的。我没有看不起农民的意思。发子的问题，我当面跟他说了。背后说他坏话，不合我的性格。我不跟你说他什么，让时间来说话吧! 你慢慢就会看到，他不是你想的那么好。"秀珍道："这我知道。不就为跟武大交往的事吗? 多半还有许多我不知道的别的叫人讨厌的事。他即便一身的毛病，可他就是比别人有魅力，我就是爱他。他的毛病，别的女人不能真正改变，将来他不会平顺的。我相信，我正是你说的，有些头脑，能影响他，能叫他一辈子平顺。他娶了别人，我没法子不为他将来担忧。我就是爱他，到死都爱他。"

姬杨感动了，叹道："这么说来，天生你，就是在发子的橛子上拴的! 你恨哥吧! 哥应该早给他说开才是。看来，哥还是不懂你。"秀珍道："我为什么要恨哥呢? 谁我都不恨，这是天缘不凑巧。哥放心，我也不会做出什么傻事的。自然界有风雷闪电，人生也难免一而再的打击。不管怎样，我都热爱生活，热爱生命。否则，我就对不起受苦受罪把我拉扯成人的爹娘，两块石头夹着一块肉下煤窑供我上学的哥哥。而且，既然发子爱的是别人，还成了亲，从今往后，我和他中间就隔着一堵不可逾越的墙了，我只会把对他的爱埋在心里。不多说了，我们过他家去吧。我回来了，就该也给人家帮帮忙。"

姬杨忍不住流出了眼泪，想笑，却哭声道："我就是怕妹妹想不通，万一出个事情，才回来的。想不到妹妹这么懂事。哥还有什么不愿意为妹妹付出的呢？哥就是为妹妹死了，也是笑着死的。"秀珍把头埋入哥哥怀里哭道："哥大学都没上成，还没事人一样。哥心里怎能没事呢？哥放心，多大的打击，我都能挺住。可我没法子叫我心里不难过，我就想哭。也只有这么好的哥哥，才能叫我好好哭。哥，你也哭吧，把心里的难过都当着妹妹哭出来吧！"姬杨紧紧搂着妹妹道："老天生给我们这么个条件，人想活得不一般些，太不容易了。哥昨天下午一个人在山上都哭了，你哭吧，好好哭吧！哭够了，咱们再过去帮忙。"秀珍没有哭，只叹："世上的事真难说！上大学这么不容易的机会我得了，喜欢的人以为唾手可得，却得不了。按说我跟发子比姜家女子近，近水楼台先得月，不想倒让她先得了。唉，也罢，也罢！得之我幸，失之我命，我认命了！"

从此后，在男女之爱上，秀珍心里有了盲点。

姬家的客人，正坐席吃饭。姬发那光嫩富于弹性热乎乎的脸，亲热地贴着车夫那满是苦皱的老脸时，他那冰冷的心也热乎了。同时，后生的敬爱，也使他不得不又看到现实的残酷。活到这把年龄，本来也该有自己的儿子了，然而可恶的穷鬼却把他害得一无所有。难以压抑的辛酸又升上心头，他一杯苦酒下肚，一摆手，艺人的胡琴响了，他也开口唱起来。

孤苦伶仃，吃硬的喝冷的，穿破的睡冰的，使车夫比实际年龄显老十几岁，开口时已不存一颗牙了，唱时直漏风。辛酸压住了姬发给他的那一丝暖意。他嫉妒校长，甚至嫉妒姬发，所有娶了女人的男人都让他嫉妒。他也拼命诅咒嫁了人的女人，唱的是《烂婆娘》，说从前有个邋遢女人，头上虱子半斤，脚板子黑垢半寸，脚板子踩着鼻涕和面，虱子调着涎水炒菜。姜八姨坐在他旁边的席上，扭过头鄙夷地说："有老婆就不这般骂娘儿咧！"他胡子迸翘，眼睛裂睁，吓得八姨扭回头去和二妗子说起了别的，不敢看他。他又诉唱起庄稼汉的不易：

西来赶马，东去放蜂，
山里打猎，田里使地。
伐木拉网，采石赶场，

一样一桩，下苦行当。

　　马哟，生是靠腿，

　　庄稼汉活人哟，就卖的那一膘肉吨！

　　唉——吨，

　　好马腿溜长吨，

　　好庄稼汉，一膘肉吨！

　　他哭了。老泪从颊上的胡子，滴到了下巴上的胡子里。

　　姬发想自己既已成家，日后就不能老靠校长夫妇接济了。自己既无别的本事，就只有靠卖一身膘实的肉，下苦力来生活了。唉，说到底自己不过是一个庄稼汉，下苦人罢了。于是，他怜悯自己的同时，也对车夫满怀同情，满倾一杯酒，恭敬举给车夫说："剩娃哥，你苦，咱瞧得见。你没娶上老婆，那是没法子的事。咱今个起，热热和和有一个家了，你要不嫌，就搬来跟咱过活吧！"

　　车夫又一次被他感动，把胡子向两边一分，饮下酒说："咱一来浪荡惯了，过不惯有家室的日子；二来这一上年纪，脾气变得越古怪了，跟你们长处一起，会伤和气的。你有这心，咱就心里热烫咧！唉，咱要有你那样的姐夫、姐姐多好，就不活得像个死人了。好好孝顺老两口，疼你媳妇吧！"

　　姬发点了点头。车夫便向艺人们喊："各位赏脸，咱顶疼的后生大喜日子里，吼就吼他一个挣死命。"艺人们笑道："自然，放心！"八姨赶紧扭过头来，说车夫唱那从前财主瞌睡的当儿听的曲子，没劲，既疼发子，就唱些正经的。车夫咬牙骂了八姨一声"臭娘儿们"，将对已婚男女的嫉妒、仇恨和自身的辛酸，最后泄尽，打量着新夫妇，轻轻地，甜蜜地哼哼道：

　　哟嗨哪个妹子哟，

　　甭裹着脸蛋蛋咧，

　　扎起你那头巾角吧！

　　见了哪方人，

　　你就说哪方话吧！

　　到了哪方土，

　　你就受哪方苦吧！

　　哟嗨哪个妹子哟，

　　甭裹着脸蛋蛋咧，

扎起你那头巾角吧！
粉脸蛋不晒个透黑，
你呀，亲亲，
就不是咱庄稼院的好婆姨！

人乐了。厨房也排出了大菜。七嬷晃着肥硕的屁股出了厨房，站在院里，一手插在蓝印花围裙下，一手捏作拳头挥着，眉开眼笑喊："吃，喝！想胡说八道就胡说八道，想打响嗝就打响嗝，想撒尿就在当院撒。这么亲亲友友、热热火火地聚在一起，难得哇！"众人大笑。七嬷又笑着回了厨房。姬老人掂起筷子，让着姜外爷道："太亲家公，吃！吃了喝了，才落下了。人在世上，啥都不是自家的，就身子骨是自家的。把身子骨吃好！"外爷虎视着菜盘，咽着涎水笑道："这么多好菜，真把嘴务成菜园子咧。"

客人里有个老癞头，同长凳上的人嫌恶他那一头癞疮，屁股一直移到板凳梢上。老癞头装作不以为意，等到他最爱吃的核桃炸鱼上来，冷不防一抬屁股，板凳一翘，那人"哧溜"一下钻入桌底。同席的人扶的扶，笑的笑，等到想起鱼时，老癞头已扫荡了大半，剩下的还是鱼头、鱼尾。

姬发夹了一筷子菜，送入车夫口中。车夫感激却吐到地上，向艺人们点头示意。艺人们会意，随他不谐调地唱起来。艺人娘儿嗓门既尖又亮，艺人汉子翘着下巴，嗓门宽而且沉。依然是苦字开头。众人一声"苦咄"，车夫那高亢发颤的嗓音便在姬家上空飘荡起来：

哎哟哟，
山里路弯咄，
山里路窄咄，
山里人苦咄。

艺人们张开油晃晃的嘴唇，群起而响应："苦咄——"

车夫趁别人唱时赶忙就姬发手里喝了一杯酒，拿大袖一抹那狮鬃般的胡子上的酒珠，也顾不得等别人声音落下来，就破开嗓门压住所有人的声音，惊心动魄地唱道：

哎哟哟，

山里的娘儿，
脑后头倒梳骆驼髻咂；
山里的汉子，
身板上反穿羊皮袄咂；
山里的活路，
少也比满山的蒿草多咂。

艺人们又是一声奔放的"苦咂"。

车夫嗓门嘶哑，脖子拉长，拳头攥得青筋虬起，嘴难看地最大限度歪张着，唱道：

过年咧，
苦日子到头咧，
娘儿们提出老酒咧，
尕娃子端出线辣子咧，
一家子团坐在热炕头咧。

艺人们痛快地叫声"哎哟哟"。

车夫声嘶力竭地唱道：

嘴唇子吸溜着咧，
心里着了火咧，
这日子算是啥味咂？

艺人们拍着桌子乱哄哄嚷道："辣咂！"

车夫似唱非唱道："啐，球的，错咧！"

艺人们又踢踏着脚，直震得油布帐篷"哗啦哗啦"作响，吼道："苦咂！"

车夫声音又高亢发颤起来：

凭良心把话说咂，
这日子到底算啥味咂？

且进一步似唱非唱地提醒道：

酒也不是，
蜜也不是，
咸菜不像，
酸醋不像，
到底像啥吡？

艺人们似乎恍然大悟了，兴高采烈地刺耳呼啸："汗味吡！"
车夫似唱非唱，痛快淋漓：

骂咱汗臭的，
是畜生！
嫌咱汗脏的，
是驴操的！

干脆说起来："金殿玉阶的皇帝佬，也靠咱刨土坷垃的庄稼人活！庄稼人，了不得吡！"
于是艺人们高吼："吡——嗨！"
这种不加修饰，不打折扣地释放音量间，人生的重荷，人世的仇恨、提防、嫉妒、中伤，全被吼光了，抖落了，就留下了豪放，一泻千里的豪放。
最感震慑的，还是新娘。多少日子来，她把世事人生想了万遍千回。世事人生，断断不是姬发刀逼她之前心目中那样十全十美了。她绝望之后，是无奈。无奈到今，转而不再无奈，不再绝望，但世事人生，并不因此恢复到她往日心目中的十全十美。往日的美梦已然破灭，来日她将过的是流泪、流汗、流血的日子。自然，酸辣咸苦难免，但她觉得，只要自己不惜流汗，还会有甜味的。从今日姬发不忘校长夫妇和车夫的恩情上，她对姬发的认识，不再是刀逼她的那个冷酷无情的少年了。他内心有阴暗处，但也有阳光。
人人激动异常。
菜上完后，七嬷便率领本家的娘儿们在厨房里也吃起了酒，得意之下，还哼了小曲儿。席上大块吃肉，大杯喝酒，不久也醉了个一塌糊涂。童心不泯的武校长，一改往日的谦虚和含蓄，淘气地向姬老人大肆卖弄上海话，一会儿又摇舌一变，讲起了标准的普通话。姬老人端坐着，捋拂长须，神态慈祥，他本是个仙风道骨韵味十足的人，已然进入佛界仙境。孙女婿叹道："呵，一眨眼，发子就成家了，我也老了。人生苦短，去日苦多啊！"

"正是。命，只一次。活一天，就离死近一天。我不想一天一天，白白地走近死。活一天，我就要把人活美，把事做美！"

"是要把人活美，把事做美。"武校长忽然命令道："老泰山，为着这美，干一杯！"姬老人瞪了他一眼道："我不老！"武校长笑道："对，对。咱两个小年轻，干一杯！"姬老人微微一笑，撩起上唇的白胡子就仰头干了一杯。多杯之后，姬老人仍稳如泰山，那高阳硕儒却颓然醉倒。

姜八姨头发一绺一绺散到了脸上，活跃如翠鸟，和隔桌的村长一会儿骂俏，一会儿说体己话。村长醉后，忘了平日很困难地端起的官架子，脑袋像风中的不倒翁，点个不住，沾满饭菜和酒珠的大胡子，则"嘟噜嘟噜"颤个不住，向姜八姨说："女人就跟猫一样，男人只要一个劲摸她，她就会和男人好上的。"

"你摸一下我试试。"

"我摸你又怎么了？"

"我打断你的手。"

"我偏摸。"

村长便伸手要摸八姨。八姨却并没有打，只是羞推开了他的手。

东海今日在恩师和师母面前，更不敢端官架子，出出进进，端饭端菜端酒，格外殷勤。但别人并没忘他是官，且镇长在山里人心目中还是大官，因此都巴结地向他敬酒。乡里乡亲的，不喝似乎是不给人面子，他只得硬着头皮喝。他还不是那种酒肉穿肠过的官油子，没多大酒量，很快就喝醉了，这阵喊着"上菜上菜"，从厨房娘儿手里夺过一盘正喝的肉汤，摇摇摆摆，一路四溅着进入席口，放在了八姨肩上。正赶上村长说了一句荤话，八姨又羞了，一捂脸，盘子就叫人心疼地打碎在地。

有人钻到桌底下呕吐，有人则干脆站起来喝。帐篷下，满是些赛神仙。

那刘东海打碎了汤盘，像做了坏事的小孩子样，不敢到厨房去见师母，躲进了后院。偏新娘陪嫁来的鸡鸭猪羊和姬发的狼狗黑子拴在后院，他看着它们被束缚的样子怪心疼的，便逐一解开。于是，那些家伙争先恐后，一哄而出。鸡飞到了桌子上，猪在桌下"哼哧哼哧"吞人呕吐的污秽，狗前爪搭在人胳膊上，舔盘子里的肉汤。

鸡啄着姜外爷胡子上的饭渣儿。老人以为是孙子在揪，呵呵笑得头上的白羊肚手巾角急速闪动，如旧戏上的官儿抖翎子，踢了桌下的猪一脚说："前山四老汉，呸，你也有脸上席？没出息，才喝了几杯，就钻桌底下了。还'哼哼唧唧'哩！"又拍着狗脑袋说，"这娃崽，慢慢吃，没人跟你抢！脸咋毛乎乎的？年轻轻的就留大胡子，不学好！"

外爷已没了一颗牙，说话时发出"嗤嗤"的漏气声，如大姑娘在害羞地笑。说罢，他夹了一块肥肉，塞入嘴里。肥肉在光牙床上滑来滑去，还是一块肥肉。他便瞪着眼，扩充喉咙，喉头上下激烈抖动，把肥肉块囫囵咽了下去。然后把胡子捻入嘴里，有滋有味咂着，像婴儿吮奶。忽然，他觉得头沉甸甸的，一时又好像在家中自己的屋里，便打了一个哈欠道："睡，上炕！"弯腰去脱鞋，不料那脚却像田鸡一样，蹦来跳去的，抓个不住。外爷的手，只管跟脚捉迷藏，涎水都流到了脚上。

村长终于钻到桌下搂着心口打起了滚。姜八姨也就趁此换了打情骂俏的目标，和一位老乱弹艺人"亲哥哥呀香妹妹呀"对起了山歌情调。她拼命把声音往娇嗲嗲地捏，却总有老年人的那一种沙音不服驯地冒出来。突然她发现姜外爷狼一样龇着牙在瞪她，这老女人害羞得不行，一吐舌头，把满是皱纹的红脸对着墙角，"咯咯"直笑。

桌下早已醋性大发的村长，听着八姨的笑，就像耳朵里钻了一群苍蝇，响雷放炮似的吼："笑！呸，就知道笑！"八姨则听着他那吼声，像刽子手里的刀砍过来一样，一下子收住了笑，挺平了脸，紧紧闭住了眼睛。

正凶狠狠的姜外爷，却张着血盆大口，纵声大笑起来。笑着笑着，忽然又道："来，来！喝酒，喝酒！好酒，真好酒，下了毒药我也喝！"没好气的村长一跃而起，泼了姜外爷一脸酒水。

乡村喜宴，杯盘狼藉，浮生百相。客人醉得越厉害，主人觉得脸上越有光。

姬发身为新郎，不敢一塌糊涂，竭力少喝酒，但仍微醉。他脸红亮红亮的，一把扯开衫子双排扣，乜斜眼打量着新娘，满目含情。新娘躲闪回避不过他的眼光，便起身往厨房走去。

七嬷半醉里，感觉异常灵敏，老远就知道新娘进来了，忙把蓝印花围裙卷起来往腰里一塞，像个十八岁的大姑娘一样扭着胖腰身迎了出来，拉住新娘的手说："那一伙酒疯子，把咱的心肝吓坏了。快进来，咱娘儿们斯斯文文地吃。"新娘粲然一笑。这是她路遇姬发以来第一次开口笑，果然动人无比，把个武七嬷乐得发昏，牵她进厨房，安顿坐在灶前的木墩子上，命令道："秀珍,敬你婶娘一杯!"

秀珍正在案前剁熟肉,擦了擦手,端过一杯酒,叫着"婶娘",恭敬递上。新娘心目中,考上大学,如同登上了天,所以秀珍已然是神圣、神秘、神气的了,赶紧接住,背过身子喝了,然后向她亲切一笑。秀珍也勉强报之一笑。

姬发眼光跟着新娘进了厨房,猛看见厨房门口似有秀珍的身影一闪,忙赶了进来,见果真是她。衣着依然与山里姑娘无异,只是头发没结辫子,而散披在肩上,动身间,飘来拂去。知识的浸淫,使那双好看的眼里,似贮藏着无限秘密。姬发笑问:"大侄女几时回来的,我怎么不知道?"秀珍声含人难以觉察的幽怨道:"你眼里只有媳妇儿,再能看见谁?怎么闪电一样,这么快就为人丈夫了?我眼里,你才初长成人。"

姬发只不好意思地傻笑着。七嬷道:"都二十了,不小咧!"秀珍一笑说:"二十是虚岁,要按周岁,才十九。婶娘,你比他老成。我这个叔叔,从小跟着姑夫、大姑,比起咱们来,他就像在蜜罐里泡大的一样。看着面善,淘起气来,也真可恶。你可别把他当混账,其实心跟他的长相一样,好着哩。就是混账,他也是个可爱的混账!"七嬷两手一拍道:"我正要给你婶娘说这话哩。自他回了家,我的管教话他就当成了耳旁风,成天交些不三不四的人。他还是个没调教好的小马驹,娶上媳妇,就给他拴上笼头咧,我也就歇下这心了。"

少年姬发的生命之河,在寒冰与烈火的情爱中,静默的上游成为过去了,奔腾澎湃的中游已然届临。

第七章　天底下，情最重

　　年节前后，红白喜事最多。车夫武剩娃几乎天天领着那班艺人凑热闹，以赚几个零花钱。他能手擎两把唢呐，吹尽天下曲牌，肚子里的乡谣，则成千累万，涉览世情风俗，国事民疾，男女情爱，无不散发着关中大地的五谷之香。

　　老早，姬杨就称他为"伟大的民间艺术家"了。见妹妹无事，姬杨放下心来，想在家的日子闲着也是白闲着，不如跟车夫挣几个钱去。别的不行，从小长在山里，山歌苦调他能吼一些，还会敲大鼓。于是在姬发成亲这日的席桌上，姬杨趁便跟车夫说了。车夫满口答应，道："好孩子，别看你年纪小，行出的事来，我们一班人都敬。我们都知道，你是为供弟弟妹妹上学，才故意考大学落榜的。挣大钱的忙帮不上，挣点小钱的事，哪有不帮的道理？唉，茶，也涩也苦，越浓越涩越苦。只是茶越苦涩，人喝了越有精神。人这一生，难免有苦涩的时候。会活人的人，跟喝茶一样，越苦涩，越有精神。你看我，牙都苦光了，还活得有滋有味、精精神神的。我有什么指望？你年轻，落榜不算啥，往后还有指望，千万别怕眼前的苦处。"姬杨点头道："是这道理，我不怕。"

　　当天下午，姬杨就跟着那班艺人走了。半路，车夫似为自己这吹鼓手的命运心有所动，从蓝印花褡裢里取出铜唢呐，一曲吹罢，便运足气唱道："呜呜，嘘嘘，苦焦！半茬麦，三合秋，手里没抓捏才跑这一路。呜呜，嘘嘘，喝端老碗，唱是雷吼。这人一生，酒老碗里晃过，唢呐声中了结。千辛万辣，辣不过这黄汤。千难万苦，苦到头难到顶，也是那一下场。呜呜，嘘嘘，苦焦！"

　　歌声黄钟大吕一般，扩张、震颤，磅礴苍劲，动地惊天，起时势如雷霆万钧，止时则如山摧。姬杨震撼，连连赞叹："剩叔就是哨子硬！"想到自己为穷所苦的命运，少年同病相怜，深深同情起了这老爷子，拿指头轻轻地为他理着那鸡窝一般蓬乱的华发。

姬发终于娶到了山里最美的女子，今夜将销魂，幸福写了满脸。武七嬷除替姬发感到幸福外，脸上还写有问号：不知道姜家女子进了姬家门，姬家将家庭和美，还是将成为一个充满争吵的家庭。

女子在娘家时，既尊贵，又处于随从地位，万事不做主，因此人缘都好，轻易看不出有什么毛病；一做人媳妇，就主一半家事了，有什么毛病，自无法遮饰，因此家庭和美不和美，全看女子如何了。

老太婆不好让姜家女子一进门就料理家务，准备到年三十才下山。姬老人却一送走客人，就急着要坐手扶拖拉机回林场去。春节前后，孩子们为放鞭炮，身上多装着火柴，有时干脆点荒坡玩儿，一不小心就会引起山林大火。到了这阵，护林员又多回家与亲人团聚去了，所以姬老人无论如何得守着——年年他在林场过年。大年初一，是本族下辈给上辈拜年的日子。姬发帮七嬷把给老人过年备的馒头、肉、菜逐一搬上车，又把老人抱上去，笑道："初一我们再来给老爹磕头。"姬老人忙道："今日把头都磕了，初一不用再来。我满山要转哩，没工夫陪你们。"七嬷递上拐棍子、烟袋锅子笑道："瞧老爹，怕给压岁钱，慌成什么了。老爹初一先欠着，他们给我拜年的时候，我替你掏腰包。"老人道："盼你替我掏腰包哩，我本来就是个小气鬼嘛。还有一怕，是怕我的孝顺孙子，起起跪跪磕头没完没了，把膝盖骨磕碎了，日后爬着走路。说好，免咧！"

夕阳西沉，姬家又热闹起来，是人来闹洞房。先来的是一群娃崽囡儿，不过是讨些喜糖油果子，"喊喊喳喳"一阵，就回去钻热被窝了。

然后娘儿们洗了锅，喂了猪，哄睡了孩子，相约来取乐。

新娘面朝墙站在炕角，再叫不回头。娘儿们只得趣闹了一阵姬发，就散了。

七嬷这几日劳累不堪。新房隔壁的屋子，事先收拾了供她歇息，还叫上秀珍和芳珍给她做伴。她送走了那些来取乐的娘儿们，便上炕歇息。

外面，一张厚厚的黑色纱幕，遮住了上天洞观这个世界的眼睛。最后来闹洞房的，是一帮后生。他们正处在火红火红的年纪，难耐寂寞，好玩爱乐，而这深山野坳里，文化娱乐却一纸空白。于是他们在这闹洞房上，创造出了繁多的花样来，比如按电铃、蛇过套、扳枪机等等，难以详说，几乎是在恶作剧式地取乐。新娘依然不苟言笑，立在炕角一动不动。他们便没命折腾姬发，一会儿用炕帚把子打脊背，一会儿又用锥子扎屁股。姬发故意大叫惨声，不住向新娘道："好人，疼疼我吧！"新娘无动于衷。

那边七嬷听着姬发的惨叫，睡不着了，过来道："好闺女，你不疼那臭小子，我可把心疼烂咧。看在我的老脸上，你别叫他们打他了吧！"新娘是尊重七嬷的，只得转过身来。

后生们递给姬发一条绳，让玩蛇过套。姬发去拉新娘，她打了一下他的手，自己坐下。蛇过套就是把绳从新娘这条裤筒穿进去，又从那条裤筒拉出来。七嬷啐道："就不能唱唱乱弹什么的，只会玩这个！人家闺女脸薄得跟粉纸一样，不是我这个泼皮，老脸皮厚，小心玩恼了。"抽身回了那边屋里。

姬发把绳头塞入新娘裤脚，一个后生道："把袖子抹起来，捉着蝇头往里送，小心蛇钻了窝。"新娘一下子站了起来，又把脸朝着墙角。后生们又打姬发，新娘绝不肯再配合。七嬷也不好过来再说，只躺在那边炕上骂。一个后生道："干脆，把发子脱光，跟她捆在一起，看她还害羞不害羞。"新娘突然转过身来朝那后生怒吼："滚！"

按讲究，新郎、新娘在喜日子里无论别人怎样闹，都不能动怒，后生们怔了。姬发觉得在伙伴们面前脸上老大下不去，好在他知道新娘是怎么进这门的，只脸涨得通红，没有怎么样。

那后生冷笑道："没想到，山上的头一枝花，是玫瑰花，好看是好看，就太扎手。发子，我看你今晚咋采花儿。别说滚，请我也不进这门了。"打了个呼哨，众后生全走了。姬发没有拦住，向新娘道："你到今天还牛呢，哼！"

出去关了大门，进屋子时新娘已躺下了，用被子把身子裹得紧紧的。显然，他给她的屈辱，还压在她心头，她是不甘就此屈服的。姬发气恷坐在椅子上，点着了根烟抽了起来。

墙上贴着大红囍字，脚地是大红板箱，炕上的大红闪缎被子，映得女子的脸也犹如红杏。灯光柔和。姬发气早消了，身心里有一种甜蜜的渴欲在荡漾。烟没抽完就按灭，关了屋门，上炕拉开自己的被子，脱衣躺下，柔声说："刚才你人前给我没脸，我不怪你。算你报复我过去的不好，行吗？从这阵开始，咱们没有怨恨，只有恩爱了。"女子不言。

姬发又道："脱了睡吧！"女子仍不吭一声。姬发犹豫了一会儿，便伸手去抚她肩头。她打开他的手，悄声说："不许动我。动我，我就喊了！"

姬发也怕隔壁的人听见了不好意思，特别是秀珍、芳珍。况且山里有听房的习俗，谁知刚才那些后生里头，有没有人并未离开，这阵正潜在窗下听呢。他咽了口涎水，也悄声说："躲得过初一，躲不过十五，等大姐他们走了，这家里只剩咱俩，你喊我也不怕。逼都逼到这家里了，我就不信逼不从你。大不了，从这家里抬出去一双死人。"说完，"啪"地拉灭灯，背对着她睡了。

外面夜色浓厚，村寨隐形，林莽不显，一片静谧，然而新房里，静谧却徒有其表。姬发心里时灰暗郁闷，时焦躁焚灼，一夜没有睡着，新娘也一夜无眠。天不亮，新娘就下炕做起了家务，出进踮着脚尖走路，和七嬷说话声低低的，幽灵一般。姬发一直保持着早早起来跑步的习惯，这日第一次没有去跑步，天大亮了还钻在被窝。七嬷拧了拧他的耳朵道："快起来！媳妇刚进门，该让人家觉着你是个勤快男子才是。"姬发道："本来就是个懒虫嘛。她要嫌，离婚得了。"七嬷啐道："刚刚成亲，说什么话！"姬发用被子蒙住了头。

已经快吃早饭了，这日得送新娘回门，七嬷把姬发从被窝里揪了出来。校长的那辆旧自行车，送给了姬发。他草草洗了脸，便带着新娘去姜家，一路无话。少年觉得自己什么也没得到，心空如海。空落里，他强烈地感到自己在这浮生人世，草芥不足以喻其微，泥土不足以喻其贱，不过是一个小可怜虫而已。

新娘一见母亲，又拉住手流不完的眼泪。姬发心情更为败坏。姜老爷子把他让到炕上，说不完的亲热话。他则感情冰封，爱理不理的。一吃过早饭，他就钻到二春炕上睡大觉去了。下午回到家里，又倒在了炕上。七嬷道："咋没精打采的，敢是病了？"姬发便道："受凉了。我有药，一会儿就喝，你忙去吧！"七嬷向新娘笑道："他从小睡觉就老是半夜把被子蹬开。好闺女，你比他大，权当他是个弟弟，晚上给他拉拉被子吧！"姬发冷笑道："我有你这么个姐姐哩，要那么多姐姐干吗？"

晚上，新娘和七嬷她们坐在那边炕上，也不多言，别人问一句，她才说一句，一副心不在焉的样子。秀珍已感觉到他们夫妻感情不睦，心头一喜。她不但不嫌姬发是个农民，就是离了婚也不嫌。不过，这念头，把她自己也吓一跳。自己怎么这么坏，人家刚结婚，就想着人家离婚的事！七嬷以为新娘是欲与郎君缠绵，又不好意思，故意来跟她们坐一坐，便只催她回新房去。新娘就是不走。夜已很深了，七嬷道："我实在困得不行。你过去吧！你一走，我们好睡觉。"新娘无奈，只得下了炕。到了新房，她也不关门，只虚掩着，这无疑是给了姬发一个不好的信息。他恨得咬牙，等她上炕躺下，一转身给了她个大脊背。然而一个陌生、神秘、美丽的女子就在身边，他怎能安宁？他需要她，迫切需要她，突然一转身去揭她的被子，不想新娘死死抓住不放。他又低声哀求，新娘只是无动于衷，他恨得瞪了她半晌，从牙缝里道："我他妈的只求你这一回。'敬酒不吃吃罚酒'，等大姐她们走了，再看我的厉害。"

此后几天，二人更形同冰炭。山里姑娘做了新娘，心里热，人前却跟新郎一句话也不说，因此七嬷倒没看出什么异样。非但如此，她反倒只等福星高照，新娘快快怀孕，快快给姬家生个大胖小子。她的心，也就不再悬悬地怕姬家绝门了。年三十下午，她要下山了。新娘怕她一走，姬发跟自己硬来，流泪道："大姐不走了。把姐夫接来，咱们一起过年。"七嬷笑道："不敢。你才是姬家正儿八经的人，我活是武家的人，死是武家的鬼。我们待在姬家，你姐夫不成个上门女婿了？"

没有留住七嬷，新娘愁得坐立不宁。傍晚，姬杨过来时，她正丛在炕沿上出神，一副愁苦可怜的样子。姬杨问："发子呢？"新娘忙取了盒烟递给他，且回避着他的目光，绞着手指道："一送走大姐，就地里转去了。晚上叫你两个妹妹还过来睡吧！"姬杨笑道："不了。大年三十的，挤一挤，我们要团团圆圆过个年。"他不惯抽烟，点烟的动作很笨拙，抽了一口，就呛得直咳嗽。新娘心目中，姬发简直是小流氓一个，他怎么和姬杨这种人成了好朋友，实在让她想不通。没想到姬杨似有看穿人心的本事，问："婶娘说说，我这个人怎么样？"新娘低头道："我不大知，听我二哥常夸你好。"姬杨道："物以类聚，人以群分，我跟发子是好朋友，婶娘可知，他肯定也不太坏。你们的事，我和姬槐知道，大约再没旁的人知道了，我们是好朋友嘛。我不知道该怎么说才好，说不好婶娘别生气。发子有时也能把我气死，可回头想来，他又有许多叫我感动处。没有十全十美的人，谁要十全十美，谁就不是人。婶娘好好想想自己，难道样样都没的说吗？说实话，有些比婶娘还强的女孩子，倒爱发子爱得要死要活哩。我看婶娘既嫁了他，不如将错就错，错里求对，好好爱他吧！说不定，日子一久，婶娘还觉得他是个打着灯笼难寻的好小伙子哩。我跟婶娘，见面多，说话少，但婶娘的为人，我是知道的，就包容包容他吧！"新娘只抹眼泪。姬杨道："我找找他去，也好好跟他说说。"新娘并没有送他出门，只站了起来。

在一座土丘顶上，姬杨看见姬发正坐在石头上，似乎心事重重，叹了一口气，把头低下，又突然抬起，望着远方，额发在微风里向后飘扬着。姬杨已到了他背后，他也不知道。姬杨便猛地在他肩上击了一掌，他才一惊，回头见是朋友，苦笑道："这几天我本来就有些精神错乱，你可别把我吓成疯子了。"

往往，成年人总想和朋友保持一定的距离，不愿朋友太知道自己，但孩子总恨不得朋友钻到自己心里，完完全全知自己。姬发还有些孩子气，很想向朋友倾诉倾诉，便挪了挪屁股，让姬杨坐下。姬杨望着他诡秘一笑，又拿手抠着脸儿羞他，问："怎么样？强奸未遂吧？"

姬发脸羞红，如不停流光的红油彩，起身就走，走了几步又回头冷笑道："什么朋友？从今往后，咱们各走各的。"

姬杨忙拉他坐下，道："我冷地里找了你半天，不就为跟你说说心里话吗？那么一句话，你就生气，五大三粗个人，小肚鸡肠的，像个男子汉吗？"姬发道："你放开我。我不会想事，没有大肚量，莽夫一个，不敢跟你这高才生一处坐。"

姬杨站起来吼："我叫你嘴犟！你就是没强奸人家女子，也强奸了人家女子的意志。凡有妹妹的，都该揍你！"一拳把姬发打倒在地。姬发扑起来，两手拼命卡住姬杨脖子，姬杨也两手死卡住他脖子。两人都憋不过气，姬发先松了手。姬杨抓住他的脖子一抢，抢倒在地，挥脚踢起来。姬发任他踢着，道："对不起，我还手了。有四个人打我，我不应该还手，老爹、姐姐、姐夫和你。你跟我，算得上是多年好友成兄弟了。"

姬杨倒不忍心踢了，坐在石头上喘粗气。姬发也起来，坐在他旁边，半晌道："打小儿，我姐姐就打我，到这阵还打，打得没次数了，我虽然不还手，可心里从不服气，她打得没道理。"

"她怎么没道理？她没知识，心里的道理没法用语言表达出来而已。"

"君子动口不动手，姐夫说打人是对人身权利的侵犯，从不愿打人。不过他就是偶尔打了我，我也服气他。你打我，当然有你的道理。原谅，我刚才不该还手！"

姬杨把头扭向了一边。姬发继续道："我不骗你，这几天我怎么也没把她怎么。那晚你一说'强奸'两个字，我心里就不是味。自己的老婆，还要强奸，那成什么事了？我宁做杀人犯，也不做强奸犯，省得落个一身臊气死。可是，我怎么才能叫她爱我呢？"姬杨道："强奸犯就不得了，杀人犯连念头都不可有。依我，人去不中留，婚姻是双方情愿的事，人家不愿意，就离婚吧！"姬发道："你杀了我算了。不成，我不能就这么离婚。唉，我要有什么大本事就好了，可惜没有。这辈子，别想叫她爱我了。"说着竟哭起来，泪水流入嘴里，咸咸的，到最后都有了苦味。姬杨笑道："一个哭鼻子小崽儿，就急着娶媳妇，呸！世上有几个轰轰烈烈的大本事男人呢？大家都平常，大多数男人都被女人爱着。比如你，我就知道有很出色的女孩在心里爱着你，我只是不肯告诉你她是谁而已。"姬发破涕为笑，道："真的吗？这么说，我这个没出息的窝囊废，还有人爱呢！不过我也不想知道她是谁，我只想叫我媳妇爱我。"

姬杨道："叫她爱你不难，我有法子。"姬发忙摇着他的肩头道："什么法子？"姬杨笑道："怎么谢我？"姬发道："你要我怎么谢，我就怎么谢。"姬杨收住笑说："我只要你幸福，别无所求。你既把我当兄弟，我不知不为罪，知而不言便该杀，言而不尽也该死。听我好好说！你这么干净漂亮个少年，首先让人眼里喜爱，剩下就是要让人心里也喜爱了。事缓则圆，让人心里喜爱需要时间。你和人家女子说第一句话，就是逼人家，怎么能让人家心里喜爱呢？现在人家就是不把你当恶棍，也会觉得你做人恶劣。你要让人家觉得你赏心悦目，就得好好做人，不求出色，只求人好。别急着要人家，你要耐不住，不妨跟她分房住。反正你家里就你俩，外人眼里谁不把你们当夫妻？千万别再逼人家。无论是谁，忍耐都有个限度，一逼炸黄子，或是逼出人命来，就无法挽回了。感情是建立起来的，天天见面，说不定她对你慢慢就有感情了。刚才我跟她也说了一阵子话，她说要考验你两年。你还小，耐一耐，权当迟结婚两年吧！"

姬发道："天哪，两年！我连二十天都耐不住。不要这缓兵之计，另想个法子吧！"姬杨打了一下他说："我可再没法子了。你以她的幸福为幸福，才是真爱她。如果两年以后她还不爱你，你必须跟人家离婚，让人家去寻人家的幸福。"

姬发道："又是离婚，我做不到！"姬杨站起来吼："那你今晚就做强奸犯吧！不过你得知道，你只会招致人家一辈子恨你。你不给人家幸福，你也别想得到幸福！"说完就走。姬发忙跟了上去，笑道："我试试看。你还说不难哩，难死我了。唉！最是爱情，能叫人疯狂。一个院子，只有一男一女，我就只想跟她睡一处。干脆，今晚你过来，陪我睡外屋吧！"姬杨这才笑了，把着他的肩头，一面走一面说："这才像人。今晚你跟人家把话说开，把关系处理顺吧！我待在你家里，有许多话不好说。你不避我，人家有我就不好意思了。"姬发叹道："唉，想不到平常活人，也这么难活！"姬杨哼了一声道："怪谁呢？当初你自己不肯补习考大学嘛。这就是辩证法，越想容易，越不得容易！"

回到家里，天已黑尽，厨房的灯还亮着。姬发只当新娘在厨房里，进去却并不见人，只见灶膛还冒着烟。他揭开锅一看，锅里热着两碗饺子，心里一热乎，暗道："原来她不是对我没感情呀。"便取了两双筷子，端着饺子进入新房，新娘已和衣躺下了。姬发笑道："大过年的，睡那么早干吗？起来！咱俩吃些饭，好看电视。"新娘一声不语。姬发道："你还跟我仇人样，我也不敢吃你做的饭了，怕放着毒。"把碗筷放在板箱盖上，点着一支烟抽着，又想着话儿跟新娘说。

新娘闻若未闻。姬发没趣，便打开电视看联欢晚会，又怕影响新娘睡觉，关了要去别人家玩，却懒去。关了门，脱衣上炕睡下。睡又睡不着，便用胳膊半撑着身子面朝新娘笑道："咱俩今晚好好说说话，行吗?"

新娘想着他今晚肯定非强要自己不可。屈辱、痛苦里，她恨死了他，一扭身面朝墙躺着。姬发并无强要她的意思，反倒神情轻松，故意笑道："嫁也嫁给小流氓了，怕是白怕，转过脸来吧!"伸手去扳她的脸，不想胳臂被她狠狠咬住了。姬发疼得惨叫一声，抽下胳臂一看，深深的牙印里，血直往外浸。他疯了，瞪着她吼："狗! 我叫你咬人。母狗，今晚非叫你知道，到底是你野，还是我野!"扑向新娘。新娘则殊死抗拒。她从小就参加田间劳动，体力惊人。两人大战了一个多小时，才告罢。姬发满身汗淋淋的，到处都是被新娘撕抓出的血道子。不过他毕竟是身强力壮的男人，最后把新娘手脚用衣服捆了个结结实实，一动不能动。新娘身上，却一点伤也没有，只衣服被剥得剩下了短裤和小衫。姬发冷笑道："再凶嘛，怎么不凶了?"火辣的眼光一扫她那鳗鱼一般溜滑洁白的双腿，被小衫绷得紧紧的细腰肢和胸脯那两座浑圆高耸的软峰，凝脂一般的脸庞，只觉目不暇接，气喘得越紧了。新娘凶狠地瞪着他。他避开新娘的眼光，拉过被子给她盖上，自己也盖上被子，点着一根烟，眯着眼睛抽了起来，想要平息那洪水般的生命冲动，却怎么也无法平息。

新娘眼睛无神地望着屋顶棚。所有抗拒，都是为发泄她心头对他的恨。自从决定嫁他，她就屈从了，她没有指望逃过这一关。为着母亲在这人世有女儿，她早已准备好了行尸走肉一般，屈辱地活下去。姬发扔掉烟，揭开被子。他还是第一次向人亮出前面已被勃起的阳器顶得老高的裤头，脸羞得烧红，起身让新娘看着，故意指头勾着裤头腰部，似要脱下的样子，道："这下你不从也得从了。"新娘不防，猛看见，又羞又怯，赶紧闭上眼睛，长串的眼泪流了出来。

姬发忙躺下，拉过被子盖住，要伸手给她拭泪，又不敢，笑道："我吓你玩哩。不哭了，自己的老婆，咋能强奸? 刚才我本来要跟你商量商量咱们日后咋相处，你一咬我，把我给咬急了。我不是太坏，你别那么太恨我。我给你一年时间。这一年里，我住那边屋里，咱俩只在外人面前像夫妻就行了。一年后，你要还讨厌、恨我，咱们就好说好散，离婚吧。不过，我娶了你，就舍不得你走。要是这一年里你觉我还稍微过得去，就跟我做真夫妻吧!"说完穿上衣服，给新娘松了绑，夹着自己的被子下炕，却在门口站住了，道："我都走不动了。把门关了吧！我这人自我控制能力差，别叫我又过来缠你。"慢慢出去了。

新娘不敢相信是真的，好半晌才相信了，无声地哭起来。真是柳暗花明，她的来日又有指望了。虽说一年后的离婚，必然给她的声誉造成不好的影响，但只要不像娘一样，一辈子守着个自己不爱的花花肠子男人，她就感觉得大于失。一个从小饱受艰难的女子，她本来就没敢指望这一辈子平平顺顺，绕一个弯子就绕一个弯子吧。

她穿衣下炕关门时，想起那边的炕今晚没有烧，便到院里抱上柴，为姬发烧上炕。那屋里灯还亮着，门也大开。她又从新房抱了一床被子进了那屋，给姬发加盖上，始终低着头，不敢看他。姬发轻轻的一声泣，让新娘不由把眼光移向了他。他头枕胳臂仰躺着，泪流一脸，神情是那样纯真，泪珠是那样纯洁晶莹。新娘都有些心疼他了，笑道："忘了给你拿枕头。"他见新娘笑了，也含泪笑了，道："你莫不是有点儿喜欢我了吧？"新娘扭头出去，一会儿又进来，把枕头放在他头边道："一年后咱俩好说好散。你自己说的，可别忘了！"姬发道："我刚刚才说了，你先忘了。我再说一遍，你可听清楚，一年后你要还恨我，咱们好说好散。"新娘笑道："好说好散，我还恨你什么？我倒感恩你。你甭抱指望了。我心里想嫁的男人，要比我年纪大些，老实巴交的，笨笨的，丑丑的。你这么好看，又淘气聪明，不是我心里想嫁的男人。把你当个弟弟倒好，我又没弟弟。"姬发叹道："我又不是没姐姐！我的姐姐待我如生母，谁做姐姐，在我心里也比不过她。我不稀罕别的姐姐了。男人又标致，又年轻，不更好吗？谁不爱美？你一年后要是离开我，找个傻不唧唧的笨丑老汉，日子久了，就会想起我的，那时后悔可就晚了。还是珍惜现在，珍惜已有的吧！"

新娘默然了一会儿道："我不会后悔的。"姬发笑道："还没到知道后悔的时候。好了，你睡去吧！"新娘道："一年后放我走，你可要说到做到！"姬发又成了玩世不恭的神情，平板着脸道："这我可说不好，连姐夫都说我是多面性人。我生来就任性，喜怒无常，说话随便，管不住自己。"新娘无法不对他保持着警惕，也沉了脸，向外走去。姬发忙道："放心，我开玩笑哩，一定说到做到。"新娘这才回头一笑道："我弄了你一身伤。怕咬的那个口子最要紧，叫我看看。"姬发从被窝里拿出胳臂来，笑道："你真凶！"新娘举着他的胳臂看了半晌问："家里有药吗？"姬发道："要知道你今晚咬我，就预备下了。我又不会算卦，没备着。不要紧。男子汉大丈夫，这点伤算什么？"

新娘掏出帕子来，给他仔细包扎住，道："我睡去了。"姬发夹了夹眼说："我这家是阴宅，一到夜深就闹鬼，你一个人睡着，准会害怕的。"新娘扭头就走。姬发又道："记着，把门关了。要不，半夜我真会过来缠你的。"新娘回头啐道："缠，我再咬你一口。"姬发笑道："咬十口都行，只要是爱的咬，不是让我强奸。"新娘吼："再说难听的，我永不理你了。"姬发忙举着两手道："不敢了。再胡说，你就照嘴打。"新娘笑道："我懒得打哩。"拉了拉皱了的床单，便出了门，又把门拉严实，才进了自己屋里。

姬发仔细听她关不关屋门，要不关就说明已爱上自己，没说心里话，其实在等自己过去呢。女人总是这样口是心非，口口声声说恨，实际是爱。那边门闩动声响了起来，新娘把门关了。他叹了口气，心里骂着自己太天真，净想立竿见影的好事，拉灭灯睡了。因为暂时不抱指望，他一闭眼便睡着了。半夜醒来，觉得裤头湿湿的，才想起睡梦里曾与心爱的新娘交欢，遗精了。忙脱了裤头扔一边，裸着身子而睡。

第二日早起，姬发又像平常一样，只穿着衬衣去马路上跑了一会儿步，回来又在院里举着哑铃。正在后院喂猪的新娘，看着他那朝气蓬勃的样子，心里道："只要乖乖的，咱倒乐得有这么清清朗朗的一个大弟弟！"

天蓝得透彻，蓝得饱满。有几朵白云，蓬蓬松松的，挂在半天。女子的心头，终于轻松、开朗了。

吃过早饭，姬发骑着自行车，带着新娘去林场朝山拜圣。酒什么的，那天已给老人带去了，新娘只怀里抱着一床缎被。陪嫁的被子那么多，放着也是白放着，人年纪大了没火气，她便挑了一床最厚的给老人盖。老人见了他们，嘴上说："老远的路，跑这个腿做什么？"心里却特别高兴。姬发道："撅着屁股给老爹磕头来咧！"却不真磕头。新娘倒真给老人磕了一个头。老人笑道："你不是小孩子，给你几十块钱不稀罕，给你个元宝我没有。这个头，白磕了。"话没说上三句，老人就卖派起了自己从前的过五关斩六将。新娘坐在他身旁，恭敬地听着。姬发则不耐烦，出去和猫蛋满场部大院让狗追着玩。

新娘打扫了老人屋子，精心做上午饭。爷孙仨围坐着吃过饭，姬老人又唠唠叨叨起了姬家的从前过去老早先。新娘一面给老人补衣，一面含笑应和着老人。姬发把头扭着看窗外。

回到家里时，天已快黑了，新娘忙着喂那些张口要吃的家伙。姬发道："我来吧！有个事，想请你帮忙。年一过，杨子、姬槐就各忙各的去了，今晚我想跟他们坐坐。你能帮我做几个菜吗？"新娘笑道："做菜就是了，别说帮忙的话!"

姬发道:"你又不跟我做真夫妻,我咋能不说两家话?"新娘沉了脸。姬发忙赔笑道:"混账,我又乱说话了。就这一回,日后乱说掌嘴!"新娘又笑了。姬发叹:"唉,近不得远不得,我他妈的左右难做人哇!"新娘不爱听,一扭头,便进了厨房,洗起了菜。

等菜做好,姬发便请来那两位。新娘用方盘把菜端到炕上,又提来酒。姬杨辈分最小,姬发却让他坐在上首,自己和姬槐对坐,又让新娘坐在炕沿上,每人面前一个粗瓷茶杯。姬发逐一倾上酒,举起来,先向新娘道:"外人面前,咱俩是夫妻,他俩面前就不作这个假了。我称你一声姐姐吧!姐姐海量,这个混蛋弟弟对不住你的地方,请多包涵!"

姬槐愣了,姬杨笑着向他说了缘故。他也举起杯,向新娘道:"这么说来,他是个可怜虫了。大姐就可怜可怜他,过去概不计较了。"新娘感动,忙站起道:"我不会喝酒。"姬杨道:"就喝一杯。"新娘笑道:"这一杯我喝。你们作保,不许他日后背信。"姬杨笑道:"他敢!有我呢。"

新娘举杯嘬了一口,辣得直皱眉。姬发道:"有杨子给你撑腰,我不敢再逼你,不想喝就算了。"新娘突然一饮而尽。姬发喝了声"痛快",也一饮而尽。然后给两个杯子又倾上酒,举起杯子,向姬杨笑道:"在我心目中,你不是侄子,跟秀珍他们一样,是亲爱的大哥。感激大哥对我的关心!"姬杨道:"同喝,同喝!"三人饮尽。新娘道:"我也感念杨子,再喝一杯。"举杯饮尽。又提着酒瓶给三人杯子满上酒。

姬发举起杯子来,笑道:"山里孩子,五六岁就打柴割草,长到成人,也没穿过什么好衣服。坏事也是好事,一个个就能吃苦。杨子不说了,特殊情况。我相信,姬槐一定能考上大学。远方的姬军,也能考上军校。"向姬槐,"祝你们成功!"姬槐道:"谢谢!"三人又饮尽,然后随便吃菜、喝酒。姬发抿了抿嘴唇叹:"过去我在你们眼里是洋娃娃,三十年河东,三十年河西,日后你们眼里,我就成一个大土包子了!"姬槐道:"别悲观,山里也有作为嘛。"姬发道:"能有什么作为?我就这样了。娶个媳妇,也看不起我,唉!"

姬杨道:"人人都有一本难念的经,咱们今晚不说那些,说些高兴的。"一时谁也想不到高兴的话,便只闷喝酒。半晌,姬发笑道:"闷酒无趣,我唱一首歌吧!"姬槐忙道:"你梦里娶媳妇,落了场空欢喜,这阵心里正苦,别唱苦调,小心唱哭了。"姬发道:"苦调我不大来得,当然是流行歌。"于是轻柔、感伤地唱道:

我想驾一叶扁舟，
在蓝色的天底下，
蓝色的海面上，
自在漂游，
又怕被风浪卷走。
拍一拍土，
我想去远方走一走，
又怕心爱的女子，
被别人占有。
太多的来日好梦，
又太怕失去现在，
到头来，只落个原地踏步。

夜深，三人醉了，姬发和姬杨搀扶着去上厕所。一会儿，姬发笑喊："倒了倒了。"两人便像风吹弯了的树一样，往姬杨那边倒去。姬杨拼命撑着，姬发则拼命拉着，于是挺了起来。一会儿，姬杨又笑喊："倒了倒了。"两人又是一番折腾。摇摇晃晃，嘻嘻哈哈，糊里糊涂，好不有趣。

姬杨和姬槐就留宿在这儿。姬杨醉了也不胡来，拉过被子盖在身上，呼呼大睡。姬发则大骂武七嬷，说她没有叫他参军，误了他一辈子："猪，母猪，没脑子的母猪！"新娘厉喝："住嘴！谁你也敢骂。她比你娘还亲。再骂，我就照嘴打了。"姬发道："好，好，你厉害，我怕你。"新娘道："闭着眼睛睡觉，不许说话。"姬发道："你答应我，一年后不走，我就睡。"新娘见他醉了，自己怎么样他醒来也记不得，便点了点头。姬发真闭眼睡了。姬槐趴在姬发身上，吐了他一身。新娘给姬发擦净衣服，把姬槐拖顺，盖好被子，才回房去睡。

初二，姬发还是穿着那性感十足的牛仔装，戴着墨镜，要去姜家拜年。新娘则把红头巾在两鬓角一折，于是额头平贴，而转过身的时候，脑后却很明显地凸出发髻那又圆又大的轮廓来，道："不戴眼镜了，戴上像个二流子。"姬发笑道："我是嫌风吹得眼睛疼，你说不戴就不戴了。"摘了墨镜，骑车带着新娘去姜家。新娘坐在车后座上，不肯搂姬发腰，只抓着车后座。姬发故意把车子猛一颠簸，新娘不防，一下子跌下了车，再坐上时，怕又跌下去，既不好意思，又不得不搂着姬发腰。

姜家人见女子有说有笑的，诧异不已，又欢天喜地。二春对姬发的态度，也由冷淡变亲热了。

　　初三，二人和姬杨兄妹去给校长夫妇拜年。路上，姬发不断向新娘说着调皮话儿，新娘似怒非怒，似嗔不嗔，俨然一对恩爱夫妻。秀珍看着，心里刺痛，又空落落的。几天前认为这对夫妻感情不谐，恐怕是她的错觉。连她都那么倾慕姬发，这个女子怎能对他无动于衷呢？她真想逃离他俩。姬杨当然知道妹妹的心，笑喝道："关起家门，你俩再打情骂俏吧，少在人前现眼！"

　　在校长家吃过早饭，大家坐在客厅说话时，那姬发只会向新娘献好儿。姬杨怕妹妹不受用，便约姬发去打乒乓球。姬发也让新娘去看热闹，道："我是高阳中学八三届最棒的运动员，你也感受感受我的魅力吧！"

　　三人去后，七嬷因惦记东海老大未婚，和秀珍说了一会儿别的，便话题一转道："东海跟你一样，是你姑夫最中意的学生。你要看他不错，我就给你俩撮合撮合。他年龄大是大了你些，你姑夫也大我四岁哩，男人嘛。他跟你知根知底，也知道没钱上学的难处，娶了你，准会帮你兄弟妹子的。"校长忙道："别听你大姑胡说八道，你才多大，别的事不要放在心上，一心一意念书。"七嬷道："我怎么胡说八道了？她就年纪小，先跟东海放定，东海不会看着她家里有难不帮的。杨子肩上不轻些？"校长笑道："你是不是舍不得掏钱帮她家了？可是我的钱，我说了算。"七嬷啐道："我怎么舍不得了？你帮了那么多学生，我哪一个说过一句不字？她是我娘家门里的侄女，我难道不如你疼她？只是咱们救急救不了穷，她的弟妹们一个个都是上大学的料，杨子又招我疼，我最不忍叫孩子钻煤洞子。钻几年就算了，难道叫他钻几十年不成？"校长道："秀珍跟东海没有感情，难道就为东海帮她家，让秀珍嫁他吗？"七嬷低头道："话是你那么一说，只是我也说的是实话。"校长叹道："太实话了！"

　　这些大实话，令秀珍心里很不好受。见校长怪七嬷，她忙笑道："大姑也是好心。我要能帮哥哥减轻些负担，我心里也是高兴的。只是我不想嫁高阳的男人。不瞒你们，我心里爱过一个高阳的，这阵人家已经结婚了。我不想一辈子老见到他，嫁就嫁远些。"校长想跟她年纪差不多的，只有姬发成了亲，一个女大学生，难道爱上了那小子？他简直不可思议，又很感动，只因自己也是个不在乎地位差别的人。七嬷却想不到这么多，依然唠叨说又不常在高阳，不必怕那些。校长道："这事你就免谈。东海是本乡人，秀珍不好说看不上他，话说到这个份儿上就够了。孩子，你只管一心一意念书吧！不光你，就是你的弟妹，老师有力量帮，也是义不容辞的。"秀珍站了起来，流泪道："我给两位老师磕个头吧！我再没有法子感激你们了。"说着跪地，把额头在两位老人脚前，重重叩地。两人忙拉起她，也流下了泪。

初五，姬杨就去武宜了。妹妹秀珍那么懂事，让他大为放心。朋友姬发在他的努力下，和那女子关系处理得很好，也让他不再操心。他走时，心情很轻松。秀珍背着哥哥那个洗得发白的军用挎包，送了老远。姬杨再三劝阻，她才停步。姬杨笑道："不要想别的，安心念书。"秀珍含泪点了点头。姬杨接过挎包，拍了拍妹妹漂亮的脸蛋，便迈着矫健的步子走了。

秀珍凝望着亲爱的哥哥那高大的背影，久久不动，不由心想：要是有专门给贫困学生的贷款就好了。以他们兄妹的聪明才智，学成之后，是不难还贷款的。可现在要贷款，就得用财产什么的来担保。他们家要有担保的财产，又要贷款做什么？唉，真是马太效应，钱总是往有钱人的手里跑，越穷越没钱。她那天资聪颖的哥哥，生生让没钱害了。

春节过后，阳气渐升。姬家门前屋后的柿树、杨树还没有生气，然而冻土已经松动了，散发出地底那孕育生机的潮气。坡上的枯艾蒿、狼尾巴草，则在春风里骚动不安，发出索索声响。万物蠢蠢欲动，姬发也只觉精力过剩。给亲戚拜罢年，他便套上牛车，往地里拉粪。新娘头巾高扎在发髻上跟车。不知情的人，无不夸姬发娶了一个好媳妇。

看来，姬发的确能够超越自身。每到夜里，冲动如火苗，只欲从柴垛里蹿出。渴欲而得不到，他万分不情愿，却只能一天天忍受着这形式上的夫妻关系。这种忍受，让他有一种隐秘无形的灵与肉被割裂的痛苦，脸上时不时就出现严峻的神情。

姬发碰都不敢碰新娘，却成天守着她，几乎连门也不串。偶尔遇见别的女子，他也目不斜视。

有女子里里外外操持，姬家的日子似乎很安定、舒适、和谐。女子又天天变着花样儿给他做有营养的饭菜，让还没停止发育的姬发，身材随着时间的推移，明显变得更加高大壮实了。

流年似水，岁月如梭，转眼就到了1985年的夏收。"田里金黄，绣女下床"，庄户人处于总动员状态。

山里男女，不到六十岁，在田间都算壮劳力，五十来岁的武七嬷自然不例外。姬发没回中山的时候，一到这阵，她也要回后山去给侄子们帮忙，如今更闲不住。连多年不管家事的姬老人，今年也回来收麦。

开镰那日，千里响晴。

姬老人去割近处的小块刀把子地。他一脚高一脚低地走在路上，不住提着裤子，看见几个娃崽过来，想着姬发既娶了孙媳，姬家有娃崽的日子也不远了，心里高兴，便忍不住哼哼："娃崽，乖乖，听老爹寻根。咱的开山鼻祖，唤盘古，一把板斧三万斤，辟地破天……娃崽，乖乖，寻着根再问底。咱的底，盘古不知，老爹不知，问你自个去！你也不知，问你的娃崽去！"不想娃崽中有一个淘气的，偏大声问："老爹，咱的娃崽在哪?"老人声噎。

七嬷和两个年轻人去割大田。姬发牵出牛，套好车。七嬷把家具、干粮、水坛放上车，自己也坐到了车厢里。姬发则举身跃上车辕板，从鞭插抽出鞭子，朝家里喊："懒娘儿，出嫁咋的? 扭捏打扮有个停当吗?"女子应着"来咧来咧"，紧步出门。鸡鸭猪狗羊她都一个个侍候吃得饱饱的，就她顾不得吃，一上车，便摸出一块河滩捡的鹅卵石烤的薄椒饼啃将起来。

怕麦茬挂破好衣服，大家都衣着褴褛。女子是肩头、下摆打补丁的红条绒琵琶衫，破膝头毛蓝裤。丰满、健康的身躯，把衣服绷得紧紧的，透着青春的迷人魅力。双颊微丰、红润，目中秋水盈盈。发髻顶个绣花帕子，忽闪不已。打眼一看，就是一位地地道道的西北大嫂，极让人感觉亲切。

"女人美在头上，男人美在脚上。"姬发脚上是一双大号球鞋，褴褛的衣服，在他似乎是刻意的追求。那肩上的破口子，似乎是一个精致的小装饰。口子上的布片随车颠摇摇颤颤，健美、柔润的皮肤裸露了巴掌大那么一块。那是比黄金、碧玉还美好的颜色。只有心理变态、嗜财如命者，眼里黄金碧玉的颜色才比人健康的肤色美好。正常的人，最拍案叫绝的，是人自身的健美，爱人也胜过其他一切。再者，一个神态大方自然的人，无论什么衣服，一上他身，就显得大方自然。而无论多好的衣服，穿在一个神态委琐的人身上，就似乎走形了，质料也似乎低劣了。三则，场合也要紧。在这场合，对姬发，这是美。换个场合，换个人，就成为东施效颦了。

空气里弥漫着熟透了的庄稼的芬芳和清晨湿土的冽香。

见了人，大家亲热地寒暄着：

"八叔，熟了几亩?"

"就南坳那二亩。"

"今年好收成。"

"好收成！"

寒暄声若唱秦腔一样，尾音拖得悠长。汉子声调浑厚、苍劲，娘儿到底是娘儿，莺歌燕语似的，人听了柔情似水。

女子啃完两块饼子，又举着坛子喝起来。车颠得水溅了一身，她笑骂："急得死去？呛死人咧！"姬发鞭鞘越舞个欢快，笑道："反正死了人也要收庄稼。"说完朝天打了一通响呼哨。

女子喝罢，娇憨地抱着七嬷的一只胳臂，半躺在她怀里。老太婆疼爱地弹落女子头发上的一个花媳妇虫，在她身上摩挲不已。

到了狼窝子沟畔家里的大块承包田边，姬发跳下车，接下七嬷来，却不好接女子。女子扒着车护栏溜了下来。七嬷迫不及待提镰进地，一马当先。姬发紧了紧鞣皮裤带，朝手心唾了一口，紧跟其后。女子的气力远远不可与姬发相提并论，又正来月例，却几乎与他在齐头并进。即便是金枝玉叶，玉肤雪肌，娇嫩的羊脂奶油捏就的人儿，在这满是石头的山里，就得心一横，把自家的身子骨当成没血不疼的石头。尘土落满了女子的乌油头发，汗珠落地有声，衣服湿贴，偶然站起，人像龙虾。七嬷不时劝女子歇一歇，她却不肯歇。

日已西斜，三人前后肚皮几乎要贴住了。虚脱式的极度劳累，使他们看着干粮没一点儿食欲，只是一气儿一气儿地灌水。

坛子水尽了，女子就来到地头溪边，跪下，一手扶石头，一手撩起散落的鬓发，嘬着嘴唇喝。七嬷道："油馍儿，那水喝不得，回去喝吧！"女子只是喝个不住。姬发也心疼得不行，吼："热人受得了那脏冷水吗？甭喝了！"他不再看女子，只一头扎在地里拼命。尘土落在衣上，都成泥了。

事到如今，他在这女子面前，调皮依然，但惯常最爱说的轻骚、撩逗话，则越来越少了。女子不只对他在生活上关照得无微不至，还每隔些日子就步行几十里，到林场去给老人打扫屋子，缝补浆洗。地里的菜蔬、家里的鸡蛋，她也每隔些日子，就给校长夫妇送些去。校长夫妇给零花钱，她自己不接，还不许姬发接，私下道："能挣下就花，挣不下就把手抠紧些，不敢再向那老两口伸手了。就是亲爹娘，也不能养儿女一辈子呀。"乡邻则当面背后，无不对她赞不绝口。她来姬家不过几个月，而且小小年纪，却俨然德高望重了。德生威，既然二人不是真正的夫妻关系，姬发觉得若还向她说那轻骚、撩逗话，是对她的亵渎、冒犯。在一种无意识、不自觉的情况下，他对她逐渐产生了敬重之心。

这年高考，姬槐终于考上了西北大学中文系，对姬发无疑是强烈的刺激。少年陷入了欲改变现状又无可奈何的苦闷里。

一夜，他无可发泄苦闷，只穿着短裤，忍不住出了自己住的那屋子，来到女子住的屋门口，举起手来，却半晌没有敲门，终于放下了手，举头望着被天河所隔的牛郎和织女星，轻轻叹了一口气，又回了自己屋子。临进屋门，狠狠地在自己胸脯上擂了两拳。第二天，他向女子说："我在家里，人静心不静，想到外面去换换环境。"女子笑道："嫌我烦了？"他忙道："不是嫌你烦，就靠种这几亩地，能挣几个钱？我想去打工。"女子道："倒是好事。你一走，也就没人天天烦我了。只是咱们在外面两眼墨黑，没有亲朋，你投靠谁去？"姬发扭头不看女子，道："到武宜找杨子去，看能不能下煤窑。"女子吃一惊，脸都拉长了，半晌道："煤窑还是别下了，想些别的事干吧！我去求求我二哥，看他外面的朋友能不能给你找个事儿。"姬发叹道："杨子都能下煤窑，我一个鸡嫌狗不爱的东西，命更不值钱，死了就死了呗。"女子瞪了他一眼道："说什么话？我不许你去。"姬发冷笑道："你算我的什么人？也来管我！我跟姐夫都说了，他没同意，也没反对。大姐先别让知道。"女子道："就算我管不上你，纸里包不住火，大姐也是迟早要知道的。"姬发道："知道了再说。她对我也太操心了，我可受不了！"女子咬了咬嘴唇，道："你叫人怎么说呢？大姐待你好，倒好出罪了！照这话，我也不敢操心了。"姬发看了她一眼，又扭头看着别处道："你还操心我？操心，就不成天嚷着一年后非走不可了。唉，当初要是听了大姐、姐夫的话，在高中再补习一年，这阵说不定已考上大学，走出山莽了！"女子叹道："一会儿嫌大姐对你太操心，一会儿又悔没听大姐的话。给你这号人当大姐，真不好当啊！"

晚秋的一日，阴阳天气。车夫的那辆破车载着姬发，远走他乡了。怕七嬷碰见，车夫准备绕街而走，直接送他到火车站。

女子踩着路边的矢车菊，步行相送。她着水红衫儿、青绿裤子、蓝印花围裙、桃红皮底底绒面鞋。一条野鸡红带穗子大幅头巾，斜披在肩上。乌油圆正的发髻一侧，那银簪子上粉红的丝缨子，不住忽闪，刘海高扬。

山道弯弯，景色凄美。车轮"咔嚓"声里，碾轧之处，一股轻尘倏忽腾起，滑向路边刚出芽的麦坪，又被霞霭抹染得扑朔迷离。霞霭是惊心动魄的火红，远近山水迷蒙如蜃景。秋风飐飐，寒意凛冽。姬发掩了掩衫襟道："我跟杨子老娘说好了，夜里来陪你住。记着，夜里拿大杠子把门顶紧！"女子点了点头，止住步。

姬发依依不舍，扭头看着车前方。车转弯时，他突然回过头来，眼里满含泪水。女子心里一颤。栖居核桃林里的山鹰一声破裂开来的凄鸣，车闪过山弯不见了，只给路上留下了一股子尘烟。女子一手扶着路边的山毛榉树，一手拽过头巾角，拭着眼睛。昨夜她一夜没有睡着，提心吊胆，怕他下煤窑子万一出了事故。刚才他回头时，她不得不在心里承认，她已喜欢上他了。要不，她看着他回头时的泪眼，内心就不会有撕心裂肺的颤抖。唉！

几天后，七嬷要上山看姬发，校长只得小心翼翼告诉了她。那感情强烈的老娘儿膝头一软，就跪倒在地，一下一下拍着地说："你忘了他爹是咋死的吗？这几年，别说开矿的私人老板，就是连公家的一些矿，都只顾挣钱，死几十号上百号的人，他们也不在乎，只赔些钱了事。公家那些管矿的人，也只管明罚款暗受贿。矿老板有钱买命，哪怕死人？钻煤窑的穷孩子也是人啊，也是娘生娘养的啊！谁怜那些孩子呢？谁体贴那些为娘的呢？杨子不是我的孩子，钻煤窑我都担心得不行。你咋敢放我的心肝肉疙瘩到那人不得见的地方去？不是骨肉不心疼，你哪在乎他死活呢？可怜我的发子，没爹没娘，谁真疼他呢？你杀了我，也比这发配他爽落！我不活咧！"爬过去，搂住校长腿，摇撼着，泪眼巴巴望着他的脸，号啕道，"你把我的心肝儿还给我吧！我一口饭一把屎，二十年苦熬，头发都剩几根根了，才把他拉扯成一条汉子。他是我的血变成的人。我这心里眼里，就装着他。你这糊涂没良心的爷们，一刀子把我这老命了结算咧！省得零碎剜我的心头肉。老爷子，你把他还给我吧！"

校长原知她准发急，却没料急到如此，再三开导说："我近来觉得身体大不如以前了，你也一身的病，咱们再能照看孩子几年？孩子出外闯荡闯荡，不是坏事。咱们工资有限，日子捉襟见肘的。发子娶了媳妇，也就快做父亲了。肩上一有担子，他会瞻前顾后的，你放心吧！"七嬷哪里听得进去？道："我宁愿他没出息，宁愿自家为他病死穷死，只要他好好的。"长一声短一声悲哭着，只向校长要她的心肝肉疙瘩姬发。

校长倒大为感动，想那些闯荡世界的汉子背后，都有牵肠挂肚的妻子或母亲。英雄一则为时势造就，一则也是娘儿们的眼泪浸淌出来的。娘儿们揪断肠子的哭声，才是最雄浑的人生乐章。世界上最伟大的力量，不是别个，正是这情感的力量。

七嬷要亲自上武宜把姬发寻回来。住在校长家的姬杨二妹、大弟，都不肯告诉她详细地址。这日，她困难地腆着大肚子，挺着蓬乱的核桃大马鞍子髻，上了山。风静天晴，她心里却阴云沉积，踯躅而行，一路抹眼泪擤鼻涕。到了娘家门口，她却没有进去，先到姬杨家。姬杨爹道：

"我确实不知道杨子下煤窑的地址。"

"他总给你们写过信。反正我认得些字，把信封给我拿来，那上面有地址。"

"我不认得字，信都是孩子们看。那些孩子，没一个细心的，看完就扔。"

"骗鬼去吧！我知道，你们都在骗我。呸，我把你们都当好人，你们把我当什么人了？"

说着转身离去。姬杨爹跟在后面，七嬷回过身来，厉声道："不送，够了！"姬杨爹吓得乖乖站住。

老娘儿气咻咻地进了娘家门。女子当然知道她为何而来，未免有些惶悚，小心翼翼地问候着。七嬷不理，径直进了屋子，一屁股坐在板箱盖子上。女子毕恭毕敬站在她面前。七嬷突然胳肘一弯，糙手揉着鼻头，大哭起来，声音嘶哑难听，道："心肝，骨头肉，没娘的人儿，这世上，谁操心你啊？"女子也不由落泪。七嬷突然收住哭，瞪着女子问：

"发子走几天了？"

"七天。"

"我还活着吗？"

女子无话可答。老娘儿勃然大怒，吼："他都走七天了，你还不给我个音信。这么大的事也瞒我，我白养他了。我还活着，你就把我当死人，我也白疼你了。"痛责女子，恨她怨她，数落她"没能耐拴住汉子"。捶胸拍箱盖，说姬发要有好歹，她只向女子要人。女子一句也不敢顶嘴，只会哭。

七嬷越发号啕大哭起来。

女子在她脚前跪下，一面哭，一面拿袖子给她拭眼泪。七嬷忍住哭，道："你大姐能嫁个大书生，就不是那小肚鸡肠不懂道理的没见识娘儿。老爹有五个儿子，人高马大，齐齐整整五条好汉，不是拿枪杆子，就是炸石下煤窑子，哪一个是好终好了的？想起从前来，大姐心就揪疼。大姐是叫这姬家的七灾八难给吓出病来了。前二年发子要当兵，我拦住了。他只要活蹦乱跳在我跟前，看得见摸得着，哪怕一辈子穷没出息，也比人人夸他好汉，我永不得见强。孩子，等你拉扯下儿女，就知道我这心了。你不嫌他挣不来钱吧？"女子道："我是穷过来的，哪嫌过他没钱？我劝不住他。"七嬷道："他是个犟尿，我时常气得下死劲打他，他都不听我话，你咋能劝住他？刚才我心里一急，把你说重了，你甭怪我！"女子哭道："我哪能怪你呢！"七嬷叫着"好孩子"，把她的头搂在怀里，又哭起来。

下山时，七嬷一再叮嘱女子小心门户："把菜刀压枕头底下，那大铲子放在炕头。夜里人叫门，千万甭开！"起步间，鞋不知怎么掉了。老太婆胖，弯腰困难。女子忙蹲下，帮她穿上了鞋。

一代老母，又走在了那弯弯山道上。脸上的皱纹挺硬而涩深，稀疏的眉毛尽力往一起攒着，痛心疾首地想念那离她而去的孩子，那亲人。眼前这熟悉的山山水水，不知什么时候抹上了土灰色不透明的雾气，脏蒙蒙的。二十年辛苦养大个孩子，说走就走，老娘儿心头从来没有如此空落过。空落得连这一方最亲切的山水，因为她最亲切的孩子不在，也觉空了，空到山根子、水底子都快翻上来了。

老车夫赶着三套车，迎面而来。老娘儿心中眼里，全被孩子霸占住了，不知躲避，车夫狠劲地拽缰绳，拼命喊"哦喔"，马才贴她身蹄子不安稳地站住。响鼻都打在她脸上了。马翻起来的白嘴唇子边的津液，也蹭到了她耳鬓。车夫吓了一身汗，吼道："你这娘儿怪，寻马亲热。不要老命咧！"

七嬷眼神无光地一瞥他，肥硕的身子便困难地绕过马车，继续往前走去，似乎不认识车夫，也似乎自己刚才就根本没有遇到过险情。这母性极为强烈的老娘儿，心里已没有自己了。车夫自然明白，朝着她的背影，苦心孤诣地吼道：

> 雀雏雏子起窝飞咧，
> 马驹驹子绊挡掉咧，
> 羊羔羔子离母去咧。
> 娘吙，
> 咱早不穿开裆裤咧，
> 你丢脱手吧！

七嬷闻若未闻。马驹远远地落在了三套车后面，啃路边的枯草。套在车里的母马，似那母亲一般，也有拳拳之心，殷殷之情，突然仰着头"咴咴"地嘶唤起来。马驹抬起头，愣了一会儿，蓦地"咴咴"应着，朝母马飞奔而去。为防它走远丢失而拴在脖子上的木棍子绊挡，不住磕碰前腿，发出"哐哐"的声响。奔了十几步，腿疼了，它只得迈着小步，慢慢走起来。七嬷大脑一片空白，视而不见。

那姬发因为年轻，尚感知不到身为老人的心，走后几个月，也没来一封信，七嬷愈为牵挂。天天一有空闲，她就走到街口，站在谁家那悬崖般高耸陡立的黄土墙下，巴巴张望到双腿酸疼。远远地，每有班车过来，她的心就狂跳不已，等到车停人下，并不见朝思暮想的亲人，又心凉透顶。

日复一日，度日如年。切盼深思里，武七嬷对孩子的情感，已为陈酿了，至浓至甘至美。

她把姬发忘在她那里的一件背心，洗了三遍。天天做姬发最爱吃的饭，天天剩饭。剩饭总热在锅里，以备那孩子突然回来。一百次门被突然推开，一百次老娘儿欣喜回头，一百次大失所望，一百次进来的不是她眷念至切的那张面孔，一百次不祥念头闪出，一百次撩起衣襟抹泪，一百次看见人家母子花好月圆地聚在一起，她惆怅唏嘘不已。

从刚会说话的小囡儿到白发斑斑的老娘儿，她从来口角伶俐，言语掷地有声。不料终于有这一天，她说话变得啰唆无味起来。以前的七嬷，是不肯屈尊和她瞧不起的人说话的，可是她现在不只肯和那些人说话，而且还忍受了那些人因为她的语言啰唆无味所表示出的瞧不起。连根本不懂她在说什么的小孩子，她也会给好吃的，让乖乖坐着，然后向其念叨一场她的发子这么大时如何如何。甚至陌生人，只要有机会，她就不肯放过诉说。教育局局长来高阳中学视察，校长汇报工作迟了一步，那老娘儿早抢上去向皱着眉头的局长没完没了念叨起了她的发子，宣称："不是咱偏心，再没有咱的发子那么招人疼的孩子了!"在她一生说话最频繁的这一段时间内，话题却最单调——发子，发子，不是她肠子头掉下来的却胜似她肠子头掉下来的发子。

她终于明白过来人家厌倦她说发子，却难以自持。于是她来了一点儿狡黠，卖弄聪明，先俯就人家的话题，再话题一转，引向她的发子。比如张老师的爱人扯了一块布料，她便大夸特夸，夸得那女人眉飞色舞，她就趁机说："发子要在家里，我也给他扯一块缝个裤子。你知道，我那小子最撑衣服，简直是衣服架子，什么衣服一上他身，都好看。可怜，他一走就不……"那女人才知上当受骗，一下子拉长了黄脸，不屑搭讪。只要搭讪一句，就会打开这老娘儿的话匣子，累自己整个上午俯首帖耳听她念叨那与己无关的人。自己的烦事都烦不过来，还烦人家的事。

一老教师倚老卖老背地打趣校长说："乃伉俪摇身一变为祥林嫂了。"校长莞尔一笑说："难得她情重如此，真是一个伟大母亲。人世太多麻木冷漠，一个最卑微的山里娘儿，拥有的却是最伟大的人间至情。二十年来，时时令我感动。这不过是孩子与她的离别，人生难料事多，孩子若真有不测，不敢设想。"莞尔一笑早已变成了唏嘘。

　　武七嬷因为一说话就念叨她的发子，一时引得众人嫌恶，很少有人愿意跟她说话，碰见都绕开走。她从未有过的孤独，开始一个人喃喃自语，进而转为长时间的木然枯坐。

　　一天，终于来知音了。不是别人，正是她的弟媳。七嬷拉她并肩坐在客厅长沙发上，拍着她的膝头，回忆姬发俏皮、可爱地露出虎牙一笑，滴溜溜的花眼睛，二十了还走路一蹦一跳的，说："人人都说他是我娇惯的，只我知道，他从小勤快，六七岁就养羊挣钱哩。"女子道："这我知道，他在家，手脚就不闲。满做的眼色活儿，不用我说。连他的衣服，我都是偷着洗的。只要让他看见，他就非自己洗不可。"

　　"他自来爱干净，小不点就自己给自己洗洗刷刷的，不让我动手。长成大小伙子，我们老两口有腰病，只要有重活，他从不让我们干，怕我们闪了腰。"

　　女子对姬发的点点滴滴都兴趣浓厚，听得津津有味，让七嬷把姬发的二十年人生回忆了个回肠荡气，着实过了把诉说瘾。这为人母亲者，对那女子感情更见深厚。

　　自从那一夜女子把姬发弄了满身伤，而姬发却以完好无损待她，并且答应一年后放她走后，她对他的感觉，便不那么太坏了。后来，她又发现他特别勤快，能吃苦，这最容易令她这种女子感动，她对他有好感了。如果仅仅如此倒罢了，他还刷牙、熨衣，闷了打开录音机，扭扭舞儿，唱唱流行歌，绝不同于"中间饱两头倒"的山里男子，这对她这种古旧传统，没出过远门、没有文化的女子，无疑是一种神秘、新鲜的刺激。而且，他虽是一彪形大汉，却绝不少细致。细致而不拘泥，那是精致，或潇洒，不失为从外面世界归来的人负膝教养出来的。还有他那迷人的外表，总给她以隐隐的、无法抗拒的诱惑。她是想找一个丑一些的男人，可她内心深处，怎么也无法超脱人爱美的天性。以前他在家时，天天见面，她对他的这种感觉，还是潜意识的，尚不自知。他离开时，含泪回头看她的那一刻，她才知道自己已爱上他了。这几个月，她无日无夜不思念他，只是不像七嬷那样放任和外露而已。

　　春节快到了，她必须在他春节回来时做出抉择。她舍不得离开他，又怕他是个花肠子，将来靠不住。她盼他回来，又怕他回来，不知该去还是该留，成日心情复杂，痛苦万分。

　　春节，姬发和姬杨都没有回来。女子既失落，又欣慰，因为他不回来，离婚的事，就可以继续拖下去了。

　　"云无心以出岫，鸟倦飞而知还。"姬发有生以来，这是时间最长的一次外出。他当然思念七嬷，但更思念那女子。每看到班车在矿区停站时，他真想跨上去，飞驰回故乡。可是他不敢回去，怕面对那女子，怕面对离婚，纵然那女子虚为自己的妻子，也比切实不是自己的妻子强。然而他又不由常常要想，那女子说不定已离开姬家，在娘家等着他回去办离婚手续呢。所以他的日子也不好过，天天心神不宁。

大年初一，姬杨还去上班，他则在宿舍睡大觉。辗转不眠，他便起身在矿区外的山头上乱走，蓦然一瞥故乡方向，想着心爱的女子无希望和他终成眷属，故乡一首名为《走西口的人转回来》的小谣，便升上了心头：

> 水渣渣的眼窝窝就再看不清路，
> 颤悠悠的膝头头只想贴紧这黄土，
> 三十年河东转河西，
> 阎王爷差小鬼勾了咱一回又一回，
> 胡子都白咧，心都木咧，
> 不曾料还能回到这方土地。
> 爹娘都殁咧，
> 那三间干打垒，
> 都成了人家的豆子地。
> 送咱走西口的二妹子，
> 就甭再提起！
> 眼窝窝的水渣渣子擦也擦不净，
> 膝头头一软就跪在爹娘坟头。
> 爹娘吅，
> 你的傻子那当儿不懂这离情，
> 说走就没了踪影。
> 没得给爹装一锅烟，
> 没听娘的一句句叮嘱。
> 只说春二三月里走西口，
> 数九腊月转回头。
> 不曾料转回头，转回头，
> 乌油发后生成了白胡子老头。
> 那二妹子，小贱人哪，

吧——

想哭个死去活来咱没了声。

微风撩拨着少年柔软的乌发。少年身心里,那过剩的荷尔蒙,折腾得他骚动不安。那女子那么真切,唉,爱却那么虚无缥缈。

满山春色,悄然褪去,又是流火季节。姬发仍片纸没有寄给家里,连校长都有些怪他了。

七嬷惦记姬发没带蚊帐,又愁瓜果吃坏了肚子,揣想他瘦了还是胖了,一夜一夜不眠。好容易囫囵打个盹,又被噩梦惊醒。梦里姬发遭遇天崩地塌,她则心摧肝裂。醒来才半夜,知道再也无法入眠了,便从箱底翻出姬发小时的衣服,一遍一遍地展看,在鼻子上嗅了又嗅。似乎这不知洗了多少次、隔了十数年的衣服上,还存有那孩子的汗味,人世上再没有一种气味能比孩子的气味让母亲觉得亲切了。

她开始相信那些母亲想儿子想瞎了眼的传说,她的眼睛也不好使起来。脑子更不中用,丢三落四,校长下班,她手忙脚乱,想起还没做饭,做饭又把洗衣粉当成碱面下入锅中。做着活计,她会突然变呆发傻成一尊雕像。她不是想起姬发小时用小木枪与小伙伴们打仗的情景,就是回忆起他扭麻花似的扭在她身上撒娇的样子,过去与姬发相依为命的岁月历历在目。老娘儿的魂已被那少年牵走了,成天都是一副丧魂失魄的模样。

这天一大早,她就在学校门口巴望。巴望了不知多少次,出来进去的,眼看着天黑尽了,仍"不见游子还"。不甘心,又哆哆嗦嗦地要去街口。路遇张婶,那娘儿冷不丁告诉她,梅岭她亲戚家有个后生才从武宜回来,说是煤窑子塌了,他刚好倒班才免一难。七嬷揪心裂肺,暗暗叫苦:"发子,发子,心肝哪!"

当确知亲人已死时,人常常产生奇异的念头,坚决不相信亲人已死。而当亲人遇危险尚不知死活时,人则集中一念于"死"字上。七嬷此时,就是后一种心理:她二十年心血,已付诸东流了。

她视那孩子的生命,胜过自己的生命。自己死不足惜,那孩子死而自己尚活着,对她则是最残酷不过的事情。顾不得告诉校长一声,黑灯瞎火的她就往梅岭一步步赶去。山路渐绝人迹,草木瑟瑟。丛林使山峦像一个个蓬松的黑团子。突然,似在眼前,又似很远,响起一阵"回来吧,回来吧,小亲亲"的哀唤,是谁家在为落水的娃崽招魂,经神秘的夜色渲染,黄鼠狼的凄嚎和猫头鹰的惨叫烘托，分外瘆人。然而七嬷情感强烈到了极限，大脑已沉入恍惚中，没有理智，并不知恐怖。石径上，她的疲倦、沉重的脚步声，惊醒了在幽暗处歇息的子归鸟，也为这思子老母悲啼起来。

她近来脚腕子都在路口站肿了，关节病更见严重，且长期寝食不安，体力衰竭，又拖着大肚子，赶路速度却奇迹般地赛过矫健后生。三十里路，沟沟壑壑，峁峁梁梁，她却不很长时间就到了。唉，她以血变的乳汁养育了那孩子，但那孩子不记得她乳汁的滋味。她把红润的容颜为那孩子熬得干皱，但那孩子不记得她曾有过红润的容颜。那孩子已发育为成熟男子了，永远最亲切地唤那成熟男子乳名的，是她。慈爱的武七嬷，生命已在衰竭，但那孩子会使她的生命突然又进入高峰期。

那家人刚刚歇下。七嬷一路都急不可耐，临到却怕知道消息。俗话说："怕处有鬼。"老娘儿只坚信那消息是不幸的，知道后她承受不起。在门口站了不知多长时间，一再按发髻，擤鼻涕抹眼泪，心"咚咚"然快撞破胸壁了，喃喃着叫天呼地，好容易鼓足勇气手抖着抓起门吊，碰了两下，也不很响，她就连门吊也抖得抓不住了。好在那后生还没有睡着，真切听见门外有人，便披衣出来。

七嬷膝头发软，靠着门框，竭力挺着不溜下去。已然哭了，结结巴巴，啰啰唆唆，问个不清。后生半天才明白，好笑道："你这老嬷子，见风是雨，井绳当蛇。这也值得连夜来回赶六十里路？武宜地方大，煤窑子不少。下那个煤窑子的，就我一个高阳人。"这就是说，她的命根不在塌方的那煤窑里，老娘儿大喜过望。同时没有得到姬发一点点消息，又使她大为失望。尽管她的心还悬着，但总算没有出现心碎的惨景，情绪也有些正常了，歉疚地说："就这事，孩子，搅你好睡了。七十二行，庄稼为强，再不敢出外咧，看尔爹娘操心。"说着往回转去。浩茫夜色，万般凝重，万般静寂。

回路上，她不再有来时的奇迹。她年纪不是很老迈，精力耗竭，才使她显得老态龙钟。小腿腕子发酸作疼，骨节子像有无数针在刺。肿腿沉重似铁，笨重的身体只想扑倒在地再也不起来。

遇一根树枝，她捡起拄着，一步半步地跟跄挪动。好容易转过山，还是山，拼死力爬过沟，又是沟。三十里路，似比三千里路还远。

她机械地走着。上坡时，身体佝偻在棍子上。棍子细长，上端在她头顶高高地摇来晃去，下端开裂，"咔嚓"有声，中端成弓，似随时会折断。她像半昏迷状态的病人，不得不倚仗这棍子撑持着不倒。她因大肚子受到身体佝偻的压迫，难受得拼命喘气，却总觉有气喘不出。下坡略微好些，她坐着一下一下地滑，所过路面如扫过一样，裤子都被石棱划破了。

在一面坡上，她坐在一块石头上换气，谁知一坐下去就再也挣扎不起了。她绝望地拍打着腿，一声声哭问："你死了吗？死咋死个半截子？你连这上半截子一齐死了吧！老天，你让我死吧！死了，罪就受到头咧。"

北方夏夜，透凉。她只穿着单衣，又被汗浸湿了，冰贴在身上，年纪一大又没火气，冷得牙齿"咯咯"地碰着。这一歇下来，过度疲倦的身体无处不疼。老娘儿痛苦地呻吟道："天爷，我个娘儿，一辈子啥洋罪都受咧，这一把年纪了，咋还叫我受这洋罪？天爷慈悲，叫我痛痛快快地一死吧！"

久久，老娘儿终于木然了，一任疼痛寒冷折磨她那老躯。她的精神已经崩溃了。

四周阴森森的林莽，似藏着无边的黑暗。天上星斗冷漠地在闪烁。叫魂鸟刺耳的一哀鸣，划破静夜，但不见叫魂鸟，也再听不到第二声哀鸣。夜死过去了，趋于永恒的境界。

不知何时，茫茫夜色里，突然传来一阵少女的呼唤："大姑，大姑咧！"是芳珍的声音，比七嬷来时那招魂声还凄切。校长领着姬杨上中学的弟妹和几个学生寻来了。那老夫子已打寻了一夜，也走得双腿麻木，此刻饱含浓情地唤："他娘，可怜的女人，你回来吧！"

老娘儿惊醒似的一震，一下子活了过来，用棍子抖抖地杵着地，嘴空张半天，才突然歇斯底里地号啕道："闺女、老爷子，甭寻咧，叫我死了吧！报公安去，那孩子是逃犯，叫警察把他抓回来，拿麻绳子绑住，拿枪托子打死，拿拐棍子杵死！亲个当当的人哪，咱的血化奶育大的人哪，没良心的王八羔子，你把咱的心剜走了哇！"

这嘎哑的号啕声，瘆人至极，学生们一个个神经紧绷，毛骨悚然。武校长已然泪涕并流，肝胆迸裂。芳珍飞奔而上，搂住七嬷，放声大哭道："大姑，咱的亲大姑哇！"姬杨的大弟姬峰，领着四五个男生，把七嬷抬了起来。她不住拍打大肚子，拍打姬峰的头，一路号啕呼唤那远在外地的骨肉亲人。身体抽搐，髻子散乱，白发零落，老眼昏黑。到家时，呼唤已无力了，但却像人临终时欲见亲人那样急切且顽强，声音拖得很长地呼唤："发子，发子啊！好人，遇见我的发子了吗？给捎句话儿，叫他回来吧！发子，我的发子啊！"这最亲切最真挚的呼唤，一声弱于一声，终于，老娘儿只是干燥的嘴唇在机械地颤抖，再无声音，不省人事了。

校长一面请医救治，一面拍加急电报给姬发。姬发接电报后心急如焚，先向校长拍电报告知平安，然后搭车就往回赶。路上，他心情复杂：妻子可与他同床异梦，母亲却永远对他一片真心。这世界上，只有那个连正经名字也没有的老娘儿，对他厚地高天般深情，爱他恨他，与他同乐共悲，几乎把全部情感都给了他。他不辞而别，长久不归，对她也太无情无义了。然而，想着回去之后，就得面对离婚，他更惶惶然。

七嬷系老中医常说的"急火攻心，痰迷心窍"，稍经调治即苏醒了过来。也无甚大病，不过是夜深生凉，年老不敌寒气，有些感冒而已。劳心过度，身体却着实亏下来了，所以用药主要是滋补。

姬发媳妇虽在与姬发分别的时候，感觉自己爱上了姬发，但还是怕他是个花花肠子男人，故而至今对是否要成为真正的姬发媳妇，还没有最后下定决心，不过她早已认定可敬可亲的七嬷，是最理想的婆婆。闻知消息，她乱了方寸，丢下活计，把门户交托姬杨老娘，便急急忙忙赶下山。一路，都抹着眼泪。

七嬷接姬发的电报后，精神好转，见了她，笑吟吟地，说："别哭，我的孩子！我哪有病？我是装的。不这么，你姐夫咋肯把那小子叫回来？那小子能丢下我倒罢了，刚进门的媳妇他也能丢下，天底下哪有这号男人？"不放心家里，硬逼着女子回去。

女子把校长和七嬷该洗的衣服洗了，做上饭，三人围坐着吃了，才上山。

七嬷把电报上的文字看了一遍又一遍，已背得滚瓜烂熟。电报就放在枕边，她一想起就摩挲，似乎那不是冷冰冰的纸片，而是有血有肉有感情的那"亲个当当的人"。这天，她觉着身上轻松些，便拥被坐床翻来覆去看那电报。突然，一双极有力的大手，却像女人样十二分轻柔地捂住了她的双眼。她以为是那没大没小爱开玩笑的女体育教师，央求松手。手没松开，倒有柔嫩光滑的脸蛋贴住了她那干涩的皱巴脸，笑说："姐夫倒浪漫，姐认得一些字，就给姐写起了情书。那些甜言蜜语，叫姐如痴如醉，只看个不够。嘿！"切念的孩子轻柔的声音如雷贯耳，七嬷心花怒放，破口臭骂道："呸，没人肝肺的贼种种子！我饥一顿饱一顿，有一顿没一顿，把你肠肥肚满地拉扯大，一大你就丢下我走了。你还知道回来哇？再迟回来几天，就赶上给这老娘儿发丧唎。"没骂完就大哭起来。姬发慌忙在床沿上坐下，拍着她的肩头劝："好大姐，亲大姐，你的脸形适宜笑不适宜哭。笑时就像老铁树开花，一哭可成猪八戒他老娘了。"七嬷啐道："你冻死饿死在外面，我心也就歇下了，回来做什么。不是人种！好马还要好鞍配，这身衣服买得好，鲜亮好看。"姬发笑道："丢不下媳妇才回来了。她还在咱家吗？"七嬷白了他一眼道："她是你的媳妇，不在咱家，还能去谁家？"姬发松了一口气，低头道："不是说'见多情易厌，见少情易变'吗？我当我大半年不着家，她早气得回娘家了。"七嬷拧了他一把道："人家不是你，说走就随便丢下家走个没踪影。哼！"于是要姬发保证以后再不离她而去。姬发道："实话给你说吧，这一出去，我才知道光棍难熬，日后就是舍得离开你，也舍不得离开媳妇。"说是这么说，他心里没说出的话却是，"大姐，这几年我跟你顶过嘴，也有过不听话，日后怕更难是你的乖弟弟了。不过你该知道，我时时刻刻都惦记着你，爱着你。"

七嬷笑道："你媳妇好，把个野性子儿马给拴住了。"

姐弟俩说不尽的别后之情。姬发问吃什么药，老娘儿说："你姐夫请的那些中医西医，一人一套，都白花钱。我比医生还会治病，药只要一样，一分钱不花，就难寻。"姬发站起来，一拍腿道："瞧我这两条腿，有多长，哪里跑不到？不难寻。你说出药名来，我好跑腿寻去。"七嬷露出满口瓷实的白牙一笑，道："孩子，坐下听我说！就是给你一万块钱，跑遍天下铺子，这药也寻不到。"姬发道："我猜着了，一准是里山胡郎中给你开的药方。药引子不多要，只要一对儿生得齐齐整整有双眼皮的蟋蟀，也只能是一钱大的，不得多也不得少。"七嬷啐了一口道："我才不信江湖骗子哩！"又晃着发髻道，"我信科学，我这药最科学。名儿千奇百怪，真真的，什么也不叫，就叫'开心'。我的宝贝肉疙瘩，就是这药。你一回来，我开心了，不愁病不好，还吃啥药？唉，想你小时，洗个脸也猫儿抓似的，只洗鼻子嘴，不想才几年，就这么一表人才了，又得了那么个叫人疼爱的媳妇儿，我咋会不看着开心？够了，我什么也不要了！"

姬发哑然失笑，弹了她一榧子道："老顽皮一个！"七嬷孩子一样笑得"咯咯"的，身子一抖一抖，抖得关节疼，又装腔作势拼命呻吟。姬发眨了眨泉水一样亮晶晶的眼睛，说："我有一手。"便让她伏在床上，轻柔地给她推拿起来。老娘儿舒服地哼哼着。一会儿，姬发问："怎么样？"七嬷动了动，笑道："真好咧！怕不根治。单为我这病，也不准你走远。"

姬发便说："等姐夫退休了，你们回家里住，天天我给你推拿。"七嬷道："啐！那当儿我嘴角老是涎水，床下老放着尿盆，老没记性，老得不行咧，偏你爱干净，不一把将我推沟里去才怪哩。"面孔动人，言词生动，似乎是姬家的传统。姬发一回来，七嬷语言无味的人生阶段便宣告终结，拉出来的话，分明是相声。

姬发又从内衣里掏出六百元钱来，笑道："大姐拉扯我一场，头一回挣钱，虽没几个嘎嘣，也应交大姐。"七嬷一下子泪流一脸，哭声道："对我有这个心就行了。家里有媳妇，你们花钱的事多，留着吧！"姬发不肯。七嬷只得收了一百元，道："算是你交我了。剩下的给你媳妇一些，给你留一些。芳珍过些日子要是考上大学，走时把你留的钱给芳珍吧！我们给的，是我们的。从大来说，是咱们的良心；从小来说，也有个私心。我跟你姐夫伴不到你老，杨子的兄弟妹子将来个个有出息。他们难时，你帮帮他们，等你难住了，你又没旁的亲人，说不定他们会看着你的。好心不会白费的，你就帮帮那些穷孩子吧！"

姬发点了点头，把钱收起来，又拿出给七嬷买的营养品。七嬷嘴上说"不该乱花钱"，心里却乐不自胜，竟下地走了，颤巍巍的，脚底松软。姬发要搀，她坚决不许。外面天气又好，她便串东走西，向人展览姬发买的东西，设计勾出人的夸奖话来。她自己也"王婆卖瓜，自卖自夸"个不已："啧啧，你们就别笑话我在那孩子身上死心眼了。那样的孩子，搁给谁，不心疼个死？"

逗乐姐姐，姬发便去见姐夫。记得六岁时，姐夫曾郑重向他说："你叫我姐夫，跟叫我武家老七、武清俊是一个意思，别因为叫'姐夫'两个字，把你吓住了。我们是朋友。你的话有理，我听你的。我的话有理，你听我的。我们相当于父子关系，父子难相处，只有这样，我们长处才能和气。"他这一生真幸运，遇到了一个多么通情达理的姐夫——父亲。

到了校长办公室，他从背包里掏出一件上衣向姐夫道："你一辈子中山装，也该换换感觉了。我看外面的老头儿穿这衣服怪好看的，就给你买了一件。"那上衣是花格子的，袖子有裤腰宽，下摆之短，刚及裤腰。校长只瞥了一眼便不再看，教训了姬发一番不该这么长时间给家里连信也不发一封等话。姬发出去后，他见办公室再无第二人，便脱下上衣，换上那件，对着墙上的镜子左顾右盼起来，神采奕奕。

校长当年上清华时，也是很浪漫的，好唱歌、跳舞。只是家穷，倒没穿过时兴衣服，至今这份心未死。当初姬发在学校时，放着录音机，在自己屋里扭摇滚。校长在客厅看报，也不由自主跟着音乐晃脚尖。只是多年的磨难，让他给人的外在感觉似乎有些深沉。再说山乡人对他这个大知识分子有一种无言的要求，就是要他有端庄的风范。这也把他给框住了。姬发这是头一次给他买衣服，他难免有些沾沾自喜。穿着这种衣服，他也找到了新潮的感觉，忍不住摆了几下屁股。不料芳珍为武七嬷气不平，听说姬发回来了，要说他几句，便找了来。推门一看，那尊者长者，正在扭腰摆屁股，扫尽平日的威严肃穆，少女不由得目瞪口呆。校长也大为尴尬，却笑道："我也是从大学生过来的嘛。你考上大学就知道，大学生最新潮。我才不装深沉哩，那是活受罪。"

出外一趟，姬发初知披张人皮不易，有些成熟了。因其有些成熟，反倒在这老夫妇膝下越像个大男孩，撒娇装痴，把见过、没见过的外面世事，连吹带编，一串串地抖搂出来逗老夫妇高兴，也是膝下承欢、尽人子之情的意思。七嬷笑得大肚皮急剧起伏，几乎绷断腰带，心疼地说："我知道你是吹牛，难为你这小嘟嘟子嘴巴，吹得眉是眉，眼是眼，天花乱坠的，不由我不乐。到底是老姬家的后生！不是我胳膊肘往里拐，别人家的后生，就是让他把天下的世事经见完，他也说不出个张道李胡子来。真真现世！原先说等你姐夫退休了，我们住养老院去。那当儿我老得眼袋子都快拖下巴上了，养老院又满眼老黄干了的家伙，一个个擤鼻涕、流涎水、斜皮吊领、趿拉着鞋把子的，我看着越只想一头碰死钻墓坑打硬挺子去了。孩子，这下说好，你姐夫退休了，我们还回家来住。老的少的，热的亲的，团团圆圆多乐！你媳妇生个娃崽，那小小发子，越招我疼了。啧啧，一想起那小人儿，我就乐个心口子疼。人活个生气，生气就是孩子。到那时，我们这老家伙扎在你们青嫩青嫩的一堆里，只活个不够，咯咯。"

姬发听她提起那女子，脸上便掠过一片阴云。他只想抬脚就回，可心里就是怯怯的，想见又怕见那女子。也是报舐犊之恩，他竭力不想那女子，陪老人住了几天。他的欢声笑语，淘气可爱，青春鲜嫩的脸颊，给校长夫妇暮年枯灰的生活，添了许多鲜艳的色彩。最后，还是七嬷硬把他赶了回去。

老娘儿一乐，病早好了，饭吃了三碗。校长怕她撑伤了胃，劝道："省些，留着防年景。"老娘儿啐道："没吃你的肉，心疼啥？你养的发子，最有良心，年景也饿不着你。"校长笑道："我们的那臭小子，说好真好，说孬真孬，见不得离不得，又气死人，又爱死人。呵！"

姬发头戴棒球帽，眼罩墨镜，背挎双肩包，忐忑不安地走在山路上。路边溪里的蛙鸣，单调而聒噪。溪面铺着一层清雾，有一群鸭子嬉于水上。悠悠山调，时时传来。姬发听着，心酸软酸软的。

远远的，自家门前的柿子树挓挲着枝头，像要亲热地拥抱远道归来的主人似的。走近一看，门前整齐地垛着好大一个圆锥形新麦秸垛。一只红公鸡正领着几只花母鸡在垛下刨食、嬉闹，悠闲而自在。那边有一片刚刚扬粉的玉米地，缠绵的微风把细小的玉米花粉从穗子上刮下来，送入姬发的鼻孔中，香味黏腻。玉米茎上绕着豆角蔓，豆角像从枯萎的豆角花夹子里抽出的深绿色毛线。这边则有一小片新翻过的地，土色湿黑。炎炎烈日下，女子穿着豆绿裤子，灯黄衫，翠格生生的髻子上顶个斗笠，正背对马路在点种着什么。动作间，身段有一种流动之美。这山里最新潮的小伙，却为那女子的古典之美目眩神迷，抱着背包在路边蹲了下去，贪婪地看个不已。

女子回身时看见了他，愣住了。她的脸庞收麦时被晒得黝黑，那双眼睛依然像小鹿一般清亮灵活。姬发想起车夫在成亲那日唱的训世歌中"粉脸蛋不晒个透黑……就不是咱庄稼院的好婆姨"之言来，心里不知什么滋味．站起身，不再看她，而看着远方。汗衫下暴突的胸肌，给人一种生命力太旺盛的逼迫感。下井少见日光，脸如纸白。脸颊有些凹陷，鼻梁越显挺直高耸。抑郁时的姬发，给女子一种高贵和不可近之感。他是那么绝顶英俊，又高中毕业，从小是个洋娃娃，让女子都觉得自己不配他了，恐日久天长会被他嫌弃。于是这一刻，女子又觉得自己还是离开这个家好，找一个土里土气、没知少识的男人，省得将来被这洋气小子抛弃。于是她在衣摆上搓了搓手，坦然地笑道："你呀，回来也鬼鬼祟祟跟贼一样，一声不吭，吓我一跳。"

姬发扭过头来道："我回来见你还在家，高兴得不知怎么说才好。"说着又扭过头去，竟抽起了鼻子。女子心里软乎乎的，忙进了门，姬发过了好一会儿才进来。女子已把洗脸水放在院里，脸盆上搭着毛巾，她则在厨房生火做饭。姬发心里更是热乎酸甜，进了外屋，伏在炕上，脸埋在背包上痛痛快快地流了一通泪才出来，洗罢脸，进厨房帮女子择菜。

女子怕他对自己太亲热，动摇自己的决心，故意淡淡的，跟他保持着一定距离。

姬发见她还是过去那样不冷不热的，心又凉了，半晌道："我不在家，收麦可够你受的。"女子忍不住又泄露了天机，明明有一丝幽怨之意道："你不回来嘛！还好有大姐，她雇了几个麦客。"

姬发非常敏感，一下子就感觉到了她内心的幽怨。女子对男子怀幽怨之情，不正是爱吗？他心里一喜，忙掏出那五百元来，取了二百元又装入口袋，道："芳珍要是考上大学，大姐让我送她些。这三百元，你收着吧！"女子站起，退了好几步。她也意识到自己失态了，故意冷冰冰道："还是自家留着吧！你回来了，咱们就把离婚手续办了吧！说好一年，拖了一年半了。"姬发脸色沉了下来，慢慢把钱装入口袋。他不得不认为刚才是自己的错觉，道：

"我迟回来了几个月，是要你多想一想。既然到这阵你还想走，说明你确实讨厌我。长痛不如短痛，咱们快刀斩乱麻，下午就去办手续吧。"

女子心里刀割似的一痛，险些流下泪来。姬发留心看着她的神情，却弄不清她到底是什么心理。半晌，等情绪平静了些，女子道："一年多都过来了，也不在乎早一两天。我把该带走的东西收拾收拾，大后天咱们去办吧！"姬发见她态度坚决，最后绝望，声音空洞道："随你。"

做好饭，姬发吃了几口，就撂下筷子道："我不想吃了。"女子问："不好吃？"姬发强笑道："天底下，我顶爱吃大姐做的饭。后来你到我家，才知你比大姐还会做饭。我今天不饿，累了，想歇一歇。"便进外屋，胡乱躺在了炕上。

女子心里难受，也吃不下去，给他拉上门，背了个筐子，给牛割草去了。半下午，武大摸了进来。他头发和胡子老长，枯草一样乱蓬蓬的，笑如抽鼻涕，比姬发大好多岁，却称其为哥，道："大半年没见了，怪想的。刚才看见嫂子在地里，就偷着进来了。"姬发二话不说，先给了他一拳，才笑道："趁早把你这把胡子给老子剪了，饭渣还在上面挂着哩，要多恶心有多恶心！怕她什么？她又不是我大姐，才懒得为我跟你闹里。喝酒吗？"武大道："不喝了，见一见你我就走，让嫂子碰上了总不太好。"姬发冷笑道："她要愿管我，那才是求之不得的好事哩。我想喝，你陪我吧！"于是提了酒，二人在院里石桌上对坐着喝了起来。

两人正"满上，满上"地大叫着，女子背着草筐进来了。一看是武大，登时青了脸，"咚"地把草筐往地上一扔，三脚两步过去，提起酒瓶，"哗"地就摔碎在院。二人都站了起来。她肯为姬发生气，说明还对他有情义，姬发不怒反喜。武大讪笑道："我说不敢不敢，你非要喝不可，看惹嫂子生气了！"女子指着他怒吼："滚，从这门里滚出去，死也别进这门！"

姬发笑道："公然又是一个武七嬷。你去吧！这家只要有她在，你就死都别进这家门。"武大悻悻然而去。女子白了姬发一眼，甩手进了里屋，斜着身子坐在炕沿上，袖子掩面哭了起来。姬发跟了进去，道："你抬脚就要走了。我好我坏，今生跟你无关，你有什么好哭的？"女子哭道："你跟我无关，我也不好说你，我只替你大姐伤心。辛辛苦苦，怎么养出这么个不争气的人来？"姬发道："咱们这假夫妻不是做得很好吗？只要你不走，像姐姐一样天天看着我，我准不学坏。"

女子忍不住又笑了，却狠命勾了他一眼，啐道："少说这话！我听不惯，听着牙疼。我倒情愿做姐姐，没有叫你熬一辈子光棍的道理。"姬发忙道："只要能天天见到你，我愿一辈子熬光棍。你不走了，行吗？从此我人前背后，真叫你姐姐。"女子想他这一高兴，准有胃口吃饭了，便趁机端出饭来。果真，他吃得很香。

饭后，二人给牛铡上草，喂了那些张口要吃的东西，天也就黑了。女子道："我给你做了身衣服，就剩纽子没钉。你试试可身不？"

"这么说，你不走了？"

"走就不许给你留个念想？"

"要走，就一样东西也别留。留不住人，留下东西，只会叫我看着不美。人我也一辈子不想再见了，见了也要绕开走。"

"就这么恨我？"

"爱之切，恨之深！"

姬发说完，转身便回到外屋，又躺在了炕上。女子房里，久久没有动静。终于有了动静，却只是"啪"地拉灭了灯，并没有关房门。姬发的忍耐，几乎崩溃，但他最后还是克制住了自己，没敢造次进女子屋。不过，女子这一举鼓舞了姬发。第二天一早，他就起来跑步，回来又在院里举了一阵哑铃，然后忙里忙外，风风火火，生机勃勃。女子好容易下定的决心，又动摇了。她竭力抗拒着这动摇。早饭后，她无话找话，尽向姬发说些别离之言。姬发霜打了般，又无精打采了。

傍晚，女子坐在里屋炕上做针线，心神不宁，时不时叹气。姬发心头则满是离散的凄凉，便爬上门前的大树，闷看过路人。恰巧春燕骑着单车从树下路过，猛有树枝落到了她头上，举头一看是他，忙跳下车，轻佻地夹了夹长睫毛，笑道："你这东西，娶了媳妇还不安分，爬高钻低的。几时回来的？这次你可真走得长远！"姬发笑道："你想我了？"春燕红了脸，刚低下头，却又抬起头来道："随你怎么说，说想就想呗。凭什么我就不能想你？"姬发道："进去坐吧！我媳妇回娘家去了。"春燕道："她在家，就不许我进去？"

姬发推着春燕的车子进门，把车靠在屋壁上，领她进外屋。春燕手里拎着个洋气的小提包，随便往炕上一撇，就坐在炕沿上问："拿什么招待我呢？"姬发笑道："我这里只有烟和酒。不知道今天碰见你，要不早预备下了。"春燕眼光火辣辣道："有一样东西现成，只要你舍得。"姬发道："现成的东西有什么舍不得的？"春燕道："那好，亲我！"姬发一下子红了脸，扭头看着窗外说："我是太无聊，你呀，真真是太无耻！"

这位武春燕，可以说是活泼得过火，美得过艳，属于山中稀见的那种进攻型的女子。她咄咄逼人的进攻,让姬发都有些招架不住,说不清是喜欢,还是讨厌。春燕叹道:"你没诚心招待我嘛!告诉你,再过几十天我就要出嫁了,嫁的是后沟刘二小。"姬发吃一惊,回头看着她道:"奇事,二小配你?他斗大字不识一个。"春燕道:"你媳妇不也一样吗?你偏喜欢她。"

姬发故意大声道:"这看怎么说。当初头一眼见她,我是中了魔似的,喜欢得了不得。一结婚,可就觉得她讨厌了。她呀,睡觉打鼾,咬牙子,说梦话,吃饭嘴唇子'吧唧吧唧'响。我说三,她偏听个四,成天尿不到一个尿壶,气得我只想踢她一脚。明个我就跟他离婚。这么吧,你也不跟二小结婚了,咱俩过吧。我看咱俩最相配!"春燕拍手大叫:"狗嘴里吐出象牙来了。只要你真跟她离婚,我巴不得哩。"姬发笑道:"真!"

女子突然出现在门口,瞪着姬发。春燕慌了,道:"嫂子在家,你倒说没在,害得我胡说八道。嫂子,别记气,我们说着玩哩。"女子看也不看她,只瞪着姬发。春燕冷笑道:"那么恨他!恨他就离了他,自有人不恨他。"一甩披肩发,提起小包来到院里,推过车子又道,"姬发,80年代了,只有母蚊子才不会骑车子,那个女人会骑车子吗?"跃身上车,把车铃捏得"叮当"作响,就从院里骑了出去。

女子肺都要气炸了。姬发冷冷地道:"你是要走的人,何苦还给我眼睛瞪得铜铃一般?"女子吼:"我不许你跟别的女子亲香了?你们说体己知心话,干吗要捎带作践我?跟别的女子亲香,你就不能等到我走了吗?"扭身进了里屋,躺在炕上,用被子蒙住头哭了起来。

姬发既然爱她,刺伤她的心,同时也就刺伤了自己的心。他跟了进去,坐在炕沿上,眼圈都红了,低头搓着腿面子道:"我心里难过,胡生事气你哩。我跟春燕小时在武家常玩,后来又是同学,要真好,不会娶你。其实你也不易,我也替你难过。放心,这是最后一回,我再也不会生出什么事来气你了。"

也许,是春燕对姬发毫无顾忌的爱慕,让女子更感觉到了姬发身为男子的魅力;也许,是春燕对女子的瞧不起,反刺激得她欲与之一争高低。她舍不得离开姬发了,更舍不得把姬发丢给春燕那种女人。于是,她坐起来,泪眼望着他。他也泪眼望着她。半响,她神态儿矜持,脸儿光莹如玉,嗔怪里又含情道:"你几时能学成人嘛!老没个正形,尽拿些小孩子淘气来烦我。大活人一个,又不是死物什,眼前我管得住,背后我咋管得住。唉,反正我是个要走的人,你好你坏与我无关,懒操这个心了。试试那衣服吧!"姬发扭过头望着别处,恨恨道:"我说过,我不要你的念想。"起身向外走去,"你歇吧!我不扰你了。"

女子未语先红了脸，眼帘下垂，嚅嚅道："要不，今晚你不用迄去了。"姬发惊回头，喜得眉飞色舞，抓耳挠腮道："你不走咧？"女子脸红烧红烧，咬了咬嘴唇，才道："我不想枉跟你做这一场夫妻，就今晚。"姬发转身就走，走了几步又回过头来冷笑道："难道我娶你来，只做一夜夫妻，又送你走吗？你也犯不上，我也用不着。要走，就带着你的姑娘身走吧！"说完出了门。

女子喊："回来！"姬发只在门外望着她。女子狡黠地一笑说：'你今晚要跟我住了，明个我真走。你不住倒不像个花花肠子男人了。唉，就是我，斗大的字不识一个，连车子也不会骑，只会缝衣做饭，日久天长，怕就讨你嫌了。"姬发走进屋来，紧张地道："你不走了？我哪敢嫌你？只要你不嫌我就好了，我最没出息。"女子道："金无足赤，人无完人，我连车子也不会骑，让人家骂作母蚊子，就有出息吗？我不在乎你没出息，只在乎你见了那些比我强的春燕、夏燕、秋燕，就把我这个母蚊子不再放在心上。"姬发急忙道："不会的，绝不会。"女子便坚定地道："那好，我不走了，今生从你。"

姬发眼光扑朔迷离，不敢相信她的话，但是她的神态让他相信了，突然眼光清纯如洗，身心中的冻土一风吹化，失声哭道："到底有了这一天！真是好事多磨。我怕你走，怕死了！"女子又爱又怜，笑道："快别哭了。一哭鼻子，我就不把你当大男人，只当小弟弟了。这下愿试那衣服了吧？"姬发两大把抹去眼泪，从炕头拿起上衣来穿在身上。是件黑卡其学生装，配着牛仔裤，使他显得清纯而又不失时髦。女子道："刚好。"姬发笑道："你又没量过我，怎么做得这么合身？"女子道："我又比不得春燕，总共就这么点儿本事。"姬发给她个鬼脸道："又来了！小心我给你好的。嘿，瞧你的眼眉！"女子眉毛像受惊的鸟儿翅膀，道："我又不描眉，咋，看着不好？"姬发道："不是不好看，是明明喜上眉梢了嘛！"女子气得噘着嘴不言。他笑道："等着，我就来！"便端了个大木盆到隔壁屋里，又提了桶水，脱衣站在木盆里，举桶从头顶徐徐倾下，身上顿起飞瀑，灯光下，亮闪闪的，如一个披光戴彩的油画中人。全身骨节，都似舒服地在"咯吧咔嚓"作响，他痛快得打了个激灵。那种爽滑透凉感，如有玉在遍身摩挲。不是玉，少年直觉是女子的玉体。他忍不住无声而笑，门牙尽露，极整齐雪白。

归巢倦鸟，交项贴翅喁喁歇去。悍兽出穴，雄欢雌爱。姬发站在小屋脚地，以荡漾渴欲的眼光，一望端端正正坐在炕上的那女子。记得少小时，曾用泥捏出个家，与囡儿逛家家，却混沌不思自己该有个家。苦思冥想自己该有个家的时候，他回到了故居。故居却因无女人气息，而不成其家。他孤寂里，寻觅中，以死相求，终于将这个绝顶标致的女子迎进了故居。如今这故居真正是个家了！以往他独居时的冰冷，因为她的到来荡然无存。纵然这老屋一无所有，只要有她，老屋至少还拥有温馨。他情眼饿馋，无比亢奋，高仰起头，喉结抖颤，缓步向炕而去。

无所遮掩，姬发裸露的胴体健美非凡，连他自己也得意地笑道："天不薄我！我真棒，是不?"女子长这么大，只见过崽儿的小牛牛，突然看见姬发异常雄壮的生殖器，吓一跳，大为震动，又紧张得不行。屏住呼吸半晌，突然手掬住脸，无声而哭起来，自然是娇羞。空气里，弥漫着年轻男女的体香。

姬发半跪在炕上，面孔下俯，黑眼睛里放着热烈湿润的光芒，猛然掰开女子的手。女子身子往里缩着，脸若凝脂，红晕洋溢，眼珠乌黑。姬发把她的手按在心口上道："你摸摸我的心，快跳出来了。"女子又抿嘴笑了。她的手缎子一般光滑，且柔软得似都在他手下化了，化得跟他黏在了一起。好半晌，他松了她的手，指头蛋儿像小虫虫子一样，在她脸蛋上蠕动着。她不由得浑身酥软，想躲开，身子却如中了魔法，动不得，喘着气，只律颤。姬发全身也喜颤，突然揽她于怀，拿脸蛋轻轻摩挲她这边脸蛋，过了一会儿，又摩挲那边，然后把女子摊放于炕，轻柔地伏在了她身上。毕竟是头一次，从来灵巧的姬发，竟笨拙无比。女子只得以手导引。身躯粗壮的姬发，却心细如丝，体贴入微，知道第一次，怕女子痛，喘声说："入!"坚硬的阳器，缓缓进入女子体内，几乎没让女子感觉到有多痛。于是，一对男女那冰清玉洁的躯体，结合在了一起。老屋似摇摇欲坠。男女都感受到了从未感受过的极为美妙莫名的快感。

美德不是无欲，无爱才是犯罪。姜家女子终于将自己和盘交出，皈依姬家男子了。

女子之动人，顽石也会融化。姬发销魂荡魄，似是梦幻，幸福得毛孔无一不舒展放松，在心里感喟："咱这一辈子够咧!"

女子梦里，都盼一个野性的山里王子，大步走进自己温热的身心中。感受着姬发激情的狂风暴雨，她认为他就是那王子，也在心里叹道："他要是个好庄稼汉，咱这一生一世就有了靠头咧!"

这一感一叹不要紧，这一男一女，将舒卷出种种人生奇观来。

半晌，姬发瘫软地伏在女子身上，只喘粗气，一动不动，是舍不得从女子身体里抽出，且暗想，不知道这一次，会不会让新娘怀孕。他也如武七嬷一样，极想让姬家人丁兴旺。

他们当初的结婚成家是假，直到此时，才是真正结婚成家了。或许，随着时间的推移，儿儿女女，将会一个个出现在这个家里。儿女无不与两口子骨血相连，两口子丢不下这个放不下那个，连自己最珍贵的生命，都肯为儿女付出。只有这样，家才是真正的家。

世事人事，真难以捉摸！从此后，两口子的日子，过得别提有多温馨、惬意。一段时间里，姬发都不忍看人眉头有一点点皱意，更不忍看人流泪，脸上心中，满写着快乐。

快乐的情绪，使姬发温和宽容。有一次他晨跑时，一个老爷子牵驴过路，冷不防驴踢了他一蹄子，疼得他在地上滚来滚去。老爷子只当他起来后非跟自己有一场好闹不可。不想他起来后，身躯伟岸的一条汉子，脸上却荡漾着娘儿一样温柔的微笑，又孩子似的天真无邪，拍着土道："老爹，不走还愣啥？驴不懂事，能怪你？"说着没事人一样，一拐一拐地走了。

天是晶明的蓝色，山则碧绿清新，风将花草香一阵一阵地送入人鼻孔。爱人必被人爱，这个姬姓老爷子望着他健美的背影，醉如饮了美酒，心里不知有多疼爱他。

庄户人的日子单调如平铺直叙，但快乐总能使这日子不断"出彩"。为讨女子欢喜，姬发总像兔子刚刚跃起，鹞鹰猛然冲下那样，捕捉着她的心意。一次他去打猎，赶晚提着两只雉鸡回来时，把汗衫缠在头上，额顶结做展翅欲飞的蝴蝶状，头顶插一根碧翠光闪、华丽无比的几尺长的雉鸡翎，抖颤颤的，见了女子，飞眉弄眼，多少挑逗话儿。那个殷勤讨好体贴入微的劲头，叫女子心里如鹅儿毛在撩，都想着万一有一日，他负了自己，对旁的女子也如此，气也就把她气死了。

第八章　家族战事

黄土岗上，神秘而寂静的灌木丛里，突然哨声、喊声大作，尘烟四起。一只羊鹿子昂着首，奋飞四蹄而去。群犬狂狷，紧随其后。哨声、喊声压过来，原来是山中一伙剽悍少年在围猎。为首的，正是姬发。格子布衬衫筒在西裤里，昂首而吼，如狮啸，不时有灌木在脚下被踩断，英姿勃发，平常而又神奇。

天晚，姬发身上带着一股青山绿水气味而回，听见大门内有娘儿的脚步声，故意变了个陌生声音问：

"家里有人吗？"

"没有。"

姬发哈哈大笑，一脚踢开门，调笑说："臭娘儿，你算啥呢？大约算这家里看门的小母狗吧？"娘儿也笑道："我当是谁？呸，没个正经！"

饮食男女，夜来男子野性地翻卷着女子的焦处，女子温热地洇润着男子的渴处。曲意缠绵，销魂蚀骨里，只觉活着真美。

第二天，姬发没有像平常那样早早起来去跑步，困睡不起。他睡相历来不好，身子露在被外，被角却蒙着头。大叉开四肢仰躺的身子，肤色美若流金。太阳已半竿高了，光线由老式的雕纹花格窗户柔和地洒进来，他才打着哈欠，懒洋洋地穿衣，身上的肌肉一抖，如水波一样动荡着。小娘儿待他下炕洗漱毕，恭恭敬敬捧着一个红漆方盘进屋，放在炕中间，亲切地说："吃！"姬发蹾在炕上，学着她捏细嗓门，娇声娇气地说："吃！"小娘儿笑骂着"死鬼"，坐在炕沿上，且吃且话家常。嘴被吃饭和说话占着，两人就用眼睛来笑，真是顾盼有情。

炕围是万字不到头黑边蓝底藻花贴墙纸，结婚时的那个大红"囍"字，还好好地贴在墙上。炕角叠得整整齐齐的缎被上，蒙着有大团大团线勾荷花的蒙被。炕上铺着家织的蓝底粗疙瘩布单子，四角用铜钱别在雪白的苇席缝子里。

姬发大大地陶醉于这居家的亲切情调中。

乾坤通顺，青年男女的眼光，让人看着刻骨铭心地晶澈。

斜阳草树，寻常巷陌里，单调的山里人生活，他们却一点儿也不觉乏味。整个世界，在他们心目中都是神秘、神妙、神奇的，变得光灿夺目了。

无论轻重活，姬发总抢着干，只觉心更灵，手更巧，干什么都更得心应手。小娘儿则天天变着法儿做饭菜。姬发的脸蛋，又饱满、红润起来。

春燕结婚了。山里不兴男女同学礼尚往来，所以姬发没有参加她的婚礼。听说她作为新娘，那日竟喝醉了酒，大哭大闹，闹得亲戚不欢而散。好多日子，山里人都把这当笑话讲得津津有味。姬发当然知道这与自己有一定关系，但也没放在心上。自己从没真正向她表示过爱慕，她一厢情愿，只能自找苦吃，没有法子。姬发媳妇似乎倒在意，向姬发说：

"春燕结婚了。"

"不关我事。"

"关我事。她骂我不会骑车子是母蚊子，倒也好，她倒嫁了个公蚊子。那二小大男人一个，也不会骑车子。"

"二小会骑女人就行。"

"呸，话一从你嘴里出来，就能难听死人。听说，春燕那日喝醉了酒，一个劲哭叫，哭叫的是你的名字。可见她心里只有你。嫁不上你，她才嫁了二小。"

"心里有我的女子多了，我心里只有你。"

"今日只有我这个母蚊子，明日怕就只有那个母燕子了！"

"你真是母蚊子，只会胡嗡嗡。"

"母燕子不会胡嗡嗡，叫声比唱歌还好听哩。"

"好了，好了。我不爱听母燕子唱歌，就爱听母蚊子嗡嗡。行了吧？"

"屁话！鬼才信。"

姬军终于考上了军校，但没有像姬槐考上大学那样，给姬发心理造成很大刺激。"人比人，气死人"，他不想跟人比了。

芳珍则很轻易就考上了大学。寄来录取通知书的，是她第一志愿填的学校——陕西师范大学。姬杨虽然很想念妹妹，却舍不得花路费，没有回来送行，只把钱寄了回来。煤矿不景气，根本谈不上发奖金，工资也拖几个月才能发出来，大多数临时工都被辞退。不过美男子和美女子一样，容易有好运。他让人看上去赏心悦目，又极吃苦耐劳，所以被留了下来。小伙子省吃俭用，还常去卖血，寄回家的钱，是真真正正的"血汗钱"。当然，家里人不会知道这些。他给家里的信总是说自己"一切都好"，要弟妹们"安心念书，不要愁钱"。

芳珍走时，姬发夫妇送了她二百元钱。另外，她的铺盖，也全是小娘儿的嫁妆。

正如一首流行歌所言："一个人的世界浩浩荡荡，两个人的世界碰碰撞撞。"这位小娘儿，当她心不在姬发身上时，视自己如在姬家做客。客人在主人面前，总是有所保留的，所展露出来的总是自己好的一面。当她的心终于落到姬发身上后，好的一面展露得更充分，但既已不视自己为客，而是这家的女主人，在自己的家里也不必有所保留，于是不自觉地也展露出身上的毛病来。男权世界，女主内男主外，生活的局限，使山里女人常常斤斤计较，很难做到心胸宽广。姬家的小娘儿就鸡毛蒜皮常常大惊小怪，而真正的大事她却视而不见，漠然处之。不识字无法读书倒也罢了，电视也不看，一无所知，只会说张家长李家短、油盐米醋。姬发说山外的人怎么样，她却把他当成了个好说痴话的大男孩，动不动就嘲笑。也正因为把他当成了个大男孩，事无巨细，什么她都管，什么都得听她的。不听就是不把她放在眼里，就要委屈、抱怨、发火……随着时日的变化，娘儿也变了。不过戴假面具的人才无变化，真人常变化。娘儿正是真人。

姬发在没有得到她的心时，近在眼前却不敢真正接近她，对她便幻想多于真实，如雾里看花，越看越美，越看越神秘。得到了她的心，接近并熟惯了她，迷雾也就一风吹散了，他看到了真实的她，不过一个平常的山里女人，如此而已。况且他生来落拓不羁，不爱受约束，被她什么都管着很不自在；既不得自由，与她天天守着又没有多少共同感兴趣的话可说，他便觉乏味和不可忍耐了；"见多自成丑，不待颜色衰"，她那让他着迷的外表，也渐渐失去了新鲜感。于是，他对她的热情，在持续降温。

生活从表面看，似乎杂乱无序，烟云无定，其实是有序的。几乎每一对夫妻，婚姻都有个危机期。姬发不到二十岁就结婚，"来之既速，去之则迅"，他必像那些早恋的少年一样，得不到时热得狂，得到后又冷得快。于是，这一对夫妻的婚姻危机期，早早地来临了。

小娘儿适应不了姬发的不切实际或者说浪漫，但他那另类别样的感觉，总给她新鲜和激情。他相对于她的有文化，使他在她心目中充满神秘。他既潇洒英俊，又是个刚男劲汉，让她离不了他，无限依恋他，渴盼他永远和她如烈火干柴，如胶似漆，难分难舍……总之，她对他感情越来越投入。因此她的日子，一会儿在天堂，一会儿在地狱。当他对她渴欲爱的感觉迟钝甚至厌烦的时候，她就跌入了地狱。而当他对她曲意温存的时候，她又进入了天堂。随着进入天堂的感觉渐少，进入地狱的感觉渐多，她恐惧、恼火了。她才二十刚过几年，他就厌烦她。"女人三十豆腐渣"，她三十岁时，他才二十六，那时他不知更有多憎恶她哩。来日既让她觉得不可靠，她便常无端吹毛求疵，毫无理由地发脾气，大吵大闹。他跟村里哪个年轻女人说过话，她更像侦探一样，设法打听出他们说的是什么话。如果是在逗趣，她便认定那女人在勾引自己的丈夫，见了面轻则夹枪带棒，指桑骂槐，重则干脆辱骂、厮打，甚至要跳崖、上吊、喝毒药，死给人家看。姬发本来这一段时间还是清白的，经她这么一捕风捉影，反倒有口难辩了。村里人对桃色新闻兴趣浓厚，一时说三道四，议论纷纷。年轻女人既怕她，又怕落个说不清，见了姬发故意不拿正眼看，更别说理了。无疑，这使姬发对她异常恼恨、憎恶、疏远、冷淡。反过来，也加深了她的痛苦，报复他更过火。两个情人，几乎已成一对仇人了。姬发坚决要求离婚。她极怕失去他，又无计可施，绝望得要死。真是老天给了她一根救命的稻草，她突然呕吐不止，到医院一检查，是已怀孕三个月了。

对于姬家来说，没有比孩子更重要的了。离婚的事，姬发已闭口不提，而且变得宽容、忍耐起来，竟设法逗娘儿开心。据说孕妇情绪愉快，生的孩子便健康、聪明。

一个女人，要想在自己所爱的男人心目中位置牢固，不靠自身，而寄希望于给他养个白胖小子，是最不可靠的。然而，娘儿却以为自己这下有靠山了。

那个有几分先锋味的山村女青年武春燕，一直都欲取而代之娘儿成为姬发媳妇哩。

武春燕对姬发，可谓一往情深。可惜姬发仅视她为老同学而已，见面偶尔开开过火的玩笑，也是因为她本身锋芒毕露，从来没动过真情。春燕是在姬发娶了娘儿无望之下，"破罐子破摔"嫁了二小的。原先她想，这辈子不求爱情，嫁个无知又没脾气的"老好人"，做事男人管不住，可以放开手脚就行了。然而她如果是脸皱巴白发老大娘一个，也就和二小没爱情得过且过凑合下去作罢。如花似玉二十刚出头，少活还能活五十年，半个世纪之久，没有爱情，她怎能忍受呢？相见容易相处难，成天面对那个没有灵气、语言呆板、情感涩滞、乏味无聊的男人，她很快就厌恶得要命。她管不住自己，就是想做那破铜钉大门里面的女主人，就是渴欲得到真正的爱情。于是，她"身在曹营心在汉"，一门心思给那姬发设造起情罗爱网来。

破铜钉大门里面的女主人，也正在给春燕制造着乘虚而入的机会。

为人，弄性使气，不如意事便常有，烦恼也便无尽。小娘儿有了身孕后，对姬发在小事上爱挑剔的毛病，更是变本加厉。她自己烦恼，姬发的忍耐也又一次快要崩溃了。

这日，姜老爷子来看女儿。姬发从地里回来，像没看见一样，端着狗食盆子到后院去喂狗，忽然，他意识到自己又犯下不可饶恕的罪过，赶忙出来，恭恭敬敬问候了老爷子。老爷子倒没在乎，娘儿脸色却很难看。

吃过饭，送走了老爷子，娘儿便抄着围裙站在院当中吼："我爹是叫花子，白吃你的饭来了，你给他横眉冷脸的？他巴巴结结的，背了一袋子黄米，老远送了来，女婿倒像个做大官的样，进了门问也懒问他一声。"姬发提着斧子正要去劈柴，忙笑道："多大个事儿，你也上火。火气太大了！我不是问过他了吗？就是没问，'亲不见怪'，他是我丈人，也犯不上计较。"娘儿听他倒满嘴道理，越来气，道："好，好，'亲不见怪'！等你姐夫来了，我也给他拉着驴脸，理都不理，我看你高兴不高兴。"

也是姬发不该，想想能把那花肠子糟老头跟自己最尊重的姐夫扯在一起，冷笑道："你爹能跟我姐夫放在一个秤星上吗？我姐夫一辈子对老婆忠贞不贰，你爹勾三钻四，害得你得了疑心病，成天对我疑神疑鬼，我都快叫你疑成精神病了。我就看不起你爹，老不正经！"

父亲的毛病正是娘儿心里最疼的一块疤，碰不得。姬发偏要碰，她又窘又急，急不择言，竟针锋相对，臭骂起了姬发的父亲，还有校长。姬发吼："我爹早死了，我姐夫也没得罪过你，少作践他们！"娘儿也吼："你得罪了我，就是他们得罪了我。你骂得我爹，我就骂不得你爹？你姐夫不养你，我就没有这一遭。他养下了你这臭男人，就是得罪下我了。"

姬发从牙缝里道："天底下哪有这号胡拉筋乱扯皮、糨糊脑瓜的女人？醋坛子、泼妇！我当初眼睛瞎了，哪来那么大的劲头要娶你？我这一生，谁也没敢在我面前骂过我姐夫半句。你胆敢再骂他，小心我不客气！"娘儿弯着腰道："我爹不正经，你就正经了？我知道你厌我了，想另寻新欢。呸，请鬼容易送鬼难！我就是醋坛子、泼妇，非缠下你不可。当我怕你了？天王老子我也敢骂。养出了你这号花肠臭小子，你姐夫正经个屁！假正经，准心里满是男盗女娼！"

姬发简直快要气疯了，忽然一抡手，嗖的一声，斧子直朝娘儿飞去。多亏他还有一点儿理智，只是想吓吓娘儿而已，使力时把握着斧子飞的方向。斧子从娘儿身旁几尺远飞过，又飞了几丈远才"咚"的一声落地，干硬的地面被砸出寸把深的坑来。娘儿大惊失色，斧子要是万一落在她身上，不了结她的小命，也会让她伤得不轻。她两手护挲在胸前，不认识似的望了他半晌，才哆嗦着嘴唇说："你下得了手。你凶，你恶，你毒！"转身进屋，坐在炕沿上，放声大哭。

凶狠可以，恶毒不得，姬发后悔不已，要是自己稍没把握好斧子的方向，后果不堪设想。不过后悔归后悔，近来闹仗，都是他最后低声下气赔罪。今日他偏不"热脸去贴冷屁股"，镬头一扛，去了地里。

姬发只闷头走路，没看见春燕正骑自行车迎面荡悠悠而来。那妞儿一咬嘴唇，狠蹬脚踏，照直向他冲去。他发觉了，敏捷地一跃闪开。车子倒了，春燕没倒。她穿着山里女子还不兴穿的西装，越显得身段苗条，亭亭玉立。双目开合如闪电。脑后一个烫得松松的垂髻。眉弯弯的，分明修过。粉红的脸蛋，鲜红的薄嘴唇，也分明涂抹过什么，润润的，香艳十足。姬发却不为其所动。此刻他讨厌所有的女人。难怪孔夫子说"唯女子与小人为难养也"，女子只可当一朵花远观，不可走近。就像家里的那女人，一走近就成一坛烂柿子醋了。他很怀念成亲前的日子，家里没那个多事的婆娘，自己想怎么就怎么，自由自在，自得其乐。春燕也不过跟那婆娘一个样子。于是他冷淡地说："眼里没人哇？见鬼！"

春燕似笑非笑道："我爱的人不爱我，感情受挫，相思成狂，'气蒙眼'了。"小河流水一样略急促但娓娓动听的话声里，明明有一股叫人战栗的幽怨、悒郁味儿。姬发装腔作势地哈哈大笑，道："白气！我就是不爱你这油腔滑调，你爱我是剃头担子一头热。别再爱我了，老同学！嫁鸡随鸡，嫁狗随狗，嫁了二小，你就学着爱他去吧！"

春燕肆无忌惮地从上到下打量着姬发：躯体高大壮实，线条优美。黑红粗大的喉结，随着说话而上下晃动着。刚硬、紧绷、富于性感的嘴唇一角，是挑衅性的微笑。高高而端挺的鼻梁，是中亚人的特征。黑白分明，分外好看的眼睛，闪烁着捉摸不定的光芒。这是她心目中最标准的男子汉。这男子汉的魅力，总使她无法自控。

春燕的眼光，让姬发心里怪怪的。回忆总使往日的时光添一层美丽的光晕，但如果让他真回到往日光棍一个的生活里去，他必然又会觉得难以忍受。男人永远需要女人，这是生物的本能。家里的女人因琐碎之事惹他烦恼的时候，这个跟家里的女人截然相反的女人，便给他一种阔大和爽快感。这感觉一冒出心头，他就竭力压抑着。他从没想过要换一个女人，于是忙道："先走一步了。"迈开长腿转过山弯，却在山弯她看不见处，脚下踢踏出了一阵悦耳的声响。

春燕感觉出他对自己的防线有所松动，不失时机又发起了进攻，喊："你倒马蹄刨起地来了！人不是马，凭什么要给自己上个套呢？马乏了，也松开套，让打个滚。你这小儿马，套入家的大辕几年了，就不能松松套吗？"说着便移步向山弯那边。姬发赶忙收紧防线，吼："小母马，你驭住！老子在撒尿哩。"他是在告诉春燕更是在警告自己，并且不无虚伪地道，"你说得漂亮。我家的娘儿，没你这样的口才、灵性。比你，她倒是笨马了。她那笨马、母马，为姬家拽边套，一年三百六十五日下死劲拽。我这驾辕的儿马，倒松开套打起滚来，姬家的车不翻了？松套容易。松了套，我还有脸面对那一双养我的人吗？他们可是正派人。就是他们容得下我，我也无地自容。"春燕冷笑道："厉害，又要顾家，又要做正派人！我敢说，大高中生姬发，没有上清华的那老夫子的涵养，迟早会跟大文盲山婆驴嘴狗脸的，等着瞧。"说完一甩头发，上了自行车，荡悠悠离去。

回味着春燕的话，回想着自己刚才说的话，姬发觉得那话要让自己再说一遍，准会把舌头咬疼的。

1987年夏收时，一种用手扶拖拉机带动的简单、小型的收割机，开进了山里。虽然还不能一下子把麦子变成颗粒，但姬家往年需要挥镰割两天的责任田，却只用了一个多小时就全放倒了。祖辈挥了几千年的镰刀，只在地角挥了几下，就弃而不用。机械一定程度解放了人力，这年夏收，姬发夫妇和来帮忙的七嬷，都觉比往年轻松得多。老年的武七嬷，依然一到收麦，身心就处于冲刺状态。攒了一身的力气没使出多少，老太婆很不痛快，又去帮武家她的那些侄子们。

早已不缺吃的了，老太婆却依然看重庄稼的收种，这是一种社会责任感。古来农人这种责任感就是很强烈的，只是近几年，在拜金主义的冲击下，一些人丧失了。

收罢麦，娘儿便套着牛犁地，准备种秋。恰好姬老人回来，到地里一看说："这是把式使出来的地呀！"娘儿笑道："咱娘手巧，咱也就做的一手好针线。咱哥田里是好手，咱也就使地是把式。"

"娘家有哥，心里踏实。发子先不敢欺负你。想你大姐，没娘家哥，发子当初又小，全凭自家刚烈，才没在武家受欺负。当初武家的亲家公见了我，笑骂道：'太亲家公，你养的那不是孙女，是一条母老虎。'我说：'亲家公甭骂，听我老汉讲理。如今我孙女也给你生下孙女咧。我孙女是母老虎，你孙女是什么？这不是在自个骂自个吗？不是我老汉偏心，我的孙女，刚烈归刚烈，通大道理，是正气人。'"

"孙子和孙女，看来老爹偏心的是孙女。"

"手心手背都是肉，刀割哪儿都心疼。老爹不偏心，都是骨肉，都疼爱。"

现实在迅速变化着。山中的时髦青年姬发，岂肯满足现状，翻版祖祖辈辈那几乎一成不变的命运？他渴欲人生多些现代情调，而这需要钱，需要富裕。开春的时候，他就和大春、二春搭帮到内蒙古去贩过马，落了个不赔不赚。后来在镇上开了个羊肉馆，不到一个月就关门大吉。收罢麦，他用自行车带着两纸箱成衣，逢集便去镇上摆地摊，也落了个两手空空。娘儿心里，除了觉得他花肠子、看不起自己娘家亲人外，如今又觉得他还是个"倒灶子"。她是穷惯了的，容易知足，觉得一心侍弄土地，能吃饱穿暖就可以了，犯不上去"瞎折腾"。姬发一赔再赔，她便成天唉声叹气，向人诉说跟着他"没指靠"。一有机会，她就向他说风凉话，冷嘲热讽。加上老是疑他跟谁家女人"有一腿"，晚上迟回来一会儿，就盘三问四，没完没了。姬发赔了钱心里就不好受，她又这个样子，心里的滋味可想而知。起先不理她，任她絮叨。然而老是絮叨，就不免叫他耳烦，忍不住怼她几句。谁知一句会引出她几十句来，只好一打了之。打又招来一堆为她打抱不平的。姜家的人不说，校长夫妇也来教训他。他真是四面窝气。有一次，七嬷还狠狠打了他一顿，他气得简直想死。老太婆走的时候，又骂骂咧咧把他扯到没人处，却和颜悦色道："不就赔了些钱吗？她也真是，没完没了。'天有不测风云，人有旦夕祸福'，活这一世，什么事不会遇上？难道不活了？好孩子，你还想做什么生意？姐给你钱。"姬发潸然泪下，道："这阵没心情，过些时候再说。"

有一天，又开火了。姬发瞪着娘儿吼："我才二十二，你非要我变成个走路也小心翼翼的娃娃老头不成？"娘儿也吼："你是娃娃，我老了。我早就知道，你嫌我比你大。"姬发叹道："说这个，又扯上了那个，真是驴唇不对马嘴！好了，好了，我跟你扯不清。要老这样，还是孩子不生了，咱们离婚吧！

我也就不惹你生气了，你也就不惹我厌烦了，两好。"

娘儿哭道："这话你到底又说出来了。我知道，半年没说，我肚子的崽没出来，这话在你心里憋得都快生出崽来了。年初一，换新衣，不离旧的，咋换新的？我叫你离，我叫你换！"挺着大肚子扑进放废物的房子，举着农药瓶子就要喝。姬发更生气，又怕她一时赌气，真出了意外，不得不忍气吞声，给她做小赔罪。

一波虽息，阴晴不定的日子却没变，冷不防就是大风暴。

姬发以刀子逼得的爱情，就像一囤粮食一样，随着时间一天天过去，囤的空缺越来越大，只怕日后有一天，要剩下个空囤了。即便不说日后，就说眼前，他也烦够了，累透了，在心里说："我还想人活个心静气和，事干个地广天阔哩。跟了这么个老婆，别说干事了，我怎么活呀？"

娘儿自己也感觉成天活在水深火热之中。这个女人和姬发的组合就是这样，真处在苦难中，她最能负重，最能牺牲。但平平常常的日子，她却受不了，焦躁、忧愁、痛苦，成天感觉像自己正在受难。这个女人的爱与恨，也是致命的。她自己就一再叹道："我这一辈子，怎么心死在了他身上呢？迟早，我这心会害死我的。"

春燕也如姬发，做个什么事二小都絮叨。但二小怕春燕，她一声厉喝，他就闭住了嘴。待春燕心静气和了，他又絮叨。春燕只是烦，并不像姬发那么动大气，事情想怎么做还怎么做。

就在姬发倒腾的同时，敢为人先的春燕，也在倒腾。屡败之后，她承包的一个砖窑终于挣了万把元。当时在高阳，"万元户"就是大款。一下子，春燕成了众人瞩目的"款姐"了。她把自行车送给了还在上中学的弟弟，新买了一辆"嘉陵"轻骑。有事没事，常爱骑着，从姬家门前风驰电掣而过，明明是在故意给姬发媳妇显摆。姬发媳妇既嫉妒，又鄙夷。有一次，又看见她如此，忍不住一撇嘴说："瞧她轻狂的，就差张开翅膀飞了。骚货！"

正如春燕所说，姬发不是校长那种面对各种诱惑能沉得住气，甚至雷打不动的人，春燕让他早看个眼热，只想甩开膀子大干一场，好风光出众。

一日中午，姬发赶着牛车，把门前积的粪送到了地里。他家的粪耙断了刺，借的是姬杨家的。还粪耙回来，路过村巷时，有几个老爷子正在北墙底下歇着阴凉"开老碗会"。身体机能的衰退，使得他们觉得身上到处都不舒服，影响到心理，便看什么都不顺眼，都不如他们年轻时好，牢骚满腹。又仗着年老，什么话都敢直说。一看见姬发，就大声讥笑起他不会过日子，连娘儿的箱底子钱都掏空了。姬发从口袋掏出一盒"红公主"烟，逐一递给老爷子，又掏出气体打火机，恭恭敬敬给点着，然后笑向一老爷子说："五老爹，你坐过'低塌塌'吗？知道世上还有伏尔加、皇冠吗？可怜的老人家，人世活到七八十岁，活了个什么呢？不过是坐井观天。你老人家挺硬些，把墓坑再空上十年。十年不到，这山路上，我姬发一准开着自己的小汽车，把你老人家的三套车甩得远远的。"

老爷子们哄然。那个五老爹拍着膝头喊："呸，嗛着铡刀吹哨子——捋大嘴哩！嘴上没毛，就会吹牛。小心把天也吹出个窟窿来！"姬发冷笑道："嘴上有毛又怎么样呢？"

他认为胡子是一把草，胡子越长越草包。这些长胡子、短胡子、大胡子、小胡子、山羊胡子的老爷子们，久经世事，谨小慎微，循规蹈矩，瞻前顾后，得到一匹好马就是一生的丰功伟绩，平安活到七八十岁，自己过的什么日子自己都不知道。他姬发就要做这岩石环绕的贫困大山的反叛，就要把全新的生活方式带进山里，让这些心满意足捋胡子歇阴凉的老爷子们，知道世上还有另一种生活。只是忍了几忍，这话没有说出口。毕竟他们是长辈，他不好意思太奚落他们。

回到家里，只见二女子正和娘儿面对面站在院里，拉着长声说针头线脑、是是非非，捂着口笑道："去年种谷子，爹要下新种，娘要下老种，老两口尿不到一个尿壶里。我就拿了主意，二合一，新种、老种对半搅着下。到收谷子的时候，老种都熟落了，新种还没熟的样子。人家紧忙活，我们一家人干瞪眼开不得镰。真真弄了桩鸡不撒尿的事！"姬发径直取了家具，便往大门走去。二女子取下捂口的手，一努樱桃小口，道："嫂子瞧他，我这是进了他家门哩，他理也不理。"娘儿笑道："他就那号德性！"姬发回头道："我德性怎么了？我不敢理，母鸡我都不敢理，怕老婆吃醋。"娘儿气得朝他啐了一口。二女子摆着小腰道："我大小伙子一个，跟嫂子这么亲热，你也只管吃醋嘛。"姬发吭地笑道："你原来是大小伙子哇！我又不脱了你的裤子看，只看走手，还当你是个母的哩。"二女子嘴唇噘老高，似乎眼泪都快要流出来了。

娘儿指着姬发，说不出话，笑得搂着肚子弯下了腰。二女子道："嫂子还笑哩！听你的男人，多会说话。"娘儿好容易忍住笑道："哎哟，肚子快疼死了。还让我听他说话？再听，肠子就笑断了，非送医院急救去不可。多亏你不是个花姑娘，要不他跟你这么说俏皮话，咋怨得我吃醋呢？我跟男人这么说过俏皮话吗？他是不吃醋。他要吃醋倒好了，显见得心里有我。"姬发叹道："世上最不懂道理的人，最会满嘴道理。懂道理的人，自己没道理，就承认自己没道理。不懂道理的人，心不过针尖大，一丝儿云就打雷下雨，翻过来倒过去，都是他有理。跟那号人，理就跟一堆乱麻一样，理不清。"娘儿板下脸道："这是在给我说话哩。"正要发作，姬发早出了门。

这个二女子，男人里面不见他的影儿，成天扎在女人堆里多嘴饶舌。一次惹出是非来，还让几个女人顶了牛头——反绑双手，头塞进裤裆，过后他仍不改老调。他和娘儿陈谷子烂芝麻说了一堆，似乎是无意间顺嘴说出："难怪嫂子吃醋，早起我就见发子和村西头傻二的小媳妇打情骂俏了。傻二的小媳妇是什么货？一村的男人，她只想睡个遍。"难说他是居心不良，不知道这种人出于什么心理。说完他一走了事，姬发可有事了。

晚饭回来，他见娘儿还板着脸，便赔笑赔罪，娘儿不苟言笑。他刚端起碗，娘儿便冷冷地道："吃着我做的饭，跟旁的女人打嘴磨牙，怕我做的饭吃着也没味儿吧？"姬发放下碗问："又怎么了？"娘儿便气势汹汹地问起了罪。姬发没听几句，就皱着眉头道："又是这个。真是个母蚊子，嗡嗡不停。有完没完？"娘儿捂着心口吼："你当我是面揉的娘儿？我有完的一天哩。等你爱听母燕子'啾啾'声的那一天，我这母蚊子的'嗡嗡'声就完了。"姬发待要分辩，又觉得说什么也是白说，干气没法子，只道："给根针，你就当棒槌使。敬不得的东西！"便提上土枪，上张家山老林子去打猎以消解烦恼。

娘儿正独自垂泪，放暑假回来的秀珍过来串门。娘儿问：

"吃了吗？"

"没有。混你们的饭来了。"

"我们的饭正没人吃哩。人家说，我做的饭，好吃难克化。"

"刚刚吃过，说着玩哩。咋没人吃饭？婶娘哭什么？发叔又怎么了？"

娘儿拉秀珍在炕沿上坐下，擦了一把眼泪道："大侄女是有知识的人，评评我们这理。人说'姑嫂姑嫂，是非没完没了'，你大姑，倒没说过我一句不好，他倒成天说我是不讲理的蛮婆娘。一见旁的女人他有说不完的俏皮话，一见我就虎起了脸。刚才我说了他几句，他饭也不吃，就赌气打猎去了。哼，饿死他，叫狼吃了他才好呢，省我多少心。"秀珍笑道："可见真是'最毒莫过妇人心'了。不管怎样，你也犯不上盼他死呀。嫌他费心，离婚不就得了？"

娘儿也作笑道："唉！真是'笑话里套笑话，栽蒜收了一窝大西瓜'，当初他要跟我好好离，我不离，谁知落了个今日这样！当日都没离，今日我越不离。辛辛苦苦过的这日子，丢给旁人，我才舍不得哩。"秀珍一撇嘴道："过的什么日子啊？买了小汽车了？盖了小洋楼了？还是银行有十万八万存款了？把你家的蜂蜜给我化一碗来，我今晚好好评一评你们的理。"

娘儿真沏了一碗蜂蜜来。秀珍喝了一口便放下，道："清官难断家务事，要我断你们的家事，是在难我哩。要说公平话，就得实话实说，管不得轻重。婶娘不许犯病！"娘儿道："扯着喉咙骂，我也不犯病。我就敬重你哥和你！"

于是，朴实、厚诚的秀珍，向她心上人之妻道："在我心目中，大姑不光是真与善的化身，她身上还有丰富的文化信息量。她只是后来跟姑夫认了几个字，又半生不熟的，说到底还是个不识字的女人。不过，别以为她不识字，就没有文化。她最聪明不过，从生活这本书中学得了文化。她敢爱，敢恨，敢生，敢死，但很通达，不轻易去恨和死，恨和死必要有所值。所以她即便恨了，死了，恨和死也是凝重的。她爱姑夫，则特别有大将风度，从来疑人不爱，爱人不疑。她这才是真正爱着一个男人。婶娘呢，也不识字，也敢爱，敢恨，敢生，敢死。恕我不恭维，你的不识字是真愚昧，恨与死也太轻易了。恨与死，不是小事，太轻易人也就活得太肤浅了。至于爱男人，你更是小家女人气十足，疑神疑鬼，小题大做，没完没了。别说发叔，哪个男人都受不了。"娘儿早青了脸，扭头看着房门外。秀珍依然从容而言："发叔要见了年轻漂亮的女人，看都不爱看，那他还算什么男人？准是个心理变态者，不适娶妻，只适当和尚。娶妻分明是自欺欺人，不会爱妻子，只不过是为家庭尽传宗接代的义务而已。发叔既如婶娘所说，说明他是真爱女人的。娶婶娘那么急切，说明他最爱的是婶娘。婶娘既不愿离婚，说明也是爱他的。爱而又疑他，倒是不真爱他了。不真爱他，他对你的爱能保持长久吗？疑心生暗鬼，你疑着疑着，鬼就来了，他准就投到别的女人怀抱去了。你不可爱嘛，怎么叫他爱呢？"

娘儿心有所动，又不甘，回头看着秀珍，想找出什么话来驳她，却找不出来。秀珍道："大姑不疑姑夫，别说姑夫是知识分子、校长，就是省长、总理，大姑也能驾驭他，到死也是他的老婆，是他唯一爱的女人。发子不过一个山里汉子，说到底也没多少文化，婶娘竟然驾驭不了他，而且已到失去他爱的边缘了。难道婶娘不该赶紧从自身找找问题吗？"娘儿低下了头。秀珍抓着她的手，恳切地道："姑夫遇到了大姑，虽说风风雨雨，后方的阵脚却是固若金汤的。好婶娘，你就学学大姑吧！要真爱发叔，从今日这阵起，就别有一丝一毫疑他的心了。宽容忍让，退一步天地宽，只要你永不疑，我敢保，他永远都是你的。"娘儿默然半晌，才道："就算我疑心大不好，我也有我的好处。日子过得再穷，我也不嫌，我就嫌他爱倒腾。生意场上，精吃精，怪吃怪，他又没心计，哪是那场面上的料？这不，手头有几个小钱，也叫他倒腾精光了。我说说他，他也讨厌我。难道我把他说错了？"

秀珍笑了笑，道："正说哩，你的小家女人气又出来了。婶娘已承认自家的疑心不好，说这话，还是没丢脱对发叔的疑心。"娘儿道："这话跟疑心有啥关联？"秀珍道："我就不相信，婶娘不知道'赔本生意行家做'这道理。发叔赔着赔着，就精了。他不是没心计，这婶娘心里也知道，嘴上故意说他傻。婶娘从心底里还是怕他发财，怕他一有钱就花心，不跟你过日子了。"

娘儿想反驳，脸都挣红了，却挣不出一句话来，只好哑口无言。秀珍又道："发叔富不得，一富婶娘就要疑心。婶娘能受苦，似乎穷日子好过，跟发叔不可同享福，却可共患难。其实共患难也是虚假的。婶娘善良，富同情心，发叔在难中，当然对他会好的。可我敢肯定，这好长久不了。难道他在难中，就不会有叫你疑心的事吗？那时你再和他怄气，就是给他雪上加霜了。你不除疑心病，跟他不得同享福，也不得共患难。别说发叔，无论哪个男人，最终都会对你心冷了的。婶娘要和发叔和美，不说富了，也不说难中，眼前就该不疑他。眼前无灾无难，平平常常，本身就是福。婶娘别庸人自扰了。抓住眼前，珍惜这个福吧！要不婶娘烦恼无尽，发叔也尽是烦恼，烦恼积烦恼，日久就会积出个大烦恼来——两败俱伤，不欢而散。按说，为讨你高兴，我好好好，是是是，顺着你的心，说你爱听的话就行了。说这些你不爱听的话，对我又有什么益处呢？可我不怕得罪你。你见不得我，咱们不来往罢了。苦口良药，该说的话我还得说，只要你夫妻俩好！"

这两个幼时同挎着篮篮拾野菜的女子，如今不光地位有了差别，言行举止也迥然两样。秀珍为了心上人的幸福，向娘儿剖心亮肝，一直说到夜深，姬峰来喊，才告辞回家。人就是这么回事，自己看不见自己的后脑勺，自身的毛病自己常不知。别人指出来，也不容易承认，倒会对别人生出反感来。娘儿送秀珍出门很勉强，她的话让娘儿一肚子不美。不过，她的话句句入木三分，刺激得娘儿一夜没有好睡。思来想去，娘儿不得不承认，秀珍的话自有其道理，在心里说："那臭小子，说不定不是一个三心二意的人。就算是，我没有把柄，也不敢乱说一气。好吧，我权当他不是，从此不疑他了。"

可惜为时已晚，不该发生的事，这夜终于发生了。

朦胧月光下，张家山的莽林里，一个背影优美的女子，正在熏獾。獾不耐呛，从小洞口子探出尖尖的嘴来。一看见女子，忙缩了回去，不过还是呛得不行，很快又出来了滚圆的屁股。危险既不可避免，它又不敢直面，便欲退将出来，以屁股面对。

女子凶狠、麻利地一铁钩下去，钩着獾屁股的肉，把它拉出来。恐惧万状的俘虏惨叫着，拼命挣扎。钩子上的肉豁裂，獾正要逃命，一枪托从天劈下，獾脑浆迸出，仆地而绝。人抬起头，四目相视。执铁钩的是春燕，举枪托的则是姬发。两位夜猎人微喘着气，鼻尖汗珠闪动。风吹树摇，身上的月光斑点，也摇晃不定。

春燕惊喜莫名，眼光火辣辣地盯着姬发道："我不知道是在钩獾，还是在勾人。咱们这是狭路相逢了。真是俗话说的，'冤家路窄'，'不是冤家不聚头'！"姬发如有一肚子毛毛虫，掉头就走，且走且道："小冤家在家正等着门哩。你还是再钩一头獾吧，人怕上不了你的钩子。这辈子想拖着一条腿走路，你只管撩拨老子！"春燕纵声大笑，道："大高中生，说撩拨，不如说性骚扰更准确些。我带着酒和牛肉，咱们以老同学的身份，吃喝着，聊聊天吧！保证不再骚扰你。"姬发没吃晚饭，肚子正饿得慌，回头笑道："真是的，再没有你这么厚颜无耻的女人了，什么话都说得出口！两年多没吃过牛肉了。只要你不骚扰我，我为什么不解解馋呢？"便过去，踩灭春燕熏獾的火，"别把林子也引起火了。"春燕笑道："到底是老护林员的后人，我可没想到，我只想把人引起火。"姬发二话不说就走。春燕忙道："失言，失言。再不胡说了。"

姬发这才抱枪席草而坐，把垂在额前的长发抖到耳朵后面。春燕在他面前铺上一方丝巾，从背包里拿出酒瓶和一塑料袋切碎调好的牛肉，摆在丝巾上，然后在他对面坐下。姬发用牙咬开瓶盖。春燕道："筷子只有一双，你喂我吧！"姬发白了她一眼道："又来了。再说这种话，我可真走了。"春燕吐了吐舌头，轻轻自打了一下嘴巴道："忘了，记一大过。再胡说罚酒。唉，你可真是个坐怀不乱的男人！"

姬发道："坐怀不乱的那个古代男人，据说是同性恋者。正常的男人，根本就没有坐怀不乱的。"吃了几块牛肉，把筷子让给春燕，喝了一口酒又道，"所以这深山野坳里，半夜三更的，就一男一女，可千万别说往我怀里钻的话——简直不像话。要不，我就坐不住了。既是老同学，咱们别的可说的话还很多嘛！"春燕把筷子让给他，也喝了一口酒道："遵命！中国人是世界上最具多面性的人，最会压抑性，可连圣人也说，'食、色，性也'，对压抑性不以为然。呵，你脸又板平了。好，咱们不言性！"

于是她回忆起了在高阳中学那几年玫瑰色的时光，现实不大考虑，心怀太多不切实际的梦。她最美的梦，是当电影明星："学校的文艺晚会上，我可没少出风头。嘿，你也真逗！还记得吗？有一次演《沙家浜》选场，我扮阿庆嫂，你扮老刁。你那两下子，把校长都笑得掉椅子下去了。"姬发眉飞色舞，说他最美的梦是当宇航员，乘飞船去火星探险。不过等中国有了宇宙飞船，他胡子恐怕都白了。退而求之的是参军，当空军，驾战斗机："天高任我飞，那才痛快！"于是他们为往日的美梦，各喝了一口酒。春燕夹了一块牛肉，送入姬发口里，他竟忘了拒绝。

美梦，让他们轻松得似乎都飞起来了。然而梦在天上，遥不可及。现实却就在身边，超脱不了。他们的话题，很快由轻松的美梦，转为沉重的现实了。

对于他们来说，走出万仞群山，去外面大世界闯荡，除了没有多少前途的打工外，就是高考这条途径了。然而后一途径未免竞争残酷，几百个中学生就那么几个幸运者，二人根本无法跻身幸运者之列。于是他们惋惜起八三届的学生皇帝姬杨来。如果不是穷，他岂止是考上大学？说不定还是重点大学，将来还能成为研究生、博士……总之前途无量。一说起穷这个话题，他们的心情越沉重了。姬发叹道："我是个怪人，有时候很自负，有时候又很自卑。考不上大学，做不成栋梁倒罢了，没想到挣几个小钱也没本事，做烧火的柴还呛人。难道这一辈子，我就这么不好不坏地混下去了事吗？"春燕笑道："生命就这一次，混就太可惜我们这生命了。求学问的路上不得辉煌，富裕路上还是能有所作为的。跌倒了再往起爬嘛！"

姬发苦笑道："我跟你不一样。二小性子软，由着你。我媳妇可是个气性大的，凡事跟我硬上，我有些缠不过她。"春燕早就风闻他们夫妻不和，但还是头一次亲耳听到他对妻子的怨愤之言，未免暗喜，又有些幸灾乐祸，道："二小不硬闹，可软闹哩，就怕我一富撇开他。"姬发道："你嫁他就是胡闹，撇开很有可能。我不一样，娶她是认真的，富了也没二心，只想让她享福。"

春燕低头把一根草茎揪成一截一截的，半晌无言。姬发问："我话说错了吗？"春燕仍不抬头，道："你话没错，是我想不通。脾气不好的女人常聪明，愚蠢的女人多脾气好，可你媳妇既愚蠢又脾气不好，跟你想不到一块儿说不到一块儿，还防你跟防贼一样，你倒对她这么铁心？"姬发一时闷声不语，喝了几口酒，便只顾大口吃起了牛肉。

他自己也想不通，当初对那女子怎么一见面就迷得发疯，迷个死？春燕跟他老早就相识，有说不完的话儿，怎么就没有迷上她呢？或者是熟视无睹吧。春燕又道："一个成功的男人背后，总跟着一个理解和支持的女人。她不理解你，也难怪你连我这个女人也不如，弄什么败什么。"

这话令姬发内心深处颤动了。他不由设想，如果妻子是春燕，那他这阵日子说不定已过得令山里人羡慕不已了。日子倒在其次，平常相处，一定很愉快。他想唱歌，她会陪他唱；想跳舞，她会跟他一起跳；想胡说八道，她会比他还胡说八道得凶。而一遇实际问题，她则比那个女人有头脑多了，甚至比自己还强。那他今生还有什么可愁的呢？近来，和那个女人分道扬镳的念头，时不时就冒出脑海。有时，他简直是下定决心了。可用不了小半天，这决心就会动摇。此刻他又想，婚姻怎么能像做生意一样，不停追逐最有好处的呢？过几年，遇一个比春燕还强的女人，又离婚、结婚，岂不是太玩世不恭了吗？对别人不负责任，就是对自己不负责任。于是，他故意沉了脸说："'有再一再二，没有再三再四'，这是个敏感话题，要是你一定要在这个话题上再四纠缠，我实难奉陪了。"

春燕笑道："又犯错误了。该罚！"喝了一口酒，便拣轻松的话题来说。姬发和她那么容易共鸣，很快就兴高采烈起来。他们说最崇拜的歌星、最爱听的流行歌等等，信口开河。提到作家路遥及其作品时，春燕和姬杨一样，说来头头是道。自最好的朋友姬杨久不归家后，姬发还是头一次这样敞开心扉和人说话，只觉痛快淋漓。一半是因为酒，一半是因为遇到知音，姬发飘飘然了。"酒逢知己千杯少"，一瓶酒已喝完了，牛肉也吃完了，可是话却没有完，越说想说的话越多。姬发在春燕激情和语言大炮的轰击下，防线已在不知不觉中崩溃。当他终于意识到再这样待下去，就有背叛家里那个女子的危险时，却没法使自己逃离危险。心里一百次提醒自己该回家了，身却不由心，始终未起身走开。

不知什么时候，春燕已靠在他怀里，轻柔地说："我想，是你姐姐原来也一字不识，却和你姐夫那么和美，无形中影响了你的心理，以为娶个不识字的女人，在你跟前很自卑，自然就不会挑剔你，日子也就过得和美了。你有你姐夫那样的修养吗？她有你姐姐那样的为人吗？你们都没有，注定你们必然吵吵闹闹一生。她爱你，但不知怎样爱你。她无我有，我才能给你一生幸福。发子，好好想想吧！"姬发僵直地坐着，一动不动。

春燕臂挽着他的脖子，脸贴着他的脸，轻轻摩挲着说："发子，如果我爱你而你不爱我，这世界上什么对我来说都没有意思。我不相信你一点点都不爱我。我做梦都梦见和你成夫妻哩。如果你跟她能离婚，我这一辈子为你什么代价都能付出。我不敢指望那样，我知道你的难处。唉，人生苦短，你能给我一点点爱，我也就知足了。爱我吧，发子！"姬发只觉电流充身，冲动激烈。半响，他似从喉咙里道："放开我吧，老同学！你没喝多少酒，就醉得胡说八道了。"

春燕恨恨道："我没醉。醉也不是酒醉了，是叫你把我迷醉了。因为世上有个你，我的整个活人，都放荡如醉了。"姬发更冲动。几乎是拼了命，才压抑住这冲动，掰开她的手道："我是有妇之夫，别胡说，也别胡来！人就是人，别弄得我人鬼不像。不早咧，我该回家了。"站起，背枪扭头便走。

春燕也站了起来，泪落一脸，绝望地吼："软屎、混账，你不该出现在我的生活里，不该今晚跟我相遇。我恨你！"说完，春燕在姬发身后，竟吹出了一阵万鸟齐鸣般的呼哨，玉珠般地撒向夜空，又全滚入姬发心里。姬发因为再也无法控制自己，也恨透了春燕，一下子摘下枪，喉咙破裂似的吼："荡妇，老子一枪放了你！"举枪回身，砰然一声，那春燕大叉开四肢，松松软软地倒了下去，倒在了那厚厚的、嫩嫩的草上，双目紧闭。

枪是朝春燕头顶斜放上天空的，春燕一命犹存。枪放出去的是恨，恨也是爱，爱如冰消雪融一般。姬发脑子一片空白，血涌向太阳穴，心撞着胸壁，呼吸沉重，身体微抖，仰头向天，大喉结一动，咽下口涎水，撩开长腿，走向如毯似的草地……

姬家小子，终于被武家女子拿下马了。

月亮在蓝天深处消失，夜幽静薄暗，露水打湿了男女的裸体。女子侧靠男子躺着，头枕着男子的胸脯。她疲倦而幸福，都有一种万物与我同归为一体感，柔声说："今晚，是我人生最幸福的一个夜晚。你给我的美妙感受，胜过二小一万倍。你太棒了，都能把我的心美碎！"

"我有自知之明，知道我太棒了。"

"感谢你！不知道我让你快活不？"

"难说快活，半是战栗，半是疯癫。"

"发子，你爱我吗？"

"你问迟了，我说也晚了，不说也罢。"

"那么你恨我了？"

"爱恨交织。"

"也好，只要有爱，恨就不算什么了。我在对你的感情上，最贪得无厌，也最容易满足。"

辉煌的日出，已经在张家山东峰出现过了。绯云似一条条宽幅棉布，排空而过。霞霭给绯云镶上金边，给山峦装上金顶，更使溪水闪耀着刺目的血光。

獾穴边的铺地小草，犹如最上等的丝绒地毯。火红烂漫的百花，亭亭玉立或丛丛攒立于四周。不远处，野葛奇藤，绕树攀石，果子累累犹如珊瑚豆子，鲜泽又犹如翡翠、玛瑙且颜色参差。响铃铛在微风里轻轻摇头晃脑，似沉醉痴迷于山野异香。那碎脆的、人心如止水时才能听到的籽壳相撞声，又似古典而有情趣的美人，在细吟。彩蝶于花枝轻舞，蜜蜂于花蕊流连。不防一小鸟窜过，倏忽踪影了无，一串啁啾却久久旋绕于半空。

俯视高阳千万年沧桑和姬发短暂人生的张家山，其大背影不凡、广阔，其小景色也令人醉迷。

人去"草"空。怕人知觉，姬发让春燕先行，自己落后了好几里地。

春燕执着铁钩，背着獾，步子轻快。一路景色，再没有今天让她感到可爱了。不过，最爱的男子，给她的仅是"偷情"式的爱，并不能让她满足。她将不惜一切代价，继续进攻，直到彻底得到他。

姬发则步子沉重，一路叹着气。火红的太阳、霞霭，他都觉得分外刺目。深深的负罪感，使他不知回家后如何面对妻子。既跟妻子关系不美，背叛她又感到痛苦，说明他还是爱妻子的。

狗跟在他后面，血红的舌头狂躁地吐出又吸入，吸入又吐出。

昨夜露重，草茎都被闪闪的露珠压弯了。一只雉鸡从他身侧飞过，几乎贴着草，翅膀扇动笨拙，呼呼有声，显然是夜里被露水打湿了。

娘儿既意识到自己和姬发三天一大闹，两天一小闹，是闹不出好事来的，便把自己责怪了一夜，决心与姬发和美相处。早上起来，她眼圈都暗青了。对镜梳洗时，她把那乌蓬蓬长发挽成一个极俏的凤尾髻，除了当中一个荷形有机玻璃发卡外，概无饰物。出了房门，天还黑着。开鸡窝门时，一只老鼠从懒懒出窝的鸡群中窜过。鸡一惊，拖长声"咯咯"叫起来。给牛拌二合草时，猪也哼哼着出圈了，在她脚底绊来绊去，她只好又给猪拌食。出出进进忙碌，不时一望大门。清早，一股山野之气终于扑入大门，旋即被大门内温馨的家居气氛所包围，是姬发回来了。娘儿围裙裹着手笑道："瞧，眼泡子都肿了。水在锅里热着，替换的衣服在板箱盖子上。今个没啥大活路，你洗了换了撑饱了肚子，只管在炕上挺尸去吧！"

姬发一路都在想，娘儿昨天的气准还没消，进门后一定给他拉着脸；一夜未归，她说不定还要风言冷语地说他又寻花问柳去了。不想她竟如此，大出意料，深为感动，且更惭愧，那雪白小巧的虎牙露出，向娘儿讨好地一笑，又口干似的，用舌头舔了舔嘴唇，样子很像个纯真少年。娘儿看着，心里想：难怪秀珍说不美都是我疑出来的。瞧,我不疑了,立马眼里他就不像个乱钻女人的男人了。

她挺端的鼻梁,因泌汗而晶莹闪光。姿态身段,袅娜可爱。母羊在咩唤小羊,院里畜声鼎沸。姬发想起武七嬷送他回家时,这院里凄凉的情景,感慨道:"了不起,你统帅着千军万马哩!"

"就统不住你。"

娘儿无心说出句有心话来。

这话要在昨天说出,姬发必反唇相讥。此一时彼一时,今天他听来,心跳脸热,更觉无颜面对她,忙挑起水桶出了门。

"做贼心虚",他心里真是"十五只吊桶,七上八下"的。怕露出破绽,他要在外面好好冷静冷静。到了溪边,放下水桶,他徘徊不已,手插在裤袋里又抽出,不住扯衫襟。不远处,就是后沟村子了。那春燕真是无处不在,也挑着两个水桶出村往溪边走来。姬发忙在一株歪脖皂角树下蹲了下去,拎了根纸烟,却没抽,恶狠狠地投入了水中。

春燕起初没发现他,见四下无人,就像个天真、淘气的扎羊角辫小姑娘似的,哼哼唱唱,蹦蹦跳跳的。姬发正焦躁,看着她那样子,竟忍不住上唇凸起,是舌头所顶。舌头急剧鼓捣着,上唇也抖颤不已,最后硬是忍俊不禁。

春燕突然看见树下一个大男人,一下子变成一个正儿八经低眉顺眼的小媳妇了。等看清是姬发,自己先撑不住笑了,又活跃起来。她已换了猎獾的服装,一洗昨夜的巾帼英雄形象,花枝招展,百媚千娇。乌发才洗过,湿披于肩。扬腕之间,太阳底下,坤表晶光闪亮。

明明一个山地的摩登女郎!摩登而不失勤苦,勤苦又极精明。

姬发一见她这精力充沛、朝气勃勃的样子,不由又有些兴奋、冲动了。

春燕到了溪边,放下水桶,倚着水担站住,睥睨一眼姬发,便明白了他此刻的内心,嘲讽道:"哥们,脚踩两只船不好受吧?"姬发张口要说什么,她抢着道:"不用解释,越解释,越糊涂。患得患失,举棋不定,你还算大丈夫吗?要是我,跟她一刀两断,不就完了?"

姬发冷笑道:"说这话当然爽快,只消一动嘴。可惜事就是事,不是在说话。"说着吊了两桶水,挑起便走。春燕急道:"就这么走?"姬发道:"光天化日之下,不就这么走,还要我怎么走?"春燕红了脸道:"混蛋,说几句话再走不行吗?"

"昨晚说得够多了!"

"昨晚说的全是傻话，今天跟你说几句正经话。"

姬发只得放下水桶站住。春燕低头弄着衣襟道：

"你也知道，我嫁二小是以为他无知，对我就会像猎人忠实的狗一样，其实不然。我在墙壁上挂了一张西洋油画，西画中的人物，常常裸体。裸体一成为艺术，就最圣洁不过了。谁知二小看见臊了个大红脸，喊，'这把你娘的啥，都敢挂出来叫千人万人看。呸，不要脸！'我哪个眼睛也没瞧上他。呸，井底蛤蟆没见过天，没一点儿文化情趣！你那个无知的老婆，对你也不会是怯顺的羔羊，一定什么都看不惯。苍蝇不叮无缝的蛋，是她跟你先有了裂痕，我才成了插足者。人都骂插足者无耻，是苍蝇，可有裂痕的夫妻也是坏蛋呀，却没有人骂！"

"又是傻话一通！"

姬发鼻子里哼着，心里却恍然大悟。春燕终于攻破了他的防线，一准是因她的"文化情趣"。从小生活在高阳最大的知识分子家里，纵然他淘气贪玩，不爱读书，但耳濡目染，潜意识里是欣赏"文化情趣"的。不过他还是不肯承认家里的那个没有"文化情趣"的女人，在他心里已没有了地位，道："作践二小没啥，附带那女人，你也太不仁义了。不管你怎么说她跟我有裂痕是坏蛋，男人叫你勾引上了，她其实也很可怜。"春燕幽幽道："春燕是谁？玩男人把戏的一个女人。你媳妇是谁？标准一个弱女子。我与她较劲，对她是太残酷了。我先为她大哭一场，哭她可怜。她可怜，我也可怜。她热乎乎在你怀里的时候，我冷风里在你家墙根下转悠，恨不得拿枪放了她。我不会因为她可怜，就让自己可怜到死。总共一个心，讲良心，就违心，两全其美我办不到。她可怜，我同情她，可我还是要挖她的墙脚，倒她的锅灶。她是我心头的一颗钉子，不拔除，我就得老心痛。懂了吗？这就是春燕，春燕的心就是这。这心掏给你，你心不动，我落个头破血流，两手空空，也甘。那是我的命。戎事，一半在天，一半在人，我小女人一个，尽的是大男人的力。我豁出去了！"

姬发不由不为她这话所动，看了她半晌。她衣着时髦，却像旧式农家妇女一样，高挽裤腿，光着脚丫来打水。被他看得有些不好意思，她便用水担钩子钩着桶到溪边吊水。青泥使她滚圆的小腿，显得更白皙。弯身时，乌发瀑布似的落到胸前，直身时一甩，又旋飘向肩后。她最会保养皮肤，脸皮如玉琢般光滑。向他一笑，脸庞分明是一朵放开了的玉兰花。她不只有丰富的内涵，外表之美，并不在他的妻子之下。两个女子，美各有千秋。人们称他的妻子为高阳最美的女子，不过是她的美，更符合高阳人传统的审美习惯而已。

姬发捡起一块小石子，在水里撇出一串旋子来。他对妻子的愧疚之情，就这么轻易被春燕打消了。而此刻春燕根本就没有施展什么魅力，全是本性使然。昨夜她诚心要诱惑姬发时，才略略施展了一下魅力。姬发与妻子，从没有过昨夜的感觉。至于刚才她说的"文化情趣"，是他对她动心的原因之一。但他和真正的文化人，是有距离、隔膜的。比如秀珍，他历来就不敢在她面前信口开河，只说些家常话。扯远了扯大了，他就会露出自己的无知来。秀珍虽然对他很宽容，常俯就他，但总给他一种居高临下的压抑，让他要么畅谈放言的兴趣大减，要么干脆缄默。甚至，他害怕和秀珍单独相处，一单独相处，她那无所不知有时简直咄咄逼人，让他几乎丧失思维能力。只有春燕这种女子，才可和他投合得天衣无缝。有那么一点儿文化情趣，却并不把兴趣全放在文化上；有那么一点儿"城味"，却是地道的乡里人；有那么一点儿大气魄，却是真正的平头小百姓。最要紧的，是要"有那么一点儿"。唉，真是"不比不知道，一比吓一跳"，妻子要命的缺憾便是那么一点儿也没有。

春燕心里，并不认为她是在勾引姬发。她挣钱有两下子，勾引男人的本领，却从不想研究。她与姬发，心与心的距离太近，她只是主动把这两颗心沟通了。若说勾引，姬发媳妇的女性魅力只在她之上，岂能轻易勾引成功？她觉得姬家眼前因为是传统的生活方式，双方才没有发生太大的冲突。只要生活发生大的变化，两人就会无法和谐地生活。比如面对一笔钱，姬发心里盘算的是买一辆摩托，娘儿则是另一个心思："摩托有什么用？只会骑着风光。黄牛牙口老了，有买摩托的钱，不如买一头牛犊。"如果说双方最终并没有发生冲突，肯定是一方退让了。退让只是权宜之计，岂能永远？越退让，两颗心的距离越远。两颗心只有能想到一块儿，两个人才能真正做到一块儿，才能永远和气。因此姬发和那女人互相摆脱，是她春燕的幸福，也是他们的幸运，实为一大幸事。于是她踩着泥，让泥痒痒地从脚趾缝里进上来道："发子，凭咱俩的机变，哪里活不下去？'老不离家是贵人，少不离家是废人'，把她撇开，咱俩远走高飞吧！"

姬发苦笑道："你做事爽快，说话也掷地有声，我佩服你。人家宁肯一路乞讨，也要到外面大世界与人争一寸立足之地哩，我咋甘心在家里当混混子？可惜我上回走武宜，大姐老人家牵肠挂肚得险些死了。这一回这个走法，不真要她的老命了？我走出去，也会被她牵回来的。无可奈何，出外留家，咱俩走得到一块走不到一块，只能顺其自然。兵来将挡，水来土掩，挡得住挡不住，听天由命吧。"春燕叹道："我喝迷魂汤了，怎么迷上你这个没决断的男人？

我敢作敢当，走到哪一生也不后悔。姬发，告诉你，反正我是个不一样的女子。我一夜给你的感受，你媳妇一百年也无法给你。"说完水担上肩，身体富有韵律地摇摇而去。姬发觉得水担不该上这种女人的肩，这种女人肩上该挑另一种担子。正胡思乱想间，那春燕金声玉振般悦耳的歌喉，又把一首流行歌照他抛来：

> 默默地我问心，
> 与人不一样的我，
> 我的一切，
> 是污泥还是鲜花，
> 是梦幻还是真实，
> 是应得还是奢求？
> 我不知道。
> 心回答：
> 我只知道，
> 你不一般。

是的，在山里，她这种女子，绝无仅有。姬发咂舌道："是不一般！"

他已无力从婚外恋的泥坑拔出了。

姬家小子和姜家女子组建不久的家庭，走向了破裂的边缘。

一连多日，娘儿百般委婉，姬发就是不冷不热的。娘儿在心里道："看这日子过的！唉，对付着过呗！就是秀珍的话，他也弄小性子，我也弄小性子，弄得没法过日子了，就再不是弄小性子的事咧。还是我让着吧，谁要我比他大呢。"

这日早起，姬发洗漱过，只穿着晨跑时的白汗衫、白短裤、白球鞋，就扛着家具往地里去了。娘儿本想喊住他说："地里尘飞土动的，穿白净净的不怕脏了？"又没敢喊。这几日她一张口他就恼，不过是衣服，脏了她再洗，别为衣服又弄个人不痛快。

清早，娘儿正在牛槽里晃着搅棍，给牛拌料。二女子甩着手，扭着腰，碎步跑来，拖着尖细的长腔道："嫂子还在忙活哩。你给谁在忙活呢？你在忙活，那一公一母倒在受活哩。"娘儿听他话里有话，变了神色，道："什么一公一母？你人阴阳不分，话也阴阳怪气的。"二女子嘟着大姑娘才有的粉嫩嘴唇，哼了一声道："还有哪一公一母？你的汉子和二小的娘儿呀！"娘儿脸像霜打了一样冰森，身子微抖，两手拉搮在胸前，啐道："'捉贼拿赃，捉奸拿双'，你这死祸根，白手空口的，胡说什么？"

二女子拿捏起来，捂住脸，吃吃只笑。院里劈柴堆上，一群麻雀也凑热闹似的嘈杂乱叫。娘儿吼："痛快些，有屁就放！别叫我拿这搅草棍，照头打过来。"他才放开手道："羞死人咧，真真说不出口。早起我家的花母鸡不见了，我想八成叫黄鼠狼夜来叼走了，就到野猫子沟去看。死娃崽常往野猫子沟扔，人轻易不走那儿，嫌晦气。都说猫子洞里有黄鼠狼，我就进去看有没有鸡毛。洞里阴森森的，我心里怯，脚底下便轻。冷不防看见两个精赤的人儿搂在一块，险些没把我吓死，赶紧咬住指头，才没喊出声来。细一看，是他俩。地上还铺着麦秸儿，可知他俩在那儿受活了不是一回两回了。好在他们事儿正忙，没看见我。要看见，你汉子的拳头，敢把我的脑袋砸飞花。我赶紧溜出，就跑来告诉嫂子。嫂子快去捉吧！迟了，他俩一散伙，你汉子顶着牛头也不认赃的。"他只顾说得高兴，不顾听者早已气疯了。娘儿眼里满是发亮的泪水，哑着声道："我是媒汉妁婆，鞭炮唢呐，轿子接骡马送，三亲六故左邻右舍当证，正儿八百进得这门的。操持家里家外，老人大姑子上，没一丝差半点错，而今又要为他家添后人了，没想到他这么不把我当人！"顺手从石桌上的活计筐篮里拿起剪刀，藏在袖子里，出门而去。二女子则溜之大吉。

到了猫子洞口，娘儿站住了。她不想看见那一双狗男女的样子，那是叫她在活受罪。她按了按发髻，颤声吼："都给我滚出来！做的有脸好事，钻这人不到的地方干什么？堂堂正正的，叫万人知道呀！"洞里半晌没有声响。娘儿又心怀侥幸，或许那二女子是在胡说，他惯会无事生非，没有就好。她便弯下腰，准备进去看个究竟。这猫子洞并不深，只有一个出口。他们要在里面，是逃不了的。娘儿只盼里面空空无人。

不想洞里有了声响。娘儿惊骇，忙后退了几步，又神经质地按了按发髻。昏暗的洞里，出现了一个白影。不一会儿，姬发出来了，笑容很勉强，道："咋呼什么？我在里面解手哩。"娘儿见他狼狈不堪，连脖子都红了，头发蓬乱，汗衫反穿，不相信也不由不信。他不会作假。她愤恨、绝望、悲凉透顶，咬牙切齿道："我说吗，你今早地里去，也穿得这么白白亮亮的。你就是好看吗！难怪有女人陪你在里面解手呢。她也太粗心了，咋不给你把衫子穿正？你成天抱怨我疑神疑鬼，你不是鬼，我能疑你吗？鬼，我就叫她称愿，把你那窝给她腾下。"说话间，从袖子里抽出剪刀来，回身仰脖，举肘抬腕，剪刀扎向了喉管。姬发眼疾手快，瞥见她从袖子里抽出剪刀时，就急飞身去夺。娘儿眼犹半睁。半睁的泪眼里，天空那绯云空隙里泻出的霞霭，犹如血色瀑布。一片黑色，越来越大，终于铺天盖地，是她倒地闭眼，什么也看不见了。姬发惨呼："亲人哪！"扑倒在了她身上。

消息很快传到前山村里。有汉子满村狂奔着大喊："不得了咧，不得了咧！前山村的女子，在中山村受欺负咧。油馍死了，姜家的姑娘叫姬家的汉子欺负死了！"

三姑一听到喊声，就昏了过去。大春、二春既牵心妹子不知死活，又不得不忙着救母亲。姜老爷子正嘴里咬着钉子，在院里修农具，突然啐出钉子来，一屁股坐在地上，拍着大腿，乱蹬着脚号道："闺女，傻闺女，哪个男人不是花花肠子嘛？花就叫他花吧，你犯不上为他搭上命呀！女人要都像你，这世上女人早死绝了。你真傻子！你两个哥哥不把爹放在眼里，就你疼爹。你先爹走了，到爹病在床上不得动的那阵，谁给爹喂药、端饭、提屎盆子呀？爹活不成咧，爹跟你来了。"爬起身，解下马，酒醉一样东摇西晃地骑上，便往姬家冲去。早有娘儿的族兄堂弟二十来条血性汉子，或骑马，或骑自行车，也往姬家气势汹汹扑去。

山里有宗族相护的传统，然而姬发家大门前，却不见族中男子，只站着一个弱女子，静等姜族人来。女子穿着仅用七块钱买的白色连衣裙；头发偏梳成一根，没有辫，就那么随便垂下，用白手绢扎着。不是别人，正是秀珍。

当初姬发迎娶姜家女子，并没有毁他在秀珍心目中的美好形象，然而他与春燕的不正当关系，却把他在她心目中的形象彻底毁了。那夜秀珍虽曾警告娘儿，她若疑心重重，会失去姬发的。但姑娘不过是矫枉过正，夸大其词而已，娘儿的淳朴善良应盖过她的多疑，总的为人还是美好的。姑娘不相信姬发放着妻子身上这些美好的东西不顾，而仅为她的小毛病，就唾弃她。可惜不相信的事情却真的发生了。对心目中偶像失望的打击，使姑娘情绪极度败坏，眼泪只在眼眶里打转儿，她拼命不让泪流出来。

山里人尽管同宗族常窝里咬，但一遇外宗族来犯，便同心协力，一致对外。宗族互保，是山里人的神圣职责。他们只论宗族的远与近，而不问惹事者的错与对。

知姜族人必来兴师问罪，事情一发生，姬族青壮年男子便自动持土枪拿大棍，在姬发家门前严阵以待，并且还派人去后山飞报校长的那几十个侄子，求他们来助阵。姬发的大姐是他们的老婶母，况且姬发与他们虽不同族，但一同长大，情同手足，他们理应来帮助姬族人。姬、武、姜三族，因为世代通婚，情同一族。民国时，每有军阀或土匪来犯一族，其他两族便会倾巢出动，拼死来救。也正因为世代通婚，三族又矛盾纠葛重重，常常为出嫁的女子而发生异族大混战。混战中死伤几个人，山人已习以为常。新中国成立后，一段时间内几乎没有发生过大规模的异族大混战，顶多只是女子的三五个至亲男子，把女子的丈夫拳打脚踢一阵了事。但这几年，"阶级斗争"的重压解除，宗族观念又抬起了头，混战时起。眼看一场毫无意义的流血冲突，又要发生了。视野相对已很开阔的女大学生秀珍，宗族观念便极淡泊。无论姬族也罢，姜族也好，在她心目中一样亲，都是乡亲。她不忍一个乡亲血流黄土地。姜族男子到来后，姬族男子如果持枪握棍，怒目而视，无异于火上浇油，更会激起姜族男子的野性来。于是她挺身而出，费尽口舌，劝走了姬族男子。"柔能克刚"，姜族男子面对她一个弱女子，野性或者反不好发作，姬发那点可怜的财产，倒有可能保住。即便保不住，也没什么大不了，只要人无伤损就好。不过她到底没经过这种场面，横立在姬发家门口，一脸紧张。

山道上，尘烟大起。不久，姜老爷子打头，众少年紧随，奔到了姬发家门前。老爷子脸如烧焦了的锅巴，少年们个个脸红脖子粗。勒住马，见门前只有一个女子，人无不惊讶。少年们一时不知所措。老爷子下马举鞭，哭叫："闺女，爹来咧。你一肚子怨气，爹替你出。那臭小子敢捅烂子，爹比他还敢捅烂子。爹不痛快给他一刀，就举着鞭子，一声声地问着他，一下下地抽着他，抽个他身上没一处好肉，抽出他的下作黄子来，抽到你前脚走他后脚来，爹把家里的棺材孝敬给他，自家芦席一卷了结。"秀珍要说什么。老爷子哪容她说，只顾发泄自己的怒火悲伤："我怕见油馍的尸体，我不敢进去了。姬长庚养的那个杂种、骚根、混苗、硬棒子，你出来。来来来！你见一个爱一个，这里有母马，你也来爱吧！还有鞭子叫你爱个够哩。孩子们，揪出姬长庚的龟孙子来，拿鞭子抽死，把这个家给我砸个稀烂。我的油馍在这家里过不成，谁也过不成！臭小子，你变成新媳妇咧，咋扭捏个不敢出大门？做出了那号不要脸的事，你该羞！羞先人哩。是我，早羞得跳崖去了。"（似他前半世不曾做过那些见不得人的事一般）"你当我的油馍娘家没有人了？孩子们，把他拉出来，活活打死，叫姬长庚绝门了。天哪，我的油馍不得好死，谁也别想好活！孩子们，咋还不动手？你们怕赔命？不怕，有我给他赔命哩。我先给他把命赔在这儿，你们就好动手！"没说完，早一头撞在墙上，头破血流。众人没防着他来这一下，一时来不及拦。他后退几步，又弯腰要撞，众人才扑过去。秀珍先抱住他哭道："老爹，你听我好好说呀!"老爷子挣扎着，撕肝裂肺哭道："我不活咧! 正活人的闺女都殁了，我还活啥人味嘛? 放开! 我活不成咧，活够咧!"

他这一闹，倒使姜族少年们阵脚大乱，都围着给他讲道理熄火泄气。道理没泄老爷子的气，先让他们的火熄了许多。就在这时，大春、二春救过了母亲，开着手扶拖拉机赶来了。老爷子向儿子吼："你们也死了，咋这阵才来? 往里打。见人就打，见东西就砸。不过了，不活了。"秀珍哭道："老爹、叔叔们，听我说几句话!"老爷子举着鞭子道："有你说的什么话? 你倒替那臭小子当看门狗。你没跟他背后有一腿，咋个会对他这么忠心? 打，先把这个娼妇打死!"

秀珍又气又窘，脸通红。老爷子眼中冒火，不问三七二十一，抡鞭就抽秀珍。她双手护住胸，侧俯身，让鞭子落在背上。登时背上的衣服破裂，白嫩的皮肤破绽冒血。老爷子发疯似的左右抡着鞭子，且不干不净地骂着。她左右转着身子，忍痛不呻吟，也一声不求饶。二春对妹子最有情，最悲愤，秀珍也是人的妹子，他不由心疼; 况且"冤有头，债有主"，事又与她无关，便喝住了老爷子，道："秀珍放开路，让我们进去! 听着，不许你们动姬发一指头，我来收拾，打他个残身断骨，我一个人吃官司，你们只砸东西。"老爷子道："打残太便宜他了，要打就打死。你们只给我把他摁住，我把他往死的弄，我给他偿命。"秀珍哭声道："他人不在家。"老爷子吼："跑了和尚跑不了庙，先把庙给砸了。"

少年们便一齐往里冲。秀珍突然从门里拿出一把镢头举起，狂吼："谁踏进这门里，镢头就落谁脑袋上了。你们会疯，我也会疯。"少年们就是来见血的，并没有被吓住，但一个女大学生失尽文雅，倒把他们给惊住了。秀珍却扔了镢头，跪地哭道："我这条裙子，是刚刚特意穿出来的。几天前我跟婶娘去赶集，婶娘非要给我买条裙子，我拦不住，才让买了这条便宜的。东西有价，情义无价，人心不同人心同，我跟你们一样偏心婶娘。我一生不敢忘记，婶娘嫁姬家，没要聘礼钱，二春叔让把这钱供我上大学。我怎敢不替二春叔设想呢? 都80年代了，二春叔还领着人野蛮，又叫我瞧不起。二春叔疼妹子是有情义，感情冲垮了理智，有情义就变成无情义了。婶娘还活着，我爹和发叔送医院去了。"

姜老爷子大惊，变了声道："女儿还活着? 大难不死，天大好事……我不敢信。哪有这样好事?"秀珍道："婶娘真活着。她好过来，还要过这小日子。二春叔领人砸妹子的日子，还有情义吗? 这边太老爹、姑夫、大姑，都是通情达理的人，等婶娘好了，当着她面，大家痛痛快快教训发叔一顿，才出婶娘的气。这阵婶娘听不见看不见，闹还不是白闹？救人要紧，二春叔快下山去吧！镇医院要不行，就往县医院转。一定要闹，我一个姑娘家，也难拦住，你们就只管把婶娘汗摔八瓣过的这日子砸了吧，我不管了。"说完起身让开了门。少年却无一人进去，都看二春。

二春从挂在皮带上的刀鞘里勾出腰刀，扬手一甩，扎在了大门上，道："待会儿，我外家肯定还要来闹。这刀子是舅舅送我的，他们来了，你就指着刀子跟他们说，我来过了。我都没砸这家，他们要砸，日后就别进我兄妹家的门。"又向族兄、堂弟们说，"你们各忙各的去吧！我和哥哥到医院去，只要妹子活着，还有什么事不好说呢？"老爷子忙道："我也去。不亲眼看见女儿活着，我在家里怎么待得住？"二春道："也行。去了不准添乱。我跟哥哥心里不好受，你倒跟娘越乱越添乱。"老爷子道："不咧，只要女儿活着，发子还是女婿。哪个小儿马不爱在苜蓿地里放青？'胳膊折了在袖子里'，老丈人自然是替女婿遮羞的。"大春便扶老爷子上了车，二春开着走了。众少年也就散了。

后沟只有十几户人家，势单力薄。想姜族男子"哀兵必胜"，后沟人怕他们砸了姬发家，顺势过来砸二小家，早集了族中老少男子守在二小家门口，一面派人去打探姜、姬两族战况。得知姬族只派了一个女子应战，二小爹差点没吓死气疯，臭骂着姬族男子尽"孬种"，且把对春燕的怨恨恼怒收起，忙派人去向她娘家求助："好也罢，歹也罢，这日子总是他女儿过的日子！"

平静的武家山庄，在姬族派人来求助时，已一片混乱了。族人发生了莫大的分裂，校长族系、二春外家族系、春燕娘家族系，各招人马，慌张出村。春燕娘家男子去了后沟，另两族系则陆续赶往中山村里。得知姜、姬两军挂了"免战牌"，各自的盟军也就班师回营了。后沟春燕娘家的兵团驻扎不久，听说中山无战事，也便收兵拔营而去。最后，闹个沸反盈天的，倒是小小的后沟村子。

这场宗族战争，最终以"公理"告终。山里世俗舆论的"公理"，自然是在姬发媳妇一方，春燕则是被讨伐的对象，众矢之的。

结婚一个月不到，二小家院中间就隔了一道界墙，春燕和公婆分了家。她和二小也成天牛头不对马嘴，没个好气。二小受不了，出外去打工，已好几个月没回来了。这天早起，她是以给牛割草的名义，和姬发幽会的。闹出了乱子，姬、姜、武、刘四族人来马去，乱纷纷一片，她倒没事人似的，只管在地里割草。

四族人散尘消，婆婆想起了那丧门星春燕，倒喜上心来。山里古俗，男人对女人不忠，不过是白璧微瑕，瑕不掩瑜，同族人并不在乎，常一笑了之。女人娘家族人来兴师问罪，同族人还反而保护那花心肠的男子。女人不贞，则了不得，娘家族人觉得她丢尽了自己的脸面，任婆家处置，不闻不问，真是"嫁出去的女，泼出去的水"。早先婆家将这种女人或是点人灯；或是五花大绑，装入麻袋里，拴上大石头，沉入河水中；或是卖妓院；或是绳这头拴在她脚上，绳那头拴在马上，汉子骑马满山奔，活活拖死。如今弄死人得偿命，婆家不敢再这么做了，但山高皇帝远，折磨折磨女人，一般无人追究。

　　恨透了春燕的婆婆，先盘腿坐在大门外石墩上叫板，拍腿打脸，痛哭流涕，要死不活，一声声道："羞人咧，羞死人咧！"然后便教唆公公狠狠教训春燕一顿。公公本是个软面情人，又有些怕春燕，只要儿子的家产无损，他便不想多事。只是不有所表示，似乎是他放纵儿媳在偷汉子，众人面前说不过去，加上婆婆的教唆，他便提了鞭子去地里打春燕。

　　春燕捆好草，弯腰背起，慢慢往回走着。不知道等待她的将是什么，她其实很紧张。遇一块大石，她便把草捆靠在上面歇息，顺便整理整理纷乱的思绪。突然肩上挨了一鞭子。她抬头一看，是公公。老爷子还遵守"打人不打脸"的原则，又在她肩上抽了一下，抽得也不重，不过是做做样子，吼："断我家龙脉，坏我家风水的娼妇、妍头，我叫你丢人现眼！"春燕站走，一把扯开衫襟，亮出雪白的胸脯，淫荡地笑着道："你家本来就娶了个娼妇嘛。老叫驴，你要嫖也行，给！"向公公逼去。公公大惊失色，只顾后退，不防脚下一绊，跌坐在地，臊得不敢抬头，只喘粗气。春燕掩住衫子，哭道："我是娼妇、妍头，你儿子是好男人。锥子也戳不出一滴血来，只知道三饱一倒，再就是要那个，要那个。他是好男人吗？他是牲畜。我是个有情趣的女人，要的是男人的温存。老爷子，你懂温存吗？你只懂抢鞭子抽牛跟女人，再懂啥？"哭着却冷笑道，"我是娼妇，偏你们这号啥也不懂的男人想嫖没门。"公公黯淡无光的眼睛流着泪，叹："你这是在害你哇！世事不是一个人的世事，我连老婆都管不住，还能管得住别人？我没心收拾你，你小心着别人。不出这号事，你挣了些钱，比人活得强，人早就眼红了，早想叫你活得不如人哩！出了这号事，你还是把尾巴夹住，少张狂为好！"悻悻而去。

　　公公既败阵，婆婆更火冒三丈，老脸黑煞，头上的几根白发竖起，眼珠从眼皮凸出，道："我家掏银子钱买的她，由她的臊屁股往旁边翘不成？"便挥着干枯的拳头，用粗浑如男声的嗓音，满村一阵狂叫，纠集起族中的男子来，扑向春燕。春燕早就想到自己必挨几场打。姜族的人没有打她，已很庆幸了；本族人的打躲不过去，只好挺过去了。没想那婆婆竟喊："剥下她的妖皮来！"处于集体疯狂状态下的族人，真蛮横地剥光了她的衣服。春燕羞耻至极，狂怒，抓破了婆婆的脸，咬下一个男人胳臂上的一块肉来。她的狂怒，更使那些人野性大发。有人赶来一辆马车，众人把她扔上车。两个男子，一个反扭着她双手，一个提着她头发，把她提站起来。婆婆坐在车尾，头发蓬乱，脸上的血横一道竖一道，像个小丑，拍着手，声嘶力竭喊："来，快来看啊！她爱叫人这么看，都来看啊。想要她就要，她爱男人要。男人们，叫她趁愿吧！越多她越趁愿。把公狗、儿马也牵来。只要是公的，她就爱。呸，狐狸精、臊羊尾巴！"

车在后沟村巷里转过来又转过去，全村轰动。男男女女齐出门来看，无不笑嘻嘻的。即便不野蛮，也满脸麻木。春燕异于山里娘儿的风流别致，早令那些蛮横男子们垂涎三尺，可惜她从不正眼瞧他们。此刻他们抓紧机会，贪婪、流欲的眼光，放肆地射在她优美的胴体上，一丝一毫也不放过，一点儿也不同情。春燕欲逃不得，欲哭无泪。也怪，她与姬发媳妇竟截然不同，受了这样的奇耻大辱，心里一丝轻生的念头也没有。她就是热爱生命、生活，为此她什么都能承受。她只是愤怒，怒不可遏，却无法发怒。极度痛苦里，她只愿自身变成一枚炸弹，把这些愚昧野蛮、庸俗无聊的人，炸个粉身碎骨。她很可怜，却觉得这些人更可怜。他们以为她无耻，难道他们就不无耻吗？他们以为她是下三烂，难道他们就高尚吗？高阳的山高，然而山里人活人的层次却不高。文明，快些冲破大山的屏障，进入山里人的生活吧！

春燕婆婆抢着铁锤子，敲着个铜脸盆底子，不住吼叫："看热闹咧！好热闹，快来看哟！"车在村巷来回转了许久，便在村外打谷场上停下。打谷场上，十几条汉子骑马举鞭，列为相对的两列。春燕被揪着头发拖下车，抛在这两列男子之间。她蜷坐于地，头抵着膝，腿夹得紧紧的；虽无力反抗，却也绝不示弱，一滴泪也不落，一声也不哭。

连离后沟村不远的中山村里的人，都来瞧热闹，人围得水泄不通。能够在这个小世界里骤起风暴时力挽狂澜的秀珍，舌退了来犯姬家的几路人马，便下山看姬发媳妇去了。教养出了一个又一个大学生的秀珍娘，听到消息后忙赶了来。过去因家穷，她根本在人前说不起话，连狗也敢欺她。如今仗着是"状元"之母，她才挤到人前说："有理走遍天下，无理寸步难行，你们有理说理，这么作践她，是犯法哩。快放了她吧！"

春燕婆婆跳过去，往她脸上啐了一口道："莫不成，你跟贼淫妇穿着一条裤子，她偷汉，你站岗放哨了？打，把这多嘴婆也打！"几个姬家娘儿忙拉走了她，道："嫂子不多事了，好汉不吃眼前亏。刘家的人惩治刘家的媳妇，也跟咱们姬家无关。"秀珍娘本来就有些气怯，也就不敢多说了。还有几个人想替春燕说说情，见"状元"的娘都吓住了，也闭口不言。众怒难犯！

看热闹的人，被喝退了五六步，亮开场子。那两列骑马男子里，有一大汉驰马到春燕身边，双手擎鞭把，抡圆鞭下死劲抽她一下，便驰入对面。对面行列里又有一大汉驰向她，如是不已。男男女女老老少少看热闹的人，只傻乎乎地笑。婆婆则狰狞地笑喊："瞧那贼淫妇，有多受活。呸！"

有个小孩子吓哭了。年轻的母亲正笑着，忽然收了笑容，抱着孩子避了开去。

春燕起初咬紧牙关，一动不动。渐渐，她难以忍受了，发出低微的呻吟来，身体也在鞭子落下时痉挛着。突然，新鞭伤落在旧鞭伤上，疼痛刺心，她一声惨叫，上身挺起，露出下阴。众汉子大叫："好，好！"她忙手捂住下阴，又伏下了上身。众汉子亢奋，鞭下更不留情。她再一次展开身时，有汉子亢奋得流着涎水，都低声哼哼起来。终于，她顾不得羞耻了，身体展开再没有收起，只在地上随鞭子的落下机械地打着滚。精神也渐恍惚，最后昏厥了过去。

武春燕对这小世界无所保留地张开四肢，平躺于地。这小世界的残酷，也借她的赤裸裸，暴露个赤裸裸了。

女人们无不被这残酷野蛮震慑，为了表明自己不齿于做这种人，她们一个接一个，把唾沫吐在她身上。

那姬发媳妇并没有伤着要紧处。送到镇医院后，缝合了伤口，她还闹着要死要活。医生给她注射了镇静药，她才一无所知地躺在了病床上。校长夫妇闻讯，吓得浑身稀软，互相搀扶着赶来。听姬杨爹说了原委，气急败坏的七嬷，二话不说，就狠抽了姬发几大耳光，骂："我养你一场，你就这么叫我跟着你风光吗？"姬发扭身大步走出了病房门。老太婆又颤巍巍追了出来，声音带着恼火唤："发子，发子！"姬发只走不停。老太婆的声音凄凉、可怜起来："发子，发子！"姬发停住了脚步。老太婆追上，死死抓住他的胳臂哭道：

"你走哪里去？难道也去死不成？你要死，先让我死了吧！"

"我才不那么傻呢。"

"这才像我的孩子。做了见不得人的事，还要见人。只要人在，什么都会过去的。你媳妇可真是个傻子。人光是为自家活着吗？她不顾肚里的孩子，连爹娘也不顾，就太忘恩负义了。我养大你不易，你要一时想不开，出个事儿，丢下我不说，难道连你那快出世的孩子也给我丢下不成？我老了，再养不大孩子咧。你要答应我，不做那种短见事！"

姬发本以为已无人肯容宽自己，没想到大姐还这么宽容，点了点头，感动得哭了起来。七嬷知道山里人撒起野来可怕，便把姬发藏了，她与校长守着娘儿，等着姜家人来兴师问罪。

姜家一行三人到时，替姬发担着罪的校长夫妇，正对坐在病床边叹气，忙站了起来。姜老爷子一见女儿真活着，吓黑了的脸才有了红色，坐在床边抚着女儿，眼泪一把鼻涕一把，痛哭不已。校长叫来医生，向他们说了多亏姬发急夺剪刀，让剪刀没有扎着要紧处，性命才无妨。父子仨放下心来。兄弟俩一句都没责怪校长夫妇。倒是姜老爷子，不干不净骂了几句。可惜他是看儿子脸色活人的，二春一声断喝，他就破怒为笑，又做起和事佬来。

七嬷大为感动，向二春道："好孩子，难得你这么心软。我养的那不要脸货，是该教训。我求你，给他几拳就行咧，不敢把他打残了。你有不好，人把你打残了，你娘咋受得了？可怜可怜我吧！"二春望着窗外，半晌又回头看了看七嬷那满头华发，才道："这要看我妹子咋说。她心里窝的气，总是要出的。"七嬷知道娘儿其实是最爱姬发的，真要重打他，她会先不忍，便松了一口气。姜老爷子道："好亲家母，你日后，对你那狗屁娘家，把心放淡些吧！"

七嬷苦笑道："江山易改，禀性难移，我也想让我淡些，好活得轻松些，可我生来心重，我拿我也没办法。唉！"

姜家人的到来，竟波澜不惊，校长夫妇可真没料到。不久，三姑也被人送来了。娘儿醒过来后，经不住母亲哭劝，也就不再寻死了，只是委屈地不肯说一句话。

昏死后的春燕，被扔回了她家的小炕。消息传到武家，娘家的人竟无一人来管，只道："死了才好呢，把先人丢尽咧。"

七嬷得知，把娘儿丢给三姑和秀珍等照看，急回学校，叫上春燕的弟弟到家里说："你姐姐是我眼皮底下长大的，我知道她。她不放在心上的人，一百个嫌弃她，她也不在乎。她最疼你，只要你不嫌弃她，她在这世上就有牵挂了。良言胜于金子，这是十块钱，拿去到街上买些营养品，快去跟你姐姐说：同那二小混过去，又有什么大不了呢？身边有个蠢人老说蠢话，就活不下去了吗？忍着得了，权当一个苍蝇在身边哼哼。忍不得，就干脆离开。哪里黄土不养人？丢脸不要紧，丢命要紧，万万不能死。姑嫂难处，我本要去，又怕发子媳妇知道了，跟我计较。你先去，我等着你的话。你姐姐要想不通，我也不管发子媳妇生气了，亲自上山去开导她。把你娘再叫上。你娘只是胆子小些，哪个娘不疼女儿？已经闹到这步了，还怕什么？叫你娘这些日子，天天守着你姐姐，防个万一。快去，快去！"刚打发走了春燕弟弟，秀珍就赶了过来，道："婶娘性命不要紧，看护婶娘的人又多，我还是回去吧！"望着七嬷只笑，似有什么话不好出口。七嬷一拍手道："要钱不成？这有什么不好跟姑姑说的？"秀珍笑道："大姑真是女孔明，料事如神！"老太婆道："心诚则灵。我在你身上心实，就把你摸透了。给自己花钱，你不是这个神气，准是给燕子花钱。对了，天热，你怕她的伤感染，要给买些药。我刚打发她兄弟去，倒忘了。好好宽解宽解那闺女！是非错对慢慢说，人命最要紧，千万别让那闺女钻了牛角尖。快拿上钱去，快去！"

秀珍路近，先到了春燕家。后沟人见女大学生进了那下三烂的门，大为诧异、好奇，议论纷纷。春燕婆婆耐不住，便进去看个究竟。那时春燕还昏迷不醒，秀珍已给她擦洗了身子，正在上药。老娘儿侧身靠在房门框上，冷笑着，向秀珍叫起板来："大姑娘真是个大好人啊！好得太过分，就叫人不敢信了，像是自己也有什么丑，拿好遮掩哩。"秀珍想，跟这号人论道理，只会越论越糊涂，不如以蛮吓蛮，便板着脸说："你敢往我身上泼脏水？你今天战儿媳大获全胜，乘胜也跟我对阵来了！我不是你儿媳，本家不管。我是中山村姬姓家族的宝贝女大学生！后沟村有多少人，中山村有多少人，你惹得起我吗？别叫我哭回中山村去，说你欺负我了，你也跟儿媳一样，让人瞧热闹！"老娘儿真给吓住了，忙道："我不过白来看看，就张嘴乱说，真该打嘴！一家子还没吃饭哩，我还是回去做饭要紧。"落荒而逃。

不久，春燕母亲和弟弟赶到。秀珍还没进家门，便回去给家里人打招呼。母亲抱着伤痕累累的女儿哭了一场，又隔墙与春燕婆婆对骂起来。秀珍过来，才喝住了两亲家母。

春燕苏醒后，秀珍和她母亲、弟弟劝慰不尽。她惨笑道：

"难得秀珍还看得起我！"

"我看得起你看不起你无关紧要，主要是你自己要看得起自己。"

"你们放心，我啥路都敢走，就是不走绝路。"

弟弟便回了学校，母亲则留下来照顾她。

真是久在鱼市，不知其臭。春燕事先已把山里人的愚昧、野蛮想到了最不堪忍受的地步，谁知发生的事远超她的想象。她以为下手的无非是公婆和近族兄弟，谁知后沟平时和她说说笑笑的远族后生也下了手。而且是平时对她越有好感的后生，鞭抽越狠。似乎只有这样，才可以证明他们与她无染。"身正不怕影子斜"，他们既清清白白的，还怕什么呢？唉，他们怕世俗舆论，世俗舆论也让他们变可怕了！

春燕羞耻、痛苦到了极点，物极必反，反不知羞耻、痛苦了。"树怕揭破皮，人怕揭破脸"，最可怕的事情既已发生，最大的痛苦既已忍受，偷偷摸摸，提心吊胆，不敢见人的事既已公开化，倒也好，她就不必再顾这个忌那个了，该怎样还怎样。坏事常变好事，姬发知道了她为他所受的罪，说不定会豁出来，她反堂堂正正成了他的女人。这遭遇，只会加重她在他心中的砝码。时间老人，总是在不断地颠倒着乾坤。等她成了姬家的女主人，天长日久，伤害过她的人，看不惯她的人，又会恢复对她的尊重的。她静等着事态的继续发展。

武春燕躺在炕上，身如火炙，心却变得轻松、豁朗了。

然而，事态并没有按她的意志继续发展。许多不确定因素，在不停改变着事态发展的方向。

多日之后，娘儿离开镇医院，回到了姜家。举家围着娘儿，在商议她的去从问题。

二春道："依我，妹妹跟那臭小子好离好散吧，另找一个老实可靠的。你俩脾气不投，这事过去了，日后还会有事。妹妹又是个绝户脾气，我只怕有个三长两短。平顺第一！"老爷子笑道："老实不是可靠，老实是跟个死人样，女人没法跟他玩。我看发子好，跟我年轻时一样，人俊爽精灵。说离就离，你娘当初要离了我，另找个又丑又老实的男人，生下你们能这么又俊朗又聪明吗？花心不怕，旁的女人跟他总是偷鸡摸狗，你妹子跟他总是正头夫妻。"

"只会念'花心经'，老不知羞！就这还去人家闹，说人要胜人哩。"

"要说花心，我跟发子真谁不说谁。我是只当你妹子殁了，才恨不得宰了他。哪个男人不花心？你背地里怕也有相好的女人，只是你比我跟发子机灵，没人抓住把柄罢了。"

"这老东西，一世界的清水都能用'花心经'搅浑。咋叫人敬你哩？"

"你儿子在跟前哩。你不敬爹，小心他也不敬你！"

娘儿道："爹，你别把我哥当蒙羞布，扯来给你跟发子盖脸。我哥不是那号人！哥，你也敬爹些。爹总是生身养命的爹嘛！"老爷子啧啧道："还是女儿知爹，难怪爹偏心你。遇官司说散，遇婚事说和，爹最通情达理。听爹话：别再说离婚的话了，回去跟发子好好过日子吧！等有了儿子，养成大小伙子了，就跟你哥替你娘管我一样，发子不用旁人管，儿子一管一个准。"二春听了妹子的话，本不想再对父亲不客气，可是一听他的话，就忍不住了，道："驴不知脸长！不是爹，我早一巴掌打过去了。你还通情达理？你通的情，我通不了。你达的理，我听了只想打，给那满是理的嘴塞猪屎。好妹妹，你的日后，还是你定吧！"

娘儿在医院的时候，就已暗定了主意。她恨死了春燕。都说春燕是大本事，她无能，她不服气。那个男人最后属于谁，谁才真有本事。她倒要和女强人武春燕过过招，不见得招架不住的，就是她。于是道："要离婚，早离了，犯得上去死吗？我就是个不兴时的女人，死随便，离婚不随便，活是他家的人，死是他家的鬼！"老爷子痛叫"好"，道："是个节烈女子！"

二春捡起炕边的鸡毛掸子，就朝父亲飞去。老爷子躲了个轻快，鸡毛掸子打在了身后的大春脸上。老爷子叫："大春，打，把你兄弟狠狠地打。他眼里还有爹和你这个当哥的吗？"大春瞪了他一眼道："趁早闭住你那臭嘴，只听旁人说！"

二春道："嘴里不知装进去多少粮食了，就是吐不出一句人话来。好个屁！好，你怎么不节烈，发子怎么不节烈，单要女子节烈？不是我说你，妹妹，你也太有气性没心胸了。这都是当初家穷为哥哥念书，你没念书招的。20世纪80年代了，你还满脑子老戏土曲上做女人的那一套！人家城里的夫妻，和不来，就好说好量协议离婚哩。你倒把离婚比命还看得大！这一回万一要把小命丢了，吃亏的只是你，伤心的也只是这些连骨带肉的亲人。害不了别人个啥，发子照样娶个比你好的女人。让旁人不怕死去吧！我自己的妹妹，不怕活才好！"老爷子深以为许，点头道："是你二哥的话，爹又胡说八道了。节烈好个屁！我女儿在人世活着，就是天大的好事。要是离了婚好活，就听你二哥的话，离了他，好好活你的吧！"二春笑道："到底说人话了！"老爷子得意地说："就这，你大哥还在后面戳我，不叫我说哩。"

娘儿落泪道："哥别说了！谁要你妹妹一个心眼死在他身上呢？我死也不离他家。"二春叹道："你心死在了他身上，他对你没心，三天两头乱钻女人怎么办？要不，我把那臭小子揍一顿，不会揍残的，就像当初揍咱们这不长进的爹一样，说不定他就安分了。"老爷子一下子扭着头，噘着嘴，脖子上板筋抽老高，似一个不服驯又不敢反抗的半大孩子。娘儿道："他不认揍哩。一揍，他心就扯平了，我不离婚，他非闹着离不可。不揍，他心里还对我有些愧意。多亏哥没砸那家，要砸了，没准他跟那贱女人要远走高飞哩。得慢慢收拢他的心。哥，为着妹子，你就给他留些长头吧！"

老爷子道："还是女儿会想事。当初你两个哥哥揍了我，至今我心里还窝着一块子哩。多亏是儿子，我打掉牙咽肚里了，要是你舅舅，我赌气也不跟你娘过这日子。好闺女，当年虽说家穷，可钱由着我花。如今富了，不缺吃喝穿戴，就是你哥只给你娘多余钱，不肯给我。他不揍我，我也钻不上女人了。没有钱干着急！"二春又气又可笑，白了父亲一眼道："当初你要把钻野女人的钱省下，供妹妹上学，妹妹能有今日吗？哼，还张口闭口疼妹妹哩，疼个屁，没有家鬼，送不走家人！既这样，我们也就不强逼妹妹了。等把孩子拉扯下，一则只怕就把那臭小子拉扯住了，二则跟娘一样，孩子也就把妹妹拉扯在这世上了。我们只要妹妹永在这世上！"

姬发和春燕当时既然没有钻牛角尖儿，按他俩平常的性情，七嬷觉得不会再出什么性命大事了。她只担忧姬发媳妇。

虽说在众人的劝解下，姬发媳妇不再寻死要活了，但事情还没有到结局。如果姬发执意要跟春燕过，谁知她会怎么样呢。反正七嬷明白，那娘儿是死活也丢不下姬发的。想来想去，老太婆觉得只能对症下药：逼姬发不许离婚；劝娘儿离婚。

两口子离婚还是过下去，都不是最重要的，对这老太婆来说，最重要的是结局双方都能接受。

校长听了七嬷的想法，笑道："生命诚可贵，爱情价更高！你真是个大俗人，不管孩子们的爱情，只管孩子们的死活。"

"难道你愿意为着那什么爱呀情的，让活生生的孩子万唤不应吗？孩子要没有了命，还爱谁？情又在哪里？我向来反感那些爱呀情的一不如意，就让人死的书、戏、电影什么的，明明在害人子女。弄那些书、戏、电影的人，先让他自己的子女为爱情死死看。他保证打死也不肯。"

"我跟你一样，是个大俗人。比起孩子们的生命，爱情就成狗屁了。"

怕万一姜家人见了姬发，揍他一顿，校长夫妇让姬杨爹先照管着山中家里，而把姬发留在了他们身边。

事情怎样了局，他们也没有跟姬发说，让他先冷静冷静。

事发之前，姬发原已准备公开向娘儿提出离婚，不想娘儿不惜一死，他倒震惊了，不敢再把这话说出口。得知春燕为他蒙受了那么大的耻辱，他又对她怀着深深的负罪感。两个女子，他不知如何抉择，成天茶饭不香，心乱如麻，像得了抑郁症。

这日，二春来到高阳中学，因怕见了姬发由不得动火，便没有进校长家门，而让人把七嬷从家中叫出，同来到校长办公室，苦笑道："没想到，世事颠倒颠，本来是你们发子的错，害得我妹子险些丢了命，反落到我把屁股当脸，来求你们了。我妹子想回姬家，又拉不下脸。待在娘家，又怕事拖凉了，发子和春燕真走到一块儿。你们发子，到底对我妹子还有心没有？要有，就把她接回去，给她个台阶下吧！"七嬷道："他要真对你妹子没心了，咱们扭也把他俩强扭不到一起。他要还有一点点心，今个仓促，后天就接人回家。你没打他，嬷子就谢你不尽了。你扮红脸，嬷子就扮黑脸吧！"二春叹道："婚姻，婚姻，昏昏沉沉。谁能像你们老两口这么好呢？我爹和娘，还不是昏昏沉沉凑合到头了吗？后天一准来接人吧！我妹子的脾气，我拿她也没办法。我娘一辈子都敬重你们老两口，不好给你们没脸，后天让我八姨跟你们见面。她脸不管多难看，话不管多难听，你们都别见怪。"七嬷道："没什么。只要孩子们不出人命大事，再难看的脸，我都看，再难听的话，我都听。"

二春离开后，七嬷向校长叹道：

"没想到，我们辛辛苦苦，倒养出个西门庆了！"

"至于吗？话重了！"

校长也弄不清姬发到底是做人不负责任，还是对他媳妇真没了感情。这日吃过午饭，老夫子便道："我没有逼你的意思，只是想问问这件事，你考虑怎么了结？"姬发道："我不知道。"说着便要抽烟。七嬷打掉他手里的烟道："小小年纪，就惯下了烟、酒、色的毛病。你姐夫一辈子抽过烟吗？也没有叫自家在人前抬不起头来的花肠子毛病。趁早给我把这些毛病改了。还有什么要想的？把你媳妇接回家，好好过日子吧。想结婚就结婚，想离婚就离婚，把过日子当逛家家了？要说她疑心大，你没这毛病，她哪来那毛病？难道她疑错了？我咋不疑你姐夫？"校长道："要抽就让他抽一根吧！"姬发望望这个，又望望那个，抽烟也前怕狼后怕虎的，无所适从。

校长又道："我不是完人，也一身毛病，别让孩子什么都效仿我。男人都我这个样子，这世界不太单调乏味了吗？发子的事情，还是让他决定吧。如果他确实对他媳妇没有感情了，还是离婚为好。发子，你先说你对她是不是没有感情了？"姬发沉重地低下头，搔着头发，半晌道："我说不清。"

校长冷笑道："说不清，就是对她还有感情。"厉声道，"对她还有感情，又和别的女人私通，你算怎么回事？"七嬷虽怕打出了事，但一听这话，气便不打一处来，吼："打！你轻易舍不得打他。你不打掉他的邪劲，人家会把他的邪筋抽了的。"

校长道："别动不动就喊打，他成过街老鼠了？天大的事，他也是我们的孩子。说孩子又成年人了，有了人格、尊严，人前我都不忍重说他一句。这是私下，发子，我不得不跟你这么说话。你媳妇这一回要丢了命呢？春燕要受不了羞辱，寻了短见呢？你一辈子，手里有害的人命，能安生吗？我不是完人，你也不是完人，怎么能要求你媳妇没有一点儿毛病呢？待人宽，律己严，才能长处相安。你要容忍不了你媳妇的毛病，换十个女人，你也是散十回伙。既对你媳妇有感情，离婚这话就不要轻易说。这样吧，你去姜家，少不了挨骂，弄不好还要挨揍。我给老爹捎个话，我们老脸老面的去接。你媳妇要不愿回去，再说离婚。"姬发仍不知如何是好，只低头一言不发。

两日后，姬老人、校长夫妇便去姜家接娘儿。姬发则心事重重地回到了中山家中。望着完好无损的家，回想着他从武宜回来那段甜蜜的日子，落泪了。他想，如果那样的日子永不会再回来，娘儿对他只是猜忌重重，只是以怨恨来折磨他，那她今天最好不要回来。让她唾弃他吧，让"离婚"二字从她口里出来，他内心就能平衡些。

姜老爷子最怕女儿再进不了婆家门，那才是他觉得丢脸的事，所以几夜没有睡好，眼泡像红透了的辣椒。一见亲家提着重礼进了门，他就笑逐颜开，趿鞋小跑着迎了出去。八姨已被二春接到了姜家，气得说："我外甥女再没人要了，瞧他那低眉下眼样！"进了屋，姜老爷子亲热话说不完，八姨却森着脸。七嬷礼问了她一句，她也半答不答的。

二春私下去求校长夫妇的事，家里人并不知道。他也故意礼节怠慢，不沏茶，也不递烟，好给妹妹扶扶脸。

三姑托病不见客。八姨便替姐姐狠狠数落了姬老人他们一顿管教不严之罪。七嬷准备好好数落一场姬发，给娘儿扶扶脸。但姬发不在跟前，老太婆便不肯回护娘儿。要不她越委屈，回去后仍会对姬发横挑鼻子竖挑眼，日子还是不好过，老太婆也要她问心有愧，于是认罪不低头，反派了娘儿一堆不是，竟道："我看你们还是好离好散吧！这一回没出人命大事，回去你还对他疑个不完，下一回就难保不出人命大事了。"

娘儿恐惧。姜老爷子大怒，破口大骂起了七嬷。二春知七嬷的用意，喝住了父亲。娘儿只得哭道："只要他这一回收了心，既往不咎，日后我再也不疑他了。"

姜老爷子到底心虚，怕这姬家的当家婆"休"了女儿，赶忙转怒为笑，千亲家母不错万女儿有错，还一个劲替姬发开脱罪责，只催促女儿回姬家。武七嬷便一挥手说："我姬家的门，不是谁想进就进想出就出的。你女儿非还要进我姬家门不可，从今往后，什么话也不提，好好过日子就是了。回吧！"姜老爷子笑道："好人，好人，亲家母真大好人！"七嬷笑吼："好个屁！谁不知道我是母老虎？"

娘儿委委屈屈的，又不敢错过了这个台阶，放声大哭了一场，乜就上了手扶拖拉机。二春开车，姜老爷子、八姨、大春也上了车，送娘儿回家。姜老爷子一条白布拦腰系着黑裤衫，旱烟锅别在白布腰带上，绣着花的烟荷包，一路风流地摇荡不停。

姬家门前那大柿树已在望了。娘儿泪落连珠，心头涌上了多少不甘，多少无奈。姜老爷子劝道："闺女，凡事想开些，看淡些。是男人，谁不吃着碗里的，看着锅里的？你总是发子的正经主家女人。他跟旁的女人，那是牙狗叫春哩。狗吗，只要在外面把那一泡臊水子放了，尾巴往腿根一夹，就溜回家来咧。"八姨像吃了变味的菜，只觉恶心，啐了好几口。七嬷也哼了一声道："世上哪有这号当爹的？他八姨，你干脆把你那花白头发也烫几个卷子，好叫你这心术不正的姐夫多瞧几眼。呸，老东西，嘴叫鬼掰住了，尽说鬼话！"

姜老爷子气哼哼的，提了提裤子，和两个老娘儿争长论短起来："谁不是鬼？人生上世，眨眼就完了，本来就是活鬼在闹世事，能乐赶紧乐，省得死的时候后悔。"二春也不回头看，只凭父亲的声音，抽下裤腰皮带一抡，"啪"的一声，带鞘正好打在姜老爷子嘴皮上。老爷子只顾吸溜嘴皮，任两个老娘儿怎么骂，他也不还口了。

姬发正躺在炕上抽烟，听见大门外响起了手扶拖拉机声，一下子坐了起来，五内鼎沸。娘儿还是回来了！既回来，他就得和她继续做夫妻。她没有真正失去他，春燕也没有真正得到他。他对娘儿的愧疚，因她的归来而扯平了。反之，对春燕则加倍感到愧疚，因为这等于给了春燕一个更大的伤害。他没有出迎，简直不愿面对这个现实。

不管怎么说，娘儿勤苦持家，对丈夫忠贞不贰，大节无错，姬发却失了大节。姜家人未当面指责姬发一句，七嬷却当面指责了娘儿，于情于理，都不公道。主家婆七嬷，这阵得唱唱黑脸，给自家人一些颜色了。一进门，她就在石桌上放了一条鞣皮长鞭，石桌旁放了一把椅子、一条长凳、几把小杌子。草草设上"公堂"，准备审判世代严正做人的姬家那反叛了。不过是做做过程，平平姜家人——特别是娘儿——的气。其实她很不情愿，觉得这是画蛇添足，多此一举。她倒愿意把娘儿接回来就了事，让小夫妻私下慢慢和好去。不过那样这事的了结就说不过去，众人会觉她只偏心自己的孩子。

姜老爷子貌似威严，不用客气，摆出姜家主家人的谱儿，咳嗽两声，扯了扯衣襟，正襟危坐在椅子上。七嬷请八姨坐长凳，八姨忙让姬老人。姬老人道："愧对亲家，不敢坐。"八姨又让校长。校长见老泰山不敢落座，也只好站着，八姨就坐了上去。七嬷又请大春他们坐小杌子。年轻人见姬老人、校长不坐，也只肯站着。七嬷便把娘儿按坐在长凳上。娘儿侧身伏在八姨怀里，泣了起来。八姨抚着她的头发，哄劝不已。坐在屋里炕沿上的姬发从门里瞥见，生出一种逆反心理来，从鼻孔里哼了一声。

武七嬷穿整洁的银灰色大襟衫、黑裤，霜鬓挽得一丝不苟。白白的脸皮上，只有皱纹，不见老人斑。多日没有睡好，眼睛里布满血丝。两手抱腹，立在凳边，威风凛凛，喝道："鬼，你给我滚出来！"

姬发两手插在裤袋里，嘴角叼着支烟走了出来，不看众人，只看大门。七嬷大怒，直瞅瞅瞪了他半晌，厉声道："洋球不睬的，嘴角角烟根根呷的，你是做了光宗耀祖的事了，在给这些人摆功劳不成？你看着我！"姬发并不看她。姜老爷子道："你人老珠黄的，看什么意思？人家是在看大门前有没有二小的女人路过哩，好打胡哨使飞眼。她可是个小美人！"啐到校长面前道，"好个教书先生，教出了这种小子，好教，真好教！"

七嬷给娘儿个台阶下，还得姬发给她个台阶下，他这分明是不给七嬷台阶下了。老太婆气得直喘粗气。娘儿抬起头来哭道："当着众人，大姐问问你兄弟，他那样待我，是我在这家里哪一处错了？我日后好知错改错。"姬发偏是个吃软不吃硬的，听她说得可怜，不由回头看了她一眼。只见她双目红肿，脸色蜡黄，脖子上还包着白纱布，楚楚可怜的，心有些动了，低下了头。

七嬷多少威也无心再发，只想赶快收场，叹了一口气道："你媳妇我看还贤良。表壮不如里壮，妻贤夫无横祸，有她，我对你也放心些。再说论模样，天上掉下来的一般，你还不配哩。过去了的事不提了，你只当着我们面给你媳妇跪下认个错儿，从此跟她一心一意过日子，我们也就饶过你了。"姬发动了几下粗壮的腿，吐掉口里的那支烟，挺着头道："等送你到地里去的时候，我再下跪吧！我这膝头，除过生我的，便只肯跪养我的。"

姜老爷子眨巴着猫眼讥嘲道："啧啧，武家七嬷跟母老虎一样，还威名在外哩。原来是个饭桶，连自家孩子都管不下。"八姨翻了他一眼说："你吃臭鸡蛋了，嘴咋这么臭？"

七嬷身子团团乱颤，颤声道："这么说，你对我还有情义？我的话，你都不听，还有什么情义？"姬发一副玩世不恭的样子道："也别说我对你有情义，我最是个无情无义的。你当初不养我，让我饿死才好哩，这世上就少一个无情无义的人了！"

七嬷干噎半晌，才哭道："真是养男养罪，养女养泪，我养你倒养成罪人了！好，好，你不给她跪，我这罪人给你下跪。"还没跪下去，二春早抢过一步拉住了七嬷。姬发冷笑道："膝头在你腿上，爱跪只管跪，跪也白跪。少跟我来这一套。"姜老爷子愤然离座，指着姬发，声色俱厉道："你是吃这武家七嬷奶长大的，你咋敢跟她这样说话？公正为德。天地良心，武家七嬷在这高阳一辈子，最有德性，最公正，难道她的话还有错了的吗？"

七嬷抖着手提起皮鞭来道："养你养出了罪，我今索性打死你，就把这罪债一了百了咧。"鞭子举到半空，却迟迟落不下来。姜老爷子道："发子，快回话呀！亲家母，算咧算咧！"姬发只挺着头。二春道："妹妹，回咱家吧！他连吃谁的奶都忘了，你在这家还能待出个啥好终了来？"

七嬷闭上眼睛，狠了狠心，一鞭抽下，绝不偷力。姬发穿的是短袖汗衫，赤裸的胳臂上即刻起了一道紫痕。他疼得一抡胳臂吼："我跟你记着。再抽，我就火了。"姜老爷子叹道："从今看来，我的两个儿子，千不好万不好，跟他一比，还算是好儿子！哪里找不到个长胡子的？闺女，听你哥的话，回吧！他跟吃奶的人都记仇，还有什么情义？"

姬老人忍了又忍，终于忍不住了，雷声大嗓吼："你敢点你大姐一指头，我先跟你拼了。打，打死了大家眼净耳净。"七嬷哭道："我养他养成他的仇人了，他还要打我！我今个叫他报仇！"咬紧牙关，双手抱鞭，狠命抽下。姬发疼得皱眉呻吟了一声道："轻点，看手疼。我记着数哩，两下了。"七嬷越气，道："我叫你跟我记！"拼全力又抽了他一鞭。姬发瞪着她吼："三下了。再打，就打出事来了。"

七嬷怎么打姬发，都在情理之中。姬发轻轻打一下七嬷，就成大逆不道了。为人子者，岂可打母亲？众人必看不过眼，七嬷也必极伤心。而姬发，已做出了无脸见人的事，又做出大逆不道的事，说不定真会钻牛角尖儿，最终做出短见事来。校长忙夺了七嬷手中的鞭子，拉到一边说："别打了。真把他打出了事怎么办？夫妻无隔夜仇，把他媳妇接回来就是了，两口子私下自会和好的。你倒摆下这阵势，他抹不下脸，反越倔了。"七嬷早已悔摆这阵势，但悔也晚了，像自己挨了打似的无力地歪着脑袋，颓然跪在姬老人面前，搂住他的腿哭道："我对不住祖宗，管教出一个不是人的东西来了。"姬老人落泪道："从今你就把这份心歇下吧。我没有孙子。这家绝门了！我在山上，从今往后，就是个无牵无挂修行的道人了。"七嬷又跪爬过去，向姜老爷子磕着头说："把你女儿带回去吧！我不该到你家去求亲，我把你的好女儿给害了。"

娘儿满肚子委屈，见七嬷这样，又老大不忍，忙离座跪地，搂住七嬷哭道："娘，咱的亲娘，这不怪你，只怪咱的命不好。"七嬷听了，越伤心，放声大悲。除了姬发硬忍住不落泪外，众人都落下了泪。八姨见外甥女吞声忍气，不肯离那倔小子而去，这事总得有个收场；姬家人不好偏着姬发说话，姜家人没有向姬发兴师问罪就了不得了，没有再迁就他的道理；自己虽说算姜家那边人，但毕竟隔着一层，有些"外人"的意思，正好出面圆场，便强笑道："一家没在一家，家家有本难念的经。发子一时管不住自身，惹出了这烂子来，说到底，他才二十刚刚过了几天，还是个毛头孩子。谁年轻没个一差半错？不怕年轻人有错，就怕知错不改。我看他也有些悔了。得饶且饶，得过且过。只要他日后好，过去了的就算咧。家家夫妻，都是狗脸亲家，咬起来咬个不得开交，好了又好个如指甲缝里的肉一般。呼雷白雨一过去，又是晴天亮日头。叫小两口慢慢和气，咱们走吧！你拉一堆，我提一串，事就没完没了咧！"校长也道："每个人，终其生，都在塑造自己的形象，或丑，或美。发子，如果你并不想把你塑造成一个丑陋的形象，无论怎么说，这一回，都是你形象自我塑造中的一大败笔。不管你们平常怎么闹别扭，她没有背叛你，是你背叛了她。她也没有嫌弃你，回来了。你在她面前死不低头认错，她仍不肯离你而去。谁是最在乎你的女人呢？就是她。人世炎凉，人世沧桑！想我'老右'那阵，受够整，挨尽批，人眼里不如一堆屎，我老婆没有嫌弃过我。不管你成什么样子，都不嫌弃你的人，才心里最有你。况且，你是以死相逼把她求进这家门的，可没有为春燕去死，心里最在乎的难道不是她吗？好了，我们不多说了。走吧！让发子静下心来好好想一想。"姬发表面上似乎仍无动于衷。

校长拉起七嬷，招呼了众人一声，大家便抬脚往外走去。娘儿跪地向校长夫妇磕了一个头哭道："姐夫、姐姐，我心里你们跟爹娘一样亲。他不记你们的恩，我是姬门里的媳妇，替姬家不敢忘你们的恩。我本想等送你们到地里去的时候，披麻戴孝，三跪六磕。如今我先给你们把头磕了吧！他心里没有了我，我也就等不到那阵了。我死也不走，死也要死在这姬家！"说着连连磕头。七嬷苦叹："唉，孽缘，孽缘！"校长忙回身拉起娘儿道："怎么这么想事？你要这么想事，我们怎么走？"姬发终于忍不住流下泪来，泣声道："走吧，你们走吧！我不会跟她离婚的。是我错了。我回心转意了。从今我见了眷燕，正眼看也不看。难道还不成吗？"

出了门，七嬷让等一等她，便赶到秀珍家，叮嘱她父女俩没事常到那边看看，以防小两口又闹起来。回来二春搀她上车时，想她到家，准饭也吃不好，觉也睡不宁，过不上两天，就会赶来看的，便道："嬷子，少操些心吧！心都快操碎了。"七嬷坐上车，抹泪道："孩子，你娘老了，看着她些吧！天底下的娘都一样：孩子小的时候，只说操心大了，给娶上媳妇，就歇下咧。没想到，娶上媳妇，越事多，越歇不下了。"二春眼角湿湿地道："我顶爱的，是娘。"姜老爷子不嫉妒，反笑道："爹和娘，我顶爱的也是娘。我跟发子一样，从小不听话，没少惹娘生气。娘为我操心到死了！"似唱山歌一般拖长声说，"唉咃——如今想娘不见娘，只有两眼泪汪汪！"说是两眼泪汪汪，却仍满眼是笑意。

手扶拖拉机轰鸣着开走了，七嬷不时回头望着那门前有柿子树的娘家。她觉得夫妻感情不和的确是不幸，应当离婚。可感情很难说，她真不知道，自己把那小两口撮到一起，是他们的不幸，还是有幸，自己是做了坏事，还是做了好事。柿子树看不见了，她不由自主又望了一眼后沟方向。春燕知道姬发夫妻又走到一起，将要怎么样呢？老太婆也不知道春燕和姜家女子，哪个对姬发更合适。反正成全了这一个，就伤了那一个。唉，两个女子，她一个也不愿伤啊！

人生，咋有这么多尴尬与无奈呢？

春燕躺在炕上，一遍又一遍猜想着姬发得知她蒙受奇耻大辱后，将会是什么心理，将会有什么行动：他一定牵心万分，说不定怕她想不通寻短见，半夜会翻墙进来看她的。稍能挣扎着下炕，她就把母亲逼了回去。母亲待在这里，姬发万一来了反碍事。她独自躲在屋里，激情如涌，好梦编织不断。"舍不得娃，打不着狼"，她相信姬发会和那女人分手，和她生活到一起的。她今日的含垢忍辱，将给来日的幸福蒙上一层更动人的色彩。每当外面有声响，她就心跳剧烈，眼睛闪闪发光地望着房门，盼姬发突然推门而入。那小子进来后，肯定会露出虎牙来，负疚地向她微笑着；坐在炕沿上，把她揽入散发着男子汉体香的怀里，听她诉苦，为她落泪。他的倾听、眼泪、抚慰，无疑是爱情的催化剂、强心针，让她不知有多激动。她怕就化在他热乎乎的怀里了。可是外面的声响一再，却总无姬发的身影出现。失望里，她便打开录音机，一遍又一遍地听着一首相思曲：

总是在呓语里，

才敢叫你的名字。

总是在梦里，

才敢好好看你。

啊，爱人，

虚无里你最真。

是否今生，

我能拥有你？

如果答案是让我的梦破碎，

就别给我答案；

让我只活在梦里，

将青春耗竭，

将美貌憔悴。

　　与姜家女子的婚姻，让姬发不得心平气和，没想到欲摆脱更使他不得心平气和。他身与心都累了，懒得离婚。然而，夜里躺在炕上，身边是姜家女子，脑海里却总是春燕的衣光鬓影和情趣盎然的面庞。两个女子，把这一个男子的心，割出了一道幽深的裂谷，谷里回荡着悲凉之气。

　　自那日七嬷他们离去后，娘儿便放弃了过去的恩恩怨怨，对姬发的生活照顾得极殷勤周到，说话也和颜悦色，柔声慢气的。他却感情麻木，非但不亲热，连一句认错的话也没有再向她说过。滴水穿石，时间磨人，只要他不闹离婚，不跟春燕来往，娘儿等待着时间来改变他。

　　众亲友放心不下，校长夫妇、姜家的人隔三岔五就来看望，姬杨家的人也常过来串门。姬发却疏远亲友，难得搭理谁，甚至对他们经常来自己家里十分厌烦。他更不愿见村里人，疏懒松垮，成天大门不出，只闷在炕上睡觉。娘儿怕他闷出病来，催他到地里散散身子骨。催一次两次，他像没听见；催得多了，他便一副要光火的样子。娘儿只好闭口不言了。

　　一个娘家与春燕同宗的后沟娘儿，那日曾当着众人面朝春燕身上啐过，这日却趁着黄昏悄溜进春燕家，告诉她村中的传言。传言当然是言过其实的，对春燕是幸灾乐祸的。据说武七嬷把娘儿接回姬家后，大发雌威，姬发吓得跪在姜、姬两家老人面前，只磕头认罪，发誓不跟他媳妇闹离婚了。果真两口子如今你疼我爱，和好如初了。

春燕惊骇莫名。她不相信，她不敢相信。她相信即便那样，姬发也是身不由己，情不由衷。她还要进攻。于是每日早起，她悄悄出门，在姬发到他家地里必经的路旁小林子里等着他。多日之后的一个早起，姬发终于扛着镢头，心不在焉地下地来了。春燕满怀热望，两腿软抖着出了林子，靠在路边的树身上，泪眼巴巴地望着他。可他目不斜视，径直往前走着。她只得轻轻叫了声"发子"。他的脊背，微微痉挛了几下，没有回头，也没有停步。

春燕对他的热望，破灭了。婆家族人对她的伤害，到这阵才让她最感痛楚。付出因没有得到，而变得毫无意义。因毫无意义，婆家族人给她心里的旧伤，在姬发今日给她的新伤刺激下，迸破了。她的心血，在汹涌澎湃着，只要把心之堤冲垮，冲过喉咙，冲出口来，怒涛滚滚地把这世界全卷成洪荒。她想撒野，像泼妇那样跳着把最粗最脏的话，朝姬发的背影骂过去。可是她太知道姬发了，女人狂放可以，野蛮他却敬而远之。她要以退为进，纵不能进，也要保持她在他心目中好的形象。于是幽幽道："这么看来，你真正爱的女人，不是我。跟我有一遭，是你一时走入了误区。知道你不爱我，我心都碎了。我爱你！那天就是叫打死了，我也不悔。是我不自量力。谁叫我爱你呢？我没有法子不爱你，死也爱你！"

姬发反感家里的那女子没完没了怨怨怪怪，这女子却无怨无悔，只有无限幽情。他不由自主停住了脚步，想听她倾诉，想好好抚慰她受伤的心，想对她说："对不起，你是爱错人了。他妈的姬发不过是一个任人踩的小蚂蚁，你在心里从今也一脚把他踩死吧！不要爱他了，他不值你爱。"春燕呼吸几乎停止。可是姬发没有回头，稍犹豫了一会儿便抬脚走了。既然不能给她爱，说什么都一钱不值。只要回头，就是又一次在伤害她。让她一次把心伤透吧！伤透了心，对他彻底冷了心，或者就不爱他了。对他无非分之爱，于她应是莫大好事。

空里，有劳燕分飞，各奔东西。

到了自家地头，姬发像挨了一闷棍般，全身软绵绵地伏倒在地，欲哭无泪。春燕则一回到家里，就像冰山崩塌般倒在炕上，整整一天，不吃不喝，一动不动。

到处遭人白眼的这山中世界，春燕待着太难受了，得换个环境，换个活法。她不忍让二小空有老婆，一纸书信把他召了回来，要求和他离婚。二小还是很爱春燕的，哭死哭活不肯离。最后拗不过她，才办了离婚手续。春燕几乎把所有财产给了二小，让他另找一个看得起他的女人。

一个爽朗的初秋之夜，月亮刚刚上天，武春燕飘然而又悄然地出了后沟村子，无所留恋，头也不回。她穿戴的是平常在山里穿戴不出的衣饰：白纹绸长裙，项挂项链，耳垂耳坠，手提坤包。散发着特别好闻的桂花香味的秀发，用缀着米粒大珠子的络子网着。络子之大，秀发几乎不受束缚，飘逸地垂在背上。

到了姬发家门前，望着那亮着灯的院落，她留恋不忍离去了。于是步入草地，犄傲地站在一棵树下。月光袭身，女子美如玉树临风，又如嫦娥下月。

不知多久，空里出现了一片移动的紫云，像一只难看而巨大的蝙蝠，慢慢遮住了月亮。黑暗笼罩住了一切。就在这时，老车夫赶着那辆破马车，出现在曲曲折折的山路上。马灯在车辕下忽闪忽闪的，只照亮了小小一片路面。路不平，车震荡向前，刚刚冲出一块子黑暗，又有一块子黑暗来围剿。车夫佝偻着背坐在辕板上，一往情深地吼着老掉牙的苦调儿："哭也白哭咧，苦也白苦咧。两手空挵，两眼黑煞。留也没处留，走也没处走。死也死不得，活也活不得……鬼，眼睁睁，你把咱往火坑里推！"

苦调分明是老人的心声，曲折表达着老人一生难以向人道的幽情隐私。这一方天地，人人有美中不足，处处有美中不足！

姬发家院里的灯光，在吼声消失后，也消失了。幽静、安详的气氛，笼罩着这小宅院。春燕想：风暴过后，总是出奇地平静，此刻姬发定与那女人恩爱有加了。想不到，以有本事著称山里的她，在这场情争中，竟是败出局者。世界之大，众生芸芸，谁是她可与之相悦、相知、相托的人呢？苍天可撼，人心难动！

无限失落里，武春燕上了路。走走停停，十几里山路，竟走了一夜。好在一路无人。

天向明时，路旁一个锁在黑暗里的山村被释放出来，有炊烟袅袅升起。那边陡壁上，小小一块地里，有汉子在扬鞭催牛耕作。车夫又回山了。马拉着破车，信步而行。他目中无人，举着唢呐，在吹一个节奏缓慢、悠长、凄凉、落寞的曲子。春燕的心境，那美丽的凄凉，随曲声扩散了开来，无边无际。唉，别了，炊烟绕梁，山歌晚唱！

她望着前方，另一个世界的新鲜感，便逐渐充盈了她的心。一首流行歌，也在她心际回荡起来：

家乡的梦，

既一脚踏破，
甩一甩头发，
就去远方。
远方天地辽阔，
的确给人以梦，
给人以幻想。

　　高阳镇街道已近在眼前了，她把脊梁坚强地挺个笔直，步子也坚定有力起来。既然她做不了姬发人生交响曲的主旋律，做做小插曲也好，就这么曲终人散也罢。但只要是她所爱，有机会还要追求。一切她都不会认输，大不了从头再来。

　　早班车在镇街口停了下来。她匆匆上车，刚落座，有人把一沓钱塞在她手里，便急急下车。她追到车门口，车门便"咔"一声关住，车也开动了。武七嬷一面随车小跑着，一面隔着车窗朝她喊："闺女，钱到外面会有用处的，拿着吧！混不下去了，就回来，嬷子帮你在街上开个小店。"春燕潸然泪下。

　　她本来给自己出外留了一千来元，但就在走的前一天，母亲来看她，她不知道自己此一去还能不能回来，若不能回来，母亲的养育之恩就报答不上了。于是，她给了母亲一千元，自己便剩了一百元不到。而武七嬷自把姜家女子接回姬家后，对不住春燕的心理便折磨得她坐立不宁。主要是为让自己心安一些，她便倾其所有，又借了些债，凑够五千元，天天早起在这里等着。她知道春燕非走不可。历来，她觉得对人：拉一把就起来了，推一把就倒下了。拉人一把，总比推人一把强。千万千万，不敢不拉人一把，还推人一把。五千元，对武七嬷是一笔巨款，对春燕也是一笔宝贵的启动金。她原想，败了，就死也不回高阳；成了，她还要回来，让爱她的人恨她的人都知道，既是光宗耀祖，也是洗洗抹在她脸上的黑。

　　春燕去了。多少年，多少代，卑琐、庸俗、偏执、愚昧，附在山里人灵魂深处，时不时就发作。一发作起来，像麻风病一样可怕、可恶。春燕终于把这一切，连同她所爱的男子，抛在身后了。

第九章　姬家又发花一枝

春燕的出走，让姬发更愧疚，却让娘儿彻底释然了。她还要什么呢？囤里不缺粮，手头有零花钱，亲人们都身体健康，她别无所求了。

夫妻俩，久无战事，也无恩爱。不过娘儿一点也不在乎，反正她肚子里已有了他的孩子。她相信孩子出世后，面对可爱的孩子，他对她的爱，还会回到从前的。

庄稼人神圣、庄重的事多。一块木片子，说是祖宗牌位，汉子、娘儿们尊贵的额头，就在木片子前毫不迟疑地低下去，虔诚地低下去，一直低到紧紧贴住地。祖宗是神圣的，那是根。孩子更神圣，那是苗。以历史和现实的眼光来看，无有根就无有苗，祖宗应当是神圣的，数典忘祖自然可耻。但祖宗即便不是无能无为的平庸之辈，纵然英雄一世，功绩显赫，也已盖棺论定，老朽地下，"就那个样子了"。而脸蛋粉嫩、茫然不知人事的孩子，却"后生可畏"，不可知的未来，给家族多少希望。孩子神圣于祖宗，全在这"不可知"上。

既如此神圣，等不得孩子降临人世，家人便总是急不可耐地替孩子干起一桩大事业来——取名。

姬家的另一代人，在母亲腹中已不肯安居，急着要见识见识外面的大世界，不住撞动着母亲的肚皮。

母亲为心肝在那小小世界的安居，付出了惨重的代价。娘儿不久之前的俏丽踪影全无，全身浮肿，脸庞肿得都有了双下巴。衬出她优美身段的那些衣服，压进了箱底，而披挂上了姬发的特大号衣服。从脚趾到小腿都肿浑圆了，姬发的大鞋竟蹬不进去，不得不把鞋帮铰开，趿着。走路颤巍巍的，仿佛芳龄风华尽逝。挑吃拣喝，什么都没胃口，又为着那小人儿，不得不硬着头皮吃喝。

身为一家的女主人，她是歇不下的，挺着大肚子还要操劳家务，自然异常艰难辛苦。

小生命的即将临世，使她幸福无比。不过痛苦的妊娠反应，也有时让她憎恶那小家伙。

她把小家伙的人生，预先安排了又安排。单名字，她就苦心想了数百个。不过她想起武七嬷来，便没敢最后决定。为孩子取名的殊荣，应该让那姬家的功勋女人。

武七嬷领得这神圣使命，乐不可支，上班时往校办主任的椅子上盘腿一坐，搜肠刮肚，细细斟酌起来，也不管校办主任在旁边皱着眉头走来走去，谁要他不给她安排办公桌办公椅来着？老太婆竟大展奇才，收获甚丰，得了长长一串名儿，忙得意洋洋跑校长办公室去给老头子念："天龙、海龙、龙蛋、狗蛋、狗宝、牛胜、牛黄……"那传道授业解惑之人没有听完，手里的书就撒落在地，几乎笑掉大牙，指着她，半晌才说："离谱了，太离谱了！要是女儿，也这么唤？即令男孩，要是个自尊心极强的，等成大小伙子，人这么唤，不把孩子唤臊了？不好，不雅。我知道庄稼人为让孩子一生平顺，有给孩子取名驴粪、狗蛋一类贱名的讲究。咱们该知道，这些贱名并不祛祟避邪，降福消祸，大可不必从俗。"七嬷心凉了半截，从此再没有了给孩子取名的兴致。

老两口怀念着当初怀抱着可爱的小姬发于膝头逗弄的幸福，只盼孩子早早临世，好"俯首甘为孺子牛"。

算着临产，七嬷有心，校长也说："发子越大越不懂事了，只知道跟他媳妇怄气。你索性上山住着去！"七嬷便抱着一大堆婴儿衣服、尿布、产妇用物上了山，夜夜几次起来，白天、黑夜寸步不离，兢兢业业照顾孕妇。一夜，她摸摸索索起来时，不防绊了一跤。小两口吓慌了神，她倒乐了，扶着姬发呻吟爬起，一拍土说："老母抱孙，兴得打滚，我活该这一跤。跌一跤不要紧，生生跌出个好兆头来，你媳妇准生个顶门柱子！"她不过是未上世孩子的堂姑母，旁系还是远亲，却不自量，公然以直系祖母自居。

左等右等，天盼地盼，她心急，小家伙偏让她白急，就是不肯出世见日头。半月之后，武七嬷把姬发臭骂了一顿，悻悻然下山去料理校长的生活。谁知她前脚走，后脚娘儿便呻吟起腹痛来。她到家脚还没站定，就被姬发又接上了山。老娘儿此刻"病急乱投医"，竟十二分虔诚地迎神送鬼起来。

她在桌上设下"产娘娘"神位，炷上高香，知姬发不肯，自己趴下，磕头如捣蒜，许天大愿，祈求"产娘娘"保佑那母子二人平安。又逼姬发点了把明火"撵鬼"，从院最深处墙角落里高照到大门外好远，一路鞭炮震响。她则跟在后面，一步一声："咄，别处去！"

武七嬷饱经世故，反怯起场来，又派姬发把岳母接来壮胆。高阳讲究，娘家人等孩子"出三"才可来看望。武七嬷也是个多面性人，正迷信，又不迷信了。

娘儿家天字第一怕，就是不孕。女儿这么顺当就为姬家"喜"上了，三姑要做外婆的人，进姬家门便觉脸上特别有光彩，小脚紧步，瘪胸脯高挺，一副雄赳赳模样。

姬发媳妇靠被子躺在炕上，些微呻吟着笑道："打小问娘咱是哪里来的，娘说拿哨马子从河里捞的。这娃崽要能从河里捞，倒省受十月怀胎的苦了。"三姑在炕沿上盘着一腿侧身坐下，拉下别在肘下大襟纽裆上的粗布方帕揉着眼角说："娘的乖乖，十月怀胎不好也好。甭说你是个人尖尖，你就是那瞎子、跛子、傻子，一样是娘的心尖尖。你是娘十月怀胎才得的呀！"七嬷也抹起了眼泪，说："亲家母别笑话，我想起我那十月怀胎、没福养儿的五娘，就由不得伤心。"三姑道："昨是人死，今是人生，世事就这样。如今你娘家又要添人丁了，亲家母不伤心，该高兴才是。"七嬷转悲为喜道："就是，就是。你守着闺女，我去做红糖荷包蛋。"

历来对家事不放在心上的姬老人也回来了，蹲在门前柿树下，一袋接一袋抽着烟，恭候一个生灵的降临。他欢悦中，又夹着一丝感伤，愈感自己衰朽老迈——孙子都要做人父了啊！

半天，娘儿又像不生了。七嬷怕荷包蛋老了，便端给老爹吃。三姑出了女儿屋子，两条伶仃细腿叉开站在大门口，两手插在大襟摆下。通身黑衣，就纽裆上那方手帕白花花地招摇，神气活现。姬老人忙礼问："三闺女来咧！"

三姑仗着女儿当家，傲气横秋，不可一世，对姬老人也肆无忌惮，破口吼道："还三闺女哩，老得使不得咧！太亲家公，你倒成产娘了，红糖荷包蛋地滋补身子。你干脆躺炕上去哼哼，叫我们老娘儿好给你接生哇。咦嘻，这得曾孙，你老人家上上大喜哩。谁有你福气？连外玄孙都抱上咧！外的内的，男的女的，你真活成老祖宗了！这一茬，少不了闹你。我做小媳妇那当儿，最会打扮。我打扮你老人家，管保齐整俊样：抹你一脸大红，嘴唇上的胭脂擦个血红血红像吃了人。再把你孙媳妇的红头巾戴上，花袄袄穿上，绣花鞋也跐上，花不弄冬倒骑驴背上，就叫你孙女牵着。你孙女我也好打扮，就把那马尾巴编成大辫给装在头上，后头一看，乌油油活是个大姑娘，前头一看，嘿，一脸皱巴。不逼着你爷孙俩，人模鬼样把这山上的村村落落串遍，啧啧，我不活咧！"

每一个处于社会微不足道一层的山里娘儿，数起身世，都感人肺腑，三姑也不例外，一生不遂意处难以道尽。每一个山里娘儿，生存能力都极强，不但能忍受物质的极度匮乏，而且精神上也最能忍辱负重，三姑当然也不例外。老娘儿心底当有多少难以言说处，但真正的西北娘儿，心灵负重最终还是压不倒固有的豪爽、乐观的。这位老娘儿，正是一位真正的西北娘儿。

三姑肚里，正有多少风趣话滚瓜似的溜滑到了口边，突然，屋里女儿不成人声的惨叫，使这位母亲的那些风趣话，再也不得出世了。她心疼得脸成死灰色，一面往里跌撞，一面抖声喃喃："油馍，甭难过，娘在你跟前哩。娘就来，就来！"那方白帕，打着花子，飘落下地，她也不知捡。

姬老人抖索索地站起，将旱烟袋插在脑后，袖着手，挪动孙媳精心纳的猪头棉窝窝，蹒跚而去，又踉跄趑回。烟袋儿在脑后，不住空晃悠。

老人引颈而望，秋将尽，山坳里泛黄的芦苇，一气铺去十余里，黄色连天。坪地感觉不到风，山坳风却显然很大，无数羽尾样的芦苇穗子，歪下去，挺起来，挺起来，歪下去，发出低沉而又宽厚的声响，似千军万马于过。不，姬老人目中，不是开过，直是溃去，草木皆兵，风声鹤唳。

这目睹了人世小舞台姬家一个个主角出场又退场的老祖宗，心中十二分为孙媳忧惧。姬家不出孬种，历代汉子，敢驾惊马飞车。坐上姬家三套车的娘儿，无不遭受剧烈颠簸，从老人的祖母、母亲，到妻子、儿媳，断无例外。

老人站住，石头样呆立半天，突然举目朝天，虔诚祈祷："天爷，再不敢殃人咧！"

七嬷正在厨房做新荷包蛋，被姬发媳妇的凄呼惊叫骇出奇迹来，鸡蛋磕破了碗沿子。她把鸡蛋和碗一扔，也奔进屋里。两位母亲跪在炕沿上，一个手空挖在胸前，一个手扶膝，不住安慰"都这样子"，神情坚强。然而背后，姜三姑小脚尖颤抖不已，武七嬷汗流浃背。她们虽是生过孩子的人，却依然被震慑了。

娘儿经受着平生从未经过的巨大痛苦，剧烈翻转，一绺头发紧咬嘴角，手指抠炕，被席篾划出了淋漓鲜血，血汗不分。她已然是在与死神搏击，剧痛使她几乎昏迷，又从昏迷中痛醒。母亲就在身边，她还一声紧接一声惨唤至亲的娘。乌鸦在屋顶"哇"一声叫，又远飞空冥。

至亲的是娘，至爱的是姬发。自春燕走后，他对她不冷不热的。她竭力讨好他，可他仍无动于衷。她渴欲他的爱。此刻她多么希望，他能把她紧紧搂在那宽阔的怀里。只要重新得到他的爱，什么痛苦对她都不算痛苦，她乐为他而苦。

姬发胆黄子出窍，通身流着汗，怀抱牛草，却绕过牛槽，扔进了鸡窝犹不觉，且拿棍子搅拌，直到鸡惊吓飞扑到他身上，才说："娘的，痛快捅我一刀，省磨折个娘儿！"

娘儿生来最能吃苦受罪，不知多久，痛苦稍减，便不愿让亲人跟着自己难受，强忍住不嘶喊。七嬷想起这炕上正是五娘洪死的地方，忧惧无以复加，出来就在院里所设的"产娘娘"神位前扑倒，磕头泣血道："不顺当咧！产娘娘，神明，千万降下来，照看咱的亲人！"又"牛不喝水强按头"，命令姬发也拜神，眼睛凸出，似乎姬发敢抗命，她就要与他拼命。

至急之时，至亲之令，不信神鬼的姬发，也不得已而为之，"扑通"跪下那刚直双膝，弯下那铁铮铮硬脖颈，低下那高傲的额头，弯下低到点地。"杀人不过头点地"，他觉得此刻杀他，也远胜这煎熬。

姬老人也踯躅进来，抖索跪地，把那皇帝般高贵的一族老祖宗的额头，磕至发青说："上有天，下有地，天地公明。姬家从我老爹起，到我做了老爹，代代人良善，安分守贫，不敢造孽，孙子媳妇也是从好人家来的闺女。天地睁眼，公平良心待承这小庄户人家吧！小门低户，经不起大灾大难。二十来年前，我姬家险遭绝门，二十来年，才翻出生气来。天爷，放过吧！孙子媳妇嫩叶好花年纪，在这家操持里外，没半点差错，放过她吧！老天爷，你一准今个要这人家一条命，我这老命，没时没刻，只等你要哩。"老人祈求到瘫在地上恸哭起来。

屋里的娘儿，再度难以忍受痛苦，不成人声地嘶吼起来。武七嬷心碎了，老迈笨硕的身躯，旋风一样卷进去，两手挓着不知所措，只会叫"亲个当当的人，咱的亲闺女"。

两位母亲又跪在炕沿上。武七嬷为人最刚烈，心却最慈软，已然不忍看炕上娘儿的万分痛苦状了，双手掬住脸，掬不住处，是深深的皱纹。这亲爱的为人母亲者，只这半天，皱纹就比平常深了许多。蓦地，娘儿一声咆哮，翻身扑向七嬷。七嬷不防，倒仰下炕。娘儿已痛苦得几无神智，却要下炕扶七嬷，又剧痛地滚入三姑怀里，将她双臂直掐出血来。

七嬷身体笨重，炕又高，这一跌非同小可，墙塌一样惊心。姬发听见，慌得不行，按规矩他不能进产房，只能在外面跺脚叹气，不住问。七嬷脑里轰地一下，眼前昏星金花齐闪。这老娘儿却以拼死毅力，几乎在一着地间，就奇迹般地扶着板箱爬了起来，趔趄几步，又扶着板箱盖子低头半晌，才觉眼前清亮了些。三姑、姬发还在问。她泪流满面说："不咋。唉，可怜的，看把我的闺女难过成啥咧！"一绺白发，在她那被风吹起皮的皱巴额头上抖瑟着。外面的姬发，也泪流满面。一条汉子，从没有像今天这样脆弱过。

娘儿已不成人样。一会儿才觉稍安，一会儿剧痛复加，如此足足折腾了半上午，还绝无生下的希望。七嬷再也无跪在炕沿边看着娘儿的勇气了，身子缩在墙角旮旯儿的椅子上，抖成了一团子，魂魄出窍，不知所以。

还是三姑有头脑，向姬发说："驮牛背上，送医院吧！"姬发才想起早该如此，刚抬起脚，娘儿又一声惨叫，把他震慑得都忘记了要去干什么，拍着窗棂喃喃说："不要咧，不要咧，再不要娃崽咧！"三姑哭骂道："死囚攘的，你咋不死去？牵的牛哩？"

姬发才醒过神来，刚举步，已然痛苦到极点的娘儿再一声惨叫，几乎不是人声，而像临死的人咽气。姬发腿软得举不动了。就在这时，一声婴孩啼哭，石破天惊。姬家又一代生灵，闯入人世了。

平民百姓家的《春秋》，就是这样一页一页地谱写的，既有寻常又有不寻常，既有波澜不惊又有惊涛骇浪。

武七嬷一下子活了过来，跌撞过去，表情神圣、肃穆，手抖着剪断婴儿脐带，"哎哟"一声，才觉从后脑勺顺椎骨到胫骨，火烧针刺般疼，一屁股坐在炕沿上，呻吟不已。

三姑一直跪在炕沿上，两腿麻木，略动了动，一股麻疼从腿直上升到颅顶，长出一口气，突然狂喜而哭，哭骂姬发："当千刀万剐的，从头到脚，发疮流脓坏死的贼种种子，咱好说歹说，发天大的愿地大的誓，要把个心尖活宝贝嫁进城里，不知你咋个还把她留在这骑马八十里不见个店，一个老齁齁死了行医的就绝了种的野山狼窝子梁上，叫她遭这八辈子不遇的洋罪！要在城里，这阵早药水水子吊着，白大褂子护着，犯得上这死去活来吗？"

姬发全身松软，并贴于墙，两手捂住脸，泪水从指缝溢出。没有付出，生活将不酸无咸少甜，寡然淡味。正因为娘儿此时巨大的付出，姬发才恨自己当初对她不忠，也才后悔在她委委屈屈回到姬家后，他非但没有好好关照她，还对她横眉冷眼。对妻子冰封了的感情，终于轰然一下，解冻了。他从未有过如此对妻子柔情似水，也从未有过如此之深地怀念母亲。母亲若活到此刻，他准是世上最好的孝子。可怜的母亲，他在她跟前，连一点儿人子之情，都尽不上啊！

从此，他对所有生过孩子的女人，都深怀敬爱之情。谁不是女人冒着去见阎王爷的危险，生上人世的呢？

他小小年纪，已然是父亲了。还需要老人们的慈爱，却自己也有了一份慈爱。孩子气中，又不失成熟男子的魅力。

他从未如此之深地爱亲人。这家老老少少，男男女女，哪一位不可亲可爱？

武七嬷的喊声，起初略带失望，但很快就成为欢天喜地了："花骨朵！"姬发没有重男轻女思想，倒更喜欢女孩，一蹦三尺高，到大门外，撼着姬老人肩说："老爹，一枝花，又是个姬大姑娘！"一心要得个顶门杠子的姬老人，却不流露出失望，反说："姑娘好，你大姐就比你好。老天有眼，她娘儿们平安！"

娘儿发髻散乱，湿贴在头上，精疲力竭，脸无血色，脸庞反比先前更俏丽了。武七嬷小心翼翼把那块软乎乎的肉团子，捧到娘儿跟前。娘儿看着，幸福地微微而笑。从此后，她上有老下有小，左右前后，有丈夫大姑子、里亲外戚，已然居于这家中心，一言一行，举足轻重。家庭的枷锁，千难万难，万碎千琐，她都将竭力往自己脖子上套，肩上挑。她会不由自主为亲人担忧、痛苦、高兴，无时不牺牲自己，衬托亲人。孩子，使娘儿升华为真正意义上的女人了。

一经拥有孩子，她才最真切地感觉到，自己是姬家人了，与姬家休戚相关，而那生她养她的姜家，不过是一门亲戚而已。正如一首民谣所唱："一代代，一茬茬，一个个，娘儿家，梳起了圆正抓髻，你就是这土宅院里的正经主家；生下了娃崽囡儿，你就在这土宅院里八面威风……"她身下的棉垫，已被血浸透了好几个。对这家，她付出了血的代价。因此，在这家里，八面威风，是她的资格。

武七嬷端了红糖荷包蛋来，拿勺子喂娘儿。娘儿声音微弱地关切道："怕跌伤了？"七嬷慈厚地笑道："肉多，肉跌酸了，骨头倒没伤。好了，好了，你给咱姬家添下后人了。你是姬家的恩人，我们永世都报答不了你哩！"

娘儿歉疚地说："囡儿不打紧，咱还生！"七嬷生气道："囡儿就不是后人？谁敢嫌你生了个囡儿，我就提起巴掌打他个嘴肿。我不是姬家的囡儿？不是我说大话，没有我，能有姬家今天？"又流泪道，"你婆婆生发子殁了，就给我种下了一块心病。打你怀上，我就疑神疑鬼。这你平平安安的，我心一落下，也不敬神信鬼了。好闺女，我的肠子头儿，千万千万，你要永在我的眼前哇！"

娘儿感动得也眼角濡湿。唉，没有经过生与死的考验，怎知道真情的宝贵？

"三日"，娘儿们纷纷来送红蛋、红布头。姬发媳妇的八姨，那老风骚是少不了的。她的脸，糙如松树皮。头发用唾沫抿得光光的。核桃大霜鬓上，别着一把鲜红的半月形木梳。黑大襟褂从上到下长及半腿，黑绑腿又从下到上绑及半腿。脚上一双小黑尖鞋儿，后帮子歪斜。臂上则挽着个八宝篮子，自然喜形于色。看过甥女、甥孙女，三姑、七嬷便陪她坐在外屋炕头寒暄。八姨上炕时，跪在炕沿上，脚尖一摇，小黑鞋就"吧嗒吧嗒"掉地。她毫不客气，正襟危坐炕中间，俨然女首长。娘儿们千言万语，话题都离不开孩子。八姨从窗户看见姬发在院里袖子高挽，粗壮的胳臂红红的，正给孩子洗尿布。她是"姨丈母看甥女婿，越看越欢喜"，夸赞不已。七嬷自然听得心里美滋滋的，却虚伪地说："傻乎乎的就当爹了，越叫我丢不下。"姬发让八姨不由想到自己那不争气的儿子来，由儿子又想到儿媳妇。娶到家不几年，娃崽、囡儿就拉下五个，家计难，活路忙，照看不过。囡儿头发都结块了，梳不开来，满是虱虮。娃崽大冬天还常穿着收破烂的也不肯要的单鞋，手背脚背，冻疮和干裂的口子更看不得，裂了都有娃儿嘴那么大。

七嬷心疼地说："真真在糟蹋世事哩！生了养不好，不如不生。不是发子，我自家的娃崽也半墙高了。就因那多年日子烂穷，怕孩子受罪，没敢再生。我那里倒有几件孩子衣服，他亲家嬷子到镇上赶集的时候，顺便到我那里取一取。待会儿再翻一翻你外甥女的箱底，有用不着的衣服，不管新旧，你也拿去吧！这家里小孩子衣服缺，大人的衣服，他亲家嬷子，你给孩子披上，拦腰一拴，也暖和着哩。挨过冬天，夏天好混。"三姑笑道："你这刁姑子，我女儿的家，你也当了？她的箱底子，你也敢翻来送人！"七嬷也笑道："这话你骂迟了，当年我五娘的嫂子早骂过咧。五娘和发子媳妇不待我好，我敢在娘家这么理直气壮吗？"三姑叹道："莫说她们好，是你的人活到了这个份上！当日你来我家求亲，邻家就说，那是母老虎，人听人怕，有女不嫁。我不怕，我知道你的为人。"

"十日"，姬家热闹非凡。山里风俗，不可欺老。姬老人年迈，又辈分高，只可打趣，不可动真。武七嬷当厨造饭菜，闹她，饿了没东西填肚子也不好。可巧校长来了，什么都插不上手，闲得背着手蹿里蹿出，反碍人。三姑道："瞧那亲家公，乐得要在地上打滚了！"便领着人，冷不防将校长扯住，倒绑在驴背上。校长莫名其妙，挣扎着问："这什么讲究？亲家母，'文化大革命'早成历史了，你还当'造反司令'？"三姑笑道："许他能不够司令，就不许我司令？孩子们，听我司令，拿那些玩意儿来。"于是众人七手八脚，把校长打扮了个花红柳绿。红滚身绸衫，绿花花裤，脑后拖着长辫，耳垂上晃荡着两个黄鸡爪子，脖子上戴着一条冷冰冰死蛇项圈。

三姑捏着白手帕角儿，正一甩一甩地鼓舞欢呼，为自己的杰作喝彩，不想众人又扯住了她，也绑将起来。三姑急得丧歪了破嗓门大叫："错了错了，又不是我姜家得了后人，拴错我了。听我司令，我说拴谁就拴谁，拴太亲家翁！"正在看热闹的姬老人，就像小崽儿样，撒腿便跑了个没踪没影。

众人大笑。有人向三姑道："你本来就是个错司令，又不是武家得了后人，你先司令着我们错拴了人。错也错了，拴也拴了，管他谁该拴谁不该拴，拴住谁就谁。"抓了一把锅底黑来，就抹在她鼻子底下道，"老乖乖，长胡子了！"又在下巴吊了个山羊尾巴，脑后别了个旱烟锅子。校长起初别扭，见竟有这结局，不免欢天喜地喊："亲家母，请君入瓮哇！"三姑被倒按牛背上，左右不舒服，恼恨地说："把他了的，真真人心隔肚皮，这算计人的人，不防倒叫人给算计了。还是少些算计心吧！当初'能不够'当那狗屁司令那阵，把太亲家翁算计了个可怜，如今太亲家翁还是太亲家翁，他倒落下个啥好处呢？"校长怕这话传到能不够耳朵里惹是非，没敢接茬。

人群涌上路，走街串巷。一路鞭炮，到处都有娃崽欢呼雀跃，喊："看那老爷子，还梳着髻子哩。"三姑从牛背上啐下来说："放屁！谁是老爷子？看准，这是你娘的娘！"孩子们只笑。她又瞪了他们一眼说："笑，就爱笑！老娘今日索性让你们把嘴笑豁皮，将来长大了跟媳妇亲嘴漏气泛泡沫子，哼！"

又串一村时，半路，驴上牛背，三姑晃荡着山羊尾巴假胡子向校长说："亲家公，你那驴背瘦成了刀子，你也可怜巴巴的，屁股瘦成了锥子。这锥子插在刀子上，'咯吱咯吱'的，我先难受得要上吊。你当官为宦的人，坐太师沙发惯了，怕越不好受？"油头粉面的校长，则晃荡着脑后乌油油的马尾巴长辫子，一启朱唇说："好受，好受得'太太'（关中方言，'很'的意思，校长不常用，这里用而且咬字很重，可想而知是在调皮）哩！真是田家乐，乐哉悠哉，还有点像西方的假面狂欢。好，好！人死的时间太多，人生的时间不多，让我们抓住人生，纵情狂欢吧！"

回来时，武七嬷已领着女儿、姬杨娘等，置好了席面。无酒不成席，酒拿瓦坛子盛。人无不醉作活神仙。姜外爷翘着大胡子说："咱过'十日'那当儿……"原先，外爷吹什么牛，姬发都当真有其事地不住点头，今日醉里则不必作假，讥问："外爷上世十天就记事了？"外爷尴尬，道："听咱外爷说的。他老人家活到而今，有一百八十三岁了。咱顶喜欢钻在外爷怀里揪他大胡子淘气。咱还喜欢掏雀雀、跳房房……"

老爷子的童心固然可爱，然而已对未来无望，只从回忆从前里来寻找快乐，又可悲。这可悲让姬发对自己正处在如花青春更感可贵，往日他也回忆，但更多的是憧憬未来。往日不可更改，未来却尽可发挥创造。于是他向那老寿星描绘起自己未来的几十年人生来，美妙绝伦，抱憾说："可惜外爷不得那样了！"外爷就懊丧地钻进了桌底。

把厨的武七嬷，也酒酣耳热，骄傲地挺着宽胸脯向女儿说："你太外爷偏心我哩。"女儿好笑道："那还用说，你替他把孙子拉扯大的吗。"七嬷神秘地说："不光是因这事。"女儿大惑不解道："还因什么事？"

武七嬷意味深长地说："这多年，我没跟你提过一个字，提起来伤心，也怪不得你不知道。这方土神着哩，这姬家奇着哩！老爹有五个儿子，发子的爹哪能跟咱的爹比？顶咱的爹英雄，老爹也最偏心咱的爹。早先咱高阫汉人讲究有儿不娶外族女，有女不做外族妻，偏不偏，咱爹就娶了个西口子外的白皮肤高鼻子外族娘儿。老爹五个儿媳里，也顶咱的娘水灵。"女儿大为诧异，举头望母亲，银盆大脸，高鼻深目，神态活透着一股豪放、泼辣、能干劲儿，笑道："外祖母是维吾尔族人吧？怪道你人高马大，风风火火的，原来是个混血女！"

七嬷一晃肥硕的屁股说："打小，仇人就骂咱是混血女、生蛮子哩。前年三月，仇人的娃崽跳着喊：'混血女，混血女，生蛮子！'咱本历来舍不得打娃崽，实在太气人了，就抢起巴掌，把那娃崽照屁股狠狠抽了几下。"

下午，客散，姬家就剩下了小两口和那新生命。姬发对妻子一腔柔情，却一时不知怎么表示，坐在炕沿上，抱起孩子，亲了又亲。娘儿分明感觉到他对自己往日的柔情已恢复，莫名的幸福感在心里涌动着，道："一个丫头片子，有什么好疼的？母以子贵，我生了个囡儿，你越不把我当人看了！"姬发笑道："还恨着我哩。"娘儿一撇嘴说："早恨够了！"姬发深情地望着她道："我没什么本事，还毛病一身，你一定要宽容我！"娘儿道："不宽容，早走了。"姬发会心一笑，轻轻哼道：

爱够了没有？
爱够了就恨。
恨够了没有？

恨够了就爱。

爱你也撩动我心弦，

恨你也叫我心颤。

啊，爱人，爱与恨都动情，

最怕你对我，无动于衷。

　　娘儿泪水盈溢，接过孩子，低头掏出奶子来给吮。姬发抚着她的头发，柔声说："这么好看个女人，叫油馍多难听。我给你取个名副其实的，叫姜姗姗，或姜娜娜，干脆就叫姜美丽吧！"娘儿笑啐了他一口，顾盼有情，脸色鲜艳。姬发只觉浑身燥热。

　　尽释前嫌后，夫妻俩恩爱有加。

　　姬发出出进进，都是迷醉的笑脸。成天对妻子都有说不完的话儿，言语调皮，富刚质的嗓门极动听。而劳动，最能加深人与人之间的感情。姬发带着那种因健康而惬意的疲惫，倦鸟归巢似的从田里回来时，娘儿对他的关照，总是无微不至。世上，没有比热爱劳动的人让她更敬重的了。一天，姬发媳妇笑道："遇着你这么个男人，我的心，非被你揉碎不可，我的命，非完在你手里不可。"姬发也笑道："跟着那老两口长大，给我最大的好处，就是热爱生命，觉得活着哪怕是在受罪，也有意思。年轻轻的，你为什么总着迷死呢？好老婆，你该着迷的，是你男人，不是死。"

　　"不就是你这死鬼，叫我着迷得要死吗？"

　　"死了，还咋着迷我？既然着迷我，你就要着迷活着！"

　　品尝着爱情的甘露，娘儿日日都怡然自适。她为这个家庭，又一心一意操劳了。磨下的白面，大半她让姬发给姬老人送去了，少半留给姬发吃，她则天天吃黑面窝窝和野菜卷卷。她不大出门，也少与不了解的人来往，但她很重视亲戚间的走动。几乎是在她的不懈努力下，亲戚们已与姬家组成了一个完整和谐的大家庭了。

　　她抛弃了自己的迷人处，面庞愈来愈粗糙，然而她的人，却愈来愈迷人了。

　　晦暗的日子已成过去，眼前一切都是明亮的。美丽的彩虹，总是出现在风雨过后。

第十章　张家山山路弯又弯

人生苦短，又是一年。

如一丛飘蓬一样的姬杨，1988 年元旦这一天的下午，突然打着呼哨出现在姬发家院里。小伙子面色苍白，人瘦得都失形了。裤缝子开了后大约是自己缝上的，技术很不高明，针脚大且不均匀，黑线外露，像顺着裤缝子爬了一串蚂蚁似的。他简直像一个饱经磨难、忧患的人。

夫妻俩看着，半晌无言。写在他们脸上的同情和爱怜，令姬杨十分感动。他手搭在姬发肩上，使劲一抠，笑道："怎么，我是个天外来客不成？看把你们惊得！"姬发眼睛湿湿的，使得那一双花眼睛像女孩子那样异常美丽，笑道："好几年没见，真没想到你会冷不防站在我们面前。几时回来的？"姬杨道："刚刚回来，就过来看你们。一辈子不见，也不会忘记你们的。让我看看小妹妹，像不像我那可爱的老大姑。"姬发是个好结交的人，最欲与至情至美的人成至交。姬杨就是他的莫逆之交。他亲昵地搂着朋友的肩，边往屋里走边道："女孩儿，像她就坏了，五大三粗的。"

孩子小名叫花花。姬杨从炕上抱起花花来，仔细打量了打量，又看看姬发，道："不像大姑。细眉小嘴的，倒像婶娘。这几年，婶娘把你保养得不只英俊，简直是壮美了。你胡说什么？大姑那样的人，怎么能不美呢？我心目中，大姑永远是个美丽的老太太。"姬发咂巴着嘴唇道："话说三遍不如一堆屎，再说一遍，这美可就臭不可闻了。"姬杨笑道："反正娘有多亲，大姑就有多亲。到镇上一下车，我自然是先要去看大姑的。在大姑房门前，我正跟一个老师打招呼，大姑就唤着'我的宝贝肉疙瘩儿'，像坦克一样从房里开出来了。我心里当时不知有多酸，真想抱起大姑来打转转。我不容人说大姑不美。哪怕是你，她的兄弟，我也不愿从你嘴里听到一句她不美的话。她是我心目中的神圣，不可亵渎。"姬发道："我的天，一个皱巴脸老太太，就让你倾倒成诗人了。好好好，我说你爱听的，她是绝代佳人，天使一般，行了吗?"

姬杨轻轻摇着花花，又向娘儿道："婶娘，发子这两年还跟人打架吗? 大咧，孩子都有了，该学乖些咧。"娘儿一撇嘴道："他要能学乖，太阳就从西天出来了。上月初五在集上，我正看人家的猪崽，不防一回头，见狼窝子凹那个脸上有麻点的牛根在朝我笑。我没好气地说，'牛根，你老婆借我的那两升新豌豆种子，牛年马年还不成?'那汉子涎着脸说，'你们家还在乎两升豌豆!'我说，'我们咋咧? 我们不偷不抢，一物一件都是明道上来的。你又不是和尚道士，家里又没人五脚不全，三灾八病，聋子傻子，该接济施舍。都是下苦人，借是借，送是送，借的就当还。'他倒急了，一瞪牛眼说，'嫂子，我才不求你施舍哩，你倒说了八车拉不完的废话! 你男人该我二百块钱哩。'我气得一跺脚说，'你还像个男人吗? 我们家不置地，不买牛，不做儿女亲家，咋平白就拉上了你的债?'那牛根眼睛滴溜儿一转，过来凑到我耳朵上说，'牌账。不信问你男人去!'我气了个半死。他要还不务正，把我卖了，也还不清那码子阴阳账哩。我只说跟了个男人，万事有靠头，不想是跟了个公鬼，万事抓瞎。"姬杨道："做叔的，你就这号德性啊!"姬发不好意思地直搔脑袋。娘儿又笑道："他胡子白了，也没你老成。你没病吧? 脸色怪难看的。"姬发做了个鬼脸道："瞧瞧，他大姑偏疼他，你这个做婶娘的也偏疼他。杨子，你婶娘可没这么疼过我。我就不信，他能比我好到哪里去! 他有什么病? 吃得不好，营养不良。快别只顾丢我的丑了，做几个菜来给他吃! 她跟了我，就像喜儿进了黄世仁家一样，苦大仇深着哩，三天三夜也诉不完。"

娘儿嗔道："你比黄世仁好不了多少!"忙系上围裙。姬杨道："婶娘不用忙。本来我上午就回来了，大姑硬拉住不让走，割了二斤肉，包了水饺，逼着我把肚子吃滚圆，才放人。"姬发道："怪道说拿了人家的手软，吃了人家的嘴软，原来你嘴里吃了大姑的水饺，才满嘴大姑好，大姑美。兴你的嘴夸大姑，就不兴夸叔叔? 叔叔穷头苦脸的，这里也没什么好的，现成的只有鸡蛋，就炒些鸡蛋吧!"

娘儿笑着去厨房忙活。真是巧妇难为无米之炊，家里的菜只有白萝卜，切了一大海碗，另外便是半洋瓷脸盆炒鸡蛋。姬发进来，在洋瓷盆上插了几双筷子，便端了出去。娘儿端着海碗跟在后面。姬发又取出一瓶二锅头，两个茶杯，一同摆在炕上说："因陋就简。"娘儿接过孩子，姬杨便脱鞋上了炕，笑道："大冬天，我也最爱坐咱们的热炕头。"

拥有欢乐面孔、明朗气色的姬发，和面色苍白的朋友对坐在炕上，说不完的话。两人亲密无间，又久不见面，实在太高兴了。娘儿坐在炕沿上笑听着，不时催姬杨快吃，恨不能一顿就把他吃成个大胖子。

原来煤矿不景气，正式工都没活干，姬杨已经被辞退了。他准备去黄龙山区伐木头，过几天就走。姬发道："快过年了。过了年再走不行吗？你家里人，还有我们，都想跟你多待些日子。"姬杨叹道："我也想和大家多待些日子，太想了。唉，没有钱，还谈什么过节日？节日对我，跟平常一样！"

半晌，三人无话。还是娘儿先道："你在外面，不说你家里人，我们也为你操着一份心。这几年叫栽苹果园，我们也不知道在乱忙什么，没顾得栽，过年春里准备栽二亩。你不如就在家里，栽几亩果园务弄。出外凭下苦力挣钱，不过是打一石吃九斗九，落不下几个钱，坏了身子骨咋办？在家里，吃吃喝喝，总有你娘照看着。"姬杨苦笑道："务果园倒是好事，可那起码得五年才能有收入，我要的是现钱。好在秀珍再半年就毕业了。她一挣工资，我就轻松些，那时再回来务果园不迟。我已跟爹说了，让他先把树苗栽上。你们也不用操心我的身体，我生来棒，不会太坏的。就是身体坏了，反正年轻，等条件好了，再往棒的养嘛！"

吃罢，姬杨松了松裤带，靠墙坐着。姬发则倒在炕上，一臂弯在头下枕着，一手夹着根自卷的纸烟抽着，一腿在炕上盘曲，一腿吊在炕沿下。两个朋友谈笑人间，都感叹光阴似水流，自己一事无成。娘儿只打盹似的坐在炕头做针线。

夜深，姬杨才回家。几天后的一个早晨，他就在灰色的雾里，迈着仙鹤一样的步子消失在山路上。姬发还在久久地伫望着。

姬发在家里，说闲也忙，不过是忙些鸡零狗碎，只见人团团转，要说真做了什么事，又说不上来。日子过得太平常无奇了，让他有一种说不出的不满足感。

一晃，就到了春节。照例，初一夫妻去张家山给祖父拜年。闲话间，老人说起镇政府给林场下达了栽五十亩苹果园的任务，可果园是个精细活儿，林场的十来个雇工，天天要巡林，防盗防火，一个人至少得走二十来里路，哪顾得上这个？另外雇工，林场也没钱给发工资。就这些人，也是工资拖几个月才发。镇政府又是硬任务，他正为这事犯愁哩。姬发动了心，眼光闪烁，笑问："总有些优惠条件吧？"

"树苗是镇上给。不要树苗，按价给钱。五年免交税费。另外还有别的贴补，我忘性大，记不清了。"

"我正要栽果园哩，不如把这五十亩果园承包给我栽管，等正式挂果，一年给林场交些钱。林场不费什么完成了任务，将来又能有些收入，是个两全其美的事。"

姬老人捋着白须笑道："林场两全其美了，就是你有一样不美。"姬发道："林场哪怕十全十美也是副题，我一样不美就没正题了。老爹想事周全，快说，我咋不美？"姬老人故意一本正经道："钻到这前不巴村后不着店的地方，林场又净些男人，你要寻花问柳，找母树精、母狐狸精去？五十亩果园也够忙人的，就有女子，你也怕没那个闲心了。你还够美吗？"

娘儿哑然失笑。姬发红了脸，也强笑着。老爷子道："跟着你这个骚孙子，我也不得好过。"于是诉说起了春燕的婆婆有一次路上遇着他，如何跳着把他骂了一通，仔细地把老娘儿那些不堪入耳的话，绘声绘色说了出来。姬发的脸早红得发紫了，窘急地跳起来，拍着手道："好老爹，亲老爹，求你饶了我，别啰唆了。刚刚还说你忘性大哩，这种话倒记得那么清。打人不打脸，揭人不揭短，你怎么尽拣人家有疤处戳？要么么说，我就不来了。"姬老人啐道："男子汉大丈夫，说出来的话，能收得回去？"看着漂亮的小丈夫那个样子，娘儿觉得怪可爱的，同时也对他没有把握。姬老人的戏言，正合了她的心。让他和她待在这荒无人烟的地方，待到脸上有了皱巴，也就不必怕他有外心了。于是她笑道："老小老小，爷孙没大没小。老爹不过跟你玩玩，你急什么？好好跟老爹商量商量这事吧！"

于是爷孙俩敲定了这事。只是姬老人觉得公家的林场，孙子从祖父手里包地，有些不妥，让姬发直接和镇企业办签合同。企业办主任老原，是武校长的学生，姬发便狐假虎威，隔了几天，提了些礼物去给老原拜年，顺便说了这事。七嬷想姬发近在老人跟前，老人也好教管，老原来给校长拜年时，也提了提这事。过了正月十五，合同就签了。七嬷又担忧起来，一再叮嘱："到了那地方，只务你的果园，不要管林场的事。碰上有人砍树，就装没看见。老爹叫人打伤了，还是我掏的药费。又不是为自家，你要学老爹，我可不给你掏那号子药费。"姬发笑道："我知道姐最抠，才不那么傻哩。有掏药费的，姐不如掏出来给我买几棵树苗。"七嬷道："正是这话。只要你好好过日子，我能掏出来的，都给你掏。"

姬发承包的是张家山盘龙凹的五十来亩梯田。最上一层梯田，靠五爹他们当年修的盘山路。张家山早通了电，电线也顺盘山路靠旁架着。第二层梯田宽阔，可以做场地用，还有一排四孔土窑洞。姬发领人给窑洞中最好的两孔接上电灯，装了门窗，盘了土炕，又在旁搭了个简易厨房，便把家里的门户交由姬杨老爹代为照管，赶着牛车上山了。

娘儿笼着红头巾，抱着花花坐在车厢内，她身边堆着许多日用杂物。姬杨一家及相好的村邻都到路口来送。姬发有些伤感地回望着门前那枯干的牛蒡草边的老柿子树，向一个少年笑道："我上张家山，套用一句官话，有着深远的历史意义和伟大的现实意义，至少咱们村的老娘儿不用再怕我偷老母鸡了。"众人笑了起来。

当地政府在栽苹果园一事上，给各村组有硬性任务。一则老百姓不知这东西能不能挣钱，二则周期太长，大家都穷，裹肚皮要紧，顾不得那么长远，虽然政策优惠，栽者却很少。有的人家，树都栽下两三年了，却挖掉种庄稼。这种情况，倒让姬发占了个大便宜。他干脆让校长寻人贷了两千元，加上政府贴给的树苗钱，到处收买人家准备挖的树。这样下来，果园就可早几年挂果。

他赶着牛车到附近村里，为便宜几毛钱，跟人高声争吵，低声哀求，甩手要走，缠住不放，不厌其烦地讨价还价。成交后，他又怕人家伤了根，亲自去挖树。里山村的支书能不够，当日带头务果园，如今又带头把已三年龄的果树卖给了姬发。姬发在他家地里挖树时，他则和几个老爷子蹴在村头抽着旱烟讥笑那小子犯愣发傻。忽然，能不够觉得肚子有些下坠，就近的茅坑不去，倒老远跑到了自家的地里。拉完屎，他坐地一溜，算是揩了屁股。姬发惊愕得不行，心想："他连揩屁股都偷工减料，还会扎扎实实干出什么实事来？里山村有这么个致富带头人，大家伙不穷，倒成怪事了！"

雇不起工，娘儿把孩子缚在背上，在地里顶着日头挥镢挖坑栽树。几乎每个星期天，七嬷都步行二十来里，上山来帮娘儿。姬老人也抽空来带带花花，含饴弄孙。正逢天大旱，一老一少两个娘儿，从深沟小溪里背水浇树。老人抱着花花，站在窑前堰边看着弯腰驼背行在小路上的孙女、孙媳妇，叹气不已。他的后人，没有一个不能吃苦的。

忙忙活活一个来月，五十亩地终于全栽上了。

栽罢树，他们又准备在树行子里种玉米。虽然影响树的生长，但秋后多少可有些收入。日用零花，果园要投资，现钱太缺了。

天不明，夫妻俩就打着哈欠起来了。姬发揉着眼睛，劈柴、挑水、喂牛，娘儿则烧好一天的饭——不过是稀饭和馍夹辣子。春天自家种的菜还没下来，他们又无钱买菜，除了七嬷偶来带些菜外，他们便无菜可吃。校长夫妇背了一身债，不知何年何月能还完，不得不天天吃咸菜，只是心疼小两口，七嬷来时才买些菜。

饭罢，天微明了。娘儿便把花花缚上背，和姬发进了树行子，操锨翻地。几天下来，一到吃饭的时候，他们坐在地上，动也怕动。不过肚子刚一填饱，姬发就起身向锨走去。好梦在激动着他：不多算，一亩按产两千斤苹果算，五十亩就是十万斤。不敢想太好的价钱，一斤只要卖五毛钱，就得五万元。五万元简直是个天文数字，他怎能不激动呢？他对娘儿津津乐道时，娘儿也很激动。发财倒在其次，她主要是因他激动而激动。丈夫苦她就苦，丈夫乐她就乐。

别人连几亩果园都不愿栽，姬发却一举就栽了五十亩。这一举，可谓是一有胆魄的豪举。哪个女人，喜欢缩头缩脑、烂泥糊不上墙的男人？他的豪举，自然使他的女人更加对他另眼相看了。再说，男人怕吃苦，吊儿郎当，总让她这种女人鄙视和觉得不可靠。瞧他那卖力的样子，她心里还能有不踏实可靠的感觉吗？他那光滑红润的漂亮脸蛋，活儿干热时脱掉上衣，裸露出的健美躯体，也让她觉得他可爱无比。他上刀山下火海，她也跟着他，不过有一个条件，他得爱她，只爱她。

一日早起，姬发穿衣时，娘儿也把手伸出被窝摸衣服，且打着哈欠叹："困死了！"姬发忙道："困你就再睡会儿。跟着我，叫你连个天明觉都睡不上。唉，跟谁都比跟我强！"娘儿一面穿衣，一面笑道："跟着姐夫，你可算干部子弟了，我算什么？你都能受这苦，我还有什么受不了的？就怕你一有钱，把我撇在了脑后，又跟那些长翅膀的春燕、夏燕、秋燕胡钻洞子乱飞林子。"姬发又恼又疼，照脸就亲了她一口说："谁肯跟我钻这荒山野岽，啃干馍喝冷饭呢？你。过去我真荒唐，想起来就不好意思。你把我过去的不好忘了吧！"娘儿道："我早忘了。只要你日后待我好，我永不记得你过去的不好。你要待我不好，我就什么都记起来了，过去日后，三眼一板，一总跟你算账，绝不含糊。"姬发拍手道："哎呀，还是没忘。我怕你算总账，再不敢了。"娘儿笑道："知道怕就好，早该知道！"

又是一个来月的苦干。天气一天比一天热，有时正午的太阳，似把整个天空都燃着了，夫妻俩则似火里的两捆枯草，却劳动不止。他们淌的汗，不知能泼几大桶，总算把五十来亩地，一锨一锨地翻完了。种了玉米，便该给树施肥了。买化肥至少得两千元，娘儿去向两个哥借，碰了一鼻子灰。大春、二春觉得姬发栽苹果园虽是好事，但一下子栽五十亩，便觉他贪多不化，不会有好结果，所以很不支持。

常给校长夫妇添烦难，姬发已不好意思去求他们了。可是他没混出个人样来，连妻哥都不相信他，还有谁会相信他呢？没有办法，只能靠姐夫和姐姐。这日，他便来到高阳中学。

校长夫妇说来可叹，自己的亲生女儿，自她参加工作后，便没给过一分钱。姬杨的两个妹妹、姬发祖孙三代、武家的侄子们，后面跟着一大堆要接济的穷人，又要紧着还到期的债务，校长虽然挣着高工资，可一到手就所剩无几。老两口的日子，真是提着裤子摸不着腰。姬发张口一说要那么多的钱，校长就憋得脸红脖子粗，一身的冷汗。七嬷也面有难色，却道："先别急，让我们想想向谁去借好。"

校长搔头抓耳，踱来踱去，不知该向谁去借。能借的人，他都借过了。熟人因为敬他，都有些怕他。他张口，不好拒绝，可谁手头宽裕呢？今日借给他，明日他又来借，谁又没开银行，怎么会老有钱呢？他也叫借怕了，一提借钱就如临大敌。

姬发吞吞吐吐道："要不，先把学校的钱拿些，我一倒过手就还。"校长忙摆手道："胡说得要紧。多亏你不是这校长，要不为发财，不知挪用公款多少回了。挪用公款的人都是你这个心理，倒过手就还。"七嬷也说："违法犯纪的事，别说你姐夫不会做，我也不让他做。他这么多年稳稳当当的，不是没有人挑毛拣刺，是挑不上。别急，姐会给你想出法子弄到钱的。"

正愁间，门卫送来一份姬杨发来的电报，说他病了，要姑夫快去救他。姬杨离开学校后，就不称校长为老师了，而只称姑夫。此刻校长看着'姑夫'两字，心里沉沉的。急难中，人常呼爹唤娘，小伙子向他呼救，可知他在小伙子心目中位置非同一般。他也觉得责无旁贷，向七嬷道："收拾收拾，我就走。"便向门外走去。

姐弟俩早慌了神。七嬷手忙脚乱地找提包，翻出门的衣服。姬发道："我找二春去。买化肥他不借给我钱，只怕这事他还肯借。再跟杨子家旦人说说，让也想想办法。"七嬷道："他家里人要有办法，他就不会把电报发给我们，说了白叫那一家子心慌。二春也不用去见，你姐夫就是到出纳处拿钱去了。到这地步，顾不上挪用公款不挪用公款的事咧！回头我借下钱，就把公款还了。病人肯定有气没力的，要背来抱去，杨子又块头大，你姐夫咋弄得动？你有的是力气，也去吧！我瞅见上山的人，让给你媳妇捎个话儿。到那里钱不够，赶紧给我发电报，我立马就坐班车把钱送来。我能弄到钱!"老太婆是有把握的，只要她舍下脸向人哭一鼻子，可真有人会想办法给她弄钱的。在高阳，她这老脸，还算值钱着呢。

校长真从出纳处拿了两千元。姬发笑道："人命关天，钱就是命，谢天谢钱。没有钱，我还是杨子的什么朋友? 你们也不配让他叫姑夫、姑姑。"于是背起提包，同校长按电报上的地址，奔姬杨而去。

原来黄龙山区有一个林场要采伐木头，把这活承包给了一个当地人。那人招了些雇工，干了几个月，也就交活了。姬杨就在这些雇工之列。同伙领了工资，便铺盖一卷，各奔东西。姬杨感觉身上懒软懒软的，准备在守林小屋里歇一日再走。不想一觉起来，身上一丝力气也没有了。一抬头眼前就金星乱冒，只得又躺下。不吃不喝睡了两天，身上冷一阵，热一阵，人也一时清醒，一时迷糊。这是一个废而不用的守林小屋，最近的护林人，也相距五六里，难得一来，谁也不知有个小伙子病倒在了这里。

迷糊中，姬杨一会儿觉得自己在家里逗引小弟妹，一会儿觉得自己在高阳中学教室里听课，一会儿觉得自己在煤矿坑道里挥汗如雨，就是不觉得自己病倒在了这荒无人烟处。有一回，他又觉得自己正在高阳中学操场打篮球，不防裤裆破了，赶忙捏住跑到校长家。七嬢便让他脱了裤子钻在被窝里，她则戴上老花镜，坐在窗边椅上，一针一针地给他缝了起来，不时在华发上一抿针。他看着她那霜白的发髻，哭了。清醒后，还哭了好半响。这个时候，他最想念那慈爱的老母。

小屋无窗，屋顶的茅草被风卷起，算是自开天窗。而一捆人高的枯草，则算是屋门。屋壁上的蛛网、落尘，一嘟噜一嘟噜地灰黄骇人。雇工们来时，在地上满铺干草为床。草堆上，是姬杨家祖传的那床被子，沉、破、硬、冷、黑，似一张锈铁片。雇工们一个个比姬杨还穷，从开冬一件滚筒棉袄、一条缅裆棉裤上身，到春天也没换洗过，满是虱子。大家身挨身挤在这小屋里睡觉，虱子也给姬杨惹上了。他们一走，留在草里的虱子，更是大肆围攻起了小伙子。清醒时，他想着自己长到二十几岁，根本谈不上什么物质享受，今又沦落到这般境地，心里难以言说地凄苦，叹："我不聪明吗? 为什么大学的门对我关着? 我不勤苦吗? 为什么穷困紧紧缠着我? 唉，我为什么是我呢? 老天不公!"

终于有一天，一个五十来岁的护林员发现了他，道："孩子，你病得不轻。家在哪儿? 该给家里发个电报，让把你送医院去了。"他请求那护林员给他弄点儿吃喝，说躺几天就扛过去了。历来他没得过大病，不过是小感冒什么的，都是扛过去的。不想这一回，越扛越重。生命中即使满含苦楚，他也觉生命是美丽的。他太热爱生命了，到如今他还没顾得活自己的人哩，只是在把弟妹们往人路上送。等弟妹们都活得人模人样了，他才准备美美活一场自己的人。真的，如果是为可爱的弟妹们而死，他心甘情愿。可这样死掉，有什么价值呢？他不能死，害怕死。于是那护林员又一次来送饭时，他掏出些钱来道："我爹娘没出过远门，怕摸不到这里。我姑夫倒是个走南闯北的人，就烦大叔给他发个电报吧！"

校长和姬发赶到管辖林场的镇上，雇了辆蹦蹦车上山。问路也难得遇见人，不知跑了多少冤枉路，才找见了姬杨住的小屋。四野荒芜，小屋孤零零的。两人看着，愣住了，心里不知有多酸楚。半晌，姬发抱开草捆子。一股难闻气味扑鼻而来，他拧着眉后退了好几步。校长也急忙后退。老夫子可以大义凛然，平常生活中却最胆小，见状以为姬杨死在里面了。

姬发深吸了几口外面的清新空气，才屏住呼吸进去。草堆上，破被下，佝偻着一个团子，纹丝不动。被旁放着个破碗，碗边草上，是粒粒老鼠屎，碗里的饭中也有几粒。姬发呆呆站着，不敢揭被，怕看见知心朋友成了一具僵尸。校长好半会听不见里面有动静，更确信姬杨是死了，仰天而叹："孩子，姑夫来迟咧！"老泪纵横。慢慢蹭到门口，突然娘儿样挓挲着手跌撞进去，跪在枯草上，揭开被子，抖手一摸姬杨额头，烫得要命，又转悲为喜，回头嗔怪姬发道："你发什么神经？能把我吓死。杨子活着哩！"

姬发惊喜，在旁蹲下，突然看见姬杨的被头、祆领，正有一群虱子在蠕动，连蓬乱的头发上都白花花结满虱虮子，黏湿的眼角都有那东西。他又拉撒不能自理，秽臭刺鼻。姬发胃里一股子东西直冲上来，大喉结几次哽动，才忍住了呕吐，惊喜一变而为惊悸了。他简直不敢相信，眼前这人就是姬杨。

姬杨是谁？聪明敏感，好学多识，知道另一种生活，并懂得生活，有丰富思想和情感的一壮美西北汉子。然而如此不俗的一个人，却人生步步为穷所困。姬发想起初见他时的情景，那时他正处在急速发育阶段，展腰宽臀，背如案板，可惜穿的衣服却似乎是好几年前的，又短又小，绷得紧紧的。多年过去了，他还是摆不脱穷魔，学业、事业无从谈起，且由于在吃穿住上对自己的长期"勒啃"，一副好身板也坏了。

姬发彻底被贫穷所震慑，恐自己和亲人有一天也贫穷如此，发家致富的欲望更为强烈。

校长也大为震动。难怪古人说："饥不择食，寒不择衣，穷不择妻。"俗话又说："一分钱难倒英雄汉。"诚如斯矣。

姬杨常常高烧到半昏迷状态，眼前老有幻觉。此刻他倒是清醒的，听到身边有人声，却仍以为是幻觉，懒得睁眼。校长轻轻唤："孩子，姑夫来了。"姬杨微微一睁眼，眼睛血红、无光，旋即又闭上了。他看到身边有校长和姬发的影子，却仍以为是幻影。校长又亲切地唤，且摇着他。他又睁开眼时，才确知不是幻影，眼里有了光泽，眼皮颤闪，滚出两大颗泪珠来。姬发眼里也噙着泪。

姬杨声音里满含水分道："怎么报答姑夫呢？老给你添烦。"校长心里一阵凄恻，抚着他满是虮虱的头发说："姑夫要你报答什么？姑夫最怕年轻人倒下去。只要你健壮平顺，就是对姑夫最好的报答。有难，只管跟姑夫说。好，咱们去医院吧。"

春日里乍暖还寒。前几天刮了一场大风，天气又有些冷了。校长年纪一大没了火气，怕陕北的山区更冷，来时竟穿着笨大的军用毛皮鞋，还带着黄军大衣。他便用大衣把姬杨一裹，让姬发抱到蹦蹦车上，也不要那烂被子了，就往山下赶去。

到了镇上，他们先到私人旅馆要了一间房子，让房主把里面烘得暖暖的。姬发把姬杨的衣服脱下，拿到院里一把火烧了，向主人讨了一把剪子，剪掉了他的头发，又给草草洗了身子。校长拖着沉重的毛皮鞋，到街上买了一套内衣、一套毛衫裤、一套外衣来，给姬杨穿上。姬发端详着笑道："这才像个人了！"

从来不关照自己的姬杨，此刻感动得只会流泪。

当地镇医院的医生诊断姬杨是感冒引起的严重肺炎。校长知道这种病治好容易，丢小命也容易，虽然医生一再声明就在这里治不会误病，费用还很便宜，校长到底不太放心，当天就把姬杨弄到了黄龙县医院。安顿停当，想着那古道热肠的老太婆在家里一定惶惶不安，老夫子便给她发了个电报："孩子感冒重了，不要紧，过几日就回。"

七嬷在家里，自然神不守舍，坐立不宁，心里不住念叨："天照应那孩子，那是个好孩子。"接到校长的电报后，才稍微安然了些。然而过了十几天，还不见回来，也再没得到什么消息，她又坐立不宁了。她已借钱还了学校的公款，于是又借了两千元，准备亲自坐班车去黄龙。恰好姬杨的大弟姬峰知道消息后，急得不行，姑侄俩便说好结伴而去。

这日收拾好行装，正准备出门，不想三人突然出现在他们面前。姬峰叫了声"哥"，扑入姬杨怀里，脸紧紧贴着姬杨的脸，放声大哭了起来。七嬷见那姬杨头上光光的像个和尚，脸庞瘦削、病黄，又喜又悲，也哭了起来。姬杨也紧紧搂着弟弟哭了，听到七嬷的哭声，忙松开弟弟，哭唤着"姑姑"，过来把头伏在了她怀里。七嬷一手搂着他的头，一手抚着他的背，心疼地哭道："我的孩子，乖蛋蛋儿，叫你受恓惶咧！"

姬杨想着自己的诸多不如意，越哭越伤心。七嬷见他伤心，也大为伤心。众人都落下泪来。半晌，姬发劝住两人。七嬷拉着姬杨的手坐在沙发上，不住抚着道："那么大个果园，发子两口反正忙不过来，好孩子，你就别出外挣钱了，给他们帮帮忙吧！工资我见月给你现钱。"姬发一想这倒是好事，别的不说，有姬杨在身边，自己先不寂寞，笑道："大姐怕我这乖蛋变成了坏蛋，坚决支持我上张家山，为的是让老爹就近好管我。现在又要在我身边安排一个监管的了，加上我媳妇那女特务三天两头向她汇报，我想坏也难坏了。我的一举一动，她都知道得清清楚楚。我身边，满是她的耳目呀！"众人大笑。

姬杨擦了眼泪，也笑道："既是帮忙，又给工资，姑姑的话就不通了。这么多年，姑姑给我家的钱不少，帮忙就帮忙，我不能要工资。只是我很为难，俗话说，'好朋友自闯江山'，又说'相见容易相处难'，我跟发子常待一处，万一闹得不痛快，反不好了。"七嬷道："他敢跟你闹不痛快，我就敢打他。李世民是英主，也多亏身边有个魏徵。有你在他身边，我对他也就少操一份心了。"姬发也道："真是卤水点豆腐，一物降一物，说了你们别笑话，在学校的时候，杨子是学生皇帝，我就崇拜他得很，如今出了校门，老大不小了，我还崇拜他。他的话，我准听。好杨子，我是毛病一身，你就不能少跟我计较些吗？反正我跟你待在一块儿，打一个饱嗝也欢快，打架骂仗也其乐无穷，不会真闹得不痛快的。"校长也帮着劝道："长相处，误会难免，不过你两互知性情，知性者同乐，我看你俩不会闹得互相猜忌、诽谤、仇视的，倒是一乐事。"

姬杨拗不过他们，只得答应。七嬷把借得的两千元，让姬发去买化肥，道："我睁眼看姬家时，太老爹还在世，到如今五代了，没一个不是穷死鬼，只盼你能成个富人！话说回来，你也不算太穷。这高阳，可怜人多着哩！"姬发笑道："万变不离其宗，大姐永远看着世上的可怜人多。这么吧，我富了，送一笔钱给大姐，专让你帮那些可怜人。我知道，大姐乐善好施，帮人就乐。"老太婆道："难道不是吗？帮着人度过了难，自然乐。说好了，一准给我。"校长也笑道："君子爱财，取之有道，用之也有方。从这话，就看出我们的发子还有些君子的味儿。"

姬杨先回到中山，和家里人待了几天。来到张家山时，姬发夫妇已为他收拾好了一孔窑洞。窑洞门前，一条裸露在地面的树根，有成人大腿那么粗，形似虬龙，正好供人困了时坐歇。姬杨走困了，就坐在这树根上，喝着娘儿端来的蜂蜜茶歇脚。时候正是五月，漫山遍野，槐花流蜜，香气醉人。绿树下，一排一排的蜂箱。成群的蜜蜂，"嗡嗡"叫着，飞来飞去，腿上满带黄色的花粉。骄阳艳艳，青天漫漫。仰头是山，山高千丈，俯瞰是水，水浅流低。水色山光，赏心悦目。姬杨忍不住夸道："太老爹这半辈子，真没白守张家山。好地方，诗情画意的！单凭这地方，我也愿跟你们常待。"

校长夫妇无论怎么手头紧，都把工资按月硬塞给姬杨。

秀珍毕业实习前，回了一趟家。自然到高阳一下车，先去看望校长夫妇。校长已向七嬷说了在那小屋看到姬杨时的情景，恰好他不在家里，七嬷一时动情，便向秀珍和盘倒了出来。校长回来，见秀珍眼睛哭得红红的，一问原因，便怪罪七嬷"太嘴快"。七嬷后悔不已，一副罪人样，只会给秀珍说宽心话："吃喝病灾，人生常事。你一个念书的学生，也管不了。都怪我，给你说了，没用还白添心事。好闺女，你哥早好了。如今我让他帮发子务果园，再有什么事，我们就近好管，你不用往心里去。"

七嬷还做了好饭给她吃。秀珍见过姬峰，便要回中山了，七嬷一直送到街口。

心灵柔和的秀珍，陷入了深深的痛苦里，路遇熟人也不知礼问，只顾低头绞辫梢。自她记事起，哥哥就破衣烂衫的，不是母亲不肯给他缝新衣，有好布，他总让给妹妹们缝，说女孩子理应打扮得花儿一般，他是男孩，只要能遮羞，穿什么都行。长到二十老几了，家里还没有他单独住的房子，回来只能和弟妹们挤在一个炕上，或者到别人家去借宿。俗话说："攒钱买马，借钱娶妻。"父母早就要给他借钱盖新房娶媳妇，可他说："那样不如杀了我。大姑都为供我的弟妹们上学背了一屁股烂债，我好意思花钱盖房娶媳妇吗？供弟妹们上学要紧，别的不提。"

哥哥的活人是苦的，但是他给弟妹们的感觉却是甜的。哥哥不事打扮，可弟妹们心目中他的美好无与伦比。真的，他们遇上了一个人间最好的大哥。他从不板起面孔教训弟妹们，更别说打了，永远是那么亲切、诚恳。谁不开心，哥哥总有办法逗其开心。哪一个弟妹小时，没在哥哥的脖子上架过，没把哥哥的背当马骑过？哥哥对弟妹们只有付出，只有爱，虽然他不图回报，弟妹们暂时也无从回报，但至少得让哥哥娶妻生子，得让他有属于自己的生活。下半年，她将挣工资。哥哥肩上的担子，她得接过来。可是她的工资有限，弟弟姬峰下半年很有可能考上大学，她深感力不从心。这也是让她最苦恼的事情。

秀珍痛苦地想，她该嫁人了。她的所爱，已另有所属，嫁人对她是无益的，可"不为无益之事，何以遣有涯之生"？于是，她想到了刘东海。

刘东海本来在高阳可以扶正，但他不喜欢在家门口待，寻关系钻门路，终于调入了县城，出任劳动人事局的副局长。在高阳当副镇长的时候，他只是个太平官，遇事好推诿，轻易不肯得罪人，似乎没有什么经济问题。到了劳动人事局后，他乡里的家盖起了两层楼，城里也买了地方。单靠他的工资，肯定办不到，钱分明来路不明。人也变了，眼里闪着冷光，嘴里吐着道理，话多意义少，官腔十足；对土里土气的乡亲，则傲气十足。不过，没有校长夫妇供他上大学，就没有他的今天，所以他对老两口仍然礼遇特殊，回高阳的时候，总要带着礼物去看望他们。七嬷见了他，还和过去一样亲。校长则对这位学生很失望，说："读书是好事，他倒把好事变成耗子屎了。"见了他，脸上老是淡淡的，一副不耐烦的神气。

刘东海这年二十九岁。在官场，可算年轻有为了。但在情场，他却老大无为。农家女子，配他已不够等级。几个城里女子也和他谈过，最后都告吹。成长环境影响思维方式，那些城里女子，总跟他说不到一块儿想不到一块儿，互觉别扭，只好各走各的了。其实还有一个更重要的原因，是早有一个女子占据了他的心，他已无法把别的女子放入心里了。

这个女子，便是出自乡土、随和朴实、美丽出众的秀珍。

他知道武七嬷在秀珍心里位置重要，当初曾求老太婆从中撮合。热心的老太婆费了一番唇舌，见秀珍无动于衷，便丢开不提了。东海却欲罢不能。去年，他出差时曾绕路来到秀珍学校，当面向她含蓄地表明了内心。秀珍很干脆，以"正在上学，不考虑这事"，直截了当地拒绝了。他又想给她留一点儿钱，秀珍这下语言很委婉，但态度坚决，拒绝接受。刘东海很灰心，但一直没有死心。

春意已尽，落花流水，倍添人的落寞。秀珍咬着红艳的嘴唇，双眉紧蹙，斜着身子走在山路上。虽然有意的那人已无望，但只要给她时间，说不定还能从人海里觅得一称心男子的。可惜穷让她无法从容信步人海，只能就此落脚了。泪珠，悄悄挂在了她那粉嫩的双腮上。

西天角起了一片黑云，不知不觉间就扩展到了整个天空。忽然一声震雷，余声隆隆。这是今年第一次响雷，然而却密云不雨，只是空气变得异常沉闷。秀珍索性走入路边的小树林里，坐地捂脸，痛哭了一场，便擦干眼泪，换上轻松的神情，向家而去。

第二天，秀珍又来到校长家。七嬷正在洗衣服，一看她的脸色就知道有事，忙擦干手说："坐下说话。大概回学校得拿些钱，家里没钱了？毕业的时候，你跟你的同学们总要送些礼物，照个相什么的，虽说是小意思儿，倒得花几百块钱。不愁，我的女儿。昨个你一回来，大姑就给你准备了五百块钱。"秀珍眼泪一下子就流出来了，道："不是钱的事。"

七嬷再问，她却说不出口，只给老太婆洗衣服。校长夫妇的衬衣，补丁缀补丁。秀珍看着，眼泪直往脸盆里滴。衣服全洗好晾在院里绳上，老太婆又催问得紧。她才说："东海年纪不小了。我想一毕业，就跟他结婚。有些话，我跟他直说不好，想烦大姑替我跟他说一说。"

七嬷吃一惊，愣了半晌，才明白过来。历尽磨难的老太婆，其实又很幸运。小时得到了许多长辈的疼爱，如今又得到了许多后辈的敬爱。最重要的，是几十年来，还有一个称心如意的男人，始终如一地爱着她。这许多的爱，使她对人也满怀着爱。此刻老太婆按了按发髻说："好闺女，不要垂头丧气，抬起头来活人！我只恨不能迟生几十年，跟你一样，上大学，干大事。我都能遇上你姑夫这么好的人，你那么争气，还愁遇不上个好男人不成？你们家的世事，将来要叫高阳人看得眼花缭乱哩。难也就难几年，我心里有数，会帮着你们把这难扛过去。当日你不愿意那东海，到底读书人，比我有眼力，他如今可不变了？你姑夫都不太理他。我还和他拉扯着，是想着你姐妹俩毕了业，分工作我也没别的人求，只好求他。要说他的为人，我如今也看不上眼。你一辈子的事，不敢胡乱凑合。听大姑话，这事就算了吧！"

秀珍道："公是公，私是私，东海在公事上是有些叫人说不清，可他对他爹娘倒没啥说的，想来对老婆也不会太差。这事大姑要不肯跟他说，我只好自己跟他说去了。"七嬷竭尽所能，也劝不转她。她简直对自己是铁石心肠了。无奈，老太婆沉吟良久，含泪道："这可是把你一辈子毁了。我既拦不住你，让你跟他说去，还不如我老脸厚皮地跟他说去。聘礼钱是要的，你一个姑娘家，羞头羞脸的，又是大学生，咋好跟他开口？唉，傻子，跟你哥一样傻。世间不如意的事，常八九，难得有一二如意事。偏是些最叫人心疼的孩子，偏最不如意，唉！"

送走秀珍，七嬷挪挪这个，动动那个，唉声叹气，一下午都不知自己做了些什么。晚饭时，校长一进门，她就忙向老头子说了这事。校长道："不可，万万不可。为钱作难，就难个眼前。丈夫不称意，就难一辈子了。这么吧，你先不要下县跟东海说去，明天叫小峰骑车上山，跟他哥说说。秀珍最听杨子的话，不定杨子能劝得通她。"七嬷道："我看杨子也难。他们兄妹几个的脾性，我们不是不知道，外柔内刚，最有主见，认准了的事，九牛也拉不转。话说回来，不走的路也走三遍哩，试试也好。快要考学了，小峰那孩子念书要紧，反正我是个老无用的，还是我上山吧！"校长道："一来回，没有五十里路，也差不多了。"老太婆鄙夷道："别说五十里，就是五百里，真有要紧事，我说走也就抬脚走了。我没有你那学问，除过跑跑腿，说说话，再能给那孩子做什么呢？"

天不明，老太婆就赶往张家山。姬发他们早起洗罢脸，正坐在窑里炕上吃饭，外面狗叫了起来。娘儿出门一看，笑道："花花儿大姑来了。"姬发、姬杨忙下了炕。姬杨先趿着鞋迎出来问："大姑来这么早，莫不是出了什么事？"七嬷忙打起笑脸来道："叫事把你吓成啥了？没事，白来看看你们。快吃饭，我也走饿了。"姬杨搀她进窑，傍着她肩坐于炕上。娘儿盛了一碗饭端来，七嬷接住，却只催姬杨快吃。她怕把事情早早说出来，姬杨急得吃不下去了饭。

饭罢，从来言谈爽利的七嬷，竟有些结巴，好容易才说清来由。姬发笑道："好啊，秀珍福大，要做官太太了。东海早有心，难得秀珍这阵也乐意。两下里情愿，有什么不好？一人得道，鸡犬升天，这下杨子要成县劳动人事局的局舅了，恭喜恭喜！"娘儿也说："秀珍那样的人品学问，本来就不是平常命。"姬杨却神色大变，道："都怪我这一病，她才急着要嫁人。她从来就不喜欢那个刘东海。我回去劝劝她。"姬发道："有什么好劝的？你病倒在那野山小屋，要不是及时给你姑夫发电报求救，这阵还有你吗？我想起来，就后怕得要命。秀珍跟了东海，你们家肯定就不缺钱了。钱就是好，越多越好。"七嬷瞪了他一眼道："你不说话，没人把你当哑巴！"姬发吐了吐舌头，向娘儿做了个鬼脸。娘儿笑打了他一下。两口子都不敢再说什么。七嬷道："还是杨子最懂事！我在这里等着哩，劝通劝不通，都来给我个话儿。"姬杨骑了自行车，便忙忙往家赶去。

秀珍一看见哥哥那瘦削的脸庞，眼泪就在眼眶里直打转，好容易才忍住没让落下，强笑道："一回来就说要去看哥，有些事，闹得到今还没去。听说哥病了一场？"姬杨愤愤道："有些什么事我知道。你来！"秀珍乖顺地跟他到没人处。姬杨道："什么事都可马虎，就是生命和婚姻这两样大事不可马虎。哥身上的病能好，你要嫁了不喜欢的人，哥心里的病，一辈子也不得好。哥这么多年苦自己，难道不就是为弟妹们幸福吗？你要违心嫁了刘东海，哥就白苦了。"秀珍弯身采下一朵野花，一瓣一瓣地揪碎，两条乌黑的粗辫子，在胸前晃来晃去。她微笑看着姬杨，声音平静而柔美，道："哥，你是知道的，我只喜欢发子。撼山易，撼我对发子的爱难！可惜，发子我永远嫁不上了。既这样，我嫁谁都一样。"姬杨怒道："你这是自暴自弃。"

秀珍笑道："哥，我都二十二了，自己的事，自己知道怎么办。我不是哥，为着弟妹，大学也不上。无法嫁所爱的人，就嫁条件好的，让自己至少不受穷嘛。况且，我也不讨厌东海呀。哥想想，要不是大姑供我上大学，我连人家东海也嫁不上哩。待在山里，发子也未必娶我。论容貌，我比不上发子媳妇呀。春燕都败北了，我能胜出吗？现实就这么残酷，我们谁也无法逃避现实。所以，我都想通了，哥还有什么想不通的？"

姬杨好说歹说，秀珍只一口咬定非嫁东海不可。从来不忍向妹妹发火的姬杨火了，阴沉着脸，恶狠狠地瞪着秀珍吼："他是一头肥猪，贪吃的猪！我的妹妹，竟然要嫁那号东西。气死我了……怪我，都怪我！哥没出息，挣不来钱……"他蹲在地上，青筋暴起的手搂着头，痛楚地哭了起来。秀珍也不劝他，低着头，眼帘下垂，紧咬嘴唇，一言不发。这是无言的真爱。她爱哥哥，自己终于成了家里一个有用的人，能解脱哥哥肩上的重负了，她甚至有一种酸酸的幸福感……

兄妹身边坡地的草里，昆虫鸣叫不已。微风吹得草像绿缎子一样波浪起伏着，清香醉人。亭亭玉立于草里的秀珍，就像那凌波的仙子。

又一日，七嬷来到县城，在县政府大院劳动人事局所在的那层楼里，因不知刘东海在哪个办公室，随便推开一个门，只见一个小伙子正坐在桌前读书。老太婆轻声笑问："刘局长在吗？"小伙子眼皮也不抬反问："你是谁？"

老太婆挺着胸脯冷笑道："年轻轻的，就这么势利，狗眼看人低，不过坐个办公室，就跟坐了皇帝的宝座一样。要坐了大官，眼里还有平头小百姓吗？我是刘东海他娘。"小伙子吓一跳，忙抬起眼皮，旋又垂了下去，道："老太太，这是县人民政府大楼，不是乡里的村巷，你骂人找错地方了。刘局长是大孝子，常接他娘来，我们都认得。哼！什么都假冒，娘也敢假冒！"

七嬷闷声道："你还读书哩，读的屁书，一点儿道理都不懂，尽拿屁话臭我。你坐在人民政府大楼里，就是人民公仆。公仆像老爷，我这个人民别说骂，巴掌也敢抽到你脸上。快给我说，那野小子的办公室是哪个！"小伙子狡點地看了她一会儿，见她这么牛气，怕真怠慢了局长的亲属，便起身出门。七嬷提了提肥大的裤子，跟在他后面。到一个办公室门口，小伙子敲开门道："刘局长，有一个乡里老太太找你。"里面刘东海的声音道："给说我不在。忙着哩！"小伙子道："老太太说是你娘，可又不是你娘……"东海不耐烦地道："我娘昨天才回去，今天不会来的。把门拉上！"

小伙子回头以讥讽的眼光望着七嬷，就要拉住门。早已满脸怒气的老太婆，一把搡开他，"哐"的一声推开门，两手抱腹，声如洪钟道："畜生，孬种，官做大咧，我也不见了。看我不敢捶你！"刘东海一看见七嬷，就慌忙从桌后的椅子上站起，把椅子都撞倒了，大胖身子绕过桌子时又把文件什么的撞落下地，只听"哗哩哗啦"乱响。他笑得像个弥勒佛，紧步迎向七嬷，道："我的娘，小声点儿好吗！你那吼，我听来简直是五雷轰顶，吓得都魂不附体了。"

小伙子吐了吐舌头，低声道："真是局长他娘。"刘东海拉住七嬷，瞪了那小伙子一眼道："怎么不说清？"小伙子忙向自己办公室溜去，且走且嘟囔："你不容我说清嘛！真是，别人情妇多，他倒干净，老婆也没有，就是娘多！这个娘，还牛皮哄哄的！"副局长办公室还有几个人，见这老太婆来头不小，吃一惊，都轻手轻脚走开了。一个走得太慌张，竟踏了另一个的脚。那个人尖叫了半声，又忙捂住嘴，拐着出了办公室。

刘东海把七嬷让到沙发上。老太婆不客气，盘腿而坐。刘东海觉得不雅，关了门，递上茶笑道："先喝茶消消气。不知者不为罪，我不知是你老人家驾到了。敢不见你，我就真成没良心的畜生了！你轻易不到我这里来，来准有事。"

"说对了，我是无事不登三宝殿啊！"

"多半是为谁调工作开后门来了。你的人，自然好说。偏你爱多管闲事，多半是为旁人。好师母，你是个一身正气，义薄云天的人，不会让我乍难，为旁人开后门的，是吗？"

老太婆啐道："呸，又端起架子来了！再给我端架子，小心我揪住耳朵，把你的官架子连耳朵一齐揪下来。也少给我戴高帽子！我个头就够高的了，用不着拿帽子来冒高。我就一个女儿，她又没跳槽的本事，用不着刘局长作难。我可不是爱管旁人的事是什么？当日我要不爱管刘家那个臭小子的闲事，今日刘大局长能见我吗？我就爱管闲事，今日还管的是刘大局长的闲事。"

刘东海一愣，道："我有什么事要你管？难道你有什么后台，要把我从局长升为县长不成？"七嬷笑道："想得美！我倒有锅台，就是没后台。你托我几回了，真是贵人多忘事。你跟秀珍的事，我见她正上学，没跟她说过。想来我在她跟前还有些面子，她是听我话的。再几个月她就毕业了，这一次回来，我跟她好好说了一场。她真给我面子，应了。"

刘东海做梦也想不到有这等好事。但愿不是做梦！他揪了揪头发，感觉到了疼，说明的确不是做梦。于是，他忙弯腰捡落地的文件。手都有些抖了，捡到手的文件几次又落地。他简直是大喜过望。七嬷则闭上了眼睛。她最爱痛快事，这件事却让她很不痛快。有人欢喜有人愁，她不知道自己是做了好事还是做了坏事。

半晌，老太婆睁开眼道："她只有一个要求，毕业后想分到咱县林业局。算了，我一身正气，她又跟我是两世旁人，你就不作难给她开后门咧。"东海笑道："你就别提我刚才的那些狗屁话了。我这脸肥厚肥厚的，都叫你说得要红成猴屁股了。这算什么开后门？又不是要一官半职，进林业局搞自己的专业，属正常分配。"七嬷摇着发髻道："这么说，我那可怜的闺女儿，还是什么要求也没提了？她不提，我这当媒婆的，倒要提一个。杨子为供妹妹上大学，二十七了，还不敢娶媳妇。好容易把妹妹供了出来，他也该过正常人的日子了。乡里娶媳妇，得聘礼钱。这个钱你得掏。你看着给吧！"东海连连点头道："应该，应该。杨子的事，我知道。再说你跟我也非亲，跟秀珍也非故，都供我们上大学，我这就跟她家是至亲了，咋能眼看着她家的穷不帮呢？说给你也不怕笑话，秀珍真是把我的魂勾走了，倾家荡产我也在所不惜。五千元少不少？"

五千元的聘礼，当时在高阳已算是最高的了。七嬷却道："不多，也就算了。眼见小峰又要上大学，你再多给，我也替她家接。成了亲，好好待我娘家侄女。你要是亏待她，我敢在这劳动人事局当着你的下属面，撕住脸朝你嘴里啐，把你的五脏六腑都活掏出来。到那时，我就不是你的恩人了，也不是什么善人了，就是人家说的母老虎，非生吃了你不可！"东海道："我天王老子不怕，就怕师母，敢亏待秀珍吗？"七嬷笑道："知道怕我就好。趁她在家，明个就把事定下吧！"东海当然求之不得。

计议停当，东海道："今个你就住在我那儿，明早跟我坐单位的车回去。咱们先到街上吃些什么吧！"七嬷道："我这媒婆，不用你请吃。一顿花几十块钱，不如省下来，你给小峰买笔本。局长家我也不去，门难进，脸难看。我还是到女儿家混去吧！"东海笑道："刚才我不知道是你老人家，说了个不见，你就记到死了？"七嬷道："想外孙咧，好些日子没见了。"东海便让劳动人事局的小车送七嬷去她女儿处。搀老太婆上车时，她笑着自嘲道："我倒真尊贵成局长他娘了!"然而一上车,想到了秀珍,她脸上的笑容便消失,变成了身为母亲者常有的那种忧虑神色。

第二天,天色阴沉。劳人局的小车把刘东海和七嬷送到高阳,又接来东海的父母、秀珍及其祖父母、父母。刘东海在街上最好的饭馆里,要了两桌酒菜。七嬷是媒人,自然少不了。东海也请校长作陪。校长一点儿也不给面子,竟毫无道理地拒绝了。东海肚量宽,并不计较,向七嬷道:"我恭敬不来,你一顿臭骂,他就来了。"

七嬷笑道:"他是个怪人,不来由他。我跟这几位亲家都粗相,他文文雅雅的,来了倒叫我们跟着他活受罪。小峰那孩子,天天啃干馍。你把他叫来,让换换胃口吧!"真是人逢喜事精神爽,刘副局长拖着胖身子,几乎是一路小跑着又来到高阳中学。他既是本镇人又在本镇当过副镇长,熟人自然多,一路点头问候。进了姬峰他们班的教室,他一把拉住那少年就往外走,道:"好兄弟,跟哥吃饭走!"

姬峰眼睛肿得像没熟透的李子,是昨夜被子蒙着头哭了一夜。这聪明的少年,当然明白姐姐因何有这一举,心里不知有多难受。到了人看不见处,他挣脱东海的手,态度生硬,嘶哑着嗓子说:"我还要上课哩。只要你待我姐姐好,比叫我吃什么都好。"东海一愣,旋即宽容地笑了,道:"真是个倔脾气!好,我不强求你。鼓足劲,一定要考上大学。我原来比你还穷,现在不是该有的都有了吗?你一定比我更有出息。吃饭是小事,不去也罢。考上大学,一切费用姐夫全包了。"东海无意中把"哥"换成了"姐夫",姬峰却听着特别刺心,转身便回了教室。

东海还要请镇政府的老同事。七嬷道:"能省就省,用钱的地方多着哩。"东海只得退了一桌酒菜。

两亲家虽然常见面,但今日非同寻常,都有些拘谨。七嬷只得打起精神来,说些场面话。东海把一沓崭新的钱交给七嬷道:"不用数,差不了。"七嬷道:"当面数清为好。"一数,笑道,"多了一千。多了就多了,再多我都接。"递给姬杨爹,眼角湿湿的,"事这就算定了。"

姬杨爹摆着手,牙缝里像有沙子,吐字磕磕碰碰地道:"这不成卖闺女了吗?我闺女是大学生,不能按乡里的女子来。"秀珍望了东海一眼,东海只傻里傻气地笑。她倒落落大方,也一笑,道:"爹就收下吧!日后咱们家缓过气来,东海有求,自然也会帮他的。"东海忙道:"从今日起,咱们就是一家人了。一家人不说两家话,不说那话。"东海娘也道:"我们从难处过来,当日要不是武家七嬷两口子看着我们的难处，东海这一辈子就完了。亲家，收下吧！你养大一个闺女，又供上大学，花钱不止几千。再说，你正在难处，底下几个孩子都争气，不敢因没钱误了孩子上学。你们家杨子，不误了？好亲家，不客气！"姬杨爹这才抖着手接住了钱。

秀珍这几天只想到这样可以解脱哥哥，并没多想东海，此刻见他满面春风，才想到自己既然不爱他，这样便是对他莫大的伤害。由是便深感愧对他，又不好说什么，只一个劲往东海父母面前拣菜。

老两口如新郎、新娘一般激动。东海娘脸如红萝卜，屁股在椅子上不住扭着说："东海要娶个城里的洋女人，我就有了儿媳妇，没了儿子咧！真不知哪世修的福，儿媳妇是秀珍。知底知面的，模样儿百里挑一不说，为人也难得。下到地里能握锄头把，坐到桌前能提笔杆子，心眼儿又好……还叫我怎么说呢？刚刚东海来接我，我都不敢信。我哭了一鼻子。提着棍儿讨饭的当日，我咋敢想还有今天？别看我儿子是局长，我眼里，秀珍是下嫁了。呸，瞧你那又胖又丑的样子，简直是把一朵好花插牛粪上去了！"说着便抽抽搭搭起来。东海忙笑道："我丑，还不是怪你的事。瞧你那长跟宽一个样，能生出好看儿子吗？爹，为着有一个好看的儿子，你原先也不该娶我娘。"东海爹也幸福地在抹泪，忙捧着大胡子，潺潺流水似柔声细气，悦耳动听道："唉，秀珍这样漂亮的女子，真是打着灯笼难找啊！儿子娶一个漂亮媳妇，孙子准漂亮，也就补了我娶你那丑娘，生了个丑儿子的过了！"

连秀珍一家，脸上也有了笑容。东海爹娘又眼泪汪汪，把秀珍的五辈祖宗夸了个遍："个个勤苦，是大善人！"秀珍一家，简直都忘了秀珍并不爱东海，也尽拣好话给亲家说。最后，两亲家的会面，以表面上的皆大欢喜而散。

东海因为兴奋过度，几乎忘了招呼人吃。七嬷见盘里的菜还满满的，便用脸盆盛了，端回去给姬峰等几个住在她家的学生吃。

秀珍因第二天要返校，没有回中山，晚上就跟七嬷住着。第二天，下起了雨。潇潇小雨很快变成了淋淋大雨，高阳裹在了阴冷的雨雾里。七嬷打着雨伞，站在街头送秀珍搭车。老太婆道："既已这样了，心里也别太难受。人在变，事在变，将来的事难说，刘东海要变得和从前一样好，你们的婚事不就成好事了吗？人和事，不可看得太死了。"秀珍道："过去能受了的不能受了的，我都受过来了，现在还有什么受不了的呢？大姑不必为我操心。就是我哥恐怕不好受。"七嬷道："只要你能想开，大姑就放心了。过几天，大姑就上山去看你哥。"

车在雨雾里消失了。老母还站在街头，久久眷望着那孩子去处。

这年七月，秀珍大学毕业，如愿被分到了县林业局，不过是在林业派出所。县属林场没几棵树。本县境内最大的林场，就是张家山林场，又属高阳镇政府所辖。林业局别的人只每天坐八小时机关，不过喝茶、看报、闲聊，甚至关了办公室门打牌，就派出所的人还下下林场，管管盗伐事件，算是与林业有关。秀珍虽学非所用，但也知足了。说真的，她这阵还不敢考虑什么事业，只想赶快挣钱顾家，当然很容易知足。

警服着身的她，秀丽中又平添了英武，可爱里又给人多了可靠的感觉。的确，她已代姬杨成了亲人的靠山了。不久，她就和刘东海在高阳举行了婚礼。

东海虽然是个副局长，但劳动人事局的副局长不缺逢迎巴结的人。那天，他家所在的山村小巷里，各种小车停得满满的。

前一天，刘局长三去镇中，请校长参加他的婚礼。前两次，校长都摆手道："我好肃静，怕热闹，不去也罢。"第三次，小小的中学校长竟然向刘大局长发起火来："烦不烦？我说不去就不去，八抬大轿也请不去。我就这号人！"

东海向七嬷诉委屈说："武老师不知为什么，后来跟我较起了劲？我想我没有忘他的恩情，从来对他毕恭毕敬的嘛！"七嬷不好直说，笑道："他越老越成怪物了。他不知趣，你不会给他个没趣？"东海搔着胖脸笑道："我不敢。"七嬷道："那就别理他。"

东海借了二十辆摩托，族中兄弟骑着摆了长长一列去迎亲。然后是一长列大小汽车，好不风光。东海坐在车里，抚今追昔，百感交集，不禁泪下。

秀珍却没有要林业局的小车，也没有通知同事、同学、朋友来参加她的婚礼。老祖父赶着一辆搭有毡顶棚的马车送她上路。

在前踏路的，一般是新娘的父辈，所以队伍总是快马加鞭。秀珍却一定要姑母兼媒婆武七嬷为她领这队伍。踏路得骑马。七嬷倒想过一过少女时骑马的瘾，只是老了，骑马怕不稳当，只得骑在小叫驴上，由姬杨牵着。姬杨依然消瘦、憔悴。怕把七嬷从驴上跌下来，或者是不忍妹妹早早进别人家门，他走得很慢。慢驴使得后面的马、摩托、大小汽车也干着急。队伍缓缓的，如送丧。

姬峰、姬小小各骑一匹红马，在两边为姐姐傍轿。后面便跟着东海的迎亲车辆，东海坐在头一辆车内。

姬发夫妇等秀珍的族人亲戚，也坐在男方的汽车里。姬发竟然代司机开着车。坐在这车里的人都紧张得一身汗，他却一副英姿勃勃的样子。

东海幸福而不安，红着脸，不时一瞅前面马拉的轿车。轿车上着大红婚服的秀珍，又与着警服时的情景不同，艳丽无比。她正襟危坐，没有激动，只有对将为人妻的恐惧，脸儿白白的。时候正是酷夏，她的心却处在寒冬里，冰冷冰冷。

姬杨没有再劝过秀珍，见面时眼光总是冰冷、严厉，一再声明不参加她的婚礼。然而婚期临近，他的态度软了下来，主动回来操办妹妹"出门"的事情。此刻，他的心如被蜂蜇了一般，疼痛难忍。

武七嬷银光闪闪的发髻边，簪着一朵红绸花。她见姬杨情绪恶劣，也愁眉不展的。而头一次坐小车的姬发媳妇，却如新娘一般两颊泛红，微鼓的嘴唇，带着甜蜜的微笑。这个队伍，就这么苦乐不均。

后面车声大作，有人从车窗探出头来喊："快些，叫前面快些！"前面依然行进缓慢。小小恶声骂道："急着死去？讨厌！"

小小不惯骑马，紧紧捉着缰绳，只看马头，不敢看前面，一脸紧张。轿车另一边的姬峰，倒抬头看着前方。不过前方什么也没看见，是泪水模糊了眼睛。

乐莫乐过"金榜题名时，洞房花烛夜"，然而姬杨没有了金榜题名的快乐，秀珍也没有了真正意义上的洞房花烛夜的幸福，姬峰觉得自己必须两全其美，才对得起哥哥姐姐的牺牲。小子也真争气，这年竟然考上了清华大学，使校长在高阳不再是独一无二的了，一时成了本地最大的新闻。

如果说酷热难耐的盛夏里为秀珍所举行的婚礼，让一家人满含辛酸，初秋时清华大学给姬峰的录取通知书，则给家人带来了真正的欢乐，连带着校长夫妇、姬发夫妇也喜不自禁。生活节俭的校长，竟然掏钱让七嬷做了丰盛的酒菜，领着姬峰、姬小小在家里海喝山吃起来。老夫子大醉，早已白丝上头，皱纹上脸，醉里却以为自己正当青春年少，竟哼起了流行曲："我们是如此平凡，又是如此幸运，生在一个有为的时代，梦想不是幻想，只要默默努力，就能慢慢实现。"

姬发媳妇要把自己没用过的嫁妆缎被送姬峰一床，可惜没送出手。他的衣服被褥日用，姐姐秀珍给置办得齐齐全全的。生来连新衣服也没穿过几件的放羊娃，一下子成了时髦少年，心里可真不是个滋味。校长夫妇的钱这回也没送出手，有他的姐夫刘东海哩。姬杨家的艰辛与无奈，已宣告结束。

真是人事沧桑。姬发想到当年上中学时去姬杨家玩，姬杨娘给他做荷包蛋吃。他冷不防进了厨房，却发现还是小少年的姬峰，把蛋壳上残留的那丁点儿蛋白，小心翼翼地在火上烤熟，用舌头舔着吃，几让他心酸落泪。不想姬峰如今风华正茂，也春风得意，又让他羡慕得都有些嫉妒了。

人事也有些滑稽。婚礼上乐不可支的东海，婚后生活却没有他婚前憧憬得那么幸福。姬峰走的那日，他借故忙，没有来送行。

姬杨、秀珍、小小、校长夫妇、姬发夫妇，在街口相送。上陕师大的芳珍，可以和姬峰同行到西安。姬发高中毕业回中山时，小小还光着屁股打猪草。如今他已是十六岁的大少年了，这学期上高二，依然住在校长家。

一个素质很高的长兄，对弟妹们的成长影响极大。姬峰跟着芳珍上车时，看见车窗玻璃依稀映出的脸庞，自己光润饱满，哥哥则如刀削斧凿，眼泪便夺眶而出，突然额角的乌发一摆，回身紧紧抱住哥哥说："保重。只要哥身体好，这么多大学生弟妹，日后一定会让哥享福的。"姬杨的眼泪一下子也流出来了，搂着弟弟说："坏东西，看把你张狂的。哥等着那一天哩！"

话虽这么说，但自己的命运，还得自己来改变。弟妹们的爱戴，就是姬杨最大的幸福。弟妹们来日有所成，他自然骄傲，但不会坐享其成。

武七嬷那失去光泽的眼睛里，浊泪滚滚，道："好，好！看着你门亲，我也亲。亲人，就要亲！"

姬峰又拉住秀珍姐的手，不知说什么好，只会流泪。秀珍抚着他的头发笑道："家里什么事，都不要放在心里。机会难得，把心全腾出来，放在学习上。"姬峰重重地点了点头，说："我现在才明白，发叔为什么那么爱大姑。有姐姐就是好！"七嬷哭了起来。

面对这样的哥哥、姐姐，姬峰也意识到自己作为哥哥的责任，走到小小跟前，一拍他肩膀说："咱们兄弟姐妹，你是画句号的，必须把这个句号画圆满。"七嬷看着这兄弟姐妹五个，一个比一个叫她心疼，只恨他们不是自己亲生的，又转哭为笑道："到啥地步是啥地步。小孩子家，不敢给压力太大了。虽说压力是动力，可压力太大，就把人压垮了。别人家想出一个大学生也没那命，你们家出了多少？行咧！"

姬峰张开双臂，一搂校长夫妇，又放开道："说我们，你们怎么说呢？不说过去，单现在，你们背着那么多的债，也没见把你们压垮呀。"校长笑道："这叫压强。我们是越压越强。"姬峰便坚决地说："就是嘛，小小必须考上大学。死狗扶不上墙，他不打好一个自我发展的基础，谁也不能真正意义上帮他。那年大哥没上大学回来，我就给自己说，一定要上大学，上就上最好的大学。这次报志愿，我只报了一个，清华，别无选择。有志者，事竟成，我不是如愿以偿了吗？行百里者半九十，上了清华，也只是我的一个好开头，积蓄些经济力量，我还要争取到世界上最好的大学去留学，用我绝对的出色，来报效关爱我的人们。天生我材必有用！小小，你就没有这个自信吗?"置身于年轻人茂盛的激情丛林，校长感觉自己也年轻了，也满怀激情地笑道："是英雄。英雄气长！"

小小浑身一振，点头说："我或许不如二哥出色，其实我老早就咬紧牙关要压好咱们兄弟姐妹的阵脚，做最出色的哩。即便最后不能如愿，我一定是尽了最大努力了，不以成败论英雄嘛！"姬峰道："这才好。'我辈岂是蓬蒿人?'"打了一个响指，两手往牛仔裤兜一插，潇洒地上了车。姬杨仰天而笑，秀珍却哭了。七嬷也哭道："死老头子，都是你把孩子们害的。峰儿，我的孩子，好容易考上大学，该松松劲咧。身子骨要紧！"

圈子影响人生，姬发密切交往的圈子，是姬杨兄弟姐妹这些人，难免对他影响不小。意气风发的姬峰，就感染得姬发冲动莫名。当然，山里汉子的命运对他已成定局，但盘山路上，难道就不能走出个大气人生吗?

转眼就到了收秋，姬发他们忙了个昏天黑地。因为玉米收后，还要赶着种小麦，怕误了节令，七嬷也上山来帮忙。她和娘儿掰棒子，姬杨气喘吁吁地往场子挑，姬发则岔开两腿，在挥镶挖玉米秆。两个男人，汗水都把背上的衣服浸出了一块一块的白斑，臭气熏人。两个女人身上也汗湿。玉米叶子在脸、脖子、手腕上划过，又经汗水一浸，痒疼痒疼的，怪不是滋味。叶子上的尘灰把他们弄得灰头土脸的。老太婆的白发，都成灰黄色的了。

秋风把玉米叶子吹得"哗啦哗啦"作响，天空总笼罩着一层灰色薄雾。这个时候，最爱下连阴雨。要是不赶着把地腾出来，种下小麦，万一下起了连阴雨，种子就下不到地里了，所以他们晚上几乎只是打个盹儿，也不正经吃饭，只是啃干馍，喝凉水。

六七天工夫，总算把玉米棒子全收到了场里。七嬷和娘儿便从地里往外背玉米秆，姬发和姬杨则忙着犁地。

二春的手扶拖拉机已换为四轮车了，他种完了自家的地，开着四轮车也来帮忙。那时玉米秆已全背出地，七嬷便让娘儿用镶头挖难以使犁的地角，她把棒子用三刺铁叉摊开，让二春开着车往下碾玉米粒。老太婆腿都肿了，酸疼难忍，眼周一圈黑色，嘴唇干裂，却站在车扬起的尘雾中，挥着铁叉，不住地哑着嗓子喊："这里没碾到。坏小子，碾这里！"二春急得喊："死老婆子，离远点儿，小心车撞着了。阎王老爷子一心要娶你哩！"

"呸！叫你爹弄个猪尾巴给你啃啃。不流涎水了，再教训老娘。"

正说着，车轮下一个玉米棒弹了起来，重重地打在了老太婆脸上。她歪着嘴，哼哼唧唧着，乖乖地站远处去了。

"瞧，阎王给你把聘礼都送来了。再不一边歇着去，发子就得用上好松木做个长条箱子，预备把你装在里面，用轿子抬着送去跟阎王入那黑洞房了。"

老太婆脸疼得说不成话，用手捂着，只用拿那多日没睡好而血红的眼睛，恶狠狠地瞪了二春一眼。

玉米粒碾下来了，又和碎玉米芯混在一起。老太婆是扬场把式，年轻人都没有她那个技术。可惜一万来斤玉米，堆得小山一般，老太婆一锨一锨扬完，胳膊肿得都举不起来。忙活了二十来天，人人身上脱了一层皮，总算把小麦种下了，玉米也卖了。高阳农民，很少种别的经济作物，因此粮多为患，难卖也卖不上价。姬发的玉米，还是七嬷求情让粮站的熟人买去的。价格就别提了，共得两千来元。姬发把整数拿出让七嬷还债，零头留下来日用。

冬日农闲，夫妻俩和姬杨为了来春能省些化肥，把周围林里的腐殖土一锨一锨铲下来，用架子车拉到果园，满满铺了五十来亩。冻土生硬，铲时十分吃力。有一次姬发和姬杨洗澡时，骄傲地拍着胸脯说："吃没吃苦，这就是证明。专业运动员也难有我这么发达的肌肉。"

一晃，又到了1989年春天。该到施化肥的时候了，七嬷押着一四轮车将各种肥料送了上来，不久又送来了农药。钱自然是她厚着脸皮倒腾挪借的。有一次，老太婆苦笑道："臭小子，赶快发财吧！我实实借钱借够了。没想到，老来老来，我倒成借钱专家了！"

天气转暖。一些有四年龄的果树，枝头上开出几簇粉色的花儿来。姬发他们知道务果园就得疏花，但是看来看去，却一朵也舍不得疏。后来结下的果子，跟葡萄一样，一嘟噜一嘟噜的，一个个比鸽蛋大不了多少。

夏收时，又是一场好苦，甚于秋收。麦子在苹果树行子里，收割机无法割，只好用镰刀割。

操劳一生的武七嬷自然歇不下，换上一身旧衣，头上顶个帕子，上山来了。衣服胳肘、腹前、膝头，打满补丁。她肚子大，蹲着割麦难受，便坐在地上往前挪着割，雄风不减当年。只有姬杨一人在她前面，姬发夫妇落在后面了。

玉米只需把棒子运到场里，麦子割倒后，却连麦秸也要运到场里；为扬场使风，麦场又整在最高一层梯田里，坡路难行，劳动量十分之大。

大家给架子车套上牛，到地里装上麦子，姬杨驾辕，娘儿和七嬷在后面推，姬发肩头套绳，弯腰在前面和牛并排拉，艰难向坡上而行。老太婆古铜色脸上皱纹里所落的尘土，已被汗水和成了细泥条，胖身子都弯成了大肉球，喘气如牛。酷热更使她汗流浃背，昏头昏脑，嗓子如着了火。

一次上大坡，姬发只顾用劲，不防被牛踩了脚。他怕一松劲，车退下坡压了后面的女人们，疼也不叫，只用力拽绳。好容易到了坡上坪地，他才龇着牙呻吟一声，一屁股坐在路旁，揉起了脚。姬杨忙歇下车，和女人们赶过来问："怎么了？"姬发苦笑道："枣刺儿扎了脚。"一跃而起，又去拉车。

打麦场上净是些技术性活儿。麦子往场里运得足够多了，七嬷便腾了出来，负责麦场的活计。

碧蓝的天空，飘着几朵镶了玫瑰色霞边的白云。铺满麦子的场地上，老牛拉着石滚子，闷声轰隆着。武七嬷霜鬓松拖，黝黑而伤痕斑斑的手，一只举着鞭子，一只捉着缰绳，肿腿一拐一拐的，随着抡圆了的鞭子在空里的尖啸，是哑声的吆喝。

花花独自在麦场边捉虫子玩儿，滚了一身的土。老太婆不时扭头看着，且亲切地道："乖乖儿，不敢到堰边上去，看掉下去了。"

姬发媳妇从娘家牵来一匹马，套在车里。一次车上来，姬发仰面大叉开四肢倒在被滚子碾得柔软的麦秸上，望着老太婆挓手挓脚的样儿，向娘儿笑道：

"漂亮的女人，都嫁进城里，在舞厅挓手踢脚跳舞。像你和大姐这种丑八怪，就只好在这野山坳里跳舞了。"

"死鬼，累得要死，还有劲头打趣人。你漂亮，咋不跟个城里女人疯去？"

村里的责任田顾不过来，校长只好领着两个麦客去收打。

秋天苹果摘下来，有三百来斤，没一个商品果，也就没办法卖。给姬老人、校长夫妇、姬杨家各送了一半百斤，所剩无几，娘儿藏在缸里，花花闹时哄哄她。姬杨家栽的那二亩果园是幼苗，还得几年才能挂果。大中专学生不会被分配到农村，高中毕业的姜家兄弟，在山村算是文化程度最高的了，致富路上也总是先行者，栽的果园已初挂果，所以姬发没有给他家送，他们倒给校长夫妇送了些。校长夫妇人缘好，常有山里人给送瓜果、蔬菜、鸡蛋、绿豆、小米什么的。

1990年，果园到正式挂果的时候了。春，花开得如云似雪，人人心花怒放。

姬杨做了几架三腿梯子，三人从早到晚，爬上爬下，忙着疏花。五十来亩果园，有多少花儿呀，每一朵花都得从手下过，人无不头晕眼花的。武七嬷一到星期天，也喜滋滋来疏花。一把年纪了，又那么胖，在梯子上爬上爬下，竟敏捷如猿。梯子颤颤抖抖，"咯吱咯吱"直响，害得姬发他们老为她捏着一把汗。

为看果园用，姬发又买了一条公狼狗，与黑子配对，生了一窝崽儿。花花没人照看，便成天钻在狗窝里跟狗崽玩，甚至饿了也趴在母狗肚皮上吮奶。姬发一次看见，心酸道："好女儿，爹发了财，准叫你活得像个千金小姐！"

花疏罢，又是疏果，忙活个没完没了。姬发有一次大热的天给果园打除虫药中了毒，发热发冷，恶心呕吐，倒没什么危险，就是把武七嬷险些吓死。

这年高考揭晓，录取通知书是寄到镇中的。那几天，校长像只等小鸡出壳的母鸡，耐心而不安地守在门房里。姬小小的通知书寄到，他一看，竟又是清华大学，老爷子都忘了自己是老爷子了，一蹦一跳到家，拉住老太婆就满地转起了圈。七嬷莫名其妙，挣脱他吼："你疯了？我头都叫你转晕了。"校长笑道："可不乐疯了。我把才气，没传给自己养的孩子，姬杨的弟妹在我这里住了几年，一个个都得了我的才气，小小又考上清华咧。"

"有这号事？天哪，一家子出了四个大学生，两个上清华，天底下哪有这号事？死老头子，别净往你脸上贴金。难道我就没功劳？"

"你是个母老虎。考大学又不是打架骂仗，母老虎有什么功劳？"

"我还是个老狐狸，调教出的孩子自然聪明。"

"你早老糊涂了。"

"你不光老糊涂了，还是个死书呆子。瞧瞧，瞧瞧，越看你越没灵气。"

"人家说，头发越稀，人越灵。瞧我，头发多稀！"

"瞧我，脑顶都秃了。别看我发髻大，那里面掺的是假发。"

"死老婆子，就知道喊！把我都喊傻了。"

"你是在说悄悄话吗？傻了，一对儿老傻子！"

校长借了辆自行车，带着老太婆到姬杨家去报喜。到了门口，老太婆像母鹅一样，迈着尊贵的步子走了进去。恰好兄妹五个都在家等消息。然而，首先从屋里奔迎出来的，是白发皓首的姬杨老爹，摊着两手喊："喜鹊来了，喜鹊来了！"校长支住车子，像麻雀一样蹦跳着，乱挥着手哇哇大喊：

"我的孩子，小小考上清华咧！"

"你这臭小子，没大没小……你说什么？"

"我真是日落西山了，说话都糊涂了呀！"

"不糊涂，不敢糊涂！你说什么？我不敢信。"

"我叫你——"

"你真糊涂了。我不管你叫我什么，爱叫什么叫什么。我是说，小小考上清华，我不敢信。"

"那个不糊涂，绝对不糊涂！"

"哈哈！我不活了。我活不成了，乐也把我乐死了！满门状元。天哪，这叫我乐得怎么活呀？乐死我了，乐死我了！"

老爷子一屁股坐在地上，又乱蹬腿，又乱拍地，正大笑，却大哭起来。哭得气堵声噎，脸都憋得乌青。校长夫妇慌得忙过去给他拍胸捶背。他却一跃而起，喊："我一生下苦，一生吃素，没有高血糖、高血压，乐不死。怕什么？乐呀，放开乐呀！"

"哈哈哈哈！"

全家都涌到了院里，人人乐开了花，笑声震天。

这农家，物质贫困，精神可不贫困。

兄妹五个简直狂喜得忘乎所以，手拉着手，把校长夫妇围在中间，又喊又叫，又唱又跳。小小高高的个儿，却只发条子，显得像姑娘一样苗条，跳摆也像风吹柳枝一样好看，兴奋的嫩脸，则美如彩云。武七嬷望着他们，只是傻笑，不知所措，手都没处放。

忽然，姬杨趴在地上，向老夫妇重重地磕着头说："今天这个特别日子里，容我按传统方式，向大姑、姑夫行个大礼。当年大姑要没有一句供秀珍上大学的话，秀珍就会跟我一样，自动落榜。秀珍挺不起来，别的弟妹也就蔫了。全仗大姑、姑夫的好心，我的弟妹们才有今日的这全面开花！"另四个也跟着大哥趴地磕头。连姬杨爹娘，也趴在了地上。校长夫妇手忙脚乱，逐一往起拉他们。拉到小小时，老太婆突然一屁股坐地，激动、幸福地搂着他，叫着"我的乖乖宝贝儿"，号啕大哭。

武七嬷，是许多可怜孩子的人生港湾。她以自己的眷眷深情，在这些孩子心目中，树起了一座爱之丰碑。

慈善之爱，不求出名，不求获利，不厌其烦，不图回报，不是锦上添花，而是雪中送炭。拥有慈善之爱者，事实上也就是对人类社会的和谐发展拥有着强烈的责任感。所以亲情、爱情、友情，都有其局限性，都是小爱，只有慈善之爱，才是大爱。武校长夫妇，分明是拥有大爱的人。

芳珍七月份大学毕业时，刘东海本来把她安排在了县中，她却执意要回高阳镇中学。武校长早已感动了她。当初她在志愿表上填陕师大，就是准备还回这贫穷落后的故乡，像武校长那么为人做事。

农历八月十五，在乡里是大节，隆重仅次于春节。十四，姬发就打发姬杨回家和亲人团聚去了。这晚，娘儿把耀州斗盆端到厨房，足足和了二十斤面，然后立在案前，做了个缠龙缀花落百鸟的"大月饼"——俗称馎馎。里面更是千层五花八门，有核桃仁、桂圆、软枣、大枣、柿饼、桃干、果酱、花蜜……凡山中所产，应有尽有。一直忙到半夜，姬发已经二回觉都醒了，睡意浓浓地喊："还不睡？"花花也哭了起来。她才熄掉灯，拖着疲倦、沉重的身子回窑。哄睡了花花，姬发笑道："我也哄哄你吧，怪招人心疼的。"

十五一早，一家人喜气洋洋。娘儿随常打扮，花花却是新装。她梳着挂有红铃铛的小髻辫，穿千针百线所缝制，如抽象派经典作品那样的百衲衣，两肘下垂着小小的金丝荷包，里面是不知如何得到的冰片等香料、防蛇咬的雄黄，足见她在这家里的尊贵。

花花戴的长命锁，是娘儿陪嫁的银饰打制。这里人即便穷得快讨饭了，女人还动不动就拿出一两件银饰来。据说苗人是远古部落争战中，从这里败走大迁徙到云岭一带的，与这里人的历史渊源相同。只是他们的生活环境更闭塞，更多地保留了先民的特性。苗人女儿的满身银饰，正是这里女儿先前的形象。

这里人，秘宝、家方传媳妇，银饰却外传女儿，女儿再传女儿。所以一件银饰，不知变过多少姓氏，走过多少地方。一件银饰，也就代表了人类的大融合。人类共为一家，本应相亲相爱，同舟共济。

姬发还养了几箱蜂。他戴着网帽，拿着摇筒，摇罢蜂蜜，便到场部接来了祖父。老人带着别人送他的一堆糕点，让姬发去给几个老年护林员去送，说："你到底是小辈，尊尊老人，没有坏处。"姬发只得抱着花花去了。

七嬷的女儿武大姑娘，因为上班脱不开身，直到十五这天才抱着儿子来给外家送节。她没有七嬷那么刚烈，"路遇横行者"，也"得让步时就让步"，然而形容气派，到底是姬家骨血外传，面不施脂粉自白，人不事打扮自俏，心地也极善良，敦厚可亲，温柔谦恭，活着"与人方便，自己方便"，从不争高比低，争强好胜。人说："你娘贴给姬家的，说到底是你的哇，你还没事人一样。舅舅跟你娘又是不同爹娘生，世事不亲哩！"大姑娘倒说："身外之物，给怎样，不给怎样？世事亲怎样，世事不亲怎样？舅舅的舅舅，世事亲，甥舅俩见了面，连问一声也不问哩。别说舅舅跟娘连着骨血，舅舅就是娘路上捡的，也是我的亲人。我要有，也贴给舅舅哩，只要舅舅好。天底下，没有比人情还贵重的东西！再说，我爹娘双全，还有几十个堂兄弟姐妹。舅舅可怜的，无爹无娘，就我娘一个堂姐，我娘不心疼他，谁还心疼他？"

娘儿眼泡微肿，眼白布有血丝，正抱着劈柴要到厨房去生火，狗叫了起来，回身一看，是大姑娘母子站在路边。她眉开眼笑，扔掉劈柴，迎了过去道："莫怕，狗拴着哩。"大姑娘毕恭毕敬地唤着"舅妈"，又让孩子唤"舅婆"。虽是情理之中，应当如此，但娘儿比大姑娘小几岁，依然有些不好意思，抱起外孙来，又亲又摩挲，疼个不够。

戴着顶上有颗黑纽的府绸面子瓜皮小帽的姬老人，也出了窑洞，陪着大姑娘母子坐在外面葡萄架下说天。娘儿端出一盘梨、桃、石榴放在石桌上，便进厨房去做饭。

像姬家这么民主气氛浓厚的家庭，在高阳是少有的。娘儿一面忙活，一面夸外甥女福大，说："有个崽儿就是好！"大姑娘高声笑道："你还生二胎不成？我看把闺女待承好，也一样！我妈就比舅舅好。太外爷，你说对不？"姬老人抽出嘴里的烟锅说："都好，都好！"大姑娘一撇嘴道："太外爷不敢实话实说，稀泥抹光墙，巴结舅舅、舅妈哩，怕不孝顺。"姬老人笑道："你那舅舅的确不是个东西，叫我跟着丢不完的脸，你这妮子倒真寻不出个不是话来说。"大姑娘喊："舅妈你听听，越说他老人家越拍起你的马屁来了。"惹个一家人大笑。

据"乡土历史学家"们说，高阳原名周原，曾和岐山那边的周原争过一阵子谁是周人积聚力量东伐的根据地，争败了，便更名高阳。但周天子姓姬，所以这里的姬姓老人，仍然固执地认为，周人是从这里起而得天下的，姬老人也不例外。他眼前的事，一转眼就忘，从前的事，却历历在目。张口从前，闭口早以先。这阵抓紧机会，向外曾孙女讲起了远祖周武王伐商的传说，白胡子尖一翘一翘，白眉毛尖一扬一扬地道："早以先的早以先，太老爹的太老爹就这么说：人喊马叫，黄风斗阵，周家大军，从中山咱家门前的山道上，东走了。前头走的是八百八十八匹大叫驴，顶顶肥的驴上歪着钓鱼不用钩的姜家老太公；中间走的是八百八十八匹大红马，顶顶膘的马上骑着咱那赤手空拳打死熊瞎子的先人武王祖老爹。"嗦嗦站起，给玄外孙摘了一嘟噜马奶子葡萄又说，"后头走的是八百八十八头大犍牛，顶顶犟的牛上驮着咱那养蚕好手武皇后祖老娘。祖老爹跟祖老娘的婚事，是老太公保的大媒。老太公管出谋划策，武王老爹管领兵打仗，皇后老娘管押粮运草。老太公出了八百八十八个环环扣计，武王老爹打了八百八十八回连连胜仗，皇后老娘押了八百八十八石足成好粮，咱的先人，就得了老商家天下。咱老姬家的周朝天下，一共传了八百八十八年……"

大姑娘突然喊："舅妈，快些来!"娘儿在内诧异地问："咋咧?"大姑娘道："太外爷涎水流了一前襟!"娘儿急忙拿了毛巾出来，扶着老人的头，先用小指勾出卷进嘴角的胡子，又轻轻拭掉涎水、鼻涕，给扣上松开的纽子。大姑娘看着，都为自己没有给老人擦拭有些不好意思。再怎么说舅妈跟老人没有任何血缘关系，自己却是老人的亲曾外孙女呀。

老人余意未尽，咳嗽了一声又说："谁闯的天下，有咱老姬家先人闯的天下久远呢？呲——八百八十八年哩! 我年轻的那阵，最爱干净。老话而今说不起咧。唉，这人一老，想争气也争个不起!"要抽烟。娘儿接过玉嘴铜烟锅，从那绣着双龙戏珠图样的烟荷包里，勾出一指头烟末子来，轻轻按入烟锅，双手递上。老人吮住，娘儿又擦火柴点着。大姑娘赞叹道："舅妈好老练!"娘儿不无得意地说："几十年的功夫了。打小儿，咱就爱侍候爹吃烟。"

不久，姬发回来了。大姑娘站起，问候过，笑向儿子道："瞧你舅爷，走过来那浪子步，没个正形。他小时，比你还调皮捣蛋哩，也没少挨过我揍!"姬发弹了外孙一榧子说："你妈说话真不像话! 小辈揍长辈，明明不孝，还卖派。"大姑娘接过花花，搂在怀里不住摩挲。姬发在石凳上坐下，从口袋里掏纸烟。大姑娘忙从皮包里取出一条猴烟递给他。姬发笑道："这多年，我口袋里常连几块钱都掏不出来，叫你供烟供茶的。今年果子摘下来，我日子就好过了。你也不宽裕，日后来就来，不用一来必拿东西，自家人没讲究。"大姑娘道："不过是我的一点儿心意。只怕你日后有钱了，抽的烟也牌子亮了，看不上我拿的。"姬发道："哪敢? 我再有钱，敢在你这个把我带大的人面前摆款儿吗?"拆开一盒烟，夹出一根塞进外孙口里说："汉子，来!"说话间用打火机点着了烟。大姑娘还没来得及拦，那孩子已抽了一口，呛得直流泪，忙吐出来。姬发拍着他的头，打量着他说："长了。老祖宗的后人，又出了一条好汉!"

外孙要抱花花。姬发笑道："那是你的姨，老辈子人哩。要是抱哭了，就是你小子跟你妈当初揍舅爷一样，不孝顺!"大姑娘把花花送进儿子怀里，一手护着道："想起你小不点那阵，就像在昨天。我抱来背去的，不知往我身上溺了多少回。"姬发不好意思地笑了，道："要不我咋在你面前，怎么也端不起长辈的架子来呢。"那外孙把花花搂得太紧，花花喘不过气，真委屈地哭了。大姑娘赶忙抱回自己怀里哄着。

姬发嘴馋，说不让外甥女来拿东西，却打开她的皮包翻好吃的。不过是些给老人的甜软食品和孩子的小零食，另外大姑娘和娘儿身量相当，所以裁衣时一剪刀裁了两件，给娘儿也一件。姬发翻了出来，抖开说："呵，你姈子就爱打扮得花不棱登的，骚扰我！"娘儿羞窘地在厨房门口一手挥着菜刀，一手掖着蓝印花围裙，嗓门沙哑地吼："鬼，你死去吧！"众人大笑。姬发趁人不注意，骚情讨好地向娘儿瞟一眼，娘儿毫不客气地还他一个白眼，朝地上啐了一口，抽身进去了。姬发咂了咂舌头说："臭娘儿，烈火金刚起来了！"

当年来这里时，娘儿把先人像也带来了，供奉在窑里。吃饭时，夫妻俩先把大月饼抬进窑里供祖。姬发大大咧咧的，也不下跪。娘儿则跪地磕了三个头，虔诚地说："先人，趁热吃吧！家穷，没的好东西供先人，先人甭怪。先人在天有灵，照看着老爹身子骨硬硬朗朗的，跟我们多过些年。嫁到外姓人家的骨血，也平平顺顺的。先人也照看着我们五谷丰登，六畜兴旺，年年有余。"姬发悄声说："怪不怪？姬家这一百年死去的人，一个个活着的时候，连自家都照看不过来，死得惨兮兮的！死去倒神了，照看人不说，阎王怕他们不说，连玉皇大帝、土地公公、财神爷都怕起了他们，五谷六畜、钱匣子都交给死人照看了。还是死了神气！"娘儿见他不敬先人，愤愤道："看我不告老爹，叫捶你！"

姬老人难免有这样那样老年人的毛病，就是不拿过去的框框死套现在，即思想不老僵。再就是常年巡林，要从铺天盖地的林涛声里辨别出盗木贼的伐树声、逃走的脚步声，练就了异常敏锐的听觉，偏听见了姬发的悄悄话，大声道："不告咧！真话。天地鬼神，老爹急得没法子，才信。啥阴骘报应？老爹一辈子积德行善，不亏人，天地鬼神就亏老爹。老爹辛苦养大的儿子们，一个个活灵活现的，天地鬼神没给老爹留下一个来。孙子也不是天地鬼神给老爹留下的，是这大姑娘的娘给老爹死保下来的。天地鬼神算啥？人才是真的。死人一把土，活人才是真的。我就一气活到九十来岁，活到孙辈的孙辈都有了，还想活些年头。这方土养人，我的身子骨硬朗，你们也好，我舍不得走。真身亲眼经看着这世事变了又变，有多乐。"说得一家乐。老人更乐，涎水、鼻涕、眼泪乐得齐流，道："上不得场面了，惹人嫌。"大姑娘笑道："谁嫌太外爷，小心舅舅的拳头。"掏出手帕，仔细给老人揩净。

夫妻俩用方盘将大月饼抬上石桌，姬发即归座。娘儿执刀切开，又迈着轻捷的脚步，出出进进厨房，将一碟一碟的菜布在大月饼周围。菜色味俱全，全是自产。有一碟线角辣子，是汉子们下酒的。果然娘儿提出两瓶酒来，酒香凛冽，酒杯是粗瓷大碗。

娘儿排饭。姬发将外孙揽入怀里，高鼻尖轻轻摩挲着孩子又细又软的头发。也许这是那对他恩深如海的一双老人唯一的孙辈，姬发由来深深疼爱，只觉孩子的头发，散发着特有的让他倍感亲切的香味。

娘儿先老后小，先客后主，分派停当，便拿着毛巾微躬身站在姬老人身后。老人道："坐下来一同吃吧，又没外人。"大姑娘也笑道："舅妈真是个老派女人。现在的年轻人，哪有像你这么做媳妇的？快坐下来。舅妈不坐，我这外甥女就像坐在火盆子上一样，咋坐得住？"娘儿只得从她怀里接过花花，在旁坐下。

姬老人说："不拘礼，只要乐，难得一家人团团圆圆的。"姬发举瓶倾酒于老人面前的碗里道："人都说团圆乐，只要是文明人的活法，我倒觉得孤孤单单在外也乐，就是外面的世界不好闯。"娘儿说："咋不好闯？外头世界你没闯过？一头闯进武宜煤窑子去了，险些没把我娘儿们操心死！"

姬发瞪了她一眼说："哪壶不开提哪壶！给个麦秸，你就当拐棍拄。小心鞭子！"姬老人笑道："你抽得她，我就抽得你。汉子打老婆天经地义，老爹揍孙子越没说的了。我也跟你姐夫学了两句文话，这叫以其人之道，还治其人之身。"娘儿斜了姬发一眼，一脸得意洋洋劲儿。姬发故意委屈地嘟囔："谁家娘儿像姬家的娘儿？老爹惯得太不像样子了。孙女惯成了母老虎，小心把孙媳妇也惯成了母老虎！"

姬老人拖长声说："山里娘儿，穷家小日子的，正如人说，放下面盆端洗盆，离了猪娃是鸡娃，一辈子活得像苦瓜。不疼顾些，动不动就拳头鞭子，娘儿还活啥味？老爹是忤逆哩，打过老爹的爹。老爹的爹爱打老婆。老爹十七岁那年，媳妇过门了，老爹的爹又打老爹的娘。老爹的娘，自进这姬家门，大声说话也不敢，这一回大声哭道：'我都熬到做婆婆了，媳妇面前，你还不给我留些脸面吗？'媳妇儿也在旁帮着求饶，老爹的爹就是不听，抽得老爹的娘满地打滚。老爹大吼一声夺了鞭子，一折两截，扔大门外去了。老爹的爹又扑过来打老爹，老爹一搡，老爹的爹就坐在了地上，屁股青了好多天。老爹今年九十有二了，打那往后，七十来年里，姬家再没男人敢在老爹面前打娘儿。人说恶有恶报，老爹忤逆一个，倒也好，落个儿孙孝顺！"大姑娘惊呼："天哪，我就服气太外爷，嘴里老爹跟老爹的爹鼓捣一大串，硬不糊涂。那么大年纪了哇！"姬老人举碗向姬发："喝，快喝，痛喝！"爷孙俩便同喝了个碗底朝天。

庄户人苦，庄户人想从苦中解脱，发现最解脱的办法是出一身大汗，于是就有了庄户人的出汗文化——令人望而生畏的酒就辣椒，辣上加辣。姬发夹辣椒入口，剧烈的辣感使舌头都卷起来，然后喉咙流火，最后胃都微微灼疼了。他吸溜着，额角渗出大汗珠来，痛快淋漓。姬老人也辣得在吸溜。姬发给老人和自己又倾上酒，却把自己的端到外孙嘴边说："汉子世界，海量才英雄。来，一条好汉，喝!"孩子抿了抿，就赶紧吐了。姬发又将一只辣椒送入孩子口中。孩子辣得眼泪都出来了，张着嘴要哭。姬发一拍他小小的肩头说："是娘儿才尿水子多，才爱叫苦连天，好汉把眼泪往肚里流，牙咬碎也不哭。"孩子嘴张半响，到底把哭声忍了回去。

姬发道："真是爱叫的羊羔吃奶多，娘儿爱叫苦，老爹就说娘儿苦，难道汉子不爱叫苦，就真不苦?"老人说："都该体谅! 庄稼人，都苦!"酒沉心热，老人兴起，用筷子轻轻敲着碗沿，仰头眯眼，把男音压抑成不谐调极刺耳的女音，豁牙的嘴里漏着风唱道：

> 唉吔，咱的外头人，
> 你把苦受咋哩。
> 正月正过年哩，
> 你忙活着卷炮仗哩；
> 二月二龙抬头哩，
> 你紧活着拾掇使地哩；
> 三月三桃花开哩，
> 你远山远水赶羊回来哩；
> 五月五过端午哩，
> 你出汗成血赶场子哩。
> 唉吔——亲人哪，
> 回来你裤缝爬满虮子哩!

娘儿不满地说："苦也苦大半年了，好容易过节，人家昨个熬到半夜，不就图这阵子一家人欢欢喜喜么? 老爹倒忆起百年苦愁来了!"老人醒悟，笑道："是这话，该欢喜。人能活几天? 我正觉年轻哩，一晃，就九十来岁了。天大的事，大不过一个'死'字。人生在世，一晃，就两腿蹬直不见人了，愁不过来。莫愁! 再苦，自家也要想开些，自家也要看着自家些。大节里，窑门上咋不贴副对联?"

娘儿道："文绉绉的，谁会弄那个?"姬发笑道："你也太看不起人了。文绉绉谁不会弄?"姬老人首先鄙夷地说："你姐夫也没在你身上少花心血，你把字一个个全当成散弹丸子装土枪眼子放了。念书就像我这老爷子嘴里嚼着一块老母猪肉，只嚼个不烂，还文绉绉哩！白寒窗了十年。趁早打猎去吧！提两只野鸡回来，我爷孙们还能尝个鲜。"娘儿高兴道："这下你没话说了吧？还是老爹会说话！"

姬发倒真较上了劲，道："难道连老爹，都把我当龟孙子了？我就说出副对联来，好叫你们服气。"区区语言游戏，姬发岂在话下？他不假思索，就子丑寅卯对道，"听着，上下联：说吃最好这菜，论喝还数那酒。"一面说，一面筷头点着辣椒碟子和酒瓶。娘儿笑道："这算啥？酸秀才，酸秀才，文绉绉是酸味，这菜这酒是辣味，不对味儿。"倒是大姑娘饶有兴致说："别的不管，字面还对得上，就是平平淡淡没有神来之笔。"姬发奚落道："呵，你看了几本你爹扔掉不要的书，能比我强多少，就张口神来之笔，闭口鬼去之语了？你干脆之乎者也起来，越对上酸味了！我咋不能呼神唤鬼？还没完哩。听，鬼使神差一句。横批：滋溜——吧唧吧唧。"别人都愣着，不知所云。只有大姑娘伏在娘儿背上，笑个不已。

大姑娘母子要下山了，姬家人送了好远。姬老人被后人们簇拥着。他年轻时，比姬发还个头猛，还剽悍潇洒。如今他筋骨肌肉萎缩干皱得像个半大孩子，不时提裤子，擤鼻涕。裤子是姬发的旧裤改的，前开衩纽子也记不得扣，姬发的旧红秋裤都露了出来。大姑娘忍不住笑道："真真岁月催人老，不服老不行，太外爷是老了！"娘儿说："咱们老了，不定还不如老人哩！人都有个老。"说着便给老人揩鼻涕。姬发也蹲下来，给老人束紧裤带，扣好前开衩纽子，笑道："老爹，你可要挺住哇！再过几年，我成了大款，带你到外面去见见大世界，你就不白活这么大年纪了。"

山里老爷子，人生艰难七八十年，终于成了三合院长者，外屋牛厩，披屋土炕，灶间与牛厩相通，粪臭烟熏，崽哭牛哞。他却在南墙下晒着太阳翘着胡子尖一声长"吧"，然后说："还想咋？好日子！"不过姬老人是例外，他这时也笑道："屋漏天窗的小日子，经不起风雨。山里人，小有灾便成大难，老天仨月不落尿水子，就要为果腹愁断肠。老爹没留住儿子们，不就是这穷家小日子的罪过吗？老爹是老了，眼睛还亮堂着哩，也不知道外头大世界的人是个啥活法，就想看看。"姬老人的孩子气，使他的孩子们越发觉得他可亲。

姬发少不更事，倒不觉什么。经历了亲人间太多的狂喜迎归和凄惨别离，姬老人对这种淡淡的相见和相别，觉得很幸福。大姑娘劝了几次，他才领着小夫妻停步，眼看着那母子俩转过山弯不见了，还久久伫立。

天空闪耀着蓝光，大地则洒着金子般的阳光。路两边，怪树盘虬，奇花芬芳。

到了采摘果子的时候，姬发他们实在忙不过来，只得雇了十几个人。1990年那阵，苹果供不应求，而且价格看好，一斤红富士两块七，秦冠一块四。姬发的果园，正式挂果第一年，就收入三万余元。当时在高阳，年收入上万元的家庭，就算富户了。姬发一下子成了耀眼的富人，连姬杨都惊呼："我为你喝彩！咱们山里人，能从穷窝子爬出来，太不容易了。"

1991年秋，苹果下树后，在地头堆成了山。客商纷纷而来。娘儿和七嬷也不下地了，烧水做饭，只管招待人。老太婆唠唠叨叨说："山高路远的，客人能来咱们这里就好，不论生意成不成，都要叫客人吃饱。这也是咱家代代传下来的待客之道。"

姬杨领着几十个雇工，在地头论等分级。姬发则迎来送往，和客商舌枪唇剑，讨价还价，也算是初试锋芒。最后，卖得十万余元。高阳是穷山区，姬发这就算是大款了。如果说姬杨的弟妹们考大学全面开花，赢得了高阳人的羡慕和推崇，而这些为穷所困的山里人，对暴发起来的姬发，却没有敬意，倒是另眼相看个眼睛贼红。

姬发才不管人们在以什么眼光看自己，只管西服领带，春风得意。好朋友姬杨当然不会眼红他，只会替他高兴，不过也曾私下警告道："有钱是好事，你可别把好事变成了坏事。我知道你，容易烧得慌，说不定又要花心肠了，不保还要赌博、吸毒哩。"姬发擂了他一拳道："人家受了这么多年苦，刚刚熬出头，你就冷嘲热讽。我脖子上面不是分不来好坏的狗脑袋，用不着你教训。青春易逝，快给你找个花姑娘吧，钱有叔叔、婶娘给你掏哩。"

第十一章　重造山河之志未竟

　　人若不名一文，就成了钱的奴隶，成天奔波来，忙碌去，都受戋的役使，身不由己。姬发没钱时，便老幻想着钱赚一大把，落个自在身，按自己的心意，潇潇洒洒，快活一场。然而真有了钱，眼前道路无经纬，四顾皆茫然，他又不知走哪一条路，到什么地方去潇洒快活了，心里总有一种说不出的不满足感。其实没钱平常，有了钱也平常，"曙色未分人尽望，及乎天晓也寻常"。

　　去年果子卖得的三万来元，清理他和校长夫妇欠人的债用去了一万多，果园投资又用去了一万多，所余不足一万。

　　对于真正有钱的人来说，这当然不足挂齿，但他什么时候有过这么多钱呀？激动之余，又惴惴不安，捏在手里就是舍不得花。直到今年，又得了十来万，想想明年只会更多，他才把手松了开来。心里纵有许多浪漫，真要花钱，他却变得极为实际起来。许多农人，积一生力量来建房造屋，这是他们人生中莫大一事。姬发便跟妻子商量，趁着手里有钱，赶紧给家里盖一座小洋楼，免得手空了又干瞪眼。

　　"手头有钱，心里不慌。"娘儿的心态很平和，笑道："你这人也太没良心，一有钱先想着了结自己一辈子的事。咱们又不急着回去，盖下谁住？果园年年有收入，迟盖几年又有什么大不了？人家韩信，饿肚子的时候洗衣的老婆子给了一顿饭，成了大将军就带满筐的金子去谢那老婆子。大姐、姐夫养你成人，好容易有了钱，该先想着报答他们才是。他们就那么一个女儿。外甥女一家三口，挤在小小一间宿舍里。里面灶具家具一摆，人进去插脚都难。我问过秀珍了，城里一个两层三间小楼，四分大的院子，六万元足能买下。依我，先给外甥女买一院房，他们住着也宽敞，老两口节假日想在城里住住，也有个地方。

凡事理应先紧后慢，先有用后无用，把我们那眼前用不着的小楼放在后面慢慢盖，先紧着给外甥女买一院房，我觉得好。"姬发不说话，微笑着，好看的花眼睛盯着她的脸，看个不停。娘儿低了头说："这人怪了。人家把真心掏给你，你倒像是不信？"姬发道："怎么不信？你说这话的时候，神情别提有多美。我看着，只想在你脸上亲一口。"娘儿啐道："人家在正经跟你说哩，你倒不正经听！"

姬发道："老两口养了我，可没养你。从来姑嫂、婆媳难相处，你跟大姐，既是姑嫂，又是婆媳，大姐脾气又不好，你怎么会对她这么有心？"娘儿道："我顶平常，不是我有心，是大姐的心肠太好了。她的为人不平常，待我哪点像婆媳、姑嫂？分明跟亲娘一样。女儿咋会对娘没有心？"姬发道："你既是这个心，正合我的心。钱也是你辛辛苦苦挣的，你要没这个心，我有心也不敢使出来。正好，我今个闲着，不如到县里去跟外甥女说说，让她挑个合适的地方，咱们好给她买下。"

娘儿取来一身黑色西服，让他换上。推自行车出门时，他又道："这匹老驴，也该淘汰了。"娘儿笑道："我早知道你想买辆摩托风光。想买什么就买吧，不要心疼钱。"姬发咂了咂嘴唇道："我只心疼你。"娘儿追着要打，他早登车而去。风把乌黑的头发，吹得飘飘洒洒。

到了镇上，去校长家放车子时，七嬷问："没事跑县里做什么？"姬发道："山路，骑着车子费力，想买辆摩托骑。"老太婆瞪了他一眼道："口袋里有几个臭钱就张狂，不知道自己是老几。"唠唠叨叨，训个没完。姬发知道给外甥女买地方的事，说了她肯定不同意，越要挨训，便准备先斩后奏。

外甥女一家见他来了，欢喜异常。孩子偎在他这个舅爷怀里，没胡子揪，就揪鼻子。外甥女做了几个菜，女婿则提来了啤酒，要与他一醉方休。姬发略喝了几杯道："不敢醉了，你舅妈派我来有公干哩。"便说了买房之事。外甥女一听，就坐在床沿上哭了起来。姬发问："难道你不高兴？"外甥女哭道："我是高兴哭的。虽说称你舅舅，你在我怀里长大，我把你当弟弟疼。你能有今日，我还有什么不高兴的？日后路长，我有个难处，不求你求谁？房就不买了。我们什么时候有了钱，自己买。"

姬发无论怎么说，大姑娘夫妇就是不肯让他买房。妥协的结果，是让姬发把他们家的黑白电视机换成了彩电。

彩电一下子买了三台，另两台是给校长夫妇和姬发自己的，再就买了一辆幸福125摩托。回到高阳，姬发又挨了七嬷一顿臭骂。校长也说："你有了彩电，把黑白电视机给我们就行了，不该花闲钱。"

果园新雇了两个长工，活路轻松了一些，姬发也有了闲情逸致。张家山气象万千，他便买了台"松下"相机，乱拍一气。多日下来，就有了几个得意之作：一张是姬老人站在朝天峰顶，捋着银须，眺望无边林海的样子。脚边柔弱的小花小草，满铺于地。翠绿的林海上空，飘着一层玫瑰色霞光。一只鹞鹰，正振翅出林向霞。姬老人那神情，是灵魂已与这片绿色融为一体了。另一张则是姬杨扮作护林员状，挎枪引狗，在林中警觉四望的样子。身边的几棵桦树，也挺立如森林哨兵。虽说还称不上是艺术品，但这个爱好，无疑让姬发的为人，更多了些美的情愫。

这日上午，姬发提了姬老人最爱吃的饭来到场部。姬老人怯冷，大秋天就在屋子中央生上了火炉子，正和几个护林员围炉一面揉搓自种的烟叶子，一面讲古。这一回讲的是周被秦灭，当年从高阳发兵东下的周武王那不争气的后人，又回到故乡的故事。姬老人溅着唾沫星子说："前面是一千秦兵，红甲红马；后面是一千秦兵，白甲白马；中间是咱姬、姜、武三家那些丢了先人的货色。赧王没了赤金冠，头上胡乱挽了条丝巾；姜后没了凤头鞋，脚上胡乱蹬了双丝袜；武相没了玉佩，腰里胡乱缠了条丝带。看热闹的人，挤了一路，都说：'这三家子的先人下山的那当儿，是布衣，后人回来换成了丝的，没赔。'"抬头看见姬发，忙收总说，"周朝久远，也只八百来年。自古到今，历朝各代，兴盛衰败，都有个运数，谁也没法子万年不败，唉！"

姬发笑道："自己活得这么可怜，倒替几千年前的人感叹。先把自己活好再说！"姬老人也笑道："这臭小子，最会败我兴。"

屋内烟叶子的辛辣味浓烈。一只误入的蝙蝠，寻不见出路，在墙壁上乱碰着，发出瘆人的"唰唰"声。尘土纷纷扬扬落下，都眯了姬发的眼睛。姬发打开了窗，赶走蝙蝠，把饭菜布在姬老人面前的木墩上，又递过毛巾让他擦了手，道："还热着哩。趁热吃吧！"姬老人捋开嘴边的胡须，拿起筷子吃了几口，笑道："好吃！你媳妇还知我的口味，菜也烂。日后不要送了。一来回得走五六里，你们都忙。"姬发叹了一口气，道："这话我们说得都不爱说了，你老人家就是不听。住这么烂的房子，自己弄饭吃，叫我们心里怎么过得去？还是跟我们住一块吧！"姬老人道："这多年看林子，把我脾气也弄古怪了，不爱让人侍候。自己管自己，心里舒坦。"姬发道："你心里舒坦，不问问我心里舒坦吗？人家现在已经说我是高阳的款哥了。连自己的老爹都不能给养老，款哥又有什么意思？"

"你款你的哥，我护我的林，两不相干。"

"可你是我的老爹呀！"

"是你的老爹，你就把我管住了？"

"老爹，你都九十来岁了，再能活几天？求你了，让孙子养养你吧！"

"我有工资，不靠你！人各有志，强求不得！"

姬发知多说也无用，只坐看他吃饭，不再吭一声。甘愿孤苦活人的祖父，不知为什么，近来常给他一种不轻松感。

人心难测，看着都是人，有的人内心就看不得。姬发给祖父送饭的当晚，老人仍跟往常一样在巡林。到深沟边时，遇见一个人正在砍树。姬老人劝不住，便和那人发生了激烈的争吵。谁知那人一怒之下，竟将姬老人推下了深沟。

第二日早饭后，经盘龙凹的土路上，林场的那辆手扶拖拉机冒着黑烟停了下来。开车的小伙子跳下来，站在路边唤着姬发。夫妻俩忙出了窑。小伙子道："快上车到医院去，你老爹昨夜巡林掉杏树沟去了，到这阵还不省人事哩。"

夫妻俩一下子蒙了。半晌，娘儿挓挲着手，拖着稀软的腿，往手扶拖拉机走去，边走边颤声哭："亲人，咱的亲人哪！"姬发则变了声朝地里喊："杨子，花花跟着你吗？"姬杨"嗯"了一声。姬发道："照看好花花，我们下山了。"姬杨问："出了什么事？"姬发顾不得回答，三脚两步奔到手扶拖拉机跟前，只见祖父躺在一个护林员怀里，一动不动，衣服被荆棘挂得稀烂，脸上血肉模糊，白头发、白眉毛、白胡子都被血染红了，忍不住哭道："昨天还好好的，今天咋就成了这样子？"护林员道："昨夜出去，一夜没回场部。我们就担心有事，今早大家到处去找，果真是掉沟里去了。"

姬发抱怨道："人家一大把年纪就是老人，他都快两大把年纪了，咋和他说，叫他歇下，跟我们待着，好有个照应，他不肯听嘛！"跃上车，抱老人于怀，酸泪汪汪唤道："老爹，我是你孙子。你醒醒，睁眼看看我呀！"老人了无反应。娘儿上了车，跪扶着老人尘血模糊的皱脸，放声大哭道："老爹，可怜的人，你活了这么大年纪，几时享过清福？我们不缺你挣的那几十块钱。等你好过来，我们死活也不要你当那个烂场长了。"花花听见母亲在哭，知道出了什么不好的事，也大哭起来。姬杨抱着花花飞赶到路上，手扶拖拉机已转过山弯不见了。

大路上空，绿叶如盖。两边坡地上，则是簇簇丛丛的野菊花和累累如玛瑙珠子的酸枣。和风徐徐，馥香扑鼻。森林如梦。

姬老人先被送到镇医院急救。校长夫妇闻讯，慌张赶来。校长见老人伤势严重，便到镇政府去找吴镇长要小车，准备送老人去县医院。姬老人渐渐有了意识，喃喃道："呸，要叫我断子绝孙！你糟蹋林子，也会遭天罚的，子孙也不得好活。"七嬷听了，便认定老人并非失足掉进沟里，一定另有原因。

姬老人终于清醒了过来，睁眼环视着床前的亲人。七嬷忙哭问："老爹咋就掉沟里去了？准是有人害你。成年捉贼，得罪的人太多，有人只恨你不死哩。"老人神情复杂，多少难言。姬发道："大姐的嘴，想什么就说什么，不在肚里藏一点点。缺德没良心的人有，又不是偷金子抢大款，不过偷几棵树，谁会缺德没良心到害命的地步？"

望着涉世不深的孙子，姬老人的神情也单纯了许多。他并不想把事实说出来，以至于给孙子留下仇人。孙子不承认人情有至薄，世情有至恶，心中只有至爱，无有至恨，岂不更好？他含笑道："真是的，你大姐就爱瞎猜。我老眼昏花的，脚底又不利落，黑天黑地山沟畔，叫草蔓儿一绊，自家掉沟里去了，怎么能赖别人？不敢胡说！这一回，跌得不轻，只怕再回不到张家山了。唉，我一死，有谁能跟我一样，拼着命保那片林子呢？"姬发道："老爹真是个老顽固，人都成这样子了，还丢不下那林子！那林子关我们姬家屁事。你这四十来年，只知道管那林子，什么时候管过自家？"老人声音微弱而沉重，道："难怪你有怨！长这么大，我真没管过你。为这事，我心里一直愧对你大姐，也愧对你。"姬发忙笑道："我说的是什么，你想的是什么？我哪里怨过你？我是说，从今往后，你就把那林子丢开，等好了，三日跟着我大姐，五日跟着我，什么心也不操，只享现成，逍逍遥遥活些年头。"老人百感交集，眼角竟泌出了浊泪，道："老来，谁不愿享清福？只盼好了，只怕不得好了。老爹虽没给你操过心，其实心里顶疼你。老爹身上，这阵只觉冷。你上来，抱抱老爹，叫老爹在你怀里暖和暖和，好吗？"姬发一下子眼角挂满了晶莹的泪珠，上床盘腿而坐，尽量舒舒服服地抱老人于怀。七嬷、娘儿也泣不成声。娘儿抱了床被子来，盖在老人身上。

姬老人望着孙子红润饱满的脸颊，红嘟嘟的嘴唇，只觉可爱，道："福寿难两全，就怕没福也没寿。老爹九十来岁的人了，没福有寿，死也是到时候了，莫伤心。想老爹小的当儿，不知天高地厚，一心想当英雄，而今到头，窝囊废一个，真真可笑。生有五个儿子，个个有英雄气，可惜生不逢时，没一个真成英雄。孙女也天生一股英气，也生不逢时，如今也老迈无用了。如今英雄正逢时，让孙子给赶上了，就不知道孙子有没有英雄气。"姬发含泪笑问："老爹真不知我？"姬老人道："知是知一点儿，倒是个敢作敢为的。"姬发一摆那厚厚的乌发道："老爹最知我！"伸出手来，姬老人也颤颤地伸出手来，爷孙一击手，笑个泪飞。窗外响起一阵清脆悦耳的鸟叫。姬老人笑道："那鸟叫得多好听啊！我活了这么大年纪，算是看尽了人间，看到的全是美，真舍不得离开。我呀，其实是个贪生怕死的人。孩子们，好好活着吧！"七嬷、姬发、姬发媳妇泣不成声。七嬷哭道："老爹，你要挺住啊！我就你一个上辈亲人，你要跟我一起活着啊！"长庚道："好孙女，老爹挺到九十来岁了，怕再也挺不住了。要有下辈子，老爹还不肯苟活，要为张家山护绿到死！"七嬷一手搂姬老人，一手搂姬发，大哭道："要有下辈子，我们爷孙仨，还要做骨肉相连、最亲的亲人！"姬发也哭道："姐说得对。老爹养育了姐，姐养育了我。我们仨，骨肉相连，相依为命，是最亲的亲人。"

吴镇长虽来高阳已一年多了，校长却还与其没有过往来，所以先到文书屋里，说明了来意。文书从吴镇长办公室过来，不好意思地道："武老师，您还是另借辆车吧！政府的车，镇长说他待会儿有事要用。"校长脸色铁青，二话不说，大步流星就走进了镇长办公室。镇长在桌后椅上摇着身子笑问："这不是武老师吗？"校长盯着他的胖脸问："你到底给不给车？"镇长道："对不起，我的确有点小事儿。"校长一拍桌子，吼："你还好意思说出口！你才有点小事儿，姬场长都快死了！车是公车，老人是因公负伤，你是什么事？你天天出门以车代步，老人四十来年为集体在林里走，算起来能绕地球走几圈，生死关头，就不能坐一回车吗？你到底给不给？姓吴的，你别惹恼了我这教书匠。我其实不好惹！"

校长雷霆大震，没有震动镇长，倒把隔壁的企业办主任老原震了过来。不知他向镇长耳语了些什么，镇长才冷笑道："早就听说你这位中学校长很牛皮。要不是你老丈人因公负伤，你以为你牛皮，就能公车私用吗？"校长也冷笑道："正是老丈人因公负伤，我才公车私用。我参加工作快四十年了，这是第一次公车私用，还是老丈人因公负伤。"

小车到镇医院，姬老人又昏迷了过去，姬发轻轻抱老人上了车。七嬷向娘儿道："不是我说不吉利话，老爹脸上死色都上来了，凶多吉少。只盼没事，防个万一，你家去把该料理的都料理料理。"娘儿含泪点头。

两天之后，活跃的环保老战士姬长庚在县医院停止了心跳。临到最后，他像与好朋友告别一样，无力却分明很用力地握住孙子的手，脸上便出现了肃穆、庄严的神情，睁着眼睛，似有什么还丢不下。姬发一连哭求了三遍："老爹，凡事有孙子哩，你合上眼睛吧！"姬老人才慢慢合上眼睛。

娘儿一回到中山家中，即请姬杨爹领族中几个男子去掘墓坑，又请姬杨娘等几个相好的女人，帮自己赶制寿衣、收拾院落、筛粮磨面。这日，大门外响起了汽车声。娘儿想老人要是有救，至少得在医院待数十天，这么快就回来，说明已无救了，心里一阵哀楚，流着泪与姬杨娘等迎出门。校长夫妇已下了车，娘儿不问，他们也不说，无言相对，都一脸悲戚。

镇政府的小车把姬老人送到县医院就回来了，这车是林业局的，武大姑娘随车而来。秀珍因小车挤不下，搭班车回，还没有到。乡俗，死也要死在家里。如果死在外面，尸体就不能进家门，所以姬老人仍挂着个输液瓶，表示还没有咽气。大姑娘提着输液瓶下了车，随后姬发抱着姬老人也下来了。娘儿忙赶上去抱住老人的腿，泣道："老爹，你跟我一句话没说就走了吗？我是咱姬家正宗的女人呀！祖宗、先人，你该跟我说上一句话呀！"

姬家人这几天人人狼狈不堪。姬发一直没有合眼，眼泡红肿，眼白布满血丝。大约连脸也忘记洗，脸上满是泪痕，头发也蓬乱如鸡窝。娘儿则头发、衣服上，满落尘灰。

进了屋子，姬发将姬老人平放在炕上，拔下输液针头。娘儿打开板箱，取出备好的寿衣，大家七手八脚给老人穿上。在医院的时候，姐弟俩已为老人擦洗了身体，此时姬发又将老人抱到炕沿，七嬷拿毛巾仔细地给老人擦着脸，娘儿则跪地给老人搓洗脚，剪脚指甲、手指甲。然后，两个娘儿一边一个架住老人，校长跪在炕上扶住老人的头，姬发执剪，给姬老人修剪了头发、胡子。姬老人闭眼睡去似的，安详地任由后人收拾打扮着自己。寿衣是花缎长袍短褂。收拾停当，给老人穿上寿衣，戴上缎子瓜皮帽。老人本就出生在清朝，这一身打扮，似乎让他又回到了清朝。

姬杨爹在那两间没有檐墙的厢房下，支好灵床，铺上谷草。众人便将姬老人遗体移到灵床上，又蒙上娘儿陪嫁的缎被。逝者离去时骑的纸马，娘儿已预先糊好了。姬发拖着疲倦沉重的身子，到大门外焚了纸马，然后提了个瓦盆放在灵床前，跪在瓦盆前焚化纸钱，放声大哭。七嬷、娘儿、大姑娘坐在他后面地上，也以悲声告知世人：我们的亲人，抛下了人间万事，抛下了我们，走咧！

姬杨爹娘逐一劝止哭。到七嬷时，只劝不止，姬杨爹哭道："大妹子，你对得住姬家，对得住老人！"硬抱起了她。

姬杨爹骨骼粗大，肤色黝黑，高颧骨，高鼻梁，串脸胡。如大多终岁在这贫瘠的黄土地上辛勤劳作却收获甚微的西北汉子一样，他表情有些冷酷却心地温良。

姬发、七嬷穿上不收边的白粗布孝服，身披麻布片，腰系麻绳，头戴白粗布长条孝布，脚跐白粗布鞋，跪地向姬杨爹三叩首，托他主持丧事。两家既是通家之好，姬杨爹便觉义不容辞，只谦虚地说："怕办不好，尽心吧！"姬发听七嬷说过，自大伯父到祖母，姬家故去的人，因为家穷，丧事都潦草马虎，便说："停丧七日。老爹在我手里，得从这家里风风光光地出去。"校长在旁不容分辩地说："老爹最见不得虚荣铺排。丧事从简，只准停三日。我说了算！"

他在岳丈家，凡事不爱做主，一旦做主，就一言九鼎。姬发虽不情愿，却不敢不依从。

族中有数十男女来帮忙。姬杨爹给每人细细分派了活路，或帮厨，或搭棚，或报丧，或接客，或收礼，或挽扶老年吊丧者，等等。秀珍到镇上后，便约了芳珍，雇了辆蹦蹦车也赶来帮忙。二人在尸床边大哭罢，父亲就派她们去置办席面用料。娘儿没经过丧事，不知该采买些什么，七嬷口述，芳珍取笔纸记下，二人又坐蹦蹦车下山了。

女主人因要操持内务，不必守灵。守灵的只七嬷和武大姑娘、姬发。武大姑娘因是曾外孙女，头戴红长条孝布。男左女右，男跪女坐，且依序齿，长守外，幼守内。七嬷在右边最外面。孝子跪坐，都在草上。七嬷旁边，放几条长凳，供来吊丧的女人坐。不久姬杨也把花花带回来了。她也是曾孙辈，也头戴红长条孝布，坐在武大姑娘之内守灵。

族人纷纷前来吊丧。男人多独个来，在床前苇席上磕三个头即罢。个别年轻人不磕头，而是鞠躬、默立。女人则是手捏帕子，三五成群，列队摇摇摆摆，跟跟跄跄，大哭入门，在条凳上坐下，又大哭不已。虽然声势浩大，但叫人总觉她们有装腔作势、来为丧家撑体面之嫌，倒不如那几个只鞠躬、默立的小伙子，叫人感觉严肃、自然一些。姬杨老娘专门在一旁劝女吊客止哭。

姬发逢男吊客来，便陪着磕头。七嬷则陪着女吊客们大放悲声。花花虽不懂事，但已知太老爷再也不会抱着她拿胡子扎了，也哭个不已。看着亲爱的姑姑伤心，又不忍，一面哭，一面爬过去，跪着用小手给姑姑拭泪。吊客时时而来，七嬷、大姑娘、花花直哭了个嗓门嘶哑。姬发趁一时没人，向七嬷道："你歇去吧！整天哭，人咋受得了？"七嬷道："不敢。客来吊丧，连我也不陪，就太不敬人了。客来得越多越好，显得老爹生前有威望，咱们在乡里也有德行。"

翌日早起，守灵一夜的七嬷和姬发，给老人擦罢脸，用锤敲铁铧七下，献饭，哀哭。众人劝住。门外大树上架的高音喇叭，便一遍一遍地播放起了哀乐。于是中山姬姓合族，沉浸在了悲哀的气氛之中。

门额吊着白孝布。门上贴着三方白烧纸。

门边墙上，贴着白纸对联。横批为：仁者爱山。上下联为：两袖清风德生威，半生寂寞苦成林。

门旁一侧，收礼棚的对联横批为：尽心而已。上下联则为：礼轻礼重只管来，情长情短全在心。

亲戚里，大姑娘的丈夫和儿子带着大花圈，最先来奔丧。七嬷和大姑娘已是孙辈、曾孙辈了，本不必送大花圈，但为使老人出门时风光一些，她们原来说好一人送一个。买一个大花圈起码得四十来元，校长嫌浪费，只许母女俩共送一个。

之后，姜、武两亲家的近族要亲，纷纷而来。老车夫领着十二个吹鼓手，坐马车也来了。吹吹打打里，姬家热闹起来。

因为偶有女人被夫家或老人被后人虐待而死之事，所以高阳丧俗里有一项，就是死者必须被可靠的亲属检查遗体之后方可入殓。"女靠娘家，男靠外家"，姬老人的外家，同辈已无人了，下辈只有一个表侄，从没礼节往来，七嬷还见过几次，姬发一次也没见过，虽然给报了丧，人却迟迟不到。

眼看天已正午时分，还不见来，姬发便道："不来就免。难道我死了，还要等我舅舅家来人不成？"七嬷啐道："呸，甭拿你那狼心狗肺的舅舅跟旁人比。你也是舅舅，我死了，你难道也不去看一眼？当年太老娘在世的时候，两家跟你我来往一样亲，不会不来的，再等等。"终于，门外响起了马车声。七嬷道："想是来了。"忙领着姬发迎出去。两个少年，正搀着一个白发老者下车。姬发自然不认得。七嬷一看，正是表叔。姐弟俩跪下，行大礼。老人拉起他们来说："路上车轴坏了，就给来迟咧。"七嬷道："我就说准有原因，不会不来的。"老人道："小的时候，我就跟这小子一样，是姑婆的娘家犯根苗儿。你有多疼他，姑婆就有多疼我。别说我还能动，就是不得动，爬也得爬来。"说着便流下了泪。姐弟俩也感动得流下了泪。

到灵床前，老人颤巍巍跪在席上，哭说死者当年如何把他架在脖子上，如何带他去打猎，哀叹："你这一走，连着我们两家的那根血线，就真断咧！"七嬷和姬发在灵床边草上，哑声大哭。校长好容易劝起老人来，搀着揭开蒙被。

老人看着遗体，默然垂泪半晌。

高阳乡俗，即便死者不是被虐待而死，靠山也会吹毛求疵，数落个没完没了。孝子得反反复复赔罪求求，靠山才肯放话让入殓。若死者是媳妇，连公婆有时都得跪听死者靠山的训斥，哀求宽恕。要是嫌丢人，不请死者的靠山来就入殓，除了姬发和舅舅家那种关系外，万万使不得。乡邻会说三道四，认为死者死得不明不白。即便丢人，这个人也得丢，丢得光明磊落。

女婿、孙女婿不在孝子之列，所以校长可免过这一关。于是七嬷带着大姑娘，姬发夫妇带着花花，跪地等表叔数落问罪。

老人转过身来，哭声说："两家虽说几十年没来往，姑婆的后人，我常打听哩。就说嫁到武家的这女子吧，谁不称好？死了的一世好人，活着的也个个好人。孩子们，我没有什么教训的，入殓吧！"照例，孝男、孝女们伏地谦虚地哭说自己不好，感恩外家包容担待。不过姬老人始终要强，从没让自己成为后人的负担、拖累，因此他的后人抱怨自己不好并非谦虚，而是觉得他们的确在老人身上没有尽什么心。

吹鼓手奏哀乐。众亲属，伏地大悲。七嬷起身，将姬发媳妇给姬老人新缝的绸被铺于棺底。姬发与族中男子便轻抬老人入棺。表叔给姬老人口袋装上路上用的冥币盘缠，然后蒙上他带来的新绸被，次是七嬷的，又次是武大姑娘的。依俗，武大姑娘的绸被，不能进棺入土，当留在世上以"荫被后人"。不知为什么，当时众人给忘了。丧事完后，姬发媳妇才想起。校长道："忘了就忘了。我们忘了留'荫被'，老人没忘。那片林子不是老人留下福荫我们后人的事吗？"

姬发特托姬杨从张家山采来各种野花，此时满撒棺内，让心灵美好的祖父随花而去。哀乐止。来客停止哭声，坐席吃饭。祖外家来客坐的那一席，姬发亲自端盘，七嬷亲自布菜。

姬杨爹领人在棺前并放两张方桌，设下灵堂。灵堂后摆着姬老人及其父母、妻子、众儿子儿媳的遗照或画像，灵堂前则是一对纸糊的金童玉女。

姬发和七嬷侍候祖外家来客吃罢饭，仍凡事不闻不问，只哀守在灵堂旁。

校长早已让人给高阳中学的副校长捎了话去，不许送花圈，不许来人，并说芳珍是以私人身份来帮忙，应以请假计。副校长违心不过，仍带了一个花圈，与几个校领导赶来吊唁。校长大为光火，门也没让进，就让他们带着花圈又原路返回了。

秀珍知姬发好爱体面，自己掏腰包，却以林业派出所的名义，给姬老人买了一个花圈。

姬发正为镇政府无一人来心里不平，企业办主任老原骑着摩托，带着一位扛着好大一个花圈的小伙子，吊丧来了。二人在灵堂前三鞠躬后，老原便弯腰拍了拍七嬷肩头说："师母节哀！你也上年纪了，保重身子要紧。"七嬷口干唇焦道："难得你还有心来！发子，招呼你原哥喝茶。"

姬发起身，领二人到席桌旁坐下，递烟沏茶。老原道："书记、镇长有事没法来，派我代表他们。"姬发冷笑道："哄傻子去吧！你不过出于跟我姐夫的师生情谊，假私济公罢了。我老爹最后几日，镇政府连个狗影子也不来照望一眼，未免有些过分了吧！别说他是因公负伤，就是老病，也是在任上呀。那几日，老爹嘴里没说，心里不知有多委屈哩。"

午后两点，大门外鞭炮炸响。十二个吹鼓手吹吹打打，列队出门。姬杨父子随其后，着常服，一人提麦草笼，一人端着摆放了香、烧纸和印有"冥国银都"等字样纸钱的方盘。姬发最后哀哭出门，低头弯腰，一步一跟跄。

他们是要去接先逝的姬家众人之灵，回来一聚。别家丧事，穿白戴孝"接灵"的儿孙、侄儿孙，总是摆一长串。看热闹的人，无不为姬老人身后零落而唏嘘。

山青水碧天蓝。路边的野草闲花，微香细生。

那些故去的亲人，姬老人和七嬷曾不厌其烦地给姬发讲过他们活着时的情景，但姬发一直觉得他们很虚幻。如今活生生的姬老人也不在了，那些亲人才在姬发的脑海里真实起来。

从姬老人的父母之坟起，按辈分长幼顺序，姬发逐一伏地磕头。姬杨父子则跪地以麦草引烧纸钱。吹鼓手吹着《招魂曲》，半圆状围坟而立。

跪伏在七嬷父母坟前，姬发感触万千。姬家正如祖父所说，没有惊天动地的英雄，但祖父也应知，姬家却有太多的感天动地的爱情故事，大伯父和那维吾尔族大伯母即是。面对父母之坟时，姬发想着那只有二十来岁正值如花年纪的一对人儿，美好的肉身却在这地下变成了白骨，他悲不自胜，伏地紧搂坟土，放声大哭道："爹、娘，儿子有姐夫、姐姐疼爱，一点儿也没受可怜，就是爹娘太可怜了。爹、娘，跟儿子回家吧！爹、娘，儿子接你们来了。没福少寿的爹娘哇——"

凄惨的哭声里，姬发的身子剧烈抽动着，像要把那大身子抽成两截似的。老车夫想着旧事故人，吹不成唢呐了，也蹲地而哭。

久久，姬杨父子架起了姬发。他满面尘垢，两眼无神。回路上，姬杨把方盘交于他。他倒扣在头上，抽泣不已。

听着接灵的唢呐声渐近，姬家门前鞭炮声又大起，是催娘儿们迎灵。于是姜家三姑、八姨，搀着白发苍苍的武七嬷悲哭出门，后面跟着姬发媳妇。武大姑娘则跟在姬发媳妇后面。最后面，是秀珍牵着花花。

出门上路，约走了二里来远，眼见接灵的队伍缓缓转出山弯，七嬷便颤巍巍地在路侧跪下，后面的女人们也跟着跪下。从太老爹娘起，故去的亲人，无一不是七嬷亲自送到坟里的，再没有人能比得上她与他们感情深了。想起他们来，她肝肠寸断，捶着地，哭得气断声咽。

接灵的队伍更近了。"生母不如养母亲"，姬发看见七嬷那伤心欲绝的样子，更难受，也哭得撕肝裂肺。众男女的哭声，此起彼伏。

两队相遇，男人停步。吹鼓手左右大幅度摇晃着身子，一个接一个地吹着曲牌，无非是《下河东》等悲壮凄凉之曲。三姑、八姨搀起七嬷来，别的女人也随之起身。两队并为一列，男前女后。高阳传统风俗里，自然讲究男尊女卑，女人无论多么辈高年迈，也得在后面随从男人。

如果死者的儿孙及其媳妇特别孝顺，接下来死者的外家、女婿便要为其披红。披红也只局限于儿孙及其媳妇，出了门的女子没有这个资格。鞭炮响起，校长拿着红缎被面刚要上前，姬族的一位长者却先他出了人群，把一条红缎被面系在七嬷身上说："大姑娘，族里人都感念你，为咱族里保住了这一门。"族人向出了门的女子披红，在高阳，这可是开天辟地头一回。人生无常，世事难料，多少辛酸往事涌上了七嬷心头。她哭得难以自持，又瘫跪在了地上。姬发回身跪地，紧紧搂七嬷于怀，姐弟俩哭作了一团，校长也擦起了眼泪。

鞭炮再度响起。"亲不见怪"，校长觉得姬发是自己人，不必多此一举，只给他媳妇披了红。这种场合，理应突出他媳妇。娘儿长长的睫毛上满挂泪珠，哭道："我不配。老爹没跟我享过一天清福。"校长道："那是他老人家视林子如命，无心享清福，不怪你。"

人搀起七嬷和姬发，队伍开拔，缓缓进入大门。孝女散开，孝子将方盘置于桌上，在灵堂前苫席上三叩首，然后跪席不起，是还要给恭迎而归的先人之灵献上烟茶酒饭。

唢呐曲变悲为欢，是《合家乐》。姬杨爹侧身站在姬发内侧，灵桌之旁。姬杨拿起方盘，从里面端着一个水烟锅、一个烟荷包、一匣火柴出来。姬发接过，高举于头顶。姬杨爹从盘里逐一取出那些东西来，献于桌上先人像前。然后是茶三杯、酒三盅、白筷三双，饭菜就出来了。无非是面食、蔬菜、瓜果做出的花鸟虫鱼、亭台楼阁、山水人物，重美而不重味，都是姬发媳妇和族中娘儿们的手艺。

最后一道菜献上，娘儿出来，坐凳与姬发大放悲声，唢呐声由欢快转哀楚。人劝住后，娘儿离去。门外大路上，七嬷那如滔滔流水的哭声便传了进来，是该孝女献饭了。

出门女子献给先人的饭菜花供，一般是在婆家做好，由女婿用扁子挑来，摆在置于街巷的条桌上，供众人观赏之后，再抬入。七嬷没这个心，饭菜花供都是姬发媳妇代做代蒸的。大路上，放着四张条桌，上满摆各式花供饭菜，巧夺天工，精美绝伦。花馍上，还插着各色纸花。校长也入乡随俗，穿白戴孝，与七嬷共立于桌后。姬发与吹鼓手列队而出，来迎饭。队伍在饭桌旁一字排开，姬发磕头谢饭。然后姬杨与七个少年，两两抬桌而入。七嬷哀哭随后，校长跟在她后面，最后是迎饭队伍。到灵堂前，七嬷坐凳而哭，校长跪在苇席正中，姬发跪在苇席里侧。七嬷想起五娘来，声声哭道："亲人哪，没吃上人饭的亲人哪，活活饿死了的亲人哪，我就是把天下的好饭都弄来，这心也使不上了哇！"姬发突然伏地大哭："娘，娘啊，儿子孝顺不上你呀！"他现在十万八万斤粮食都能买来，可是于母亲又有何益呢？母亲就是没饭吃，活活饿死的哇！

校长也泪流满脸。人将花供饭菜，逐一递于校长，校长又逐一递于姬杨爹。姬杨爹献在灵桌上。姬发哀哭着，磕头谢饭。校长在苇席上，五叩首，洒酒于瓦盆，起身。姬发再磕头谢献饭人，也起身，到七嬷跟前，揽住她，又大哭起来。人劝住姐弟俩，献饭告罢。

娘儿领着族中女人，排出席面来，招待来客吃晚饭。虽然有酒，但因是丧事，无一来客酒醉出洋相，个个一脸肃然。

暝色四合，天上星光黯淡，姬家则灯火通明。孝男孝女们哭声此起彼伏，是在"奠酒"。这一仪式里，有姑、舅、姨诸亲为姬发一家"搭白"一项。姬发没有这种亲戚，就免了。娘儿身上，则白布系得满满的。花花身上，也有七嬷等给系的三条白布。然后是众家来亲"奠酒"，为老人请吹曲牌。姬发对每一来亲，都要磕头致谢，不知磕了多少头，两腿稀软，膝盖酸疼，直闹到后半夜方罢。花花虽是嫡系晚辈，但因年幼，便上炕歇息去了。七嬷、大姑娘、姬发，仍或跪或坐在灵堂旁草上，为老人守灵。

天微明，娘儿围裙里兜着一把新坟之土回来，抖于瓦盆里，鞭炮便从大门前向村中响去，是催族人起来送逝者上路。众家来亲在路边条桌上摆下纸斗、柜、钱、鞭炮等路祭，等待丧轿。

族人纷纷而来，一阵忙乱，起棺上轿。

七嬷两唇发干，一声恸哭："亲人哪，咱留不住你咧！"众孝男孝女眼泪"唰"地下来了，悲声大作，天地为之动容。

送丧队伍上路了。吹鼓手吹着《送魂曲》，鞭炮声震耳欲聋。

姬族一白须白眉长者，在最前开路，手擎丈余长的引魂幡，上书："天不老地不荒人不死生死死生又入一重天地。惜此天地此张家山不可无姬长庚今竟无！春蚕丝尽，蜡炬成灰，重造山河之志未竟，奈之若何？奈之若何！"

姬杨爹端着花供盘子随其后。吹鼓手三排四列，又随其后。之后便是姬杨和一个青年，各举着一个大花圈。再之后，便是孝男孝女。男左女右。男只有姬发一人，女也只有七嬷母女俩。老人的曾孙女花花，坐在轿上顶灵。娘儿因要领着族中女人在厨房忙活，哭看着老人上了路，即回。

十六位族中壮汉抬着丧轿，丧轿两边系着两条长麻绳，供男女孝子拉轿用。男女孝子都手挂柴棍，弯腰而行。孝布也不再拖垂，而是缠在头上。姬发头上还顶着瓦盆。七嬷和大姑娘拽绳在手。姬发一手要扶瓦盆，一手要挂柴棍，只得把绳头挽了个圈，套在肩上。

过祭桌时，众家亲戚焚纸斗、柜、钱，放鞭炮，然后校长和女婿一边一个，垂泪把轿扶灵，别的亲戚则默然随在轿后而行。亲戚之后，是许多扛锨的族人，散散乱乱，竟杂着七八个女人。在高阳，女人为死者之坟添土，还没有先例。

行三里不到，只见路中间正有一堆柴火，在熊熊燃烧。据说死者之魂，看着阳间的亲人，留恋不忍离去，然而一过火堆，死者之魂就进入了阴间，天地之隔，人鬼之别，再也看不见阳间的亲人了。长子或者长孙，要在火堆旁摔碎瓦盆，至于是何讲究，则不得而知。送丧队伍在火堆旁稍停，孝男、孝女，众家亲戚，悲声大放。三姑凄切地哭道："太亲家公，自打咱的油馍过门，你就把她当亲孙女一样疼怜。这下咱的油馍，再也没老爹护祖咧！"

待跳跃的火苗小些，姬发摔碎了瓦盆，送丧的人便一个个从火上跃过。姬发和大姑娘，架着武七嬷过了火。几天来的过度劳累，老太婆已快撑不住了。

鼓乐暂息，众人的哭声也暂住，只有七嬷和姬发那压抑不住的哭声，还不时响起。有鸟不怯人，几乎贴人面飞过。空里鹞鹰飞得沉稳、迟滞，云雀则轻快、迅捷。远处，蜃雾里的树林，像炸弹刚爆炸，枝叶不分明，朦朦胧胧的一团又一团。近处，悬崖向路倾斜，已有了裂缝，却万年不倒。悬崖最绝处，有孤松倒挂。那边缓坡处，则是无数枝节盘虬的柿子树，互相交叉，纠缠不清。

　　山高水长，路时高时低。高时白云一伸手都够得着，低时则若坐井观天。最低处，是流水，银光闪闪。泉水边大石上，有野处山居的人家。烟霞在人家青紫色的茅屋上缭绕着，闲散自在。

　　人家旁，小小的坪地里，谷子在迎风微微地颤抖。谷叶上，露珠徒然闪着光，像夜迫不得已离去时洒下的泪。谷穗则沉甸甸的，低垂如女子的刘海，同时也是生命行将结束的标志。果实，将把它们累死。

　　逶迤的送丧队伍，尾刚出了这岗，头又隐入了那岗。时在半崖上，时又在一架飞桥上。景色愈行愈美。这方土地以其气象万千的景象，似乎在向那把生命献给万物的逝者姬长庚，表演着一出名为《万物颂》的大剧。

　　在白光泛泛、红霞四射的东方天际里，送丧队伍缓缓消失了。绿色卫士姬长庚老人，从此离开万彩交辉的人间，成为传说中的人物了。

　　姬老人虽去了，却把美好的生存环境留给了高阳人，可惜没有几个高阳人，觉自己和子孙欠着老人一份永也还不清的恩情债。什么时候，高阳这个小世界，对姬长庚这种人的所作所为，才不再漠视甚至无视呢？

　　葬礼罢，客人云散。孝男、孝女则要在家守到烧了"一七"纸，方可离开。姬发歇了一夜后，便挖了几棵翠柏，植在老人坟边。

　　生即意味着死，无可奈何，因此人人心中都存有悲剧意识。只是直面死亡，有人不能从这悲剧意识中超脱，有人却能。所谓英雄，就是能从这悲剧意识中超脱，凛然向死的人。要不怎么会有"慷慨悲歌"之说呢？姬老人最后几天，直面死亡，向孙子所言，尽为慷慨悲歌之言。

　　浅草平铺的高坡上，新植的翠柏下，黄土坟前，雾漫漫里，姬发俯瞰着一片空旷宽敞的平野，久久伫立。蓝天高远，缕云成练，秋风劲峭。那有松柏之骨气却又极慈祥的老人，曾以粗糙的大手，给过他多少疼怜爱抚。姬家的又一幕活剧，拉下了帷幕；又一篇关于人生的文章，画上了句号；人间又少了一位可亲可敬的老人；姬发富于音韵的心，又多了一个休止符。他泪水潸然。想到另一位极有风骨却也最慈祥的亲人，那斑白头发几不胜挽的武七嬷，也老之将至，少年的心震颤了。

　　最轻易的是人死，势所必然的是人死，最残酷、严峻的是人死。最不易的是人生，最匆促的是人生，最珍贵的是人生。

　　人生这块最珍贵的宝石，姬发断不肯将它湮没尘土，而要将它打碎串为粒粒光彩闪烁的项链。只要用心营造，人生就能精彩。

这西北汉子，怆然挺立于千古高原上，静若松生空谷。死者长已矣，后不见来者，天地悠悠。

阔大辽远的西北，从来就是英雄史诗横空出世之地。

头顶一只大鸟，秃尾长翼，铁嘴金钩，訇然一鸣，声撼九皋，气吞万里，天地顿成恐怖之色。

一鸣惊人至毛骨悚然，那大鸟即不见于渺渺茫茫。鸣声尚在这千古一人耳畔，千古高原，千古苍天震荡，成千古一鸣。

第十二章　更上一层楼

张家山的镇山虎姬长庚一倒,盗贼便猖獗起来。大白天,林中这里那里,都可听见"嘭嘭"的伐木声。周围村里的男人,谁要不去砍树,便会被左邻右舍视为懒汉、没出息。连有些护林员,也和盗贼里应外合,趁机占便宜。盗伐事件,由小到大,渐渐失控。绿色汹涌的张家山森林告危!以至于盗伐者的呼喊,都与四十多年前张家山原始森林被毁时相似:"乱黄子咧,乱黄子咧,长庚老汉一死,张家山乱黄子咧!"

"天要下雨,娘要嫁人,没治咧!"

林场的副场长,是吴镇长的表叔。他不过挂名领一份工资,几十天才来林场望一眼,常年只在家务果园。姬老人出事后,不得已,他才在林场住了下来,但生怕得罪人招祸,即便遇见盗木贼,也睁一只眼闭一只眼。连他也私下叹:"贼比抓贼的还厉害。乱黄子咧。了不得,了不得!"

照这样下去,不出几个月,张家山就很有可能成为连绵秃山。不管怎么说,张家山林场在蒲城县是最有名的,在省林业厅也是挂得上号的。当年人民政权刚刚建立,百废待兴,出现大规模毁林事件,政府还顾不过来,现在太平盛世,再出现那样的事件,高阳镇的几位主要领导恐怕就要身败名裂了。他们不得不数次开会,研究决定谁来继任林场的场长。可是高阳的农村基层干部,责任心不强的他们不放心,有些责任心的又不愿上山。别的事情还可以,唯独要护住这片林,非拼出命来不行。姬长庚就拼了命,果真落了个死得不明不白。不过是林子,谁愿意为其用性命来负责任呢?

又一次会议上,企业办主任老原观色巧言,建议把林场拍卖给私人。说林场只有属于某人,这人才会尽心尽力,想方设法保住林子。不管林场属于集体还是个人，只要满山是绿色，镇政府都好向上面交代。虽然现在没有这方面的政策，但也没有不许拍卖的政策，所以拍卖也不违反什么政策，是在打擦边球。二则镇政府经费一直紧张，林场虽说属于集体，却从来没有给镇政府贡献过多少资金。当日有姬长庚软磨硬拦，镇政府无法随便砍伐，现在可以随便砍伐了，但大面积砍伐森林，又会造成恶劣影响，而且只要镇政府一动斧子锯子，盗伐现象必愈演愈烈，最终滥伐的责任还会全挂在镇政府名上。只有拍卖给私人，镇政府才会得到一笔不小的资金。万一私人保不住林场，镇政府也不负主要责任。

这位不起眼的基层干部算是揣摩透了领导们的心。无论是属于集体还是个人，领导们对保住那片林子都持悲观态度，考虑的正是要"金蝉脱壳"，让自己别负这个主要责任的问题。别无上策，他们只好采用了老原的下策。于是领导们通过了这一会议决定，并决定让"点子稠，办法多"的老原，全权负责张家山林场的拍卖事宜。

数天之后，镇政府大门口的墙上，便贴出了一份公告，详细说明了张家山林场的面积、边界、拍卖底价、截止日期等。人们争相围观。

这日姬发媳妇来镇上赶集，见政府门口围了一群人，不知何事，也凑了过去。只见墙上贴着一块字纸，她不认得字，又不肯随便跟小伙子说话，便求一个老爷子给她念念，偏那老爷子也不认得字。旁边一个小伙子，见她不事打扮，朴素纯洁，天然美丽，忙献殷勤道："嫂子，我给你念吧！"她一听是镇政府要卖林场，由不得动了心。原来没有钱的日子不好过，如今有了钱，又成了她一块心病，只怕姬发让钱烧得寻花问柳，便想不如买上一片林子，把钱花光，就困住那小子了。照例，每来镇上，有事没事，她都要去朝拜七嬷。跟那老娘儿说了会闲话，她便提起镇上要拍卖林场一事，想探探老娘儿的态度。七嬷正言厉色道："这事我知道。我正要问你，你们的钱，是你管着，还是那臭小子管着？"娘儿笑道："他叫我管着。"七嬷这才露出了笑容，点头道："好！那小子这山看着那山高，钱在他手里，就留不住。在你手里，我才放心。捏紧些，不敢乱花。回头在家里盖座小楼，就离了那是非之地，平平顺顺过日子。听我的话，千万别叫他买林子，买不出好事来。"娘儿见她和自己的想法相反，便不敢多说，只笑。

这两个娘儿，对待丈夫大为不同。小娘儿的丈夫就在跟前，日夜守着，一举一动尽收眼底，她却小心防范，生怕他有外心。老娘儿当年，丈夫在数千里之外，经年不见，纵有外心，她也不得而知，却永不生疑，只心系丈夫的安危。倒也好，后者的丈夫历尽劫难却一直保持着一个好的心境，因为家里的女人给他保有着一个最后的温馨根据地，他也对她痴心一片；前者的丈夫却没来由烦恼痛苦，因此也就会没来由对她生出不满和敌意来。

姬发媳妇本来以为，七嬷谨小慎微，姬发却胆大包天，这事只要跟他一说，他准会高兴得蹦起来的。没想到回去一说，姬发竟无动于衷，道："没事就闲着吧！心多麦不收，有这么大一个果园，够咱们的了。再说天天撵贼，我可受不了。老爹撵了一辈子贼，保住了那么一大片林子，死落个无户无臭的，我犯得上像老爹那么傻吗？"家庭大事，自然是男人最后决定，况且娘儿想买林子醉翁之意不在酒，而是别有用心，见姬发不乐意，就丢开不提了。老原的办公室倒热闹起来。有二十来位跟着苹果园挣了些钱的农民欲买林子。他们每人只掏得出一两万元，当然只能买一小片。林场的拍卖底价是五十万元，这些人的钱合起来也不够，所以那人选这一片，这人便选那一片，互不重叠，倒也落个互无竞争。

没有竞争，还算什么拍卖？老原只登记，让先别交钱。他还在等来个什么大户，好把林场八十万元一百万元卖出手呢。可惜，他左等右等，这种人就是千呼万唤不出来。

高阳那几个开煤矿办水泥厂的人，虽然资不抵债，却有办法挪腾出一大笔钱来。只是他们的钱投出去，首先讲究的是收效快。护林需要拼命不说，只说一棵树长成材，起码得十数年。周期如此之长，搞企业的，谁有那个耐心来等待？

其间，姬发曾下过一次山，自然也要去朝拜七嬷。老娘儿故意笑道："没听说镇上要卖林场吗？天大好事，我都动心了。你那钱放着也是白放着，不如买上千儿八百亩，我帮你们守去。近水楼台先得月，再怎么说，那林子也是老爹守到如今的，想他们也会给你便宜些。"姬发诧异地望着她，见她一本正经，道："我当这世上就我一个傻瓜，原来还有一个比我傻的。把钱扔到那地方，跟扔到火堆里一个样，白扔。你要高兴买，我送你几万块钱，不是稀罕那林子，是为买你一个高兴。"老娘儿这才打心里乐了，脸笑个如皱菊，抚着姬发漂亮明净的脸蛋道："我还当你是傻子哩，真变聪明咧。我是怕你中了邪，买下了那林子，才故意这么说的。孩子，记住我的话，买林子，不光丢钱，说不定还要丢命哩。我死的时候，只要能看到你露着这白亮亮的小虎牙给我笑，我也就笑着死了。我可不愿再给娘家人送丧咧！"姬发笑道："你年轻时还聪明，老来是又聪明又傻了。你瞧，我手心的血茧子还没长好呢。辛辛苦苦挣些钱，我怎么忍心白扔？我也不忍心拿死来叫你伤心。要死也要活个七十来岁，你一百多岁了，咱姐弟俩同时死，谁也不为谁伤心。"

七嬷不知有多乐，给姬发做饭时，把眉户《梁秋燕》唱段哼个不住。

那些欲买林子的小户农民既无竞争，便以为自己买定了。林场盗伐成风，让几个心急的农民在家里坐立不宁，便上山去护自己选定的林子。不料有一人竟被盗贼毒打得奄奄一息，送到医院花了近万元，才保住小命，却成了终身残疾。林子还没真正买到手，就落了个人财两损，众小户震惊，再无一人愿买。

姬发媳妇又到镇上去时，如实向七嬷承认自己也曾有过买林子的念头，夹着长睫毛微笑道："你不愿意，也不碍事，只要发子愿意，我准备背着你买。多亏他也不愿意，要不真买下了林子，这可不就把祸买下了吗？"七嬷咬牙切齿叫了声"贼女子"，就狠狠给了她一通臭骂，却突然一笑道："那个人残废了，也真可怜，只是这个事出得好。人不教训人事教训人，我怎么教训你们，也未必顶用。那发子我最知道，没个定性，好跟风，当时不愿意，招不住谁烧两把火，又热了，冷不防就会买下林子。连你都有背着我的念头，他越敢背着我干了。我也早想到了，这几天心里怪不踏实的。出了这个事，你们这下知道买林子就是买祸了，不用我再念叨。好，想来你们不会再背着我干咧。我放心了。"

拍卖截止日期眼看就到，连过问的人也不见影儿。老原可急了，这日干脆骑摩托径奔盘龙凹。老远就看见盘龙凹土场上人影绰绰，沸反盈天，不知出了什么事。近前停下摩托，见姬发、姬杨只穿短裤，身上汗淋淋的，原来是在厚草上摔跤玩儿。娘儿、花花、两个雇工，在旁呐喊助威。娘儿笑着点了点头，便要引他进屋。老原道："好不热闹！待会儿，我也看看热闹。"

姬杨这几年在这儿，身体已恢复了元气，又成一条既健壮又英俊的青年汉子了。有东海夫妇，弟妹们已不需要他的钱。秀珍多次劝说，他已同意今年年底就不再在姬发这里干了，秀珍在城里给他找了份挣钱不多但轻松的活儿。主要是待在山里，很少有跟女孩子交往的机会，城里交往就广泛一些，更容易解决他的婚姻问题。他已经三十岁了，不光家人，姬发夫妇、校长夫妇都对他的终身大事很煎熬。

姬杨背宽腰圆，膀大腿粗。姬发也膀大腿粗，只是腰细些，却恰到好处，躯体线条更富韵律之美。两人已战了两个回合，各有一胜，这一回合是决胜负。此时扭扯到了草边，姬发眼看要把姬杨放倒了，却意识到这样倒下去，姬杨的后脑勺肯定会碰到草外硬土上，便松了力。姬杨趁机扑倒了他，用膝盖顶着他肚子笑道："你输了。服不服？"姬发道："不服。今天叫你占上风了，明天再来。"姬杨弹了他一榧子道："明天还是你输。"姬发亲热而粗暴地给了他一拳道："净让我在老婆面前丢脸！"

穿好衣服，姬杨便和两个雇工下地去干活，姬发则领着老原向窑洞走去。他长腿大步的，老原跟在后面，几乎是小跑着。

窑洞门前，堰畔上丛丛菊花争奇斗艳，清香缕缕。三只带哨子的白鸽在空中优美地飞翔着，还有两只在窑顶"咕咕"叫。窗台上的玻璃缸里，几条金鱼在游弋。老原叹道："大兄弟的日子，到底过滋润了！"姬发笑道："谢天谢地，不如谢我的姐夫、姐姐。要没有他们垫底，我就蹦不起来。"

"既然有你姐夫、姐姐垫底，你已蹦起来了，就该蹦得更高啊。"

在窑里沙发上坐下，姬发让了烟，娘儿沏来茶。老原只闷抽烟，不说话。姬发望了望这位不速之客，也若有所思地抽起了烟，额发半遮住了他的眼睛。半晌，他把头发向后撩了撩，笑道："我知道你说不出口的话了。林场卖不出去，你进也难，退也难，一筹莫展，就找我这个傻瓜蛋来了。说不出口就别说！我挣这点钱不容易，我大姐也好不容易才为姬家保得一个命根，谁愿落得人财两空？倒是我想烦你，镇上街面要有卖的地方，给我通个气儿。老爹说走一抬脚就不见了影，姐夫、大姐也上了年纪，保不住哪一天就陪不了我了。趁着他们身体还好，我想在镇上弄个漂漂亮亮的小家，不务这果园了，做点小生意。挣钱在其次，主要是想老老少少乐乐和和地过小日子。"老原似什么也没听见，一连抽了三根烟，才开口道："眼看着毁林，难道老人家去了，高阳有社会良心的人都死了吗？"姬发的眉毛弯了弯，轻轻一抖，又展开了，从鼻孔里嗤了一声道："我还是头一次听人用'社会良心'这个词。这个词好！社会良心，首先你们当官的应该有。我老爹一生一死，谁关心照顾过他呢？你们当官的先没有社会良心！我就有保这个林场的热心，也冷了。我没有社会良心。林场是我老爹出于社会良心，给社会的贡献，不是出于私心，给孙子留下的家产，我也没有责任管它。你今天要跟兄弟只是说林场，抽几根烟，就请便吧！"

老原生满雀斑的长脸上，神情肃然，咂了咂干燥的嘴唇道："书记、镇长都是走马灯笼，说走屁股一拍就走了。我可是高阳生高阳养的，不可能不爱家乡。出于对家乡的感情，你赶也赶不走我，要走还得等我把有关林场的话说完。这个林场，可是你老爹四十来年的心血啊，你难道连一点儿感情都没有？"

"孙子对老爹怎么会没有感情？可老爹和林子是两码事呀。老爹是可敬的老祖宗，林子算什么呢？"

"林子也是老祖宗。我不学无术，也知道先是林子从海洋登陆，然后才是动物登陆。况且你老爹对这林场比命还看重，你作为他的后人，要对他真有感情，就应对这林子也有感情。我在会上提出把林场拍卖给私人，想到的就是你。你们家的男人，要上战场，准个个是英雄。林场只有交给这种人，才能保得住。你既是姬长庚的孙子，护这片林子，就应是你的使命。"

姬发眯缝着眼冷笑道："什么使命？那是催命。别跟我说大话。我不是愚公的子孙，不会那么愚的。"老原又脸色阴沉，只会抽烟，半晌无话。姬发闲陪无聊，便说："难得来，吃了饭再走吧！"老原苦笑道："又下逐客令了。话不说完，就赶不走我。你怎么像满腹怨气，只会围住锅台转的娘儿？好好听我说话。大话不说，就说小话吧！不错，你是个山里小农，可谁不知你是个洋性子人，好潇洒？你表面看似有些玩世不恭，可跟你交往过的人，谁不知你跟养你的那位说话如打雷放炮的武家老嬷一样，最有温情？我就知道，你原先曾打算带老爹满世界走一走。可惜，这下不能了。不过你还有姐夫、姐姐、老婆女儿呀！难道你就不想带着他们苏州、杭州，甚至德国、美国走一走？有座漂亮的小洋楼你就满足了？就不想出门开着辆小汽车？可凭果园，大家如今一窝蜂务，不出三年，苹果就会比卖屎还难，那时你干什么呢？做小生意，你得先交学费，况且竞争激烈，你也未必能打下阵地来。开煤矿办水泥厂，你有门路吗？你跟着苹果园手头落个一二十万，在高阳算是个富人了，可敢换个地方换个活法吗？话说回来，张家山林场对于你，虽算不上人和，却是天时地利。老爹几十年的经验，你不学也知怎么个干法。张家山有林两万余亩，一亩按五十棵树算，一棵树按五块钱算，这个林场也现值五百万。这还是最保守的估算，一棵树苗都卖两三块钱哩，林场现有价值再扩大五倍，也不夸张。况且森林是绿色银行，树在不停地生长。个人拥有期限是三十年。三十年里，这个林场的价值，不知要比现有的翻多少倍。既没有竞争，买者顶多只一次性掏五十万就一劳永逸了。所以谁肯买这个林场，谁就是有长远眼光的人。"

"谁也是个不要命的人。"

"危险当然难免，眼前就出了那个事。没有危险，能轻易到你姬发手里吗？天上不会给你姬发掉下个馅饼来的。出了那个事，对你倒是好事，越没人跟你争了。人都敢为的事，就像如今务果园一样，肯定没有多大前途。你手头落了些钱，就是当初务果园时，人都不敢为你敢为的结果。我就知道你敢为人所不敢为，才来找你的。"

容易激动的姬发，终于沉不住气了，血液沸腾，又浓又长的睫毛颤动着，起身抓了一把谷子，到外面去喂那些鸽子。老原知道他动心了，长吸了口满是松香味的山里空气，又长出了口气，便闭上眼睛，头无力地靠在沙发背上。这一番谈话，他可真比干了一天重体力活还觉累。

过了一会儿，姬发却神情颓丧地进来，说："算了吧！我没那个福气。"老原一下子坐端身子，疑惑地望着他问："又怎么了？"姬发急急忙忙地说："一下子拿五十万，我可只有去抢银行了。"老原又懒洋洋似要打盹的样子，半闭着眼笑道："这你就不用多虑了。只要你有心买，钱好办。我跟领导说说，从镇基金会贷。不过那个明摆的秘密想你是知道的，贷款至少得给领导、基金会的人花几万块钱。"姬发好看的眼睛闪着冰冷的光，哼了一声说："知道归知道，可羊毛还得从羊身上出，贷款在我头上就得我还。花不花，花又给谁花，花多少，我得掂量着办。别指望我跟那几个开煤矿、办水泥厂的家伙一个样，我受不了他们那种债台高筑的日子。"老原故意皱着眉头，心里却在暗笑，道："他们还不是活得很潇洒吗？好啦，随你。你看着办吧！"

娘儿一面在窑门口拣菜，一面听着他们的谈话。她既不愿丈夫花心，又不愿遭逢不测，便用衣襟撩着菜进来说："你找死啊！这么大的事，不跟姐夫、大姐商量，你就定了？"姬发一撇嘴说："大姐那人，还容我跟她商量？只要一开口，她准发雷霆。"娘儿好在琐事上无理吵闹，在大事上却很朴直，不善争辩，喃喃道："大姐的心，咱们也得体谅。连命搭上了，咱们要林场又有什么意思？"老原忙道："一开始，可能难些。只要稳住阵脚，日后就容易了。我是相信发子的。"姬发摘下墙上的土枪，胳膊筋肉隆起，一挥枪说："我要弄不过那些无法无天的家伙，就不是姬长庚的孙子。算你有眼力！这么吧，买不买，明天我给你话。下山可不准乱说，小心传到我大姐耳里了。"老原走后，娘儿又劝阻。姬发只道："男人的事，女人少掺和。"便不肯和她多说。

在姬发的人生中，这可是莫大的事。他在一种麻酥酥、无精打采、思想混乱的状态下，度过了这一天。第二天吃过早饭，他来到高阳中学，直奔校长办公室。在个人感情上，他常向好友姬杨倾诉，但在命运大事上，他却总是向校长去说。毕竟，姬杨比起那老夫子来，少了些人生沧桑，显得太嫩了。

恰巧校长一人在。姬发吞吞吐吐半晌，才笑道："姐夫，我有一个傻想头，就怕你不赞成。"校长道："坐下说，坐下慢慢说。"姬发在他对面坐下，低头揪着指头道："姐夫要不赞成，我就不干了。"校长道："说说看。"

姬发"我"了一声，却说不出口，只望着校长笑。校长道："有话就说呀！嗨呀，都为人父了，还看我这老家伙的眼色行事不成？"姬发瓮声瓮气道："我大姐肯定不赞成。"校长道："她不赞成你的事多，事事都听她的不成？倒是，你最听我的话。做人，不妨出格一些。你认为对，就去做，不听我的话也行。我又不是圣贤，张口是理，什么都对。"

姬发用手指头在桌面上画着，像个小孩子样只是笑。校长用湿润的目光盯着他，也笑道："五大三粗，一彪汉子了，在别人面前那么杀伐决断，在我面前就只会傻笑，呸！倒让我想起你爹来，虽说是我的长辈，又天不怕地不怕的，在我跟前偏跟你一样，只会扭捏。难道你姐是母老虎，姐夫就成公老虎了，让你觉得特别可怕不成？"姬发一笑，又一咬嘴唇，终于道："不是你可怕，是我的想法没准会把你怕住。你让我把我的傻想法细细说完。我已经成人了，大姐的话，当然不一定听。你要不乐意，我还是会听你话的。我历来服你。那年在考大学一事上，就怪我不听你的话，没有把握好人生关键的一步。姐夫，我想疯一次，来个二次创业。败了，大不了跟以前一样，回家种那几亩地。"于是便说了自己欲买张家山林场的打算及买后的好处。

姬发的想法总让老夫子觉得活泼而新鲜，也总让他觉有些不切实际。依照惯例，老夫子总要给年轻人先泼一泼凉水，板着脸道："不能光想好处。一旦买下林场，你就坐在火山口上了。"姬发道："里山那些人是欺软怕硬。他们怎么不敢欺负老爹？"校长叹了口气说："说你长成人了，你还嫩着呢。老爹多少难处，咱们不知道罢了。他是个要强的老人家，哪肯把私下的难处说给咱们，让咱们为他操心？"姬发用指头轻轻弹着桌面道："听拉拉鸪叫，就不种庄稼了？有刺激，活人才有劲头。我不爱四平八稳活着，更不爱像蜗牛一样，用壳子把自己闭塞起来活人。姐夫，就让我疯一回吧！老爹的遗像，我有时看着很慈祥，有时又看着威严不可逼视。我身上流着老爹的血液。谁让我是男人呢？是男人，就该给自己的人生开辟出一个大战场来。"

校长默然半晌方道："我不是阻拦你，是让你知其难、知其险而上。先不要让你大姐知道，小心给你搅黄了。好自为之！"姬发激动地把手在空里一抡，打了个响指说："呵，我怎么有这么一个好姐夫？我就知道，我这一辈子怎么走，只要不走歪门邪道，姐夫都会尊重我，不会把自己的意志强加给我的。"校长叹道："凭良心说，我不是个好姐夫。我要是个好姐夫，就会像你大姐一样，对你买那林场持坚决反对态度。话又说回来，我的确也不是那种以自己走过的桥比后生走过的路还多，以比上不足比下有余，以求稳怕变的心理讥笑后生'冒'的老爷子。后生，就是冒的。不敢冒风险，胆小怕事，前怕狼后怕虎，那是'后生老人'，不然就是不伦不类、不男不女的'后生娘儿'。后生可畏，但那样的后生，有什么可畏的？正是那种小脚女人式点点而行的后生该嗤之以鼻，而不是大步流星的冒后生。想当年，我年轻正冒的时候，一心想干点事业，可事业对我关着门。再回头已是百年身，年纪不饶人，如今只好四平八稳了。话似乎扯得有些远，其实还是为那林场。商业社会是功利而肤浅的，咱们那铁肩担道义的老人，做人高尚反变得可笑和危险。老人之后，没有人肯保那林场了。你作为老人的孙子，怎能不挺身而出？不过说到底，我心里还是怪难受的，这明明是让你去跳火坑哇！"姬发把手指交叉起来放在桌上，笑道："我没有姐夫说得那么伟大，不是前仆后继要保那林子，而是要赚大钱。既是为赚钱，我当然知进退，不会为钱搭上命的。姐夫不必难受。呵，这二十来年，我经的是人情，从今往后，我可要好好经一经世故了。做出的事情，有些可能会让姐夫不太高兴。不过我无论做了什么，怎么做，姐夫都要相信我。我还是崇尚姐夫的为人的，不会让自己太世故。姐夫的头发又长了，我给你理理吧！"

二人便步向校长家。校长的脚步声"呱唧呱唧"的，姬发却脚步声"咚咚"有力。七嬷一听见脚步声，就知姬发来了。她像个爱俏的姑娘一样，把头巾搭在肩上迎了出来，张口"肝儿"闭口"肉蛋蛋"地叫着。姬发笑道："七尺大汉了，还这么叫，叫人听见了，不笑死才怪哩。"七嬷啐道："爱笑由人去笑，反正各人的嘴长在各人头上，别人管不住。我的宝贝命根肉蛋蛋，我这么叫着亲，我偏爱这么叫。"

"什么时候，姐才不把我当孩子宠？"

"活到八十，你在我跟前，也是孩子。"

进了屋里，老太婆又取梨又化蜂糖水，问："饭想吃什么，姐好给你做去？"姬发道："随便。姐做什么饭，都合我胃口，从小吃惯了。"七嬷便扭着胖腰身进了厨房，却隔着门，大声向姬发问长问短，唠唠叨叨个没完。几天没见，她就像几辈子没见他一样。

还在姬发上中学的时候，为了省几毛钱理发费，校长的头发就由姬发来理。天长日久，校长竟养成了习惯，头发非得姬发理不可。有时候，他头发长了，姬发在山里忙，没工夫下来，七嬷催他到理发店去理，他硬是不去，拖着长长的头发，只等姬发来。连七嬷都好笑道："理发店的女孩子那么靓，还比发子理得好，我又不吃醋，你怕什么？"老夫子窘急地道："说什么话？岂有此理，岂有此理！"七嬷见他那么大年纪了，还脸通红，忍不住笑了个声震屋瓦。

校长和七嬷一样，心里姬发比自己的命还重要。最疼爱的孩子给他理发，小小的事情，却几乎是校长人生里一个极美的享受。他那年轻而柔软的手，熟练地舞动着，精心给校长洗了头，然后刮脸，按摩头上穴位，理发，修剪，最后吹了个一丝不苟的"背头"发型。校长闭着眼睛，任他摆弄，舒服得都快睡着了。发理罢，老夫子精神焕发，像年轻了十岁。校长笑道："想来我是可笑。理发店的女孩子靓归靓，就是比不上我的发子可爱。"姬发抚着他肩头说："你在我心里，也是个老可爱。"

来见校长时，姬发一进高阳中学大门就赶紧下了摩托，而且把墨镜摘下装入了口袋，那样儿纯真得清澈见底。可午饭后去见老原时，他却把摩托一直骑到了老原办公室门口，也不摘墨镜就进了门，一副高深莫测的样子。"言多必失"，他话也不肯多说，只说拍卖截止日期的早八点，他来签合同。老原见他终于做出了决定，高兴地一拍他肩膀说："还是老弟干脆！"说话间姬发已转身出去了。老原又追出去叮嘱："你是个说一不二的人，千万别到时有变故。"姬发笑道："到时再说。这是做生意，没有签合同，我说了一还说二，没有任何约束。"老原望着他骑摩托风驰电掣而去的背影，心里又七上八下的，骂："这臭小子，还是没个准！"

有人说，历五千年文明的华夏民族，"谋略文化"已极为高超。即便在没有几个人读过《孙子兵法》的穷乡僻壤里，人们也多谋善计，连真纯明净的大姑娘，辫子一甩，也会心生一计来。姬发在卖苹果时，就和客商玩过"谋略"游戏，现在买林场，自然难免要和镇政府的头头脑脑们玩一手了。

到了那一日，早七点半，昏昏欲睡的吴镇长急欲把手里那块烧红了的炭甩出去，就和文书、老原、基金会的负责人在镇政府小会议室等着了。早八点，姬发没有按时到。又等了半个小时，还不见影。等人的滋味可真不好受，况且还是些头头脑脑们等一个小农民。人人一肚子气，都拿老原当泄气筒子。老原只会点头哈腰，赔罪认错，一再说："他一定来，准是家里有事绊住了。再等等，等等。"

然而都九点半了，还不见姬发来，吴镇长责问老原："怎么搞的？说好了没有？"老原嗫嚅道："说得好好的。他不是那种耍花腔的人，一定是有什么事。"

于是会议室成了对老原的批斗会场，众人你一言我一语地指责他。老原一副哭相，如坐针毡。好容易，头头脑脑们批累了，个个一言不发，只抽烟。会议室里烟雾腾腾，既呛人，又气闷得要命。

原来是姬发打听到仍无人和他竞争，故意迟到。直到十点半，他才慢腾腾进了门。老原如蒙大赦，嚷道："我的小老祖宗，你到底来了。你再不来，我可要上吊了。"姬发目中无人似的看也不看众人一眼，甩下两句话："五十万太贵。我不买了。"又扬长而去。

一个小小农民，竟然倨傲如此！吴镇长"啪"地一拍桌子，瞪了老原一眼，也拂袖而去。老原追了吴镇长几步，却又掉头追上姬发，强打着笑脸，鼓着三寸不烂之舌，说了多少"机会错过了就不会再来"一类的话。姬发不耐烦地一挥手说："反正五十万我不要。别说机会，将来还不知怎么样呢，说不定是送死的机会。不降钱拉倒！"老原眼睁睁地看着他去了，拍着手说："真他妈的，我这个媒人怎么做的？"只得回去跟吴镇长商量。吴镇长昨夜打了一夜的牌，既生姬发的气，又困得要命，腮帮子发青，红眼皮耷拉，咬定一个子儿也不降。

一连五天，姬发只在果园干活，闲了和姬杨他们说笑打闹，不闻不问不提林场拍卖之事。张家山林场的护林员，则成了没王的蜂。那位副场长，怕毁林的责任最终落到自己头上，向镇政府提出了辞职，并且不等批准就撂下挑子回家了。镇政府只得派了一位副镇长，协同两位派出所干警，上山去控制局面。这位副镇长原是被里山人打点通了的，不过做做样子，其实还是睁一只眼闭一只眼。那两位干警见领导如此，也乐得逍遥了。

第五天下午，老原又来到盘龙凹。娘儿站在窑洞门前堰边，扯着喉咙喊起了姬发。这是个雾天，脚下的果园灰白一片。张家山诸峰，如从汹涌雾海里露出的岛屿一般。岛屿是以绿色为主的极为丰富的混合色彩。半晌，姬发才从雾海里钻了出来，衣服上满是土，两条长腿松松垮垮的。老原打起笑脸来道："我算服你了。小小年纪，没想到这么能沉住气！"

姬发也不往窑里请，就大劈开腿站在门前，把手举在腹前翻弄着，眼里闪着耀人的光亮道："我这一双手，又有力又灵巧，粗活细活，都难不倒我。别说一家老的小的，只那么几口人，就几十口，我也养得起。如今我的日子不就很好吗？打破我这种生活，我还不情愿哩。"老原道："你呀，小小年纪，就暮气沉沉，安于现状了。我是特特告诉你一个好消息来的。"姬发心猛一跳，期待地一望老原，却故意又望着别处。

老原拖长声道："镇长答应了，给你降两万。"姬发大失所望，明亮的眼光就像子弹一样射在老原身上，冷笑道："忙得很，没工夫陪你。要是特特来说这话，就请回去吧！"扭身便要进地。老原又气又急，大喊："臭小子，你他妈的再忙，也忙不到连说两句话的工夫都没有呀！说说，你肯出多少？"姬发头也不回道："三十万。"

老原吓一跳，咂吧了好几下嘴唇，才道："这么大一个林场，你三十万就想买？小子，五十万都太便宜你了。"姬发道："别说我没有五十万，有也不会出。咱们一句话不提了，你找别人去吧!"真迈开长腿进了地。老原干骂了两声娘，垂头丧气而去了。一路，林子里那刺耳的砍伐声，让他心都碎了。

秋天的树林，气息温香。

张家山周围各村的人，只盼着拍卖多拖些日子，可怜的老原则和他们相反，心急如焚。隔了一天，他又来到盘龙凹。姬发、姬杨正坐在沙发上说话。姬杨忙起身让座。姬发只在沙发上一挺身子，挪了挪屁股，算是礼让了。老原眼皮肿胀、沉重，用哀求的声音说："好我的小老弟，行咧行咧，算你牛皮。快跟我下山签合同去吧!"姬发问："降了多少？"老原坐下，巴结地给姬发递上烟，用打火机点着，说："十万，了不得咧，四十万买一个大林场! 我嘴皮子都快磨烂了。好老弟，别再趁张家山森林之危，跟我拿捏咧!"

姬发鼻孔里哂了一声说："正因张家山森林有危，别人连拿捏也不敢。森林释放着清鲜氧气，也喷着毒云恶瘴。难道我是傻子？说过三十万，就是三十万。这么吧，明天我来镇上一趟。你跟镇长说好，要这个数给我，他就跟基金会管事的人都等着。要不肯，就别等了。我下来一见你，就回山上。忙得很哩，没工夫闹这些闲事。"老原有些火了，站起来说："你没工夫，我就有工夫？又不是为我自己，来来回回折腾，求爷爷告奶奶，我也够了。"姬发道："那就算了。"老原又忙一团和气道："说笑话呢。明天一准来，不许再拿捏。"姬发不置可否地一笑，也不送他。

第二日，姬发到镇政府时，吴镇长等有关人员已在小会议室里等着了。姬发笑道："这么说，三十万可以成交了？"

老原起身迎到门口道："三十万对上对下，我们都不好交代，别人会觉得我们像吃了黑食似的。昨天我们商量到半夜，决定再降两万。"三十八万元买个方圆数十里的林场，姬发已经很满意了，不过他还要讨价还价，故意扭身就走。老原死死拽住他吼："臭小子，你好好坐下说话。"又温和地道，"谈生意，谈谈嘛。"姬发也就顺水推舟归座，询问吴镇长的老家在哪儿，又问基金会主任家的果园怎么样。说着亲热话，就言归正传，唇枪舌剑起来。互相舌战了足有两个钟头，终于以三十五万元宣告成交。

老原拿出早已打印好的合同，姬发原先已看过，没有什么可挑剔的，于是笨拙地签字盖章。吴镇长也龙飞凤舞地签上自己的姓名，文书重重地按上了镇政府的大印。吴镇长含笑站起，把自己的椅子向后推了一下，以一种老到熟练的姿势，隔桌向姬发伸出手来。姬发慌忙站起，险些把自己的椅子擅翻，和吴镇长紧紧地握了握手，笑道："还请日后多多关照！"吴镇长道："理应，理应。"老原则在姬发腰里恶狠狠地捏了一把，笑道："好了，这下可把我解脱了！"姬发疼得直皱眉头。

当场便要办从基金会贷款的手续，姬发突然从窗户看见镇长办公室门口坐着一群人，其中有一个花镜用绳子系在光脑袋上的老爷子。细一看，正是里山的村支书能不够。这个能不够为难了祖父一辈子，他有些敏感，便问："'老革命家'领人又闹什么革命来了？"老原道："你也知道，那个能不够，死也不会安分，正领人给镇长静坐示威哩。你就别问了，他爱闹让他闹去吧！"

姬发那光亮的眼睛盯着老原道："我有些放心不下，别是为林场在闹吧？"老原支支吾吾的。姬发越疑心，便晃了晃有些麻木的腿，走了出去，和能不够并排站在台阶上，斜目下看着他，递过一根烟笑问："老爹，你的戏真多！这又是在唱哪一出戏啊？"能不够侧身仰头接住烟，抹着那被旱烟熏得白不白黄不黄的一小撮胡子道："听说你要买林场？甜水沟、清凉山那一带千来亩林，是我们里山的，公告上划到了林场里。你可要小心，这片林子的钱千万不能交。一交，我们就不是跟镇上争地盘了，变成了跟你争。"姬发道："净脱了裤子放屁！我老爹在世的时候，你怎么不说那片林子是里山村里的？当我不知你葫芦里卖的什么药？不过这阵趁乱起哄，浑水摸鱼罢了。"能不够露着黑黄的牙齿笑道："悄悄话明说，集体财产，要得大家得。鸟有鸟道，兽有兽路，你有钱掏钱得，我们没钱就这个法子得，共同致富嘛！"姬发从鼻子里一笑道："你倒会说话，说的比唱的还好听！好，我不交那片林子的钱就是。我买下的，可不许你胡使本事。不然的话，我非把你那肉葫芦从脖子上拧下来喂狗不可！"能不够忙道："那个自然。"

姬发进去，便与基金会的人办了贷款手续。只贷了二十万，他来拿了十万，钱交老原时，老原道："还差五万呢。"正打哈欠的吴镇长，大张着嘴，瞅着姬发。

姬发笑道："那五万，你们向能不够老爹要去吧！合同得改改。甜水沟、清凉山一带千余亩林，有争执，我不要了。"老原忙道："张家山林场的界限，镇企业办、县林业局，都存有底子。什么时候那一千来亩林属于过里山村？那老东西明明是在胡搅蛮缠嘛。"姬发激动地颤闪着花眼睛，如闪电，道："我不管那些。你们必须把没有争执的林场交给我，否则让他们把那一千来亩林砍了，就别想让我交这五万块钱。"吴镇长一直对自己被这小子牵着鼻子走很窝气，事到这步，该他向自己摇尾巴了，便从座位上站起，在会议室走着，把皮鞋后跟踏得"咚咚"响，突然站住，眼光严厉地盯着姬发，声音冷冰冰地道："合同既已签字，林场就属于你了，他们要砍了林，就是你护林不力的责任。他们还可以说有两千亩属于他们村的，难道还要镇政府再退你五万吗？你现在不交这五万，就是违约，我们可以控告你。"

姬发饱满湿润的嘴唇发青，微微哆嗦着，以茫然的目光，打量着吴镇长。他的神态，的确表明他对自己怎么护林漠不关心。愿意也好，不愿意也好，就这个样子了。林场一抛出手，他就万事大吉。姬发的目光，又落在老原身上，苦笑道："我今天真不该来，鬼迷心窍了。识时务者为俊杰，我他妈的算什么呢？傻瓜蛋一个。我老爹护林就难，但那时林场是镇政府的，这个大院子里的人，不得不一定程度支持他。看来，我远要比我老爹难。林场属于我，这个大院子的人，非但不支持我，而且还要与我作难。控告就控告吧！这一千来亩林的争执，是在我签字之前里山村的人就提出来的。你们没有解决，签字时也没有事先告诉我，我不负这个责任。什么时候你们解决了这个争执，我什么时候再根据情况交这部分钱。至于日后里山人还跟我有什么争执，当然是我自己解决。只是眼前这个争执，你们休想脱了干系。你们可以告我，难道我就不可以告你们？大奸似忠，老原，你可真是滴水不漏啊！你对我姐夫、姐姐毕恭毕敬的，我还以为你真在为我好呢，现在突然觉得你是设了个陷阱，让我这不知世故的小年轻，糊里糊涂落进去了。唉，便宜不好沾，我真他妈的太聪明了，还以为这一笔交易下来，就成百万富翁哩！"老原早已张皇失措，"哇里哇啦"地大叫道："你疯了？吴镇长怎么会不支持你呢？那不过是你太冲了，他一时的气话。怎么林场就属于你的了？合同上明明白白写着，林场的所属权还是镇政府，你不过是保护、开发、利用权。镇政府是跟你捆在一起的。镇政府要不支持你，林子真被毁了，谁也别想逃脱责任，包括我这个企业办主任。你把我想哪里去了？我要那样，还有什么脸见武老师和师母？别叫我啐到了你身上，狗咬吕洞宾，不识好人心！"

别人都不欢而散，独老原还留在会议室。待了一会儿，他像个说是道非的女人一样把嘴凑到姬发耳朵上悄声说："刚才人多不便，我没法跟你好好说，你别生气。说句心里话，你不交这五万元是对的，不过以那种态度跟吴镇长说话就不对了。这么吧，你在宏园饭馆要一桌饭，缓和缓和你和吴镇长的紧张关系。回头再……"姬发一把推开他的脑袋，两道豪放的眉毛一耸说："坐端说话！鬼鬼祟祟的，让人看见，倒像咱们在商量什么阴谋诡计。"老原拿报纸在他脸蛋上拍了一下，坐端身子，依然悄声说："打开天窗说亮话，对于吴镇长那种人，发展不是硬道理，钱才是硬道理。你跟吴镇长再讲道理多也没道理，给钱就什么道理都有了。水泥厂厂长那些人为什么吃得开呢？吴镇长为什么那么不知疲倦在牌桌上忙呢？还不是那些人借牌桌在给他送钱嘛！据我所知，你老爹一定程度能够得到镇政府的支持，私下也做过些小手脚。秃头上的虱子，明摆着，不花钱不行。水至清则无鱼嘛！回头我把吴镇长、基金会主任邀上，咱们打一阵子牌。你不多输，每人输给五千元就行了，我除外。我敢保，你那没交的五万元，吴镇长大笔一挥就勾销了。你没输反赢着哩。日后你就这么跟吴镇长拉扯着，不愁他不出面替你打击那些盗伐者。你让他撤能不够的职，也很容易。能不够不就是靠把上面给的扶贫款塞给镇领导，让镇领导一直在包庇他吗？老弟，你年轻无知，别提私底下有多黑哩！"

姬发看了老原半晌，笑道："你对我姐夫、姐姐毕恭毕敬是假的了？"老原忙道："胡说！我从心底里敬他们。"姬发脸一沉道："那你为什么教我背叛他们呢？我是他们教养大的，可不愿让人指着脊背骂。我倒相信你没坏心，可这事上，你利用我年轻无知、贪图便宜，明明把我诱到陷阱里去了。所以你要我送他们钱，不合我的为人不说，我也不敢再领教你的了。降了十几万，不是领导有意，是我争下的，我也没必要感谢他们。本来，今天字签了，我是想请大家吃一顿，庆祝庆祝，现在也没这个心情了。我手头差不多已光光的了，林场一到手，就要给护林员开工资，还有别的种种费用，不知钱要从哪儿来哩，我一分钱也不敢乱花。"眉宇神态，一股子逼人的倨傲气，"不光现在，今后我也不会用钱来买镇政府大院支持的。不是贪官，不给钱他也会支持。是贪官，给钱只会把他的胃口越吊越大，钱给少了，他就不满意，就会给我制造麻烦。贪官是喂不熟的狗！我已经走上了这条路，我就不怕。明天再说明天，要发生什么，就让它发生吧。我宁肯碰个头破血流，也不能让贪官在我这里得逞！"

校长清高人格对姬发长期的潜移默化，终于显示出来了。从此，他将走入越来越开阔的生活场景，也将用越来越开阔的眼光，关注和审视自己的所作所为。

下山时，他已经决定即便一分钱不降，今天他也要在合同上签字。的确，就是五十万买下这个林场，也是占了个大便宜。当时他望着即将为自己所有的苍茫林海，骑在摩托上飘飘然如驾云乘雾。然而上山时，他却跟个没了魂的人一样，一路什么也视而不见。不知哪个缺德的家伙，给路中间扔了斗大一块石头。摩托突然撞在了上面，后轮子腾起，斜着倒了下去。轮子空转了一会，便熄了火。姬发则被甩下了坡。

路边的坡先是一段缓坡，然后便是悬崖百丈。缓坡上的草，有半人高。姬发在草里无法控制地向悬崖滚去。多亏崖边有一丛灌木，挡住了他。灌木丛被撞断了。他死死抓住了连地的灌木断茎，才停止了滚动，落在了柔软的草上，倒没受伤，就是疼痛难忍。他微微抽搐着身子，侧头一望，眼前深渊无底。一股寒气，透遍全身。他忙向上爬了一段，似乎透不过气来了，伏在草上，大张着嘴拼命地呼吸着空气。半晌，他肩胛骨剧烈抽搐着，发出了一阵狂笑，突然又变成了放声大哭。也只哭了两声，就止住了。他为自己那不成人样的笑和哭感到可怖，怀疑自己是不是疯了，静静地伏在那儿一动不动。

四周是一片死沉沉的寂静。

他确信自己没有疯后，便整理着那纷乱的思绪。什么都在他心目中，变得滑稽、荒唐、可笑起来。当年张家山森林遭劫，大爹、大娘搭上了性命，可敬的老爹，在这洒着儿子、儿媳鲜血的土地上，苦守四十来年，终于又把这连绵山丘守望成一片葱绿，当是多么可歌可泣，却落了个无人喝彩的结局，岂不滑稽、荒唐、可笑？如今自己本为发财才买这片林子，却人算不如天算，十万血汗钱手里没暖热就不见了，还背了二十万的巨债，最终又能落个什么呢？看来跟老爹是一个样子。自己的人和事，岂不也是笑话？

基金会是二分一的高息，贷的那二十万不知什么时候才能还清。唉，他真是自寻烦恼，自找负担！

他满腔的热情，冷却了。如被衙门的老爷打了一百大板子，他只觉无比痛苦、沉重和失落。想到来日，他甚至有一种"盲人骑瞎马，夜半临深池"的感觉。

一个过路的老娘儿在路边喊了起来："出事了。快救人哪！"他这才一惊，忙爬起身上了路。因为情绪太激动，竟结结巴巴的，道："命……命大，没事！"老娘儿长出一口气道："我看见摩托倒了，只当人掉到了崖下。千好万好，人没事最好。"

姬发检查了一阵摩托，并无大损，只是灯被撞坏了。要说是不幸，又是大幸。痛快和痛苦，前面都是一样，要痛的。说不定这个林场，还会给他带来好处的。他又来了点精神，脸还煞白，却向那好心的老娘儿顽皮地挤了挤眼睛，踢了摩托一脚，伶牙俐齿地道："铁骚货，你寻石头亲热，险些把哥们的命搭上。"

老娘儿笑了。姬发也向她一笑，跨上摩托，身子微微向前探着，踩动油门。于是摩托后面飞起一道黄尘，不久便回到了盘龙凹。

娘儿见他一身土，忙问："怎么了？"

"栽了！"

"叫你小心小心，你骑摩托总跟疯子一样。"

"栽一回就不疯了。吃一堑长一智嘛！"

"字签了吗？"

"签了。"

娘儿用尘甩给他甩净了身上的土。他便进了窑里，哭丧着脸坐在沙发上，闷吐各式烟圈、烟棍、烟球。烟棍打烟球，烟球投烟圈，烟圈套烟棍。忽然，一股细长的烟流袅袅而出，是他在长叹息。

娘儿进来见状问："这又是怎么了？莫不成遇到了什么不好的事？"姬发张了张口，却不知怎么向她说，只沙声道："受刺激了！先别问，等我静下来后好好跟你说。"

姬杨从地里回来后，又问，姬发脸色阴郁道："脑子很乱，一时说不清，晚上再跟你细说。下午我就不去地里了。"

往日的饭桌总是喧闹的，今日的午饭却吃得极沉闷。饭罢，姬杨领着雇工下地去了，姬发则倒在炕上蒙头大睡。

半下午，娘儿突然慌慌张张进来说："大姐来了，脸色不对。她怎么这么快就知道呢？反正纸里包不住火，她迟早要知道，非有一场凶发不可。不管她多凶，你千万别跟她顶嘴！"姬发慌忙下炕，道："没听她话，就够她伤心的了，我怎么忍心跟她顶嘴呢？放心，我老到胡子白了，在母亲一般的大姐跟前，也是个老乖乖儿。"

今天的那种上当受骗或者是中了人圈套的感觉，使他更爱武七嬷。那老娘儿骂他也好，打他也好，都是因为至诚的爱，从来不会别有用心。他这一次没有听她的话，真是一个大错。唉，也只有将错就错了！

夫妻俩恭敬迎上。只见那高个胖身的老太婆，袖子半挽，威风凛凛。姬发笑问了一声，不敢正眼看她，脸变得煞白。武七嬷不理，只狠狠地瞪了他一眼，飘飘然的大裤脚呼呼作响，大踏步走进了窑里，盘腿坐在沙发上，喘着气。姬发跟了进去，垂手站在一边。娘儿端了一盘苹果进来放在茶几上，姬发才敢在七嬷脚旁蹲下，从皮带上摘下腰刀，仔细削着苹果皮。

娘儿不自然地笑道："大姐怕还没吃饭？我给你做去。"七嬷那粗浑的老年女声，带着铮铮的金属音，冷冷道："吃不下去。够了！"

恨里饱含着爱。姬发因这爱而对自己惹她生气更难受，听着她的话，如被抽了两鞭子，身子微微抖着。他想让孩子来缓和缓和气氛，便强作欢笑道："花骨朵呢？成天喊着想大姑。大姑来了，她倒不见个踪影儿。"娘儿忙出去找花花。姬发削好苹果，插在刀尖上，举给七嬷，说："生气也要吃。大姐，吃个苹果吧！"

他越这样，七嬷越疼他。越疼他，越怕失去他，越为他买了一次又一次给姬家带来灾祸的张家山林子生气。不接苹果，扭着头，也不看他，愤怒地拧着眉毛。她越这样，姬发越对她爱自己的真诚感动，鼻子发酸，眼泪都快流出来了。

娘儿领着花花进了窑里。花花叫着"大姑"，飞跑过来，一头扎入七嬷怀里，亲昵地磨来蹭去。老太婆疙疙瘩瘩，像鞋底一样硬的手，紧紧搂住孩子，用几乎和男子一样粗重有力的声音大哭道："你爹把你丢给我咧。我拉扯了他，还要拉扯你哩。苦命的心肝，我的命根哪！"花花一愣，她还不明白发生了什么事，但至亲的大姑伤心，她就伤心，也哭了起来。

窗外的天空，是冷冷的蔚蓝色。老太婆银色的发髻，也闪着冷光。娘儿害怕地向窗外张望着。老太婆的哭声听来极刺人心。

姬发的长睫毛上挂着两排细碎的泪珠。几乎是跪在了老太婆跟前，强笑道："大姐这是说什么话？怎么咒我死呢？"七嬷照脸啐了他一口，哭道："是我咒你死吗？是你在自找死。我爹死在林子了，老爹也为林子死了，你还放不开林子。你不是自找死是什么？"姬发道："大爹我不太清楚，老爹我知道，你说是人害的他时，他训你尽瞎猜胡说。这家人的死你经得太多了，都成惊弓之鸟咧。"

娘儿站在他后面，用胳肘戳了戳他后脑勺道："都是咱们不好，你别跟大姐多说话。"七嬷白了她一眼。她像躲避巴掌似的，往后一退，险些被地下花花的玩具绊倒。七嬷紧咬牙半晌，紫涨着脸道："你倒会在我跟前卖乖献好。你好，他钱没掏出手的时候，你为什么不早早跟我说去？你的嘴叫针纳着？你的腿叫绳子捆着？这阵倒在我跟前充起好来了，呸！"

姬发用眼圈镶着亮晶晶泪珠的眼睛一看娘儿说："迟早也得跟大姐好好说清楚呀。"又向七嬷，"我们这用姐夫的话来说，叫作善意的欺骗。还不是怕你老人家生气伤身子吗！"七嬷怒冲冲道："我不要你们的善意。够了，免了！"娘儿道："我叫你别多说话，你偏要说，越说大姐越生气！"七嬷肥硕的屁股在沙发上一滚，冷笑道："看把你贤良的，你原先不是也准备背着我买林子吗？单丝不成线，这下你们夫唱妇随，做出来了。这是在招祸哩！"说着又哭了起来。

两口子深深地把头垂下，不敢再说什么。半晌，七嬷泣道："老爹说不是人害的他，你就信以为真了？你不想想，老爹要说出了真话，你那脾气，能善罢甘休吗？老爹忍心叫孙子为他要死要活吗？我怎么才能叫你懂他老人家的心呢？里山那几个村里，早先整村的男人都是刀客，杀人不眨眼，咱们家，偏又尽出些死不认输的烈性男人。两强相遇，必有一伤，你在这张家山，又是外来户，也没有通天的本事，强龙按不住地头蛇，到头来，伤损的只会是你。再说，知人知面不知心，明枪好挡，暗箭难防，他们用毒药毒死你的鸡呀猫呀狗呀都是小事，万一花花在路上玩被他们哄去害了呢？就是大人走路，他们躲在林里照脑瓜丢石头，你们防得了吗？防了今日，防不了明日，你们要守林子，天长日久，必有一天要出事的。要是为了钱，多少钱能买回性命呢？说好听点，为干一番事业吧！你想想，老爹才去了几天，别人眼里就跟这世上没有过他一样。他干这一番事业，没落个身败名裂，就算是大好事了。只怕你们就未必，到头来，说不定还要落个臭不如一堆狗屎哩！"姬发抖动着睫毛讪笑道："大姐可真会危言耸听。我知道，你恨不能把我含在嘴里，谁也不让碰，碰就拼老命。你要能少疼我些，对你也好，对我也好。"娘儿忙扯了扯他的头发。

七嬷抹了抹眼泪，叹了一口气道："我也想不疼你些，自家省心，也不招你厌烦。可怜我姬家，落个独根单苗！你娘要留下两个小子，我在你身上操的心也就少一半了。人无远虑，必有近忧，多一事不如少一事，免事为好。孩子，听了我的话，只务你的果园吧！"姬发道："晚了。合同已签了，钱已交了，想转卖给人，也没人要。就是没人要，才到我手的。我们家没靠山大树，我又不肯逢迎巴结，好事不得到我手里。大姐，反正抽身退步晚了，就让我干下去吧！我就爱干别人不敢干的事，别人以为我干不了的事。有几个人看得起我？我就要让人不敢小看我！"

七嬷不认识似的打量着他，只见他身上筋肉坚硬如生铁，长圆脸饱满光润，剑眉透着英气，花眼睑下的眼睛里，放着真纯又空灵的光芒。难道这就是当日吮自己奶水，冷不防就溺到自己身上的那小崽儿吗？就是他。可当日他对自己百依百顺，现在却不听自己的话了。其实现在的他更令人疼爱。老太婆又叹道："姬家的男人，个个又壮实又好看，又精悍又能吃苦，这就该够了，老天太偏心，还要他们个个爱逞英豪，走路也要蹚出一股黄尘来，唉！太好，也就坏了。我跟着你姐夫，也知道圣人讲中庸之道，不求比人差，也不求比人强。"理了理姬发垂及眉梢的一绺乌发，又抚着他脸蛋说，"孩子，抽身退步还不晚。我去求求你东海哥，让他跟书记镇长说说，把林场退回镇政府算了。你是个好孩子，要听姐话哩！"姬发微弯上身，任七嬷疼抚着，半晌方说："镇领导只恨把林场扔不出去，怎么会收回呢？我今天还把镇长得罪下了，越不可能。我已骑虎难下，不必费那个心，也是白费心。"

七嬷又向娘儿说："好闺女，我知道，只要发子平顺，多少钱你也不会心疼的。万不得已，那几十万元，权当扔了。林任由人乱砍滥伐去，你们好好务果园，慢慢还贷款。我老两口帮着你们还。"娘儿点了点头说："钱是个啥，人最要紧。"

姬发笑道："二分一的高息哩。凭咱们过小日子来还，利滚利，越还越多，还到死也还不完。"七嬷道："好孩子，活人，龙门能跳，狗洞也能钻。只要你能活成个老爷子，一辈子背债就背债吧！"姬发一仰头说："笑话！我绝不肯把人活成狗。我知道活人不轻松。要活人，我如今算是推着碌碡到了半坡，一松手就会被压烂。活狗倒轻松。可我宁肯烂活人，也不肯好活狗！"

七嬷突然跪在了地上，不成腔调地哀求："小先人，我求你了，你千万听了我的话吧！"把白发苍苍的头伏在地上，满是皱纹的额头不住磕着地。花花又吓哭了。姬发忙拉住七嬷的臂道："别用这法子逼我，大姐！"娘儿跪了下去，泣道："大姐，你快起来，好好说话。"七嬷哭道："他不答应我，我就不起来。"姬发强把她抱坐在沙发上道："上一回，就怪你一闹，我没去参军。我要参军，会有今日这事吗？这一回，任你怎么说怎么闹，我认定了的事，决不改变。我要独立做人！"娘儿道："好好跟大姐说话。"姬发斩钉截铁道："没有什么好说的，我就这话！"

老太婆脸上的神色，聪明、机智、凶狠。她本来一肚子气，却想来想去，觉得发火不能解决问题，姬发是个吃软不吃硬的，于是讲了方法：先声夺人，然后讲道理，最后哀求。然而无一奏效。老太婆忍无可忍了，勃然大怒，跳了起来，抡起长满老茧的手，就给了姬发几大巴掌，"啪啪"声如劈柴一样干燥。她气喘吁吁道："今日你怎么了？今日你还能人模人样扎在这世上，就是我当日没错。我把丑话说在前头，你要林场，就不得好死！"姬发捂着脸，气得脖子上的筋都凸了起来，又不敢发怒，只道："手不轻些！打这么重，手就不颤？这话也说得出口？太毒了！"

老太婆还要打，手却真颤起来，举在半空里，到底没有打下去。她的嘴角很痛苦地绷得紧紧的，半晌才道："不是我的话毒，是非到那一地步不可。我不预先给你说清楚，才是我心毒呢。我再跟你说清楚，你要林场，就是不要我这个大姐了。我可不愿养了你，还得给你送丧。"姬发搔着头，沙声道："由你说吧。话怎么说，你也是苦口婆心，也改变不了你是我最敬、最亲的大姐这个事实。"娘儿则在他后面笑道："到了这阵，你还油嘴滑舌的！大姐，再打他！把他像小时那样，脱了裤子打屁股。"姬发"吭"地笑了。

七嬷瞪了娘儿一眼，娘儿忙咬紧了嘴唇。七嬷逼问："你还是不听我的话？"好个姬发，是一个敢在人海里掀起小浪花的人，是一个在人生搏击中虽有退却，却没有失败的人。他断然道："大姐，我认定的事，必做不可。不前忧，也不后悔！"七嬷站在他前面，挥着拳头吼："狼才是你大姐！从此不许叫我大姐！"

姬家的男人，生就这种可死不可征服的脾气。她无可奈何了，颓然、疲倦地倒回沙发。到这时，她才感觉到，走了二十来里路，两腿酸疼。

夫妻俩不敢再吭声。半晌，七嬷抹泪道："要知迟早是伤心，当日我就该伤心一场，任你被你那妗子换了王瞎子家的母鸡，是死是活由命去。够了，够了，永不许叫我大姐！我长你些岁数就是姐，这姐听起来中耳，算起来不便宜。好，好，从今往后，你甭上我的门。我也死不上这张家山来了。眼不见心不烦，我的兄弟，今日死了。我没兄弟咧！呸，呸，牙狗、羊羔子、狼崽子！"说完起身，大肚子若衣襟下有一个充满气的皮球在滚动着，出门而去。

夫妻俩忙跟出。看着她驼着背，脊背上如负着一座山走路的样子，娘儿老大不忍，道："你真狠心，就让她窝一肚子气走了吗？快追上她，绐她赔赔罪呀！"再怎么说，姬发的肉躯是七嬷的奶变的，他怎么忍让她伤心呢？可他没有办法不让她伤心。他的心也如针刺，噙着泪道："让她走吧！这阵在气头上，我无论怎么说话，她都要生气。等过些日子，她气小些了，我甭给她回话赔罪去。兄弟还是兄弟，姐姐是没法子不为兄弟牵肠挂肚的。小的时候，我是个淘气王，她没有一天不刮拉我，可只要半天不见我的影儿，她就心慌意乱了。我呀，她是见不得离不得！她管不住她，还得认我这个兄弟。倒是，哪有姐姐任着脾气臭骂兄弟媳妇的道理？让你跟着我受委屈了！"娘儿哭道："我有啥委屈的？她那个样子走了，我心里不知啥滋味。别说训了我几句，就是打一顿，只要能叫她稍微出出气，我也心甘情愿。"姬发看着妻子，口不说话而眼说话，分明温情脉脉。

迷宫一般的张家山，大山抱小山，大谷套小谷，九沟十八岔。饱经风霜、受尽磨难的武七嬷行在山路上，如把襁褓中的婴儿丢了一般失魂落魄。风吹得空气里充斥着浊恶的激动。一群火燕子在路两边的林里追逐着，喋喋不休。一只雄鹰，则正在高远的云下劲飞。

过了当年能不够坐镇指挥修路而留名的指挥山，便是五爹被峭石压死的斩断山了。老太婆把沉重的身躯，伏在人移开大石捡出五爹尸骨的地方，悲哭道："亲人，你丢下你的孩子走了，叫我跟着受不完的罪！天哪，天底下的人家多得是，你咋叫我生为姬家的闺女嘛？人家的娘家是靠山，我的娘家是苦汁子海。大事小事，见天有想不到的事。我身上能有多少血？早让娘家熬干了。天哪，你要让我苦撑苦熬到几时呀？天哪，你饶了我吧！"

往事悠悠，历历在目。

第十三章　森林之敌

姬发签罢合同离开镇政府后，能不够便缠住了吴镇长，硬要镇政府发个文，声明那千余亩林属于里山村。吴镇长被姬发耽误了大半天没去打牌，正心急如焚，厌烦地说："林场卖给私人了，那部分钱没交，是他欠镇政府的。至于那部分林怎么处置，镇政府不管，你找他去好了。"

能不够敢于和吴镇长硬缠，不明真相的人还以为他摆的是"老支书"的谱，其实不然，干部腐败和治安不好，是当时高阳最令百姓不满的两大社会问题。"老革命家"能不够，也照腐不误。镇企业办主任老原说得没错，国家多年来给里山人的扶贫款，能不够只将极少一部分给了与他亲近的山民，也不过是装装门面，罩罩人眼，大部分被他私吞和用来拉关系了。可惜坐吃山空，他好吃懒做，即便私吞了扶贫款，家里依然穷得要命。不过他拉关系还是殷勤的，拉来扯去，便给自己上上下下编织出一张关系网来。靠着这个关系网，他不但保住了自己的小小乌纱帽，还在高阳这小世界里一定程度有恃无恐起来。

听吴镇长如是说，能不够大乐。他要钻的正是镇政府不管，姬发又以为自己没买那片林这个空子。于是撤了静坐示威的兵马，到饭馆去犒劳，当然用的是村里的提留款。高阳人本来就好酒，里山人又极穷，难得有这享受，一个个酩酊大醉，洋相百出。有的抠着喉咙乱吐，有的躺在桌底下哼哼。李拐子正卖弄他如何勾引胡兴来的老婆，额头上就冒出一个核桃大的青包来，是胡兴来堂弟打的。胡兴来正为堂弟喝彩，却眼睛一瞪，怪罪堂弟使了他的牛不给料。于是兄弟俩公牛似的吼叫着吵起来，终于大打出手。

能不够还好些，脸如紫猪肝，打着响亮的酒嗝，喝住胡兴来兄弟俩，拉起躺在地上的一个人来，却又倒下去了一个。他气咻咻道："真是一伙混吃等死，上不得台面的东西！难道叫我当支书的服侍你们不成？去外面开会，人家还把我让在车前排坐着哩。不跟着你们丢人了，我先回去咧。"出了饭馆，正遇见武剩娃赶着破马车行来，便问："老伙计，这是给哪里送货呀？"车夫也不知在哪里喝了酒，醉眼蒙眬道："就给你们里山的老四。老古董，你还没倒下去呀？你那跟你玩了一辈子猫鼠游戏的老对头，我们已吹吹打打送到地里了，就等着做你的生意哩。"能不够笑道："一时半刻，还做不上我的生意。胡说什么呀？谁是我的老对头？好不如巧，正巧，我坐个便车。"便爬上了车。

进入山路，行人渐少，马车便飞也似奔起来。能不够在车厢里，忽而倒向这边，忽而又歪向那边。突然，有东西掉下了车。能不够忙喊车夫停下，自己滚爬下去，跌跌撞撞捡回了东西。车又狂奔飞驰起来。能不够被颠晃得酒性大作，不知身是吾身，已然超脱形骸。冷不防，他四脚八叉掉下了车，却大喊："快停下！东西又掉了，东西又掉了。"

车夫借酒装醉，他越喊，车越快。能不够气得大声道："不停就算了。反正掉下车的是东西，不是人！"车夫大胡子飘拂，也笑骂："真不是人！"那能不够在路上滚了满身的土，墓坑爬出个人似的，哼哼着唱道："哎哟，四月到，五月好，穷汉夜来把腿伸开了。把他的，好还不好，蛇蚤、蚊子又来咬！"

车夫顺路丢下能不够不捎，到斩断山遇见正伏地悲哭的七嬷，却忙停住车，搀老太婆上去，也不给人送东西了，掉转车头，把老太婆送回了高阳中学，而且和校长一直劝慰老太婆到半夜。当晚，校长就让车夫歇在姬发原先住的那个屋子里，还把自己几套半新的衣服，送给他换洗用。

这个万花筒式复杂多样的人间，自有真情，也难免无情。张家山周围各村的人，正在无情地毁着那片绿色。

山民的愚昧、贫穷，是森林之大敌。

当年随解放军南下的张家山、里山子弟，作战极英勇，有几个还成了闻名的英雄。能不够也是随解放军南下的里山子弟之一。新中国成立后，这些里山子弟多转业到地方工作。为适应新的形势，他们大多积极参加了政府举办的各种形式的成人教育。有了一定的文化知识后，工作也多半很出色，有一个还成了省领导。

能不够起初被安排在本县公安局工作，后来因无中生有，诬陷他人，给被诬陷者和单位造成了极恶劣的影响，被开除回乡了。那些在外面事情干得越来越大的同乡战友，回来探亲时，见他衣服如满身挂着的破穗子，糠菜果腹，日子过得一包烂，有些心酸。念他在战场上曾出生入死过，便给地方领导说情，让他当了个农村基层干部，多少有些额外收入。后来同乡战友虽这个升了那个又降了，好在人多，总有人掌着一定权力，能不够也就总有人在背后撑腰。加上他对贪污钻营的窍门也渐渐通了，因此一直到现在，还当着里山的村支书。

十岁之前，能不够和山里平常的孩子无两样，打猪草、放牛、帮大人干些田间地头的零碎活儿，腿也勤，手也快，没少挨父亲的打，也没少得母亲的疼。十岁之后，他渐生出人头地之心，觉得在这穷山苦沟里干死干活，也不过是个小蚂蚁，有谁看得起？整天吊儿郎当，好逸恶劳。父亲也不敢打他了，不然会挨他的打。母亲也不太疼他了，已对他很失望。长成个青年，上了战场，倒拼死拼活，因为这条路上有希望拼出个大前程来。可惜命运捉弄他，人家步步高升，他却回到了原地。虽说一直当着个小支书，但总有一种凤落鸡窝感，因此牢骚满腹。

小支书当得太久，能不够便有了许多癖好，如抛头露面癖、开会癖、训人癖、摆功癖、唠叨癖、牢骚癖等等。当然，最牢骚癖不可救药。看见比自己风光的人，他就不由要想起自己的委屈，就嫉妒人家。而且这嫉妒的强弱程度，和距离成反比。本省以外的风光人物，他不但不嫉妒，还崇拜。本省以内高阳之外的，他虽嫉妒，但不那么强烈。高阳之内的，他特别嫉妒。而与里山为邻的张家山林场场长姬长庚，他则最嫉妒。

姬老人在革命战争年代，顶多也不过是抬过担架、赶着大马车往前方送过衣被粮食，功劳怎么能和能不够相比？然而，20世纪70年代，他却因这片绿色在本地风光一时。改革开放后，老人光彩黯然了，但能不够以一个乡土政治家的眼光，认为这片绿色再过些年头，还会把主管者推为红人的。至于里山村的支书这角色，则不会有什么起色。所以多年来，他一直处心积虑，欲取而代之姬老人。

好容易姬老人死了，能不够不失时机多方钻营。但这片绿色既关系着领导们的乌纱帽问题，他的钻营便注定要失败，因为没有人相信他能保住这片绿色。于是，姬发成了第二位张家山林场的场长。能不够本来就对有钱人极为嫉妒，因此对姬发嫉妒得要命。偏狭的嫉妒，是可以把人折磨疯狂的。狗狂一堆屎，人狂一堆事。能不够已经发狂了，只盼林子在姬发手中毁个精光，让那小子落个身败名裂。

里山各村的人，民国时穷得当土匪，以至于造反，新中国成立后还是穷。穷根就是里山各村的耕地坡度大，产粮有限，并且越种肥土流失越严重，越不产粮。要再遇上旱涝，白干不说，还要倒贴。政府虽年年都给他们发救济钱物，一则落到他们手里的有限，二则也救不了穷根。无望之下，他们穷出了名，懒也出了名，种地马马虎虎，眼睛只瞅着张家山林场的树。

历来被称为蒲城县后花园的张家山，新中国成立之初，森林被集体毁掉后，经姬老人等的精心管护又郁闭成林。"一山万人吃，没钱就砍树"，于是林场周围各村的懒散汉子勤快了起来，白天睡觉，晚上偷树。一根椽卖十块八块，可买好几十斤粮哩！姬老人只得领着护林员与他们打游击，成天处于临战状态。

20世纪70年代，高阳来了一个叫张云龙的公社主任，姬老人就是在他手里成为大红人的。他和那农民老汉是上下级兼朋友关系，离任后还多次上张家山看望过姬老人。两个各方面都大不相同的人，却同有着深重的忧患意识，而对脆弱的生态环境最为忧虑。为减轻姬老人护林的压力，张云龙很有魄力地把深入林区的张家山大队七个自然村（包括姬发舅舅家的那个村）所有住户，全分散迁移安插到了山外平地上的村子里。从此之后，姬老人主要的作战对象，便是以能不够为首的里山大队几个自然村的毁林者。

好在林场属于镇政府，姬老人是镇政府任命的场长，镇政府这个名头，先对盗伐者有一定的威慑力，盗伐者还不敢太放肆。然而，自姬老人弃世到林场拍卖这一个月来时间里，里山人趁乱已砍光了他们所谓有争执的甜水沟、清凉山一带千余亩林，并且向姬发已交了钱、他们还没有来得及再提出有争执要求的地界推进了。多年来，他们已偷砍惯了，已视张家山林场为他们的势力范围。况且姬发买了张家山林场，盗伐者认为林场便不再属于镇政府，而属于个人。镇政府这个名头的威慑力，也就没有了。姬发不过跟他们一样，是个山民。跟个山民作对，有什么可怕的？盗伐者便放肆了起来。"卧榻之侧，岂容他人酣睡？"他们要让姬发可来之，而不可安之。里山各村，除了支书能不够没上过盗伐现场外，几乎男女老少，都上了。抢不动斧子的老娘儿，坐也得坐在现场。"天塌砸众人""法不治众"，要出了问题，都有问题，也就都没有问题了。

"真人不露面，露面不真人。"能不够虽没上场，却在背后紧敲锣，急叫板，唯恐这场戏冷场。

里山各村人一疯，远近各村人便闻"疯"而动。盗伐的人越来越多，越来越放肆。与林场接界的其他行政村，一直都在观望里山村。见他们对那一千余亩林进行砍伐竟无人阻拦，也纷纷效尤。这个村里提出一千亩的所属权要求，那个就提出两千亩。而且一提出，就男女老少上阵，砍了起来。当年闹革命的时候，穷山民们拿着刀枪棍棒，蜂拥向财主家的壮观情景，总让能不够回忆起来心醉。乱世出英雄，他不爱天下太平，总喜欢世事处在大风暴里。

姬发买下这个林场，事实上等同临危受命，让自己站在了风口浪尖上。或者说，盗伐者给了他一个狞厉的欢迎仪式。

木秀于林，风必摧之，姬家又一条汉子，要为这片森林，猝然倒下了。

当初姬长庚给姬发取名，不过是庄户人那种希望"发财发家"的小意思，但却铸出了一个历史的巧合，那气吞天下的周武王，正好姓姬名发。

半个世纪前，这里的人曾进行过波澜壮阔的社会革命。半个世纪后，这里的人又要进行波澜壮阔的生态革命了。姬家的悲剧，正是这场革命的序幕。

可笑、可气、可叹的是，有些当年曾参加过社会革命的人，在这场生态革命中，因其致命的缺陷，反成了敌人。

第十四章　枪声消弭了砍树声

老英雄姬长庚的孙儿孙女皆英雄。

张家山绿色的护与毁之战，姬长庚老人带进了孙子姬发，还将使孙女武七嬷卷入。年轻的姬发，人生将因之如朝霞般火红灿烂。武七嬷的人生，也将因之落个夕阳最红。

姬发走马上任张家山林场的场长了。毁林者和护林者，纷纷给他力量。

星期天，校长背着手，信步到盘龙凹，拱手笑道："贺喜恭喜，你这臭小子，竟然当了场长！"娘儿忙去做饭。姬发沏上茶道："我知道，你贺礼没有，准有一堆妙言。"校长喝了一口茶说："妙言也没有，不妙之言倒有一堆。场长在这小地方，也算官僚了。据我的体会，要做一个标准的官僚，有八项需注意：第一，衣着不要太时髦，最好中山装；第二，走路不要太快，最好八字步；第三，务必写好姓名，以免签字时被人小瞧；第四，务必海喝山吃，以使肠肥肚满，大腹便便……"姬发抢着说："第五，别活了。"校长道："正是这个'活'字最要紧。你现在正走上了一个活人关口：好，于国于家有益；歹，死生难保。千万，千万，要认真对待！"老夫子常说些莫名其妙的话，姬发一笑了之。

姬长庚老人风中火里苦守张家山绿色四十来年的活剧，落下帷幕时静悄悄的无人喝彩，姬发守护这片绿色的活剧启幕时，也是静悄悄的。没有举行各级领导参加的什么仪式，对外也不称场长，更没有印制一堆精美名片四处散发，只不过是他的住处盘龙凹变成了新场部，除了务果园外，他又多了一项事干而已。

高阳人茶余饭后，能讲出一串姬老人雇护林员闹出笑话的故事。比如一个故事就讲，有一年他上集时遇到一个讨饭的，看着怪可怜的，便让孙女给拿上衣被，带到山上去看林。没想这讨饭的竟是逃犯，公安局来捕人，连姬老人也以包庇罪戴铐押上了车。武七嬷不知怎么得到了消息，车到镇街口，老太婆跪地求情。公安局的人问："她是你的什么人？"老人道："孙女儿。"公安局的人想他的孙女都头发花白了，他怎么能不老糊涂了呢？于是就放了他。如此种种，可知姬老人雇护林员带有一定的慈善性质——多是些穷光棍苦孤老。姬发全部让他们卷铺盖走人，另雇了二十余名精壮男子。真是"一朝天子一朝臣"，连武大也被姬发请上了山。

娘儿多年来执意不许武大进门，校长夫妇又耳提面命，姬发已渐与那二流子疏淡了。现在请了他来，不过是准备借他的恶名，以恶治恶，先把盗伐者的嚣张气焰压下去，然后就多给些钱，礼送他下山。姬发也知道，这东西是个三角砖头，搁到哪儿哪儿不平，日久必生事惹非，所以一来就警告他：不许伤人，更不许弄出人命来。

"重赏之下，必有勇夫。"姬发雇护林员的工资，是姬老人时的数倍。面对盗伐者的全面进攻，姬发决定先从里山各村下手。"擒贼先擒王"，只要这股盗伐大军退了，别的村里的乌合之众或散兵游勇们，会不攻自退。他采用的是先礼后兵之策。

招兵买马停当，虚张声势一番，他便让娘儿从板箱里取出一条良友烟，一瓶西凤酒，一斤青茶来，装在背包里，挂在项上，骑摩托到里山胡家村去见能不够。对于这个能不够，他过去并不像七嬷那么憎恨，只是觉他的为人有些不美。直到祖父去世，他接灵时面对父亲之坟，才对那老爷子有了些恨意。真是冤家路窄，事到如今竟要去巴结害死父亲的那家伙，他心里不知有多别扭。

死守着水土流失严重的山坡地，胡家村人多穷得叮当响。于是便好闲，闲而又生闷。闷得慌，就瞎寻热闹。往日村巷充满嘈杂，今日却静不见人影，只有几只鸡在南墙底下悠然地晒着太阳。姬发想起那高风亮节、铮铮硬汉的祖父来，在心里笑叹："玉皇大帝调走了老山神，这些小妖们一下子就全出了窝！"

他还没有来过"老革命家"胡向阳的家，不知门，却无人可问，只骑着摩托在村巷里慢行。终于发现一家柴门半启，他便下摩托走了进去。院里到处扔着破鞋烂袜子，稀乱肮脏。一老头披着件已成土色的破军大衣，戴着顶满是油垢的黑帽子，正懒洋洋地坐在土窑前的杌子上看报纸，老花镜一直溜到了鼻尖上。听见脚步声，老头抬起头来，歪眉小眼的，神态卑琐，正是能不够。

最爱呼朋唤友的姬发，呼的是衣虽破却神清气爽之朋，唤的是位虽卑却气宇轩昂之友，最怕跟能不够这种人交往，此时竭力压抑着厌恶，笑容可掬地礼问了一声。能不够没有答，只从眼镜上面盯着背包看。平常睁不大的三角眼，睁个老圆，像破杏。以他多年处事的经验，早就料到姬发得有这么一着。

姬发在他旁边蹲下，掏出礼物，就放在地上说："不成敬意。远亲不如近邻，日后我们算是邻居了。天下玉皇大帝的庙少，土地爷的庙多，你是本方土地，还求多多关照。"能不够一手伸进衣服里搔着痒，一手在空里划拉着，面带假惺惺的微笑说："臭小子，年纪不大，鬼心眼不小。照你说的话，我还是党的干部吗？我成封建官僚加黑社会的头头了。现在不讲阶级敌人了，过去我从没叫地富反坏右拉拢腐蚀过。快把东西拿回去，我最见不得这号事！"推让一番，他便擤了把鼻涕抹到烂鞋帮子上，问姬发来有何事。姬发说明了来意，能不够母羊撒了羔似的一阵刺耳大笑，脏乱胡子中间的尖嘴，向姬发凑了凑。一股久不刷牙的酸味臭气，便直喷姬发鼻孔。小伙子翕了翕鼻翼，皱起了眉头，却仍强笑着。能不够亲热地一拍姬发的胳膊拐儿说："我是支书嘛，不用你说也会制止本村人毁林的。再说，我们既是邻居，'兔子也不吃窝边草'哩！"又挪了挪杌子，几乎把尖嘴凑到了姬发脸上。小伙子厌恶至极，不由自主朝一边偏着头。

能不够犹不自觉，眼里闪着幽灵般的阴冷的光，声音干涩说："唉，我也是作难哩。自打分了队，都各自为政了，谁还听我的？高阳谁有我懂得多？俗话说'黄帝植柏，世代荫凉'，你老爹一去世，我就开过群众大会，明令禁止盗伐林木，可屡禁不止呀。野山坳里的人，都是刁民，不懂人话。回头我再开个会，只怕还是屁用不顶。"姬发耐着性子听他感叹了半天世风日下人心不古之类的屁话，自己又说了多少好话，请他一定帮助刹住盗伐之风。能不够直到袖着手、摇着鹅步把他送出门，也只是答应尽力而已。

谁会在张家山力挽狂澜呢？

骑摩托慢行在山路上的姬发，心里空落落的。

风静云散。天上一碧如洗，地上荒草迷离。一只松鼠，在山坡上跑来窜去的，是在为过冬贮藏食物。

两日过去了，盗伐如故。森林一日之内，就可被蚕食百余亩。能不够既指望不上，就只有靠自己了。姬发不敢再按兵不动，于是领着十几个护林员，出现在了里山人大面积砍伐处。姬杨不离其左右。两人各扛着一杆土枪。娘儿放心不下，也跟了来。

里山人因无知而无所畏也无所谓，只等着他出面，好给他一个下马威。

秋意已尽，北风刮得紧，森林惊涛汹涌。老紫藤如蛇一般缠绕在树上。石头边，藤蔓下，则有一股清清的、细细的水，在啾啾地流。然而水流不远，乱七八糟的砍树声，就掩住了水流声。满地树桩。姬发按捺着一肚子火，见人就唤大伯、婶子，哀求苦劝不已。娘儿在心里叹："我们把人活成啥了？花钱买了个林场，倒像欠了众人的！"

树倒巢翻，双双对对的鸟儿，在空里盘旋哀鸣。

一个老娘儿看着姬发低声下气的，心软了，喊："砍多少是个够？不敢太贪，见好就收吧！"老娘儿的丈夫胡老八，正在一边抽旱烟，突然把旱烟锅在鞋底一磕，老鹰抓小鸡一样扑了过来，抓住老娘儿的小小发髻一抢，就把她抢倒在地，踢了一脚吼："这是妇道人家说话的地方吗？老妖怪，越老越怪了！"老娘儿仰面躺在地上，不敢动，也不敢吭声。

姬发忙搀起她来，又跪下，向她磕了一个头说："难得你老人家还说公道话！谢了。"姬杨背过脸不忍看。娘儿流下泪来。

姬发又举着老爹当初常用作向人喊话的小喇叭，站在高处，不厌其烦地向人讲着道理。胡老八耳朵前面嘴角后面那一条条青筋，虬起又陷下，预备吃人似的嚼咽着津液，突然往外努着充血的白眼珠吼："臭小子，完了没完？完了就看我们的。"便打了一个长呼哨。于是在"啊——啊""呜——呜"的喊声里，里山人像从地底冒出来一样，足有八百来人向姬发集拢过来。有的人还响亮地擤着鼻涕。老爷子们当年做刀客和参加游击队与国军战斗时，大多手底下都死过几个人，历来胆大包天，所以他们站在前面。紧随老爷子的，是些半吊子二杆子青壮。最前面的那个，自然是胡老八。他翘着白胡子尖喊道："里山人打土豪那阵，你们中山人到哪里去了？你的那个大爹，只会引个外族女人在这林子里信天游。张家山是里山人流血丢命从土豪手里夺下来，交给共产党的。共产党不要了，也该先分给里山人才是。你凭什么得这山？凭你有钱吗？当日的土豪有钱，一家才得几千亩林，你倒得了几万亩。钱太多了，钱就变成催命鬼了。你是新土豪，大土豪！我们里山人，最会收拾土豪。趁早滚吧！别等着挨我们的收拾！"一咬牙槽，耳根又青筋暴起。

姬发血涌上了脸，脸红如苹果，呼呼喘着气，上前一步，要和胡老八辩理。娘儿知道他此刻说话必很冲，无异于向炸药堆里扔火把，忙拦住他赔笑说："八老爹，我们跟土豪不一样。土豪是霸占的山林，我们可是用血汗钱买的。"胡老八啐道："姬家的男人死绝了？大庭广众，叫个臭娘儿来多嘴！要是我老婆，早鞋底子打嘴上去了。爱说话跟你男人说，他要不想死，就跟逃难一样，赶快收拾了从这张家山逃下去吧！"娘儿又气又怯，怯声说："留点口德吧！八老爹，你白胡子白头发的，咒人死，咋叫人敬？"只听一声喊："敬个屁，揍那老砍头的一顿！"

原来是头发和胡子连成一片，只鼻头和额头不生毛草，凶神恶煞一般的武大。到了这阵，他觉得该自己显威风了。胡老八倒有些怯了，道："怎么半路杀出个程咬金来？武家大小子，咱们顶好还是井水不犯河水！"武大把歪戴了不知多少年的卷檐军帽往脑后一掀，捋袖捏拳，吼："犯你姥娘！嫂子，瞧我怎么把那老小子的脑袋给你滚冬瓜！"像狼一样龇着牙，朝胡老八扑去。胡老八一面退一面喊："打！娘的，他这是老虎口里拔牙，太岁头上动土来了。打！"里山人齐呼声"打"，迎着武大扑上。

姬发怕出事，正要喝住武大。不想恶名远扬的武大，竟是个稀松大炮，见扑来的人那么多，早脸成了砖红色，头上冷汗直冒，拔腿就逃。逃了十几步，又回头道："好汉不吃眼前亏，等我一个一个收拾你们！"说完再没有回头。护林员们早就心里退堂鼓响个震天，这时不知谁喊："武大都跑了，我们还等死不成？"众人便一哄而逃，慌不择路。

姬发身边，只剩下了姬杨和娘儿。里山人愈发得意，拿着镢头、斧头、砍刀等气势汹汹地围住了三人。孩子们也觉怪好玩的，又跳又喊又拍手，又捡起石子掷打他们。三人贴背而立，互以身体为遮挡。姬发额头上，早被石子打出了一个青包。胡老八的老婆喊："等着吃亏不成？亲个蛋蛋儿，快逃呀！"胡老八瞪了她一眼，狞笑道："小子，知好歹，还给你留一条滚开的路！"一挥手，人群便亮出一道缺口来。

逃，姬发一时间曾动了这个念头。不呆不傻，堂堂一表，被乱人打残或弄死，岂不太可惜了？然而逃，这些人就会得意忘形，无法无天，林场就完了，他的辛苦钱也就完了。他此时倒不太在乎钱，也不太懂这林场的价值，只是从古以来，列祖列宗那侠肝义胆在起作用。临阵脱逃，还有什么男子汉的尊严？是男子汉，就应活得凛凛而然，狭路相逢，绝不让路；是男子汉，就应以生命来捍卫尊严，宁肯站着死，绝不跪着活。于是他摘下土枪狂吼："我今儿泼出这腔血了。不要命的，只管来，来！"姬杨也狂怒，举枪破吼："谁要死，老子陪谁死！"两个男人狮啸般的吼声里，娘儿失却了羞涩，没有了胆怯，迎风而立。

里山人你看我，我看你，一时不知所措。

并不是说这些里山人就是恶人，而是他们为人丑恶的一面积聚爆发出来了。姬发和妻子、朋友，虽然无意识，却事实上是在勇敢地和恶者较量了。当然，他们还带着个人自身的缺陷，力量也是微不足道的。

以三人对八百，他们相当孤立。这是一场个体向群体的挑战，力量对比悬殊。

一分钟，又一分钟，双方沉默、僵持、对峙着。姬发内心，时而动摇，时而坚定。这种矛盾抉择，使他十分痛苦。里山人也动摇不定。十几分钟后，那个胡老八，仗着人多势众，终于打破这种难以忍受的沉默，挥着砍刀，驴鸣般声嘶力竭喊："上！那小子不下张家山，就乱人打死。当年姬长庚的大小子叫乱人打死，公安局把谁怎么了？不会枪毙几百号子人的。上！"众人便一步步向三人逼来。

娘儿动摇了，突然喊："不逼了，我们走。放开叫你们砍！把杯砍光了，我看你们还砍什么？难道又回到从前，当刀客砍人头不成？"回身抓住姬发的枪，怕拉扯间走火伤人，把枪口举向空里，哭道："亲人，不要林子了，咱们回家吧！你能丢下我，难道能丢下孩子不成？大姐的恩，你还没报哩。什么有命值钱？多少钱能给孩子买回爹，给老人买回孩子呢？亲人，你不看重你的命，为着上有老下有小，你也不能把命丢在这里哇！"姬发又动摇了。对他来说，尊严固然比生命重，但情更比尊严重。他死了，妻子可以另嫁人，孩子自会长大，然而养育他的老人怎么办呢？他怎舍得武七嬷白发人为乌发人悲呢？由不得仰天一声长叹。娘儿趁机夺了他的枪，又抓住姬杨的枪哭说："大侄子，快把枪给我！你还没娶媳妇哩。男人都沉不住气，万一你打死了人，一辈子就完了！"

姬发今日要活不成，姬杨就只好"舍命陪君子"了。不过生命是如此美好，他更愿意与朋友都活在人间，相映生辉。既然姬发已把枪交给了娘儿，他也就交了。于是，娘儿一手抱着两杆枪，另一手牵着姬发说："当初千错万错，就错在了没听大姐的话。不敢再犟了，听话，回吧！张家山咱是外来户，中山是咱的根，有近亲好邻，不受欺负。"姬杨也牵着他一手说："婶娘的话没错，回咱中山吧！"姬发极不情愿地跟着两人，向里山人亮出的那道缺口慢慢走去。

里山人得胜了，哄然而笑，又指着三人的脊背冷嘲热讽。一个女人啐了一口说："瞧他，跟个摘了头巾的娘儿一样。"胡老八更阴阳怪气地说："乖乖儿，一条大汉了，还叫媳妇儿牵着手。这媳妇，快把手帕当尿布垫到你男人裤裆吧！瞧他那没出息样儿，多半吓得尿裤子上了。你倒美，嫁了个小乖乖蛋儿男人，指东不敢往西，怪听话的。呸，女大男，恶心死！"

是可忍，孰不可忍？姬发甩开两人的手，就从娘儿怀里夺枪。娘儿死抱住不放，道："他们爱胡说，你偏不往心里去，他们的话还不是叫风吹去了？快走吧！"姬杨也扯住他说："发子，忍了吧！我即便将来娶个寡妇，也不会在乎人说风凉话，何况婶娘只比你大几岁，让他们爱说什么就说什么去吧！"姬发夺枪不下，便眼光逼着胡老八，道："别说我老婆比我只大几岁，就是大几十岁，我照样爱她。我爱什么样的老婆，关你屁事！"

胡老八回望众人，舌头噼吧得如炒豆子，突然打枪一般朝天啐了一口，笑道："爱不爱的，说得出口！他说不害羞，我听都害羞了。呸，呸！"姬发从腰里抽出尖刀，吼："就凭你老东西这得意猖狂样，我偏不走。谁要砍树，先砍了我的脑袋。"姬杨和娘儿拉他，他脚如钉在了地上，纹丝不动。无奈，姬杨只得也抽出尖刀吼："谁敢动发子一指头，我有本事把他的脑袋做尿壶，不信等着瞧。"

里山人怔了，一片肃然。半晌，胡老八又用尖得人身上起鸡皮疙瘩的嗓门喊："怕事不惹事，惹事不怕事，撑那臭小子一顿，打死他！姬长庚欺负了咱们一辈子，好不容易见阎王去了，孙子又来欺负咱们。乱脚把他踩入土里。打死他，姬家的犟屎，就绝了。"于是那道缺口围合，众人步步逼来，距三人只剩十来步远了。

困兽犹斗，何况是人？娘儿不知哪里来了一股勇气，突然弃一枪于地，举一枪对准胡老八脑门，嘴唇像老鹰撕吃猎物那样有力地动着，吼："他妈的，谁敢往前再走一步，我先放了谁！听着，姬长庚的儿孙个个犟屎，跟了他们的女人也个个敢硬碰硬。当年那外族女人，活与姬家男人同活，死与姬家男人同死。今日你们要弄死我的男人，我先不活了！"众人又惊住了。姬发、姬杨也惊看着娘儿。

胡老八觉得她不过是拿大话吓人而已，不相信一个小娘儿会英雄起来，便拍着脑袋喊："放呀，朝这里放呀！呸，蜀中无大将，廖化做先锋，臭娘儿，野鸭子一个，偏扎天鹅势！老子当年，枪林弹雨里打过游击，怕你那鸟枪了？"喊着便朝前走了一步。看来非放那老东西一枪不可了。真要放枪，娘儿倒吓得两腿稀软，抖个不已，连连小步后退。这一退不要紧，里山人大笑，就像兔子越逃窜，猎狗越来精神一样，他们疯了，疯扑向三人。

发疯的里山人，也把娘儿逼疯了。她把枪口往下一压，一勾扳机，轰然一声，烟火中，散弹出膛。霎时，胡老八两条裤腿稀烂，很快便被血浸得湿溜溜的。

旁边的几个人，裤腿也被散弹丸子扫了许多破洞。那个刚才骂姬发是"摘了头巾的娘儿"的女人，因为胆大，也站在前面。枪响时，她吓得一屁股坐在地上，撩起衣襟捂住脸，不敢看，只等枪再响，不成人声哭道："天哪，我不得活咧！饶了我吧，我还有吃奶的崽儿哩。"

前面的人后退不迭，后面的人却还在往前拥。好几个人被挤倒了，一双双大脚在身上踩来踏去，踩踏得他们喊爹叫娘，惨叫不已。终于，倒地的爬起，前拥的止步，众人一时噤若寒蝉。姬发则肌肉紧绷，硬如骨头。

近处一株椿树，东歪西扭，不成其材，方免被砍。上面几只鸟，受惊"嘎嘎"叫着窜起，在空里盘旋了一会儿，便不知去向了。那边一株柿子树，也因不成材方存。上面有一只松鼠正在窜来窜去，也受惊"吱吱"叫着急急逃入地穴。很快又从地穴探出头来，打量着这些不可思议的人们。

胡老八只当自己死了，立在那儿，像鱼一样张着没牙的嘴，翻着白眼儿，定格半晌。突然双腿麻木起来，很快剧痛难忍，他才知自己还活着。脸无血色，屎尿齐下，涕泪并流，扑通倒地，如个撒娇的孩子一样滚来滚去，哭叫："天哪，我完了。臭娘儿，你真下得了手哇！疼死我了。天哪，快送我去医院！我活不成咧！"

枪响犹如一道闪电从空而过，震荡、惊颤着姬发的灵魂。这个女人，他最熟悉又最陌生，穷极变化，气象万千。而此刻的这个女人，最有一种冷丽味儿。他不知有多爱她，又对她满怀敬畏，一时泪水盈目。

姬家大娘被暴徒打死，大伯也被往死里打，大伯无奈之下，抱着大娘的尸体，纵身跃入林火之事，娘儿屡听人说过。她死无可无不可，怎忍心爱的丈夫被打死？怎忍亲爱的大姐又一次伏在不成人样的亲人尸体上哭得死去活来？来不及装药，她把这枪丢在地上，捡起那枪，两只火焰般的眼睛直视着众人，决绝地道："世上梁山泊的好汉少了，太长恶人的气焰。没法子，我一个娘儿家，也得充充好汉。我说不活了，就不活了。那一枪是叫你们知道，我的话是真是假。打墙也是动土，反正开了那一枪，再开这一枪，就非叫人脑袋开花不可。我看谁还敢在我跟前再把蛮不讲理当作有本事！"

那只松鼠"吱"的一声，头缩入穴中，再也不敢往出探了。

从疯狂中醒了过来的里山人，惊骇莫名。谁也不敢再向前挪一步，有人还直往别人的背后钻。姬家娘儿则威风凛凛，吼声如雷："一个个等着让老娘给脑袋开花不成？滚！谁在最后蹭，这一枪就送给谁！"那些方才一点儿也不怜惜别人的生命者，在自己的生命遇到危险时，却败兵似的争先恐后，落荒而

315

逃。胡老八也连滚带爬地逃，因落在了最后，怕得要命，哭喊：“那臭娘儿疯了，什么事都做得出来。丢下我，我就完了。四邻八舍好亲人们，别把我丢下呀！老婆子，看在几十年的夫妻情上，救救我呀！”他老婆这才叫住两个青年，过去抬起了他。那老娘儿捡起胡老八扔在地上的砍刀，跟在后面，愤愤道："你不是最会欺负人吗？山外有山，人上有人，你到底遇上不好欺负的了。总是你‘呸’我，这下该轮我‘呸’你了。呸，现世现报，活该！她的枪子儿有眼睛，专打欺负人的人。我不欺负人，就走在最后面，枪子也不往我身上钻。"胡老八哀叹："丢死人了！一辈子没丢过这人，叫个臭娘儿欺负了。我把先人的脸都丢了！"

两个青年抬着胡老八赶上了人群，八百多屁股，紧急晃动着，很快消失。只有胡老八的老婆，拐着一双小脚，走得不紧不慢，好半晌才消失。三人面前，终于空空如也。

娘儿收枪回望丈夫，嘴唇上露着笑意，道："还好，总算没死人！一打三分低，这一下，我要叫众人下眼看了，刁歪名落定咧！"姬发突然伸开长臂，一臂挽妻子项，一臂挽朋友项，三人紧紧贴住脸，放声大哭起来。

危难时，死相守的，只有妻子和朋友。姬发心里对二人的感情，空前之深厚。

娘儿离开盘龙凹时，硬把花花锁在了家里。等三人回来，可怜的孩子已趴在门上哭睡着了。娘儿流泪抱起孩子，坐在炕沿上，两个男人坐在沙发上，心乱如麻，足有一个钟头谁也没说话。还是姬杨打破了沉默说："我到县里去见一见秀珍，看这事咋办。婶娘或者是正当防卫，不负法律责任。"姬发点头说："当然要讨个说法，不能坐等死。到了镇上，别跟老太婆说，小心吓着了她。"姬杨道："这我想到了，不用你叮嘱。大姑家我连去都不去，摩托放在同学家就完了。"

送走姬杨，姬发还没有从余悸中脱出，且越想越后怕，一根接一根地抽着烟。娘儿倒像什么事也没发生一样，把花花交给姬发抱着，就忙着去做晚饭。

护林员们对自己临阵脱逃感到很羞愧，不好马上来见姬发，或回到了自己的守林小屋，或在林中巡游。武大则没脸在张家山待了，不辞而别。

姬发媳妇开枪震退里山人的消息，不胫而走。别村盗树的，没有听到枪声，却悄悄然而退。林中响了多日的砍树声突然不闻，又是一片虫鸣鸟叫。真是"砣小压千斤"！

娘儿端过小方桌，摆在沙发前脚地上，布上饭菜，笑道："我都不愁，你一个大男子汉，有什么好愁的？地裂补地，天塌顶天。还没到地裂天塌的地步，眼前顶身体要紧，少抽些烟，多吃些饭吧！"姬发道："我吃不下去。"娘儿给一碗里夹上各样菜，举给他说："人没弄死你，难道你饿死你不成？就吃一碗。要不，我喂你了。乖乖，饭喷香，快吃吧！"一面说，一面往他嘴里喂，惹得花花咯咯大笑。姬发只得接住碗，强吃了起来。

娘儿洗刷罢，天已黑严。往常这阵，大人们闲了下来，说说笑笑，好不热闹。没有小伙伴玩的花花，大人们忙时，自然寂寞，只有到了这阵最高兴，逗闹不停，迟迟不肯睡觉。今晚姬杨不在，姬发又闷闷不乐，花花大为扫兴，钻进被窝，很快就睡着了。

娘儿还在忙活。姬发道："活没有干完的时候，歇吧！"随时，警车都可能鸣叫着来把她拘走。她很沉着、冷静地做着离开丈夫、女儿的准备，收拾着该收拾的东西，道："睡还早，闲着又心慌。花花的换洗衣服，在那个红箱子里，你和杨子的在这个黑箱子里。天冷了，记着早晚加衣。"

姬发想着花钱雇了二十几条大汉来护林，到紧要关头，却不如一个看家婆，忍不住抽泣起来。娘儿过去，拍着他的肩头说："我真嫁了个小男人。瞧，又哭鼻子了。"姬发干脆把头伏在她肘弯里大声哭起来，说："我真不该买林场。我把一个娘儿，也拉上了战场。"娘儿一手揽着他的头，一手抚着他的背说："没有后悔药吃。走到哪里，就说哪里话吧！好了，好了，莫哭！"

姬发愈像个受了委屈的孩子，把头伏在娘儿怀里，哭个难言。她差几个月就三十岁了，他则只有二十六岁。三十岁在乡人心里是个界限，青年时期永远成了过去，而他还是个青年。青年总是很冒失的，她多舍不得离他而去，多想永在旁规劝他，危难时又挺身而出啊！唉，她多想和心爱的男人，生死相依啊！

娘儿的爱抚，是那么温暖惬意。纵然发生了不美之事，因为她，姬发还是觉得人间无限美好。娘儿柔声说："不定就像杨子说的那样，我没有罪。万一有罪，判个几年，你等着我。要判个几十年，就别等我了。你还年轻，我不忍心把你误成了老头儿。"姬发举起头，看着她秀丽圣洁的脸庞，只觉爱情两个字，极厚重，轻薄不得。半响，他才动了动饱满翘起的红嘴唇，声音宽而厚地道："过去我太傻了，不懂爱你。初爱你的时候，是你的漂亮叫我心跳。现在不一样了，你白了头发，皱纹一脸，还是一样能叫我心跳。判多少年，我都等你！你为我命都能豁出，我等你到头发白又算什么呢？"娘儿眼里噙着泪水，笑道："傻子，有这个心我就知足了，不敢误你。你先睡，让我再收拾收拾。"

说着，离开了姬发，却又回眸一笑，说不尽的百媚千娇。姬发激情澎湃，呼吸急促，站起说："我们在一起的时间，好了就这一夜，不好，一会儿人就分两处了。别收拾了，把这时间给我吧！"娘儿道："一时自然能给你，日后你可怎么办呢？"姬发道："你把日后，也在这一时里给了我吧！"几步上前，拥娘儿于怀，百般爱抚。久久，他轻轻脱下她的衣服，平摆于炕。她忙拉着被子道："快盖住！我老了，看不得。"

为人的美好，使她那曲线柔和、白雪般洁白光滑的身躯，此刻在姬发眼里更为美妙。他抓住她的手说："不老。谁说你老，我就跟谁火。"娘儿感动地叹道："我是老了，难为你不嫌弃！"他也脱下衣服，那丰润、壮美的身躯，极动人心魄。男女"相看两不厌"！渐渐，他的躯体在她眼里，成了模糊的白色，是她泪眼充盈。她干脆闭上眼睛，感觉着他粗长硬挺的阳器不断搅动着她的快活处，感觉着他充满柔韧弹性的粗腿厚胸脯不断摩擦着她皮肤，感觉着他阵阵扑面的粗重喘气。看不见里，她却对他产生了无比丰富美好的联想。他太生机勃勃了！她知道，此刻他对她的爱，最疯狂贪婪，热烈真纯，因此彼刻她即便面对死亡，也是幸福的。难以言说的快感里，她不知所以，只会微笑。

唉，问世间情为何物，直教人生死相许！

姬杨来到镇上，没有赶上最后一辆下县城的班车，只得让开饭馆的同学拦了辆拉煤的卡车，凑合着坐在车厢煤堆上。一路车快风大，到县城下车，他已成个黑人，如街头风景一般，惹得行人看个不住。他却不自知，只匆匆赶路。

汽车驰过，街道上黄尘、破报纸、烂塑料袋、瓜子皮乱飞。远处工厂的烟囱黑烟滚滚，空气里一股稠重的油烟味。近处楼里，则有机器在轰鸣，嘈杂刺耳。刚出森林，衣上还沾着青苔的姬杨，觉得这乡里人神往的县城，一点儿也不美，反让人烦躁、恶心。

赶到林业派出所，不巧妹妹和妹夫出外旅行去了，据说请了二十天假。姬杨跌足长叹，看看天已快黑了，只得又赶到武大姑娘单位。还是不巧，大姑娘回高阳给太外爷烧纸去了。好在她丈夫没去，忙给姬杨打来水洗了脸，又从单位灶上打来晚饭让他吃了。夜里，姬杨便和大姑娘丈夫挤宿着。两人盘算来盘算去，都不知如何是好。姬杨叹道："小工人、小农民，我们真小！"

第十五章　姬发媳妇被拘

夜柔如水。土窑土炕上，娘儿揽娇小可爱的女儿于怀，头枕情意绵绵的丈夫那壮实的胳膊，感到分外温馨，只愿长夜不明。

良宵苦短，不期天又明了。娘儿只得起身，忙着烧好早饭。一家三口围坐吃罢，花花便到外面跟狗玩去了，娘儿向愁锁双眉的姬发道："昨夜今白，老爹烧'五七'纸。昨个惊天动地的，都忘了。今个我一人去。只怕今个公安局的人就要来捉我了，你让他们来中山吧！在这里，花花看见不好。"姬发叹了一口气道："我也没心去给老爹烧纸。好吧，你一人去。"

窗外远处山峰上，雾气迷蒙。娘儿走向窗户去做什么，背影袅娜。姬发真想从背后轻揽住她的腰，吻她那粉红色软乎乎的耳垂子……

夫妻依恋难舍。娘儿狠了狠心，臂上挎着个包袱出门。花花看见，追上要跟去。娘儿蹲下，搂住女儿，强笑道："跟爹乖乖待着，娘到集上给你买些好吃的去，一会儿就回来。花花大了，该懂事咧！日后不敢老是贪玩，给你爹帮忙做些零碎活儿，啊！"花花不听，跺脚哭着，非要跟她去不可，姬发过来，强抱住了女儿。娘儿起身而去，一面走一面拭泪。花花厮打着姬发，哭喊着只要娘。姬发眼里泪光闪闪道："你娘一会儿就回来。听话！爹给你用筛子扣雀儿玩吧！"

路边坡上，一只母羊带着只弱小的羔羊，正在吃草。羔羊受了松鼠的惊吓，"咩咩"叫着，跑过去紧紧贴住母羊的肚皮，一动也不敢动。母羊停住吃草，回头舔着羔羊，喉咙发出"咩咩"的叫声，羔羊才安然下来。娘儿走在路上，望着那一对羊母子，想着将无母亲知疼着热的女儿，眼泪只擦不净。

先一天，武七嬷就领着女儿回到了中山姬家，吃饭自然扰的是姬杨娘。姬发媳妇开枪伤人的事，还没有传到中山村，所以母女俩尚不知道，这日吃过早饭，便坐在院里说着闲话儿，等姬发夫妻俩来了好同去坟地烧纸。武七嬷黑棉线头巾像帽子一样有棱有角地包在头上，额上还露出一抹白色，原来下面还有一条白纱布头巾，口口声声，都在抱怨姬发。娘儿进了门，她才住口，却依然黑着脸。

大姑娘忙起身礼问："舅妈吃了？"娘儿先向七嬷笑着问："大姐几时来的？"七嬷不答，只把盖住耳朵的头巾角往后掀了掀。娘儿这才向大姑娘答道："吃了。"大姑娘拿过一把小杌子来，娘儿在七嬷旁边坐下，从包袱里掏出一捆鞋来说："大姐、姐夫嫌买的鞋底子滑，又不可脚，历来爱穿我做的布鞋。瞧，我又给你们做下十来双了。"

七嬷扭头不看。娘儿尴尬，望着大姑娘只笑。大姑娘便拿起一只鞋来，取出里面的鞋垫笑道："花子扎这么好看，别叫我全偷走了。"娘儿道："喜欢就拿，鞋垫多好几双哩。"大姑娘叹道："瞧我妈那猪头眉眼，舅妈倒跟我妈一点儿也不计较！如今别说兄弟媳妇，就是儿子媳妇，也没几个把婆婆放在眼里的！"七嬷瞪了她一眼，仍不说话。

娘儿笑道："我才不白对谁好哩。是你妈在我这兄弟媳妇身上心太重，以心换心，我敢对她不好吗？也难怪她不高兴，我们没有听她的话，买下了林场那个烂摊子。"大姑娘一撇嘴道："舅妈就会替我妈护短。我的妈，我不知道？最爱多管闲事，哪里都少了不她。一大把年纪了，该万事不放在心上才好。人比人，都一理，她像咱们这么大，什么事拿不起放不下？你跟舅舅倒老长不大了，事事都得她说了算。我看怪她！"娘儿打了她一下说："你呀，跟你舅舅一样，不体谅老人。不是事事，只有一事，你妈把我们管得紧，就是平安大事。难道她错了？"

七嬷听着不由心疼，待要理她，又抹不下脸来。大姑娘问："舅舅咋没来？"娘儿支吾道："忙，今个抽不开身。"七嬷又火从心起，站起道："他连祖宗都不放在心里，哪还在乎我这个大姐？从今往后，我再不为娘家操心了。"说着便穿孝服，要到坟地去。娘儿忙帮她，她打开了娘儿的手。

众娘儿穿白戴孝罢，没有男丁，武七嬷只得端着放有纸钱、花供的方盘。到了老人坟前，依礼女子只可在坟侧坐地而哭，男子方可在坟正前方端跪。两个小娘儿好依礼，七嬷难依，她要献花供，化纸钱。

纸钱化罢，哭声大起。这或许是最后一次到坟前来哭老人了，所以娘儿极悲伤。七嬷则声声怨姬发，句句念老人，一再哭道："没有了老爹，谁再替我管教那犟尿呀?"大姑娘好容易劝住了娘儿。两人却怎么也劝不住七嬷,只得强架起她上了回路。七嬷一面走,一面还大哭不止。

正走着,后面响起尖啸的警车声。娘儿明白要来的已来了,心慌意乱的。大姑娘急拉母亲避到路边。警车在三个女人身边停住,跳下两个警察来,一个问:"谁是姜油馍?"七嬷一下子没了哭声,燥干的脸皮都成了铁青色。大姑娘也神色大变。娘儿拢了拢头发,静了静神说:"我就是。"那个警察便掏出拘捕证来,另一个"咔哒"一声,就给她上了铐。武家母女怔得张口结舌。

娘儿回头苦笑道:"花花交托给大姐咧。亲人,咱的亲娘,你不怪我,我拿枪把人伤了。"七嬷终于醒过神来,上前打了娘儿一嘴巴,喝道:"都三十岁的人了,这话也是胡说的?趁早给我闭住你那臭嘴!好人,我这油馍儿最胆小,我凶了她也吓得不行,咋会拿枪伤人?一准是抓错了。"娘儿哭道:"没错,大姐,是我开的枪。"

七嬷想了想说:"我明白了,一准是发子伤了人,你给他顶包。好闺女,这个包太大了,你顶不起。他做得出,就该当得起。你好好说,到底是谁开的枪?"娘儿在七嬷脚边跪下说:"里山有几百号子人看着,的确是我开的枪。大姐、姐夫疼爱我多年,我孝顺不上两位老人家咧!"便伏地重重地磕起了头。七嬷忙也跪地,紧紧搂住娘儿,仰着头说:"我不放她。你们要抓就抓我吧!我的孩子做了错事,是我管教不严的罪,该我去坐牢。"

娘儿脸黄如霜打了的叶子,道:"大姐,有这情,没这理,你替不了我的。"掰开七嬷的手,站了起来。七嬷趴在地上,又搂住娘儿脚脖子不放,哭道:"我的油馍儿,是个最良善的孩子。好人,发发慈悲,放了她吧!"娘儿用戴铐的双手捂住脸,失声大哭。只有在这些亲人心目中,她这个微不足道的女人,才是至关重要的。女儿最可爱,丈夫最动人,而母亲最神圣。她不知有多敬重爱戴这位白发老母!

警察强行分开了七嬷与娘儿,并把七嬷交大姑娘紧紧搂着,便押娘儿上了车。娘儿泪眼从车窗望着七嬷,无声而泣。七嬷挣脱女儿,跌倒在地,爬行向车,哭叫:"命拴在苦桩上的油馍儿,我的心肝哇!"

娘儿不忍看七嬷,掉头望路边闪着暗淡白光的桦林,又越过桦林,望那连绵起伏的黛灰色群山。就在那群山深处,她可爱的女儿,大概还不知母亲一去难回,正在窑旁的土场上,跑来蹦去玩儿。而那动人的男子,则多半坐在窑里沙发上,拧着眉头,一声不吭……唉,她多舍不得离开他们啊!

车留下一股带汽油味的黄尘,飞驰而去。天空,森严而明澈。

武七嬷软绵绵地伏在地上，哭得有气无力。大姑娘搀起母亲，摇摇晃晃回到姬家。七嬷道："我发誓死也不上张家山，可我的心叫娘家人揪住了，由不得自己。你舅妈开枪伤人，跟歹徒不一样，必是不得已。我亲自去看看，到底是怎么回事。你骑车子到家里，告知你爹，再到县里见一见秀珍，大家好定夺怎么办。"

大姑娘即刻就骑车子下了中山，七嬷则一把鼻涕一把眼泪，坐着姬杨爹赶的牛车，颠簸着向张家山而去。唉：

　　　　流不尽的眼泪如黄河，
　　　　只为这看不尽的黄土坡。
　　　　恨死了这黄土高坡，
　　　　抛不下丢不脱的还是这黄土高坡。

公安局的人当然是先到盘龙凹的，所以姬发已知娘儿被拘走了。姬杨不知如何，娘儿又不知将要怎么样，里山人会不会来兴师问罪，他心绪烦乱，脑袋昏烧。怕里山人使坏，也不敢让花花到外面去逛。听到外面有人声，他弹簧一样从沙发上跃起，摘下挂在墙上的土枪，出门一看，见是大姐，才松了一口气。又思老太婆说他买张家山要出事，果不出她所料，还没过几天就出了事。这下她更是得理不饶人，准是来臭骂，甚至打来了。他一头的烦恼，真有些厌烦、反感这老太婆，却不敢不恭敬，回身把枪放在门后，抱着花花迎了过去，轻唤了一声"姐"，便不再吭声。

真正疼爱孩子的母亲，是不会给孩子雪上加霜的。要不然，怎么会把母爱称为人类最伟大、无私的爱呢？姬发得意的时候，七嬷不妨给他泼泼凉水，然而他不如意的时候，她怎舍得还那样待他呢？老太婆觑着他额头的青包半晌，伸手抚着，滴泪道："到底咋回事？莫不成，跟那些偷树贼打起来了？这是叫镐把子打的？脑袋上，打重了，可咋办呢？"姬发道："不是镐把子，小孩拿石子儿打的，不要紧。"

七嬷又拉住他的手说："我的孩子，该吃就吃，该睡就睡，别急。你媳妇的事，车到山前必有路，会有法子的。"姬发没有想到她非但不责怪，还安慰，由不得眼泪唰的一下就流了出来。

姬杨爹跟着他们进了窑里，细细询问了事情的原委，又安慰了姬发一番，便回去了。七嬷则系上围裙，进厨房给姬发去做午饭。

大姑娘见了父亲，只会说"舅妈叫警察抓走了"，别的一问三不知。校长把什么最坏的事都想到了，包括姬发已被人打死，心急如火，让一个教师骑着摩托带着他，飞速赶到盘龙凹，见姬发好好的，才略微放下心来。姬发见了校长，如得了主心骨，忙把事情的经过，详细说了一遍。校长道："法律代表着正义与公正。我虽不太懂法律，但觉得你说的要是事实，你媳妇就没有罪。你们护林，他们毁林，你们先是正义的。他们要把你们往死里弄，难道你们就等死不成？必然要进行防卫。法院如果判你媳妇有罪，就不公正。那样，我就辞去这校长，专门打官司，上诉中院，不行再上诉高院。我还要让查岳祖父的真正死因。老人家沉冤海底，我不闹腾，是为孩子们平安，既然孩子们还是出了事，我就不怕了，拼着老命也要把事闹大，讨个说法。镇政府的有关干部，我也要告玩忽职守罪。出了群体毁林事件，他们不闻不问，毫无作为，非但不觉羞愧，反而心安理得。作为高阳这方土地的儿子，我不能容忍有这号跟灶火爷一样，光吃供供不管事的地方官，非拉下马几个不可。"七嬷听见，挝着面手过来说："多少年来，多少事上，咱们都把头缩在盖子下面装王八。发子媳妇要没个公正说法，咱们就得把头伸出来了，天王老子也不怕，一股脑儿把老底子全抖出来！"

校长刚走，姜家兄弟俩又闻讯赶来了。还没坐定，七嬷武家的侄子又来了一大群，把窑里挤得满满的。这个踩了那个的脚，那个的唾沫星子又飞到了这个脸上。吵嚷声，几可把窑顶震塌。一个侄子盖过众人的声音喊："三山比里山人多一半。三姓世世通婚，不沾亲也带故。他们能起众，咱们就不能起众？二春回前山，发子回中山，我们回后山，招人拉马去。三姓人马合一处，直扑里山，见东西就砸，见人就打，闹他一个鸡飞蛋打，人仰马翻，看看到底是谁人多势众！"众侄子叫好，个个横着一身极发达的肌肉，准备大打一场。

七嬷扭着肥硕的身躯，好容易挤到那个喊声最响亮的侄子身边，照脸就啐了一口，横眉立眼，凶狠狠地道："野小子，吃了撑的，就会打架！咱们有理说理，不敢打架。又打出事来咋办？法庭上，你七爹自会讲理的，你们少给我惹事！来这么多人，喝水也没这么多杯子，别说吃饭了。都给我滚回去！谁要再提打架，小心我用擀面杖捣烂他的臭嘴。一屋子男人的汗臭味，我都快熏憋过气去了。滚！猴儿臊，兔崽子们，我耳朵都快叫你们吵聋了。滚！"三吆两喝，一通臭骂，侄子们便云散而去。二春叹道："我们这些乡棒子，除过打架，就不知该咋办了。"七嬷望了望他那黑亮的瞳孔，又看看他那放在大腿面子上黝黑的大手，心疼地道："好孩子，你也别为你妹子太焦心。这一回，你妹子要让冤了，你武老师自会闹出个眉眼来不可。别看他平常四平八稳的，真动了火，天也敢捅出一个窟窿来！"二春让哥哥回去了，自己怕胡老八的三亲六故来寻事，留了下来。外面一有风吹草动，他的手就把腰里的刀柄握得紧紧的。

"朝有烈臣朝不衰，家有倔子家不败。"但这不衰不败的背后，总是烈臣倔子的个人不幸。出了这事，七嬷对姬发的安危更忧心忡忡，知道像上次那么发狠，对这个"倔子"是无效的，便婉言劝姬发丢下林场，回家平平顺顺过小日子。二春在旁，也帮着她不住好言相劝。

姬发一言不发。抽身退步岂不容易？可身为男子汉，一副缩头乌龟样，旁人不说，就说眼前嘴里劝他的大姐、妻哥，也在心里会瞧不起他的，他自己更会瞧不起自己。多少人在等着看他的笑话哩，哼！他绝不让他们得意。不，他绝不轻言放弃。

妹妹、妹夫不在，姬杨在县城便没了指靠，第二天一早准备打道回府时，突然想到了同学姬军和姬槐。姬军毕业后，分配到兰州一个军工单位工作，自在这事上无能为力。姬槐分到了邻县一个小工厂，因为常在报上发文章，很有才华，现在被借调到省报《社会大视角》专栏任记者兼编辑了。想来他这种工作，交游广泛，说不定会有什么门路的。管他有没有门路，"谋事在人，成事在天"，先见见他，碰碰运气再说。于是姬杨便拦了辆过路的长途车，赶往省城。

一下车，面对车如流水人如潮的街道，姬杨简直晕头转向了。他出了大街钻小巷，问了不知多少人，才找到了省报社。门卫见他头发脏乱，衣满尘垢，还有几道破口子，又没带身份证，便不肯放他进去。他嘶哑着嗓门，苦苦哀求："我跟姬槐是乡党，行行好，让我见见他吧！我找他有急事。"门卫板着脸，无动于衷。

一个中年男子从里面出来，听见他说姬槐长姬槐短的，又见他那可怜样，动了恻隐之心，道："我和姬槐是一个办公室的。你来得不巧，他出去采访了，不过晚上一定回来。住处就在附近。我带你去认认门吧！"姬杨忙说："多谢！"那人领着他进入一所民宅，指着一个房门说："姬槐就住在这儿，晚上你来找他。以后出门，可别忘了带身份证。还有，最好换一身稍像样的衣服。有些人，就是敬衣不敬人。"姬杨又连连道谢。那人去后，他便在房门口坐了下来。不知为什么，心头突然涌出了一股酸涩感来，真想大哭一场。

多年各走各的路，不常见面，姬槐的地位高了，还会念旧情，帮发子的忙吗？姬杨心里又直打鼓。要是他见了自己，待理不理的，端着架子，可就糟了，忘带身份证，旅馆也住不成，自己就得在街头冻上一夜了。

姬杨一会儿想这个，一会儿想那个，心烦意乱的。眼看天已黄昏，仍不见姬槐回来，他肚子饿得"咕咕"作响，便出去吃了两碗面条，又回来在门口坐等。晚上十一点左右，他两手搂着小腿，头枕在并拢的膝盖上，迷迷糊糊睡着了。就在这时，一个清秀精干、戴金丝边眼镜、黑西装笔挺、肘下夹着公文包的青年，站在他面前，望着他怔了半晌，才眼角湿湿地道："呵，是杨子！"姬杨睁开眼皮，一下子跳起来道："槐儿，可把你等回来了。"

姬槐紧紧抓住他的手，关切地问："你灰头土脸地来找我，一定出什么事了？快给我说。唉，你也太多灾多难了！"姬杨见他这么关切，才不再惴惴不安了，也不绕弯子讲方法了，坦直地说："我没什么，是发子媳妇出了事。她拿枪伤了人。"姬槐吃一惊，道："她那么善良个人，怎么会开枪佐人呢？得了，我明白。一定是发子又勾引上什么女人，她恨上心来，不是向发子，就是向那个女人开了枪。"

"这回可跟那号事没一点儿关系，打伤的是里山胡老八。一言难尽，咱们进屋慢慢说。"

"干脆你先跟我到外面吃些饭，回来再说。"

"吃了。"

"吃了再吃。我还不清楚你？吃饭穿衣，历来凑合。"

"真吃不下。心里有事，也没胃口。"

"那好，先说事。"

姬槐单身来闯省城，妻子和女儿还在那个县办小厂，所以只租了很小一间民房。里面除了桌、椅、床、电视机、皮箱外，别无所有，倒很整洁。衣服又脏又破的姬杨，进了房子，都不知道在什么地方安顿自己是好。姬槐伸手抓住他肩膀按坐在床沿上，笑道："摆上沙发，房子就没站脚的地方了，我没要。凑合着坐吧！"

沏上茶，递接间，两位同窗好友的手，也表明他们生活道路的差别。姬槐的一双手，纤细白皙。姬杨的一双手，则粗壮黝黑，手背上还有几块青瘢，是被森林里那种叫鬼蛾的食肉蛾咬的。鬼蛾有毒，被咬了，青瘢常几个月不消。

约略问了一下事情原委，姬槐便道："你一个人坐会儿。不早了，怕同事歇下，我先去见见同事，把手头的事情托给他们。明天一早，咱俩就回高阳。"姬杨深为感动，说："你真痛快！我还怕你不记旧情呢。"姬槐拍了一下他的脊背说："怎么会呢？想起上中学时住在校长家里，老两口和发子对咱们的关照，我心里就热乎乎的。后来要不是校长鼓励我补习考大学，这阵我说不定还在中山的野崮上黑水汗流抢镙把哩。好，我去去就来。"姬杨也起身道："瞧我脏的。附近有澡堂吗？"姬槐笑道："光屁股那阵就在一起，我倒嫌你脏了不成？不过也好，这一天多你够紧张焦虑的，洗洗澡，可以放松放松情绪。"便引姬杨到街上一家正在营业的浴池里，抢着付了钱，才离去。

姬杨洗罢澡回到他的住处，他已在坐等了。桌子上摆满了菜碟，地上放着一箱啤酒。他已启开了两瓶放在桌上。姬杨道："你呀，把我一当客，我就不自在了。不客气，随随便便的多好！"姬槐道："太晚了。要不我在外面好好请你一顿。有朋自远方来，不亦乐乎嘛！"

人在变，事在变，两位朋友美好的友谊没有变。姬杨在桌边椅上坐下，一面喝酒吃菜，一面向姬槐说了自姬老人弃世后，张家山所发生的种种事情。姬槐静静地听着，偶尔没有听明白，才问一句。最后，他笑道："我们为什么要用寻气眼钻门路去求公正呢？嫂子只要是正当防卫，到开庭审理的时候，我请个好律师就行了。倒是群体毁林的事情，虽然眼前可能被嫂子的那一枪震慑住，但如果没有进一步的措施，很快就会死灰复燃。那片林子来之不易，群体来毁，毁岂不易？单靠发子个人的力量，是难保住那片林子的。明天我回去，主要是看能不能调集起别的力量来，从根本上制止群体毁林。我在外面，老爹过世也不知道。要知道，我再忙，也要赶回去参加葬礼。林场就是战场，老人为恢复张家山的原生态，可以说是作战到死的。在渭北，像咱们家乡那样山清水秀的地方，并不多见。正是那片林子，为家乡的小溪、小泉、小湖泊涵养着水源。那片林子，也是咱们县境内最大的一座空气净化工厂。老人的功德，自有青山、绿水、蓝天做证。我得在报上发篇文章，纪念纪念老人。况且要绿化山川，首先得提高人们脑中的含'绿'量，我早应写这种文章了。就是明天回去，看能不能帮上发子些忙，说到底，也不是帮发子忙的问题，而是我的责任。保护森林，人人有责。谁要不呼吸空气，要见鬼去，就别保护森林，甚至毁森林吧，哼！"

姬槐的话，像梳子一样，把姬杨毛乱的心梳平顺了。歇下后，一觉睡到天大亮，睁眼一看，姬槐已准备好了早饭。他睡意缠绵地哼哼着，揉着眼睛从被窝抽出身，却不见了自己的衣服，床边放着一套崭新的西装。姬槐笑道："丈母娘送的。太大，我撑不起来。自己不喜欢的东西送人，伤人自尊心。别人不敢送，送你倒不怕，你也准合身。穿了吧！"姬杨道："这几年在外面，你把嘴皮子也练油滑了。送我衣服，倒像我给了你什么好处似的。"

"怕你不穿嘛。破破烂烂一身，我跟你走在一块儿，多丢人。快穿上！你的衣服，干脆给我留下。看看衣服上那家乡的土，想想你的处境，对我是一种刺激，做事会更努力的。"

"说得多好听！当我不知道你的心？还不是怕我回去又把这破衣服穿在身上，你干脆要下扔垃圾篓子去。山里到处是荆棘，还是穿着我那一身吧。你给的，我出门好穿。"

两人草草吃了些，就去搭车，下午便赶到了高阳。姬杨骑摩托带着姬槐赶往张家山。

深秋的山风，冰冷。姬槐一路把头埋在姬杨脊背上。姬杨则像扣枪瞄准似的，一路眯着眼睛。路两边叶子已开始凋落的山林，透着萧瑟之气。一团团土黄色的云，几乎垂到了树梢上。

山弯半坡的坪地上，有一个小山村，房屋矮小简陋，让人看着有一种莫名的凄凉感。转弯时，姬杨怕弯那边有人，按响了喇叭。一群正在路旁林里落叶上刨虫子的雉鸡，"呱呱"叫着飞上了天。

听见外面摩托声响，七嬷、姬发、二春慌忙迎出。三人因为失眠，都眼皮红肿。姬杨笑道："看，我把谁搬来了。"姬槐一面笨拙地下车，一面忙着问候七嬷。七嬷上前拉住他哭了起来，道："你倒没有忘我们。我们家咋出了这号事？好兄弟，这可咋办呀吗？"姬槐亲切地拍着她那筋节盘虬的手背说："我也是个小人物，没有通天的本事，不过嫂子既无罪，肯定会被释放的。大姐放心！"姬杨在旁也道："他这么说，婶娘准无罪。他不是随便说话的人。"七嬷心里才踏实了些。姬槐又和姬发、二春亲热地问候过，大家便进了窑里。七嬷打来水，让他俩洗了，就忙着去做饭。

花花怯生，躲在舅舅身边，偷看着姬槐。姬槐从皮包掏出一袋水果糖来笑道："专给你买的。快叫叔叔！"花花受不了糖衣炮弹的攻击，用悦耳流畅的童音，连叫了两声"叔叔"。姬槐心疼地拉过她来，抱在怀里，照着那漂亮的小脸蛋就是一阵猛亲，然后剥了糖纸，喂入她口中。花花舒服地躺在他大腿上，把糖嚼得"吧唧吧唧"作响，浓密睫毛下的花眼睛，满含着笑。

说了一会儿话，姬槐便从皮包里掏出相机，让姬发领着来到遭浩劫的清凉山一带。只见坡如痢痢头一般，到处是光秃秃流着黏液的断桩，满地残枝。枯草被人脚踩得东倒西歪，落叶则被人踩得稀烂。山谷的小溪，在低声呜咽。夕阳余晖黯淡。

姬槐从各个角度拍下了森林被毁的情景，不住痛心地叹息。

晚饭后，花花见大人们无心跟她玩，便哭着要娘。七嬷只得抱她上炕，拍着说："乖乖，睡吧！睡一觉醒来，你娘就回来了。"

姬杨和二春坐在炕沿上，姬发和姬槐坐在沙发上。姬杨不时起身，给姬槐杯子里添水。

瘦弱的姬槐，声音却不失北方男子的厚沉有力，道："上个月，东北一个村长领着村民毁林四百余亩，中央电视台一播出，村长就被绳之以法，镇长也被撤职，县主要领导还受了处分。相信里山人群体毁林事件，只要我在省报上一捅出，就会引起省领导和社会各方的关注。那个自能又妒贤嫉能的能不够老爹，支书当得也太时间长了，该歇下咧。主要毁林者，送几个去坐牢吧，杀一儆百。"七嬷正侧躺在炕上搂花花睡觉，忙坐起来，掖了掖被角说："孩子，我听着你这话不好。你嫂子要坐牢，咱们也就豁出去了，把事弄个天大。她要没罪，我看就得过且过吧！老爹当年守林，里山有几个小伙叫派出所拘去了，他还说情让放了人呢。眼孔浅时无大量，心田偏处有奸谋，我天不怕地不怕，就怕鬼，就怕那些心窄的人使鬼心眼。里山的人得罪不起，要送几个去坐牢，他们家的人不跟咱们成仇人了？再说老能不够，还有吴镇长，谁知道他们背后都有些什么关系呢？你要把他们拉下马，他们自然要明精暗鬼齐出手跟你斗了。你虽说在外面，只是跑了和尚跑不了庙，家里人在高阳，他们欺负你家里人咋办呢？你也时常回来，他们揍你个半死咋办呢？好孩子，高阳小天地，抬头不见低头见的，一动不如一静，冤仇宜解不宜结。"姬槐道："大姐，要怕事，我就不干这个事。我挨过揍。就因报道一个私营企业制假，被老板派人在街上揍了个头破血流呢。"七嬷道："你不怕，我们还怕连累了你呀！"姬发一直不多说话，这时也道："大姐说得没错。只要你嫂子能回来，就得过且过吧。事情要弄大了，不说可能连累你，我也未必能安宁。里山要有几个人被送去坐牢，他们家的人能让我安宁吗？得找个大家都好的法子。"

姬杨笑道："这就是中国人解决问题的法子，得过且过。不过，做事做人，不管怎么退让，都要保住底线。不哼不哈，地方领导就会乐得袖手旁观。里山人没个害怕的，三天两头，一群一伙，明目张胆地来毁林，把咱们逼急了，说不定还会真打死人哩。那时不一定就没有罪，说不定还是死罪。就是没有罪，手底下死过一个人，一辈子心里也不是滋味。我想还是让姬槐把他刚才的想法明日照实跟能不够、吴镇长说说，敲山震虎。他们要是怕丢乌纱帽，肯定就急了。连婶娘，他们要有能力的话，也会让不审就放人的。要审，里山人毁林的事情，尽人皆知，咱们不想把事情弄大，事情也自然大了。他们难道不怕？"姬发脸上终于露出了笑意，说："这个法子好，对他们也好，对咱们也好。只要我媳妇能没声没响回来，他们日后不毁林，我宁肯不了了之。"

姬槐想了想，只得也说："好，就这么办吧！话说回来，保护这片绿色，并不是你败我胜的角逐，而是要齐心合力。咱们跟他们，官司打赢了，心却更远了，并不真利于这片绿色的保护。"七嬷又道："槐儿明个最好别见能不够，只见吴镇长，吴镇长自会跟他说的。那老东西不识相，本来是为他好，他倒以为咱们的人赶着见他，是怕他，越张狂了。他就怕上头。"姬杨一拍手道："大姑真是人老话也老，这话说得老到。我的话还没完哩。棋走三招，刚才说的是第一招。第二招，是姬槐见过吴镇长后，就回去上班，咱们按兵不动，看他们有什么动静，相机行事。第三招，他们要是满不在乎，也按兵不动，那咱们迫不得已，就只好闹个人仰马翻，大家不得安宁了。"众人都笑道："好，好个棋走三招，就这么着。"

七嬷见小伙子们有说不完的话，便下炕进厨，炒了几个菜来，让他们喝酒畅谈。他们的话题一扯远，她就没了兴趣，打开电视，看午夜电影。昨夜没合眼，看着看着，就头垂在胸脯上，睡着了。姬槐回头看见，摇醒她说："大姐，爱情片我们看着也不羞，嘿，你老脸厚皮的，倒羞得低头闭眼不敢看。上炕睡吧，看着了凉。你们昨夜都没有睡好，休息吧！"于是二春到姬杨窑里去歇，姬槐就和七嬷、姬发歇在这窑里。

又一日吃过早饭，姬杨骑摩托带姬槐到镇上。他在高阳中学二妹宿舍等着，姬槐则进了镇政府大院，去闹这高阳的天宫。有八十多个工作人员的高阳镇政府，却静得不见人影。原来自土地承包到户后，工作人员多无工作可干，上下班来打个照面，就各自忙私事去了。

吴镇长办公室的门倒开着，里面却也空无人。姬槐不客气，没有坐沙发，而坐在办公桌前吴镇长常坐的转椅上，看起了报纸。与这位家乡的父母官如何说话，他考虑了多遍。的确，高阳镇政府拍卖林场给私人，据他所知，截至目前在本省尚无第二例。如果镇政府善始善终的话，这应该是一件好事。谁要给家乡办了好事，他绝对要以自己的方式表示感激的，必在省报上给镇领导发篇歌功颂德的文章。但这个吴镇长，却实在让他不敢恭维，拍卖林场只不过是推卸毁林的责任而已，此外在姬老人去世后，便没有采取任何制止盗伐的措施。对这种人，说话还有什么可客气的呢？

好一会儿，文书才揉着惺忪的睡眼进来问："找谁？"姬槐道："既坐在这里，找谁还用问。"掏出记者证递给文书。高阳小地方，省党报——《陕西日报》的记者，可算是大记者了，难得来的。文书忙赔上笑脸，要沏茶。姬槐摆手道："免了。吴镇长呢？"文书道："刚刚出去。好像是到街上去买香烟。我给你找找去。"

其实吴镇长昨天就出去了。高阳第二水泥厂厂长在镇街上有一所豪华住宅，吴镇长就在那里通宵达旦搓麻将。文书为防万一上头有人来，故意开着门，用来做镇长刚刚还在办公室的借口。姬槐又等了好大工夫，吴镇长才晃着大肚皮，几乎一路小跑赶回来，肿眼皮耷拉，似乎半睡不醒，道："久等了，不好意思。该预先来个电话，我好派车去接你。文书已安排饭去了。吃了饭再采访。"姬槐屁股不离座，只把转椅转向他，摇着上身道："采访什么好呢？"昏昏欲睡的吴镇长，竭力赶着倦意，笑道："水泥二厂就很好。过会儿，厂长便要陪你吃饭，饭桌上好说话。"

姬槐慢声细气道："不知道高阳事迹最典型的是水泥二厂的厂长，我还以为是林场的姬场长哩。我是昨天到的，已经上张家山采访过了。"吴镇长一怔，半晌沉了脸道："他才走马上任几天，有什么可采访的？林也护不住，老婆还开枪伤人，让公安局抓走了，又有什么好采访的？"姬槐拍案而起，厉声道："林护不住，你就没有责任吗？你是方圆三十里的高阳镇之长，还是方方三尺的牌桌之长？姬发辛苦，为护林夜夜不眠，你也辛苦，搓牌夜夜不眠！他老婆叫公安局抓走了正好，审理案件的时候，我跟踪报道，张家山大规模毁林事件就尽人皆知了。我是中山人，家乡的官，要不拉屎只占茅坑，不客气，就请他卷铺盖滚蛋！十天后我再回来，还是不见你先上张家山，要是问题仍不能令我满意，咱们就等着瞧吧！"吴镇长也火了，道："吓唬谁呢？记者又怎么了？中山还出了个省报记者，我怎么没听说过？该不是骗子吧？"姬槐道："随你怎么想！"拂袖而去。

恰巧老原闲极无聊在高阳中学找人聊时遇见了姬杨，听说后忙赶了过来，和从吴镇长办公室出来的姬槐撞了个正着。老原笑道："这不是姬槐老弟吗？多年不见了。快到我房里坐坐！有什么事，咱们慢慢说。"那时记者被戏称为"无冕皇帝"。姬槐冷笑道："还说呢。你这个企业办大主任，让林场成了那个样子，还嘻嘻哈哈无所谓。哼，我非叫你有所谓不可！不信咱们就看看，是你们这些土皇帝厉害，还是我这个无冕皇帝厉害！"头也不回地走了。

镇长青着脸问："他真是省报记者？"老原道："不假。"他并没有看到中央电视台那个毁林四百余亩镇长就被撤职的节目，只不过是听姬杨略说了说，却一口咬定是自己亲眼看到的，且添油加醋渲染了一番，道："跟他交恶不得。他不只是无冕皇帝，还是姬发的堂兄弟。钱是笼络不住他的，只有想办法让公安局把姬发媳妇放了，方可求个无事。要不闹起来，连我也完了。"姬发就一个堂姐武七嬷。反正吴镇长不是高阳人，老原便随口乱说，把姬槐也说成了姬发的堂亲。

姬槐回省城时，特意在县城下车，找见了愁眉苦脸到处奔走的校长，让他只管回去安心教书，不必多虑。四天之后，两辆小车来到盘龙凹，从第一辆小车跳下一个公安人员，第二辆小车跳下的则是吴镇长和能不够。能不够向迎出来的姬发亲热地喊着什么，像钝刀割韧皮，又像求配的公猫叫，人听着不寒而栗。姬发看也不看他。

进入窑里，姬发自坐于一张沙发上，那位公安人员则坐于另一张上。吴镇长和能不够只得坐在炕沿上。七嬷忙着要沏水，被姬杨和二春拦住了。三人便隔墙听他们怎么说。

姬发自点了一根烟抽着，只把烟盒推到那公安人员面前。吴镇长笑道："到你门上了，这恐怕不是待客之道吧！"姬发冷笑道："人敬我一尺，我敬人一丈，大概是来者先不敬我之故吧。"吴镇长道："巴巴地赶到你这儿来，怎么能说是不敬你呢？"姬发道："大镇长屈驾光临，个中缘故，我心知肚明。这位是……"吴镇长便介绍说那个公安人员是公安局专管民事调解的，姓张。

姬发不认识姓张的，或者人家与吴镇长、能不够不是一伙，所以对姓张的还是讲了些礼貌的。不想姓张的一开口就吓唬了姬发一通，然后说姬发媳妇的事情，已由刑事案件转为民事案件，受害者要求两万元的赔偿。他认为，这并不过分。来者都是一丘之貉，不过是经济动物，没有情感。闪亮的金子会使人变黑，只有高尚的人格才会使人闪亮！姬发斜眼看那姓张的，眼里闪着鄙夷不屑的光，冷冷地道："谁是受害者？我们没有害人。要审就审吧，我一分钱不给。无论是刑事还是民事，这个官司我都不能输。要不，还会出现千军万马毁林的场面。"吴镇长和能不够帮着那姓张的，一会儿威吓，一会儿说好话，且把钱降到了一万，姬发就是不肯，道："这要是给钱就能了的事，我哪在乎钱？我姐姐、姐夫常资助里山的穷孩子上学。他们的确穷，别的什么时候以别的途径，只要我有，别说一万，十万我也给。这件事上，钱就免谈了。我一分钱也不能给。一给钱，就等于我输了，他们要不嚣张起来才怪呢。"

无奈，吴镇长、能不够先一步走了。那个姓张的趁无人，便说："不给他们也可以，给我五千块钱，不用打官司，明天我保把人给你送回来。"他的厚颜无耻，让姬发大为吃惊，半边嘴唇紧闭，半边嘴唇笑着，半晌无话。偷听墙根的七嬷忙进来，拉姬发出去说："要打官司，没听人说那也是'吃了原告吃被告'吗？左右是损财，不如不打官司，让人快快回来。钱又不是给的里山人，给又神不知鬼不觉，不丢人。"姬发要妻子回来心切，只得掏出钥匙来说："钱在那个黑箱子里，要给你给。那种东西，我懒亲手给。"七嬷忙取了五千元，双手捧给姓张的，还挤出满脸奉承的笑，说了一堆好听话。

第二天，武七嬷起了个绝早，牵着花花的手，到大路口去翘盼巴望娘儿归来。天色朦胧不明，路上了无人影，连鸟雀也踪迹全无。渐渐地，天色开朗了，鸟叫声也稀稀落落响起来。终于鸟语喧哗，是太阳破地而出。十来只麻雀，跳跳蹦蹦，在姑侄俩不远处的枯草里觅着食。突然，一个娘儿远远走来。武七嬷手搭凉棚望着，那娘儿身段姿势极似姬发媳妇。老太婆笑道："许是你娘。"花花兴奋起来，拍手大叫。然而那娘儿走近后，姑侄俩又失望了。显然是谁家媳妇赶早出门，穿着新衣，抱着红包袱。久久，又过来了一个骑车子的男人。车后座的筐子里，有猪崽在哼哼。然后，大路上就了不见个人了。

上午，云雾烟霞烘托映衬下，群山丛林色彩艳丽。而盘龙凹上空飘飘忽忽的一块白云，极似女人那丰满洁白的胸脯。

姬发、姬杨因二春家里活忙，今天见过妹妹就要回去了，什么也不干，只在窑里陪着他拣高兴的话说。另外，大家心里也不踏实，不知道那姓张的拿了钱，会不会把娘儿保回来，无心做什么。

花花这些天从大人的神色谈话里，已感知母亲遇到了什么不好的事情，小小的心灵里，满是担忧。听说母亲今天要回来，自然比谁都高兴。七嬷便一次又一次带她到路口去巴望，腿都站酸了。

姑侄俩又一次在路口巴望不见人影，怅然回到窑里。武七嬷愁云满脸，道："那姓张的该不是个骗子吧？"花花指头咬在嘴里，眼里满噙着泪。突然，外面响起了汽车的鸣笛声。花花飞也似扑了出去。正在下车的娘儿，一看见女儿，腿都抖了。花花早扑到了跟前。娘儿跪地搂住她，哽咽道："只当再照看不上我的小花朵了，想不到这么快就回来咧！"

武七嬷脸上已然云散日出，皱纹舒放如花开，笑唤着"我的油馍儿"，也拖着肥硕的身躯地动山摇般从窑里扑了出来。娘儿忙松了花花，弯着腰，摊着手，向老太婆迎去。老太婆把娘儿的头紧紧搂在怀里，喜极生悲，哭道："可怜的闺女，叫你受委屈了。"娘儿哭道："糊里糊涂的，有罪没罪，也没个说法，就放了。"七嬷又转哭为笑，拭着娘儿的眼泪道："不管那么多，人回来就好。回来就是说法，没有罪。那日你要不开枪，真不敢往下想！要是我，那日也非开枪不可。你把我娘家的独根苗儿给我救下咧，到死我都感念不尽你哩。"三个男人站在旁边，眼睛发热，只会傻笑。

因大量使用农药，山外村里，已很难见到喜鹊了。此时盘龙凹二场边的树枝上，却有几只喜鹊在欢叫跳跃。

十天之后，姬槐风尘仆仆又上了张家山。盘龙凹的男女，齐迎了出来。姬发用手掌在他的瘦肩上砍了一下，表示感激。七嬷举着尘甩，仔仔细细地为他甩打衣服上的尘土。进入窑里，七嬷、姬槐坐沙发上，姬发、姬杨坐小机上。娘儿端来了大盘的柿饼、核桃仁子，沏上了滚滚的蜂蜜茶。窑里弥漫着果香、蜜香和浓浓的人情味。

姬槐得知姓张的拿了五千块钱，大怒，道："你们也太沉不住气了。我找他们的局长说说去。岂有此理！"七嬷忙道："算了，算了。你就是把钱讨回来，人又得罪下了。不怕阎王怕小鬼，那姓张的日后又给发子生事，你老跟他没完没了不成？能叫钱受损，不叫人受损。发子媳妇没吃一点儿亏，轻易就回来了，我们该知足咧！"

姬发特意提枪到林里打了只雉鸡，来招待好友姬槐。七嬷道："多好看个鸟儿。打死它，你也不手软！"姬发笑道："没看是个公的吗？要是个小嫩母雉，脸上又像我老婆一样擦着香脂儿，我一准打它时手稀软。"气得娘儿兜头给了他一顿臭骂。姬发道："明明是个美人，倒跟个泼妇一样骂人，多不好。温柔一些吧！"众人大笑。七嬷笑道："她要给胡老八也温柔一些，这阵还有你的小命吗？厉害好。我在高阳，就是个出了名的厉害女人！"

姬发把雉肉切得纸薄，用筷子扎了一片，在滚油锅里一蘸，又在旁边的调料盘里一蘸，连筷子递给了姬槐。姬槐咬了一小口，肉酥得要化了似的，便几大口吃完，两眼直勾勾地望着另一根筷子上的肉，咽着口水，鼻翼翕动着，贪婪地吸着油炸肉的焦香。娘儿看着他这个文化人的不雅相，忍不住笑了，又赶紧咬住下嘴唇，依然忍俊不禁，几颗雪白的门牙露在外面。七嬷笑道："好孩子，不急，没人跟你争吃，我们常吃他弄的这肉。你爱吃，全是你的。"

姬槐不好意思起来，嘴唇油闪闪地动着说："我什么都好，就是吃相不好。君子谋道，小人谋食，我不在乎自己的吃相，正说明我是个谋道的君子哩。谁说百无一用是书生？我不谦虚，绝不信这话。"姬发忙道："我也不信。这一回，我算软服你了。知识就是力量，悔当初我没好好念书！"

　　隔日，送走姬槐，姬发便到胡家村，找见胡老八的老婆，给了五百元，让给胡老八疗伤用，道："我念的是你老人家慈善，不是向你家那老东西低头来了。这钱你不要让他知道是我给的，免他得意。"老娘儿道："他还得意哩，悔死了。哼，这一辈子，他就没听过我一句话！"

第十六章　秀珍与东海分居

　　刘东海没有和秀珍结婚以前，在县城就有了一座两层三间小四合院。从买地皮、基建到装修，共花了十来万元。乳色瓷砖护墙。客厅和卧室里式样新颖的吊灯、壁灯、地灯，泻着淡绿、黄、炽白三色柔和的光线。落地石英钟隔时发出一阵悦耳的电子音乐声。深色的玻璃马赛克地板，光可鉴人。放羊娃出身的他，小时穷得常没裤子穿，这虽然不算多么豪华，但对他来说，应是挺可以了，可他并不满足，恨不能把自己的小家造成宫殿。

　　虽说不是金屋，却藏起了娇，刘东海终于与最称意的女子姬秀珍成亲了。人人都夸她国色天香，大方温柔。定亲之后，他简直觉自己是这世界上最幸福的人了。然而成亲之后，他终于承认，妻子国色天香不假，大方也是真，而对他的温柔，却分明不是出于感情，而是出于理智。秀珍在他苦心营造的这个舒适的家里，似乎一点儿也不惬意。洗涮、做饭、清扫，总是忙个不停，绝对是一个尽职的保姆，却不像女主人。在这个家里，她没有自己的意志。那怕只是一个小摆设，他怎么摆着，她永远不按自己的喜好换个摆法。最是她离家时的脚步让东海不能忍受，那简直是逃离。然而日复一日，他忍受着这不能忍受的，对别人不太宽容的东海，却对秀珍像兄长对小妹那样宽容。谁让他比她大七岁呢？毕竟，两人虽同生在高阳，但成亲之前，交往很少。他也知道她跟自己结婚的原因，仅仅是为了供弟妹上学。至于感情，几乎是他的一厢情愿，得给她对自己产生感情的时间。

　　秀珍对姬发的爱，已渗入了血液，已情浓得化不开。任日月穿梭，她也丝毫没有对东海产生感情。

　　好容易衣食无忧，她却幻想着要没有考上大学多好。虽然作为村姑的她，衣不遮体，食不果腹，却能天天和姬发见面，也就不会坐失向他表白爱情的机会。唉，往事难追，时光不会倒流，纵然她甘愿抛弃到手的一切，却不能改变他已是别人丈夫的事实……最想得到的，已永远得不到了！

同床的是刘东海，她心中想的却是姬发。粉琢玉雕般的脸庞，总是那么憔悴苍白。她的心声是不能向人道的，痛苦是不能表现出来的，甚至越压抑，越痛苦，越要用强颜欢笑来压抑痛苦……

渐渐地，东海快受不了了。他不是开会就是出差，尽量和她一天两头不碰面。时不时，就一个人闷酒喝个烂醉。有一次，他不醉装醉，尽其所能，用污言秽语辱骂秀珍。秀珍只是避到客厅沙发上睡了一夜，第二天一句也不指责他，像什么事也没发生过。要是秀珍能指责他几句，抱怨他一场多好，那至少说明她还对他有一点儿恨感，他们夫妻生活还有风有浪。深爱的夫妻最珍惜平静，反之平静则最可怕。她对他什么感情也没有，他在她眼里如行尸走肉，刘东海再也无法忍受了。痛苦、烦闷、失落里，他开始从别的女人身上寻找起了感情。或者说，他是想借别的女人，来刺激秀珍，在他们生活中掀起风浪，让她爱他，甚至干脆让她恨他。

风声不断传入秀珍耳里，她却平静如故。

就在姬发与镇政府签订买张家山林场合同的前一天，秀珍从外地出差回来，已是晚上十点了，打开卧室门一看，东海正和一个女人躺在床上。她像错进了人家夫妻卧室的门一样不好意思，连连说着"对不起"，慌忙退出，在客厅沙发上坐下，满脸通红。好容易意识到是别的女人躺在自己的男人身边自己的床上，她竟没有愤恨，而是满心的愧疚和自责。

要是东海真爱那女人就好了，自己可让位于她。无论是对东海还是对自己，那将都是一种解脱。

那个女人惊恐离去后，东海裹着睡衣来到客厅，笑道："我这个人，能吃、能睡、能笑。一次跟人撞了车，人家骂了个狗血喷头，我就笑着，直笑到他骂得没了劲儿。你心里有气，就骂吧。骂不解气，干脆就打，我保证只笑。我这一辈子当不了宰相，可生就一个宰相肚子。"然后静等秀珍发作。秀珍却只是把身子往沙发角缩了缩，低头不住搓手。东海沉了脸，拍着沙发靠背吼："你怎么不生气呢？你为什么不一副怨妇模样呢？男人趴在别的女人肚皮上，老婆连嫉妒也不嫉妒，竟然也无风雨也无晴，平静如死水，有这样的老婆吗？咄咄怪事！"

秀珍举起头来问："你爱她吗？"东海气急败坏地喊："不爱，不爱，我只爱我的老婆。"秀珍又低下了头，半晌才道："我知道你只爱我，事情到这一步，全怪我不好。自从结婚，我在单位是上班，在家里也是上班，从来没有想办法加深咱们的感情。日后我尽力有所改变。说实话，能不能最终加深咱们的感情，我还没有把握。眼下，咱们先把这件事情冲淡、忘掉吧。要不，咱们出去旅行一次，好吗?"东海感动得耳热心酸，说："难得你有这心。明天咱们就请假，准备准备，后天就走。到哪里去呢?"秀珍道："你想去哪里，咱们就去哪里。"东海又火了，冷笑道："难道我是暴君，你对我这么诚惶诚恐，百依百顺的? 你越依顺，我越感觉冰冷。"秀珍只得道："我爱绿色。南方绿绿的，咱们就去南方吧!"东海叹了一口气道："这还像话! 我给你的弟妹们花了钱，纯粹是因为爱你。你没有欠我的债，要不反成了我的负担。在我面前，你应该有你的意志。"

第三天，夫妻俩就出行了。南京、苏州、杭州、上海、长沙、广州等，去的地方不少，可两人情趣不投，偏又要迎合对方，所到之处越多，越累得不行。东海常想：我们怎么就不得率真、自然呢? 作假，太不好受了。越作假，越兴味索然。秀珍也常想：同行的要是姬发多好。他可满脑子灵气，一出言就机智风趣。瞧这一位，呆头呆脑，笨嘴笨舌的，好风景也辜负了，真是大煞风景。

到广州时，两人简直要垮了。"话不投机半句多"，东海话也怕说一句。秀珍那困难的强笑，也装不出来了。于是，两人陷入了难堪的沉默。可谁也不肯道破机关——说出自己已受不了来。

虽然爱美之心人皆有之，但秀珍过去并不特别对东海的形象吹毛求疵。经了这次出行，她连他那平庸的五官、臃肿的肢体都讨厌透顶，总不由自主地想，伴自己远游的，要是那容貌出众、身姿优美的姬发，不知该有多惬意。然而越这样想，她对东海的负罪感就越强烈。他们夫妻俩真正的背叛者，是她。因为她从心里，一开始就背叛了东海。

秀珍分明为高原明珠。即便在佳丽如云的大都市，她的容貌也是出类拔萃的，行人回头不已。东海对自己的形象很有自知之明。在西北那个小县城里，他和秀珍走在街上，倒没有自卑感。一个年轻的副局长，当然配得上一个大美人。可是小县的副局长在都市算老几呢? 又有谁知道他是副局长呢? 因此他自卑感强烈，简直是在活受罪。他本来不大抽烟，这一次出行，却烟抽个不住。到广州后在街上找旅馆时，一个少年回头看了秀珍五次还在回头，他被自卑感折磨得又想抽烟。一摸口袋，烟没有了，便让秀珍等着，他到附近的商店去买。南方的城市，多不像北方街道那么东西南北笔直规则，又人多楼高，北方人置身其中，有一种很强烈的迷乱压抑感。况且东海还心不在焉，进商店也没留意秀珍身边有何建筑物，出来竟向秀珍所在的相反方向走去。边走边左顾右盼找秀珍，找了好久也不见，才慌了，越慌越糊涂，越走得离秀珍远。直找了足一个钟头，他终于急中生智，不找了，坐出租车到火车站去等。

秀珍左等右等不见东海来，又不敢去找他，怕一挪地方，与他错过了，更不好找。心里不住嘀咕："这人傻了，买一盒烟，咋用了这么大工夫？不成是遭小偷了？偷了就偷了，不过是钱，我还怪你不成？要不就是跟小偷搏斗，受伤了……"站得腿发麻，便把皮包放在地上，坐在皮包上。又怕坐着他看不见，赶紧站起来，抱怨，"大学毕业，又是副局长，常出门，无论遇什么事，都该有头脑处理，至少该先来见见我。这样没声没息，不见踪影，叫我等到什么时候为止？"足等了两个多钟头，实在放心不下，才到近处去找。人流如注，如同大海捞针，哪里找得着？她只得又回到原地去等。等得不耐烦，再去找。就这样等等找找，找找等等，又提心吊胆，又委屈烦乱，折腾了四个多钟头，最后与东海不谋而合，坐出租车上了火车站。在火车站出口处，只听一声"可等到你了"，秀珍回头，见正是东海。两人相视，几乎哭起来。半晌，东海先表情僵硬地笑了，用自嘲的口吻说：

"开天辟地，咱俩这是头一回心有灵犀一点通！"

"对不起，是我害得你一路不愉快。"

"说对不起的，应该是我。"

秀珍真想登上返程，结束这次旅行。东海也是这个心，只是说不出口而已。口头上，两人都不愿承认这次旅行的失败。

真是天知人意，找到旅馆付钱时，东海又发觉皮包不知什么时候丢了。整钱都装在皮包里，他身上只有十几块零钱，秀珍身上钱也不多。原先打算逛过广州之后，还要去深圳，这下只有打道回府了。两人哭笑不得，返身到火车站，买了两张直达西安的火车票后，秀珍身上也只剩下了十几块钱。一路，都不敢随意吃喝。好容易熬到西安，两人的钱凑一处，买了两张到蒲城的汽车票，就剩了五毛钱。东海半开玩笑半含深意道："豁出去了，不过日子咧！"买了一个雪糕，互相推让，倒也恩爱，各咬了几口。

两人之间，水涨补堤，然而堤已补到不能再补的地步，最后崩溃，已在所难免了。分手的决心，东海已暗暗下定。

秀珍似知他的心思，眼光游移躲闪，不敢直视他。狼狈到家，他们身心疲惫至极，洗也不洗，就倒在了床上。半晌，东海看了看秀珍，咂了咂嘴唇，叹道："一看你的神情，我就冻得要死！"秀珍也重重地叹了口气，背过身睡着。

东海突然起身，到客厅拿过那个高级织锦缎面影集来，坐在沙发上抽着烟翻看着。每翻到有秀珍的地方，他就把抽红的烟头恶狠狠地按在她那漂亮的脸庞上。一股淡淡的焦味，飘荡而起。按到最后一页，他合上影集，回到卧室，抖动着冰硬的嘴唇说："你不爱我，就别装爱。你累，我也累，到最后只会演变成敌视。趁好好的，咱们好离好散吧！"

既然是不正常的夫妻关系，却以正常的夫妻关系来维持，本身就不正常。但是结束这种关系，秀珍又良心大为不安，道："这么吧，咱们分居。要是过上两年，我还对你没感情，咱们就只好离婚了。要是其间我能够对你产生感情，你还愿意接受我，咱们就往下过吧！"东海冰硬的嘴唇变得有些温柔了，道："只怕是多此一举，我们走到一起还是累。也好，如果我们还能轻轻松松地走到一起，就是扔了这乌纱帽，回家种田，我也是幸福的。"

秀珍虽然看不上东海的做官为人，但在对自己的感情这一方面，却很感动。毕竟，被感动，不等于有感情。第二天，两人就友好地挥手告别了。秀珍住进了林业局她的办公室。

刘东海的作风问题，林业派出所的人都知道。秀珍的人缘又好，同事们早就为她愤愤不平了，对她这一举自然表示同情和支持。个中底细，秀珍难以向人道，但她又很想向人倾诉倾诉。只有哥哥姬杨最理解她，于是她又请了两天假，准备回去跟哥哥好好说一说。并且同事告诉她哥哥曾来找过她，肯定是家里有什么事，无论如何，她也得回去一趟。

她连姬发买山都不知道。到了高阳，在高阳中学见了妹妹才得知。没想到，姬发买了山，还发生了那么多事。联想到自己这几十天所发生的事情，她不由感叹："这个世界，变化也太快了！"又见过了校长夫妇，说了些亲热的闲话便上了张家山。怕给姬发他们添烦，一字不提自己的事，只安慰了姬发夫妇一番，就回到中山家里待了一天，便到单位上班去了。

姬发与镇政府互不通声气，却不谋而合，对外界把里山人群体毁林的事情严严地捂住了。于是能不够大张旗鼓，把清凉山一带那一千来亩"有争议"的林地，低价卖给了本村人。胡老八"因公负伤"，白送给了二百亩以示安抚。老爷子拖着两条腿活人，即便得了这个便宜，也未必划得来。镇政府和姬发，也没得到什么便宜。这一场争执，赢家是能不够。拍卖林地所得的钱，多半装入了他的口袋。

人情世故，复杂微妙。吴镇长在把姬发媳妇不经审理弄回来一事上，曾私下给人花过钱。这钱从能不够口袋里掏出来一些，但那时能不够还没卖林地，掏出来的有限，主要是吴镇长掏的腰包，因此他有一种吃哑巴亏的感觉。姬发买林他姓吴的没得利，里山人砍林自得益，他两不相沾，为什么要让他掏腰包呢？要不是姬槐的出现，他也不会卷入，所以对姬槐满肚子的怨怪。姬槐那次回来，曾心平气和地去跟吴镇长恳谈。吴镇长既怪罪他又不敢得罪，但不冷也不热。倒是姬槐，为着镇政府日后至少不为难姬发，跟上次态度截然不同，甚至都有些低三下四，讨好地说愿为吴镇长在省报发一篇歌功颂德的文章。吴镇长叫姬槐拿住了，却有一个姬发在他手下，他也知道自己拿住了姬槐，所以就给姬槐开了一个条件："写文章好，有胜于无。只是你那个堂哥姬发，最好不要张扬。他才接管林场几天，能有什么好写的事？倒闹得四乡八寨不安。安定团结第一，写他只会让高阳不安定因素的制造者尾巴翘得越高。请大记者不要助纣为虐！"

毁林者无事，护林者倒在这位镇长心目中成了不安定因素。姬槐真想再次拍案而起，与他理论一番，但想想姬发毕竟在他手下，"小不忍则大乱"，才强忍了，只道："不打击毁林者，就是在打击护林者。我必要声援护林者。不过吴镇长请放心，我尽力只字不提里山人群体毁林事件，非要提不可，也是一笔带过。"

仕途要一帆风顺，当然需要吹鼓手。吴镇长和姬槐互相让步又讨价还价，最后握手言欢了。此后，吴镇长便留意起了省报。过了一个礼拜，省报上发了一篇姬槐的文章，题为《留下一道风景而去》，是有关姬老人事迹的，顺便也提到了姬发，就是一字不提吴镇长。吴镇长闭门思过，觉得光跟姬槐亲亲热热，甚至请他吃几顿饭，都不解决问题，问题还得从姬发身上来解决。只有改善自己和姬发的关系，才能赚得姬槐让自己的大名在省报上出现，人家毕竟是堂兄弟嘛。再说，要凭做出切实的政绩引起上级关注并最终升迁，自己是光着身子系腰带，能有什么政绩？只有靠别人吹了。于是他屈尊去了一趟盘龙凹，申明镇政府将全力支持姬发，是姬发护林的后盾。离开盘龙凹，立马就去了胡家村，狠狠敲了老支书能不够一顿，要他日后管好自己的手下，少惹麻烦，不然就撤他的职。

职业"革命家"胡向阳，听到撤职就跟要他的脑袋一样心慌，忙趿着破鞋挺身而立，点头道："日后我们跟姬发，管保井水不犯河水。"吴镇长倒笑了，忍不住给了部下几句国骂，一口咬定与能不够的母亲发生过关系。既为国骂，能不够也就不介怀。

吴镇长也不为这莫须有的伤风败俗羞惭，反骂得心平气和，捏着能不够老婆端出的红枣儿，喝了半碗老酒，打着酒嗝登车而去。

姬槐第三次回高阳之后，终于在省报上以赞美的口气，报道了高阳镇政府拍卖张家山林场的事情，文中屡屡提到吴镇长的大名。此文引起了省委书记的关注，批示省政策研究室和林业厅"研究一下此事"。县几位主要领导及吴镇长等，陪同省上来人数上张家山。一阵风过后，结论是既没有肯定但也不否定，不了了之。不管怎样，这个无人关注的偏僻小镇的镇长，总算在上级领导的视野里出现了，吴镇长还是比较满意的。

有一次，一列小车鱼贯停在盘龙凹土场时，恰巧被过路的能不够遇见。出迎的姬发，被胖的瘦的高的矮的大大小小一群领导围着，向土窑走去，能不够怔站在路边，脸色紫青。这位总想在领导面前露脸的"革命家"，别提有多嫉妒。同时这也给他造成了莫大的精神压力，害怕里山人毁林事件一旦露馅，他吃不了兜着走。让别人不得安宁的人，总使得自己也难以安宁。

张家山林场，一时间太平了下来。

不知不觉，就进入了冬季。一日早起，姬发醒来，感觉窑内有一种奇怪的亮光，穿衣下炕，掀起窗帘一看，哟，下雪了，林里净是玉树琼花。此刻敲开冰钓鱼，别具风味。他便匆匆洗了脸，吃罢早饭，肩扛钓竿，手提篾耳坛，往桃花溪走去。下坡时，还舒臂滑了一段。雪住云薄，风静山寂。那棵弯脖老柳树上掉下一块雪来，些声也无，叫他觉得这世界好空阔苍茫。突然，远处有一只野兔，在雪地里艰难地窜着，雪几乎将它陷没。一条狗正追着它，凶狠狠的，爪下雪粉四迸。姬发都看呆了，深深体味到一个"活"字的分量。

活着不易。感恩武七嬷，当初没有让舅母用他换王瞎子家的母鸡。要不，他活不到成人，就享受不到爱情的美妙。感恩妻子，紧要关头放了那一枪。要不，他命丧黄泉，也就无法再享受人生的美好了。

姬发又无心悠然钓鱼了，丢下钓具，走上了一条黄鼠狼都不敢走的险路。突然，脚底一滑，一块石头"咕咚"滚下悬崖。多亏他及时抓住了旁边的一株山毛榉，要不小命可就呜呼哀哉了。

人生时时处处有风险，然而无限风光在险峰！

来年春暖花开，姬槐又领着省电视台的马永生、武晓茹等朋友，给张家山林场拍了个专题片，在省电视台《写真》栏目播了出来。内容虽涉及了护林难的问题，但提到周围山民盗伐时没有具体内容，只着重强调了山民的贫穷是盗伐屡禁不止的根本原因。一石激起千层浪，之后一些报社及本县宣传部的记者，纷纷前来采访报道。由于姬发的叮嘱，他们都在所发表的文章里反复提及周围山民的贫穷，终于引起了县委书记的关注，有一天领着扶贫办主任等来到张家山，在姬发处没停留多久，就到周围各村去走访，深为山民的贫穷所震惊。里山村很快得到了一笔扶贫款，但只一半到了山民手里，另一半则被能不够挥霍及巴结了镇政府等那些他用得着的人物。本县行政村众多，县委书记不可能每个村都走访。张家山林场引起了领导的关注，周围各村同时也进入了他们的视野。毁这个林场者，反跟着这个林场在得着好处。

县委书记之后，林业局、公安局等县各部局的领导，都纷纷到张家山走了走。吴镇长或陪上级领导，或自己单独，也多次上过张家山，永远向姬发说着那些没有错却没有用的话。姬发竟错以为让吴镇长解决那一千来亩有争执林地的时机已成熟。林已被砍了，地也被卖了，他只能请求吴镇长变更合同，把三十五万变成三十万，以免镇领导换届后，新来者不认旧账，又起合同纠纷。

一日，吴镇长来盘龙凹时，姬发正好打了两只野兔，便让娘儿炖了兔肉，又炒了几个菜，提出酒来，算是设宴招待。微醉，谈得热乎，姬发便提出了自己的请求。吴镇长没有一口回绝，但也没有答应，"王顾左右而言他"。诉苦说他虽是工农兵大学生，却好歹也有个大学文凭，70 年代初就在公社当文书，兢兢业业干了十几年，到公社成为乡镇，还是文书。起初他傻，后来聪明了。人说："一万叫一叫，两万给平调，三万才上调。"这话并非无稽之谈，当官就是权钱交易。他一咬牙，集多年积攒，寻气眼，钻门路，买了个副镇长。有了一点权，就能给人家些好处。按利益共沾，好处共享原则，人家当然分给了他些好处。这样他手头就更大方一些，又花了四万元，买得了这个高阳镇的镇长。权大了，得到的好处当然更多了。"水至清则无鱼"，社会要发展，有些腐败风气是必然的。所有生物的遗传基因都是利己的，人类也不例外。比如当官，就是争权夺利，不为夺利，谁还争权？他也不亏给他好处的人。他手中的权在别人手中变成钱，别人总是得大头，他得小头。就比如说这个林场，国家有许多优惠政策，他借之可以白送给林场许多钱，反正是国家的，他得些，也并不亏姬发，反是姬发占大便宜了。

话虽说得头头是道，姬发却无跟着吴镇长占什么大便宜之心。不说吴镇长的话不过是纸上谈兵，日后未必能落到实处，就是能落到实处，便宜不是好占的，万一出了什么不好的事，他必落个不清不白。他只想让把遗留问题解决了，落一个无后顾之忧就行。吴镇长的一番道理，让他明白在这个人手里，遗留问题是无法正常解决的，只能看人行事，按这个人的方式来。于是起身到厨房，让娘儿取了两千块钱装在口袋里。归座后，他试探着问吴镇长纣自己办这事得多少钱。吴镇长摆手道："钱什么？谈钱就不是朋友了。"却含含糊糊，说至少也得三万块。姬发一下子心凉了。他既没得到林又不拥有地，提出的也是正当要求，白丢两千元已是狠咬牙了，三万就太岂有此理！再说"钱难挣、屎难吃"，三万元他岂是容易挣到的？看来，这个问题在吴镇长手里，只好束之高阁了。于是他一杯接一杯地喝起了闷酒，懒得多说话。

吴镇长暗骂："一毛不拔！"已没了兴致，起身告辞。姬发的挽留，如两国总统会晤之后的分别，纯粹程式，不过虚礼，神态绝不谦恭。至于"闲了再来"，哈哈大笑，不过哄鬼而已。从此两人的关系，又不冷不热起来。除了陪同上级来人，吴镇长非得驾临姬发那儿不可外，轻易不肯屈驾。姬发也是"无事不登三宝殿"，轻易不踏入吴镇长办公室。

姬发的问题，当事双方协商解决不了，本该通过法律途径来解决，而最终没有这么解决，一是缘于他的法律观念淡薄，二是法制尚不健全，执法尚不力，打一场官司，费时费钱费力，姬发对通过这一途径解决问题，缺乏信心。

镇派出所倒和姬发的关系密切起来。所长闲了，常领着人到林里转转。自然是秀珍私下做了些工作。她也常带着林业派出所的同事来玩。说是玩，其实是帮姬发护林。穿警服的在张家山林场来来往往，无疑对盗伐者形成一种威慑力。虽仍有人盗伐，但不敢明目张胆，一遇护林员就逃之夭夭。姬老人时那种护林者与盗伐者猫捉老鼠式没完没了打游击的局面又出现了，张家山林场即便出现太平局面，永远也只是大太平、小不安的局面。

真应了"人怕出名猪怕壮"这句俗话，随着张家山林场知名度的提高，检查、收费、摊派、罚款者接踵而至，姬发应接不暇，又添了新的烦恼。

姬杨年后没有去县城打工，依然在深山老林里当野人。姬发知道他是丢不下自己。就像春雨润物细无声一样，不觉间，姬杨已成了姬发生活中重要一人。姬发乐意向他说随便什么，因为他从心底里对姬发的随便什么都关注。说真的，姬发也舍不得他离开，但又老大不忍，道："别说你家里人，就是我们一家，看着你老大未婚，心里也不是味。秀珍给你找的事又不太苦，还是去吧！"姬杨笑道："素质不高的女孩，我看不上。素质高的，谁看得上一个年纪老大的打工汉？这么吧，等你事情顺了，花些钱，送我去哪所大学进修进修。只要有才华，年纪倒不是问题，说不定刚毕业的女大学生还会看上我哩。"姬发吭地笑了，道："这有何难？为什么要等？事情什么时候能顺？怎么算个顺？不要等了。我现在就从基金会给你贷款去。五万元足了吧？"姬杨道："贷的我不要。你手头有了余钱，我才肯要。"姬发道："哪年哪月我才能有余钱呢？等胡子白了，你就是才华横溢，人家刚毕业的女大学生也不会跟你的。"姬杨道："至少等两年，咱们再说这事吧。"姬发笑道："两年之后，无论我手头有没有余钱，只要我给你，你就得接，说好了！"姬杨点了点头。姬发又道："你不在我这里待，我照样到时给你钱。山里什么都不方便，生活又单调乏味，你还是去城里吧，好好活几年。"姬杨道："要是前多年，你跟婶娘驴嘴狗脸的成天闹，我可不跟你们一处待。如今你俩恩恩爱爱的，我看着美气，舍不得离开你们。"姬发鼻头有些发酸，拍了拍他肩道："真朋友！其实我也舍不得你走。就是觉得老把你霸占在我身边，未免太自私了。"姬杨道："什么自私不自私的，与你在一处，我高兴嘛！"

两个朋友，若有一天谁没有见到谁，心里就会有一种怪怪的空落感。

当初过小日子，姬发手头拮据，东挪挪，西借借，倒也好混。如今买上林场，可不好混了。单护林员一个月工资就得五千来元，加上别的花费，开支巨大，谁有这么多钱供他挪借？校长夫妇虽然人活泛能借来些钱，姬发却不忍让老两口再为他费心。从妻哥处借了一万来块钱，两个月就没了一个子儿，他们也紧，不好再借。别的亲戚都很穷，他很快就陷入了经济恐慌之中。

高阳偏僻落后，难得有外商来投资或做生意。好容易来几个，也被宰跑了。宰不上外人，就宰本地大户。没有人相信姬发两手空空，方方面面都把刀子伸向他，宰不到肉就怀恨在心，一有机会就整他个摸不着头脑。张家山出了名，连一些新闻记者也来坑蒙拐骗。难怪姬槐早就告诫姬发小心提防，这种人也鱼龙混杂。姬发真是穷于应付，叫苦连天。

在精神上，女性总是比男性更能忍受艰难。姬发因手头光光而叫苦连天，娘儿却一点也不在意。没菜吃了，她就挖野菜。没钱买洗衣粉，她就用皂角。有一点儿钱，她先给急需的雇工发工资。有一夜，夫妻相对，姬发叹道："嫁汉嫁汉，穿衣吃饭，咱们已是到了贫贱夫妻百事哀的地步了，难得你倒不怨我！"娘儿笑道："小时候，外家过事设宴摆席，娘领我去吃汤水解馋。好汤水，洋芋块、白菜片、红白萝卜疙瘩熬的一锅烂是菜，红苕面压的饸饹是饭，硬得如钢丝。就这，咱还馋得不行。如今跟你，平常日子也大米、白面的，有啥好怨的？"姬发抚着她滚圆的肩头说："咬牙苦熬吧！咱们当初小穷，后来就小富。如今欠着几十万元贷款，还欠着护林员的工资，是大穷，说不定又要大富了。就是不能大富，只要熬到林场转卖，把本钱捞回来，身上不再背债，日子也就好过了。我不会让你老熬穷受苦的。"娘儿道："自打买了这山，你对我比先前更好了，我就觉得很有福气，穷富我不在乎。俗话说得好，富忧穷乐。穷我不怕，只要乐和。"姬发听言，不知说什么好，只紧紧地揽她在自己温暖宽厚的怀里。

自家人好混，有客来，娘儿就"巧妇难为无米之炊"，急得没个抓挠，只得满心的歉意，用野菜山产，布上一桌小吃来。不想来客不觉寒酸，反觉别具风味，无不满意而去。有一次，县政协主席领着五个委员来视察，望着娘儿布上桌的小吃馋得不行，竟让吴镇长白在镇上的饭馆里备了一桌盛宴。后来吴镇长每有城里尊贵的客人来，便领着游山林，吃姬发媳妇做的小吃，都成例了。夫妻俩因陋就简，不费什么，可都不是闲人，很不情愿给镇政府当义务招待员，又不好不给镇长个面子，无可奈何，只不过背后抱怨两句作罢。

吴镇长也还体贴人，知道他们在经济上已山穷水尽，领客来时常自带酒。有一回，他领着十几个县城来人喝得酩酊大醉，姬发夫妇再三劝他们留下，他们却硬说没醉，非走不可。上了大轿车，有人把脸奇形怪状地贴在窗玻璃上向娘儿唱道："再见吧，妈妈！"娘儿又过去劝司机，司机不听，把车开入了麦田。好容易从麦田出来，又挂断了路边的一棵小山楂树。酒鬼们快活也尖声怪叫："妙，妙啊！再见吧，亲爱的妈妈！"夫妻俩心悬悬的，只怕出事。那司机倒驾驶水平高超，没有把一车快活汉送入阎罗殿，却送入了镇上的屠宰场。屠宰场的大师傅挥着血刃骂："该杀的货，你们的命不值钱，别人的命还值钱！路上撞了人咋办？"

怕给校长夫妇增添精神负担，姬发在钱上无论有多犯愁，却从不向两位老人诉说。这日，他到镇上有事，顺便去朝拜大姐。七嬷道："老虎下山，云飞气动。怪道早起满天云，原来是我的宝贝肉疙瘩下山了。就把你忙成了这个样子？灰头土脸的，也不收拾。"姬发笑道："姐倒闲，收拾得干干净净。虽说姐已不漂亮，倒还潇洒着哩。要不要我给你买些香脂香粉，把脸装修装修？稍一装修，姐就成老来俏了。"七嬷啐了他一口道："我老了，香脂搽得再多，也只腻不光。你年轻正风光，骑摩托多抢眼，咋骑了个烂车子？"姬发吞吞吐吐说："王村那个护林员家里有事，我让他骑去了。"七嬷又白了他一眼，从箱子里取出一个小布包来说："我早老成精了，你哄得过鬼，哄不过精。前天姜海的二小子在街上加油，我看那摩托像你的，一问，才知你卖给他了。还说你一百块钱买了他的旧车子哩。没钱咋早不跟我说？我要钱生崽不成？这几年，我跟你姐夫攒了五千来块钱，你先拿去花吧！"

姬发眼角湿湿的，不肯接，在客厅沙发上坐下说："我有了钱给你，你怎么都不要。你的钱，我也不要。"七嬷拧了拧他的耳朵说："胡说八道。我跟你还分什么你的我的？你不是我的孩子？我真没钱，不向你要向谁要？我跟你姐夫见月有工资，要钱也没用。我们有钱白放着，倒眼看着自家的孩子为钱犯愁不成？拿去！要不，我可动火了。"姬发还是不肯接。七嬷硬塞入他口袋，笑道："我早就算计着，这一辈子，不花你的钱是不花，花就花个美。等你发了大财，我丝绒旗袍一穿，跟你姐夫逛法国去。到时可不准你舍不得花钱！"姬发忍不住也笑了，道："还臭美哩！你那腰身，还穿旗袍？女人怀孕的当儿，穿的那大腰裙子，你穿着美吧！"

七嬷"咯咯"笑着，拿来姬槐他们回来时孝敬她的东西，摆了一茶几，逼姬发吃，坐在他旁边，抚着他头发道："说到怀孕，我早想问你了，你媳妇这好几年了，咋没有开怀？该不是计划着吧？"姬发红了脸，低头说："那几年忙死忙活的，花花都顾不得管，成天跟狗在一处，哪敢再生孩子？如今又忙，经济又紧，缓几年再说。反正只能再生一胎，迟十年我们也还年轻着哩。"七嬷又抓住他一手抚爱着，拖长声说："我的乖乖儿，咋尽说傻话？穷人家，就不生孩子了？我要你们明年就生。这一回，准生个崽儿。一想到我的小小发子，就能把我心疼死。我养孩子最精心，瞧你身子骨多结实。我也最会教孩子，教出的孩子真正可爱，你就是明证。生吧！我给你们教养，不用你们操一点儿心。我不上班了，你姐夫那么高的工资，委屈不了孩子。"姬发吃了满嘴角的酥屑，拿了一块酥塞入老太婆口里说："都说'靠侄子，上榆树'，况且我还是堂弟，你跟着我，享过什么福呢？还要养我的孩子！免了吧。别一辈子，尽活的是旁人，好好为自己活几年吧！"

七嬷咽下酥，立起两眼，瞪着他说："这么说，你不给我生了？我就爱孩子。要不给我生，我见了你就闹，哼！"姬发笑道："好，好，生。像母猪生猪娃一样，一连生十几个，看你怎么养！"老太婆笑道："天哪，满地的孩子，那不把我乐死才怪哩。养得过，养得了。好孩子，只管生吧！"

走时，七嬷把那些糕点，满满装了一背包，让姬发给花花带上，依依不舍送到校门口。姬发骑在车子上，长腿撑着地说："姐，我走了。"老太婆道："这一走，不知道什么时候才来。一大，就把我丢脑背后去了。"姬发一笑说："三天两头来，还说我忘了你！放心，过不了几天就来。早早备上好吃的！"登车而去。好远，还感觉得到老太婆射在他背上温暖的目光。唉，谁亲，也亲不过母亲！孩子们的佛，就是母亲！只要老母健在，人在世上，就有无尽温暖。

第十七章　狂歌劲舞

东海送走秀珍后，把自己锁在家里，痛苦地反省了好几天。走出家门，他变了一个人似的，对别的女人目不斜视，也不喝酒了，出外或搭公共车，或骑自行车，轻易不坐单位的小车，朴朴实实地做着人，兢兢业业地做着事。校长对镇中的尖子生进入社会后仍十分关注。东海的变化，自然让他刮目相看。此后东海来，他不再漠然，总是热情地迎入送出。

真是"婚姻不幸事业幸"，就在 1992 年，饱满的叶芽报告春天姗姗来到的消息时，东海升任县组织部部长，不久秀珍也被任命为县林业派出所所长了。

东海的高升，秀珍并不知底细，也不关心，她当这个所长，可多亏东海的一把力。前任调走后，她虽然是所里唯一有大学文凭的，但别的人都比她资历老，她也看不上"跑官买官"那一套，所以根本就没有想到所长会轮到自己的头上。这个世界很大，这个世界又很小，想见面的人，只恨见面的机会太少，不想见面的人，却总是不期而遇。秀珍见到东海就尴尬，所以很不愿见到他，可同在一个只有几万人口的小县城，总会不期而遇。有一次，两人又在街道上打了个照面。秀珍只得打起笑脸问："吃了吗？"东海道："还没吃。想来你也没吃。咱们到附近小饭馆随便吃些什么吧！我有话要问你。放心，不是咱俩之间的事情。"

秀珍只得跟着他进了一个小饭馆。东海叫上秀珍最爱吃的饭菜，问："你又年轻，又有知识，为什么不争取当你们所的所长呢？"秀珍笑道："怎么争取？况且对我来说，也无可无不可。"东海严肃地说："我就为的这事。不光发子，县里各林场的负责人在护林上都心有余力不足，你们所里的人倒成日无所事事。我想你当了所长，林业派出所就会变个样子。你有这才干！只要你愿意，私下的事，就不用你管了。"

秀珍感激地看了他一眼，低下头说："让你这么操心，真过意不去，也不知道怎么感谢你。要是以前，我刚到派出所几年，倒不想争官做，免得同事们眼红。太老爹去世后，如果林业派出所出面管一管，张家山林场就不会那么乱。这主要是所长的责任心问题。我想我当了所长，会很负责的。如果有可能，我当仁不让。"东海脸上掠过一丝阴影，苦笑道："我知道你愿意，也知道你是为张家山林场好，更是为姬发好。大智若愚，大真似伪。表面看，你对姬发一点儿那个心也没有，可是我早知道有。我不是成全你。我还没有那么大量！唉，我也是为了张家山林场。谁不爱故乡的山和水？"秀珍把头垂得更低，道："对不起。"东海道："你又来了。其实你跟我一样不幸，所爱的人爱的不是自己。好好吃饭，身体要紧。这个现实，我俩先都别面对。"于是不久，秀珍就被任命为所长了。

秀珍出任所长后，所里的作风大变。每个人都专管几个乡镇，定时下去走走。所里办公经费紧张，近处的骑自行车下乡，远处的只有搭车。下乡一多，报销车票又成了问题。她不得不厚着脸皮去为难东海，给派出所要了一辆旧车。

张家山林场既在本县最大，当然是重点。每隔五天，就有三个林警会在山上出现，以致山里人误以为姬发处常住着林警，盗伐时更为心虚。秀珍还让人制作了一块醒目的上写"林业报警站"的大牌子，树在盘龙凹路边，以进一步威慑盗伐者。

早在1991年冬，秀珍就为解决姬发的经济危机四处奔走，跑有关林业方面的低息贷款了。嘴唇能磨破，低声下气、点头哈腰的自己都觉得不再是自己，却没有什么成效。要不是为姬发，而是为自己，她宁肯不贷款。现在她虽有了林业派出所所长的头衔，但似乎没啥用，倒是东海组织部部长的名头有些用，可惜她和东海的分居已闹得满城风雨，人家不太看重她这个部长夫人了。无奈，她便时常拉东海一同去跑。还好，东海从没拒绝过她。直跑到1992年4月，才贷到五十万。

款迟迟不得下来，是因为秀珍不肯按本地风气左右上下用钱打点。按这风气，贷一笔款，至少得三分之一送人。秀珍哪里舍得？实在不得已，她只肯请人一桌饭或送人几百元礼品。于是人家就拖，她只得马拉松式地跑，不断请客送礼，算下来，也花了约两万元。给姬发交代时，她很不好意思。姬发道："要不是东海哥的大面子，怕还要多花几万元哩。我跟他没有交往，他可不是给我面子，还不是因为你。"秀珍笑道："他提起我，心里便不知啥味儿，才不给我面子哩。他是给的大姑、姑夫的面子。你不用感激我，也不用感激他，感激两位老人家吧！是他们的德行给你积的。"姬发道："这我知道。不光他，连你、你哥、槐儿帮我，也是两位老人家积的。护这片林子，两位老人家虽没像我一样冲锋陷阵，可用他们的德行，在后面给我压着阵脚哩。"

款到手时，银行先行扣掉了三年的利息。姬发还过镇基金会二十万元贷款的本息后，只剩下十八万多一点。秀珍对他的安危最关心，说："别的事情，没有办法就面对客观现实，但愿人长久。"建议他花了一万余元买了台像砖头一般大的"大哥大"手机，以便紧要关头及时与外界联系。

姬发做梦也想开小车，再则万一有人重病或受伤，有车也能及时送到山外医院。他又花了约三万元，让秀珍给他买了一辆县建材厂"退休"的"仪征"牌客货两用车。开枪、开车，是林警必备的技能，秀珍亲自开着车来绐姬发送。一到盘龙凹，她就跳下车拍着手说："张家山真是一个天然的试车场。试车场需要的大卵石路、长波路、坑洼路、石板路、错位搓板路、扭曲路、短波路等等——"姬发抢着道："别急着等等，还有华姿露、杏仁露、玫瑰露、玛丽露等等连我也说不出个名堂的吃的搽的洗的露哩。"众人大笑。秀珍乌色光亮的眉毛一弯，笑道："言而总之，在张家山的路上行车放高速，别有一番令人眼花缭乱，一派飞动，难以招架的飘然滋味儿。"

车体是红色。姬发抚着车，眼角都有些湿了，道："想不到，真有这么一天，我可用不套马的洋大车张狂了。别笑话，人不张狂枉少年，张狂是少年的本色！"

剩下的钱，姬发要姬杨去上大学。姬杨道："食必常饱，然后求美；衣必常暖，然后求丽。这不是余钱，是贷款，三年后没的给人还，又要发愁了。咱们用这钱搞些经济林吧，有了收入，还了贷款，然后再说我上大学的事。"于是姬发让秀珍代从杨陵买了数万元的核桃苗，栽了几百亩。从此，日子过得有为而无争，又有一群围绕着他转的人，他的虚荣心着实得到了很大程度的满足。

姬杨的弟妹，都拥有最难得最高贵的品质：既才华横溢，又淳朴自然，还从善如流。七月，姬峰大学毕业。本来被分到了一中央机关工作，佃却放弃了，而去了一个中外合资的高科技企业。一则学以致用，二则收入颇三。第一个月工资，他除留够生活费外，其余全部寄给了武七嬷，让以她的名义，资助高阳中学的贫困生。校长念姬峰的来信时，武七嬷正襟危坐。听着听着，她激动得手捂住了心口。末了，她撩起衣襟擦着眼泪说："天哪，信没写给你，特地写给了我！信皮子上，还正正经经称我'武姬氏'！我这一辈子，张这么称李那么呼，谁正正经经称呼过我的名字呢？咋怨得我爱孩子们？我的好乖儿，不知叫我有多心疼！说句公道话，他比咱们的发子好。你给写个回信，刚出校门，用钱的地方多，要他日后别寄钱了，有心就好。叫他记着我的话，凭本事挣钱，越多越好，不义之财，一分也不能得。"

姬杨家的日子，一年比一年殷实。知识经济时代，已提前进入这个山里人家。

姬小小已上大二了，刚出生时，父母因养活不过曾准备将他送人，大哥姬杨哭闹着硬没让送成。直到上中学，他还穿的是哥哥们小得不能再穿的破旧衣服，甚至穿姐姐们的破粗布花格子衫裤。那个时候，他在同学们面前不知有多难为情。真是今非昔比，如今他的衣着打扮，在他那个大学也是极为时髦张扬的。兄弟姐妹五个，他最幸运，将会有一个最能充分追求和展示自我的人生。

小小的生活丰富多彩，浪漫有致，是居于深山野林里的姬杨难以设想的。姬杨和姬小小，真是一代人，两种生活，同太阳、同月亮、同天地而不同世界。

暑假，姬杨听人说小小回来了，正在地里干活，就丢下家具，向姬发打了个招呼，便回了家。天下无不是的父母，世间最难得者兄弟，骨和肉，至亲最密。姬杨刚到家门口，小小就飞跑出来道："哥，我闻都闻见你回来了。你身上的气味，我最熟悉。"姬杨望着弟弟，比自己还高，但瘦高瘦高的。不过胸脯那两块厚凸的肌肉，说明并不瘦弱。他把希望都寄托在了弟弟身上，但更希望弟弟健康。大哥突然伸出双手，把小弟像举杠铃一样举向空中，放下后悄声说："不要让你二哥他们知道了，大哥最偏心你，因为你是大哥留下来的。大哥早就知道，你不是这个家多余的人，这个家没有多余人！"兄弟俩都流下了泪。

进了屋，小小向大哥说了姬峰的情况，笑道："放心吧，哥，你不会白为弟妹们牺牲的。我们都很努力，一定会成为你的骄傲的。"姬杨眼泪又流下来了，道："我已经为弟妹们个个出色很觉得骄傲了，不要说我的牺牲，要不是大姑，我能怎么样呢？回来看过大姑了吗？"小小道："当然，一到镇上就去看她老人家。怎么会从大姑家门前绕着走呢？万事开头难，我们家的变化，要说开头，是她老人家给我们开的头。"

别的儿子都在外面，这个家就算是姬杨的了。父亲总觉是过去的烂包日子害得姬杨老大未婚，新盖了几间瓦房，院里务花种草，如同花园一般。房内粉白，靠壁摆着时新的组合柜，炕沿也是用瓷砖砌的。炕上被褥崭新，几床被子都是缎被面，雪白的平布里子。夜幕铺地，兄弟俩躺在炕上。明明有枕头，姬杨却疼爱地让小弟枕着自己粗壮的胳膊。大哥与小弟，抚今追昔，感慨万千，拉不完的话儿。

"小的时候，一床破被，弟兄们东拉西扯的，都盖不严。说也怪，我和二哥在北京回忆起来，倒有一种美好温馨感。世上的弟兄，多是共患难容易，同享福难。大哥，咱们不能日子一好过，就矛盾百出，要亲密无间到最后。"

"这要看你们。比起你们，大哥算是底层人了，只要你们不嫌弃大哥。"

"大哥千万不敢在弟弟面前自卑。除了长辈，在我们家里，大哥在我们心目中永远是高高在上的。"

"我现在明白大姑一生为什么会乐于付出了。付出不等于失去，反是得到，能得到大家的爱，能得到一种内心的幸福感。"

"二哥说，他能在北京给你找到事，问你愿不愿意去打工。咱弟兄们在一起，互相也好照顾。"

"那敢情好，只是我暂时还不想出外。"

"人生匆匆，少年掉头就老。亲情不能代替爱情，哥老待在荒无人烟处，自然遇到合适女孩的机会就极少。我劝大哥还是早早出外吧，有这么多弟妹给你铺出外的路哩。哥极聪明，山妹不适合你，你的幸福在山外。"

"总觉几天前，我们的小小还穿着开裆裤，不想说话这么老气。真快，我们的小小，已经成熟了！岁月催人老，我也成个半老头了！唉，真快！"

第二天，姬发开着"仪征"车，也来看望小小。反正暑假有四十来天，小小正想去游山玩水，便跟着他们上了张家山。

娘儿早听姬杨说过小小爱吃油炸面果子，一来就给做了端上桌。小小吃了几个，笑道："五六岁时，娘带我去赶集，买了一个油炸面果子给我吃，是蜂蜜和的枣泥馅子。那味儿，至今再没吃到过第二回。在北京，二哥带我也吃过西餐，也吃过日本料理，就没有那油炸面果子好吃。今日婶娘做的这个，味也没有那个好。"姬杨道："那当儿穷，一年到头也没啥好吃的，嘴馋，才觉好吃。今日婶娘做的这个，用料只会比那当儿的好，你嘴不馋了，才觉不好吃。"小小笑道："我想还因为那时我小，味蕾的感觉最强烈，所以这一辈子再也不会吃到那么好吃的东西了。童心不泯，才会对人世有最强烈的感觉，就是这个道理。谁能保持童心不泯，谁就最能享受生命。"姬杨道："这话有理，但不全面。只有身体最好，又童心不泯，才最能享受生命。以前我给你们的话是好好念书，要争气。现在你们个个争气，我又怕你们太争气反伤了身体，老想向你们说，饱饱吃，美美睡，身体要紧。"

山里娃姬小小，在北京待了几年，大变样了。姬发夫妇看着眼也新，听着耳也鲜，喜爱得不行，一留就是十来天。娘儿天天变着花样给他做好吃的。姬发则陪着他打猎、钓鱼，想着法儿让他开心。小小的交际舞跳得极潇洒，非要教姬发跳舞不可。正好姬发也贪玩，十几天下来，据小小说，他的舞技"青出于蓝而胜于蓝"，已胜过自己了。

由于姬槐的努力，舆论已给姬发形成了一种无形的保护伞。秀珍还想让他的保护伞再多一些，曾给争取过县人大代表、政协委员等头衔，均告失败。当然还是想借东海之力，可惜东海不积极，说："我给说说，不成就拉倒。那是花钱的事情。只要没人再为难他，何苦花钱？"

秀珍不甘心，县团委书记胡致国和她是农林学院的上下级同学，她又想通过胡致国争取县团委将姬发评为"十佳青年"。到这时候她才知道，私下果真有每人必须交五千元的条件。看来东海的话是对的，她也就没这心了。

胡致国在学校时，就迷上了秀珍这位漂亮的学姐。秀珍与东海分居后，他便发起了猛烈的进攻，没事也要向她献殷勤。"十佳青年"没给秀珍出上力，他便有心通过其他事情来弥补。这年十月，姬发终于借胡致国之力，被"评"为本县"优秀青年企业家"了。

颁奖大会的前一天下午，姬发到县政府招待所报到。既然是些企业家，便常去舞厅酒吧。仪程安排是当晚在"今宵乐"舞厅跳舞，第二天开会。

秀珍原来为和警服相配，曾经把头发剪得很短。偏东海不喜欢短发女人，她只得又把头发留长，挽作个髻儿。此日晚饭后，她脱了警服，换上一袭藕荷色长裙。打开发髻，用绢花在脑后扎住，披垂于背。只一边耳朵上，戴着个大如鸽卵的晶莹润泽的玉耳坠。她极少这样打扮，是要去见姬发了。女为悦己者容，更确切地说，是为己悦者容，因为她害的是单相思。来到招待所姬发房间，只见那小子正双臂大张，两条长腿垂在床外，趴睡在床上。睡也没个睡相！秀珍不由动了淘气，伏在他耳边一声尖叫。他身子一痉挛，然后绷紧如弹簧，突然一个鲤鱼打挺，就站在了地上，见是秀珍，才揉着眼睛笑道："吓我一大跳！"又瞧着她那一身俏丽的打扮，打了一个响指道，"我的这个侄女，浓妆淡抹总相宜。怎么这么不巧？你今天不爱武装爱红装，我倒武装起来了。"

秀珍一瞧，原来他穿着一身崭新的军装。当然没有肩章什么的。皮鞋锃亮。乌蓬蓬的头发，半垂在额前。刚健硬朗而又透着秀美，气韵奔放而又器宇轩昂。秀珍笑道："爱慕虚荣当然不好，但只要心地朴实无华，年轻人嘛，不妨打扮得漂漂亮亮，甚至古里古怪，荒诞不经。衣着是文化，文化当然多元最好。你呀，生来的衣服架子！穿起西服来，就像个有风度的企业家；夹克、牛仔裤，又像个吊儿郎当的时髦少年；这一身军装，倒让人觉得是个信得过、靠得住的男人了。"姬发倒了一杯水给她道："别尽拣好听的说，你只说丑人多作怪就完了。叔叔又不打你。"

"行了吧，只比我大一岁，倒老在我面前端长辈的架子。哪来的？爱穿军装，怎么不跟我要？"

"要麻烦你，就大麻烦。军装这些小事，可有可无，就不麻烦你了。姬军回来探亲，跟他赖的。没参军，穿穿军装，也算过过军人瘾。"

秀珍想起，她初对姬发动心，就缘于衣服。那时农家孩子多着粗布衣服，用皂角洗。姬发跟着姬杨到她家来时，却常穿着化纤料子衣服，衣服上总散着淡淡的肥皂香。现在虽习以为常，当时她却有一种异样感。姬发见她怔怔的，笑问："又想起什么了？"秀珍脸一红，忙端着杯子坐在床沿上道："真是莫名其妙，我竟有点感物伤怀。这一段时间，山上没有再出什么事吗？"平淡的话，却总是至切的关怀。这样一个既聪明又有风度、情感善良美好的女子，当初却因为穷而嫁给了自己不喜欢的人，姬发不由有些心酸，坐在沙发上道："有人偷树，有地方着火，不过都是小偷小摸小着火，没什么要紧的。"秀珍道："那就好。现在虽有森林法，但主要是原则性的，缺乏具体的可操作性，无法有效制裁那些破坏者，护林当然要难些。况且现有的林业方面的优惠政策，也主要是针对的职工拿国家工资的国营林场，私营林场是新事，政策还跟不上，你在经济上出现困难，甚至林场成了不良资产，是正常现象。相信随着时间的推移，有关法律、政策将会越来越有利于你，主要是必须挺住。特别是安全，千万小心。没有比生命更珍贵的了！"姬发不知说什么好，叹了一口气，点着烟抽了起来。

秀珍觉得方才的话未免严肃、沉重了些，忙道："能够在生活中找到好心境的人，就是在精神上割除了癌瘤。来了就找找乐子，晚上咱们跳舞吧！反正你已跟小小学会了。"姬发笑道："我那两下子，私下活动活动筋骨还将就，上台面可就丢大人了。再说，这副山里野人模样，在那地方也有碍观瞻。"秀珍道："有我呢，怕什么？踩了我的脚，保证不喊疼。"

她周身跃动着给人无限希望与活力的亮色，让姬发不由不动兴，一拍大腿说："成。我是'企业家'了嘛，至少该感受感受舞厅到底是什么感觉，跳不跳再说。这么吧，一会儿'今宵乐'见。我还要到外甥女家去，有些事。"秀珍道："快去快来。知道地方吗？"姬发道："这么小个县城，一问就知。没有两个'今宵乐'舞厅吧？"秀珍道："倒是，只有一个。好找得很，就在正街。"两人便出了招待所。姬发要步行去外甥女家，秀珍硬给他拦了辆出租车。车走时，姬发隔着窗玻璃，虎牙露出，向她一笑，煞是动人。那标致而细腻的脸盘上，满写着灵性和情趣。秀珍都忘了还之一笑，只呆呆立着。

华灯初上，"今宵乐"舞厅的玻璃大门缓缓旋转着。门壁五色灯闪烁不定，明明灭灭。小夜曲从门里荡漾而出，一缕缕，一丝丝，四散开去。红男绿女们出出进进，络绎不绝，笑语喧哗。

秀珍正和县团委书记胡致国闲坐在舞厅幽室里聊天。胡致国身着质料考究、质感柔软的咖啡色西服，衬衫颜色更深，系银白领带，脸皮保养得雪白，神态与衣着一样优雅。秀珍则不时一望旋转门，一副心不在焉的样子，是姬发迟迟不到。

很晚，姬发才来到"今宵乐"门前。头一次进这种场合，因觉神秘，他都有些忐忑不安了。镇静了一会儿，才走上台阶，进入大门。一个穿着白色制服戴红领结的漂亮男服务员看过门票后，点头一笑说："谢谢光临！"如此礼遇，姬发颇觉受用，含笑略一点头，便有两位穿紫色旗袍的美丽女郎款款迎来，余音绕梁道："先生，欢迎光顾。这边请！"姬发跟着两位女服务员往里走时，那种受用的感觉，已经一变而为诚惶诚恐了。玩泥巴的小时，怎么会想到自己还有今天？今天的世界还有这种生活？自己还能受到这样贵宾式的礼遇？人生人世，真是不可思议！

舞厅里面，有小小一方舞池。舞池四周，则有小巧玲珑四五间幽室。池顶并四角，有旋转彩灯，如梦似幻。幽室灯光只一色淡淡的紫蓝。各幽室以月亮门藕断丝连。所有幽室向舞池半遮半敞。幽室里布置优雅，有花团锦簇的盆景、彩屏、丝幛绒幕。丝绒垫套的沙发略低，玻璃茶几更矮。有一种松柏、百合的香味，在幽室飘袅。

坐在沙发上，喝着饮料，可以观赏旋转门进来的俊男妙女亮相，也可观赏舞池的情影双双，但别的幽室却神秘不可观。

姬发只觉眼花缭乱。此时乐池管弦高奏，一男歌手长发飘飘，舞姿翩翩，正在唱："外面的世界很精彩，外面的世界很无奈……"姬发听着这歌词，此情此景里，深有感触。

秀珍等得心焦，双眉紧锁。胡致国问："你不是有什么心事吧？"秀珍道："我的心事可多哩，多得连我也不知道这阵我有什么心事。"正说着，突然看见姬发走了进来，一下子笑逐颜开，连蹦带跳地迎过去道："我还怕你不来了哩。你要不来，'今宵乐'今宵对我可一点儿乐趣也没有了。"姬发笑道："外甥女婿不让来，拉住非叫我跟他喝一夜酒不可。说了多少话，好容易才脱身。"

秀珍引他进入幽室，介绍给胡致国后，见他鼻翼沁出了细细的汗珠，便掏出手帕递给他笑道："又舍不得掏钱雇出租车？"姬发胡乱擦了几把道："反正我腿长，走路不费啥。"秀珍点了粒粒橙饮料，亲自捧给他。胡致国望着姬发那出类拔萃的相貌，特别是那狂野的黑眼睛，又见秀珍对他百般关照，早已生了嫉妒之心。姬发却觉得很惬意、熨帖。

一声悠扬的小号，舞曲开始了。弦乐声里，裙角飞动，一对对舞伴旋转出幽室，缓缓聚向舞池。胡致国见秀珍有跟姬发跳的意思，便邀了另一女子，一路舞下池去。姬发却只看着舞者笑晃脚尖。秀珍道："这里的游戏规则是男士邀请女士。你不懂，咱们就不拘规则了，我请你。"姬发道："你这个叔叔真上不得台面，怯阵得不行。你还是跟别人跳吧，让我瞧瞧怎么样。我还没见过你跳舞哩。"恰好一男子来邀秀珍，她只得微笑说声"失陪"，与那男子下了舞池。

舞池笼罩着氤氲之气。

秀珍舞姿舞风俱佳，胜似闲庭信步。

姬发头一次上姬杨家，衣着破烂的秀珍，拘谨、羞怯，总在屋里做着什么，非得过他面前时，也总是低头一闪而过。想来既可笑，又可爱。那时她明明崇拜他，可如今她变得如此奔放舒展，标致雅致，都让他有些崇拜了。当然，可笑也罢，崇拜也罢，她一样可爱。她永远在变，但永远不变的是可爱。

舞曲缓缓而起，徐徐而止。大家回到幽室，略作休整，第二支舞曲又起，是《蓝色多瑙河》。胡致国仍与别人组对。姬发还是第一次听到这支曲子，音乐之美的震撼和冲击，让他旁若无人，指头轻磕沙发扶手，看也不看秀珍。秀珍只得手搭一男子肩下了舞池，裙裾下的鞋尖如两个雀儿在跳跃。

久久，《蓝色多瑙河》在不知不觉里，又换成了别的曲子。

光源从不同方向射出，随乐曲变幻着色彩。一会儿舞池似下彩雪，红男绿女们身上斑斓夺目。一会儿又似丽天晴日，彩虹高挂。突然间月光朦胧，眨眼又成了烛照幽微。音乐也低下去，随着暗下去的灯光低下去，戛然而止，昏天黑地。蓦然打击乐器破裂开来，灯光骤亮。音乐转急，舞池人影散乱，波涌浪翻，万花迸溅。姬发的身心，早已随之置于激情的丛林里。音乐渐渐徐缓。舞池的双双对对，如微波轻漾，又似无风花落，飘飘扬扬，不知何往。乐声终于不闻，也不知何时，舞池已空落无人。

人在幽室座位上呷饮料，或相互低语。

姬发迷醉不已，跃跃欲试，偏第三曲，胡致国没有跟旁人跳，只坐在秀珍身旁呷饮料。姬发从他的眼光，已感知他对秀珍很倾慕。他眉清目秀的，倒也配秀珍。姬发和秀珍的家人一样，对她与东海的不幸婚姻很同情，希望她能与东海分手，找一个她真爱的男人。此刻见胡致国欲邀秀珍，便装作自己对跳舞不感兴趣的样子，又一次拒绝了她。曲已奏多时，胡致国终于绝对王子派头向秀珍一躬身说："夫人，请！"秀珍向姬发道："瞧他多贫嘴！我只爱听家乡人喊我秀秀、秀珍。"姬发微微一笑。那两人舞入池里花红柳绿中。果然是佳配，一池的男女，全成了他俩的陪衬，似众星拱月。二人则似蝶飘鸟飞，又似鱼儿穿水，于团团舞者里迂回穿梭，如入无人之境，美不胜收，恰恰此一曲是《梁山伯与祝英台》。

一个女人，戴着高度近视镜，身粗如麻袋，一直无人相约，干坐不住，看见姬发也落落寡合，便凑过来约他。姬发婉言拒绝后，她不肯善罢甘休，道："舞场拒绝人，最不礼貌。"竟死皮赖脸，动手硬拉起来。姬发觉不雅，忙道："拉拉扯扯算怎么回事？别拉，我跟你跳就是了。我不愿跳，是跳得不好，怕扫人兴。"胖女人笑道："没关系。我也不大会跳，咱俩倒谁不笑话谁。"姬发便与她下了池。胖女人岂是不大会跳？她根本就没有乐感，别说进入音乐意境，连鼓点都踩不上，只记着死走步子。姬发扫兴，也只会陪着她天涯海角地死走。

胖女人死走步子还出错，一错就慌，踩了姬发的脚不说，还撞了人，连眼镜都撞落掉地。她跪地摸找眼镜时，舞池哗然。姬发倒忍着难堪，蹲下帮她找着了眼镜。她却羞恼了，一把抢过眼镜，胡乱戴上，大声斥责道："会跳不会跳？不会跳跑这地方来干什么？"而且毫无礼貌地上舞池出旋转门，一去不回头了。

要是一个男人，姬发非横在旋转门口，当众一通老拳揍他个落花流水，再奚落他一个无地自容。好男不跟女斗，一个女人，只好由她去了。众目睽睽之下，他忍羞含辱，回到幽室落座，抽起了烟。这他妈的鬼地方，真不是他来的，无聊透顶，他的自尊心大受挫伤。

缕缕丝丝的灯光，落于他身，淡蓝淡蓝的。男梁女祝，终于一死化蝶。尾曲里，胡致国拥着秀珍，泛波涌浪飘到姬发身边，笑道："别不好意思。这场合，乡下来的一般都在观礼席上。你敢走下舞池，就很不错了。"姬发捏灭烟，站起，两手插入裤袋，笑容逼人高傲，走了几步，突然回头，俯视座位上的胡致国，声音不高却极有力量，道："原来城里人比乡下人的全部优越处，城里人的伟大和有水平以及不浅薄处，就在于能歌善舞。胡大书记生为人的最高价值，就是舞姿潇洒。不易，难得，佩服！"

秀珍没料到他竟能如此不温不火、口齿伶俐，不禁称快道："致国，小吃一惊吧？谁的老祖宗不是从森林里走出来的？我也是农民的女儿。本来，我听你鄙薄乡下人的话，就准备着敬上几句。他既已敬上，我也就不必痛打落水狗了。好，痛快！"胡致国无言以对，只自嘲地笑了笑。

乐曲又开奏了。胡致国的轻蔑，反刺激得姬发状态达到了最佳。当胡致国向秀珍伸出手说了声"请"后，姬发却没有他那么恭敬，而是漫不经心地道："秀珍，愿奉陪你这乡巴佬叔叔跳一曲吗？"他一呼就应。秀珍甚至有些受宠若惊，看也不看那摆着王子派头的胡致国，笑道："我正要说你雅坐无趣哩。不过来玩玩吗，别管跳得好跳不好，只管高兴。"姬发道："叔叔至于那么笨吗？别学城里人，狗眼看人低。"却向胡致国笑道，"贻笑大方了！"于是揽住秀珍腰，才出步，那身与神，便向人恣肆推销着青年男子的生命之美，已是满座皆惊，及至下池，一片喝彩声。姬发虽来历不明，却有人知胡致国倾慕秀珍，便大声道："他真是鹤立鸡群，只要稍稍施展魅力，致国就一败涂地了！我先为致国悲痛欲绝。"说是悲痛欲绝，却大笑不止。

光线旋转着，明明灭灭，丝丝缕缕，闪闪烁烁，赤橙黄绿青蓝紫。音乐充斥着角角落落，喧嚣热闹。彩光下，音乐里，酣舞时，被激情的海洋所淹没的姬发，那健美的身段，无处不是音乐、画面，无处不是压抑不住的活力。时而标准动作，时而又自由随意。奇怪的是，他随意的动作，秀珍竟能感应，很巧妙地配合。两人一会儿轻盈如鸟羽翻飘，一会儿又奔放如惊马疾电。飞旋时，秀珍的裙裾展开来，从上到下，成一惟妙惟肖的倒挂金钟，或似牵牛花倒放。而那纤细的小腿，玲珑的双足，正如花蕊。她从大学起到现在，参加过的舞会也不算少了，与多少男子组过对，无一回有与这山里汉子的此种感觉，惊诧莫名，如痴如醉，简直似羽化成仙了。不期扎头发的绢巾突然掉落，她也不顾不捡，一任头发如一股黑色瀑布般飞迸散开，闪着油亮的光，飘旋出一道道优美的弧线，不时轻拂姬发富于弹性且精致的脸庞。姬发不避不闪。他那长及眼眉的额发，也跳动摇摆不已。

别的舞者，索性退至四周，腾开场地让他俩尽情而舞。人人看得忘情。舞池中,那一对男女,翩若惊鸿,势若惊涛。人正眼花缭乱时,惊鸿杳然不知所终,惊涛已然波平浪息。曲已绝响,二人回到了幽室。秀珍神采飞扬,兴犹未阑,裙裾遮拥住了姬发双膝。姬发的呼吸轻而微急,温柔地扑在她耳廓粉腮上。

灯光亮如白昼。乐队虽稍息,但仍有细细的、款款的乐声,不知从哪儿流进这小世界,缭绕袅娜。缭绕袅娜的,还有女人化妆品所散发出的淡雅香气。

秀珍在座位上呷着饮料,眼里闪着兴奋的光芒望着姬发。不称意的婚姻、城市的钢筋丛林,使她这么多年都麻木了。然而走近眼前这男子,就能给她激情。

姬发捻着杯子低头道:"来要带上你婶娘就好了,让那老古董也感受感受现代人的生活气息。城里真乐!打听着,要有人愿买林场,千万告诉我。转卖了,我好带着老婆、女儿进城过活。"秀珍道:"婶娘要不愿意进城呢?"姬发道:"你别笑话,我无心改变她,也不强求她。她要不想进城,在镇上买个地方也可以。如果连镇上也不愿待,我们就回中山老家。平平淡淡才是真,我愿和她过平平淡淡、远离尘嚣的生活。"

秀珍半晌无言,只低头弄裙带。心里是对自己的苦楚,对姬发媳妇的羡慕。如果能调换的话,她愿意放弃自己苦苦追求到的一切,送给那女人,而做一个土里土气的山里娘儿。一切比起这男子的爱,是那么微不足道。她本来就"生小出野里",爱那野山,要是能拥有着这男子的爱又能放浪形骸于那山水间,导养神气,渲和情志,今生她还有何求呢?没有了,别无所求。

胡致国一直在旁闷坐抽烟,这时便姿势极为老到做作地往精致的烟灰缸里弹着烟灰道:"听说你们张家山野兽特多,不过最令人畏惧的不是野兽,而是一种小小家兽。"姬发笑道:"狗吧?山里狗不常见人,所以凶。"胡致国摇头晃脑道:"山里狗凶是凶,但最可怕的不是狗。"姬发道:"我一时想不来,倒要领教了!"胡致国笑道:"虱子。山里人最不讲卫生。"

姬发脸色青到有些发紫,笑里带嘲道:"你以为你是没有虱子喝血,才这么肥白肥白的吧?我以为凡肥而白者,多生活于猪栏。山里人不是懒讲卫生,不过穷而已。你当然不缺换洗衣服,十几岁的时候不会赤身裸体,遇生人以手遮羞,可是他们却如此惨不忍睹。他们有虱子不足为奇,奇怪的是你这号人谈虱色变。可见你这号人,比虱子还卑微。"胡致国窘迫,汗淹前庭,搔头不已。秀珍又一次拍案叫绝,笑道:"再说下去,他就无地自容了。他已经向你搔首弄姿了!"

姬发既已心理平衡，话是随口而出，说出来却觉得未免过分了。不管怎么说，他是秀珍的同学，说不定将来还是秀珍的丈夫，看在秀珍面上，也应对他友好一些，而不该"二牛抬杠"。于是歉疚地一笑说："说话不是写文章，要打腹稿，落纸还要反复修改后才拿出来，常常是不假思索，脱口而出，难免有错。方才的狂言放语得罪你了，请多包涵！"胡致国无可奈何，只能故作大度地道："没有什么，没有什么。"

　　灯光几次变换，是提醒人又要狂舞了。有少女从手提包里掏出妆盒，匀着丰唇。突然乐声大作，灯光幽幻，舞池中早已花团锦簇。姬发道："你跟致国跳吧！我歇歇。别叫我把风头出尽了。"秀珍笑道："他不缺女伴。你难得出山，又不认识人，还是我舍命陪君子吧！"胡致国只好也谦让着。姬发无奈，又揽住了秀珍的腰。秀珍跹跹举步，下了舞池，饰带飘摇。

　　音乐甚慢。二人从容而舞，且说着话儿。音乐终于转急。舞池堆起鲤鱼斑，空里飞舞彩云片，是灯光闪烁。鲤鱼打挺，云阵涌动，是红男绿女们在狂舞。姬发和秀珍不再说什么，却以丰富的身体语言，在表明各自的风流潇洒，别致有趣。偶一时，二人在池中远远分开，隔多少人，眨眼，却旋转飞绕穿梭，组在一起。彩灯照耀下，姬发的流线发型，极美。

　　久久，灯光大亮，舞者又在幽室呷饮料歇息了。舞池中，一位女歌手，正且舞且唱着一首让秀珍心里些微作疼的歌：

　　　　长河好改，长城好修，长相知难求。不因天堑银河，不是小人作
　　祟，不意里，错铸就。魂魄如虹已散，空做一场比翼梦。长河好改，
　　长城好修，长相知难求。

　　好一个"不意里，错铸就"！歌正是秀珍难言之隐。回想对这男子爱之历程，她真有一种"人生如歌"之叹。

　　别说她和东海分居，即便离婚，也毫无意义。她不会做什么第三者，从而伤害那个善良的女人。漫说她的为人，做不出那种事，即便做得出，也未必能得到。因为这男子深爱着的，是那个女人。

　　明知无望，秀珍却痴心不改。她与他，生死难共，荣辱可同。

　　姬发内心简单，从舞厅回到招待所，倒头就睡着了。秀珍内心却没有他那么简单，一夜不成眠。早起对镜，只见眼圈黑肿。

　　回家前，姬发让秀珍陪着，特意给妻子买了一对蓝田玉镯，说："裙子什

么的，她穿不出来。给那老古董，就买这古董玩意儿最合适。她跟了我，还没给她买过什么像样的东西哩。"秀珍笑道："你最时髦，她最老派，偏偏你俩倒能合得来。有趣！"姬发道："缘分吧！当初几次险些闹分手，不想如今棒打不散了。你和东海到底怎么回事？"秀珍道："一言难尽，不说也罢。"姬发道："既然走到一起，就不要轻易说离婚，说不定时间会弥合裂痕的。我跟你婶娘就是这样。两口子的事，外人不好多说，叔叔只能说这些。你喜欢什么，叔叔也给你花些钱。"秀珍顽皮地道："别的我不缺，给我买个喜欢的丈夫吧！"姬发道："别叫叔叔刮你鼻子。别的都好买，就这个难买！"

秀珍送他到了车站，他才从包里掏出一双布鞋道："我都不好意思给你。那老土冒，来时一定让我把这个给你拿上，也想把你打扮得土里土气的。"秀珍忙接过一看，是一双有扣带的黑平绒方口鞋，式样极大方，里面还有一双精绣的鞋垫，喜欢得了不得，道："有钱哪里买这样精美的做工去？我永远不敢忘上学时婶娘送我的被褥、衣物，情义无价！"

第十八章　饮恨张家山

有些人，面对枪口而不惧，却怕给生头癣的孩子梳头，更怕长期守护生活不能自理的病人。

谁要说长期守护生活不能自理的病人是小事一桩，那这人的脖子上长的简直是猪脑袋。要是人脑袋，他即便没有遇到这种情况，也会想到：得不时翻转病人的身子，要不他一个姿势躺在那儿，浑身子酸疼难以忍受；得不时用温开水浸润病人干焦的嘴唇；得不时给病人喂流食，要不他肠胃老空着，本身的分泌物就会刺激得肠胃出血；得侍候病人拉撒。仅这些，就会使守护者寝食不安了。病人当然还受着病痛的折磨，得不断请医用药，减轻或解除他的痛苦。减轻就不容易，解除更难。守护者绞尽脑汁，还是得面对呻吟叫苦的病者，他之焦灼烦躁，就不用说了。而守护森林，正跟长期守护生活不能自理的病人是一个样子。

姬槐、秀珍等只能帮助姬发解决一些燃眉之急的大问题，而细小的、潜伏于深层的问题，只能由姬发自己没完没了地去面对，至亲好友是爱莫能助的。这些问题，累积出来，仍是大问题。

生存需要，是人类最基本的需要。生存意识，是人类最基本的意识。不必太埋怨山里人麻木、愚顽，没有环保意识或者说环保意识淡漠。连温饱都常成问题的山里人，怎么能一下子就把环保意识塞入他们的头脑？他们顾不了那么多，为了得到好处，蛮不讲理，胡搅蛮缠，不断给姬发的护林制造着麻烦。双方冲突时起。

放羊人常把羊群赶入林里，有一次竟赶入了新栽的核桃园里，小半下午就毁了几十亩幼苗。姬发心疼得不行，向放羊人反复讲道理，令护林员一看见就赶紧把羊群轰出去，可是眨眼不见，羊群又进了林。没有办法，姬发只得硬着头皮得罪起了放羊人，让护林员把羊群扣起来，必须交了罚款才能领走。放羊人怀恨在心。一次，姬发媳妇抱着花花走在路上，平白无故被一位放羊人的老婆拦住臭骂了一顿，还声言要在姬发脸上拿刀子刻出个"钱"字来："好叫人人都知道他爱钱不要脸！"至于盗伐者，抓住了好话满口，指天发誓绝不再干，放了依然如故。姬发也不得不以罚款来惩治，要不然就扭送派出所让教训。如此一来，怨家更多。谁愿意树敌？姬发对这种事情简直烦透顶了，可一时哪里找既不损人又不损林的两全皆好之策去？

狼狗接连莫名其妙被人毒死，最后只剩下了老狗黑子，姬发只得白天晚上都把它拴在放杂物的窑里。花花也不敢让独自出门去玩，连妻子和姬杨，姬发都一再叮嘱，走在路上小个心儿，提防遭暗算。

有一天，娘儿不在，姬杨也和护林员到林里巡游去了。姬发见花花在窑里闷得慌，便带她到窑背大路边上，掐野菊花玩儿。一辆牛车"吱嘎吱嘎"来到父女俩身边，只听"哦"的一声，车停了下来。姬发抬头一看，只见车上坐着胡家村的老寡妇和她的三个儿子，都用憎恨的眼光望着他。

胡寡妇的三个儿子盗树被护林员抓住了五回，姬发放了五回，念寡妇养儿不易，至今三个儿子还是穷光棍，不忍罚款，只好说歹说，要他们另想法子挣钱，别砍树了。第六回，护林员把三个小子抓住后，姬发才狠下心，要罚他们二百块钱。寡妇在盘龙凹哭死哭活，吼天震地，"要钱没有，要命一条"地跟姬发大闹起来。姬发也动了怒，便打电话让镇派出所的人来把三个小子带走了。今日寡妇从娘家凑了五百块钱，才把儿子们从派出所领了回来，自然一肚子火。一见姬发，她眼睛都红了，脸煞白，恶毒地笑道："瞧有钱的人，活得有多自在！"

姬发想解释，又觉得跟这种人什么样的解释都是多余的，便垂着两只大手而立，毫无表情地沉默着。寡妇又道："花了五百。你腰粗，饱汉不知饿汉饥，五百在你身上是拔了根汗毛，我们可是一年的血汗钱啊！"

花花吓坏了，头埋在姬发腿上不敢看那几个气势汹汹的人。姬发到底年轻气盛，忍了又忍，还是没有忍住，冷笑道："都眼红我腰粗！我难道是偷得腰粗的？这林子是我偷到手的？一样是血汗钱买的！这阵看着我腰粗，当初我在地里汗摔八瓣死下苦的时候，你们怎么没有看着呢？"寡妇正要找茬出气，喊："孩子们，看着他跟你们头发白了的老娘犟嘴不成？他是你们的嫩爹？"一个小子便吼："欠揍。打！"说话间他们已跃下车，扑向姬发。

姬发推开花花，飞脚踢倒了一个。寡妇心疼儿子了，抡圆长鞭，向他抽来。他跃身一闪，闪过了鞭子，却被那倒下的小子一个绊脚绊倒在地。那小子爬起来，用膝盖按住他肚子，抡拳就打。另两个则抬脚乱踢。寡妇抡着鞭子只空抡，是怕抽了儿子。

姬发扭动抽搐着长躯，却咬牙忍痛不肯惨叫。知挣扎不起来，还手只会招致更凶狠的报复，便绝无反抗之意，只用两手护着脑袋。山里汉子拳脚上的力量是可怕的，万一被打成脑震荡，弄下后遗症，呆呆傻傻，疯疯癫癫的，他这一辈子不就完了？女儿有那么个父亲，这一辈子也难活好。

看着至爱的父亲遭毒打，花花已忘了恐惧，突然喊着"别打我爹"，疯狂地扑了过来，欲用小小的身体来替父亲遮挡那些人的拳脚。一个小子抬脚就把她踢倒在地。姬发狂吼："打我的女儿，就干脆把我打死，要不我非宰了你们一家四口不可！"

寡妇深懂父母在孩子身上的心，真怕姬发因女儿而发狠，忙道："小二，冤有头债有主，打小孩子干什么？她招得住你那一脚吗？"

花花搂住疼痛难忍的肚子，在地上滚了几滚，又哭喊着爬起来，扑向姬发。寡妇下车抓住了她。她又撕又咬，挣扎不已。寡妇拍了她两下说："跟你那大姑一个样，长大了又是母老虎。"

血泥糊了姬发一脸，上衣扣子被扯了开来，裸露的皮肤上青一块紫一块的。好大工夫，寡妇才喝住儿子们，冷笑道："钻那武七嬷怀里吃奶去吧！跟我们里山人斗，你还嫩着哩。"扬长而去。

寡妇一松手，花花就扑向父亲。姬发一下子泪流满脸，忙坐起来，紧紧搂女儿于怀中。要是被人狠打是在女儿看不见处就好了。女孩子儿心最纤弱，玻璃样易碎，他多不愿意让女儿目睹这种事情啊！

花花只会以放声大哭，来表达对父亲深深的同情和爱。

姬发再三叮嘱花花不要给母亲说，可是娘儿晚上回来，花花却"哇"的一声哭了，向母亲说了姬发挨打的事。姬发忙故作轻松地笑道："听她胡说，我们是打着玩儿哩。"娘儿揭起他的衣服，只见身上青一块紫一块的，道："玩能玩成这样？"

一夜，娘儿都唉声叹气，翻来覆去不得入睡，心里道：吃亏受罪，我都能忍，就忍不下亲人叫欺负。要就这么忍了，几时是个尽头嘛？都觉得我们好欺负，我们还能活吗？

姬发这夜也没睡好，第二天早起便懒睡不起。娘儿起来，红肿着眼睛，一脸蛮横神情，头也不梳，脸也不洗，就扛着土枪，气冲冲往胡家村去了。没到村口，先朝村上空放了一枪。胡家村人闻枪声都出门来看，又赶紧奔回去关了大门。她下得了手，胡家村人早领教过她了，胡老八腿上就挨了她一枪。娘儿一进村，又朝天放了一枪，披头散发地吼："我不活咧！够了。"声音之凄厉刺耳，令人心惊胆战。一个小孩子吓哭了，大人忙捂住他的嘴。整个胡家村，都鸦雀无声。

到了寡妇家门前，娘儿用枪托把大门砸得山响，哭一阵，骂一阵，跳着脚从寡妇一直骂到他们家的三代老祖宗，村言泼语，什么最难听的话都出来了，逐一叫着三个小子的名字吼："没本事挣钱就偷，就拿不要命来整。没本事不要命的他娘在这儿哩。来，来，小子们，出来！让娘给你们教教不要命。"寡妇的儿子们忍不住，要出去应战，被寡妇喝住了："你们是要命还是要出气？我这一辈子，受苦守寡，就为你们。你们要出气，先把我的命要了再出去。"

娘儿真如"河东狮吼"，直吼骂到早饭时分，寡妇家也无人出来应战。回想当年在娘家，她不过是白鸽一样清纯怯弱的女子，如今跟了那男子，却成了连小孩子哭闹，大人都用她来吓唬的女人，生活——特别是爱情——真在不断地改变着人。

姬杨和两个护林员赶来，硬拖娘儿回去。娘儿挣扎着，朝寡妇家上空连放三枪，破吼："进姬家门的娘儿，没一个好活的。我就没打算活做个老太婆。谁要有两条命，就只管欺负我男人！"才被姬杨他们架了回去，一路哽咽不已。

七嬷得讯，赶上山，既责姬发，又怪娘儿："不该逞强！"自己却顺脚赶到胡家村，两手叉腰，吼了个天摇地动。回去后，病了一场，几天没吃饭。

山民盗伐，已积久成习。两个女人一通臭骂，岂可改变？甚至没有任何影响。

想想城市街道上抓小偷吧，有几个人敢挺身而出？姬发他们，却不得不天天"撵贼"。盗伐者不敢说"极恶"，也是"穷凶"，姬发他们遭辱骂、殴打，自然就如家常便饭了。

一次，姬发有事从胡家村经过，人家竟放出群狗来。他大声喊着人，急退到墙角，无一人出来拦狗。一狗扑上，照准他大腿咬了一口，衣片与肉块齐下，血流如注。他"嗷嗷"惨叫着，抽出腰刀，刺向狗喉。那狗带着刀，在地上打了几滚，便口吐血水绝命。又有数狗扑上。他飞脚把一狗踢出丈余远，又长声破吼着，双手死死掐住一狗脖子。众狗同时扑上，乱咬不已。一老娘儿不忍，喊着"别闹出人命来"，才出门将众狗喝了回去。他也松开了掐着脖子的那只狗。那只狗像面条一样，软软落地，眼球凸出，舌头外伸，已没气了。又一次，他遇一个砍树的老爷子，正想和颜悦色相劝，不想做贼的先怒了，道："我叫你嘿儿嘿儿笑！"挥起砍刀，残忍地在他肩上连砍数刀……

人人都知姬家男女不好惹，殊不知他们为人做事总以宽大忍让为怀。发生这种事情，姬发没有一次报案，怕把谁送进监狱，其家里的日子没法过，也给自己结下了死仇。然而他自己却屡被人告，曾四次被镇派出所拘留，两次被铐进了公安局。要不是东海、秀珍、姬槐他们到处奔走，为他讨得了公道，不定他已被以什么罪名关在监狱里了。

肉体受着摧残，精神背着重负，使得他常常在心里道：背了债，还受罪，我这是图个啥呀？我真是傻子，天底下最大的傻子！

姬家跟着张家山，武七嬷跟着姬家，真是苦海无边。姬发不得安生，老太婆也就没有好日子过。她连晚上睡觉，都有太多的噩梦。噩梦醒来，她不知无声哭过多少回。唉，发子要还是个小孩，她就会像老母鸡一样，一遇危险，便把他护在翅膀底下。可是他如今人大事大，她只会围着锅台转，能有多大个翅膀，怎护得住他？不过跟着干着急罢了。她有一种不祥之感：这样下去，非出大祸不可。

她的感觉没有错，张家山使得姬家散发出了将要接连死人的气氛。

弦绷得太紧了，肯定是要断的，断处也肯定是最脆弱处。对于家庭来说，最脆弱者当然是孩子。

姬发好武装，掌上明珠花花小不点时，常被他剪个小子头，穿一身小军装，再挎上小刀儿枪儿武装起来。不过女孩终究是女孩，那小兵腼腼腆腆的，让姬发愈觉有趣可爱。

稍大，花花终于恢复女儿装，或扎个马尾辫，或头顶卡个有机玻璃卡，头发纷披于后。天生漂亮，任怎么打扮都相宜。一次，姬发骄傲地拍着女儿向七嬷笑道："瞧，我们姬家出了个绝代佳人！"不想七嬷竟火冒三丈，啐了他一口道："绝什么代？姬家从花花这一代起，代代人丁兴旺。你念过书，该比我知道，倾国绝代，原本不是什么好话。"

三四岁时，花花说话就乖巧有趣。一次秀珍给她买了好多东西来，逗她玩了一会儿，便坐在窑里沙发上听姬发诉说烦恼。那姬发正叹："不知道的人，还以为护林人是在红尘外逍遥哩！"只见花花穿得毛茸茸的像个刚出壳的小鸡，一手拿着棒棒糖，一手拿着糖豆，蹦了进来，奶声奶气地要秀珍下次来一定给她买只唐老鸭，要活的还要熟的，要能跟她玩还能让她吃鸭翅。秀珍哑然失笑。姬发连烦恼都忘了，刮拉了一下她的小巧鼻尖，笑道："小娘儿们，倒会提无理要求。出去逛吧！连唐老鸭的外婆，你秀珍姐都能给你买得来。"

花花正往外蹦跳着，却突然回身说："不要外婆！外婆是瘪嘴。"姬发望着她那粉琢玉雕般蛋圆的脸儿，亲个嘟嘟的心形小嘴唇儿，水不漉漉的花眼睛儿，忍不住纵声大笑，心温柔慈软。

父母对孩子爱之深，是远超过别的至亲的，姬发自不例外。武七嬷希望姬发有个男孩，好为姬家传宗接代，姬发却对传宗接代之说不以为意。无论男孩女孩，在他心目中都一样可爱。女孩柔弱单薄的样儿，反使他心中充盈着保护欲，陡增力量。

花花稍一懂事，就不再向大人要好吃的好玩的了，却非常爱美。自己的小衣服，自己洗得干干净净。自己给自己洗脸梳头，头发上总是另式别样地戴个什么或卡个什么。说话嗓音柔和悦耳，动作敏捷优美。如今她六岁了，似乎已明白人最美的东西是品质，喜爱和敬重勤苦、善良的人，也以自己的勤苦、善良来博得周围人的喜爱和敬重。从早到晚，蝴蝶一样在盘龙凹飘来飞去，干着诸如关鸡窝门、抱劈柴、拉风箱、喂狗、扫地、拣菜等零碎活儿。

一天，娘儿不知什么事急急去了姜家，早饭也没顾得做。姬发和姬杨从地里回来，却见案上摆着几碟小菜，锅里是喷香的绿豆米汤，馍架子上是热腾腾的蒸馍。花花腰里系着母亲的围裙，端了一盆洗脸水过来放在他们面前，然后又把毛巾搭在盆沿上，便手抱围裙而立，笑眼望着两个大男人，俨然一位小家庭主妇。人没有锅台高，她大概是站在板凳上下米的。怕焦锅，她说不定还是跪在锅台上，拿着比她胳臂还长的铁勺子不时搅锅的。四岁时，她帮母亲干活，曾不小心让开水烫伤，受了好几十天罪。这要掉进锅里，旁边又没大人，别说烫伤受罪，只怕连小命也会丢掉。两个大男人心疼得不行，却不称赞，反训斥起来。花花受了委屈，小嘴唇一噘，眼里泪水汪汪，快要哭了。姬发又忙一弯腰，把她夹在臂弯里抱了起来。坐在他臂弯的女儿，身若无重，更让他心疼。他在女儿小脸蛋上亲个如打机关枪，变大声训斥为柔声叮嘱，再三叮嘱她日后不要干这种活了，这种活不是小孩子干的。花花又含泪而笑了。

姬发一次次受辱遭打后，都能以委曲求全来不了了之，一个重要原因，就是有这么一个女儿。人家要出气，就拿他这个七尺大汉来出吧，省得迁怒于娇弱的女儿。

张家山带给姬发的太多不如意，也让花花白纸般的心灵，染上了一层忧郁的暗色。每当姬发去森林巡游时，花花总用那种忧郁的眼光送他出门。一次，目送他出门时，她忍不住道："爹，我想跟着你。"姬发笑问："干吗要跟着爹？"花花"哇"地哭了，捏着小拳头道："人家打你，我好帮你打他们。"姬发鼻头一阵发酸，道："难得我的花花有这个心。爹咋舍得让你一个小女孩打架？跟你娘待在家里吧，爹会好好回来的。"花花不甘，又道："爹，咱们回中山老家吧！这里人把你打死，我就没爹了。回到中山老家，就没人打你了。"姬发心里暖乎乎的，道："胡说！打死人是要偿命的，谁打死爹，他不要命了？小小人儿，不敢乱想。"花花泣道："我就想回去，一天也不想在这张家山待。"姬发蹲下，亲了亲她说："过几年，爹把本钱捞回来就回中山。中山姓姬的人，的确跟咱们一团和气。"起身要走时，花花号啕大哭，扯住他不让走，道："我不要钱，只要爹。"姬发硬丢下女儿出了门，脸上滚淌着两串长长的泪水。

一夜，花花惨叫着醒了过来，不住打哆嗦，通身是汗。两口子忙问："怎么了？哪里不舒服？"花花哭道："做梦了，梦见人在拿刀子追着杀爹爹。"姬发心一缩，紧紧搂她于怀道："成天想些什么，都带到梦里去了！不敢再胡思乱想，弄下病怎么办？"花花两手吊着他粗壮的脖子道："爹爹，咱们回中山吧！我死也不想在这张家山待。"姬发道："多大个人儿，咋说出了这种话来？不说捞钱，爹还背了一身债哩。只要还完了债，咱们就回去。爹也一天不想在这张家山待。"花花道："咱们先回去。我不要好衣服，也不要好吃的，天天拾蘑菇卖，攒下钱，爹好还债。"姬发抚着她道："爹背的债大着哩。你能花几个钱，又能挣几个钱？"

花花那与她的年纪极不谐调的内心之沉重、痛苦，从几乎觉察不到的一声叹息，透露了出来。姬发震动，忙找了个轻松话题，问："明年上学，你是住在舅舅家，还是姑姑家？"花花不假思索道："住姑姑家。"娘儿轻轻拧了一下她笑道："死丫头片子，偏心眼儿。我不信舅舅就不如姑姑疼你。"花花从姬发怀里探出头来说："舅舅家没有大书架子。"娘儿心花怒放，把她从姬发怀里拔出来，搂入自己怀里说："外爷跟姑夫，娘跟秀珍姐，同是人，上没上过学，上没上过大学，人就大不同了。我的宝贝，你这么爱书，将来一准能考上大学。天哪，我快要养出个女大学生了！"

二春来时，娘儿得意洋洋把花花的话告诉了他。那做舅舅的大叫着"气死我了"，却不真生气，反更疼外甥女。姬发去学校，少不了要向校长夫妇卖派女儿。老两口心里乐开了花。七嬷只会叫："肝儿尖，跟我一个心性。"校长则羞姬发："我养的不像我，没养的倒像我！"姬发脸皮厚，任他怎么说也不羞。校长又亲自上街，早早给花花买上了书包、文具等。

自从姬发赶着牛车，载着妻小上了张家山，就把女儿送入了孤独。独家独户，独自一个，花花所度过的日子，满是寂寞难耐。她渴望小伙伴不可得，渴望大人更多更深地走入她的内心，也不能如愿。大人们主要关心的，是她的物质需求，而不知一个小小孩子还会有强烈的精神渴求。

姬发有委屈向人诉说时，多忘了避开花花。于是他每一句话，都深深地印在她心里，都激起了她内心剧烈而复杂的感情波动和思想活动。可是姬发他们却以为她除了恋父母外，别的感情还淡漠；除了想好吃好玩的外，别的思想还粗疏，仍只管在她面前信口开河。那些与姬发结了怨的人，见了花花也眼中白多黑少。花花便像替父亲负罪一样，在那些人面前抬不起头来。而姬发每次遭打受辱，对心灵脆弱的花花之伤害，甚于姬发本人。凡此种种，大人世界的炎凉也使生性敏感的花花小小的心灵里，早早地就有了太多莫名的悲凉。

悲凉莫名，她便不知如何发泄，常常只会久久发愣出神。好几次，她竟顺嘴说出"活着没意思"之类的话来。姬发听了，虽大为吃惊，斥责她"就会说死去的话"，却并没有感觉到她对人世已濒于绝望，当然就不会介意了。父亲尚如此，可知这世界上的大人们，对她在感情、思想上，有多么冰冷。

盗与火，是森林之大敌。火尤为可怕。即便群体盗伐，毁几百亩林也需好几天，而火烧毁几百亩林，只在旦夕间。要遇上天气干燥，又起大风，星星之火，都有使整个张家山森林在旦夕之间化为乌有的危险。因此自姬老人到姬发，不厌其烦，天天都在念防火经。特别是到了冬天空气干燥又刮大风的时候，姬发他们一遇放羊、砍柴、过路人，就成了说嘴疯，反反复复叮嘱，不敢在林里生火取暖，不敢抽烟。这些人却多不以为然。放羊、砍柴人，一不见护林员，就在石头背风处生堆火，席地而坐，眯着眼扎着手，烤暖和惬意了，便一拍屁股走人，任火自灭。火不灭引燃了林草，他们还不知道是怎么回事，知道了也没事人一样。过路人则喷云吐雾罢，或将旱烟锅在树枝上敲得火星四溅，或将烟头随手扔入枯草里，便大摇大摆而去，一去不回头。

姬发不得不让护林员对这些人实施跟踪。护林员倒耐烦，这些人却不耐烦。脾气好的，嘲笑护林员"小题大做"；脾气不好的，就臭骂："谁请你这个警卫来着？屙个屎也不离左右。莫不是怕老子勾走了你娘？再跟，小心挨揍！"

朝天峰是张家山的最高峰。峰顶护林小屋边的老榆树上，挂着一口用来报火警的大铁钟。这个山头的护林员，不必巡游，只在峰顶守望。如发现火情，便用铁锤奋击大钟。钟声悠扬嘹亮，护林员们却最怕听见。水火无情，那分明是召唤他们去拼命的声音。一听见钟声，各山头的护林员便站在高处，观望火情所在，然后操着各种灭火工具奔去。身先士卒的，当年是姬老人，如今是姬发。当年姬老人，曾在附近各村约有几十个年轻力壮的灭火员，年终一总给每人百八十元钱。一次不来，则扣三元。为防这些人为挣钱而故意纵火，并不以灭火次数算收入。如今姬发依然和这些人有约，但多次起火，这些人都"跌倒油瓶子不扶"，隔山观火，无一到来，甚至还幸灾乐祸。

1992年冬天，山火不断。有的是小儿拿着火柴玩所引起，有的则是放羊砍柴过路者的麻木不仁所导致，也有对姬发怀怨者的故意纵火，防不胜防。姬发领着护林员们三天两头在火海里摸爬滚打，神经无时无刻不高度紧张，连晚上睡觉都不敢脱衣，风力灭火器就像军人的枪一样老放在头边，觉也只能睡半夜觉。护林员是挣工资的，夜里该班时常常偷懒睡觉，他不亲自去林里巡游，心里便不踏实。好在姬杨与他同心，可替他半夜。

这夜说好姬发前半夜、姬杨后半夜去林里巡游。约近半夜，姬杨刚刚起身下炕，朝天峰的钟声响了起来。他扛起灭火器就冲出窑，正往回走的姬发也掉头直扑现场。花花已熟睡。娘儿掩上窑门，走到高处一看，松树凹一带，上罩乌云，下则明亮一片。她往回走了几步，突然转身也往松树凹奔去。松树油性大，易燃，附近山民又采取不合作态度，单护林员，人手自然不足。多一人是一人。

灭火者不到二十人。几个老弱护林员，用小火烧着树木稀少处，然后扑灭，形成隔离带，以阻挡火势蔓延。姬发、姬杨领着十来个彪形大汉，用灭火器等扑大火，这也是最危险的活儿。娘儿则和几个护林员跟在其后，用衣服、树枝扑打余火。

火海里，松枝的爆裂声，如枪声连连。浓烟冲天，烟里又有万千火星落天向地，如放焰火。大火四围，无数条火舌狂舞乱窜，一窜就数丈远。姬发等灭大火的人，一个相距一个有几十米远，互相难以看清。姬发一面端着灭火器向大火狠扫，一面凭感觉来感觉着两边人的情况。要是有人被火舌卷入火海，小命就难保。他什么都负得起，就负不起别人为自己的事情付出生命的代价。

浓烟呛得他不住咳嗽。不时有火星落在他裸露的皮肤上，如火针扎般疼痛。灼人的气浪，更使他呼吸如有火流穿肺入心，极为困难、痛苦。突然，一条火舌呼啸着窜向他右方的一个护林员。凭感觉，他感觉到那个护林员没有逃，而是吓呆了。他一扔灭火器，飞奔过去，果见那个护林员望着只有数尺远的火舌，呆站不动。他怒吼："等死啊?"拽住护林员就逃。火舌几乎贴住他们屁股在窜。不防那个护林员脚下一绊，连姬发也拖倒在地。火舌从他们身上扫过，只听有头发、皮肤被烧焦的"哒哒"声响起。人在火里，无法呼吸，而高温又使他们几乎丧失意识。那个护林员也真的什么都不知道了，姬发意识却高度清醒。他不愧为当年高阳中学百米赛跑最棒的运动员，说时迟，那时快，屏住呼吸，扛起那护林员，箭一般蹿出火海。好在前面已是隔离带，火舌停止了前窜，只在原地上下飞舞，烈焰有数丈之高。他们身上的衣服，也有无数小火苗在跳跃。姬发大喘着气，放下护林员，道："快，脱衣服！"那个护林员如梦初醒，忙脱下全身的衣服，姬发也三下五除二脱了衣服。

娘儿、姬杨惊呼惨唤着赶了过来，见他们已脱离危险，才长出一口气。姬杨望着熊熊火海道："落到那里头救也难救。就是我们敢冒险进去，满眼是火，一刻又不能停，怎么找你们？多亏发子身手快，要不你们今天可完了。"娘儿忍不住放声大哭。那个护林员也后怕至极，瘫坐于地哭了起来。

姬发当然后怕，但自己和别人的生命都还完好，他更感骄傲。火光下，那双花眼睛晶亮动人，身上的无数红焦点，反衬得别处的皮肤更光洁瓷实。生命，总是在创造出奇迹后，愈显优美动人。

姬杨脱下自己的外衣，姬发接过缠在腰里。脊背和脚上有很大的焦伤，姬发却不知疼，臭骂一声，夺过一个护林员的灭火器，又扛着向大火狠扫起来。

火进人退，人进火退。多亏火情发现及时，这夜又无大风，人火大战到凌晨两点，火势终被控制。人步步而进，火步步而退。三点多，护林员们将火扑灭了。姬杨和两个护林员留守着那数百亩焦枯，以防死灰复燃，别的人则各回住处。

姬发上了回路，才觉浑身不舒服：脊背和脚疼痛难忍，鼻孔嗓子烧疼干痒，没穿衣服又直发冷。他几乎是小跑着回到了盘龙凹。娘儿跟在他后面，也一路小跑。刚进窑门，他就哑着嗓门喊："快弄些水来！林子火灭了，嗓子倒起火了。"娘儿忙去倒水。他则在炕头翻找衣服穿，忽然瞥见炕上没有花花，神色大变，道："孩子呢？"

娘儿听见，顾不得倒水，挓着两手进来一看，也大惊失色，道："脱了衣服睡觉的，不见衣服，多半是醒来不见咱们，找去了。"姬发瞪着她吼："你是干什么吃的？谁叫你打火去了？我叮嘱了再叮嘱，守着孩子，别事不管，小心人家使坏，你耳朵叫驴毛塞住了？孩子要紧，还是林子要紧？"娘儿道："好先人，有脾气先留着，找着孩子再给我发吧！夜半三更的，小心狼。"姬发忙找了一套衣服胡乱穿上，便拿着手电一拐一拐出窑。娘儿跟出。且走且焦急地喊着"花花——",喊声嘶哑难听。

走不多远,就见林中闪出一个小小身影来,停在了路中间。月光不明,娘儿没有看清,问:"是花花吗?"姬发眼尖,道:"不是她是谁?你倒胆大了,三更半夜浪世事!"赶过去就踢了两脚。娘儿忙上前拦住他,喝道:"蹄子都烂了,还踢女儿!她招得住你踢吗?"自己却看着花花冻得瑟瑟发抖的样儿,又心疼,又气恼,高一声低一声地数落起来,花花一声不吭。

回到盘龙凹,两口子你一言我一语,又数落了好一阵子,花花还是一言不发,爬上炕,脱衣钻入被窝。两口子也已精疲力竭,稍洗了洗,便躺下歇息。

花花满肚子委屈,并没有真睡着。父亲常被人打得满身是血回来,她都看怕了。怕父亲有一天会被人打死,也已成了她的心病。往常她夜里醒来,至少有母亲在身边,今夜却不见一人。她便想多半是父亲出了事,母亲救去了。身单力薄的她,也只想在紧要关头救父亲。本来她夜里独自连窑门也不敢出,今夜却因救父心切,斗胆走向了野外。找了不知多久,心惊胆战的,还冷得要命,不想父母不知她的心,一见面又是打又是骂。自上张家山后累积出的不良情绪,终于总爆发了。父母不问三七二十一就连打带骂,平常对她的爱还能是真的吗?大人的世界争斗个没完,冰冷无情,活成大人又有什么意思?活不如死!她要以死来报复父母,报复大人的世界。

于是趁父母熟睡,她悄悄穿衣下炕,打着手电到放杂物的窑里,找见一瓶剧毒农药,抖手启开瓶盖。刺鼻的气味,使她扭过头去,连连咳嗽。平时有病,父母哄她喝药时,药只在口里苦,到肚里就没事了。她想这药也一样,根本就没想到还要忍受巨大的痛苦。突然一仰头,紧口喝了小半瓶,药味刺激得她直想吐,才扔了瓶子。口里、喉咙里、肚子里有一种灼烧感,很不好受。她眼里噙着泪,一只胳臂向前拐着搂腹,一只向侧微翘,走路时不摆动,慢慢地离开了盘龙凹。

月光转明,似水银洒地,清清冷冷。花花沿路走到近处落魂谷时,腹部便由灼烧变为剧痛了。父母要是又找了来,一定更凶。她不愿被父母找见,钻入林中,双手搂腹而蹲,大喘着气;突然蜷着身子倒地,又展开身子疯狂滚爬挣扎起来;嘴唇都咬烂了,却不肯哭叫一声。

武七嬷之后的又一代姬家女子,经过了焦虑与痛苦,怀着冲天的怨气,仰望苍穹而亡。

娘儿一觉醒来,不见花花,忙推醒姬发。姬发冷笑道:"她才六岁,就跟我们玩起了一出走游戏。现在的孩子,我算怕了!"娘儿又气又恼,道:"谁的爹娘不打谁几下，骂谁几句。小小年纪脾气就这么大，将来大了谁还敢管她？"

两人出了窑，只喊无应，越找心越悬，越觉不对头。在岔路口，两人分了路。遇见护林小屋，又喊起护林员来同找。

冷气扑面，如铁刷子在刷。荒山野外，冻也把女儿冻坏了。夫妻俩早已不怨怪女儿，只有满心的担忧。

"花花，花花儿，回来呀！"急切而深情的凄唤，在黑森森的山林里此起彼伏。夫妻俩只盼女儿那稚嫩、柔细的应声会突然响起，然而回应他们的，总是猫头鹰刺耳的惨叫。

正独自在林间小路上走着的娘儿，突见一只狼迎面而来。她知道，遇狼最好别动，便静静地站在了那儿。待狼离去后，她两腿怵软，步子不稳，却像被风吹着一样行走飞快。狼遇大人不敢贸然进犯，遇孩子可就不客气了。她慌不择路，几次跌倒，手被荆棘、冰草划得血淋淋的，不住在心里念："老天，饶了我的花花吧！花花，花花啊！"

姬杨得知后，也慌了神，满山寻找。一次次回到盘龙凹，都空不见人。天微明，他和娘儿终于在盘龙凹土场上相遇。双方几乎同时问："找见了吗？"又望着对方的脸色，希望变为失望，半晌无言。

出事了，一定出事了。

娘儿野人似的，散乱的头发半遮着脸，脸上头发上满是土垢草屑。姬杨深为同情，道："婶娘就待在家里吧！花花肯定是黑天瞎地的迷了路。这阵天一亮，说不定就回来了。家里没人，小心她又出去找。"娘儿困难地点了点头，突然跪地，乱发也垂地，连连磕着头哭道："大侄子，亲人，千万替咱要找到孩子哇！"姬杨慌忙挽起她道："婶娘别怕，不过是一场虚惊，孩子会找到的。"

天大亮，姬杨在林里遇见了姬发。他有气无力的，被两个护林员挽着。姬杨被他那绝望的神情吓坏了，不敢再直视他的脸。

林间羊肠小路上，这里那里是干皱的百里香和野兔子梅花形的蹄印。空气里，则缭绕着一丝一丝的干草香。突然，近处林里响了一枪。不久，两个城里模样的青年出林上路。一个提杆枪，一个提只身上有褐色斑点的狸子。重伤的狸子，徒然无力地划着爪子，似乎临死还抱着逃脱厄运的希望。

姬发犹如那狸子，明明已绝望，却硬让自己抱着一线可怜的希望，喃喃道："花花这阵多半已在家里了。没在家里，也多半去了她大姑那儿，要不就是去了她舅舅家。"姬杨连连点头道："肯定是的。准在她大姑那儿。她舅舅敢把你怎么样？她要找准找的是能给她撑腰的。这下你可少不了挨老太婆一顿臭骂了。"姬发惨笑道："只要女儿在那儿，挨老太婆一顿臭骂有什么大不了?"说着眼泪便流了下来。

天，只要让他找见活着的女儿，他立刻在这张家山认输，什么也不要了，偃旗息鼓，退回中山!天，让他四肢残缺，瞎了眼睛歪了鼻子也无可无不可，只求让他的女儿完好无损!

到了落魂谷边，姬杨从草丛中发现了花花的一只小鞋。姬发牙关紧咬，两腿软抖。姬杨道："你坐在石头上歇歇，我们去找吧!"姬发哪里肯?凄惨地喊着"花花，花花儿"，不顾一切冲下缓坡，几次跌倒又爬起。姬杨跟在后面，不住哭喊："慢些!好发子，慢些!"

落在最后的那个护林员忽然大叫："花花!花花在这儿哩。"姬杨回身奔了过来。姬发听见，两腿又软了，被护林员架了过来，只见花花平躺在一片滚倒的草上，双目微睁，樱桃颗似的嘴唇上微有些血痂。

姬杨不看姬发，而望着空蒙迷茫的远处说："花花完了。"姬发哭而无声，动而无力，感觉自己已被抽去了筋肉，吸掉了精髓，只剩下了空皮囊，最是胸腔，都空得要透了。好半晌，他才捶着头哭出声来："花花，你咋这么心硬呀?我老大不小了，你大姑还打我，我敢怎么她呢?我只轻轻踢了你几下，你就死给我看吗?花花，你难道不知我连打你都是心疼吗?你太心硬了哇!"

岂是花花心太硬?正是她心太软，才承受不了成人世界的种种不美而把如花生命轻易抛弃。

姬杨如有万箭穿心，眼泪长串大珠而落。想不到，这么小的孩子，竟有巨大而曲微的委屈。当时要有人跟她谈谈心，让她把委屈吐出来，再好好安慰安慰多好。他怎么就留下来防再着火呢?要是他和姬发夫妇同回盘龙凹，肯定会安慰花花的。花花只要伏在他怀里哇哇大哭一场，就什么事也不会发生了。可怜的花花，死也没有诉出一句委屈，得到半句安慰!

姬杨轻轻合上花花的眼睛，抱了起来，慢慢向回走去。两个护林员架着姬发跟在后面。那青年父亲，像个久卧病床的老人，几乎不会迈步，双腿拖拉而行。初升的太阳，忽被一片薄云所遮，终于又破云而出。一只山鹰，在人头顶侧身盘旋着，绝无声息，似鬼影憧憧。

到了盘龙凹土场，娘儿扑了过来，却挓挲着手不敢动花花，只望着姬杨。姬杨咽声道："不行了。"娘儿五官可怕地扭曲，身子歪斜，两手举起。半晌一动不动。空气似凝固了。突然，她两手重重一拍大腿，惊人一声惨叫："天哪，苦哇!"便如酒醉一般，摇摇晃晃倒地，不省人事。

众人手忙脚乱，把她抬上"仪征"小车。姬杨开车到镇医院，安顿好了，便让跟车来的护林员去报知姜家，自己先到邮电所，给秀珍打了个电话，要她转告武大姑娘，然后来到高阳中学，见了芳珍，兄妹俩流泪哀叹了一会儿，才来到校长办公室。校长震惊，手中的书落于地，瘫靠在椅背上，白净多皱的脸上满是泪，半晌才道："怎么会出这种事呢？迟早你大姑会知道的，躲不过的事就不躲了，告诉她吧！"

无论白天还是黑夜，七嬷只要走出房门，就会无意识望望张家山方向。昨夜出来，她望见张家山上空有些亮光，便疑是林子失火了。早让事惊怕了的老太婆，一夜不曾睡着，不住骂姬发："害人精，鬼，你叫我头疼到几时才甘心？"

吃过早饭，她依然心乱如麻，什么都懒做，便躺在了床上。还好，睡着了，却梦见花花走了进来，一脸肃然道："大姑，咱们姬家，天生要绝户的。你别为姬家操心了，操碎心也是白操心。"小小年纪说出这话来，老太婆既吃惊，又心疼，伸手去抱她，却抱了个空，醒来方知是梦。老太婆起身坐在床沿上，正想此梦是吉兆还是凶报，就听见外面响起了几个人的脚步声。她能分辨出几个最熟悉心疼的孩子的脚步声，分明是姬杨来了。她喃喃道："别是山上又有事了！"小跑到门口，便呆住了，只见姬杨脸灰黑，头发焦乱，林子失火已无疑。又见几个人脸上明明是悲戚神情，一定死了人。莫不成发子叫烧死了？她微启口，却不敢问出声，眼睛发直。

姬杨、芳珍忙搀她坐在客厅沙发上。她抓住姬杨的手，终于哭问："你发叔好好的，是吗？你是个老实孩子，不敢哄我。"姬杨吞吞吐吐，说不出口。校长只得道："你听了，可千万要撑住。发子最爱你，还得你去安慰他哩。"七嬷松了一口气，道："这么说来，只是林子被烧了，发子没事。他也太把那林子看得重了。只要人好，万事都好！"

校长竭力以平静的声音道："花花儿喝农药死了。"七嬷一下子两眼昏黑，闭上了眼。一个小孩子怎么可能喝农药呢？她以为自己还在做梦，要不就是耳朵有了问题。可是睁开眼，三人的确就在眼前，明明听见校长又在说："发子媳妇正在医院，发子也跟疯子一样。我们要也挺不住，不越乱了？你历来遇事比我强。要不是你，我早了断满头烦恼丝，躲什么见不到人的地方清静去了。是你把我帮过来的，你也一准能帮两个孩子渡过这一难关！"

七嬷不信也得信了，泪水如泉，淌个不住，问："平白无故，花花儿怎么会喝农药？"姬杨道："发子打了她几下。"七嬷泣道："打了几下，她能不要小命？张家山叫姬家的大人有苦难言，也叫孩子苦死说不出！"心如刀剜，叫着"我的肉儿肝"，放声大哭。兄妹俩哭劝着。半晌，校长道："哭也无益，哭不活花花。收住哭，咱们还是到医院去看看花花的娘吧！"

在一次次打击面前，武七嬷总是选择坚强。苦难，既无法回避，就不能被压倒，而要勇敢地承担起来。这样的活人，才会有一种崇高感。人生忧虑重重、苦难重重的武七嬷，此刻就给人这样一种感觉。她强忍住哭，拢了拢白发，起身出门，神情坚毅。

到了镇医院，七嬷见病床边挂着输液瓶，床上娘儿满脸尘灰，双眼紧闭，一动不动，不由满心疼怜，泪水盈目。见有医生走了进来，七嬷忙问："要紧不要紧？要紧就送县医院。医者父母心，你要说实话，不敢误了我的闺女。"医生道："就是精神上刺激太大，身体倒不要紧。"七嬷道："为娘的人，怎不心碎？"让芳珍打了水来，她坐在床边，拿手巾给娘儿仔细擦着脸，滴泪道："做小姑娘时，我就见了心疼，又憨厚，又灵秀。不想命苦，进了我姬家门，成日这个事那个事的，受了多少恓惶！"又问姬杨，"给亲家说去的人，你叮嘱过了吗？不敢叫亲家母知道了。"姬杨忙说："叮嘱过了。"

校长掏出钥匙和二百块钱来向芳珍说："你到街上买几套小女孩子衣裳，几个小玩具，一床小毯子去。我给花花儿买的书包文具在你大姑箱子里，也给带上。她爱我那一架子书，你再从书架上拿两本书装在书包里。难得那孩子爱书，可惜我无福负膝教读，只能这样表我这做姑夫的一片心了。"芳珍含泪点头而去。

等芳珍抱着一堆东西过来后，七嬷便抚着娘儿脸说："芳珍儿先伴着你，我把孩子送到地里，就来。"车一上张家山，七嬷喉咙里便堵得慌。待到盘龙凹，她已泣不成声。

四五个护林员，正或蹲或站在窑门口，看见小车停在土场上，都迎了过来，说着"慢些、慢些"，七手八脚把校长和七嬷搀下车来。往常，花花会亲昵地笑喊着"大姑"，飞迎过来，扑入七嬷怀里撒娇，今日却了无她的形影，七嬷肝肠欲断，哭问："发子怎么样了？"护林员道："守着花花，给水不喝，给烟不抽，也不许我们在他跟前待。"七嬷大哭道："我的宝贝儿，可怜的孩子啊！"

校长先哭着进了窑。姬发正坐在炕沿上看着平躺在炕上的女儿，眼中无神。当校长伸手要去抱花花时，姬发突然一副六亲不认的凶样，吼："不许动，不许动我的女儿！"校长的手触电似的缩了回去，呆住了。不过当姬杨搀着颤巍巍的武七嬷进来时，像是有一股强烈的感情冲力在起作用，不独校长等让到了一边，连姬发也让到了一边。姬家的上代女子抖伏在下代女子尸体上，内心悲涛汹涌，不成人声地哭道："我的肝儿，你不知道大姑有多疼你。大姑是旧世道人，只差没有裹小脚，哪能读书学文化？你逢了个好时候，大姑只盼你将来有大学问，干大事情，谁料你没有将来了。我的心肝，你那么爱大姑，到你要命的当儿，大姑在哪儿呢？大姑连救你也不救，你爱大姑还有什么用呢？你白爱大姑了！我总也保不住娘家根苗，愧对先人啊！"众人听着，无不伤心落泪。姬发的哭声则极为刺耳。

七嬷听见，便强忍住了哭，道："杨子，把花花抱你窑里去，别让我的发子看着受罪了。"姬杨过去抱时，姬发红眼圆睁，哭吼："滚，都给我滚出去！我要自己陪着我女儿！"拳打脚踢，不许姬杨近前。

七嬷趁他不防，抱起花花递给了姬杨。姬发扑夺间，撞着了七嬷。七嬷摇摇欲倒，他又急回身扶七嬷。七嬷没有倒地，他却收不住，重重倒地，头磕在了砖棱上。七嬷忙坐地抚着他的头哭道："非分开不可。花花已不是这世间的人了，你还是这世间的人。你看这人成鬼，有多容易。是人，就不敢不好好活。心放宽展些，我的孩子！"姬发坐起，捶着七嬷，声嘶力竭道："你都把我养成人了，我咋把孩子养不成人吗？我不配做爹。没本事养大孩子，我就不该生孩子来着。"

失去了孩子，父亲变得脆弱了。而脆弱的孩子，则使老母更为强毅。武七嬷两把抹掉姬发脸上的泪，瞪着他，厉声道："胡说！你为她抓屎挖尿六年，她一点心也没有为你尽，就丢下你走了，怪也只能怪她。是儿不走，走不是儿，命中注定她不是你的女儿。好孩子，想开些，得学会自己给自己开脱。你们这么年轻，再生一个还不容易？"姬发恨恨地喊："再生一百个也不是花花，我只要花花呀！"头伏在七嬷怀里，放声大哭。

七嬷紧紧搂住他，也放声大哭，半晌才忍住哭道："是亲人，谁跟花花都难舍！我的心都叫花花疼烂了，你只要花花不要命，就是叫我也活不成了。好孩子，你那么心疼你的孩子，就知我有多心疼你。求你叫我再活几年吧！"姬发这才好了些，似自言自语，又似在向七嬷说："千悔万悔，我悔不该买这张家山！"

张家山，峰峦叠嶂，林木森森，云卷云翻。云下藏凶险，林里隐杀机。为这山，姬家多少人已长眠于地下，如今花花又将埋于地下，尚存者也难料未来将如何，万般忧虑涌上武七嬷心头，哀叹："姬家人无愧于天地良心，为什么要这么多灾多难呢？地不公，天不明！"

姬杨把花花抱放在自己窑里炕上，让一个护林员守着，便领着别的护林员去掘墓坑。怕姬发夫妇日后找见伤心，墓坑掘在偏远隐蔽处。

那个到前山报丧的护林员，没敢进姜家门，只告诉了在苹果园修剪树的二春。二春一下子把树剪甩出老远，又乱踢着树下的枝条吼："就他们姬家事多！我妹子咋嫁了姬家？我外甥女咋姓姬？姬家不吉，姜家跟着倒八辈子霉了！"忍泪回到家里，没敢向父母说实话，只说要到县城去买播种机，叫上大春，开着四轮车赶到镇医院，娘儿仍不省人事。两人在至疼的妹妹身边流了一会儿泪，见有芳珍守着，又上了张家山。

校长迎上。二春哭问："孩子呢？"校长指了指姬杨的窑。大春先进窑，却看见炕上漂亮可爱的外甥女一动不动，便不敢再看，扭头向墙而哭。二春进去，抖手抚着外甥女，突然脸贴她的脸，痛心疾首大哭："这就是花花吗？我的花儿一样的外甥女，怎么成了这个样子？"

久久，校长劝住了兄弟俩。进了姬发窑里，姜家兄弟与姬家姐弟只以泪相对，无话可说。大春心里对姬发满怀同情，二春则除同情外还有不美："他能嘛，他凶嘛！能占山为王，凶到了女儿头上。落个什么呢？他自作自受，还让我们跟着难受！"

因常打林火，难免常被烧伤，姬发处便常备有獾油这种治烧伤的药。七嬷给他清理了伤口，仔细搽上药。脚上的伤较重，便用布包着。然后，给他换了一身干净的黑衣服。老太婆便盘腿坐于炕头，让姬发枕自己腿而睡，不住轻抚着说："命根，肉儿肝，睡吧。睡一觉醒来，就好些了。"校长只会搂头闷坐。

秀珍和武大姑娘，坐着辆出租车赶来。一路，二人默然无语。耳听为虚，眼见为实，既没眼见，她们便尽往好处想：姬杨电话里所言可能是一场误会。

到了盘龙凹，在姬杨窑里明明白白看到花花的尸体，她们才叫着'妹妹'，恸哭起来。哭罢，来到姬发窑里，那姬发视二人如未见。大姑娘的眼泪又被勾出来了，怕引姬发伤心，忙到外面去哭。秀珍见姬发的花眼睛泪晶晶的，微有几处烧伤的脸苍白如纸，经黑衣一衬，愈显标致，不由生出多少怜情爱意来。七嬷可以随便抚慰他，她却只能含而不露，又有些妒羡，含泪向校长说："出租车我还没让走，怕有事要用。不如我到医院请个护士来，给发叔打些镇静药。身体要紧！"

姬发像小孩子样挥着手哭喊："不打针，我不要镇静。"七嬷忙哭说："不打。谁也别提打针！有姐在这儿，谁敢给你打针？好孩子，好好睡一会儿吧!"校长叹了口气说:"打了镇静药,能镇静一时,镇静不了他一生。他这个伤太大了,今生也不得好,只好带伤活人了。姬家男女,原个个伤痕累累,他姐就是,他也逃不过。好在他身体壮实,不会垮,大可不必。"

秀珍听着这话,心里更不是滋味。打发走了出租车回来,觉得窑中冰冷,一看炕炉早灭了,忙生着。想想姬发和哥哥们大概还没吃早饭,便和大姑娘到厨房,升火做上了饭菜。大姑娘把饭菜放入篮子里,用围裙盖了,又提上热水瓶,给姬杨他们去送。秀珍则把饭菜装入一个方盘,捧入窑里。姬发不吃,谁劝向谁发火。校长夫妇也吃不下去。

遭事的人家,什么都顾不得了。鸡还在窝里"咯咯"乱叫。拴在放杂物窑里的老狗黑子,肚子饿得哀鸣不已。秀珍便放鸡、喂狗,忙来忙去,默默地做着那些非做不可的活儿。

大姑娘回来,秀珍又和她给花花梳洗了,换上校长带来的新衣。经过姐姐们打扮的花花,更为美丽,甚至都有些冷艳了。

花花让校长伤心,姬发让校长心疼。这个丢不下,那个又放心不下。老夫子坐立不宁,手足无措,看着别人干什么都无心帮,成了盘龙凹的一个多余人。

下午,姬杨他们掘好墓坑回来时,遇见几个过路的老娘儿。其中一个经多见广又饶舌的老娘儿,停住脚步,拖着夸张的长声道:"这姬家的小子,你年轻不知事,听我老人家说,小孩子恋爹娘,魂常回家,闹得家里鸡飞狗不安。早先殇了孩子,是要剁了脚才埋的。"姬杨白了她一眼道:"等你们家殇了孩子,再剁脚不迟,我们家的孩子就免了。"老娘儿愤愤道:"我好心说话,你咋咒我?"姬杨多少尖利如刀锋的话到了口边,却看着她那跟祖母一样饱经辛酸沧桑的皱脸,硬忍了回去,只哑着嗓门道:"我听不惯你那好心话。那是人话吗?"丢下气急败坏、破口大骂的老娘儿,掉头而去。

姬发枕七嬷腿躺在炕上,虽然一动不动,一句话不说,内心却难以平静。一会儿,他渴望到那边窑里守着女儿的尸体;一会儿,他又急欲把那尸体埋掉。女儿已成尸体,就在家里,他简直没法忍受,头痛欲裂,快要疯了。他也真想冲入旷野,狂吼大叫,疯个死去活来。

经过了一次次亲人不幸而逝的武七嬷,并不在意自己,只怕姬发受不了有个意外,不住地爱抚着他,不停地柔声说:"孩子,我的孩子,二十来年,我的心血都花在了你身上。你就是我的命,我不能没有你。为着我,想开些吧!"

听见姬杨他们回来了,七嬷便下炕出窑,让姬杨把娘儿放衣物的板箱抱了出来，拣出衣物，向大姑娘道："拿一双筷子、一个馍来！"大姑娘依言拿了来。姬杨又拿来校长带的玩具书包等。七嬷在箱底铺上小毯，二春抱来花花放在毯上。七嬷看着侄女，哭叹："真是同人不同命，同是姬家的女孩儿，我就这么福大命长，你就这么没福薄命。唉，要能把我的命分给你二十年，让你得个如意女婿，甜甜蜜蜜、恩恩爱爱几年，你就不枉来这人世一趟了！"把玩具书包放在花花头边，馍和筷子放在手边，泣道，"大姑不迷信，只是活疼不上你了，还想死疼疼你。这是备你路上吃阴间玩的。老天慈悲，让我的花花儿人死魂在，常到我家来看看我！"

姬杨合上箱盖。七嬷向正坐在树根凳上默然神伤的校长道："还是给孩子写个引魂儿的纸旗子吧！"校长毫无道理地喊："我不写！我没心写。写有何用？哪有魂？"七嬷颓然。要是有魂多好，姑侄俩白日不得见，黑夜还能见，醒着不得见，梦里还能见。可惜没魂，一死就了，即便梦里见也不是真见。她什么也不想为花花做了，做什么都没有意思。

姬杨却为了慰七嬷之心，裁了个白纸条，没有毛笔，也没有墨汁，就用指头蘸着蓝墨水写了"来也云淡，去也风轻，定是仙子，乍来又仙去"一行字，系在竹棍上，交给大春，然后道："花花，我们送你走咧！"

大春抽泣着，举引魂幡在前。姬杨和一护林员抬着板箱随后。二春挽着校长，秀珍和大姑娘架着七嬷又随后。七嬷情不自禁，放声大悲："五爹、五娘啊，你们的孙女儿来咧！我死了咋有脸见你们呢？我保不住她啊！亲人哪，天哪！"

姬发听着那撕肝裂肺的悲声，纸白的脸变为乌青，一骨碌下炕追出，哭喊："不许埋我的女儿。放下！我要守着她，天天见到她。把女儿给我放下！"众人愈发悲戚。两个护林员扔掉铁锨，过去紧紧搂住了他。他挣不脱，跺脚哀求："让我看看吧！大姐，你让我看看女儿，只看一眼！"七嬷忍住哭，有些犹豫。姬杨硬着心肠道："他看了只会不舍，走，快走！"姬发急切地哭叫："大姐，好大姐，发发慈悲吧！"七嬷回头，泪眼看着他。秀珍等强架着七嬷，快步出盘龙凹进入了林间小路。姬发一声惨吼，便再也不闻其声了。七嬷步态踉跄，仰头向天，只会叫苦。

几个孩子，正在坡上摘那干皱的酸枣吃，不时发出银铃般欢快的笑声。"亲也亲不过姑舅"，七嬷、大春、二春此时看着封有自家孩子尸体的板箱，听着人家孩子的笑声，更为哀伤、凄惶。

山谷里阴风怒号，空气干冷，路边时见枯藤老树。群鸦从空里掠过，叫声刺耳。

　　到了墓坑边，姬杨和二春跳下去，把板箱放入墓窑里。大春掏出在镇上买的鞭炮纸钱，正要划火柴，只听校长断喝："不许点火！这一灾，生生是叫林子失火引出来的。永不许在这里放炮烧纸钱！"大春吓住了，举着引魂幡，木木然而立。

　　护林员抱来石头，姬杨接住，递给二春。二春砌墓窑口，一石一石，砌得极仔细、稳实。

　　武七嬷苦愁着脸坐于石头上，望着张家山群峰，不知在想什么，或者什么也没有想。

　　六年前，她欢天喜地接花花来人世时，哪知有今日的悲伤？今日的悲伤，叫她都不敢想当年的欢天喜地。

　　二春砌最后一块石头时，从小孔望着装有外甥女的板箱，不忍封严，放声大哭。众人的悲伤被他所引爆，都放声大哭。姬杨只得拉开二春，自己砌住那个小孔。二人上坑，护林员操锨往坑里下起了土。七嬷伏地向坑爬着，嘎哑难听地哭道："天哪，你叫我这老骨头死，胜过叫我活着看到鲜嫩的孩子死呀！天哪，老天爷哪！"

　　秀珍、大姑娘且哭且拉住七嬷。七嬷软跪在地，头歪在肩上，五官痛苦得撮在了一起，哭得气断声噎。姬杨忙跪搂住她大哭道："姑姑，你别伤心了！我受不了你伤心。好姑姑，你伤心，我们越伤心。"大春、二春也跪过来哭劝七嬷。没有劝住七嬷，他们却只哭不止。

　　良久，护林员才劝起了姬、姜、武三姓至亲，向回走去。校长且走且泣道："把个小花骨朵儿，轻易就叫老鹰抓走了。唉，没了，没了！有那股不要命的劲头，将来什么事干不成？可惜把那劲头用在跟自己过不去上了！"

　　葬罢花花，姜家兄弟牵挂着妹妹，当时就下了山。七嬷也要去，二春不许，道："你只管发子，你也要紧。"七嬷便委派大姑娘代表自己去镇医院照顾娘儿。学校事务繁忙，校长劝慰了姬发几句，也坐二春的四轮车走了。秀珍想七嬷失魂落魄的，姬发他们的生活，得有一个女人照顾，便留了下来。她做好晚饭，端到窑里，无一人动筷。姬发几乎意志崩溃，一时哭一时自言自语，恨自己，怨花花，没个安宁。七嬷劝一阵哭一阵，也跟着没个安宁。姬杨倒有些饿了，又不好意思在那茶饭不思的姐弟俩面前吃，便躲到厨房草草吃了些。

　　秀珍收拾罢，和姬杨坐在炕头，帮着七嬷劝慰姬发，一夜无眠。

　　这阵对姬发说什么都是废话。他一句也听不进去，心里只装着女儿。

他悔面对躺在草地上的女儿时，自己什么也不会想，什么也没有做。当时他该想到，女儿可能是假死，是休克。他应对女儿采取心脏按压和人工呼吸等急救措施来着。他又悔不该让当天就埋女儿。山里一个老爷子，死后两天又复活了。多放几天，说不定女儿自会复活。

说不定，女儿已在地下复活，出了板箱，可墓窑子一片漆黑，她不知出口方向，会不会向相反的方向刨去呢？即便不会，她人小力弱，怎么刨得出来呢？

他曾在什么报纸上看到过印度有个做瑜珈的人，被埋在地下一个礼拜后，刨出来还活着。即便女儿没有在地下自行复活，刨出来说不定还能救活呢。即便救不活，做个石棺，里面尽装上盐，女儿埋在盐里，说不定千年不腐。死人复活到那时说不定已成可能，女儿岂不就有一个完全的人生了吗？

让女儿复活的欲望强烈至极，使他的想象也极奇特丰富。明明不切实际，他却觉切实可行。天还没亮，他就闹着要去找女儿的坟，要把女儿刨出来。一天两夜不吃不眠，他竟力量大得出奇，连姬杨都难以拦住他，只得把他和七嬷锁在窑里。他大为光火，见东西就砸，又拼力撼窑门。七嬷去拦，他把七嬷都推倒在地。谁阻止他去救女儿，谁就是他的敌人。秀珍只得去叫护林员。等几个护林员赶来时，他已撼倒了窑门，把姬杨打翻在地，不顾一切向林中冲去。护林员追了好远，才捉住他。七嬷提着一条麻绳赶来，哭道："绑住他，给我把他绑住！他疯了。"

护林员死死绑住他，抬回窑里。他失去了自由，又气又急，不住喊："放我去救女儿！你们不放我，就是在害我的女儿的命。刽子手、杀人犯，放了我！只要让我救活女儿，要我的头，也一刀一挥送给你们。快放了我！"

看看实在不行，姬杨便开车从镇上请来医生，强行给姬发注射了镇静药。几天来劳累无眠，姬杨都快散架了，送医生回去时，手脚简直已不再听大脑指挥，撞死了路上的一头牛，车也险些翻下崖去。医生吓个半死，死活不再坐他的车，步行下了山。牛主则跟他大闹起来。他不愿给七嬷和姬发心里添事，回到中山向父亲要了几千元，赔给了牛主。

姬发睡了一觉醒来，不再叫喊，而沉默无语。

花花之死，最伤心的人是母亲。娘儿苏醒后，比姬发更悲伤凄惨，痛不欲生。怀孕十月，分娩时忍受了巨大的痛苦，一口奶一口饭好不容易把个肉疙瘩养成了聪明伶俐的小姑娘，说没有就没有了，她怎能接受？然而又不得不面对铁的事实。一时里，人世一切，对她都如浮物杂质，不留眼底。回到盘龙凹，她没有了往日的勤恳和热情，什么也懒得做，遇人也不理，无精打采，寡言少语。常待在无人处，久久坐着，失神的双眼一片茫然。泡在对女儿的哀思里，人一天比一天憔悴。

窑壁挂着花花的皮筋，窗台放着花花的鸡毛毽子，杂物窑有花花的小锄，垃圾堆有花花扔了的坏发卡……盘龙凹似处处都有花花的影子，却处处不见花花的人。悲伤便如蛇麻草缠树一样，随着时日的推移，将一对落难夫妻的心越缠越紧。他们吃饭如咽苦药，睡觉如躺针毡，无人时不知搂头大哭过多少次。

人与事，事与情，不变是不可能的，难料难说。姬发心中，有多少悔不该。果园的收入，本可使一家人过上优裕平顺的生活，他当初却鬼迷心窍，买下了张家山林场。如今失去女儿，把世上所有的银行都归他所有，也一文不值，何谈这个在钱上并没有给他带得什么好处的林场？唉，都怪他不知足，才落了个鸡飞蛋打，人财两损。娘儿心中，也有太多的懊悔。当初她要不是怕姬发手头有了钱花心，有意要在这难得见到女人的深山野坳里待，肯定会阻止姬发买林场的。七嬷阻止不住，她和姬发过的是一个日子，要执意阻止，姬发就得三思而行，说不定就会缩手不买的。如果那样，花花也就不会有这一遭。唉，她真是"聪明反被聪明误"，"聪明一时，糊涂一世"啊！

夫妻俩，自怨自艾不尽。

秀珍又陪了娘儿几天，才去上班。七嬷仍陪着夫妻俩。亲族朋友，纷纷来探望慰问。姬发这时最需要孤独，总急不可耐地等待每一个打扰他的人走开，几乎不跟来人说一句话。七嬷只得硬着头皮与人论天气，说庄稼，绝口不提花花。来人也小心翼翼，不多言花花。言也轻描淡写，怕引得至亲伤心。

那姜八姨见夫妻俩恍恍惚惚的，认定是丢了魂，便抱了红公鸡到林里去"招魂"。一个老太婆抱着只公鸡在旷野里的阵阵惨唤，岂能让夫妻俩恢复正常心态？正如古诗云："我有迷魂招不得。"

为情而活者，必为情所累。七嬷明知夫妻俩不耐烦，却不厌其烦举例子，讲道理，开导他们。既思念失去的孩子，又为眼前的孩子忧虑无限，她头上仅有的几丝黑发，也永远消失。几天后，她脸都失了形。姬杨怕她垮了，硬把她送下了山。

仁慈的老母，一进高阳中学的家门，就浑身稀软，晕倒在地。然而只隔了一天，她又提着一罐鸡汤，迈着发颤的两腿往张家山而来。布满血丝的眼睛，放射着柔和而牵念的光芒。死了人，哪怕是死了至亲的人，也要吃饭，还要吃好。正因为死了孩子，老母越要让活着的孩子爱惜生命，好好活人。俗话所言"可怜天下父母心"，一点儿不假。

护林员不肯说出花花的葬地，夫妻俩便怆然地在张家山的高坡低谷里、野树荒蒿中寻找。娘儿始终没有找到，姬发有一天终于找到了。只见坟上那引魂幡还在微风里忽闪，四围枯草没膝，附近林里，冷不防就会发出几声叫魂鸟的惨叫，惊心动魄。

他脚伤未愈，挂棍而立，急促地吞吸着渭北冬季那寒冷、干燥的空气，悲从中起，血往头涌，突然弃棍伏长躯于小坟，深沉痛烈的内心自责，使他哭不出声来。若不是还有一点点理智在起作用，他真会刨开小坟，刨出女儿来。

年轻的父亲，柔肠百折，柔肠寸断。

花蕾初绽就凋谢，谁有他的女儿悲剧之大呢？

独自待在这悍兽猛禽出没处，不再拥有日月星辰、春夏秋冬、骨肉亲人，只拥有三尺阴暗潮湿冰冷。他的女儿，生也孤单，死也孤单！

久久，万般眷恋难舍，他却不得不狠心舍女儿而去。从失去爱女的那天起，姬发就跌入了人生最黑暗的日子里。几十天来，他脑海里怎么也赶不走女儿活生生时的情景。夜里总是迷迷糊糊的，无法真正入睡。不能拥有了，才最想拥有。这天他从坟地回来已很晚，脱衣躺入被窝，似睡非睡，说醒不醒。突然，有轻轻的拍窑门声响起。他睁开眼，自己分明醒着，还是听到有拍门声，忙坐起来，拉亮灯问："杨子，又抓到偷树的了吗？"门外响起女儿娇嫩柔细的声音："爹爹，是我回来了。"

娘儿也没睡着，吃惊地问："你怎么了？"他没听见娘儿的话，狂喜无比，心跳如鼓响，泪水都流到了脖子上。多半是女儿在地下复活，撞开板箱，刨出土坑，回来了。世间常有意想不到的事，奇迹终于发生了，女儿还活着！他不敢相信，又问："不会是花花吧？"门外女儿焦急地道："冻坏我了。快开门呀，爹爹！"

天哪，是女儿，真活着！只要活着，从今往后，他无论怎么难，都不叫女儿知道；无论怎么忙，都要抽出整段时间给女儿，爱她，懂她，让她支配他。父亲应是那坚硬的核桃壳，而孩子应是那护在壳里的嫩仁儿，他现在会做父亲了，也懂孩子了。

娘儿又问："你到底怎么了？"他拳头一砸脑门，说不清是在笑还是在哭，喊道："花花回来了，花花回来了！"衣服也不穿，两条长腿如弹簧般一蹦，就下了炕。娘儿又惊又怕，颤声道："你疯了，天这么冷，你一丝不挂就往出走！"他早着急忙慌过去打开了门。外面空不见人。月已落，银河当空，夜色朦胧，猫头鹰惨叫声声。

他哭叫："花花，花花儿，快进来呀！"娘儿扑下炕，爬过去抱住他的腿摇晃着道："花花的爹，你醒醒呀！做梦了吧？瞧冻成啥了？快回被窝！"

他已有些失望，但又不愿失望，神情很怪地笑道："不是梦，我明明听见花花叫我了。多半在跟我藏着玩。那死丫头片子，真是个淘气鬼。我找找去！"便要出门。娘儿死抱住他的腿不放，哭道："发子，你疯了！花花不会回来，她真死了。你是男人，得带着你的女人把这一难熬过去才是，怎么能先挺不住疯了呢？"

姬发宁愿体体面面地死，也不愿疯疯癫癫地活。八成是产生了幻觉，他被自己吓了一大跳，打了个哆嗦。想娘儿大概也被自己吓坏了，忙低头柔声说："花花是真死了。谁也没有叫死人复活的本事。咱们不能再为她折磨自个了。"关了门，拉起娘儿，回炕躺下，盖严被子，道，"从明个起，咱们该干什么就干什么。一干活，就不老想她了，也能吃下去饭，睡得着觉了。要不，无论我还是你成疯子，都是在给咱们添灾。事到如今，我别无所求，只求平顺。咱们不能再有灾难了。"娘儿点了点头，偎在他怀里，抚着他，如饥似渴道："单干活，怎么能真忘了她？我要孩子！有了孩子，我才能丢开她。"

女儿的死亡，是不可更改的、最残酷的现实。设想让女儿死而复生，是徒劳妄想，枉费心机。姬发认了。女儿的死亡，也使他更懂得了生命的脆弱和人生的缺憾，更多了一些平常心。以前武七嬷念念不忘传宗接代，他却不太在意，花花几乎是在纯粹的冲动中被带到人世的，此后便觉孩子是累。现在他终于感觉没有孩子，就没有姬家的世事。武七嬷千辛万苦，才为姬家保住了他这个独根苗。姬家的血脉不能断在他这一代，必须有传承者。他也极欲在另一个孩子身上，补偿对花花的爱。

夫妻俩默默舐着心灵的伤口，强行恢复了正常的生活，从第二天起，又胼手胝足，劳作不已。他们特别怀念那几年只务果园，把日头从东山背到西山，劳动无比沉重而内心却无限充实的生活。唉，逝去了的生活与人，只可在追忆里再现了。

虽然他们竭力不想女儿，可无法不使女儿在梦里时时出现。身为父母，谁能把女儿从心中抹去呢？只有等他们的心随身倒入土，化作泥，无有形影了，女儿才能从他们的心中消失。

无数次，姬发泪吞肚里，无语问天：都说为非作歹皇天不佑，我先人没有为非，我也没有作歹，女儿却为什么不得好死呢？是我错？是人错？是天错？

第十九章　武校长谈书论道

自买下张家山林场后，与姬发作对的人那么多，使他对周围人产生了一种强烈的不信任感。女儿之死，更使他的心胸狭窄。一段时间里，他只相信自己伤心流泪是真的，顶多也只相信至亲好友流泪有一点儿真伤心，无关痛痒的人流泪，便觉得是做给他看的。而与他作对的人，他则想他们该称心如意，奔走相告了。于是他看人的眼光，极为冰冷，甚至有些敌视。

众家亲戚，却不管他如何冷漠无情，三天两头这个走了那个又来了。尤是七嬷，那两条胖腿上张家山最为勤快。校长不如老伴，隔上一两个星期，才迈着那只怕踩死蚂蚁的步子，上山来待上一天；做些小杂活，唠唠叨叨，没完没了讲做人做事的大小道理。姬发当然不会敌视恩养自己的人，但老夫子唠叨不休，还是让他脸上满是反感的神色。老夫子不管他的脸色，只管讲，硬往他耳朵里灌。时间总会使人内心的伤痛有所愈合、减轻的。渐渐，姬发内心有些平静了。惨痛的打击，使他对人生世事也多了些思索，觉得老夫子的唠叨自有其道理，老夫子上山来要闷声不吭，他反有些不好受。其实老夫子的唠叨，听起来如潺潺流水，最沁人肺腑。

1993 年清明节，又到了祭奠亡灵的时候。无病人偏好呻吟，伤心人最怕伤心。姬发没有回中山给先人扫墓，而女儿之坟，怕自己精神失常，去了一次，就再也不敢去了。这一天，盘龙凹反而一片欢声笑语。校长夫妇早早就来了，然后姬杨那两个水灵灵的如鲜花一般的妹妹也来了。他们像是这家从未发生过什么伤心事一样，热烈地谈论着谁都不感兴趣的话题，或是不住拿谁打趣逗乐儿。校长还酸兴大发，挥笔写了一副索然无味的对联，自己却很得意，贴在窑门口炫耀。横批为：惜红爱绿。上下联为：花香鸟语正阳春，水色山光真丽景。

秀珍来还带着酒。对酒当歌，对景当歌。校长几杯酒下肚，竟如七嬷笑骂的那样"张牙舞爪"地唱了一首老歌——"群山托起了英雄"。

因清明上坟人化纸钱，容易引起山火。饭后，姬杨便和秀珍到林里巡游去了。七嬷与芳珍坐在炕头，和娘儿东拉西扯。校长和姬发对坐在沙发上，笑问："那年我给你的一箱子书，多半没看？"姬发不好意思地说："我不太爱看书。倒从中山老家带到这里来了，在那个放杂物的窑里。"校长道："还是忙里偷闲，看看书吧！一者，读书跟茶余饭后跳舞、唱歌一样，也是一种娱乐、享受。最是烦闷时，读书可美美清洗大脑里的琐杂。二者，世间物质有限，人生在世，物欲应节制一些，多一些精神追求。身体发肤之美，为父母所授，不可自我改变，而灵魂之美，则可自我塑造，读书则有助于把自己的灵魂塑造得更美。三者，好好认识社会，单靠个人经历，就太有限了，得借助于多少人多少事的总结——书本。有此三者，何乐而不为？"姬发连连点头称是。

一伙人走后，姬发便搬出那个落满灰尘的皮箱来打开一看，校长里三层外三层的包装得很仔细、严密，还好，书没有受潮发霉。姬杨惊道："这箱子里原来是书呀！怎么不早说？我还当是你两口子的什么宝贝，动也不敢动。不看书，我就觉得脑瓜里似乎只有小脑，只能指挥吃喝拉撒，变成了无机体而已。相形之下，一看书，我才觉脑瓜里还有大脑，还能思想了。好，好！"拣了几本，就看起来。

姬杨翻书的技巧，绝对高超。照他那技巧，书被翻一百遍也会完好如新的。他自己有好书，很怕人借，不是怕"刘备借荆州"，而是怕笨蛋——有人竟笨到蘸唾沫翻书。书都是些文史哲经典，古今中外都有。姬发拿了一本，看了几页，就觉味同嚼蜡，扔开了。

过了几天，下起连阴雨来。道路泥泞难行，少有人进山出山，各山头的护林员也难得到盘龙凹来。姬杨得了机会，从早到晚钻在自己窑里展卷卧读，谁也不理。娘儿戴着黑丝线织的满头罩络子，也只坐在炕头做针线，手指舞动优美，不时在鬓角上一洗针，一句话不说。外面连鸟叫声也没有，只有雨落在树叶上的"沙沙"声。姬发闲极无聊，闷得发慌，一次次到门口，只瞅天不晴，便胡乱拿起一本书来打发时间。看着看着，就入了味，眼睛涩疼，不时掩卷而思。灾难，可使人麻木不仁，也可使人活化心灵。姬发当属于后者。在失去女儿之前，他还受着物欲的强烈诱惑，做人未免浮躁，就是硬着头皮看书，也不能理解其字里行间的深刻含义。失去了女儿，物欲对他的诱惑力大大减弱，于是他能静下心来想一想了。他原有的对社会和人的认识，不能胜任这思想，有许多人和事想不开。在读书中，与那些有博深学识和思想的伟人交流感应里，久久想不开的某一人或事，终于有一种迷雾洞穿、茅塞顿开感。于是他明白了自己其实原来很浅薄。

好书，让他爱不释手了。

校长以前总是用宽容、屈尊的态度跟姬发说话，并不是因为他年长和比姬发地位高些，而是因为姬发对社会人生的认识、思考太少、太浅，不过语言生动有趣一些罢了。自从姬发喜欢上读书后，渐渐地，他终于以平起平坐的朋友态度和姬发说话了。两人相对，既说生活琐碎，又论社会人生。因为说生活琐碎，论社会人生便不觉枯燥乏味。因为论社会人生，说生活琐碎，也常被提升到更高的层次来观照。两人只觉很投机，当然也很兴奋，校长甚至有一种很幸福感。自己最疼爱的孩子，能够跟自己纵横高谈，他怎能不感到幸福呢？

姬杨对朋友的每一点儿变化都是关注的，自然也很高兴，一次在旁笑指姬发说："这人悟了。难得！多少人，到死也不悟哩！"校长道："你能认为他悟了，你一定比他先悟了？未必。我就不敢说悟了，他离悟还差得远着哩。"又向姬发笑道，"要你读书，不是要你僵读书，死读书，言行让那些先贤大哲的思想框住。那就成书呆子了。人一成书呆子，读书就产生了负面效应。读书还不如不读书。读书，当然是求索知识，但更重要的是提高判断是非的能力，拥有更正确一些的思维方法，学会更好地控制自我，发挥自我。先贤大哲的话，是针对彼一时彼一地的社会和人的。社会在矛盾运动之中，人则千差万别复杂多样，此一时此一地的社会和人，彼一时彼一地先贤大哲的话，就套不上了，硬套真理也会套成谬论，只可借用那些先贤大哲比较正确的思维方法。读书，也不单是读书本，人间无处不有书。每一个人，哪怕一字不识，身上都有无尽人类文明的积淀，都是一本读不完的好书。比如你大姐，我一辈子都在读她这本书，受她影响不小。要这样读书，即便没有书架，活人也有一种坐拥书城的感觉，觉身边时时有书，处处有书。读书，也不要拿有用无用来论。有什么实际用处更好，没有什么实际用处，但可提升自己的做人，让自己身上多些人格和真理的魅力，岂不也好？这样书就读活了，人也就成真正的读书人了。你们俩，先天优越，都有运动员的体魄，要再有一身书卷气，就更光彩夺目了！"

说完笑吟吟地看着姬发。姬发穿烟灰色西服，系棕红色领带，握书倚案而立，眼里闪着熠熠的辉光。校长得意地在心里道："好孩子，你不知道，我一生最得意的事情，就是养育了你。别说什么亲生，你就是我的传承。有你，我死可瞑目了!"

一席话,姬发听来如醍醐灌顶,心悦诚服,叹:"朝闻道,夕死可矣!过去我觉得自己什么都知道,现在才明白自己腹如芦苇,空空如也,并不真知'道'。'知道'两字,原来是不可随便说的。"

此后,他更嗜书如命。亲手打造了一个式样别致的书架,托秀珍姐弟给他搜求购买了各种好书,特别是林业方面的书,把书架摆得满满的。白天巡林去的时候,脖子上挂着个装有书的包,累了就散散淡淡地坐于树边石上,看着书。树身靠着一猎枪,脚边蜷一狼狗,分明是个别具一格的读书人。

不光有好书他就看,对周围的人,他也以一种读书的眼光来看,看到别人的缺点,便想想自己是不是也有。有则改之,无则引以为戒。看到别人长处,则如饥似渴学之。美好的人及其事,对他真如读一部好书一样,赏心悦目,陶醉不已。

这位身处山野的青年,却一定程度进入校长所说的"坐拥书城"的做人境界了。

爱情,这神秘的生命舞蹈,总令舞者如醉,观者如痴。身上散发着书香的姬发,更让秀珍和娘儿着迷。只是秀珍仍含而不露,娘儿则对姬发柔情百种,又诚惶诚恐,只怕自己不配姬发,求他教自己也认认字,好读书。姬发为人师表倒很耐心,可惜家事繁杂,娘儿认字真如猴子掰苞谷,好容易认下几个,又很快忘了。她沮丧地笑道:"算了。等过几年,日子顺了,我专腾出时间来念书。读书明志,我可不愿当一辈子傻子,叫人瞧不起。"姬发道:"胡说,大姐跟你认字一样,掉头就忘,认了多年字,也没认下多少字,差不多还是个睁眼瞎,姐夫一辈子瞧不起过她吗?我敢跟姐夫比吗?怎么会瞧不起你呢?"

小两口的爱情生活,越来越动人。除了秀珍心里酸酸的外,别的至亲好友都为他们感到幸福。

娘儿突然间看到酸食就嘴馋,一闻见油腥味就恶心,原来是怀孕了。

姬发既欢喜,又心酸。花花是他永远的心病,与孩子有关的任何事,都会使他受到刺激,内心隐隐作痛。而七嬷听说后,兴奋得眼泪汪汪。这个一心要使姬家人丁兴旺起来的女人,又士气大振,赶上山,千叮嘱万叮嘱娘儿,不敢干重活。

个人、家庭、家族,在生活的舞台上,都不会上演纯粹的悲剧或喜剧,而是悲喜剧。姬家就是这样,大悲刚过去,大喜又降临,而喜中却又平添新忧。

1993年5月,吴镇长调离,继任者姓陈。

继任者到来，高阳的老板们按惯例都得去朝拜，当然少不了见面礼（最好是现金，各人量力而行，不过少也不能少到一万以下）。水泥厂厂长、煤矿矿长们常来张家山玩，也曾就这事提醒过姬发，道："做人不可太缺心眼了。"姬发嗤之以鼻，说："心眼可缺，德不可缺。你们爱怎么做是你们的事，反正我不做干部腐蚀剂。"

　　陈镇长一次和企业办主任老原拉闲话时，似乎无意识地说："张家山林场的姬场长，倒牛气冲天。我到高阳这么些天了，他也不来认识认识。"老原忙说："他跟别人不一样，陈镇长得谅解。"陈镇长笑问："怎么讲？"老原道："林场说是企业又不是企业，没有什么大的收入。姬发上次买菜，还向我借了五块钱哩。再说，他才殇了女儿，无心跟人往来。第三，不单是你，他跟吴镇长关系就很平常，像是不擅长社交。"陈镇长点头道："原来这样！"心里却说，"我就不信，那小子无求于我。至于穷到那地步吗？小农民就那号德性，没钱偏显阔，有钱倒装穷。"

　　说姬发穷，不只陈镇长，高阳大多数人不会相信。

　　自买下林场后，姬发还没有从中得到一分钱的收入，事倒接二连三，出个没完没了。人有多少精力？既浪费在了那些事情上，他管护果园便显得力不从心，苹果品种也老化了，市场价格又一降再降，加之果园被森林所包围，虫害严重，一年下来，收入几乎不够投资。坐吃山空，秀珍求人看脸给贷的那笔款所余钱，姬发手头捏得紧紧的，也只剩下不到五百元，给护林员发一个月工资还差得远。眼看又到发工资的时候了，姬发只愁到时怎么面对护林员。恰巧一日，秀珍来了。姬发便道："我想砍些木头。办砍伐证得几千元，你看这笔钱不掏能行吗？唉，有这么大个林场，我倒端着金钵在讨饭。"秀珍笑道："想你正愁钱，我正是为这事来的。办个证嘛，我也不赞成让人掏那么多钱，但这是惯例。你要办证，就不能因为我是所长不掏钱。我来是跟你说，证不办，我睁一只眼闭一只眼就是了。林业局的同事们万一谁知道了，看我的情面，也不会怎么样。只是你绝对不许大面积砍伐，间伐一些。有人买，就伐。买多少，伐多少。不要堆在那里卖，太显眼了。够花便止。"姬发点头"嗯"着。娘儿笑道："我们欠秀珍的情分怎么还呢？下辈子我生做个男人，娶秀珍，要不就让发子下辈子娶。"姬发啐道："呸，那不越亏秀珍了？人家是大学生。八辈子，都是咱俩配，瓷锤一对！"

　　好几片槐林的确太稠密，间伐一些，更有利于别的树木生长。林场的经营管护权既属姬发，他也不愿滥伐。伐上一些，姬发就赶紧打电话让煤矿来车拉走。才卖了不到两千元，还不够支付护林员一个月的工资，事情就出来了。

一天，地区林业局卫局长领着几个人驱车来到本县，直奔县林业局何局长办公室，问："有人举报张家山林场姬场长，在你们局某些人的支持下，无证采伐木头，有这回事吗？"

何局长吃一惊，又莫名其妙，道："支持他护林我们是全力以赴，但这种事我首先不可能支持。有证没证，我一向忙，还不知道，或者是个误会。老王你先招呼卫局长喝茶，让我去问问秀珍。"卫局长道："打电话叫这里来问吧。"

何局长只得打电话叫来秀珍。秀珍见来者不善，也慌了，整了整警服道："只伐几千元的货，场长本来要办手续的。我想林场又不是工厂，老有收入，况且只那么点钱，交钱办手续，划不来，就没让办。场长没有责任，责任全在我身上。"卫局长搔着秃顶冷笑道："你替那位场长想得还挺周到的啊！听说，你跟他是亲戚？"何局长忙向秀珍使眼色。她想卫局长把话说到这个份上，举报者已向他说了真情了，隐瞒也就没有什么意思，便坦然道："他是我的族叔。"

卫局长一拍桌子，厉声道："身为所长，大义保亲，你未免太义气了！你的责任再说。那个场长，作为护林者毁林，就该罚他个倾家荡产，还要交公安部门追究刑事责任。先去张家山看看！"于是众人簇拥着卫局长出了何局长办公室。秀珍落在最后面，想给姬发打个电话让赶快遮掩现场。

卫局长似乎意识到了，突然回头向她说："你也走，跟我坐一辆车。"秀珍无奈，只得上了卫局长的车，一路忐忑不安。自己要被怎么处理都无所谓，就怕姬发倒霉。他已够倒霉的了！

姬发正领着几十个雇工在离盘龙凹不远处的一片槐林里砍伐。他也怕出了问题连累人家秀珍，捏着一把汗。不想一排小车就停在了路边。从车上跳下的人，他不认识的居多，知道事情不妙了，灰了脸。何局长苦笑道："撞了个正着。你怎么搞的？"

卫局长当即就令同来的地区林警给姬发上了铐子，问："知道这是违法吗？"姬发没有回答。他当然知道，追究起来还不得了，被铐着的双手，微微发抖，仰头叹道："没想到，我拿多年血汗钱买了个林场，就落了这么个下场，损财还丢人！悔不该当初没听大姐的话。我真是把屎吃了。这下完了，一辈子都完了！"

卫局长冷笑道："知法犯法，胆大包天，是背后有侄女做靠山吧？"姬发一听秀珍真被扯上了，急得脖子上青筋暴起，连连说："这不关侄女的事。她一点儿也不知道。我根本就没向她打过招呼。"卫局长哼道："人家早已承认了。你们叔侄俩，倒会互相包庇。包庇也是罪！"回头一看，却不见秀珍，忙问："她人呢？我就知道她心里有鬼。"

秀珍见卫局长不问三七二十一就要把姬发铐走，他这下惨了不说，传出去，附近各村的人又会嚣张气焰起来，护林很可能又失控。情急之下，她想起在林学院时有一位姓张的教授，现在出任省林业厅的副厅长，当初她可是这位教授的得意门生。于是忙溜到盘龙凹，向娘儿要下手机，简要给张厅长说明了情况，请求帮助，几乎哭道："别人有了钱搞企业，享受的是什么呀！他搞林业，有钱人倒成没钱人了。个人管护小林场看来是大方向。要这样，谁还愿干这号事？"张厅长多年从教，为官是歪打正着，不会四平八稳做官，小不点的事就坐不住了，道："林是不该砍，但又要马儿跑，又不给马儿吃草，也不行呀。应该给这些人相应的政策。政策也不能一时就下来，先解决他的问题要紧。我即刻就和卫局长联系！"

秀珍自毕业后就没有和张教授再见过面，电话号码还是从同学处得到的。当时要这个电话号码，就因为姬发事一个接一个，为防万一急用。不到迫不得已，她也没有勇气给张教授打电话。打了电话，她心里也不踏实，人家现身居高位，未必再把她这个学生放在心上，更何况姬发……

她绞着手，回到砍伐现场。卫局长用狐疑的眼光望着她。她堡着何局长说："这几天肚子不太好，到那边方便去了。"

卫局长挥手下令："带走！"林警押姬发上了一车，众人也各上其车。姬杨和雇工们面面相觑，不知所措。娘儿在旁听着秀珍打电话说事，早吓得脸色焦黄。秀珍走时安慰了她几句什么话，她也没听见。好半晌才醒过神来，慌慌张张赶到这里，扑倒在姬发所坐车的车头上，哭天抢地道："亲人哪，你咋遇了这么个粗笨女人，没法子救你呀！放了我的亲人。要坐牢，我替他去坐牢。不许抓我的亲人！亲人哪——"

就在这时，卫局长的手机响了，是省林业厅张副厅长打来的，说砍林不多，及时制止，教育教育，下不为例就行了。卫局长"哦"了几声，关掉手机，看着秀珍说："看来正如举报人所说，你们很牛皮。这么一会儿，就惊动了张厅长。人先放了，但事没有了结，回去研究研究再说。"秀珍抠着手指头说："对不起，我实在没有别的法子。我叔叔有太多人不知的难处，还请卫局长谅解。"

姬发被打开铐子，下了车。夫妻俩深情地望着秀珍坐的那辆车，秀珍轻轻向他们点了点头，一排车便鱼贯而去。

姬发让雇工散了，便坐等事情最后的结局。娘儿提心吊胆的，又不住安慰姬发，说："你又没杀人，就坐了牢，能判几年？十年八年也是一晃就过。山让收了也好，早够了。我回中山家里等着你。穷日子好过！"姬发紧紧握住她的手说："这我信。真要这样，大姐也不会让你太受穷的。我是自作自受，人家秀珍，又为自己个什么？万一让开除了公职，一辈子不毁了？"娘儿也忧道："秀珍到这一地步，实在不容易。小时候，她比我还苦。要毁了她的前程，我们怎么对得住人家呢？"

秀珍对卫局长"研究研究再说"的话，也捉摸不透，不知事情到此为止呢，还是又要折腾。张教授是不好再烦了，想来想去，只有东海可商议。她很不愿意见东海，见了面总是尴尬、痛苦，但咬了咬牙，还是约见了东海。东海认为最好把这事彻底抹光。他不知怎么和一位地委副书记关系密切，视其为靠山。二人便驱车到地委，请求那位副书记出面向卫局长说话，私下又花了些钱，卫局长对这事的"研究"，才算是没有"再说"了。

如果是为自己，秀珍宁愿被开除公职，也不愿这么做，可是为姬发，她做了。她一次次在姬发不知情的情况下，为他做着她所不愿做的事情。

数日之后，秀珍又赶到了山上。真是宾至如归，娘儿执手牵袖，把她迎入窑里，别提有多亲热。秀珍是特地来告诉夫妻俩事已了结，好让他们放下心来着，笑道："都怪我，没有把事情弄好，让叔叔、婶娘受了一场惊。林就不敢再砍了，钱的问题，我另外想办法。"夫妇俩松了一口气。娘儿疼爱地抚着她头发，落泪说："有你，我们真是上头有天了！"秀珍道："婶娘说这话，就把我当外人了。自己人，只盼你们日子能过得顺当一些。看着你们好，我心里就舒服。过去了的事就过去了，日后还会有想不到的事，天无绝人之路，挺一挺也会过去的。忘了是谁说的，壮丽的失败后面，就跟着辉煌的胜利。况且你们只是遇到些大大小小的挫折而已，根本算不上什么失败。"

姬发问事情怎么了结时，秀珍一字不提花过钱，只笑道："背靠大树好歇凉嘛，是东海帮的忙。他那人，有求必应。"姬发便道："人谁身上没有缺点？听叔叔的话，要看到东海的长处。"秀珍低下头说："我欠东海的太多，一想起心里就不安。叔叔说的道理我也知道，可是我做不到。"姬发命令道："试着做吧！为了你自己的幸福，你也应该珍惜东海对你的爱。依我看，没有第二个男人有东海对你那么好了。"娘儿道："其实她已试着做了，反倒伤了东海的心。

恩情债，不是做夫妻就能还了的。"

秀珍没想到娘儿这么懂自己，忍不住哭了起来。这个女人爱姬发，她也爱这个女人，因为姬发爱这个女人，她只能爱他所爱。她没有一点儿夺人之爱的心，只想默默地为这两个相爱的男女付出。付出生命也在所不惜，只要他们幸福，她也是幸福的。娘儿也哭了。夫妻俩早已明白秀珍对姬发害着单相思，只是从不说出口而已。说也怪，娘儿竟一点儿也不嫉妒。秀珍各方面都比她优越，她也不觉得秀珍对她形成了威胁。这全因为秀珍为人的美好，她因此极爱秀珍。姬发不忍看两个女人因自己而抹眼泪，走到门外，自己却忍不住抹了好大一把眼泪。秀珍对他的爱情是真挚、深厚的，他虽对秀珍无相应的感情，但叔侄之情、朋友之谊，也是真挚、深厚的。他和秀珍之间，依然存有天大一个"情"字。

三人之间，本来是很复杂的感情，却弄得如此简单、纯洁、美好。

复杂的可变简单，简单的却常被弄复杂。姬发的日子，无风也三尺浪，事情接连不断。他从没有真正告过一次人，但恶人先告状，喊打的便是贼，自己却屡被人告。不过理解和支持他的人，还是与日俱增。他自己也觉得腰杆越来越挺得硬了。

吴镇长调离，姬发心里曾暗喜，说不定新来的领导会对自己态度大变。"新官上任三把火"，他甚至抱希望于新领导，把遗留问题给他一个了结。然而一天，镇文书送来了陈镇长一个口头通知：限姬发三天之内，将所欠五万元交镇政府。否则，镇政府将把他连窝端下张家山。

显然，将他连窝端下张家山是假，让他流些油出些水才是真。

姬发明白。

他失望之余，火冒三丈，当即下山到陈镇长办公室，微喘着气，竭力使自己镇静一些。此前陈镇长是见过姬发几次面的，应该认识，却坐在办公桌前，头也不抬问："哪一位？"姬发道："陈镇长贵人多忘事，真要不记得我就好了。护林人姬发！"陈镇长这才抬头看了他一眼说："你的事吗，哦……"姬发毫不客气地打断他的拖腔，扶着桌角道："陈镇长是不知情况呢，还是有意与我过不去？如果是不知情况，听我给你详说；如果是有意与我过不去，我也就没有什么好说的了。"陈镇长在椅上摇着上身道："你这是以什么态度说话？何谈与你过不去？情况我也知道。你买林场没交清款，就是违约。镇政府即可宣布合同作废，收回林场，并处以罚款。"

从一进门，姬发就想揍陈镇长一顿，倒不为要说的事情，而是因为那老小子不把他姬发放在眼里。他那个态度，反使姬发更为不卑不亢，冷笑一声，跷着二郎腿坐在沙发上，直视着那位道："话既这么说，陈镇长所知情况，要不属实，就是并不真知。镇政府当时并没有把林场全交给我，我为什么要把钱全交给镇政府呢？我姬发，不是山里的二愣。吴镇长虽走了，老原还是企业办主任。况且这事也可问一问吴镇长，只要他不胡说八道，本身就是人证。要连窝端，吴镇长他们早把我端下山了，等不到陈镇长。陈镇长执意要把我端下山，被逼无奈，我只好状告镇政府没有把林场全交给我也是违约，要求赔偿更多的损失，包括精神损失赔偿。我正愁林场不得出手哩！捞回本来，或者还能赚些，把那块烧红的炭扔回原主手里，对我岂不更好？"

陈镇长真没把姬发放在眼里。一个凭务苹果园发财的山里后生，保准没见过什么世面，言语木讷，三威两吓就缴械了。没想到唇枪舌剑几个回合，他就不得不另眼相看姬发了。那小子咄咄逼人，言语到位，思维缜密，他已成了守势，道："告随你告。镇政府即便有责任，也是前任镇长的责任，与我无关。"

姬发掏出烟盒，弹出一根烟来夹在手指间礼让陈镇长："抽?"镇长摆手道："戒了。不客气！"姬发就叼在自己嘴里，抽了几口便按灭，嘴角挂着一抹笑道："话说到告，其实还是客气。我只是想让陈镇长别把我当作绵羊，可以任人宰割。陈镇长还自以为是，我只好不客气了。难道你以为你能推脱责任吗？我这就写一个材料，一式两份复印出来，送一份给您，向尊敬的陈镇长反映里山村强占张家山林场千余亩林的情况，要求您尽快处理。我很笨，以我笨想，吴镇长走了，但高阳镇政府没有走。镇政府不是私营企业，企业主将企业卖给另一位，似乎原企业主欠人款什么的不可向新企业主讨要。只要高阳镇人民政府是共产党的，换汤不换药，换十个镇长，遗留问题也应解决，否则就是失职。您要仍置之不理，我状告镇政府，恐怕您也就有了不可推脱的责任。如果有可能，我还要让媒体曝光。到那时候，看谁裤裆的东西，能见得天日？"

陈镇长终于明白，这个山里后生，的确不同寻常，难以对付，既恼火，又泄气，道："你告吧，我奉陪就是了。"姬发站起来，两手插在裤袋里，神情冷峻，声音坚决道："我本无心买林场，是原主任三番五次缠我，才买下的。请神容易送神难，既买下了，要我从张家山十八盘路上走下来，不那么容易。等你连窝端我的时候，我必把你送上法庭，讨一个公道说法。咱们就看到底鹿死谁手！"

离开镇政府后，姬发真让校长代笔写了一个材料，一式两份。一份自留，一份让文书转呈陈镇长。日子一天天过去了，陈镇长连窝端他下山之事再也不见下文，但也决不动手理吴镇长留下的那一堆乱麻。张家山自姬老人手里时就是高阳的一个招牌，上级有人来视察本镇工作，时不时就提出要上张家山看看。"进人门，看人脸"，陈镇长既要陪上级去张家山游玩，就不得不给姬发赔笑脸，甚至拉近乎。于是，表面上两人相安无事了。姬发则是真正欲与陈镇长相安无事。只要不给他寻事添烦，就算是帮他了，谢天谢地！每当上级来人询问他有什么难处时，他从不肯诉难说苦。

干部监督机制如果不力，即便惩处了几个无能腐败者，即便出现了几个清廉有为者，也不能从根本上解决问题。随着时间的推移，姬发的旧问题没有解决，新的问题又一个一个出来了。依然是解决了的少，而"冷冻"起来的多。

越是棘手的问题，越是容易被"冷冻"起来。这些久拖不决的问题，分明是在遗留着后患，酝酿着悲剧。

第二十章　人言可畏

　　武春燕似乎已被高阳人遗忘了。不过她那"癫狂中有战栗，堕落中有灵性"的活人，注定还会引起人们的关注。

　　果然，她就是活得与人不一样，已成女大款，带着对姬家小子的未了之情，又荣归故里了。

　　没人知道她这么多年在什么地方，凭什么发的财，到底有多少钱。她在外面的酸甜苦辣，难为人道，连亲人也不肯给说。高阳的闲人们猜想纷纷。有人诡秘地道："女人嘛，还能凭啥发财？凭的就那个嘛！她本来就那个德性，生得又怪馋人的。"说者嘿嘿，听者哈哈，闲人大乐。

　　春燕在镇临街处买了二十亩地皮，前面是九间宽三层办公楼，后面是果库，大门口挂着个"高阳果业公司"的牌子。雇工有数十名，还有一辆转手桑塔纳。出门自己开车，身边总有随从。她使得客商蜂拥而至。这几年，高阳人的苹果，不但价格一降再降，许多还卖不出去，人吃不完，只得喂猪，甚至眼看着烂掉。客商多了，虽然价格仍没有上扬，但人们总算能把苹果全部出手了。而核桃、柿饼等果品，则一时成了紧俏货。

　　苹果价上不去，主要是品种和质量的问题，多中则要求好。春燕成立了高阳苹果协会，自任主席。请来专家授课，指导改良品种，传授管理技术。果农虽然听讲踊跃，但实际操作者极少，多持观望态度。他们总是这样，让人家先干，好了再跟着干，不好免得瞎折腾。她的协会主席也徒有虚名，没有几个人听她的，大家各行其是。几千年来农民都是无组织生产，惯了。

　　越是愚昧落后的地方，越难以有公平交易。客商一多，高阳人便群起宰客。政府方面这费那费的，把手伸得老长，农民也伸出了自己又黑又糙的手——客商的车从他们村边地畔过去，也无理纠缠，要过路钱，等等。把客商吓跑了，就是把春燕的财源吓跑了，她不得不既和地方领导周旋，又和村民交涉。好在她善于辞令，巧于周旋，又舍得吃小亏，倒也应付得八面玲珑。一时里，她门庭若市，车水马龙，前脚送走特富阶层——八方来客，后脚又迎入特权阶层——高阳的头面人物，风头出尽。武春燕在高阳已然炙手可热了。

母亲常随着春燕。娘家同宗的人，甚至二小同宗的人，不时来蹭光。春燕对过去的事绝口不提，倒帮衬他们些钱。

母亲不满，说那些人："春燕还是那个春燕。我的女儿我最知道，当初她就不坏。如今她放个屁，你们也嗅来嗅去夸好闻。当初她嫩花一朵，你们倒恨不得一脚把她踩个稀巴烂。难道她不是被你们踩过来的？就是如今，你们当面说花夸朵，背后准还在说她臭不可闻。我没听到，也想得到。"

女儿一有钱，母亲先变了脸，自我高贵得亲戚族人不敢轻易接近。她备受侧目冷落，含垢忍辱一生，却不在乎，就是不能忘怀那些人当初给女儿的耻辱。

春燕的归来，引起了姬家人内心的强烈震动。娘儿虽怕姬发尴尬，只字不提，却可谓高度敏感，严重关注，时时提防着他们旧情复燃。武七嬷也心弦紧绷。她才不怕伤姬发的面子哩，一再警告："打你媳妇进了咱家门，我在你身上省了多少心。她可是山里娘儿的顶尖！天地良心，你要在外面勾款姐搭富婆，甭说你媳妇不容，我老婆子先跟你惹不下！"

有一次，七嬷又说这话时，姬发只坐在沙发上笑搔头。老太婆道：

"乖孩子，我的宝贝蛋蛋儿，过几年，我看你要成秃子了。"

"你只会信口开河。好好的，我咋会成秃子？"

"心在两个女人身上，这个女人嫌你偏心那个，揪下你一撮头发来，那个女人又嫌你偏心这个，也揪下一撮来。揪来揪去，用不了几年，我的乖乖，你准就成秃子了。"

姬发跳起来，捏住她嘴唇道："看我不把你捏成鸭子嘴，只会呱呱呱，叫你再信口开河！真是个又刁歪又古怪的老婆子，气得人没办法。"

春燕到头来，还是对姬发无恨，而仍觉他最可爱，所以重回高阳，就是为了走近姬发。落魄她不会归来，归来就是天真地想用富有来诱惑姬发。然而姬发已今非昔比，虽然缺钱，但钱已很难打动他的心了。时间，也已无情地把春燕从他心里抹去了。只不过春燕当初是因他出走的，如果落魄而归，他可能会良心不安，私下会给她一定的周济帮助。既如此，他倒松了一口气，闻如未闻，见如不见了。

春燕回来不久，就备了厚礼去见武七嬷，还掏出两万元道："人无贵贱之分，只有好坏之别。好人理应得到好报。没有嬷子给的五千元，我就没有今日。这是嬷子应得的。"

"给你的，就是给你的。给你又收回来，还多要，我放账不成？你小看嬷子了。快收起钱来！要不嬷子就火了，从此不许你进门。"

"不许进门算什么？打一顿也使得。这点钱，你得收下！"

七嬷死活不接，春燕无论如何要给，以至于泣求。无奈，七嬷道："这么吧，有几个孩子上大学钱紧，你给他们每人寄几千，就算给我了。"

"又是供人家的孩子上学。嬷子开着银行不成？也好，我以嬷子的名义寄给他们。"

"这么着，不成我图人家孩子将来报答了？你落款只写'高阳，姐姐和娘'就是。"

"哪有姐姐在前的？该是'娘和姐姐'。"

"随你怎么着，只要那些孩子念书不愁钱就好。"

七嬷沏上茶，拉春燕坐下，抚着她道："发子是我的孩子，他对不住你，就是我对不住你。只是过去的事已过去了，旧话不提，你回来就好！他们两口子如今美美满满的，好闺女，你要真尊嬷子，就看在嬷子面上，不扰他们了，好吗？"春燕低了头笑道："正是嬷子的话，他们两口子不提，咱娘儿俩多年不见，拉拉咱们的话吧！"

数万人口的高阳镇，能够成为公众注目之焦点，即公众人物的，不过数十人而已。这数十人里，如姬发、武春燕一类，属新生代。新生代的公众人物，常在众人意想不到时突然光芒耀目，但许多很快就会黯然失色。而如能不够、武校长等一类的老牌公众人物，则是由沧桑之变淘汰存留下来的，却总让人注目。

高阳镇中学自武清俊出任校长后，向全国重点大学输送的学生，数量仅次于县中。上级屡有意任命他为县教育局局长，但他始终不肯下教学第一线，屡屡谢绝了。从出任校长至今，他都代着毕业班的数学课。他的人格、才学，让同事及本地社会各层，都觉得这个校长非他莫属。本来他已退休了，教育局又返聘他仍当这个校长。至于能不够，如果他有做人原则的话，可以说是与校长截然相反，背道而驰。在高阳，他也没有校长那么好的口碑，但过去他是里山的支书，现在更是支书、村长一肩挑。习惯成自然，时间太长了，人们也就习惯了，觉得里山村的"头"似乎也非他莫属。于是，他就像外面裹着蜡质的粪便一样，漂游在时代洪流的表面，怎么也沉不下去。

时代进步不可抗拒，里山村这多年必然有所变化，但因为有能不够这么一个与时代格格不入的"山大王"，别村人在致富路上的速度若用骏马飞奔来比方的话，里山村的人则如老牛一般，是在慢慢磨蹭。

里山村的人把主要精力用在了什么地方呢？他们的精神状况又如何呢？当年政府引导农民栽苹果园的时候，很少有人家栽苹果园，栽者很快也挖掉了。等到人家跟着苹果园发了大财，他们才慌起来，慌忙栽下苹果园，然而待他们的果树挂了果，苹果又不值钱了。务苹果园需要的是高投入，有的人家没赚几个，有的人家干脆就是赔本。继续务下去，只会越赔越多，许多人家又把果树砍了。那几年到处喊"卖粮难"，平原地方的人种粮食作物也没多少收入，山区人广种薄收，更没有什么效益。于是里山村的人灰心丧气，天不怪地不怪，只怪父母把他们生在了这荒山野岭上，穷命定了。既无希望，他们就抓现成。农事忙罢，汉子们似乎变成了昼伏夜出的猫头鹰，白天睡觉，晚上偷树。他们也知道偷不是好事，可好事既遇不到他们头上，他们也就不讲羞耻了。至于他们的娘儿们，饭罢则聚在谁家炕头，做着针线说东道西，惹是生非。山越深，娘儿们的口音越杂。深山里的男子在本地娶妻难，便掏大钱去更僻远更贫穷的地方去买。有的娘儿，甚至是被人贩子贩来的。炕头上南腔北调，好不有趣。二嬷家的那只麻麻母鸡，常在金芝家跳窝，二嬷心怀不满。在炕头听金芝说玉秀和谁家的汉子怎么了，下了炕，出了门，二嬷见了玉秀，一脸神秘，说"金芝骂你的话不敢提"，却长舌一卷，添油加醋，说个不休。直说得玉秀火冒三丈，晃着屁股去寻金芝，金芝又死不肯承认，来寻二嬷，要打二嬷的嘴。二嬷便提起麻麻母鸡及一些陈芝麻烂谷子，把二百年前的仓底都翻出来，牵涉出的娘儿们不胜其数，于是已然酿出一个大事件来，千头万绪，乱麻一般鼓捣不清。全村人都兴奋了：孩子们欢蹦乱跳，娘儿们号着、骂着、撕着、咬着、混战着，连各家的狗都加入了战斗。人不住气地喊："快，拿凉水来，泼开！"但战罢不久，交战各方又会聚在谁家炕头，亲热地说是道非。

里山村民，难得有人生进入大境界者。闭塞、愚昧使他们心胸狭隘，对稍出格的人便看不惯。贫穷又使他们有闲，成日说三道四。高阳的那些公众人物，正好成了他们消闲熬穷的主要话题。关于那些公众人物无中生有、极有中伤力的话，从这里向高阳全界不停休地扩散着。里山各村，简直可以说是谣言公司，而能不够则是这个公司的总经理。

有人的人生，是向事业挑战的人生。有人的人生，则是向他人挑战的人生。战胜他人，或者干脆说搞垮他人，这种人便似乎觉得自己的人生价值得到了体现，似乎活人有为了。越是在社会上有影响的人，搞得他身败名裂，这种人越感到满足。

能不够即属于后一种人，且达到了积重难返、积习难改的地步。他欲战胜的人，并不一定和他有前嫌宿怨，而仅仅是为了证明他有本事，是个能行人，不可小觑。里山村白占了张家山林场千余亩林地，能不够还是觉自己与姬发在明争上失败了，于是转而欲在暗斗上取胜。谁也没有想到，能不够的一篇好文章，就从春燕回归引起姬发媳妇的高度紧张和敏感切入了——他要让对手后院起火。这一招可真够厉害，唾沫星子能淹死人，终置姬发媳妇于死地，让高阳的万紫千红，少了一种颜色。

在他这个总经理的一手策划下，谣言公司里山村，不断制造、扩散着姬发与春燕余情未了的绯闻。一时流言蜚语纷纷扬扬，有声有色，却查无实据。明枪好挡，暗箭难防，对姬发来说，可谓"山雨欲来风满楼"了。

姬发一想起和春燕过去的事，身上就如有无数蚂蚁在乱爬，既有悔恨，又有对两个女人的负疚，怎么也不是个滋味。春燕曾屡次给他打过电话，他每一听是她的声音，就二话不说关了手机。有一次，他去赶集，那春燕秀发披肩，银灰西服西裙，手拎一小巧鹿皮提包，迎面走来。真是今非昔比，气度雍容。好在她还没有发现姬发，姬发忙避入人群里。还有一次，姬发实在没法避过，那春燕发现了他，手提包不拎着，搭在肩上，时装模特似的扭动着楚腰直向他走来。脸庞油画般鲜亮，神情极柔和、迷幻。姬发窘迫异常，看看周围没有熟人，便悄声郑重告诉她："过去的事，悔也无奈。白娘子是蛇还要做人，我怎能不好好做人呢？我已经不是从前的我了，对你兴味索然。这种事，也不能跟做生意一样，脚踩八只船，眼观六路货。从今往后，咱俩多见面，少说话。我不能让老婆发生误会，我们是患难夫妻！"不等春燕说话，他就转身走了。此后再见面，两人真无一句话。

娘儿既不如春燕那么会做，又不如秀珍那么会想，平常一个女人，从谣言之雾里超脱的能力，自然很有限。初听到时，她断然不信，还把向她传播者狠狠臭骂了一顿，极力用自己所能想到的最好的语言，来袒护姬发。然而假话说的人多了，听来就跟真的一样，谣言汹涌，不断冲击着娘儿的耳鼓。这个人说姬发跟春燕这么了，那个人又说姬发跟春燕那么了，由不得人不信。

唉——

上了武关下潼关，

哥哥过得了关，

妹妹过不了关。

过了信河是信阳，

信不信由你。

娘儿内心的堤防，终于被传言的洪流冲开了缺口，信而又疑，疑而又信里，勾出了一肚子的陈酸老醋来。姬发回来迟了，她便疑他跟春燕约会过，一夜未归，更疑他跟春燕到什么地方疯去了。他人生得俊，历来打扮得别致，她也吹毛求疵，左看右看不顺眼，在心里恨骂："女儿都殁了，还那么好打扮，什么事也没有一样，像人吗？"宁愿他整天苦相愁样，蓬头垢面，丑八怪一个，女人见了就避得远远的。

其实姬发真那样，她看着却未必舒服，谁不爱美？

她本来就是一个心事很重的女人，一件小不美的事，她很久都放不下，一句不中听的话，她在心里都要几十遍地掂来掂去，且对姬发一直有种解不开的爱恨情结，既如此，那恨感又在心里抬头了。一跟姬发说话，就不由带上了刺儿。出来进去森着脸，来人便诉苦。七嬷来盘龙凹，见状道："你多半听到什么闲话了？想当初，我跟你姐夫，一个在天上，一个在地下，他白白净净文文雅雅的，我土得掉渣子张口就粗话，哪有你俩相配？我怎能不疑？怎能不怕？人家也不知说了多少闲话。疑又有什么用？怕又有什么用？听了闲话白生烦。我不疑不怕不听人闲话了，只一个心扑在他身上，以心换心。要换不来他的心，他跟着我活受罪，我情愿跟他离，只要他好。我放得开，他倒云不脱了。到头来，人家的闲话还不是叫风吹走了吗？我跟他，白头偕老了。他们教师常说性格决定命运，我不信。人脾气千种百样的，命好命坏，全看会不会想事。想头长的，命自然好。孩子，疑归疑，你应越待你男人好。那样，他就有外心，也不好意思了，终到底，他还是你的。有一回，他们教师闲扯前唐后汉，讲无为之治，还讲什么相对辩证。我倒笑了。我拴你姐夫，本事最老到——不用本事。不用本事，自是大本事。好孩子，你就学学我这大本事女人吧！准把男人的心，手到擒来。"娘儿沉着脸说：

"他是你一把屎一把尿拉扯大的，你自然万事偏心他。"

"唉，你要这么想我，叫我都不好说你了。"

"你说我有什么用？你是你，我是我，我跟你不一样。你再说得好，我也学不来你。"

"好闺女，不学我也行，只是你要知道，最靠得住的人，是你自己。没人能天天守着你。你的命，在你手里。你要不爱惜你的命，就是你最亲的人，也救不了你。你要信闲话，跟发子离婚也成，千万不敢做不要命的事。比发子好的男人多的是，可你的命，就一条。好闺女，听话，千万看重自己的小命！"

七嬷离开时，娘儿送七嬷出了窑洞门，仍没好脸色。

"我走了。"

"走吧。"

"把眉头打开！"

娘儿不言。

"看来，那些闲话，让发子得罪了你，也让我得罪了你。"

娘儿仍不言。

"我倒不在乎得罪你，只在乎你的平顺。"

娘儿扭身回了窑洞。

"唉，这闺女！我怎么拿她没有办法了呢？人，光凭别人讲道理没用，得自己明白事理，才能好好活人。要不，别人讲的道理，听了就是不反感，也会当耳旁风。"

台风的中心，总是最平静的，虽然谣言汹涌，却没人敢直接传入姬发耳里。对于妻子的冰冷和横挑鼻子竖挑眼，他倒丈二和尚摸不着头脑。外面的事就够他烦恼的，回来又得不到妻子温柔体贴，他也一肚子怨气。

20世纪90年代初，高阳这个小世界，弥漫着一股虚浮攀比之风。跟着苹果园挣了几个钱的农民，互相比起阔来。房屋、摆设比阔，亲戚间送礼比谁出手阔，红白喜事更是大操大办比阔，连给死者修坟也比阔。其实许多人是打肿脸充胖子，阔得底子虚了下来，于是便引出了许多社会问题。首先是治安变得很不好，杀人、抢劫案连起，有一家竟全家被杀。张家山那片绿色的保护，看似单纯，实际是和种种因素有联系、制约、影响的。攀比之风，使盗伐现象更为严重。张家山处于人口相对稠密的关中，周围绕林的村子，合起来有两千多口人。这些人手头一紧，钱来路最便捷的事便是砍树卖，所以哪怕只一小部分人来偷砍树，姬发也疲于奔命了。最近他也手头极紧，不得不辞退了一半护林员。护林员少了，盗伐者就少了顾忌，盗伐自然更厉害了。这让他说不出的苦，很难心平气和地来理解妻子，甚至情绪很坏，动不动就向妻子发火。妻子更不理解他，且本就对他窝一肚子气，常常针尖对麦芒，闹个不可收拾。夫妻间，误会日多，积怨日深。

中山姬姓那个二女子，姨夫就是能不够。这日午后，一阵微雨，便云消雨歇。草倒水漉漉的，路则刚刚打湿，林间百鸟齐鸣。二女子去里山看过姨娘回家，正甩着手走在林间小路上，突见前面一女人，臂挽竹篮，低低疏着髻子，髻上卡一个凤形有机玻璃卡子。二女子瞧她那端庄持重走路的姿势，便知是姬发媳妇，笑道："嫂子，好些日子没见过你了，怪想的。"

娘儿回过身来，见是他，笑道："是二兄弟呀！手还捏成莲花拶呢，你几时能变得真像个男人嘛！"二女子叹道："我就这个样子，我也爱这个样子。世上多些我这个样子的男人，你们就安心多了，省得汉子叫女人勾引。可惜，你们家的发子，不是我这个样子。嫂子这是去做什么？"娘儿道："捡些地软。"

两人站在路边，说了一会儿中山村里东家老人身体不好西家儿媳又不孝敬老人的话，二女子便神秘地问："嫂子，你家怕不缺钱吧？"娘儿笑道："怎么，说下媳妇了，要借钱使？二兄弟，不怕你笑话，二三百块钱借给你，嫂子还拿得出手，多了就实在没有了。我们过的日子，外明不知里暗，说给人不信，不过是驴粪蛋外面光罢了。"二女子一撇嘴说："我倒不借钱使。我只是听人说，你家还缺钱，真有些信不过。嫂子都说没钱，可见人说的不假。我把话说出来，嫂子别动火，有身子的人，看伤了胎气。唉，好人难做，嫂子这么好个人，就是苦好受，福难享，要叫闪到半路地了。人都说，春燕有钱缺事，你男人有林缺钱，他们要搞强强联合，成两口子哩，就愁没法子跟你离婚。唉，这林场可是你拼了命守到如今的，驴打的江山马来坐，鹊巢鸠占，那春燕倒想得臭美！你男人也是，只会这山看着那山高！"

二女子说得高兴，手舞足蹈的。娘儿渐呼吸紧促，突然断喝："住嘴！别叫我照嘴扇你，长舌妇！"二女子一下子奓头缩肩，嚅嚅道："我是替嫂子说话哩。"娘儿冷笑道："谁知道你安的什么心？狗嘴里吐不出象牙来。少在我跟前给发子念葬经！你什么人我不知道？痒痒得只想瞧我跟发子的热闹。发子勾引了一个又一个，你眼红了？有本事你也勾引去嘛！碎嘴婆，没血色的东西，只怕勾引也没女子跟。背后说人这话，不害牙碜？趁早把你那嘴夹得紧紧的，小心叫发子知道了，打烂了你。"二女子还要说什么，娘儿挥着篮子吼："滚！"二女子气得红嘴唇嘟老高，扭腰转身，迈着碎步，急急而去。娘儿扔了篮子，稀软地坐在地上。她的命，怎么就跟八月开的苦艾花一样苦呢？

她欲哭无泪，只愤恨地死命揪着手指头。天生春燕和她，为什么是两种人呢？春燕高中毕业，走南闯北，能说会道，她有什么长处呢？她感到极度的脆弱和空虚。这场角逐，她觉得自己注定是要败北的。她不知道自己该怎么办才好。久久，她站了起来，也不去捡地软了，转身回到盘龙凹。

镇政府不知什么款子要向企业摊派，早起老原把姬发叫去了。姬发不愿认自己那一份，跟人吵了一架，回来青着脸，也没发现娘儿神色不对，理也不理她，只坐在沙发上闷抽烟。此刻他即便不能笑嘻嘻的，只要能把自己遇到的事向娘儿说几句，娘儿很可能就是另外一种心态。他什么也不说，不知真情的娘儿，还以为他心里眼里真没有了自己，自卑到了极点，反而满肚子怨气。"忍劳容易忍怨难"，她剑拔弩张，掼盆子摔碗，指桑骂槐起来。姬发也正窝了一肚子无名火没处发，吼："烦不烦？外面人家给我气受，回来你又给我气受，两头子受气，我成风箱了？"起身便开车要走。娘儿在火头上，也没细想他的话，追了过去，声音哆嗦着道："先别走！话说清楚了再走！"

姬发抓着车门把手说："早饭吃的是火药不成？秀珍说帮我借一笔钱，叫我这几天抽空到县里去一下，这事你也知道，还说清楚什么？"娘儿哼了一声说："你要真是去找秀珍弄钱，清汤利水的，还有什么好说的？别拉秀珍，看脏了人家女孩儿的好名声！只怕是另找女人弄钱去。她有的是钱！不像我，泥抹个婆娘，呆鹅笨鸭子一个，只会在家里转圈子，没本事到外面去弄钱。"姬发从牙缝里道："你这话什么意思？"娘儿捏着拳，弯着腰，哭吼："你跟春燕的事，万人都知，万人都说，就我不知罢了。你还装正经！我跟着你吃香的喝辣的了？凉房底下摇扇子了？死鬼，你要下河东我就跟着你下河东，你要走西口我就跟着你走西口，苦死苦活到而今，就落了这么个好结果啊？我弄不来钱，我是清清白白的。你倒好，爱钱不要脸！你下县去吧，她在大宾馆里等着你，现卖现给钱！呸，拿四乡八邻的唾沫星子洗脸去吧！呸，疥蛤蟆跳屎里，你不嫌恶心我还嫌恶心！"

姬发血涌上了脸，脸通红，呼哧呼哧喘着气，突然"啪"地给了她一巴掌，还要打时，手举在半空里，却打不下去，直发抖。娘儿愣了，半晌才道："你下得了手！好，好！"

她本来要跟他拼命，要让他往死里打自己，可想了想又觉没意思。这一巴掌，最后让她冷了心。她只恶狠狠地瞪着他。

姬发收回了巴掌，道："你想想，你刚才都胡说了些什么。什么屎盆子，都往我头上扣。怪道这些天眉眼不对，原来是疑心病又犯了。都到今天了，你还信不过我？谁说我跟春燕那么了？真是瞎狗得住了稀屎。难道要我咬破指头对天起誓，你才信得过我？"他这么说话，娘儿又生出一线希望来。即便他和春燕是那么回事，娘儿也怕他承认，并且希望他坚决否认。他既不承认，就该坚决否认来着。为什么不能咬破指头对天起誓呢？只要他肯起誓，她就信。她等着他柔声说一句："我心里只有你。"一句话，就化干戈为玉帛了。她本想把话头往这方面引，然而刚挨了打，她还不甘服软，依然很冲地道："还起誓？犯不上。我不看演戏。你戏演得也够多了！"

姬发本来后悔打了她，正要拿好话来安慰，听她这么一说，又火从心起，道："哼，我在演戏！好，我是在演戏！你倒好，醋吃个和肝润胃，叫我跟着吃气，吃个肚子疼！爱疑只管疑，说有就是有。嘴是扁的，舌头是软的，你爱怎么说就怎么说。我无话可说，说也说不清。"他就是不肯坚决否认，无风不起浪，那么人家说的那些话，她就无法不由怀疑变为肯定了。她像狗一样对他忠诚，他的情感和肉体，只能绝对专属于她，否则，她就和他水火不容！于是，她从发髻上抽下银簪子来，"啪"地折断，狠狠地扔到地上："这日子过不成了！"

仇恨和嫉妒，是人性的两大弱点。他又背叛了她。一时，娘儿内心交织的失望、痛楚、伤感，变成了纯粹的恨。世上再没有比他更让她憎恶、愤恨的人了。够了，够了！

姬发冷笑道："怎么，像上回一样，你又要自杀？"他的确担心她那样。娘儿裂了他一眼，声音冰冷说："那太便宜你了，我才不会呢。"姬发些微放下心来，又问："那就是要杀我了？"娘儿两手交叉抱腹，脸成土色，咬牙恶毒地说："我会报复你的，等着！"姬发愤然道："好吧！我叫你报复，我等着你报复。"跃上车，"砰"地关了车门，开车而去。

车行在盘山路上，姬发心里乱糟糟的。想想秀珍，为自己东挪西借钱，有几次借的钱不能及时还，人家在办公室里跟她闹得不可开交。这还是他听林业派出所老车说的，秀珍见了他总是一副轻松的样子，分明怕他知道了烦恼。一样是女人，秀珍多会体贴人。他也知道妻子是个深居简出的女人，没门路去弄钱，可他也从没有怪过她呀。她弄不来钱罢了，为什么要在钱这事上，把自己说得一钱不值呢？为着这个林场，来自方方面面的烦恼，简直把他烦透了，家本是个安乐窝，可她还要闹窝里烦。上回要不是她疑神疑鬼，也不会把自己疑到春燕身上去。虽说是自己的错，可谁愿意跟着个成天烦的老婆呢？上回的教训她不吸取，几经灾难她还不懂事，叫他怎么办呢？

负债累累，这个张家山林场，到最后还不知是不是他的。曾经拥有的女儿没有了，自己也冒着生命危险，如履薄冰，她是看在眼里的，为什么就不体谅呢？失去了女儿，难道还要让他再承受失去老婆的打击吗？没有好结果，干事业、过日子又有什么意思呢？不如抛开一切，当和尚去算了。

越想越烦，越想越心灰意冷。只顾想，忘了看方向，车突然向路边的悬崖冲去。好在他惊醒了，忙打方向盘掉头。车身往下一闪，分明是有轮子悬空了，突然又往上一腾，是悬空的轮子滚回了路面。他惊了一身冷汗，停了车，头伏在方向盘上，失声哭了起来。

他的起落酸苦有谁知呢？也无人可说，只能独自心碎。

好一会儿，他才抬起头来，擦掉了脸上的泪水。冷静了一些，想到要去当和尚，他心里竟空落落的，还是丢不下那个女人。秀珍再好，也代替不了他的荆妻。想想妻子也不容易，跟着他担惊受怕的，还跟着他被拘到了公安局、失去了女儿，再怎么说，两人也是患难夫妻。对患难与共的妻子的感情，不是她说了些伤害他的话就会烟消云散、化为乌有的。刚才他也太冲动了，应该好好跟她解释解释才对。他踩着油门，要掉头回盘龙凹时，又想到马上就回去说不定还是一场大吵，不如先下县城去，让她冷静冷静，回来再说为好。于是，他又开车向山下驶去。怕心情不好弄出什么事故来，一路车行很缓。

看着车走远了，娘儿掬住脸，跌跌撞撞回到窑里，坐在炕沿上，失声哭了起来。像上回那样自寻短见的事，她再也做不出来了。正是那一回死，让她知道了生命对自己、对亲人的珍贵。不说对自己，单对亲人，至亲的爹娘只有她这么一个女儿，两个哥哥只有她这么一个能把心疼碎的妹妹，为他们，她也得活下去。她只想先回娘家，然后跟姬发离婚而已。

好容易忍住哭，她打开板箱，把日常替换的衣服打了个包袱，想了想，却又塞回了板箱。她知道，这里的一切，有一半是属于她的，但她不会要，更不会争。她要的是姬发完完全全属于她。人既不属于她，东西属于她又有什么意思？况且如果把这里的东西带回娘家，睹物思人，因人恨物，只会让她心里老是不美。

徘徊半晌，犹豫良久，她才出窑掩门，走上了大路。然而没走多远，她又想起正在林里巡游的姬杨，午饭时空着肚子回来，冰锅冷灶的，老大不忍。杨子是个大好人，得给他做下最后一顿饭，于是她又折了回去。

在厨房，她围裙也忘记系，几次把火烧灭，饭不知是怎么做好的。待姬杨回来，她把饭菜摆上桌，又盛了一碗面汤端来，不自然地笑道："看烧嘴，凉一凉再喝。"姬杨道："等等发子，一块儿吃。"娘儿平淡地说："他有事下县城找秀珍去了。"姬杨不知情，也就没多问，只叹道："树欲静而风不止，他又不知有什么事。上午两个护林员背着铺盖走了，说是人家传话给他们，再当发子的狗，就揍断他们的腿，他们怕了。"

娘儿在炕沿边坐下，强笑道："人家说你是发子一条好狗的话，我都听到好多回了。你就不怕挨揍？发子又能给你什么好处呢？到时候还不是脑袋一掉，就把你忘精光了。你要走也走吧，该想想自家了。"姬杨低头道："揍又不是没挨过，就那么回事。人家丢下发子走了，我也走，我还算他的什么朋友？至于好处，将来他忘了我就忘了吧，过去他早给我了——救过我的命。你们赶我走我也不走，我舍不得发子跟婶娘。"娘儿几乎掉泪，道："真想不通，他就有多好，你、姬槐、秀珍这些人，对他这么忠心！"

姬杨似感觉到她有心事，抬头微笑问："婶娘，你脸色好怕人，没有什么事吧？"多少话到了口边，她又咽回了肚里。姬杨最会劝人，她怕他动摇了她的决心，摇了摇头，轻轻叹了一口气，声音空洞地说："牙疼，昨晚没睡好。"

姬杨见她一边脸有些青肿，不知道是姬发打的，真以为她在闹牙疼，便说："一事接一事的，我真的怕事了。没事好！就是有事，也别往心里去，小心把小事变成了大事，一个事变成了几个事。"吃过饭，他又到林里巡游去了。娘儿洗碗时，眼泪一串一串地挂在脸上，还失手打碎了好几个碗碟。收拾碎碗碟时，又划破了手。终于，她脑袋歪在肩膀上，走上了盘龙凹半坡的大路。远山的绿顶上，野鹤闲云，悠然自得。回首而望，盘龙凹土场上，公鸡正领着几只母鸡信步，自由自在。她想起鸡蛋还没收，一下子泪如泉涌。怎么就有这么多丢不下抛不开呢？当断不断，必有后乱。当年初进姬家门，就因为这也丢不下，那也抛不开，才招致了后来的多少不美。这一回，再也不能患得患失了。于是她撩起衣襟擦了擦眼泪，咬牙横心，挺起头，一步一步远离了盘龙凹。

就说吗，
还有老人们给咱把理评；
就说吗，
还有娘家哥替咱把腰撑；
就说吗，
天底下的汉子没死净。
红儿马，毡顶棚，
载着个花团团的人儿上路程。

唉吆——把你个负心的鬼……

亲爹热娘,

你丢了人的闺女回来咧!

在山里人眼里,如今离婚的女子,等同于古时被夫家休回,是很耻辱的事情,娘家人也跟着没脸见人。不知道她进了那个生她养她的家门,跪地哭求爹娘收留的时候,两位老人将有多震惊。让两位白发老人不得安然,她也恨透了姬发。姬发给了她致命的伤害,她不甘心,强烈的报复欲在心中升腾着。突然,胎儿很舒服地撞了一下她的肚皮。姬家不正是需要传宗接代的吗?她断然决定打胎。只有这个报复,最狠最恶。于是她抄小路来到李家村的接生婆李四嬷家里,掏出十块钱递给了那害红眼的老婆子。

老婆子道:"那年人家女人险些死在我这屋里,多年没人找我了,我也不敢了。"娘儿道:"放心!我命大着哩,几回进鬼门关又回来了,不得死。"干脆又掏出五十块钱给了老婆子。老婆子见钱眼开,便让她躺在肮脏的土炕上,关了屋门。折腾来折腾去,也把胎儿弄不下来。老婆子慌了,手抖脚抖,颠三倒四,丢东忘西的,不住用血手揉红眼。娘儿身子不住扭动着,却不肯嘶喊呻唤,怕邻居听见了。老婆子怕人知道她重操旧业,娘儿也怕人知道了大惊小怪。当年生花花,痛苦也不能与其相比,这是娘儿一生中受到的最大的肉体痛苦。她嘴唇咬得血淋淋的,发髻散开来,汗贴在脖子、脸上,偶尔用非人的声音哀求:"嬷子,亲娘,你手下轻些,我受不了咧!"四嬷怯怯地说:"那年出了事,我就怕干这个了。要不是我孤老婆子一个,有出没进,今日绝不会接你钱的。钱退给你算了,今日手底下怪晦气的,还是让孩子足月生下来吧!"娘儿恨恨道:"打下来!我死也不给他生孩子!"

老婆子铁丝、钩子都用上了,还骑在她肚子上拼命挤压,到天黑,终天把胎儿弄下来了。娘儿举着昏沉沉的头,爬起来一看,胎儿已成形,竟是个男孩。她的母性忽然苏醒了,意识到自己做了一件极蠢的事情。她其实是爱这孩子的。胎儿每撞肚皮时,她就幸福得心跳。为怕流产,她不知吃了多少山里娘儿制的保胎土药。她常掰指头算这孩子石破天惊一声啼哭落地下世的一天,可孩子落地了,却没有了啼哭声……

纵然是姬发的孩子,也没有理由让孩子以命替父亲背过顶罪呀。是她害了孩子,是母亲害了孩子!她上难对天,下愧对地,更对不住孩子,又陷入深深的精神痛苦之中,忍不住捂脸哭了起来。

四嬷厌烦道："我就不愿打，你非要打。打下来了，你又舍不得。悔也晚了，快些收拾走吧！别叫你男人找上门来，那可有我受的了。最是你那个大姑子，谁有她厉害？我可怕她。千万不敢给她说是我打的胎。"娘儿道："我只说是我弄下来的，不会连累嬷子。看把你的炕弄得多脏，让我给你洗洗，再把胎儿埋了。"

四嬷见她下身血流不止，只怕她昏倒或死在自己家里，自己脱不了干系，连连摆手说："这些事有我哩，你快走！先等一会儿，让我出去看看外面有人没人，别叫人撞见了。"说着便出了门。娘儿挣扎下炕，弄了一桶水来，正擦洗苇席上的血，四嬷进来说："刚好这阵没人。快走！出了村，别走大路，从村背后的小路走。千万别撞着人！我一个苦老婆子，要叫人知道了，别说外人，你男人、大姑子、娘家人，就叫我没法活了。"娘儿于心不忍，忙道："我自作自受，不会给人说嬷子的，嬷子只管放心。"

出了四嬷家，硬撑着走在村后小路上，下身仍只是流血。欲呕吐，却吐不出。娘儿恐怖了，本能地想家——有至疼极爱她的双慈和手足的娘家，于是便向前山方向走着。

云片像饱吸墨汁的棉花，抹黑了星空。白日里满山的花红叶绿，已深沉不辨。娘儿弯着腰，捂着下腹，喘着气，轻轻呻吟着。血流入方口鞋里。脚在鞋里打着滑。她愈发恐怖，小跑起来。剧烈的运动，使下身崩开似的流起了血。裤腿湿沉沉的，在脚面绞来绞去。只觉头晕目眩，力不可支。从这里抄近路到前山，至少也有二十来里，看来是无法回到娘家了，于是她又转身从林中小路向盘龙凹快步走去，心里一遍一遍唤："杨子，亲人，我不行咧！等不回来我，你就快出来找呀！"

头已然沉重如一块巨石，歪压在一边肩上。双腿无力而发颤，步子越来越小，越来越慢。终于，她像个老太婆样，东倒西歪的，踉跄几步，扶住这棵树大喘气，趔趄几步，又扶住那棵树歇一歇。在一块石头边，她实在撑不住，便坐了下去，想缓过气来再走。谁知一坐下去就垮了，再也无法挣起。难道死亡真已临头？刚买下林场时，胡老八他们要把姬发往死里弄，她为保男人，死也就死了。可现在这种死法，算怎么回事呢？太不值了。她恐怖至极，手抠着石头缝子，竭力不使自己溜下去。

突然，有脚步声响起。她费力地举起头，只见不远处，有一个肩上扛着棵树干的人影，正朝她走来。她遇盗树贼了。这种平日让她最憎恶的人，此刻却觉得格外亲切。生的希望，蓦然升上心头，她扽挲着手哭喊："善人哪，咱不行咧，救咱一命吧！"

没想到是个胆子极小的贼，一听见人喊声，便像耗子遇见了猫，丧魂失魄，并没有听清喊的是什么，就一扔树干，撒腿逃了个无踪无影。她颓然。朦胧夜色里，天低沉，山峥嵘，树枝扭曲得可怕。偶尔响起猫头鹰"呼——啊，呼——啊"的凄号声，拖得极长，尾音颤颤的。

三十刚过，生命正当全盛的时候，她怎么舍得死呢？纵然过去发生过许多不美的事情，只要活着，还会有许多美好的事情到来，她不能死。于是，她溜下石头爬行起来。嫌羊肠小路绕得太远，她就从深草里爬过。荆棘挂破了皮肉，也不觉得疼。不时就有小兽，闻声从草里惊逃。

昏了过去，醒来又爬。不知多久，盘龙凹终于近了。眼前，出现了一片山里人家租种林场的谷子地。只要爬过谷子地，上了大路，就容易被人发现。然而，农妇对庄稼那种神圣的感情，使她舍不得压坏谷苗，便从地边往过绕。就是这一绕，使她最终没有爬上大路，而在离大路四十来步远处，力尽气微，手空抠着地，身子痉挛着，一寸也爬不动了。难道她真就这样完了吗？

直到要死了，她才恍然大悟："众口成灾"，都是那些爱说闲话的人害了她。姬发并没有对她恩断情绝。

"小人不欲成人之美。"世上许多造成严重恶果的话，或是说者闲极无聊，有口无心，人云亦云；或是妒恨某人，唯恐其不身败名裂，鸡蛋也寻缝儿下蛆，有意颠倒黑白，无中生有，混淆是非，造谣诽谤。面对死亡的娘儿，终于把一切看透了，相信如今的姬发，身心只属于自己一个女人，绝不会做出那种事来。恨他的人，只恨他内窝子不乱，她倒好，正中了那种人的下怀，给他添乱不说，还害了自己。唉，她真是傻到家了！

武七嬷那日来说的话，才是肺腑之言，才是真正为她好。老人多么公正宽厚，跟娘一样亲，可是她却以为老人偏心，到走也没给老人好脸色。她多想跟老人还有一次活着见面的机会呀！沉着脸跟老人诀别，她心里怎么也下不去。

她更想和姬发还有一次活着见面的机会，把前嫌尽释，然后死在那最爱的男人怀里。

他是天底下最可恶的混蛋，竟然用刀子把她逼进了姬家门，一开始就伤透了她的心。他又是天底下最可爱的混蛋，结婚大半年竟然还是童男子，让她可以离姬家而去却怎么也舍不得。他总是给她激情，又让她激怒，正当她与他恩爱如蜜的时候，他却背叛了她。然而风暴过后，两人的恩爱，却更加甜蜜。她恨他也回肠荡气，爱他也回肠荡气，为他寻过死，也为他拼过命。恨说到底，还是爱。如果不爱他，还恨他干什么？他的可爱处，真是说也说不尽。体形优美，又别提有多结实。自她进了门，从没见他着凉在炕上躺过，更别说得什么大病了。干活舍得吃苦，一身的粗味野劲。粗野里又有无尽的温柔体贴，风趣可爱，最是笑时虎牙一露，可爱死人。笑声从不拖泥带水，爽爽朗朗，痛痛快快的。说话声音则抑扬顿挫如音乐，常把"人"音发成"印"音，有些咬舌，却格外动听。总是活力充盈，不停地进取，因此免不了碰壁和受挫，当然也就免不了暂时的颓丧、感伤、悲观。就像美人的缺陷也可爱一样，暂时的颓丧、感伤、悲观，在他也是魅力，依然迷人。似乎这一切，还不是迷得她以命来爱他的真正魅力所在。他的真正魅力到底是什么呢？她弄不清楚。反正他是她所遇到的男子中，最有魅力的。要不，高阳最出类拔萃的女子秀珍，怎么会甘为他过抱残守缺的生活呢？

　　这个小世界最有魅力的男人，最爱的是她。当日他以死相求的，不是春燕，而是她，后来虽因春燕曾背叛过她，但最终弃的还是春燕，而不是她。秀珍对他的爱，他更是了无回应。她算得上是这小世界最侥幸、最幸福的女人了，可她不知珍惜，百般挑剔，动不动就用要死要活来折磨他，也折磨着自己。如今怎样呢？她一死，幸福就化为乌有了，后悔也毫无用处，晚了！唉，晚了，完了。她将再也听不见他的声音，看不见他的身影了。她在心里道："发子，亲人，我要死了，快来吧！死的当儿，我最怕让爹娘看见，最想让你伴着。发子，亲人，我想亲口对你说，顶得我心的人，是你。跟着你，我没白活！"

　　一阵山风，像鞭子一样在空里旋舞起来，发出哨子一样脆亮的声响。树梢摇摇摆摆，把蹲在上面打瞌睡的几只山鸡都摇摆醒了，"呱呱"叫着飞上了天。

　　最想念的那人，却不可能出现。想不到几句斗嘴，竟成诀别之言，娘儿魂欲断。眼前渐由模糊变漆黑，又昏了过去。

　　姬发一路都在想，这么走了，娘儿会不会想不通，弄出什么事情来。又不住自我开脱，不会再像上回那样了，大不了跟自己闹离婚，或者上娘家搬救兵，让哥哥们揍自己一顿。这都好说，慢慢再求理解，只要不出事就好。他想到秀珍跟东海以和平方式解决了感情问题，便很羡慕。连春燕，也没寻死觅活过。现代人面对的世界太复杂，活得太累，只想尽力轻松一些，已经很少有像他的老婆那样小题大做，动不动就大折腾的人了。老婆要能给他些轻松多好！可不管怎样，老婆还是他最爱的女人。至于为什么最爱她？他也弄不清楚。

　　到了县城，他就跟着秀珍去向人告借。心里虽然挂牵着山上的老婆，却不得不装出笑脸来，点头哈腰，低声下气，说好话，陪人喝酒。只盼早早回去，应酬只是没完没了。天已经很晚了，钱才到手。说是借的，其实是高息从私人手里贷了五万元。秀珍道："你心里像是有什么事？"姬发道："没什么事，就是借钱真不是个味，我都不是我了。"秀珍道："借钱哪有花钱轻松？你酒喝八成了，还是别开车回去，出了事咋办？跟老车住一夜吧！"姬发苦笑道："明明在这里当摇尾乞怜的狗，你婶娘还一口咬定我是要在大宾馆跟春燕乐和哩。嫌疑犯一个，老车那儿不敢住，外甥女家也住不成。她会追查的。到时你们这些人做证，她会信吗？我还是住到她二哥那个朋友家去吧！她的人，到时做证，想她就不疑了。唉，跟着那醋坛子，我这一辈子别想做随便夜不归宿的人了！"

秀珍觉得娘儿既可笑，又可怜。男人又不是一只羊，怎么能拴住？这样下去，日久必招男人反感。见了面，要跟她好好说一说。此时却不愿向着姬发说话，道："她管得好。叔叔这种人，就该让婶娘这么管着。"姬发道："你也把我当成那号人了？"秀珍道："不是我揭短，难道你和春燕没过？原来就是那号人嘛！怎么怨得婶娘多疑？"姬发叹道："一失足成千古恨！我这一辈子，别想再叫女人相信了。明天一回去，就跪地顶砖向你婶娘请罪，来时真不该向她发火。连你都这么说，就怨不得她说三道四了。"秀珍笑道："明白就好！"

姬发和娘儿二哥的那位朋友，只见过面，没什么交情，虽然提着礼物去求住，人家还是不太乐意。姬发厚着脸皮道："实在是酒喝多了，无法开车回去。在客厅沙发上躺躺也行。"勉强住下后，心里为娘儿打了一夜的鼓，怎么也睡不着。

这一夜，可苦了姬杨。他晚饭回来，不见娘儿，只见锅里留有剩饭，以为她到附近村子串门去了，也就没在意。吃过饭，一个护林员来见姬发，说是一辆大卡车驶往胡家村，肯定是收购木料去了。贼销赃，当然便宜，所以许多私人木材商、煤矿主，都爱从盗伐者手里买木料。个别山里的"能人"，也洗手不盗了，而搞起了木料贩运。这个口子不堵住，盗伐者出手快，自然就会愈盗愈来劲，然而堵也难。按说，护林员拦住这种车，只要给派出所报个案，派出所自会处理的。可是有关法律还不到位，执法者又有种种问题，派出所扣住这些非法贩运者后，只不过罚些款就放了。他们损失不大，便满不在乎，照旧给盗伐者当"二传手"，而且时常报复挡车的护林员。护林员怕了，遇到情况，一般不敢自己去挡，只报知姬发或姬杨。两人屡被毒打，却屡去拦车并向派出所报案，让其有损失总比毫无损失强一些。此时姬杨得知，要向派出所报案让来人，姬发又拿走了手机，派人下山，又恐来不及，便决定先拦住车再说。他不敢告诉那护林员姬发去县城了，怕其怯阵，而说："发子刚刚去了林里。这样吧，咱俩先到山口守住，给他留个纸条。他回来见纸条，就会赶到的。"

出山只有一条路，那辆车却迟迟不出现，大约也在等夜深人静后。两人一直守到下半夜一点，那辆车终于出现了，果然满载着木料。姬杨大喝一声，首先跃到了路中间，那个护林员也跟了上来。两人不住晃动手电，车却不肯停，只放慢了速度。眼看车已到身边，那个护林员怯了，忙避到了路边。姬杨仍一动不动。那个护林员喊："杨子，快避开！压死了你，不过是交通事故，车主花些钱了事。这种事多了。车主有的是钱，压不死，还要退过来再压哩。他们宁肯多花些钱，图个一了百了。"姬杨吼："你瞎眼了，这是交通事故吗？他奶奶的，老子就把命送给他们。我让他们花钱了结！"

姬杨被撞着了，晃了晃倒在地上。好在车行已极慢，司机刹住了车。姬杨倒地仍横挡在车前面，口里吼骂不停。原来车上还有十几条护车出山的胡家村大汉。他们吓慌了，跳下车，打着手电，在姬杨身上照来照去，见没有外伤，才松了一口气。几个拖起姬杨来，挥拳便打，道："你小子英雄！让你英雄，让你英雄！"

那个护林员见状早逃之夭夭。他们人多势众，姬杨知反抗无益，并不还手，只冷笑道："你们怎么不蒙着面呢？哪一个我不认识？逃了和尚逃不了庙，除非你们把我打死。把车停下，木头卸下来，跟我到派出所去！"一伙大汉道："当我们不敢打死你？打死这个不要命的！打死他，就再没人给姬发不要命了！"

姬杨被打得鼻血糊住了嘴，一颗牙也被打掉。他实在无法忍受，把牙带血啐向一个大汉的脸，又挥拳打翻了他。众大汉红了眼，把姬杨推倒在地，这个踩一脚，那个给一拳，有一个还用手电筒子拼命在他肚子上顶。姬杨惨叫了一阵，便昏了过去。醒来时，已躺在盘龙凹姬发窑里的炕上了。

那个逃走的护林员，又找来别的护林员，把他背了回来。他忙翻起身，问："车走了？"护林员不好意思道："走了。"他没有责怪护林员，只重重地叹了一口气。难道也要他们如自己一样不要命吗？他们还有老婆孩子呢！

半晌，他打量了打量窑里，问："发子媳妇还没回来？"护林员道："我们来的时候，这里连个人影也没有。"姬杨想想娘儿白天的神情，感觉事情不妙，道："看来我那个婶娘，给咱们乱上添乱了。这一向说发子跟春燕的话，乱纷纷的。你们都知道，她想头短，这阵不知已出什么事了。我知道你们很累，烦再累一累，跟我找找她吧！"护林员都懒得去找，七嘴八舌的，说他想得太多了。姬杨道："你们怕跑路，我一个找去吧！"刚一下炕踏地，腿就刺疼起来，忍不住喊了一声。护林员们无奈，只得道："你这个样子，还是歇着吧！我们去找。"姬杨道："我放心不下，还是都去找吧！"忍痛出窑，一拐一拐上路，心里道，"婶娘，你怎么一点儿也不懂发子呢？我守着发子，图的是什么？你难道还不如我这个朋友吗？"

大家来到附近几个村子，逐一敲开跟娘儿关系密切的女人家的门。那些被惊了好梦的人，一律用厌烦的声音答复："没来过。"

姬杨愈为不安，护林员们则哈欠连天。有一个揉着眼睛说："这差事真不是好干的，提着脑袋，还车轮战。杨子，放了我们吧！她那么大个活人，还能丢了？多半是赌气回了娘家。等天亮了，派个人去问一问不就完了？"姬杨道："不会的。我跟着他俩多年，性情我都知个八九。她要回娘家，肯定会跟我打个招呼，免我操心。倒是这位大哥说的，上前山去问问也好。我等不得明天，这阵就去。拜托各位，今晚就别睡觉，操心着山上。谁让我们来当了护林员呢？"便开上四轮车，深夜赶到姜家，自然没有找到。姜家合家慌乱起来，大春、二春跟着姬杨，到处去找。又到高阳中学，把校长夫妇也吓慌了。七嬷脸不成人色，手脚发抖，道："你婶娘怎么了？"见姬杨鼻青脸肿的，哭道，"天哪，八成出大祸了！把你打成了这样，连娘儿也打了不成？谁打了我的油馍，我就跟他去拼老命！发子呢？发子不见，多半是叫打死了。天哪，天哪！"

姬杨忙道："发子下县去了，我不哄你。婶娘大概跟发子犯了几句嘴，离家出走了。不要紧！这阵怕她已想通回到家里了。大姑别急！"七嬷哪能不急？非要跟着他们上山不可。众人劝不下，只得答应。她抖作了一团子，怎么也上不去车，二春抱上了她。校长因没想到最坏的事已发生了，天亮学校还有几桩非他出面不可的事，也就没跟着上山。

赶到盘龙凹，娘儿仍未回来。姬杨道："她到别处去，必把家里收拾收拾。什么都原封不动，人肯定就在山里。"于是留下七嬷看门，众人喊着，满山去找。

为防人下毒药，狼狗黑子一直被锁在放杂物的窑里。它早已嗅到了空气中女主人的血腥，一会儿用爪子拍打撕挖着门板，疯狂地吠着，一会儿嘴伏地，长长地哀鸣着，闹腾不已。可惜，今夜出出进进盘龙凹的人，没一个人注意到它。

娘儿醒过来时，见有几个黑影从林里走到土场边，向窑方向喊："回来了吗？"窑那边则有一个女人用苍老颤抖的声音应道："没有。"

声音极熟悉亲切，分明喊者是二哥，应者是七嬷。亲人们在找自己呢！娘儿心里暖洋洋、热乎乎的，泪流不住，忙唤："哥，我在这儿哩。亲哥哪，快救我来呀！"声音微弱如刚出生的小猫咪，没有人听见。脚步声又渐渐远去，终于消失于丛林里。

娘儿心里，又升起了活下去的希望，焦盼着亲人再一次出现。多几份经验就多几番悟，这一次要大难不死，她再也不会像过去那样活人了。纵然她很平常，比不上秀珍出类拔萃，没有春燕那么大的本事，可是她善良，只要宽容大量一些，让男人回到家里，温温暖暖的，她就会活得很幸福。武七嬷不是很平常吗？她就能拢住男人的心。那是个最聪明不过的女人，自己早就该学她来着。

脚步声又响了起来。武七嬷拄着根棍子，上了大路，哭唤："闺女，油馍儿，咱的油馍儿，你在哪里？快回来，好闺女儿！"娘儿几乎无声哭应："姐，大姐，我就在你眼前哩。"然而夜色朦胧，老娘儿拄棍四下打量，也没有看见她，更没有听见她的应声，过了一阵，就棍子杵着地，向窑那边去了。娘儿焦急、恐惧地嚅动着干燥的嘴唇，拼命呼唤，然而声音却依然极低微："姐，不敢走，我在这里呢。姐呀——"

亲人的身影，又眼巴巴地消失了，娘儿绝望之下，半弓的腰，抠地的手，松瘫了下来，身子机械地颤抖着。她明白，自己要不爱惜自己，再爱自己的人，也是爱莫能助的。

天亮，男人们全回到了盘龙凹。姬杨抓耳挠腮，团团乱转，道："山不大，就是满山的林难找。不成咱们集上几百号子人，一座山一座山排着往过搜。"七嬷撩着些劈柴，正要做饭，过来说："狗也知主人有事，给喂食不吃，只叫个不停。"

姬杨心里一动，拍手道："我怎么没想到带上狗去找？狗嗅觉最灵，准嗅到了主人的气味。好，狗一个劲叫，婶娘准就在近处。"七嬷听言，劈柴撒了一地，碎步小跑过去打开窑门，放出黑子。众人跟着狗，向大路那边赶去。白发黑衣的七嬷，竟然跑在最前面。果然在一丛蜡烛草旁，找见了娘儿。她佝偻着身子躺在血泊里，膝头都顶住了下巴，又不省人事了。有促织，正在草丛里吟哦轻唱。

七嬷软软地跪在娘儿身边血里，捶着地哭道："我把你个贼女子，天没塌，地没陷，不过就是人说了几句闲话，咋做得出这号事来？没良心的，一点儿都不念我跟你那熬白了头发的爹娘哇！天哪，我的油馍儿，你咋在受这恓惶呀?"伏在娘儿身上,紧紧搂住,"天哪,我的闺女,我的亲人啊!"众人流泪哽咽着,拉开了她。二春火急抱妹子上了四轮车,大春、七嬷也跟了上去,姬杨开着,飞速向山下奔去。

七嬷喊:"慢些,慢些!看把你婶娘颠的。"车稍慢了些,她又怕不能及时赶到医院,喊,"快些,快些!"一会儿,她以为娘儿已死了,唤,"闺女,心肝,醒醒,你醒醒呀!"唤不应,拿手拭了拭,还有呼吸,才稍松了一口气。

到了镇医院,自然先是给娘儿输血。恰好大春、二春与妹妹血型相同,争相让最大限度地抽自己的血。一番抢救,医生仍摊着手说没救了。众人方寸大乱,二春蹲地搂头抽泣起来。七嬷啐了他一口说:"还没到哭丧的时候!只要人有一丝气,镇上没救下县里、西安去救。不能哭着等她死,快到外面拦辆出租车来,下县里。世上奇事多的是,不定奇事就出到我的闺女身上了。"

二春忙到街上拦了辆出租车来,和七嬷抱着娘儿坐在后排。前排只能坐一人,七嬷便向大春说:"虽说是你妹子,你人太老实,不如杨子有头脑,让杨子去吧!"大春只想伴妹妹到最后,又不好不听七嬷的话,只得留在了镇上。

别的人护着娘儿,又向县医院奔去。半路娘儿醒了过来,望着哥哥和大姑子,难以言说的哀怨伤感凄切,嚅动着失血的嘴唇,呜咽不已。七嬷哭道:"他怎么委屈你了?心肝,别委屈,等你好了,我打他。再怎么说他也是吃的我奶长大,不信他不听我的。"娘儿忍泣含笑,声音微弱道:"大姐那日说的是好话,我还给大姐拉脸子。大姐千万别跟你这个傻兄弟媳妇计较!"七嬷道:"我就没放在心上,你也太多心了!"

娘儿叹道:"那日要听了你的话多好,落不到这一下场!别说那些当官的弄钱的女人,能跟男人和和美美到头的,才是顶有本事的女人。大姐跟姐夫差远了,偏有本事跟他和美到头。我有一丁点大姐的本事就好了!唉,怪不得他,都怪我听了人家几句闲话,就做出了这悔不过来的傻事。"二春泣道:"妹妹真是傻子!我也早就听到那种闲话了。没根没据的,一听都是胡说八道。要真是说的那样,哥早就替你把他揍扁了。"

娘儿抓住二哥的手说:"他这几年七事八事的,压得喘不过气来,哥千万别难为他!唉,他太难了!"另一手又抓住七嬷的手说,"我一时糊涂,就做出了对不住你的事。打掉的孩子,是个你最想要的小发子,姬家的顶门柱子。"七嬷忙柔声说:"那已成了没办法的事,就不想了。现如今只要你好过来,我的心肝,万事都好!"

娘儿听言,感动得又哭起来,道:"遇到你这么好个大姑子,亲娘一般,本说等你归天，我要给你穿白戴孝的，没想叫你白疼了一场。"七嬷也哭了起来，拿手指理着她的头发道："我没白疼你，你比发子还待承我好！快别说这话，你会好起来的。"

半晌，娘儿又忍哭作笑道："你养的那臭小子，一身的毛病，我恨得要死，偏心里还是最有他。这辈子，我把他放过了，让他另找个女人吧！下辈子，他还是我的。这辈子是他把我硬弄到了手的，下辈子就非我把他硬弄到手不可。唉，我咋一时想不周，把他给丢脱手咧，丢下了！下辈子，我要跟秀珍一样，念大学，叫他不配我！"二春听了这话，想起小时候，为让自己和哥哥继续上学，妹妹极欲上学却放弃上学的那可怜又执拗的样子，流泪道："都是哥害得妹妹没念书，哥永欠着妹妹的。"娘儿道："哥欠我什么？哥多上了几年学，过日子就是比旁人有头脑。我只为有你这样的哥高兴。不难过，哥！福人寿短，我跟了发子，实在太有福气了。得了个标致灵性有血气的男人，就是那年拼命，也是我的福气。可惜这一回，不是为他拼死的，有些不值，太不值了！也没什么。我还记得杨子家的小小，在我们那儿待着时唱的歌儿：'不在乎天长地久，只在乎曾经拥有。'不求天长地久，能跟他夫妻这几年，我就没白为女人。行咧！"七嬷、二春听了，忍不住都把头伏在她身上，大哭起来。

姬杨眼尖，忽然发现姬发的红色"仪征"车迎面远远开来，忙叫司机停下车，跳下去，站在路中间，挥着手。"仪征"车在他面前停下，姬发跳下来，灰着脸问："你怎么在这儿？家里出什么事了？"姬杨咽声道："婶娘昨个下午自己去打胎，失血过多，已经不行了。"姬发如雷轰顶，捶着脑门，跺着脚哑声道："怪我！昨个我就想回去跟她解释解释，到底没有回去。一念之差，让她丢了性命！"姬杨又向车上道："你俩跟我坐发子的车吧！趁婶娘醒着，让他们两口子待一会儿。"娘儿听说遇见了姬发，蓦然一种甘露般的情愫在心间荡漾开来，泪流满脸。唉，老天真有心，还能让她跟最爱的男人活着见一面！

七嬷和二春下来，姬发忙上了出租车，泣拥娘儿于怀。七嬷和二春上了"仪征"，姬杨开车，掉头跟在出租车后面，又向县城方向奔去。

夫妻相对，流不干的眼泪。姬发泣不成声。一日之别，恍若隔世，娘儿贪婪地看着丈夫，只看不够。她的男人，有多年轻、壮实、英俊！他对他的至亲好友，都有情，但那是温情。只有对她，除了温情外，还有激情。人只有在冲动中，激情洋溢时，才最动人。她多有福气，享受了他最动人的一面。于是她忍悲含泪笑道："今才知，平平淡淡才是真，才能长长久久。我对你、你对那林子，都过于执拗了。我已叫毁了，你不能再毁了自己。别说血本无归，为着那林子，你连亲人都无归，还说什么血本无归？当初大姐不叫你买那林子是对的。赶紧退步抽身，丢开那林子，过平平淡淡的日子吧！迟了，就没法回头了。"听着这话，姬发觉眼前的娘儿，简直不是娘儿了，诧异之下，无话可说，只是泣。

娘儿又道："我在城里没亲戚，你昨晚住在我二哥那个朋友家里了？"姬发更为诧异，问："你咋知道？"娘儿道："我以前不知道你，什么屎盆子都往你头上扣，你不脏也叫我扣脏了。直到昨晚，我才知道了你。我错怪你了！"姬发不知有多爱她，哭道："我以前是对不住你，的确后来没有做什么对不住你的事。这些日子，我心乱得很，说错了什么，做错了什么，千万别跟我计较！外面受了气，除了老婆，我到哪里找出气筒去？无怨不成夫妻，无恩不成夫妻，天生夫妻本来就是一场恩怨嘛！"娘儿既心酸，又幸福，道："这阵只要你不跟我计较就好了，我哪跟你计较。初嫁姬家，那一晚我咬了你，你也没强要我，我就该知道，你心里最有我。怪道戏上把老婆叫浑家，我真是个浑人。这么多年，跟你闹了多少不美。你们家的男人都是些血性烈子，细想来，你到我跟前真像个大弟弟，很乖。我没好好疼你，老是跟你过不去。只要我俩能相守到老，有什么过不去的呢？过不去苦了你，我也没得便宜。我把自己的福气糟蹋了。这些年要跟你和和美美的有多好，我有你这么个男人活着多美。我太傻了，对不住你，也对不住我！晚了，我明白得太晚了。虽说晚了，到底死个明白。多少人，死不明白哩！"

姬发需要的，就是这样的女人。他不需要女人有什么本事，就需要女人明白他，与他心心相印。他泪落连珠。泪眼里，娘儿的脸，白得能看见毛细血管。眼睛半睁不睁，光亮的眼仁似两抹彩霞。睫毛则似两排细墨线。眼睑晕黑。他微喘着气说："也许是我有那么个姐姐，我爱老婆比我大。只要你好过来，我会到你跟前更乖的，百依百顺。我是你的，我只是你的男人。你想怎么就怎么，要怎么就怎么，杀了我也由你。我舍不得没有你，你千万要好过来哇！"

这么动人个男子，却这么依恋自己，娘儿莫名感动。躺在他炽热的怀抱里，闻着他身上散发出的淡淡的香烟味，她只觉一种甜蜜的疲倦，如新浴一般。她只愿时间就此停止流转，她永远偎在这男子的怀里。半晌，她叹道："唉，好不过来了！记着我的话，死不难，活成有用处的人难。念浑身都疼着你的两位老人，不管遇什么事，永别走我这一步。我完了！过去的都过去了，将来你还爱谁我管不上了。我只要你这阵子爱我，好好爱我。把我搂紧些，再紧些!"姬发哽咽着，紧紧搂住娘儿，用如丝般光嫩的脸蛋，不住左右轻擦着娘儿的脸。

久久，他抬起了头。娘儿满脸幸福的微笑，道："你给我买的那对玉镯，一只送给秀珍做个念心。她是个好女子，样样都比我好。一只入棺时给我戴上，权当你伴着我。"脸上的笑意正到最美，却突然消失。姬发的心紧缩，缩得都要炸开来，炸成碎瓣了。娘儿气息微弱，口齿不清道："发子，我看不见你了。我……要你……"姬发哭道："我也要你，你别丢下我哇!"也不管司机在旁，狂热地吻起了娘儿。司机早已两眼发热变湿了。

突然，一声血性男儿破裂开来的长啸，如雄狮震吼。出租车便掉转方向，向高阳开去。"仪征"车上的人，知道是娘儿死了，无不心碎恸哭。二春头伏在七嬷怀里哭道："救不了妹子，她白把我当靠山了。嬷子，我再也没妹子了! 谁有她叫我一声'哥'亲呢？我的妹子多好啊!"七嬷无言安慰，只会抚着他哭。姬杨打车回头时，几乎撞倒了路边的栏杆。

娘儿如愿在心爱的男人丰厚温柔的怀里死去，死得其所，死得幸福，她的死便如秋菊一般静美。

> 唉，死鬼，亲亲，
> 死一遭，
> 活一遭，
> 咱跟你，
> 总有过这一遭!

死者无所知了，然而死者的死，却给活者莫大的打击。对姬发来说，如果妻子还能活过来，让他再和她相守一天，尽心尽意地爱她，胜过他独活一万年。有她活活地在，他瞎了眼这世界也五彩斑斓。没有了她，他一双眼睛再明亮，看到的也是一片漆黑。唉，天不从人愿!

云似白练，飘飞一天。

娘儿是被流言击倒的，但追其根底，死因还是那片林子。并不是所有为森林而死的人，都拥有高尚的情怀，并在与盗贼搏斗中或火海里壮烈献身。

中山那个破败晦气的姬家，又一次铜钉门日夜大开，人出人进，悲声阵阵，为家人发丧。

当年，姬发离家上张家山时，带着活活的妻子和女儿，如今却把女儿永远丢在了张家山，妻子是回来了，却千呼万唤不应。望着铜钉门，他对自己当年之举，难以言说地懊悔。

秀珍闻讯赶来，和七嬷为娘儿净了身。姑侄俩最后一次精心地为她们的亲人梳妆打扮：梳的是圆正抓髻，髻上垂着金丝线缨子。穿的是红绒斜襟盘纽衫，毛蓝布裤，方口布鞋。姬发并没有把玉镯按娘儿说的送秀珍一只，全给她戴在了腕上，并嘱咐姬杨在姬老人夫妇坟旁为娘儿掘墓时，于其上位给自己留下穴地，余事概不闻不问。娘儿停尸在床，他坐在床头；移尸入棺，他守在棺边。七嬷打扮好娘儿，看着齐齐整整的亲人，肝肠寸断，万事无心再管，更不知关照姬发。丧事多亏姬杨一家帮忙料理，姬发也多亏秀珍悉心关照、安慰，要不他滴水粒米也难以咽下肚。

停丧三日。丧仪依俗。

不知道哪个管不住自己嘴的人，让三姑知道了女儿的死讯。重击之下，老人视网膜脱落，什么也看不见了。二春、大春急忙把母亲送往县医院治疗，也就顾不得参加妹妹的葬礼了。

姜老爷子闹进了姬家。在女儿灵堂前，他眼睛瞪得如眼眶里装了两个卫生球，扇姬发嘴巴，啐他一脸，向他要活活的女儿。又疯子一样，哭死哭活，滚地撞墙，要跟了女儿去。众人劝老爷子不住，只得让两个大汉把他强架了回去，托他的侄子们看管着。

两个娘家嫂嫂带着孩子来送娘儿。

高阳葬俗，处处都体现着对娘家血亲的轻视和对婆家姻亲的看重，也就是重男轻女。娘儿的两个娘家侄儿，虽与娘儿血缘关系极近，却无权做孝子。姬发夫妇没有儿女，男孝子空缺，姬家骨血外传的武大姑娘，是当然的女孝子，穿白戴孝，为娘儿哀哀守灵。

接灵时，还是姬杨爹捧着放有纸钱的黑漆方盘，姬杨提着草笼。吹鼓手依然是老车夫一伙人。接灵的男孝子必须是死者下辈，所以无一穿白戴孝男子。在姬发母亲坟前焚过纸钱后，一行人来到大路上，朝着张家山方向，吹曲牌，化纸钱，是接花花之灵回来，与众故去亲人之灵一聚。

迎灵的女孝子则可以是同辈，但同辈即便比死者年轻的，一般也不屈尊，年长的更稀见。姬姓同宗的老娘儿劝七嬷："她没为这门里留下后人，你女儿都比她大，你犯不上给她下跪。"七嬷哭道："我从不在乎这种虚礼。正是她死得太年轻，身后空落，才叫我伤心。我们姑嫂俩，她无妯娌，我无姐妹，情该我把她迎来送去。"于是武七嬷穿白戴孝，手里拎着根棍子，一探一探地悲哭出门。后面跟着她的女儿。到了大路旁，娘儿的两个嫂嫂拉住七嬷，劝她只站着哭，不必下跪。武七嬷哑声哭道："她活是我姬家的人，死是我姬家的鬼。为我姬家，她劳苦多年。我跪的，就是她为姬家的苦功。她当受姬家女儿的跪敬！"执意扶棍跪地。

第二天一早，武大姑娘顶灵，姬姓汉子抬着那乘龙头丧轿，将姜姓女子送入了墓地。引魂幡语为：长天路远，恨无能登天相见。欲托飞鸟捎信，又恨情长纸短。千金散尽还重来，唯有逝者一去不复还！

姬发和校长一边一个，搀扶着姬家的至亲重戚武七嬷，在最前面跟着丧轿。武七嬷多不想面对这种事情呀！可是命中注定，她无法逃避，只能面对。她所悲的死者，不只是姬发媳妇，还有祖母、母亲、婶母、侄女们。她们一个个，都是她送入土的。她悲她们命苦，其实她比她们更命苦。姬家的所有不幸，全让她这个女人承受了。她的人生，因亲人们个个苦命，而无比苦重。

娘儿的丧轿，在众宗亲族戚的护送下，缓缓行于逶迤山路。悲声此起彼伏，水荡漾，树摇摆。水边蛙不鼓，树上鸟停鸣。丽天也悲变脸，渐为阴沉。到了墓地，终于落下了雨泪。斜风里，雨泪细如丝。天地间，若罩着一层幕布，人物景色，若隐若现。

唢呐声里，众族兄落棺入坑。武大姑娘夫妇及儿子、校长的侄子们、娘儿的两个侄子、姬杨、秀珍、芳珍，跪地而悲。别的亲友则是同辈或上辈，依礼按俗，男蹲女坐而悲。娘儿的外婆、姜八姨、武七嬷等白发老母们哭得最为悲切。姜八姨一方白帕捂口，身子摇来晃去，却哭不出声。武七嬷华发零乱，一手捂心口，一手拍打着膝头，哀死者，也哀自己，哀哀而哭："油馍儿，吃苦受罪死了的亲人哪！打今往后，咱进了娘家门，再没兄弟媳妇热热乎乎地叫着'姐'，出来迎咱咧！咱二十来年辛苦，才叫娘家像个人家，如今又人亡家破咧！天哪！"

姬杨也哭不出声来，只一手扶地，一手不住抹着眼泪。泪水汹涌不止，手上沾的泥，把脸也抹得泥乎乎的。

既是妻子又是姐姐，无微不至关照姬发多年的那女人，已如雪花销形于黄土，不见了。天地间，情最重。雨雾升腾里，姬发独立于亲友之后，头高仰，眉紧蹙，无声而泣，泪向天纵。

最后一锹土添上坟，族中一少年弃锹跪地，唤了声"嫂子"，放声大哭起来。族中众少年、护林员，都弃锹或跪或蹲在坟周围，唤着"嫂子"，哭将起来。

"嫂子"这一称呼，朴实而亲切。这是一位身姿矫健、容貌清秀的西北大嫂。梳着抓髻，家常穿着红条绒斜襟衫。曾经娴熟地赶着牛车拉谷捆，曾经在闪缎上绣活了花鸟虫鱼。无意出众，默默地关心爱护着亲人。

嫂子，嫂子，别人高谈阔论时，她只静静地在旁笑做针线。只说她的生活如一潭死水，谁知也有惊涛骇浪。只说她是逆来顺受的贤妻良母，男人冲锋陷阵的大后方，谁知紧要关头，她也会杀上阵来，拼死守住一方阵脚。

嫂子，嫂子！她是一个不甘的女人。不甘才有了最后的悲怆，死去还留下了个活的灵魂。谁说人间真情难得？她就最富真情。她的真情不死，如一缕清香，永在人心中缭绕不散。

葬罢娘儿，临回镇上时，七嬷拉住姬杨的手哭道："如今只有你在我的发子身边。好孩子，我把他交给你了。我娘家，就剩这么个命根子了。你可要把他给我管好哇！"姬杨点头哭应不已。

当夜，七嬷正坐在家里沙发上想着姬发媳妇伤心，春燕悄悄推门进来，眼睛哭得红红的。七嬷忙站起拉住她的手说："是谁委屈我的闺女儿了？快给嬷子说！多半是那些说闲话的人，也把脏水泼了你一头。好闺女，千万想开些，别学你嫂子。你们嫩叶好花一般的年纪，要一个个撒手走了，我这朽老婆子扎在世上还有什么意思？千万，别把委屈窝在肚里。你告诉嬷子，是谁委屈了你。嬷子最是个不怕得罪人的，让嬷子给你兴师问罪去！"春燕慢慢跪地，抱住七嬷的腿哭道："嬷子，我不该回来，害得你兄弟媳妇殁了。我对不住你。"七嬷这才松了一口气，拉她起来，同坐沙发上，抚着她的头发说："只要你没受什么委屈就好。这不怪你。人命大事，不敢往你肩上担。你担不起！那闺女的死，正是常说的，人言可畏！死了的闺女，嬷子心疼得不行，你也是叫嬷子心疼的闺女。你是咱武家人，嬷子看着你长大，可怜生在破烂堆里，人倒从小怪聪明伶俐敢作敢当的，像嬷子的脾气。能有今天，你实在不容易。那年人家那么作践你，我只怕你有个三长两短，还好，你只是走了。我又怕你在外面出事，凡遇着从外头回来的人，就问遇到你没有。有一回槐儿说在西安遇着你了。我就叮嘱他再遇到你，一定劝你回来，高阳总有你的三亲六故。你生在高阳长在高阳，根在高阳，凭什么不能回来？你回来没错，回来就好。唉，头一回嬷子从你的公司门前过去，流泪了。当年你走的时候，那些作践你的人，说你是绑着苍蝇翅膀飞走了，一准飞屎堆上去了，从此越臭得难回来了。你飞回来了，你是燕儿飞回来了，不是苍蝇飞回来了。你没臭！唉，你有多少人不知的难处啊！过去的就过去了，不提咧，日后你路还长。雁过留声，人过留名，活人，就要在世上留个美名儿，让人传扬！好好活你的人，干你的事吧！嬷子要年轻，准比你干的事还要大哩。嬷子就爱有大志、活得轰轰烈烈的女孩儿！"春燕点了点头，便把头紧紧偎在七嬷怀里泣道："我从小最敬的女人是武七嬷。你怎能不叫人敬呢？"

不同经历、不同个性的孩子们，共同热爱着这个武七嬷。她正统而又不太循规蹈矩，坦荡磊落而又有狡黠和野心，不管怎样，她还是皇天后土式的母亲形象。她一身，集着黄土高原妇女的千古高风！

她的亲人，一个又一个为再造和保护张家山那片绿色而亡。她虽然至今还没有直接参与，但她也因之心神不宁了四十来年，悲伤的泪水流了四十来年。那片绿色，也是她的心血和泪水浇灌出来的。

娘儿被送回中山姬家后，姬杨即赶上张家山，安排一护林员守盘龙凹，另带了三个护林员去帮自己料理丧事。盗贼知姬家新丧，张家山空虚，又猖狂起来，林中砍树声四起。那几个暂时无人住的护林小屋，门板、被褥、灶具全被盗走。盗贼还把屎拉到小屋土炕上，以示对护林员的轻蔑和侮辱。有十几个盗贼，甚至来盗盘龙凹。那个护林员不敢出窑，只从窗户连连放枪，盗贼才退。他们也无意真盗盘龙凹，不过是制造恐怖气氛而已。护林员越缩手缩脚，他们越能放开手脚。

姬杨、姬发回到张家山后，护林员不愿让姬发知道实情，只告诉了姬杨。姬杨极为气愤，不顾连日劳累，就领人进林跟盗贼对阵，终于撑不住晕倒了。姬发忙开车将他送到镇医院。脱衣检查时，姬发见他全身肿烂，才知被人打了。等他醒来，怎么问，他也不肯说是谁打的。姬发终于从那个与姬杨同守路口的护林员口里，知道了打姬杨的里山十几条大汉姓名。一日，其中一条大汉从盘龙凹的大路上经过时，一个矫健的身影突然闪上路来，一个泰山压顶，那大汉就翻倒在地，吃惊地道："发子，你给我凶什么？"姬发又一个饿虎扑食，骑在大汉肚子上，拳如雨点，道："我叫你欺负杨子，我叫你欺负杨子！"大汉牙被打掉了，眼角青肿，鼻血也淌了出来。姬发又掐住他脖子，屁股高抬低落，打夯一般砸他肚子。大汉觉得五脏都碎了，肠子都断了，身体在姬发屁股下抽搐扭曲，喘不出气，哪里还能求饶？倒是姬发怕真打死了他，松了手，站了起来。大汉忙服帖地趴在地上，不住磕着头说："知道你拳脚硬了，再也不敢咧。"姬发揪住领口，拉起他来，瞪了半晌，咬牙道："你有老婆儿女，还不顾啥，我如今是光杆司令一个了，还顾个啥？我听说，你们还吓唬过我大姐。记着，给你们的人都说清，从今往后，谁要在我大姐面前啐一口，我就要叫谁知道我是不是娘养的。她就是我的白发老娘!"那大汉忙道:"不敢,不敢。她也不是好惹的,谁敢惹她?"姬发松了他,咆哮:"滚!"那大汉才一瘸一拐走去,裤子也扯了,忽闪忽闪的,心里恨道:"等着,老子非在你这臭小子肉上扎刀子不可。"

第二十一章　爱在森林

高阳这方土，即使静寂，也绝不死寂。

秋冬，风自殷勤为媒妁，把万物的种子，从张家山吹向这方土的角角落落。雨雪热心滋润，使种子悄悄然与黄土幽合，又待春到，嫩芽自会从黄土中爆出。乍还嫩芽点点，猛却见，那黄色的大背景上，万紫千红：是花盛开了。

花开花落，绿肥红瘦，春去秋来，生生死死，死死生生，一个人生命趋近于终结时，倘处于这天地，当觉此身归土，只是暂歇，不久还会以另一种生命形态勃发出土，然后又回归土，周而不复始。生命在这方奇妙的黄土中，永恒了。

一日，在七嬷、八姨的陪同下，三姑坐老车夫的马车来到娘儿坟前，一声悲哭："油馍儿，娘眼睛好咧，什么都能看见，就看不见了你!"老车夫便听不下去了，远远躲开，自己却悲从心起，无以宣泄，便以歌当哭：

　　娘吔，亲亲，
　　咱走咧!
　　莫隔山莫隔水，
　　三尺黄土，
　　隔就隔出了阴界阳间，
　　隔就隔出了闺女娘亲。
　　春三四月里，
　　润格嗞嗞的土里生出绿格莹莹的草，
　　绿格莹莹的草里开出金格灿灿的花。

金格灿灿的那不是花，
娘吔，
那是咱化作一掬土的骨肉血身。
唉呀娘吔，
阳世里，阳世里，
当多的人，当多的人，
乃个不少，乃个不少，
少就少了个咱，少就少了个咱。
唉呀娘——亲个当当的人吔！

　　寂寂寥寥清清冷冷里，斯人独憔悴。孤衾而眠的姬发，一次次夜半梦回，无人相对。而无一次梦里，不无妻子。或是他早起懒睡不起，妻子揭开被子，用炕帚打他屁股；或是妻子给他梳头整领带，打量着他，得意地说："我咋就嫁了这么个叫人心疼死的小男人！"或是梦见自己以各种方式，在向妻子示爱……

　　有一夜，他梦见一条七色彩虹横卧碧天。他与妻子，各在彩虹一头，遥遥相向而行。彩虹之下，是绿波荡漾的张家山。妻子穿红绒衫，毛蓝布裤，红方口鞋，身边则围着玫瑰色光环。近了，近了。妻子步子轻盈，双腕玉镯"叮当叮当"作响，硕大的如意髻上红丝缨子忽闪忽闪而动，笑脸盈盈望着他，突然举手一按发髻，半裸洁白圆润的胳臂，玉镯滑下，美奂绝伦。他身内热血沸腾，冲动无比。妻子的呼吸声都可听得见了，已近到跟前。他迫不及待地张开双臂，向她扑去，不防突然跌下虹桥，惨叫一声，醒了过来，才知是梦。窑内漆黑，被下只有自己的热身。孤独难耐，他咬着被头半晌，突然捶炕而喊："老天，老天，我才二十八，你怎么狠得下心把我最爱的女人夺走！"

　　他又无声而责怪着妻子：何苦要死呢？死了又有几人真为你伤心呢？旁人该怎么还在怎么，你的死，只使我成了孤雁一只，抱残守缺活人罢了。

　　汉子一条，他竟像个女人一样，"心有千千结"。

　　妻子和女儿以及快上世的儿子，是因张家山而死的，他简直恨透了这张家山，什么都让他看着刺目。同样缘故，他觉得拥有数百万棵树的张家山林场，险象丛生，每一棵树后面，死神都在窥视着他，随时都会把他打入地狱。没有什么，能比生命更珍贵了。他无心恋战，准备倒戈而退，逃离此地，跟仅剩的亲人——校长夫妇，静静地、温馨地相守过活。买下张家山林场时间不长，他却被折腾得精疲力竭，也需要好好休整休整一番。

他几乎成了"说嘴疯"，一有熟人来，就托人家替自己打听，看有没有人愿买张家山林场。

姬槐和他的记者朋友们，常来张家山看望姬发，不时就会在报上发出一篇有关张家山的文章来。蒲城县政府在省报上要了一个版面介绍本县的情况时，张家山还被作为本县的八大景之一做了介绍。知道张家山之美的人与日俱增，其无形价值也在与日俱增。姬发欲卖林场的消息，不胫而走。很快，便有一个私营企业主找上门来。他所经营的企业倒不少，效益却都不好，主要靠银行贷款过日子，已到了不可收拾的地步。林业贷款利息低，又容易到手，他是冲着这一点而来的。

本县一大景观，却为私人所拥有，人因地而名，姬发在本县的名气，胜过了国有的电厂、纺织厂的厂长。不知内情的人，是相当羡慕的。那位企业主一进门，就连连说"久仰，久仰"，姬发倒不好意思了，忙"不敢，不敢"地客气一番，沏茶递烟，笑而落座，闲话一阵，商谈正事。

姬发只不过想把卡在喉咙里的鱼刺吐出来，所以人家能给一百万，还过贷款借款，有一小笔安身立命的钱就行了。不过他不失精明地一张口就要七百万元，对方竟然还到了三百万元。他心一跳，有二百来万的余头，他不光可以走出山林，还能走向都市，隐居在现代文明里，不枉生于这个时代了。有了希望，他干脆一点一点往下降，对方也一点一点往上升，最后竟以五百万元敲定，商议好十日之后，办理有关转卖手续。

送走那人，姬发一蹦三跳回到窑里，大叫一声："天哪，熬到头了！"把姬杨举上肩，扛着旋了几个圈子，又猛摔在沙发上，举拳狠命擂他，揪头发，拧耳朵，不知怎么亲热才好，笑喊："哥们，这下咱们成了没有任何负担，只有钱的人了。咱们可以轻轻松松活人了。解脱了，终于解脱了！"

兴奋里，想到没有熬到头的妻子、女儿，还有没来得及上世的儿子，他心里又酸酸的，情绪一落千丈。五百万元算什么呢？这林场无论在钱的收益上对他多么大，都是远远得不偿失的。

姬杨也兴奋若狂，大喊大叫，拼命捶打姬发，忽又喜极生悲，蜷在沙发里，大把大把地抹起了眼泪。姬发蹲在旁边，掏出手帕擦着他眼泪说："我的也是你的。这多年，你为我琐琐碎碎的，什么心都操，把人生最好的年华都为我付出了。我怎敢忘了你呢？在我心里，你跟秀珍与我姐夫、姐姐一样亲。我们几个，是没有你我之分的。"姬杨哭道："别说我为你付出的话，我不过是落难到了你这里的。我也不图你什么，只图你幸福。我是高兴得落泪了。"

姬发明白，他的人生举动，牵一发而动全局。买下张家山林场，他一人承受不来，至亲好友无限牵挂，跟着他一动再动。"一个好汉三个帮"，没有至亲好友的帮扶，他就撑不到今日。已阴阳相隔的，想报答也不能。尚存阳世的，他要用这笔钱，好好报答。他要让大姐、姐夫过养尊处优的生活，还要带他们出国去旅游，更要了姬杨上大学的心愿……当然，感情之债，是无法用钱来还清的，只不过可让他心里稍微有些安然罢了。

这苦山让姬发像满身落尘、毛孔堵塞一样，憋得难受。终于要脱身而退了，他约姬杨到月亮湖去畅游，以宣泄兴奋。脱衣后站在湖边，姬杨望着倒映在平静如镜的水里那铮铮然如悬崖峭壁的两条壮汉的身影，笑道："正宗的西北汉子，真正的高原雄风！"姬发道："活着真美，年轻最美。我一直觉得爷爷是视死如归的英雄，可爷爷临死的时候，说他其实是贪生怕死的。现在，对着这么美的大自然、这么美的自己，想着给了我那么多温暖和美好的亲友，我觉得自己也跟爷爷一样，贪生怕死，留恋人间。死，不光是让这么美的自己变烂肉喂蛆虫了，也是给爱自己的亲友捅了一刀子。老朋友，为着你自己不变烂肉喂蛆虫，为着你的亲友不痛心，一定要好好活着，美美活着！"姬杨亲昵地给了姬发一拳，道："是的，我们一定要好好活着，美美活着！"

姬发微长乌黑的头发在额前半遮着剑眉花眼睛，挺端的鼻梁晶光闪闪，如宝石琢就，周身线条刚柔相济，粗细有致，筋肉饱满柔软又富于弹力，皮肤润洁如闪缎。在生命之美上，老天太偏心他了。二十八岁，成熟而又年轻，多么渴欲被女人甜蜜、热烈地爱着呀。可是多少钱也买不得最爱的女人死而复生，所有人欲只能极力压抑到老死了。他心中油然而生一种凄凉、悲哀感，仰头闭眼，鼓动着大喉结，深深叹了一口气，举身跃入水中。优美的躯体，便化作水波而连绵起伏不已。一条尺余长的鲤鱼，也在他身边懒洋洋地随波逐流着。水则散发着淡淡的腐草气息和鱼腥味儿。

上岸在柔和而可爱的阳光下晒身子时，姬杨折来带叶柳枝，编做帽戴于姬发头上。于是，他鼻孔里满是断柳那有点发苦的芬芳，萦绕流连，心肺俱爽。

远处云来云去，瞬息万变。近处泥巴上，一只红虾，也在动也不动地晒太阳。那边苇子地旁垂柳下冰草丛里，有两只野鸭子，一只在打盹，一只则在梳理羽毛。高空云下，正有一只鹞鹰在盘旋，碧清的湖水里映出的影子，反似鹞鹰在云上仰飞。而被阳光镶了粉红边子的白云，则美丽恰如姑娘的笑脸。

姬杨道："张家山太美了，我都有些舍不得让你卖。"姬发道："也行，我白送给你。"姬杨笑道:"吃亏是福,反过来,占便宜是祸,占这么大的便宜,我给自己得弄多大个祸呀,我可不敢要。呵,有五百万元,你可以金屋藏娇了。"姬发在他腿上拧了一把道:"说的什么话?"姬杨又道:"你说跟我们无你我之分,包括秀珍。跟她,你怎么个分法呢?"姬发道:"你替你妹妹张个口,要多少给多少,五百万元全给也行。"姬杨道:"她要你给她造一个宫殿,又不准花一分钱。"姬发道:"一分钱不花,宫殿怎么个造法?"姬杨诡秘也道:"太容易了。把你那美妙动人的感情宫殿给她呀!"姬发不再说什么,只疑望远处。姬杨也就不好多说了。

下午,姬发打车到高阳中学,把这消息告诉了校长夫妇。七嬷只关心他吃什么饭,穿什么衣服,起初听他说张家山便没了兴致,提了捅火棍去捅炉子做饭,忽然听见他说把张家山卖了,一下子扔了捅火棍,捏着围裙哭道:"跟着那山,我担惊受怕的,没有过一天静心的日子,只怕你活不成个老爷子。好了,这下把我的一块心病剜啣,我再不用送娘家人入土啣。天哪,咱们到底要过上静心舒畅的日子了!"姬发过去,揪着她的皱巴脸皮笑道:"小儿口没遮拦,你这老家伙的口,也没个挡挂。什么入土不入土的,难听死了。"

众亲朋好友得知,无不欢喜。

买山时所遗留下来的问题,比如有五万元尚未交镇政府,千余亩林地已被里山村拍卖等,姬发当时便如实告诉了那企业主。那人倒不在意,说只要舍得花钱,什么都不是问题。

买山合同中,还有姬发若要转卖,必须征得镇政府同意的内容。陈镇长听说姬发要转卖张家山,与姬发的亲朋好友一样欢喜。不过姬发去向他说时,他却支支吾吾,拖延不决。眼看那企业主来办理转卖手续的期限即到,姬发别无他法,只得打破不向领导"塞黑拐"的惯例,从二春处借了一万元,硬着头皮私下送给了陈镇长。

第十日,那企业主如约来办从银行把款项划入姬发户头等有关转卖手续。他开着一辆进口豪华小车,衣着全是舶来品,也是一个美男子。姬发则是一身乳白西服,系着棕红领带。西服料子不是最好,但系秀珍为他量体所裁制,与他那优美的身段相得益彰,交相辉映,夺目动人。领口之下,衬衫胸脯上,半露一朵精心绣制的傲霜金菊。头发乌蓬蓬秀美异常,嘴唇则是年轻人邞种鲜嫩的胭脂红。相形之下,那企业主因为不是量体裁衣,衣虽美,但与人的美似乎无关,各美各的,美个不谐调。因此天然风流,全叫姬发给占了。

不过这天他很反常,一早起来就闷闷不乐,迎那企业主进窑,还是姬杨沏茶递烟，他只干坐着，也没有什么客气话。当在合同上签字时，企业主兴奋得像鹅一样伸长脖子看着他的手，而他的手却抖了，如有人拉着，半晌举笔难下，突然扔了笔，仰头叹起了气。企业主道："你这个人，葫芦里又在卖什么药？多半是五百万元还划不来？可别指望我再加一分钱了。"姬发冷笑道："再加一百万，你也值。一亩林按五十棵树算，两万亩也有一百万棵。一棵树按十块钱算，现值就一千万元。林业又是绿色银行，树总在不断生长。还有个亮光光的牌子，本县八大景之一，几百万能买到呢？说实话，你给一千万元，我也舍不得卖。容我再思！"便让姬杨陪着那企业主，自己到外面用手机打通了秀珍办公室的电话。秀珍在那头声音平静而柔和地问："谁？"姬发亲切地道："我，发子。"秀珍的声调马上兴奋起来，用丝绸般质感的嗓音道："五百万拿到手了吧？恭喜发财！"姬发道："我有些舍不得卖了。"秀珍笑道："我今天心里也七上八下的，舍不得让你卖。别说五百万元，就是五千万元，对咱们来说，有婶娘、花花和那快上世孩子的命值钱吗？当日买张家山林场是为赚一把，如今为张家山林场付出了亲人性命的代价，张家山林场对咱们来说，已不单单是赚钱的事了。它和咱们是血肉关系，卖不得的。你再想想！"姬发道："让我好好想想！"便关了机，在林中草地上走来走去，不时一甩额发，或是踢飞一块石子。

为穷所困，对他来说，是与生俱来的。一出世，面对的就是穷饿而死的母亲，只是他无知罢了。待懂事之后，依然为穷所困，但似乎穷并没有影响他的快乐，童年是无忧无虑的。渐大，他才开始为穷所忧，受利所惑了。如果说男子汉的人生有两大要事——成家、立业——的话，对于他这种山里汉子来说，立业就是为养活老婆孩子，挣一笔钱。从成家，他就为这立业苦苦准备了。当初买张家山林场，也不外乎这个目的——赚一把。到如今，业是绝对立起来了，一下子就可到手五百万元，可是家却被业所惨毁，老婆孩子没有了。这五百万元，对他还有什么意义呢？

年轻轻的，难道他就整日无所事事，当个食利者吗？对于讲求充实人生的武校长负膝教养出的他来说，纵然腰缠万贯，花天酒地，也只会落个内心空虚。那种无聊的生活，他简直难以忍受。他需要有个人生的支撑点。虽然他的人生已经有许多缺憾，但有个支撑点，他才能有种心理上的平衡，才并不抱憾。既初衷已改，不再把赚钱当事业，弃掉张家山林场，他又有何为呢？他其实是被老原、吴镇长等捆绑上护林这条路的。时至今日，别无选择，护林就是他的事业了。也只有护林，才能向这个世界最好地证明他姬发。

一条汉子，大叉开野朴的四肢，畅意适怀地倒在柔软的芳草上，黑白分明犹如润玉一般的大花眼睛，望着碧翠的林梢上那湛蓝如洗的天空，月动人的歌喉轻轻哼道："经历了春与秋，尝过了喜与悲，才知道都为这山与水……"

此刻只觉这歌是特为自己而作。自己的易与难，喜与悲，无论主观上是为什么，客观上不正是为"这山与水"吗？

这山与水——"风景这边独好"的张家山，不是大自然的偏心，而是祖父半世的苦心。自己才这么几年，就这么难这么苦，可知祖父四十来年有多难多苦！想当年，茫茫原始森林被毁时，夜来山上的火把多如天上的星星，人喊马嘶，械斗四起，不时有林子失火，不时有人伤人死，砍下的树木，车载马驮人扛，散往各地。祖父当有多痛心，而失去至爱的长子、长媳，祖父又当有多悲恸欲绝。正是血色火光，净化、升华了祖父的灵魂。而那企业主的灵魂谈何崇高？不过庸常之辈，只是要利用这片绿色，投国家对林业优惠政策之机，无休止贷款挥霍而已。他既无心保护，甚至会杀鸡取卵，自己为那五百万元把这林场交给他，不就毁了这片绿色了吗？若这片绿色被毁，自己何以对得住苦苦半世的祖父呢？

祖父临终时对自己的无限眷爱，岂不正饱含着对自己的无限期望吗？像爱护年幼的孩子一样爱护这片绿色的祖父倒下去了，既是孙子，自己理当挺身而出，前仆后继，做保护这片绿色的后来人。

人活一辈子，总得有一件正事干呀！保护这片绿色，姬发真有了一种使命感。

姬老人好向孙子说教。事实上，他更是用身教，把自己对绿色的热情，早就传给了孙子。只不过这多年，姬发没有明确意识到自己有这种热情而已。一旦有意识，便如那穿着厚重藏袍朝圣的藏民一样，他对大自然就有了不是蔑视而是敬畏的感觉。一旦有意识，他生命中的一切活动，将不再是为生存以至享受而蹉跎岁月，而是直接指向了人生真正价值的体现。

所谓人生真正价值的体现，不光其生命活动有益于自己，还当有益于人类社会。人类与环境，盛衰与共。人类文明，事实上就是绿色文明。没有良好的环境，人类在文明的长行中，岂能安然无恙？

浓浓的华夏古文明之火，在关中大地烧了那么久，烧秃了渭河两岸的群山，无数物种永远绝灭，文明重心就毫不留情地出潼关向东去了，给关中父老留下的是失落和满眼苍凉。古楼兰文明，也是在环境的不断恶化中，衰退并最终消亡的。然而人类对这一点，长时期以来处于集体无意识状态，文明的发展，总是以破坏环境为代价。

人类文明程度越高，对环境的破坏力越大。今天，地球已千疮百孔了。整个人类，头顶都高悬着生态灾难这把利剑。人的生命，有病不养生，不治病，病就会恶化，不可逆转，死去更不可复活。环境，和人的生命是一样的。人类的生存环境，既已处在"病"中，而且在急剧恶化，如果不抓紧时间采取强有力的措施来改善，就会发展到不可逆转的地步，最终只能在梦中去追寻。甚至有一天，壮丽的地球会成为死寂的焦土。"皮之不存，毛将焉附？"到那时，人类还能存在吗？因此人类必须改变在环境保护上的集体无意识状态（或者说是少数个体的有意识而集体的无意识状态）了，必须在环境上有深刻的忧患意识，必须在改善环境、重塑大自然上，有时不我待的紧迫感，否则将自食恶果。

地球上的生命丝丝入扣，以至于任何一根锦丝的崩断，都会使生命的织锦散脱。人类不分国家、肤色、种族、民族，都共系于地球生态平衡之链上。大洋此岸一棵树的倒下，大洋彼岸都能听到它沉重的声响。已从灵魂深处完完全全成了一位护绿使者的姬发，保护这片绿色，也有了守护承载人类之地球的感觉。就像小溪注入主流一样，因这事业，他甚至感觉到自己的小人生，也有了宏大的气势，也充实、神圣、伟大起来。

山里汉子姬发，胸臆无限放开，已和宇宙同形，和时间并向永恒了。

他当初最看不上护林员，却走上了护林之路。下了多少次决心要另走他路，却总是忍受着无法忍受，还走在这条路上。因走在这条路上，他的人活得既不是滋味，又很是滋味。

护绿者所走之路，是沧桑正道，更是少有人知伏满危机充满惊险之路。美好的生命，随时都有可能在这条路上化为乌有。既然已从灵魂深处走上了这条路，他也就没有什么好怕的了。有祖父、妻子、孩子的魂灵为伴，他在这张家山，从此也就不知什么叫害怕了。他爱活着，但也把死看开了，看淡了。人都有一死，只要生命中曾拥有一刹那的灿烂辉煌，他也就死而无憾了。古人有"舍生取义"之说，他就准备着为正事义举而粉身碎骨。枪打出头鸟，在高阳，他们姬家祖孙，算得上环保事业的先行者，必然要有牺牲。无论什么事，不能因为没有牺牲，就不敢做先行者呀！完成使命需要生命，但使命在生命之上。就让这张家山林场，成为他灵魂的安放之地吧！

男子敢作敢当者，被称为一条汉子，姬发是一条汉子！一条汉子还不够，他还是一个不断提升精神境界的人。心海深深，时起狂涛，却清澈可见底。活力充盈，生动浪漫，并不缺乏高贵却极平易亲切可爱。把山川守望秀美的人，情怀一定很美。姬发自己，就被自己美醉了。

他就这样，做人做事，不断在蜕壳，于不断否定自我中不断超越自我。一个崭新的姬发，又蜕壳而出了。生命属于他的时间已很短，但他将不会在诱惑中迷失自己，将固守城池到最后。

就像用世界上最纯净的水，洗了一次精神澡一样，他的心极晶莹透彻，纤尘也无。回到窑里，那企业主早等得不耐烦了，用急切的眼光望着他。他一摊手，笑道："实在不好意思，考虑再三，我决定不卖林场了。昨个我和杨子忙活了一天，备了丰盛的酒菜要招待你。生意不成情意在，咱们不谈买卖，喝喝酒，交交朋友吧。杨子，端菜，上酒！"

姬杨便在沙发前摆上小方桌，排上酒菜来。姬发拿起筷子，让道："没有你在大酒店吃得高级，看在我们两个大男人系着围裙在厨房辛苦炒菜的面上，别嫌。"企业主以为他是在反弹琵琶式地卖关子，不动筷，只翻动三寸不烂之舌，跟他绕圈子。姬发道："说不卖就不卖。拿起筷子来，吃、喝，要不然就是嫌我们的酒菜不好了，也就是看不起我们了。不够朋友，我即刻会下逐客令的。"企业主依然不死心，道："那么，就加一百万元吧。"姬发道："嘘，我的天，再加一百万！"

"还嫌少？"

"还嫌少，我不成恐龙胃口了吗？我只是个小蚂蚁，胃口小得很，一点点，就够了。"

"你买张家山林场，只花了三十万元，加上这几年的花销，也不会超过一百万元。三年不到，纯赚五百万元，收益可算太丰厚了。年纪一大即便有钱，也没享受的命。你二十八岁就成了纯粹的百万富翁，或者阔少吧，人又这么高大英俊，言谈举止又这么自如洒脱，再加上出门高级小车，住是花园别墅，肯定为你倾倒的佳丽无数。我真羡慕你，太幸运了。"

姬发"啪"地将筷子按在桌上，斜睨一眼他，冷笑道："是吗？越是太幸运，我越不卖。谁知道幸运背后的不幸呢？对不起，请便吧！杨子，送客！"生意场上，一会儿是白脸，一会儿是黑脸，企业主已经站了起来，却嘴角挂起勉强的微笑，又道："话不好听，可事实如此，从来如此，到处如此，农村是城市的大粪，山区是平原的大粪。当初你没有钱，穷钻山，可以理解，现在放着钱不进城，至少也应进平原呀，要不就太傻了。"姬发道："你是不是在我面前站得太近了些？我眼前一个裤裆特写，多无意境。你竟然有这一说！'不可与之言而言，失言'，但我还是要奉告你，要把我当成那种讲心术的人，你就大错特错了。卖林场这事，非是我不能为，是我不为，三军可夺帅，匹夫不可夺志！"说完，不看那企业主，只望窗外，眼光是幽远的凝眸，神情冷若冰霜。姬杨倒笑了，向门外伸着手说："请！"那企业主领带结滑到了胸口上，像小学生的红领巾，嘴张了几张，想说什么，主人的样子，又使他说不出口，气急败坏，突然扭身，皮鞋把地踩个"咚咚"响，走了。姬杨开怀大笑。姬发再也无法保持那种雷轰不动的样子了，身子剧抖，是硬要把纵声大笑忍了回去。

手机响了。姬发终于忍不住，大笑起来，都笑软在沙发上，接不成电话。姬杨接了，是秀珍打来的。姬杨道："你快弄些狮子、豹子、老虎、大象上张家山来！"秀珍道："胡说！要那些动物干吗？"姬杨又笑个不住。秀珍笑道："有什么好笑的？快说给我，让我也乐乐。"姬杨道："发子什么也没穿，只腰里围了圈树叶。"秀珍道："又胡说了。到底怎么回事？"姬杨道："他要学人猿泰山，与兽为友。"姬发忍住笑，抢过手机，一手还擦着笑出的眼泪说："卖了张家山，我何以告慰老爹在天之灵？跟着我护林，老婆孩子都把命丢了，我还有什么回头的余地？开弓没有回头箭，不卖张家山了。"

秀珍在电话那头静了一会儿，才道："我既舍不得张家山林场让那醉翁之意不在酒的款爷毁掉，又为你放弃发五百万大财的机会感到惋惜。一分钱难倒了多少英雄汉，钱又叫多少英雄汉眼红志短。照我说，你这一决定，最具男子汉气魄。真是，苦难使我们的姬发，虚荣渐无而脚踏实地，做人更上一层楼了。好吧，我坚定地站在护林者一边。做出了这个决定，你可要与山共寂寞到老死了。这几天要有时间，不妨来城里吃西餐，再加咖啡、美酒，狂歌劲舞，好好放松放松。当然是我请你。"年轻人，谁愿意老是在山里单调寂寞地活着？姬发多想美美感受一番绚丽多彩的城市之光。他咬了咬嘴唇道："没那个命。我一到西餐厅，看见刀刀叉叉，就不知所措，只会用老碗筷子吃擀面条。也别说什么咖啡美酒，人若真层次高，山里跪下掬着饮泉水也是高标逸韵。我不爱灯红酒绿，只爱花红草绿。山雀在林子里，才唱得最好听。命中注定，我只是静得下心，耐得住寂寞的森林守望者，而不是喧嚣世界里的人，实无心给我惯别的毛病。再说钱到用时方根少，有几个钱，不管你的我的，都省着花吧。这一回好事，让我白扔了一万零二百四十三块五毛钱，日后我再也不想什么好事了，好事不便宜。"

秀珍幽幽道："这话听了我心里倒有点不好受。不来玩就算了。有危险，赶紧给我们派出所打电话。生活上有什么需要帮助的，也只管跟我说，不要难为情。我会常来山上看望哥哥和你的。"姬发眼睛湿湿的，说："秀珍，我想跟你说一句话。"秀珍声音颤抖道："只管说吧！"姬发静了半晌，摇头叹了口气道："算了。还是不说出来为好。"

一天，林内草地上，铺着几方毛毯，上摆着各种饮料吃食。那位企业主领着一伙男女在吃喝玩乐。女的都很年轻，浓妆艳抹，装痴撒娇，分明是"三陪女"。姬杨突然出现在这里，神情肃然道："请不要在林子里抽烟！"企业主装作不认识他，向别人笑道："护林，就需要这样的护林员，是个绿林好汉，在替天行道。冲着有这样的护林员，大家都别抽烟，啊！"

姬杨本想问候企业主一声，人家始终不看他。他以为人家还在生姬发不肯卖张家山林场的气，也就无意问候，只看着抽烟者捏灭烟头，便离开了。

原来是企业主后来在高阳前山北坡买到了一片树木稀稀拉拉、极不成样子的村属林地，却把银行的人引到树木繁茂的张家山松树凹，硬说此处林子为他所买。反正深山野林，难得遇到人，虽然不巧遇到了姬杨，但姬杨不知他们在干什么，也就不会揭出底细。他竟借此贷到了一笔数目巨大的款子，依然过着纸醉金迷的生活。

又一天，下着雨。姬发、姬杨正坐在窑洞内沙发上，七嬷突然一身雨水，怒冲冲进了窑洞。姬发、姬杨忙站起。姬杨笑道："下这么大的雨，大姑来干什么？"姬发也道："你老人家真是不要命了！"七嬷是突然听人说，姬发又不卖张家山林场了，大为动火，才冒雨赶来的，吼："我还要命干什么？"左右开弓，狠狠地抽着姬发大耳光，"我打死你！打死你，我一刀抹了自己脖子，就省得人害死你，也省得我为你操心死了。"姬杨忙拦住了七嬷。姬发一条大汉，竟然被打得都跪在了地上，嘴角流着血，也不敢犟嘴，更不敢还手。姬杨强拉七嬷坐在沙发上，道："大姑别打了，有话好好说嘛！"姬发强笑着，却哭声道："姐要打死我，其实是怕我死了。姐下手越重，打得我越疼，越是心疼我，我越爱姐。放心，姐，我会保全自己的，也舍不得姐跟着我死！"七嬷拍着沙发吼："你不是说张家山是一块烧红的炭吗？烧红的炭，捏在你手里不丢，咋保全你？张家山，是一座害人山！你不丢下张家山，生死就由不得你。"说着，便放声大哭起来。姬发、姬杨忙不住劝慰着她。老太婆最知道姬发的脾性，自己无论怎样都改变不了他，只是气得发了一场凶，也就作罢。过后，依然疼爱他如故。这是老太婆打姬发最凶的一次，也是最后一次，因为她最害怕的，就要发生了。

这天，吃过早饭，姬发肩挎背包、猎枪，牛仔裤腰上小白衫下半露尖刀鞘，狗随其后，向西北一气走出了张家山边界。人家零落，湿地稀有，树木花草也稀疏。又向西北走了二十来里，一路了不见人，树木花草也由稀疏渐成了无，更不见流水，真是山穷，水也就尽了。

山峦上，或土壤薄少，裸石嶙峋，或干燥、单调的苦黄色一片。石山少，土山多。黄土裸露的峰峦，恰似黄浪翻滚，且一浪高过一浪，一浪险过一浪。这浪头打过，是巫婆岭；那浪头翻起，是火神峁。忽然前面蹿起一尊狰狞巨石，像是头饿扁了肚子的雄狮，脖颈上的鬣毛由一条条死蛇样的石纹串成，眼睛是冰冷的乌色石斑，恶森森地瞪着他。忽然又见山顶上，像是一位秀丽的村姑在颔首而望，幽幽冥冥，晃晃闪闪，叫他不由想起了山中老人常说的那变化多端专喝人血的狐精獐怪。空气之干燥，使他有一种伸出手就会划裂皮肤的感觉。太阳高照，大地强烈的反光，则使他很不舒服地眯起了眼睛。多亏无风，否则顷刻之间，此地就会黄尘翻滚，变成一个前也苍苍、后也茫茫的世界。

一只绿头鸭，毫不留恋地从头顶飞过，些无声息。四周之死寂，令人发怵。脚边出现了一只倒毙的羊鹿子，身子已干瘪，眼睛和半截嘴唇也腐烂脱落，伸着前腿，像临死前还欲挣扎着逃离这黄魔之爪似的。狗吠起来，声音在这无声世界里，听来惊心动魄。

姬发叹道："活蚂蚁腿都看不见一条，鬼地！"即使是鬼地，也有阎王判官、大鬼小鬼、黑的白的、哭声骂声，哪里像这儿，就他与狗两个生物，就看见赤天黄地，黄得人想死！

又走了几里，见黄土崖下，有一排窑洞。一孔窑洞前，土墩上，坐着一个白发老母，没有发现他的到来，木木然如雕塑。一片坪地，谷苗干枯，地也龟裂了。再没有如此情境下，仿佛在哭泣的土地和仿佛活死人的母亲，对他心灵震撼之强烈了。

不用上前去问，青壮年已弃乡而走，只剩下老人，反正已活不久了，还苦守着故乡在等死。

一个白发老伯，出了门，在水窖旁吊水，手脚笨拙。姬发忙上前道："老伯，我来吊吧！"说着帮老伯吊上水，却望着水桶，诧异道，"水这么浑，人咋喝得下去？"

"积的雨水。喝不下去也得喝下去！"

"没有井？"

"有呀。那边不是？井里没水了。唉，我也是粗通文化的人，要想地下有水，地上就得有林草蓄水。你看看，地上光光的，地下怎么能有水呢？孩子，你是哪里的人？"

"高阳。"

"高阳好地方啊！张家山林子，护着高阳那一方土地。一方水土养一方人，你看看你的脸皮多嫩，高阳山清水秀，孩子也比别的地方孩子清秀。早先，我年轻的那阵，我们这里跟张家山一样，也是满眼的林子。挖地五六尺深，就能挖出清水来。地面上也满是清清的小河、小溪。那时谁想到过有一天，还会没清水喝呢？"

"你们这里的林子，是怎么毁的？"

"四十年多前了，我三十来岁的那阵，正当壮年，有的是力气。人都砍林子，我也跟疯子一样，砍林子卖钱。钱倒得了些，可造下孽了啊，遭了老天报应。先是地面上的小河、小溪干了，再就是井越挖越深，到今任你挖得多深，也挖不出水来了。没水，地咋种？人咋活？村里的年轻人都出外谋活路去了。我们老了，出去也做不了什么，只能留下来活受罪。我们是现世现报，可怜儿孙们，又没砍树，也跟着遭报应。你想想，他们是山里人，只会种地，不会开机器，在城里能好活吗？我的儿子、儿媳，在城里只能捡破烂。孙子十来岁了，没钱上学，也只能跟着爹娘捡破烂。谁让我当初为一点儿钱砍树呢？谁想得到我当初砍树是在造孽呢？我对不住自家，也愧对儿孙啊！"

"张家山那片林子，能存到今天，也不容易！"

"我知道，我知道。张家山那片林子，是姬长庚拼死护下来的。一样是老人，姬长庚在给后人造福，我倒在给后人造孽。我一看见张家山那片林子，就觉得长庚没死。他变成护那方土地的神了。他比我这号人想得长远，是神人。高阳的后世儿孙，该永远感恩他！"

姬发无心再往西北走了，扭身向东南。他急欲回归高阳的张家山。那里绿草上一只飞舞的彩蝶，带给他的生命愉悦，也比美酒带给他的愉悦强一百万倍。再好的画家，画的花鸟虫鱼再好，也好不过活生生的花鸟虫鱼。

黑子开路，姬发迈开两条长腿，天色向晚时赶回了葛藤如髯的高阳张家山森林。虽是炎夏，林间却森气砭肤。一下子，他感知到了自己的身体哪怕细微到毛发，也是以生命的形式存在的。这大半天，在那赤天黄地里，一种巨大的压抑感，使他忘了自己的身体，浑浑噩噩，如行尸走肉。想起那年在张家山狩猎，处在生机勃勃的环境里，自己竟由不得荷尔蒙爆棚来，当时觉得好笑，现在却一点儿也不觉好笑了。生存环境都没生机，人何来生机？

天色由暗转明，是那无所畏惧的月婆子，悠然晃到了浩荡苍穹的最中间。

月色里，峰峦起伏到不协调而峥嵘的地步。树木拖出的阴影，则光怪陆离，神秘莫测。姬发不防脸儿挂上了蛛网，有一种痒酥酥的舒服味儿。突然"唰"的一声，一个东西从黑影里蹿了出来。他停步而看，是一只猫狸，轻捷地蹿上树，又从杨树枝蹿到杉树枝上，往松林那边飞蹿而去。黑子只会绕着树兜圈子。要是几年前，他准像敏捷的猕猴一样，树上树下，追着猫狸撒野，现在他只微笑而立，舍不得把那小生命吓个魂飞魄散。

刚要举步，又听见前面几步远处，有细微的"哧哧"之音，他低头一看，是一条拳头粗的蛇。尾掩在艾蒿丛里，不知多长，头举了一尺来高，胆怯而又不怀好意地朝他吐着火苗一样的信子，似乎在无言而告："要害我，我就进攻。"狗怕蛇，只会远远看着。姬发仍微笑而立，似乎在说："不要怕，我不会害你。"他真希望自己能像人猿泰山那样通虫兽之言，以取得它们的理解、爱戴，从而在这森林里友善相处。半晌，蛇头往草里一钻，草水波一样抖开去，很快便蛇走草静了。

转过一道山坡，林里响起土拨鼠"沙沙"的掘土声，还有黄鼠狼的格斗撕咬声。"嘟嘟"之音，是野兔雌雄相遇，求欢索爱；"啪啪"之声，则是二雄遭遇，以爪蹄拍地示威。狗双耳尖耸，这里嗅嗅，那里望望。姬发噶口一声轻嘘，狗便潜身入林，寻觅盗木贼去了。然而不久，森林里那多声部的夜曲中断，只有姬发沉重、有力的脚步声在幽谷回荡。这是可怕的静谧，多半有野兽出现在了这里。人猿泰山与野兽友善相处，毕竟是理想中的事。姬发是现实中人，只能是他对野兽怀有友善之心，而不敢指望野兽也对他如此。为防不测，他手伸到后腰，抠开刀鞘扣子，止步不行。果然有轻细的步子声响起，还有屏息停吸太久之后的那种急喘声。他勾刀出鞘。一股恶臊味冲来，几令他窒息。喘声步子声消失，风摇树，树影轻动。随着一声凄嗥，一只狼蹿上了路。

月色皎洁，小路雪亮，路边的草像长在雪地里。

狼正欲横穿小路去那边林子，突然发现了他，停了下来，低低地发出一阵威胁之声，便摆出一副傲慢姿态，掉头向他而来。弱肉强食，这是自然界的规律。他虽不想恃强凌弱，但只身走入大自然，就得遵循这个规律，绝不可示弱。他手紧紧抓着刀柄。小衫下，胸脯强健的肌肉，紧绷凸起，一副凛然不可侵犯姿态。狼嗅着他皮鞋尖，又嗅衫摆，仰起头来，张嘴露牙，凶狠地望着他的咽部。野兽之间，如果相互直视并且半晌不动，是恶意的表示。他扭头望着别处，以表对狼并无恶意，却不能动。一动，就会让狼或误以为他欲怯逃而吃人兽性大发，或误以为他要进攻而首先发动殊死攻击。不过他眼睛的斜光，始终在看着狼。狼若敢向他咽部咬来，他会先把尖刀刺向狼喉管。

人与狼，相持良久。

狼遇危险，不避而迎上，不示弱而示强，不怀友善而恶意张扬，不过是装腔作势而已。它分明知道，比起人类，它们只是生命存在的弱势群体，且在此地已难谈群体生存了，而此时面对这彪形大汉，只要他无恶意，自己最好是别主动攻击，否则逃生无门。他似乎是友善的，于是它一掉头，拖着扫帚尾巴，大模大样而去。依然是装腔作势，怕人觉得它是怯逃，恶意复生。它对人的友善，很不放心。去不多远，估摸已一定程度出了危险之地却仍存危险，草响激烈，是它飞逃了。

姬发手心汗湿，按刀入鞘，嘘出一口气来，结束了那男子汉的全部力量即要爆发时的状态，健美的身影又在月光下的林间，时隐时现。

下夜四点，他站在张家山南峰，指头含在口里，打了个脆亮冗长的呼哨。一群萤火虫闪闪烁烁乱飞里，林中草动声，由远而近。他胸上忽然亮光一点，是落了一只萤火虫儿。接着黑子长吐着舌头，大喘着气，回到了他身边，亲热地在他裤腿上蹭来蹭去。

林中猛兽太少，野兔缺乏天敌，已多而为患了。前天，他打了几只野兔。姬杨如今是盘龙凹的"主妇"，走时给他在背包里装了一塑料袋兔肉、一瓶尖庄、数块烧饼。烧饼和肉他路上吃了些，酒还未动。此刻，他也亲热地把黑子夹在两腿间，弯腰又抚又拍了一阵后，便席草而坐，打开背包，抓起一块兔肉，抛向空里。黑子蹿起，在空里划了一道优美的弧线，接住肉，蹲在他身边啃食起来。突然，他把一块骨头向那汹涌的林涛飞去，狗则飞也似追去。一路，多少松鼠吱叫惊窜，几只山鸡也"呱呱"叫着上了天。呵，张家山不是荒凉死寂，只要轻轻一下，就会沸反盈天！

他垫酒啖兔肉，压酒则葱油烙饼，醉意不在酒，而在这活力充盈的山林。心意怦怦，激情澎湃里，一把扯开衫扣，肉袒胸脯，跃身上石，紧握两只大拳，微屈两条长腿，任风把衫摆吹个飘摇，把头发吹个飞扬，以最大音量吼道："雄鹰啊雄鹰，你可知道，没有幽深的森林，怎有纯净的天空？你的飞翔，就不会自由、有力……"

狗茫然地望着他这个疯子。

好一阵，他才平静下来，搂着狗脖子，枕石半卧。淡云微月。

终于，月亮在西山头一闪，销踪匿迹。碧穹虽繁星万点，却无一流光溢彩。于是，黑暗肆无忌惮地吞噬了天地间的巨大空白，莽林更显深邃神秘。依稀一只猫头鹰，正在搜寻猎物，张着阔大的翅膀，贴林梢由低地向高处飞来，突然发现了人与狗，"嘶——嗒"惨叫了几声，布匹撕裂一般难听，便全速远遁。有夜鸟不知其形，只闻其声。声音时而像敲一面皮子破裂的鼓，时而像磨刀，时而像枪响——枪里的药受了潮，响声沉闷。一凄厉尖细如婴啼的声音，时隐时起，大约是那只狼，难耐孤寂，将嘴埋于土里呼唤同类。还有鹿鸣声传来，有些像狼声，只是狼声凄切恐怖，鹿鸣哀楚可怜。恐怕鹿也如狼，是个独行者。它们怎能不有孤独者的悲哀呢？张家山处于渭北高原沟壑区，周围环境恶劣，难得有成片林地。这片可怜巴巴的绿色能让它们栖身存命，已是它们天大的侥幸了。唉！

人化自然，自然化人。神性人化，人性神化。保护环境既是神圣的事业，也必使保护者在人们心目中神圣。一时，姬发仿佛看到了蓝天白云下，碧水边，一片绿色里，那白发、白眉、白胡子的祖父万古不变的神圣与庄严。

老人家不只为这些鸟兽苦苦固守住了一片栖身之地，还使高阳美丽的女子们有百花相映衬，英武的少年们有幽林河湖可放浪形骸，更使人所共吸的空气里少飞扬了数百吨黄尘，人所共爱的母亲河少倾入了数百吨黄土……

这片绿色的功劳，是钱难以算清的，也是钱买不到的。现在即便栽上树，也得至少等十年才能成林，钱能买到时间吗？况且现在栽的树，十年后，能不能存活成林，还很难说。张家山林场周围的山，都植过树，甚至是年年投入财力、人力植树，却"一把镢头植树，十把斧头砍树"，年年徒劳民伤财，只见黄土不见树。由此可证，造林难，护林更难！在这靠山吃山不养山的愚昧落后偏僻地区，护林最难！

"虑远者智。"作为深山里的农民，祖父已从那种传统的对环保无意识的文化和心理中超脱而出，是一个有思想、精神境界很高的老人。他对森林从生态价值上有着深刻的认识，对如何最大限度实现自己的人生价值，老早就深思熟虑过，曾一再声明，他不给孙子留钱，而要造福后人。以他所面对的条件，只有保护好这片绿色，才能最大限度地造福后人。于是，数十年来，老人万险不怕，万难不畏，清贫无怨，寂寞无悔，最终付出了生命的代价……

生命，一旦轻到极处，价值却最重。郁郁葱葱的森林里，因那老英雄，回荡着一股浩然正气。

巡礼过这生命之绿，小伙子终于明白，正是因在这生机勃勃的故乡浸泡大，他的生命也才生机无尽，也才有那么多的灵气和激情。如今他对森林，怀着初恋般的热情，且将是终身性的迷恋。

二十来年里，他对祖父无法理解，常常讥笑嘲讽，这只能证明自己过去活人层次的低劣。祖父因一心扑在这山上，对自己在生活上关怀甚少，自己也对祖父感情不太深厚。祖父以生命来保护这片绿色，不就是对自己生存的终极关怀吗？他真想向祖父道一声"谢谢"，可是祖父听不见了。听不见他还要感恩祖父，突然流泪跪地举枪，向曾在这张家山把一双双鞋底磨穿的祖父姬长庚，朝天连连鸣枪，哭声道："老爹，你听见了吗？孙子在向你鸣枪致敬哩。孙子的人生里，终于有懂你的一天了。你说得好，把人活美，把事做美。人，只能活一次。无论如何，得做一件美事，好给自己的生命有个交代。"

林海莽莽，天地悠悠，前人虽去，后有来者，护林人从不孤独。姬老人始终有人支持，不然他孤掌难鸣，张家山就无法成为如今这个样子。姬发一开始，也得到了姬杨、姬槐、秀珍等许多人的支持。相信日后，会有更多的人，理解并支持护林人的。毕竟，环境保护，是一项为了整个人类永久存在的事业。

天亮，姬发哼着"不然你就安静地走开，不然你就勇敢地留下来"而回。远远地，看见盘龙凹炊烟袅袅，竟有一种娘儿还在的感觉，止不住又是一阵心酸。黑子先跑进了厨房。姬杨系着娘儿的蓝印花围裙迎了出来，笑道："还没叫狼吃了哇！一夜都在听你回来了没有哩。"姬发只觉一股温馨扑面而来，笑道："你这话，我最好闭着眼睛听，像我老婆。睁眼一看，是个五大三粗的男人这么吼，就扫兴了。"

洗罢脸，姬杨排上饭来。姬发闷头吃了一会儿，停下筷子，郑重地道："咱俩是可托死生的友情，为这山到今，也算得上是绿色友情了。我有一事托你，不为别的，就为绿色。中国十来亿人，死了都用棺材，得砍多少树呀！黄泉路上无老少，哪一天我死了，你一定让我赤条条入土，赤条条来去无牵挂！树也是生命，既然一个人的生命已了结，为什么还要拉上几个别的生命来垫背呢？那不是在伤天害命吗？能解成板的松柏，长几十上百年了，已有了灵。我叫它在阳世里活不成，它在阴间成树鬼，也不会叫我安睡，会长一身刺，老刺我的。"

高阳乡民，死一般都要睡双层盖寸五厚柏底松身的棺材，即使穷得叮当响的人，死也无论如何睡一副白皮薄棺。姬发既出此言，可见其思想已是何等的高出流俗。

姬杨望了他半晌，道："大丈夫！大丈夫不应光肌肉发达有力，还应灵魂有力。好，咱们就这么着。毁林的事，大丈夫不为！"又往他碗里拨着菜说，

"你老今年高寿八十二了吧？我要没记错，你刚二十八，说死还早哩。眼前要说的，是我大男人一个，系着围裙给你做饭不是个常事儿。十步之内，岂无芳草？有的是最喜欢你也最配你的女子在那儿摆着，听话，就娶了她吧！"姬发涨红了脸，忙刨了几口饭说："你呢？我总是过来人，你一次婚还没结过哩。"姬杨叹道："青春一去不回。我已是老青年，晚韶华了，太渴欲爱人和被人爱，可惜遇不上配我的姑娘呀！"姬发道："这么吧，你那窑也太破了，搬我窑里，咱俩又像上学时那样亲亲热热地住在一块。夜里孤独睡不着觉，还能拉话儿。"姬杨瞪了他一眼说："我说的是什么，你说的是什么？只会打岔。朋友总归是朋友，代替不了女人！"

饭后，姬发不知因何而有感，提笔向纸写道：

> 一个人
> 生在黄土地，长在黄土地
> 埋在黄土地
> 一个人
> 爱过黄土地，恨过黄土地
> 离不开黄土地

姬杨看着，觉得好玩并深有同感，最觉那"离不开"三字，对别人平常，对他们二人来说，若有重量的话，足足一万钧。三字不多，却有品咂不尽的人生况味。心里这个感觉，嘴里却说："最无灵性最乏味无聊的几句话，还好意思写出来！"姬发笑道："自从姐夫让我读读他送我的那一箱书后，我都有了读书瘾。真是开卷有益，读书让我心里诗情画意的，忍不住写了许多小诗。现在确实狗屁不通，将来说不定会笔下生花，成个诗人呢。"姬杨感叹道："真没想到，那个当初跟二流子结拜兄弟，偷村里老娘儿母鸡吃，娶了媳妇还乱钻女人的家伙，如今竟然内心美好如诗。好，好！"

姬发还在窑壁挂了一幅偌大油画，以明志。画面上长天长水，青山连绵不断，屋舍却只有豆颗大，人物更小如米粒。题为：渐近自然。

第二十二章　雨夜中的守林小屋

秀珍生命中的一切，都只为拥有姬发。

她终于如愿以偿，嫁给了那个孔武英俊而又有情致的青年。婚礼简简单单的，就在盘龙凹举行。送走了有数的十几个客人，夜幕已降临。迟来的爱情最强烈，秀珍对心上人柔情蜜意无尽。

夜深，姬发一努湿润的嘴唇说："我饿了，想吃饼子。"桌上放着冰橘饼和饮料。秀珍一弹他的嘴唇，故意说："饼子已睡着了。"姬发道："那与饮料正缠绵的饼子太激动，实在无法入睡。"秀珍轻声笑道："干脆打散那对鸳鸯。"姬发别有深意道："不能那么说。我们应该让其称心如意，吃饼子还喝饮料，把它俩搅在一起，你中有我，我中有你。"

突然，秀珍睁开眼睛，自己还独睡在办公室里，不过做梦而已。回想那梦，她腮上滚烫。要是能好梦成真，有多美！

姬发苦愁时的皱眉、兴奋时灿烂的笑脸、平静时眼里的一丝忧伤……总之他的一切，都让秀珍迷醉。她真拿自己没有办法，一有时间就想上张家山。上张家山也有千百个借口。只有她自己最明白，挖空心思所寻找出来的每一个借口，都是为走近姬发，为分分明明地感觉到姬发。

温柔的绿色所笼罩的张家山，像磁石一般吸引着她。走上张家山时她火急火燎，走下时则恋恋不舍。

转眼已是1993年的晚秋。

一个星期六的下午，秀珍又来到张家山盘龙凹，反客为主，拿出自己的看家本事，做了一顿丰盛美味的晚餐。自娘儿去世后，两个男人自己弄饭，总不可口，好容易解了回馋，自然特别兴奋。姬杨道："我的妹妹，真是那种入得厨房，出得厅堂的女子！"

秀珍笑道："不过是没面皮袄，反正都行而已。"又向姬发道，"没有我哥，单是你，我才不来这里呢。"姬发两只湿润的花眼睛望着姬杨说："知道，知道，我只感激你哥。"姬杨跺着脚道："别拿我做筏子，筏子越漂越远。回头是岸，快舍筏登岸吧！"二人都装不懂他在说什么。

张家山总是色彩丰富且多变的。饭后，三人站在窑外闲话时，只见对面山上，红叶满坡，如火如荼，壮观气派。秀珍笑道："春天的张家山美，秋天比春天还美。是美景，就不能空辜负了。咱们随处走走吧！"姬杨有所用意地笑道："我这几天着了凉，想早早睡觉，让发子陪你去吧！"

秀珍虽然一直压抑和掩饰，但姬发老早就从她的眼光里，感觉到了她对自己的倾慕和渴欲。这让他和她单独相处时，总有些尴尬，甚至有些害怕，怕她突然倾吐出了心声。他舍不得伤害她那颗柔弱敏感的心，可要是那样，他简直没有办法不使她受到伤害了。还好，多年来，她连隐隐约约向他表白也没有过。然而，自从妻子去世后，她望他时那眼光里对爱的渴欲，几乎如火一般在燃烧。这使他与她单独相处时，更为惶恐不安。只不过秀珍从没向他提出过无理要求，所以怎么也不忍心拒绝她，便一句话也不说，就与她并排走入了林间。

两人久久无言。

秀珍虽已二十七了，然而岁月易逝，红颜可驻，那精妙的五官、光洁如玉的皮肤，却让人看上去似二十刚刚出头一般。这次来没有穿警服，而是一身红黄配天蓝打扮，犹如雨过天晴一般爽丽悦目。衣服恰到好处地衬出了她纤细的腰肢、高耸的胸脯和圆翘的臀部。走起路来，身轻如影子，姿美如杨柳，却绝不扭捏摇摆，而给人一种飘逸轻盈感。这个山里女子中的一枝花，由于文化的浸淫，已然进入了脱俗后的境界，分明女子中的绝品。

所谓的倾国倾城，不过如此。但她不思倾国倾城，只想与一人相悦。一个人最悲惨的事情，莫过于倾注全力而一无所获。她最惧怕落这一下场，然而哪怕一无所获，她也要倾注全力。

姬发折了根草茎剔着牙，以掩饰不安。

秀珍当年，首先是为他强健非凡、风流潇洒的外表所动，之后才转为心灵。不慎误入他内心世界后，发现其中风景一道比一道动人，令她目不暇接，沉醉难拔了。而经了多少磨难，如今生机无限中又添了平静稳健、厚重深沉的他，魅力更无法抗拒。她在心里不知呼唤了多少万遍："发子，爱我吧！我有太多不可爱处，可你的爱就是最大的动力。只要你爱我，我会不断改变自己的，最终会可爱的。我们会美满和谐的。发子，爱我吧!"

她把向他怎样表白想了一遍又一遍，可怎样也无法将把她对他的情愫之深之切真正表达出来。她无时无刻不急于向他表白，可他的妻子去世不久，似不合适，得放一放，等到时机成熟的时候。既然她对他的爱经历了这么多的波折，她得求个最后的功德圆满。

云染红霞，林是红叶，氛围热烈。一只雄鹰，出林横空而飞，身若无重，渐渐消失在云霞里。路边茂密的草，有半人高，点缀着小小的野菊花儿，黄、白、蓝三色都有，一簇一簇的。草叶上则是一珠一珠刚刚上来的露水，霞光映照，七彩幻化。林间草地，无数丽鸟跳跃欢舞，正在合奏着一首妙不可言的、人工无法模拟的乐曲。沉浸在这妙曲里的山，似都要舞起来了。

在这充满活力与美好的一方天地里，有心爱的也充满活力与美好的男子为伴，秀珍流连忘返。

受周围环境感染，两人情绪不觉间高涨，谈话热烈起来。除了避而不谈敏感的个人感情外，无所不谈。姬发那粗犷有力的躯体、旺盛的精力、澎湃的激情，以及内涵愈来愈丰富而又如水晶般透明的心灵，对秀珍的冲击莫大。和他那毛茸茸的不失顽皮且亮光闪闪的眼睛偶一对视，她眼中也放着摄人心魄的辉光，简直快控制不住自己了。

已走出了六七里路。峰峦金顶铁身，是顶挂晚霞，然而晚霞挂不住，眨眼峰峦尽为黑色，是暮色幽合。秀珍既喜欢又害怕黑夜。现实的重压，可以因黑夜来临，先放一边，人自然安逸、轻松。但另一方面，思想和情感总是因黑夜的降临而成了脱缰的野马，难以收拢。

姬发笑道:"坏了，出来忘带手电。回吧! 别看不见了路，一跤跌掉了姬大所长的门牙。"秀珍忙说:"我有小手电。早哩，不忙，权当在巡林。"

又走了几里，两人便在一棵白杨树下缎子般的草地上坐下，东一搭西一搭地拉话儿。薄荷草散发着凉凉的香气，藿香草散发出的香气则浓郁醉人。金花鼠只会在草里发出单调的"吱吱"叫声，而松鼠却在树上发出鸟鸣一般的歌唱，宛转悠扬。不远处，有一湾泉水。水面闪着朦胧的蓝光，还有一团一团的黑东西，是水草。咚然一声，有鱼跃上水面，扑食落于草上的飞蛾。水向深谷流动的啾啾声，则催人欲睡。

置身于这境地里，秀珍总很骄傲，因为这是故乡。同时也对姬老人和姬发油生敬意。无论多么活灵活现的艺术品，比起生机勃勃的大自然也是死的。这祖孙俩，才是大手笔。比起他俩，世界上最伟大的艺术家也不足道。

话题自然就拉到了护林上，因为这是两人的共同语言。

桩桩事儿回想起来，就像金刚钻划玻璃样刺心。姬发竟哭了，道："买了个林场，别人以为我发了大财，其实我过的什么日子呀？真是内外交困，四面楚歌！"自从妻子葬埋后，他只在人后哭，这是第一次在人前哭。肯让秀珍看到他的悲伤，说明秀珍在他心里的位置有多重要。女人里，只有秀珍，不只欣赏他外表的完美，还理解他内心的缺憾；不只被他口若悬河的高谈阔论所惊动，还被他难以启齿的隐痛所感动；不只看到他粲然的微笑，还能窥见他秘密的哭泣。浮生芸芸，这样的女人竟能进入他的生活，实是幸事。然而，因为最渴望，才最不敢有望，所以他始终不敢正视自己对秀珍的心。

他当然还是爱女人的，但只能是无言的爱，更不能考虑再娶，否则他觉得对不住过世的妻子。死者无所知，这不过是生者对死者的一片愚忠而已，此其一。其二，妻子既因这山为他付出了生命的代价，他又离不开这山，就不应让另一个女人成为妻子第二，而应无情地斩断她对他的爱。唉，既生为男人，没有女人的爱，他怎么受得了？日月永光，生命却不得永生，青春更易消逝。既年轻轻的，他岂愿过抱残守缺、空添岁月的生活？可他不长的人生里，却拖了长长的阴影。这阴影，使他觉得自己只能如此这般地生活了。对他来说，最无情，才最有情！

过去的日子，因为有女人而色彩丰富。将来的日子，只能是单色调了。为着将来的日子，他也不由要哭。他的眼泪，跟饱经风霜的山里老人一样，已苦涩如艾汁。秀珍不知如何安慰，只静静地坐在一边，任他哭。后来，她掏出手帕向他递去，他却用手两把抹去了眼泪。

泪眼蒙眬里，忽然感觉到秀珍射来的眼光火辣，他企图装作毫无感觉，但失败了，双颊突然也火辣起来，手插在口袋里，又抽出按在大腿上，还是不自在，搓着手低下头说："好意思，一个女子，非要把一个男子看得直到害羞。"秀珍道："我还以为夜色美好，原来不是夜色，而是一个流泪的男人给我的感觉。"说着，忘情地抓住了他的手。他一痉挛，欲抽脱，却怕秀珍难堪，没有抽脱，强笑道："瞧我，多没出息，在女人面前流眼泪。"

秀珍得寸进尺，斗胆把他的手拿着贴在自己心口上，说："在我面前流泪，说明你对我特别信赖。我虽然谈不上对你有多好，但至少对你还是关心的。发子，你知道我为什么会这样待你吗？"

她紧张得说话有些结巴，心在胸腔里如鱼儿在活蹦乱跳，额头都沁出了汗珠。姬发也心慌得不行，犹豫了一会儿，还是抽下了自己的手，却亲昵地在她头上弹了一榧子，故意道："还用问，我是你叔叔呀。两家关系又最好。况且，人不亲行亲，你学的是林业，又在林业局，理应关心本县的林场嘛。"

绝望袭上了秀珍心头。他抽走手已是不祥之兆，答言又明白装糊涂，分明是不让她把心里的话说出口。可是纵然无望，到口边的话，她已没有能力咽回肚中了，于是摇了摇沉重的头，叹了口气，望着远方说："也可以这么说，但不只是这么说。话不说不明，最重要的原因，我不说出来，只觉堵心得要死。你是我的宿命，我爱你。我上中学时，就爱你。这句话，我从你十八岁憋到二十八，才有机会说出来。我知道你有多爱婶娘。我不是那种横刀夺爱的人，如果婶娘活着，我到死也不会把这话说出来的。可是婶娘不在了，你E后的路还长。我多想伴你走日后的路啊！你能接受我吗?"姬发伸手到口袋里摸烟，又想起到林里来从不带烟，便摘了片草叶子，在嘴里嚼着。

微风正和树林轻柔悦耳地细语。

姬发身心里，流着甜蜜的电流。被女人爱，男人当然会有一种幸福感。如果秀珍一考上大学就向他表白爱情，如果他接受了，那么他走过的会是另一条人生路，这林场会与他无关，他多半现在正在城里干着临时工，夫妻俩只有一间宿舍，日子过得寒酸而充满简单的乐趣。秀珍宽容大度，一定不会像娘儿那样对自己在鸡毛蒜皮上挑剔不休的，自己也就不会有与春燕那一遭。这阵肯定还有一个小男孩或小女孩，天天被夫妻俩接送着上幼儿园。可惜过去的事情没有如果，而是事实，举枪为自己拼命的是那个鸡肠小肚的，而不是这个宽容大度的，一切都无法改变。他吐掉树叶，轻轻哼道：

> 我知道你是爱我，
> 才多疑。
> 我怎么才能叫你相信，
> 我只爱你?
> 任别的女子，
> 多么辉煌妩媚，
> 我心目中谁也不能代替，
> 患难与共的你。

哼声幽怨、颤抖，尾音戛然而止。声止情不止。

秀珍心如落入冰窟，咽声说："难道就不允许别的女子再与你患难与共吗？我也会以生命来爱你的。我能做到的，婶娘力所不能及。婶娘能做到的，我也能做到。"正是这种愿为他付出生命的女子，让他无比感动而又特别不忍。他强压抑着什么，呼吸沉重，一顿一顿地说："有你这话，我死也知足了。我不过是一个粗鲁无知的小农民，竟然能让你这个知识分子看着入眼，怎能不知足呢？太知足了！只是，那个死去的女人，已把我的心占得满满的。我对她不忠时，她只自己要死；人家害我时，她就向人家开枪，我咋能忘记她呢？爱两个女人，两个女人我都会觉得对不起的。秀珍，我弄不清我心里到底对你是什么感情。你也别逼着我弄清，好吗？"

对爱的疾呼已发出，却得不到回应，最爱的人就在身旁，秀珍却陷入了可怕的孤独里。她想起身离开，远远地离开他，到死不见。可是她没有勇气。不死，她对他的爱心就不死。于是她哀求道："发子，咱俩的感情，你得弄清楚，得给我一句话！你已长在我心上了。付出多大代价，只要你爱我，我都是幸福的。我不是超人，但凡夫俗子也各不相同。我心底里有一个怪怪的欲望，难以启齿而又极需要满足。有时候，我的生活中会出现一个人，说'我理解你，能满足你'。我就万分感动而又小心翼翼地把通往心底的门给他开了一条缝。他从门缝往里窥着，准备挤进去。我很留意他的眼光，发现他对我心底悸动不已处视而不见。你知道我有多失望，一下子就关住了这门。我能放他进我的心底横冲直撞吗？可是一开始，我就向你大大地闯开了这门。你能知道我心底悸动不已处在那儿，不会横冲直撞。可是你太自卑了，觉得我大学生一个，高不可攀，想也不敢想走进我心里。于是，婶娘就走进了你的生活。不能说你们没有爱，可你们互相没有走进心里，她到死也没有理解你，你也没有真正理解她。我能理解你。我俩结合，远要比你俩当初幸福。我知道我这样跟你表白太笨，把心里话没有说透，可我不知道该怎么说才好。发子，春燕不足道，婶娘没有给你美满的爱情，你才二十八岁，多少男子像你这么大还没结婚哩，你为什么要退缩不前，不敢追求美满的爱情了呢？"

久久令秀珍极为难受的沉默，是姬发内心斗争异常复杂激烈。终于，他用鼻音很重、半死不活的声音说："对不起！"就又无言了。秀珍的心被撕碎了，痛楚万端，脸放在手掌上，哭了起来。姬发没有劝，石人样一动不动。让秀珍痛苦，他比秀珍还痛苦。

树林也似在"沙沙"地悲泣。风把烂泥烂草的气味，从那一湾水里吹了过来。不知什么时候，夜色变得更加幽暗、浓重，是云沉欲雨。终于，一声大鸟翅膀扑拉般的响雷，把两人从各自的心思里惊了出来。姬发站起身，竭力用平静的声音说："见鬼，这个节令还响雷！雨要来了，回吧！"

秀珍默然起身，摘下挂在皮带上的小手电捏亮打着。可惜手电光只是小小一点儿橙色光圈，仍不太看得清路，姬发便在旁摊着一只手，生怕秀珍绊倒。没走多远，一声炸雷，然后是余声隆隆，铜钱大的雨点乱滴起来。姬发毫不犹豫地拉住秀珍的手，撒开长腿跑起来。

雨已如瓢泼，两人身上湿透。晚秋的雨水，冷得出奇。秀珍喘着气，牙磕碰着道："发子，我实在跑不动了，也冷得不行。附近有护林员的屋子吗？躲一躲。"姬发借闪电光打量了一下说："往左转几百米，正有一个护林小屋。"于是拉着她又跑起来。

劲雨如鞭。满山都是水流的"哗哗"声。间或，还传来"咕咚咕咚"石块滚下坡的声音。大地贪婪地吮吸着天空送给它的甘露，同时也向空里散放着浓重的泥腥味。

两人跑得上气不接下气的。秀珍不防脚底一滑，栽了下去。姬发没有拉住，自己也栽了个仰面朝天，忙一跃而起，拉起秀珍问："没栽伤吧？"秀珍道："没有，快走！"到小屋门前时，两人简直成了泥人。

这小屋的护林员家中有事，请了三天假，门锁着。姬发二话不说就用石头砸开了锁子。进去后准备生些火驱驱寒，却打着手电到处找不见火柴（他只在盘龙凹窑里抽烟，到林里来时从不敢带烟和火柴，怕万一忘了按灭烟头，引起山林大火），倒看见墙角盘着两条水淋淋的蛇。秀珍倒吸一口气，后退了几步。姬发道："不怕，有我这个常跟蛇打交道的人呢！"便一手捏了一条蛇，扔出了门。

这个护林员极穷，除了碗筷、小锅和炕上的一床破被外，别无所有。姬发叹道："今晚咱俩得挨冻了。把衣服上的水拧拧，披着被子坐炕上吧！"说着便按灭手电，要脱下上衣拧水。本来，他常当着女人面光着上身干活，今晚却因秀珍说了那话，拘谨起来，并没脱上衣，只是拧了拧衣摆。秀珍也拧了拧衣摆，便披着被子坐在炕沿上。姬发则坐在锅台上。

黑暗里，秀珍分明听到姬发索索的发抖声，因心疼而窝火，冷笑道："连跟我一同披着被子也不敢了！我是老虎，吃你不成？"姬发忙道："男人火气大，我不冷。"秀珍哼了一声道："都是受了凉的哑嗓门，还说不冷！"姬发不言。

外面是急雨骤打树叶的那种密集有力的"啪啪"声。雷声不大，风里的林涛声却如雷鸣海啸。小屋犹如大海狂风巨浪中的小小一叶扁舟。秀珍本能地感到恐怖。一个闪电，电光由窗户照进来，只见姬发身上衣服湿贴，分明显出了他躯体轮廓的壮美。在这风雨寒夜和无人野外，秀珍多想和他依偎在一起，互相温暖身与心呀！可是近在咫尺，他却拒她于千里之外。她一时心头波涛汹涌。难道她苦苦爱他多年不敢说，今日终于说出口，换来的就是他对她的这种敬而远之吗？日后他更要对她退避三舍了。既那样，何必今夜跟他在这小屋单独相处呢？姬发把她折磨得够呛，情感上毫无幸福可言。她欲冲出小屋，冲进雨地，独自暴怒发狂。猛推开破被，起身道："我走了，还是走开好。"便向门口而去。姬发忙横拦住说："雨天雨地的，你要走哪里去呢？"秀珍道："用不着你管。"姬发抓住她肩膀说："出去不被浇病才怪哩。人命薄如纸，一撕就破，不敢不保重。秀珍，听话！"

秀珍哭道："我待在这屋里，比待在雨地里还觉得冷。放开，让我走！"姬发松了手，冷冷地说："你这是在逼我！"秀珍愤怒地吼："谁逼你了？你是谁能逼得了的吗？我不过尽人力听天命罢了！"一捂脸，冲出了门。姬发呼呼喘着气，突然一个箭步追入雨地，把她拽了回来，哭道："秀珍，我给你提鞋也不配。我不知有多感激你。你是我遇到的最好的女子。如果你要，我就……就满足你。要结婚也成，只要你幸福。"

电光闪闪里，他肌肉发达的胸脯，起伏剧烈。秀珍心田涌入了一股涩涩的甜蜜，泣道："难道你对我只有可怜巴巴的感激之情吗？我就不能让你也觉得幸福吗？难道是我在学业、事业上要强，女人气太少了吗？"姬发痛苦地道："秀珍，求你不要问我太多！"秀珍叹了口气说："算了，算了。原谅我一时冲动！强人所难，违了你心，也违了我心，彼此都受了伤害。我只等你觉得幸福的时候，自自然然到那个份上的时候。"

姬发想说什么，又没有说。他的心，是不能向她说清楚的。歉疚里，他殷勤地扶秀珍坐在炕沿上，拉过被子，给两人共同披着。揽秀珍于怀，以自己的体温来暖和她。秀珍温顺地让他揽着，浑身似着了火。到目前为止，他所能给她的温柔，只能到这个地步。幸福就在身边，本是唾手可得的事，却总也得不到，秀珍都嫉恨起了那个占据了他心的女人。那个女人悲惨地死了，她又为这嫉恨而心里很是不安，苦笑道："你又不怕我了？我身上有毒，别挨，小心毒死了你。"姬发轻声说："我要跟杨子一样，与你是兄妹关系多好，那样你就不会说这种刻薄话了。"

秀珍沉重地叹了口气。他们就那么坐着，久久，久久。秀珍不称愿里，又些许有些称愿。他最爱的女人不在人世了，人世上又有哪个女子，能像自己一样，让他这么亲密对待呢？

老天最称秀珍愿，雨只是下个不停。姬发困了，便把秀珍的头夹在腋下，平躺在了炕上。秀珍嗅着他那潮湿而甜蜜的男人气味，听着他那平匀有力的呼吸，心里有一种凉丝丝的快感，突然哭了。姬发也哭了，道："我这一辈子，不会给女人带来幸福的。我是女人的灾星。你婶娘，还有春燕，在那明摆着。爱我不会有好结果。秀珍，世界上比我好的男人多的是，把我只当个骨肉亲人，你还是另寻一个能给你带来幸福的男人，好好去爱吧！"秀珍道："爱就是开始，也就是结果。得不到爱，才不是好结果。只要能得到你的爱，无论发生什么事，哪怕为你死了，我也是幸福的。"

话平常，她却是以炽热似火的感情说出来的。无论姬发心里怎么想，嘴上怎么说，身体不会骗人。他也是爱秀珍的。听了秀珍的话，他周身血液滚沸，以至于那异常硕大的阳器都突然勃起了。虽然秀珍只感觉到了他温暖软和的身体一侧，但他仍羞得不行。唉！就像父亲留下自己一样，他多么想在这世上也留下有自己血脉的孩子，多么想与秀珍生一个像花花那样乖巧可爱的女儿，或是像自己一样淘气顽皮的儿子啊！可他既然决定拼死保护这片林子，便很害怕。怕与秀珍的孩子，又如花花一样活不久，或又如那个男孩一样未上世就死；怕秀珍又如妻子因他而丢了命。他知道，只要他转身面向秀珍，秀珍就会感觉到他身体已处在冲动状态中，必如烈火遇干柴，她的爱之火，即刻就会燃烧猛烈。然而，他硬是一动不动，设法控制住了自己的冲动，拒绝了美妙的爱之欢悦。

天亮雨停，世界肃穆。姬发在不知不觉中已睡着了，秀珍却无法睡着。晨光从窗户透进来，缎子一样轻柔。秀珍侧起身，打量着姬发那刚毅坚韧、精妙绝伦的脸庞，别是那紧闭着的双眼，睫毛浓密，痛苦折磨得她止不住又泣了起来。姬发在睡梦里道："除非把我弄死，只要我活着，谁也别想糟蹋林子！"

可怜的秀珍，把热泪洒在了姬发脸上。难道是妻子死后，他把整个热情都倾注在了这片绿色上，心扉才对她严关紧锁的吗？苦恋着姬发的秀珍，真欲在保护绿色中以壮烈的死，来最终感动这森林王子的心。她对绿色的爱，绝不是那种叶公好龙之辈。而她绝没想到，姬发对她严关紧锁心扉，怕的正是她这种心态。

姬发醒来，说："鬼天气，又好了。你哭什么？"秀珍只泣不语。姬发故意嬉皮笑脸道："好，好，哭就好！我还怕我醒来，你想不通，上吊了。已经哭不出来，只在空里晃荡，舌头伸老长。"秀珍打了他一下道："就会饶舌！"姬发则纵声大笑。

两人回到盘龙凹。姬杨从他们不自然的神情，已猜出并没谈得拢。姬发自有衣服换，他拿出一套娘儿留下的衣服，让妹妹换上，把妹妹的衣服洗了，在火上烤干。秀珍草草做上早饭。三人都没怎么吃。秀珍甚至不知自己做的什么饭，饭是什么味。

姬杨尽讲笑话，姬发也大笑不止，秀珍却听着他们的笑话笑声，笑不起来。下山时，姬杨送了不远就回去了，意欲让他俩再单独待一待，或者还会柳暗花明的。没有了姬杨在旁敲边鼓，姬发便不知道说什么为好，一路无言。秀珍惨笑道："回去吧！我又不是一去不来了。"姬发道："这么说，你不记恨我？"秀珍道："不应有恨，我对你到死只是一种感情。"姬发叹道："到底跟你婶娘不一样！好，那我就放心回去了。"秀珍又叮嘱道："遇紧急情况就赶紧呼我！"姬发点了点头。

空气湿重。草虫到处跳跃，鸟儿却不大看得见踪影，但那动人的鸣声，随处可闻。挂着金黄色太阳的天空，森严而明澈。山顶的雾，是血红色，又轻软如天鹅绒一般。山坡的树叶，瑰丽火红。山脚碧绿的潺潺溪水，美丽如带。秀珍走了几步，又回头一望。那个坚定地站在黄土地上、强健有力的男人，黑色高领秋衣筒在牛仔裤里，目光迷离，分明有着一条裂纹很深的忧郁。不知为什么，秀珍有一种生离死别之感，怎么也挥之不去，她眼泪夺眶而出，忙回头走路。

纷落的红叶，不停拂打着她动人的身姿。一对美丽的鸟儿，出林比翼齐飞了一会儿，便突然分开，一只升上了高空，一只则落下了低地。许久，她擦净了眼泪。眼仁漆黑，眼光幽幽，眉山如黛，嘴唇则红艳如这晚秋的森林。

第二十三章　大出殡

历人生经人世到如今，姬发已渐学会了自我设计人格，不断打造自己，以使内在美与外在美和谐统一。他有断然抛弃，也有执意追求，做人做事已像教徒一样虔诚了。

转眼就到了姬老人三年大祭的日子。因娘儿新丧，七嬷无心设宴摆席，铺排张扬，支应亲友族人，仅领着姬发、武大姑娘到老人坟前磕了个头，响了一串鞭炮即罢。

不远处弯弯溪边的湿地，在冰凉的阳光照耀下，闪着暗光。天高云淡，雁唳阵阵。雁群为躲避来自人间的危险，高飞云霄，勉强可见不断移动的小黑点连成的线，时成"人"字，时成"一"字。三人望着新坟的黄土，闻着旧坟有些发苦的艾蒿香味，黯然魂销。悲情在他们心中窝成了一疙瘩，怎么也理不顺，解不开。

最是七嬷，面对两个亲人的坟墓，望着娘家仅剩的亲人姬发，竟产生了死亡离他很近的感觉。这感觉太可怕了，令她心惊肉跳。在祖父坟前，痛苦折磨得她哭不出来。可是在回去时，坐在姬发的"仪征"车里，她却哭了一路。

秀珍自向姬发吐露了心声后，再没有来过张家山。见了姬发，难免心里不好受，她觉得还是一段时间内不见面为好，有事都是让副所长领着人来。姬发也总觉把她伤得太重，几次打通她办公室的电话，想向她说些什么，可是一听到她那亲切的声音时，又挂断了电话。说什么呢？怎么说呢？难说，说也说不清。

护林人的日子在外人眼里，不过是守望巡游，单调寂寞，每天都一样。寂寞是真，单调则不尽然，每天都有意想不到的事，一天跟一天不一样。其实护林人的日子，也是复杂多烦忧的，姬发尤如是。

1993 年冬天，气候干燥，常起大风，加上有人故意给姬发生事，林子三天两头失火。姬发成天领人在林里转来转去消除火患，动不动就得在烟火冲天中翻爬扑滚，脱不开身，好些日子没有下山去看望校长夫妇了。而七嬷这些日子来，天天早起一出门，就是看天阴了没有，只盼下一场大雪。一天里不知眺望张家山方向多少次，常把蓝雾当成浓烟，让校长给姬发打电话，问是不是着火了，得到的总是那种平安无事的话，可她的心早已烧焦了，只怕姬发扑火时有个闪失；水火无情！身为母亲者，最悬心孩子的安危。

一夜，姬发梦见七嬷在念叨自己，醒来后心里怪不是滋味的。第二天下午，趁有些空闲，他便向姬杨交代了几句，开着"仪征"车来到了高阳中学，下车向校长屋里走去。七嬷听见外面熟悉的脚步声，眉开眼笑，把什么东西都绊倒了，大叫："老天到底把我的宝贝肉疙瘩儿给我捉来咧！多日子没见，想死我咧！"跶着鞋，欢快地迈着两条胖腿迎了出来。说不出的亲切、温暖，涌上姬发心头。七嬷拉住他的手，又说"瘦了"，又叹"黑了"，嘟哝道："刀子天气，老冷老冷的，你穿得这么薄，冻坏了咋办？快进屋里暖和暖和。昨晚睡到半夜，我跟你姐夫都睡不着觉，说你直说到天亮。真是说曹操曹操到，没想真把你给说来了。"

姬发眼里闪着清澈的溪水才有的波光，一手攥着七嬷的手，一手轻抚着她粗糙的手腕，边往屋里走边说："我知道。知道才来的。"老娘儿诧异道："你怎么知道？你成千里眼，顺风耳了？放屁！"姬发拿大巴掌亲昵地一拍她的秃脑顶说："梦见的呗。昨晚我梦见姐夫头发老长了，抱怨我没心，把给他理发都忘了。"老娘儿松松的上下眼皮都笑得贴到了一块儿，道："他真这么抱怨了。我们的话，你梦里就能听到，真成怪事咧。"

"人家说最亲的人，有遥感哩。"

"也许是，一准是。嘿！"

进了屋子，七嬷捅旺炉子，姐弟俩拉着手坐在大沙发上，说不完的家常琐碎。姬发声音高低快慢强弱，似乎无不合于律吕，最富磁性和刚质。七嬷如听仙乐，舒服得都快要睡着了。

因为一个学生家长来闹事，校长回来时满面怒容。一见姬发，却笑容可掬，用顽皮的声调说："我说吗，一进门家里亮堂堂的，原来是本地的大名人来了，令寒舍生辉。"姬发打了个响指笑道："'世无英雄，遂使竖子成名'！大名人来不为别的，专为给你这小校长理个发。"

回想起来好笑，当初姬发还没有真正涉身人世的时候，竟对那种瞒天过海、八面玲珑的人有些崇拜，而对这老夫子的厚诚有些不齿。如今从人世翻了跟头过来，才知道老夫子的厚诚最动人，而那种曾令他崇拜的人，则越来越看着不顺眼了。

他兑来热水，给校长洗了头，然后精心理起来。难怪老夫子的头发非他理不可，哪一个理发员能像他一样，每个细微的动作，都倾注着深情呢？张家山景色美，间接或直接保护张家山景色的这些人，真情更胜美景。

七嬷做的是姬发最爱吃的饭。姬发本来就饭量大，七嬷还只给他添饭，校长还只给他碗里夹菜。饭罢，姬发欲上山，却仍依恋不舍。三人说了好长时间的话，看看夜已深，姬发突然一笑道："姐，我想给你洗洗脚。你养我这么大，我还一次没给你洗过脚哩。我总是惹姐生气。姐恨得咬牙，恨不得打死我，可心里最疼我的，还是姐。"

七嬷一怔，突然泪流满脸，哭道："好孩子，等姐不能动了，不靠你照管靠谁？这阵只操心你，不用操心姐。早早找个媳妇吧！没想到，那么好个女子，这么多年，心只在你身上。你太有福气了！你要不好戳破那层纸，姐给你说去。把你交给她，姐一百个放心，即刻死了，也眼睛闭得严严的。"姬发忙做了个鬼脸打断她的话说："我不会疼媳妇，别再害人家女子了。世上，娘是最慈爱的，姐是最亲切的，你既是我的姐，又是我的娘。当初姐夫戴'右派'后，起先还有我爹替你撑腰，后来我爹不在了，你也就没靠头了。'文化大革命'那阵，我还不记事。听武家人说，武斗不管男女老少，只要是'右派'和他的亲属，都斗个不停，还折腾死过人。姐把我和大姑娘藏在别人家里，怕被折腾死了，自己一人守在武家那破屋里，任人时不时押去挂牌子游街站台子拿枪托打，死活听天由命。难道姐的命就不值钱？一到我们身上，姐就把自己的命看得一钱不值了。羊羔跪乳，滴水之恩，当涌泉相报。这样的姐姐，叫我怎么报答呢？怎么也报答不了。等姐老到不能动了，自然归我照管，只是这阵，我就想给姐洗洗脚。姐、姐夫，以前我不懂事，不学好，日后我一定会用做人的美好，来报答你们的！"说着，眼睛已湿湿的，连校长眼睛也湿湿的。

七嬷还要说什么，姬发不容分说，就把她按坐在沙发上，端来一盆热水，虔诚地半跪于地，脱下她的鞋袜，粗大的手却极轻柔、仔细地给她搓洗了双脚。又端了个小板凳坐下，把她的脚放在自己大腿面子上，给剪了脚指甲，并逐一磨光。七嬷如吃了熟透的火晶柿子一般，只觉甜蜜异常，道："这么心细个大男人，怎么不会疼媳妇？大姐是地道人，说话不偏心你，你媳妇也有些没识见，才落了那么个下场，不全怪你。这个女子我们看着多年，还有她那么有识见通大理的吗？你们成了亲，对你也好，对她也好，不会再出你媳妇那号事的。"姬发求道："不提这事好吗？我这阵，不愿想这事。"七嬷只得说："你媳妇殁了时间不长，你心里还放不下她，我说这话是有些早。也罢，等她过了三年再说。这就够了！为她当一辈子光棍，就是你有情吗？对死了的人，有情只能在心里。"

姬发走时，校长夫妇依依不舍。校长抹着眼角说："不是亲生，胜似亲生，我有这么个孩子，对人世再无所求了。"姬发一搂校长肩，说："下一次，我会早早来给姐夫理发的，省得姐夫半夜起来抱怨。"

"就是不理发，也要三天两头来看我们，省得我们老想你。"

"遵姐夫大人之命，一定三天两头来！"

七嬷笑道："要没有那林子，咱仨还和从前一样，一块儿过日子，多乐活！"姬发眼里洋溢着动人的神采，一揪她的小发髻说："我不是你兜在围裙里的小男孩了，而是大男人。是男人，娘儿们就得放开手，让他干一番事业呀！"上车后，回头露出炫目雪白的虎牙来，向老夫妇一笑，粲然可爱，然后打车而去。老夫妇疼煞。七嬷不知为什么，又想到不好的事情上去了，赶忙掉转念头，尽往好的方面想："姬家不会再为那林子流血了。流够了，也快流尽了。老天慈悲，总不能让姬家为那林子，流尽最后一滴血呀！"

她的担心，不是多余的。

姬发虽身为大男子汉了，面对两位老人时，却由不得成了大孩子。他爱两位老人的同时，两位老人也把满腔慈爱给了他。浸泡在这慈爱里，他的心沉静而透明。行车在路上，忍不住轻哼道："哦，没有了森林，只好任滚滚洪水冲决长江的堤岸；没有了森林，只好任淤积的泥沙，把黄河的河床，抬升到城市上面；没有了森林，只好让大江南北，黄河上下，年年告危，人人不得平安……"

路不平，车颠簸得厉害。

突然，手机响了。姬发一接，竟是秀珍，兴奋地道："我都死了变成鬼了，你才想起理我。你们这些当干部的都是这个样子，非要等我们这号人成了烈士，才肯关注。"秀珍自那次下山后，还是头一次听到姬发的声音，在电话那头声音都有些怯抖，道："我为林子怎么奔波都行，可不为你奔波烈士称号。林子当然宝贵，但人的生命最宝贵，灭火的时候小个心儿。要把小命搭上了，别人不说，大姑先受不了。"

姬发笑道："放一万个心吧！我跟孙大圣一样，什么火也烧不死，越烧越精。"秀珍道："特意给你提个醒儿。你有什么事吗？"姬发道："一时还想不起有什么事。"秀珍道："那就挂了。"却半晌没有挂断。姬发道："还想说什么？"秀珍道："我害怕咱们再见不上面，什么都想说。只要你保证不拼命，我这阵就不浪费电话费了，反正日后有的是时间。"姬发笑道："你要不记恨叔叔，这几天就来山上吧。给叔叔跟你哥带些好吃的。叔叔别的毛病没有，就是个馋嘴猫。好，见面再说！"然后方关了机。

秋天的那个雨夜，他被秀珍搅乱了的心，好容易平静下来，又在这个冬夜被秀珍搅乱了。他感觉远在县城的秀珍，正在用那双生动、美丽的眼睛，遥望着深山里的自己。车窗缝里袭进一丝丝寒意，七尺男儿的身心，却烧烘烘的。他不是在这山里带发修行的和尚，怎么能没有爱的渴欲呢？

按说，自己爱一个人而且被这个人所爱，就不能只爱在心里，而要用行动来爱，明明白白地让对方感觉到自己的爱。既爱对方，就应让对方幸福，而对方感觉不到自己的爱，只会痛苦。他为什么不能明白无误地向秀珍表示爱呢？他相信，他现在已能走进秀珍心底，发现她那悸动不已处，然后与之共振的。如果说他当初选妻时，脑海里根本就没有闪现过秀珍，地位的差别的确是一个大原因，但历经风雨磨难，地位的差别已经在他心里不算一回事，难以构成他与她结合的阻碍了。而对妻子的爱，在他心里是不会磨灭的，但在妻子去世后，爱另一个女人，并不算背叛。妻子地下有灵，也会谅解的。他忽然觉得，对秀珍来说，生命与爱相比，爱最大。自己若为了她不做妻子第二，又付出生命的代价，就不给她爱，反是在舍大求小。他应该接受秀珍的爱，并报以更爱。

正胡思乱想着，车就到了松树凹附近。他打车进入路边的坪地，熄火下车，步入森林，准备转一转，看看情况再回去。

月光如昼。没膝深的枯草在月光照耀下成了乳白色。人走过去，草不断发出茎被折断的喳喳声。空气干燥，草动时落在上面的细尘飞起，人鼻孔里满是土腥味。偶响起一声夜鸟的惨叫，却久久再无第二声。一颗流星，在西北天空划了道毛茸茸的弧形光线，便悄无声息地坠落大地了。

凄凄冷冷里，姬发在林里转了约有半个小时之久。突然，他听到不远处有异样的声音，于是机警地屏息侧耳细听，分明是人的脚步声。他循声潜去，果然见一个人，正把许多枯枝拉来往一棵松树下堆，已有八九棵松树下堆满了枯枝。松树油性大，易燃，显然是要纵火。他屡屡遇到盗木贼，那是为利益所驱使，不为任何利益而纵火者他还是第一次遇到，惊愕得浓黑的眉毛直颤。

人常说："损己利人者，是好人；损人利己者，不是好人；损人不利己者，不是人。"

对不是人的这个家伙之罪恶之举，无可奈何的森林，只是令人压抑的宁静。

那人冻得发出了马打响鼻似的吸溜鼻涕声。转身时，姬发看清不是别人，正是里山村的支书能不够。姬发拳头攥得因充血而鼓胀，突然咆哮一声冲上，一拳打得能不够直趔趄，又揪住领口把他重重地抡倒在地，瞪着他，眼光森然锐利如剑，厉声道："我怎么你了，跟我这么过不去？难道你没有儿孙？一把年纪了，也不知道积德！我是在为我护这片林子吗？要是为我，早卖了。大冷的天，深更半夜跑出来，也不怕冻死摔死在外面。真是个没意思透顶的东西！"

人证、物证俱在，能不够自知纵火会受到什么刑罚，心惊胆战，趴在地上连连磕头，口口声声"再不敢了"，要姬发饶过他这一次。要是能不够胆敢跟他拼，姬发非把他打昏在地，然后用大哥大手机向公安局报案的。一个白发老人竟给自己跪在地上，倒叫他心软下来，咽了一下嘴唇说："老爹起来！我饶过你。日后要做人还不论良心，就只好敬酒不吃吃罚酒，送你去蹲监狱了。起来，帮我把树下的柴草散开。"说着自己先抱着那堆在树下的枯枝，往树木稀少空旷处扔。从树枝间洒下的月光，使他的身上像豹皮一样，斑斑点点的。

能不够只得爬起，跟着他四散扔枯枝。他神态卑怯，干枯的嘴唇难看地耷拉着，对姬发的话一点儿也不相信，因为他这一辈子就没说过一句算数的话。万一姬发这阵只是哄他，明个早起脸一变，告到派出所，让把自己审来问去，不就成高阳一大新闻了？自己这一辈子挣的脸面也就完了，走到人前，谁还再递烟问候，恭恭敬敬？要是让送进监狱蹲几年，就是能活着出来，成日也像钻老鼠洞一样，没脸到人前去……能不够越想越害怕。且有一个笑话说："年轻时全身都软，就那一处硬；老了全身都硬，就那一处软。"如今别说家里的丑老婆，即便送给他个美女，他也无能为力了。而姬发才二十八岁，他打量着姬发乌黑的头发、粗壮光洁的脖颈、充满生命活力的动作，不由对自己天生的丑陋和如今的衰老无能，有一种老天很不公正的委屈心理。姬发教训了他几句做人的道理，他"嗯"个驴唇不对马嘴，同时又有一种受了莫大侮辱的感觉。难道他教训人了一辈子，到头来却要受一个毛头小子的教训吗？他不停地在打着小嘀咕，一会儿恨人，一会儿恨自己。这些小嘀咕在脑海里很快发酵变质，终于变成了一股子恶毒气。

姬发抬头朝冻得生疼的手哈气时，见他磨磨蹭蹭地蹒跚着，被枯草一绊，险些跌倒，便笑道："太冷，你年纪大，别弄病了。算咧，老爹回去吧！下不为例。"如果他只是放行，能不够抬脚一走，脑子里的恶毒气便会一风吹散，什么事也不会发生。偏他说了"年纪大"三字，正说在了能不够的心病上。蓦然，能不够短短的灰眉毛恶狠狠地拧了起来，是一个念头升上了心头："一不做，二不休，只有杀人灭口，才能一了百了。"于是，当姬发弯腰又抱枯枝时，他突然捡起一块石头，朝姬发后脑勺死命砸了下去，道："我叫你年轻，我叫你年轻！年轻轻的，你就见鬼去吧！"

姬发颤叫一声："老天啊！"丢了枯枝，两手搂着后脑勺，脊背痉挛着，欲站直身子。能不够喘着气，连连后退。只要他站直身子，稍稍有一点儿反抗的样子，那老家伙就会被吓跑的。可是他被击中了要命处，两腿突然一抖，扑倒在地了。能不够松了一口气。姬发费力地转过身来，吃惊地仰望着那白发老人。善良女人武七嬷养育的这个孩子，从来也没有过害人的念头，人害人的事情发生在了自己身上，他简直不能相信这是事实。

天空一缕白云，奔向了西方的黑色。夜神秘，寂静。

能不够又恶胆包天，捡起一块石头，上前几步，举了起来，眼光凶狠恶毒如魔鬼。姬发反抗无力，逃命不得，只觉眩晕，干急无法，身子机械地抽搐着。噙泪的大花眼睛里，流露出的，是对生的无限渴望和对死的极度恐惧。

石头不为他的眼泪所动，重重地击在了他左边太阳穴处，血飞冒而出，溅了能不够一身。能不够就像鱼一样，眼睛一眨不眨盯着他。

姬发腰一拱，同时两手抟起，头一抬，是将跃身而起的样子，又把能不够吓了个心慌。然而他头沉如山，突然一歪垂地，身子也松展于地，昏死过去了。能不够依然盯着他，推测他是不是还能活过来，要不要给他第三击。最后推断，他已无活过来的可能了。这推断，倒把能不够吓了个半死。"杀人偿命"，他死了，自己还能活吗？一时，能不够又希望姬发活过来。只要不死，自己顶多蹲几年监狱，犯不上去见阎王爷。他嘟囔道："我不是诚心要害你，是失手了。你别吓我！你一点儿事也没有，是吗？"搓着手，准备上前背起姬发去医院，甚至已扯下了自己的一片衣服，要为姬发包住伤口，先让血别流太多。可是一转念，想到自己穷得叮当响，救姬发就得花一大笔钱，哪来钱？于是觉得还是弄死最好。只要不救，他死已不成问题，眼前要紧的，是让他死得不明不白。于是为杀人灭迹，能不够引燃了森林。

火舌呼呼作响，卷着草屑尘埃，滚滚而起。烟雾冲天。火光里，大叉开两条长腿仰躺于地的姬发，半边脸因汗津津而闪着晶光，半边脸被血染红，高鼻剑眉，闭目如睡。牛仔裤所紧裹的粗壮的大腿，线条极优美。火舌很快逼近他，他被热浪灼醒了，愤恨地瞪着站在火外不远处哭丧着脸，害人又放火，眼看着自己死的能不够。

"公道自在人心"，他相信社会必给他一个公道。他可以被毁，但毁他者，也将因之而毁灭。

看看火已烧着了姬发裤子，能不够觉得大事已了，便向家而去。一路怕人撞见，不敢走大路，在林里钻来钻去。心跳身抖，上气不接下气的。荆棘把衣服挂个稀烂。不知被草蔓树桩绊了多少跤，鼻青脸肿。有一次要不是抓住了一棵小山楂树，准跌下深谷，丢了老命。

做贼心虚，从此以后他便进入了一个又一个难熬的白天和黑夜。看到太阳出来他就想到了自己做下的见不得人事，心慌得不行。一到夜里，又看着无边黑夜无限恐怖。谁跟他说话，他都觉人家话里暗含着什么，在旁敲侧击。热锅上的蚂蚁一样，六神无主，出出进进，长吁短叹。一会儿埋怨自己鬼迷心窍，对自己无一点儿好处，何苦做那种事情；一会儿又庆幸自己做得机密，无人知晓，慢慢就会过去的；一会儿又觉"雪里埋不住死人"，万一被查出来，可怎么是好？恨姬发骂姬发，要不是他买了张家山林场，自己怎么会做出这种事呢？逃也不是，待也不是，左右不安。这时候，他才最盼能过上一种心境宁静、生活安静的日子……

火光熊熊，烟尘滚滚。松枝"噼噼啪啪"，如无数机关枪在齐响。栖于松枝的各种鸟儿，三个一群，五个一伙，惊飞上天，惨鸣不已。潜匿于林里的松鼠、野兔、狐狸、猫狸、黄鼠狼，没命往别处逃窜。火从姬发裤腿由下往上烧来，疼痛难忍。他知嘶喊挣扎无益，只能自救。衣服易着火，他好容易脱下上衣，却因裤子太紧身，怎么也脱不下。记得近处有一个水潭，不敢浪费时间，他便拼命往水潭方向爬去。口渴难耐，他把流到口边的血和汗，用舌头不住往口里舔着。伤势太重，爬动慢如蜗牛，他无助而绝望。风华正茂，却将向死，多少抱憾。多少已做的事还没有做好，多少想做的事还没有做。最丢不下的，是已届老年的校长夫妇。有一天他们不能动了，多需要他的照顾呀！谁照顾生活不能自理的两位老人，他都不能放心。谁能比得上他爱两位老人呢？而空辜负了秀珍对他的一片痴情，亦是他人生莫大的抱憾！每个时期的他都不同，秀珍对不同的他都爱。她才是最爱他的女子。要是那个风雨秋夜，他答应了秀珍，并与她结婚，这阵说不定像父亲当年一样，还留个遗腹子，家就不会绝门。唉！他的家，绝门了！

最后的时刻，他脑中思维繁复，万念丛生。既不能活，他多么渴望偎在七嬷的怀抱里死去呀！人间还有比母亲的怀抱更亲切温馨的吗？那女人，用她温馨的怀抱，把他这个失怙的孩子，从襁褓养成了一条大汉。她至爱他，犹如他至爱她一样。唉，她此刻不在身旁也好，要不让她眼看着至爱的孩子死去，便太惨无人道了……

姬发终于爬近了那个水潭。水潭有半亩见方，周围满是松树和垂柳。潭水结了半寸厚的冰层。松树梢和垂柳梢已经燃着了，热浪很快烤融了潭边的冰。姬发身后，十几步远，枯草漫地熊熊烧来。只要姬发爬上潭面的冰层，他就可以躲过火了。有一只野兔，正蹲在潭中间的冰面上，惊恐地扑闪着眼睛。

水潭的冰层边部，还在"咯吱咯吱"消融着，塌陷着。姬发的太阳穴还在冒血，头昏昏沉沉的。裤子全烧着了，肉皮"吱吱"响着，刺疼钻心。难闻的焦肉味、血腥味，使他恶心欲吐。到这个时候，他最渴望活下去。只要能死里逃生，两位老人会爱他个无以复加，秀珍也如是。他更要珍爱两位老人，也要好好爱秀珍……活着的希望近在眼前，已到了潭边，只要爬上浮冰……

他把汗淋淋的上身，终于浸入了冰水里。突然，火龙势如破竹般扫了过来，在他的下身团团燃烧着，久久不熄。他痛苦地抬起上身，心里那一点点求生的欲望，最后破灭，哭声道："姐，我完了，你白养我了！"又把上身浸在水里，而下身扭曲、颤动了一会儿，便永远静止不动了。

一个旷古美魂，于静默鸿蒙中荡然消散。姬家这一门的正宗根苗，至此连根断绝。武七嬷一生为娘家枝繁叶茂之战，宣告满盘皆输。她延续娘家香火之战是何等不易，而娘家香火之断又是何等轻易？但是她没有白辛劳。难道她的那个娘家，不正是世界上最美丽的花果——无花果吗？有青山为证，张家山林涛依旧。

大火还在肆虐。月夜的天空，闪着死沉沉的辉光。有鸟高高飞在浓烟之上，望着毁了的巢，徘徊不去，悲鸣不已。

护林员分白、夜两班巡林，每个护林员都有固定的巡游地盘。松树林最易着火，这一带便归姬发和姬杨巡游。当姬发停车于坪地，进入松树凹时，姬杨也正在松树凹巡游。如果他多巡游些时间，即便遇不上姬发和能不够，一等火起，也会及时赶到的，那样，姬发或者就有可能被救。偏他突然想起屋里的炉子没有添煤，便回去了。刚给炉子添上煤，倒了杯水还没有喝，就听见朝天峰的钟声响了起来。他扛起灭火器冲出门，只见松树凹方向火光闪闪，亡大喊："救火，救火！起火了。"飞速奔去。

正在各处林里巡游的夜班护林员，也掉头向着火处奔去。白班的护林员已睡熟，一被钟声惊醒，便胡乱穿上衣服，纽子也顾不得扣，揉着惺忪的眼睛，扛着灭火器或铁锹，先后奔到了盘龙凹。

没有带盛水家具，用的又是风力灭火器，那一潭水根本就无用。姬杨端着灭火器，扫到潭边，曾看到一棵树，茎浸在水里，两枝树杈弯靠在水边地上，又不像树，感觉有些怪，但因忙着灭火，并没细看。

大火被扑灭时，旭日已喷薄而出。被火烤过的山坡，依然向空里散发着热气。半个松树凹都成了灰黑色。被火烧掉枝叶的松树，就像一个个冲天而起的黑炮筒子。这里那里，还冒着缕缕灰烟。灰烟升高时，慢慢放大成白棉絮状，最后散开笼罩在松树凹上空，被太阳一照，变成了橙黄色。

灰黑色四周，落满灰烬的绿松下，是驼毛色的枯草、断枝、败叶。一点儿火星，就会又燃得轰轰烈烈的。

鹞鹰斜着身子，在这姬家男子流尽最后一滴血的森林上空，悠然地滑翔着。

潭中的浮冰，已消融得只剩两块炕席那么大。那只野兔，也被四围的大火烤晕了，摊开四肢，睡在浮冰上。姬杨和十几个护林员，汗脸上满是柴灰，衣服上满是火烧的破洞，有的头发眼眉都被烧焦了，正在清除余火。突然，一个护林员在潭边惊呼："有人，烧死人了！"

姬杨一惊，抬头扫了一眼坡上的护林员，一个不少。他预感到可能是姬发，坚毅的嘴唇哆嗦着，却用似乎正在害伤风的那种低沉的声音，自言自语道："不是发子。打了多少回火了，他有经验，昨晚又没起风，他不会被烧死的，不会的。"

护林员都围了过来。姬杨两条疲倦沉重如灌了铅的腿，却如装了弹簧，只几跃，就跃了过来。只见露在潭外地上的身躯下半截，黑如焦炭，触目惊心。姬杨道："多半是个讨饭的，冻得不行，生火取暖，也把林子给引着了。"

两个护林员跪在潭边，扶上半身出水时，姬杨赶紧扭过头看别处，只等他们说是别人。潭边有半刻，是难以忍受的死一般的寂静。终于，一个护林员哭道："是发子。怎么会是他呢？"

又是半刻鸦雀无声。众人全转过脸来看着姬杨。姬杨用舌头舔着被火烤焦了的、浸血的嘴唇，很不情愿地、困难地扭过头一看，正是姬发。显然，他曾很老练地躲避过火，头发竟一丝也没有烧焦，胸脯以上光光的没一点儿火伤。脸上的血已被水泡尽，依然跟生时一样漂亮动人。紧闭的眼缝里，长长的睫毛上，挂着晶莹的水珠，像刚刚哭过。因为失血过多，上身的皮肤，雪白雪白的。上身之美，更使那原本血肉丰满、性感异常现在却被烧焦的下身刺目难看。姬杨目光呆滞。

地面平静无风，高空却排云阵阵，是寒流在蠢动。

谁能预卜明天呢？想不到昨天还有说有笑、热热乎乎的密友，今天却成这样了。姬杨丧魂失魄，不只心碎了，五脏全都碎了。他慢慢跪地，突然搂住姬发，脸贴着脸，沙哑着嗓门大叫："发子，发子，我这几年守着你不走，就为你遇个急难，有我在身边，可我还是没法子救你呀！你救了我，我怎么就救不了你哇？大姑把你托付给了我，这可叫我怎么见大姑呀？发子，亲人，亲人哪——"

带血的泪水，洒在了姬发身上，洒在了这被火蹂躏得不成样子的林地上。他多不愿意接受这个事实，多希望自己是在做一场噩梦，梦醒后发现什么也没有发生啊！哭着，他捧着姬发的脸一看再看，似乎不相信姬发已死，然而确实是死了，于是他又搂着姬发的头大哭起来。世界在他眼里，尽为黑沉沉的了。

有护林员在路边坪地，又发现了"仪征"小车。

几个护林员拉住姬杨道："莫哭了。谁不知道你跟发子情重？只是你想想，你是哭死哭活的人吗？七嬷老人家知道了咋办？你得想办法保她呀！发子的后事，还得你料理。万事全靠你哩！"姬杨才强忍住哭，细看姬发，头颅有明显的两处伤痕，分明是被人所害，悲愤地道："发子，你不会白死的！"便起身到"仪征"车边，撬开车门，见大哥大手机还在，即向镇派出所和县公安局报了案。本想打电话告知秀珍，想了想又没打，而向远在省城的姬槐打了电话，道："你快回来！我心乱得很，都不知道咋面对大姑了。"姬槐咽声道："我就回来，赶晚就到。先千万别让她老人家知道了。"

刚刚关了机，校长就打来电话，问山上有事没有，让姬发亲自回个电话，说七嬷和他一夜心怪乱的。姬杨尽力用平静的声音说："别操心了，平安无事。发子到林里转去了，一时找不见，怎么给你回电话？"关了机，即派一个护林员下山，让悄悄告知副校长和芳珍情况，请设法暂不让校长夫妇知道。

回来坐于姬发头边，他两手抱头埋于膝间，说不出的忧愤伤感。

人生一路，不断有得到和丢掉。得到的，并非都是自己愿得到的。丢掉的，也并非都是自己愿丢掉的。姬发得到这张家山林场，并非十分情愿，却为此捅了马蜂窝，被蜇个鼻青脸肿不说，还丢掉了许多，直至丢掉了性命。他姬杨何尝不是呢？丢掉上大学的机会是为了弟妹不说，丢掉进城当临时工的机会是为了保姬发。姬发没有保住，他对张家山林场一点儿心也没有了。可是他是护林员，一个跟别的护林员不一样的特殊的护林员——死者对他极为信任。他不情愿再做护林员了，可这张家山林场是死者的事业，死者已无能为力了，张家山林场被毁的危险还在，他不挺身而出还有谁？还等谁？死者留下的两位年老亲人，也全靠他了。他不知有多脆弱，真想什么也不管，什么也不干了，可是他必须坚强，必须把该做的事尽力做好。命运，让他必须做一条铮铮硬汉！

于是，他又站了起来，领着护林员将余火灭除净尽，然后派护林员各回自己的地盘，以防那别有用心的人，让别处再有火起，只留一个护林员与他守着姬发。

镇派出所的胡所长领人先到，然后又来了几位县公安局的法医、刑侦干警。验尸结果，姬发确是被击重伤然后烧死的。只是现场已被大火与灭火者破坏了，侦破一时无从下手。

姬杨征得公安局来人同意，把尸体运回了盘龙凹，仔细给洗了皮肤尚完好的腹部以上的躯体，抱放在他平日睡的炕上，用床单蒙住。尸体依然散发着淡淡的松针燃烧后的芳香。独自面对冰冷如石、呼唤不应的好友，姬杨又眼泪流个不止。他多么希望有人来分担他的悲恸呀！

这一天倒人来人往，但无一是能分担他的悲恸的人。他也不给人倒水递烟，只顾自己一根接一根地抽烟，抽得直犯恶心。整整一天，他没喝一口水，咽一口饭。

秀珍这些日子，有事都是让副所长老车给姬发打电话。昨夜她终于忍不住了，忐忑不安地亲自打了个电话。听着姬发的声音，如听人间最美的音乐。话就那么几句，可是她觉得话里的深情却无尽。放下电话后，她反复回味着姬发的话、话的声调，想从中捕捉到他无情的意思，可是一丝一毫也没有捕捉到。希望的熊熊大火，又在她心头燃烧起来了。上次在山上被姬发拒绝，是她没有选择好吐露心声的时候。姬发妻子去世不久，怎么会考虑这种事呢？不过他不是和尚，终究是要考虑的。他所接触的女子，她都知道，自认为无一人在他心中的位置如她重要，于是认定两人会终成秦晋的，只不过需要时间而已。

就在姬发面对死亡，想到那晚秀珍终于向自己发出了爱的呼唤，自己却没有回应，以致永无回应之机会而后悔万分的时候，秀珍进入了甜柔的梦乡。又梦见自己和姬发举行了婚礼，依然是在盘龙凹。两人穿着现代青年的礼服：姬发一身黑色西服，系棕红领带，英俊而庄重；她则拖地白婚纱，美丽而飘逸。参加婚礼的，只有自己的家人和校长一家，另外便是姬发的好友姬槐。姬槐是司仪。在喝交杯酒时，姬槐如唱般地道："发子二十八，秀珍二十七，是最佳的婚配年龄。两人又都经历了一些人间风雨，都有了些头脑，相信选择不会错。苦涩的过去，不会回来了。甜蜜将陪伴两人到白头！"

可怜的武七嬷激动不已，搂住姬发哭，又搂住秀珍哭，一遍遍说："都是我的宝贝肉疙瘩儿，都把我心疼死了！"

姬发一直说，他最爱江南的山清水秀，可惜有时间没钱，有钱没时间，总不能去游一游。醉人的洞房花烛夜后，两人便去南方度蜜月，杭州、苏州、桂林、西双版纳……难以言说的浪漫。回来后，秀珍即脱掉警服，辞掉工作，解甲归山，干起自己的专业来了。姬发得她，如鱼得水，事业蒸蒸日上，各种林产的收入，彻底解决了一直挥之不去的经济危机。而她得到姬发，也使长期的感情焦渴得到极大的满足，人活得似神仙。在仙境般的张家山上，一对神仙般的男女青年，夫唱妇和，劳作歇息，互相关爱，形影不离，别提有多美满和谐……

梦做得很长。醒来后她不敢睁眼，不敢回味，还想续上前梦。果真很快又进入梦乡，虽然没有再梦见姬发，但一夜好睡，早起精神焕发，见了同事们眉开眼笑的。副所长老车向林警小刘笑道："瞧所长，一副喜事临头的样子。午饭咱们在天元饭店吃，让所长掏腰包。"小刘故意道："所长知识分子一个，情调高，高干难入所长眼，男朋友准是大知识分子。"老车道："所长的男朋友别人不知，咱们还不知？高干是个屁，大知识分子也不见得是调情高手，跟所长调情的，是那个山药蛋蛋子。难怪所长要屈尊下嫁，他也着实可爱。"

秀珍把报纸揉成蛋，掷着他俩，心里却很高兴，因为同事们都喜爱姬发，很愿他和自己终成眷属。正闹着，电话响了，秀珍一接，是公安局打来的，说张家山姬场长被人所害，还遭纵火焚尸，希望她领林警火速上山，以防再出新的事故。

秀珍如惊雷轰顶，头歪在办公桌上晕了过去，嘴角还挂着没有消逝的笑意。小刘忙过来摇着她，哭唤"大姐"。老车拿起电话，问清原因，只会跺脚叹气。林警们将秀珍送进县医院安排好，留一女同志守护，余者都跟老车上了张家山。

秀珍醒后躺在病床上，眼睛空洞洞地望着房顶棚，默默无语。她和姬发，互相在生活里出现了这么多年，只有好感而无一丝恶感，一个学的林业，一个买有林场，若为夫妻真是天造地设，却时运不济，擦肩而过了。擦肩而过也罢，只要他有一句爱她的话也行。可半句也没有，说明他到死也不爱她。她对他，真如镜中花水中月，空劳牵挂，枉自痴情多年。为什么死的不是她呢？如果是她为他及那片绿色而死，说不定还能感动得他对她有一个"爱"字，纵活不得成夫妻，死也略可慰心。然而死的是他，憾成千古，永无更改了！

秀珍流不出泪，也哭泣不出来，委顿无神，心痛得无以复加。

姬发的死讯，震动了高阳。满镇盛传，姬发是被春燕的前夫二小害死的。"君子报仇，十年不晚"嘛！传言极具体、生动，绘声绘色，引得镇派出所都把二小传去审问了一番。二小那夜在家里睡大觉，一夜没出门，可是父母做证也无益，谁知道他有没有趁夜黑人静溜出门呢？疯子傻子才光明正大地去杀人放火，他又不疯不傻。二小吓得不行，又不善言，怎么也说不清。有人便怂恿他说："哪里没有几个冤死鬼？说不清就逃，避避风声再说。等吃了枪子，说清也没用了。"二小真就给逃走了。这一逃不要紧，他更成了主要嫌疑对象，父母被派出所传问得害腿肚子疼。

与此同时，山里的老爷子、娘儿们，还生出了许多迷信说法，其一竟说罪魁祸首是武七嬷。"公鸡叫催明，母鸡叫催命"，一个早已出了门的女子，却一直当着娘家的家，娘家人怎能不死绝呢？

那个被派去通知学校的护林员，满身灰黑来到镇上，想校长夫妇认识林场的所有护林员，万一进了校门让老两口撞见露出破绽就不好了，便托一个熟人告诉了副校长和芳珍。副校长即让芳珍不必上课，看着七嬷，又逐一通知了教师，并让教师通知了学生，不许在校长夫妇面前乱说。

弃智绝圣，才能内心平静。校长不弃智，所以想内心平静也难。这日他从人们对他的神情，早感觉到出了什么大事，只是装作无感而已。到天快黑的时候，他装不下去了。他不用智，用智比谁都高明，略施小计，就从一个平常爱向他打小报告的女教师口中骗得了真情。那个女教师从他身边走过时，他故意声音极严厉地道："陈老师，江山易改，禀性难移，你嘴快是你的秉性，平常我不批评你一句，今天我得严肃告诉你，把你的嘴管紧紧的，不能让我老婆知道发子的事。"

"放心，武老师！我就怕我管不住我的嘴，今天都不敢见师母。"

"唉，发子死得好惨啊！"

"真是的，听说烧得不成人样了。"

校长的生命观是："生命本无常，死与活关键是要有所值。有价值的死是活的延续，而无价值的活等同于死。"不过这生命观只适于他本人，不适于别人。心爱的发子，即便庸庸碌碌，他也愿他好好活着。而今年轻正活人且有为的发子死了，老迈无用且快死的他却还活着，上天岂不是跟他开了一个残酷的玩笑？老夫子的心，痛如有齿的刀在剜；皱脸蒙着一层病态的灰青油光，两腿如抽了筋般稀软；摇摇晃晃回到家里，就一头倒在床上，瘦身子在被下缩作一团，不住哆嗦。好在头上冒有虚汗，他便哄七嬷说是感冒了。芳珍为照顾老两口方便，已把宿舍调到他们隔壁，便请来医生。医生明知校长无病，却也说是感冒，给打针吃药，虚应一番，无非是怕七嬷生疑。校长则怕七嬷一出去被多嘴者告知，只让她守在自己身边。芳珍也坐在门口装看书，凡来见校长者，一概挡驾。

七嬷额头上那纵横交错的皱纹，密密麻麻聚成了一堆，不时一声沉重的叹息。与校长一样，这饱经风霜的女人，白天从人们看她时躲躲闪闪的眼光，已猜到发生了什么不好的事情。俗话说"母子连心"，姬发也说最亲的人有遥感，昨晚她就做了个梦，梦见姬发满身是血，趴在地上，可怜巴巴地望着她喊："大姐，救我，快来救我呀！"她惊醒过来，告诉了校长。校长道："睡你的觉吧！不过是梦，不要信梦。"但连校长也到天亮再没有睡着，一起来就给姬发打了个电话。姬发没有亲自接，过后也没有亲自来电话，她便有了不祥之感。因为往日姬发即便有什么原因当时没接电话，过后必定很快给她来一个电话，让她真切听到他的声音，以免她悬心。怕猜想被证实，她没敢再让校长给姬发打电话。然而傍晚校长回来后的反常情形，却分明证实了她的猜想。医生说校长感冒时言不由衷的样子，校长毫无道理地不让她出门，芳珍大冷的天守在她家门口，无不让她确信，不幸已临头了。只会是死，如果是姬发遭人欺负或受了伤，大家犯不着这样瞒她。一朵生命之花，开到最灿烂的时候，却凋落了。对母亲来说，还能有比孩子死亡更可怕的事情吗？倘若事情还处在怀疑阶段，武七嬷会不顾一切去打听，甚至会连夜上山去看个究竟的。既已确信无疑，她反怕听到或亲眼看到事情的真相，只是在等着水落石出。于是拉灭灯，和衣躺在床上。自然睡不着，思绪也只集中在姬发身上。

小时的姬发，给好吃的东西，他必要亲人们都吃一口，才肯自己吃。五六岁上，就打猪草、放羊、洗自己的衣服。十岁以后，衣服破了总是自己补，且针脚细匀好看。无论出门在家，他都把自己收拾得整整齐齐的。七嬷忙不过来，他就烧饭、炒菜。饭菜样样拿得出手，虽不是多好吃，但也不难吃。长成人后，生得高大粗壮的，体贴人的心却越细致了。七嬷有个头疼脑热，他请医煎药，嘘寒问暖，别提有多忙乎热乎。这样的孩子，怎不让她心疼如命呢？她也疼过许多孩子，可那些孩子各有爹娘，不属于她，姬发却生上世就少爹没娘，从来只是属于她的孩子。二十余年来，没有一天，她不把"发子"两个字，挂在嘴边边上。爱全给了他，他也成了她的精神支柱。她在这世上，不能没有她的心头肉发子。她在心里悲吼："老天，我武七嬷一辈子为人坦坦荡荡，从没生过亏人害人的念头，你咋给我这么多灾灾难难？难道真是好人难做吗？要那样，谁还敢做好人呢？"

这一夜，是武七嬷一生中最难熬的一夜。

芳珍见屋里灯灭了，略有些放心，便给武大姑娘打了个电话，要她明日一大早就赶回来，好帮自己守护两位老人。

刘东海这夜因事十二点左右才回家。老远看见有一对男女等在大门口，只当是乡里的亲戚来城办事，夜里找他投宿，忙疾步上前，才看清是七嬷的女儿和女婿。那大姑娘山里女人样"扑通"一声跪在地上，拍着他的皮鞋哭道："亲人，东海哥，你是咱县的大官，看在我娘当初没薄待你的情面上，你千万要替她的孩子做主呀！"

东海忙弯腰拉住她说："跟自己的哥说话，还跪什么？快起来！有话好好说。谁把妹妹怎么了？多半是下岗分流了？"大姑娘好容易忍住哭，任东海怎么拉也跪地不起，一顿一顿地说："下岗分流我也能活。不到至急，我就不为难你。我舅舅活不成了，叫人害死咧。当年太外爷的死，说不明白，也没人说。舅舅头上两个窟窿，下半身黑焦，明摆着是被害的，这一回，死活也得把恶人查出来，叫恶有恶报。除了秀珍，就是你，我再认不得当官的了。秀珍我刚去找过，她都急病住院了。亲哥，我就剩下来求你给公安局的人说去，让一定查个明白。爹娘老了，舅舅的冤，我不给喊谁给喊？你要不答应，我就跪在这里不起来。公安局的人要查着查着又不查了，我就天天跪到公安局门前哭去。我哭死，爹娘气死了，舅舅就再没亲人给喊冤了，公安局的人也就能袖着手只管转悠了。青天在上，只要我不死，就要给舅舅喊出一个明白来！我是胆小怕事，可我也是吃娘奶长大的，跟我吃一个娘奶长大的人都死了，我还怕什么？"

武七嬷的那个孩子使东海震动，这个孩子则使他感动，落泪道："妹妹起来！放心，我纵没吃过武七嬷的奶，也是她照管过的孩子。为着同受过武七嬷的照管，我不会不管发子的。"

大姑娘这才起来。东海搀着她，送夫妻俩回家。大姑娘伤心得不管是在大街上，只管歪着头，拖着长声，叫着亲人的小名哭。回到家，人怎么也劝不止，直哭了一夜。凡知道姬发死讯的亲友，这一夜，都无法入睡。

东海安慰了大姑娘一会儿，便来到县医院秀珍的病房。秀珍眼光无神地看了看他，一句话不说，又望着屋顶棚发呆。东海不知有多爱怜，在床边坐下说："对姬发，因为你，在刚刚知道他的死讯之前，我一直有些恨他。他过去平凡无奇，我也没瞧起过他。张家山托起了他的形象，我现在得仰视他了。大自然也是我们的娘，他是这个娘的好儿子，真孝子。我因此敬仰姬发，爱姬发。他的死不弄明白，我绝不善罢甘休。有我呢，你不必管，只好好养病。明天一早我就回高阳，先见见你哥，了解了解情况，然后再去见师母。她把孩子失去了，最需要孩子。我要让她知道，她的孩子是害不完的，至少还有我。"他哭了，道："我真的怕她老人家受不了这个打击，倒了下去。为这个，我心慌得不行，秀珍！"

秀珍泪流满面，伸出手来，紧紧握住他的手说："我没有病，身体好着哩，只是心里难受。我也最怕大姑倒下了，明天跟你一同回去，多少也是给大姑个安慰。东海，我对不住你。既同视武七嬷如母亲，我就跟你也有手足之情了。可男女之情，并不单是志趣相同，还有其他难以说清的原因。姬发一开始并不跟我志趣相同，可我一开始就钟情于他。过去是，今天是，将来还是。他人死了，我对他的爱不会死。"东海道："我理解你，尊重你。不过我对你也如你对姬发的感情一样，始终如一。"

那山里飞出去的雄鹰姬槐，星夜赶上了张家山。他身体干瘦，似无缚鸡之力，然而，近视眼镜下不大的双眼所射出的光芒，却力量逼人。自从那年姬杨去省城向他求助，他就以口诛笔伐，也成了森林卫士。

想着当初自己背着一床破被上中学时，那个亲切可爱、英俊潇洒的大少年姬发来宿舍认同村，见自己的被子又破又薄，满脸同情的神色，硬让自己跟他住一屋，大被同床，嘘寒问暖，琐琐碎碎，多少关爱，姬槐痛心疾首，泪流一路。到了盘龙凹，还没进门，先已泣不成声。

姬杨头发半焦，脸灰黑，只坐在窑里沙发上抽烟，对出进的人很漠然。一见姬槐进来，才扔了烟扑过去，紧紧搂住，把头伏在姬槐女人样的削肩上，哑着声音哭道："你可来了！跟发子最有感情的几个人，我都不敢告诉，就等着你。咱们的发子完了！咱们再也没有那么好的朋友了！"姬槐用那捉笔的瘦手，抚着他的阔脊背，一时说不出话来，只会哭。半晌，他才转身向炕。好友姬发，要在往日，准会高兴得一蹦三尺高，大喊大叫着，把自己举在空里打转转，可是今日像有什么莫大的委屈，严蒙床单，静静躺在炕上，一声也不吭。姬槐扑了过去，伏在散发着凉气的尸体上，不成人声地哭道："发子，发子，我看你来了哇！你有什么委屈，快跟我说呀，我会为你奔走呐喊的。"姬发只被他摇得机械地晃动着，了无应声。他脸色煞白，又和姬杨搂着哭在了一起。

好一会儿，姬槐想着姬杨也怪可怜的，才忍住哭，让姬杨洗了脸，逼着他喝了点水，咽了点干馍。于是两人商议了半宿如何告知七嬷并如何料理丧事等，然后就像过去那样，亲密地躺在姬发两边。可惜平常如话匣子一般的好友，再也不开口了。

劲风里，树枝"啪啦啪啦"响个不住。夜冷如冰。时不时，一声猫头鹰的长号，更让人感觉寒意彻骨透心。

清早，风停了。东山头，霞光像团团烈焰。忽然，太阳在霞光里半露出了红艳可爱的笑脸。天空高远、蔚蓝。蓝天上雪白的云朵像天鹅一样飞着。天幕下，是如墨笔画出的光秃秃的黑树枝。树木的清香随处可闻。麻雀在树枝间或欢舞，或喊喊喳喳地说着闲话。即便是冬日，一遇好天气，张家山也美丽如画。

东海开着辆从朋友处借来的私车，飞驰在张家山的土路上。峰峦像波浪似的向车后翻滚着。迷雾遮住了前程，然而不久车又冲出了迷雾。车上坐着大姑娘和秀珍。秀珍牙齿咬得紧紧的，心揪成了一团。

车在盘龙凹的土场上停了下来，车声打破了盘龙凹的沉寂。姬槐出窑一看，忙回头说："秀珍他们来了。"姬杨这才拖着沉重颤抖的双腿，迎了出来。

大姑娘迫不及待下车，几乎是小跑着向窑而来，姬槐忙跟在后面。进了窑里，望着床单下一动不动的身躯，她却挓挲着手不敢近前，慢慢跪地，悲摧而哭："亲人哪，你咋把我们丢下了？亲人哪，我怀里抱大的亲人，我打过疼过的亲人，吃吃喝喝、病病灾灾叫我牵肠挂肚的亲人哪——"

秀珍两腿像不是她的，一点儿也不听使唤。东海搀她下了车，便让给姬杨搀着，自己则避到了一边，内心复杂。秀珍整个身子都靠在哥哥的身上，好容易到窑里炕边，揭开床单蒙头处，觉得姬发似并未死，那标致脱俗的脸庞上仍有神情，只是因她来了，恐又纠缠，故意闭目装睡。想着当年来她家玩的那个白净脸皮黑亮眼睛的时髦少年，她绝望地垂下头发乱蓬蓬的脑袋，恨恨而无力地隔床单捶着尸体胸脯，凄婉地哭道："发子，你睁眼看看我哇！连一眼也不看我，一句有情的话也舍不得给我说，你对我咋这么没心肠啊？"哭着就软倒在了炕边，手脚微微抽搐着，昏了过去。

众人好容易把她救醒过来，安排护林员照看着，便要下山去见七嬷。秀珍无论如何也要去。众人拗不过，只得带上她。

高阳中学的教师、学生，都为七嬷忧心忡忡，见他们来了，许多人便跟着来到校长家门口，气氛极为庄严、凝重。

芳珍早迎了出来，搀住面白如纸的姐姐，两人都眼泪汪汪。

武七嬷天不亮就起来了，但炉子灭了她也不生，只枯坐在卧室桌旁的圈椅里。这亲爱的母亲，一夜之间像老了几十岁，国字脸上皱纹更深更密，白发蓬乱，眼眶红肿，眼光呆滞，嘴唇死青。芳珍给生上炉子，做上早饭，老两口却无一动筷。这时听见外面脚步声乱乱的，七嬷知道事情水落石出的时候到了，困难地从圈椅挣出笨重的身子来，步子迂缓地出了门，扶门框而立，眼里暗含着泪，嘴唇抖了抖，轻声问："怎么了，我的孩子们？"鸦雀无声。从张家山方向吹来的一丝寒风，扬起了她一撮白发。她举起手来，掠了掠头发又问："好孩子们，到底是怎么了？"问到一半，声音就在喉咙卡住了，只有嘴唇在动着。

仍是一片肃静，却分明有许多心在为七嬷狂跳着。片刻，秀珍扑入七嬷怀里，"哇"的一声哭了起来。七嬷摩挲着她，颤声问："怎么了？快告诉姑姑！"姬杨、姬槐、东海等跪在了地上。跟来的青年教师、学生等也乌压压跪了一地。

七嬷微仰头，无神的眼睛，望着张家山方向。确是姬发死了。为着那可恶的张家山，姬家男子，一个又一个付出了生命的代价。自从姬发买了张家山，她就知道必有这一结局，只是她希望迟些，迟些，最好在她死了之后。没想到老天无情，还是要让她活着见娘家人之死，最后一个娘家人之死……唉，她多不想活到今天啊！

东海哭道："从中学时，我就想，要有师母这么个娘多好。不光是我，大家都是这个心。娘，您老人家是我们大家的娘。您孩子满地，永有孩子！"秀珍溜下地，也跪着哭道："娘，您心里不只有发子一个孩子，是吗？我们都在您心里，您是不会忍心丢下我们的……"

七嬷仰天而叹："发子是死了！"似乎仍不确信，又虎视眈眈看着秀珍问："发子是死了吗？"秀珍说不出口。姬杨、姬槐起身扶住七嬷，东海吞吞吐吐道："前夜林子失火，发子被烧……死了。"

屋里响起校长极力压抑却压抑不住的凄哭："唉吔，发子，我的好孩子哪！"众人听着，如无数针在刺耳朵。七嬷身子斜着，像挨了打似的。眼睛一眨不眨，眼光像屠刀落下时的母羊。口痉挛着张开，却没有哭出声。从六七岁时，她就含辛茹苦，六十来年里，照看了姬家五代人。想不到的灾难，总是接二连三地降临。泪水，模糊了她的双眼。不过，她却似并不太悲伤，而只是给人一种深深的疲倦感。一辈子挺得笔直的脊梁，到这阵也弯了下去。她已经殚精竭虑了，一副要昏昏入睡的样子。

众人却为她喉头哽塞得慌。

半晌，她才用一种硬挤出来的、奇怪的声音说："那个荒唐鬼、淘气精，天不怕地不怕的，害得我就怕他有个闪失，二十来年没一刻歇过心，到底还是没留住他！起去吧，孩子们。我知道你们的心。娘家死了那么多人，我早惯了。如今死绝了，我也成了铁石心肠咧。别怕，我倒不了！我武七嬷，经得起地陷天塌！"

众人心欲碎。虽说这不是七嬷的心里话，但她的确不会轻易死掉的。失去了那个至爱的孩子，这世界上值得她留恋的东西还是太多。爱心博大者，怎么舍得轻易死掉呢？她撑起了娘家一代又一代人，就因为她是个极坚毅的女人。

东海脸上的肉突突跳着，是仍为七嬷提心吊胆的。众人又劝慰了一会儿，便扶老两口上车，向张家山而去。

校长眼光流散，似乎没有了姬发，人世间什么都不堪入目了。但他是大老爷子，众人的心都在七嬷身上，忘了为他操心。

太阳高照，荒草枯黄。

到了盘龙凹，姬槐、姬杨搀七嬷下了车。她弯着腰，颤巍巍进窑，盘腿坐在炕沿上，伸手慢慢往下揭着床单。纹丝不动，没有任何表情的姬发，倒显得极安详、庄重、美好，就像童话中的王子。七嬷一手移着床单，一手抚着他油光发亮的头发，花眼缝里那长长的睫毛，高挺的鼻尖，饱满的嘴唇。当她那粗糙多虬的手，抚过姬发浑圆的肩头，两座山峰般的胸肌，腹部的皮肤虽还完好，但已由洁白渐变为灰黑色。她丢下床单，再也不敢看不敢摸了。

秀珍没有进窑。姬杨快控制不住自己了，急步出窑。校长眼泪像断了线的珠子掉了下来，止也止不住。武大姑娘忍不住，头一个放声大哭起来。东海忙把她拉到外面，呵斥道："怕老人伤心，你倒先勾他们伤心！"

窑内窑外，一片死寂。

姬发是校长的亲儿子，是他生命的再世。他不喜欢自己的文弱，再世恰好强悍，是他的骄傲。可是再世先一世死了，他无所骄傲了。突然，老夫子把头隔着床单埋在姬发膝间，声音不高，却极哀绝，哭道："我的孩子，你不知道我有多爱你。没有了你，我就空了啊！"

七嬷吃一惊，不认识似的看了校长一眼。校长的哭声，已由低沉变为凄厉刺耳了。七嬷一把鼻涕，一把眼泪往袄襟上抹着。蓦地，她两手一拍，嘴唇抖了半晌，终于说："唉，心肝，前个你还活蹦乱跳、有说有笑地去看我，今个我来看你，你就不动没知，成死肉块子了。你不是地里的野草，自生自长大的。我夜来睡觉都不敢打转身，怕风凉了你。尿褥子上，我睡在湿处，把你挪到干处。你病了哭，我搂着你哭……养你成人，我有多难哇！刚成人，你就叫不应了，我咋受得了吗？天哪，我眼睁睁救不了我的心肝呀！天哪，你怎么连个孤儿也不饶过呀？我保了一辈子娘家，眼睁睁把他爹娘保殁了，后来又是他女儿、媳妇，如今又轮到了他。天哪，你怎么尽负苦心人呢？天哪，老天爷哪——"

起初如泣如诉，后来放声大哭。数十年来累积在武七嬷内心的悲伤，已不可收拾，一泻而出了。那哭声简直不像哭声，令人一听心惊胆战，再听几成石人。鸟啼似泣，草木含悲，天地变色。

唉，亲个当当的人，

一回回，

你撑起了一条条男子汉。

是人世无情，还是老天无情？

命运总把你捉弄。

一回回，

男子汉倒下如山塌了一般！

尸体被运回了中山姬家。停丧七日。

丧事由姬杨、姬槐主持。二人最讨厌高阳葬俗中的繁文缛节。"小礼无所用"，磕头至破，泪作血流，于死者何益？不过是慰活人而已。但二人还是决定依俗为姬发隆重举行丧礼。既然高阳乡民看重一生一死，他们就准备以毒攻毒，用姬发的丧礼来震动人心，劝化人们都来爱护森林。外地正上大学和已大学毕业的高阳青年，在乡民心目中地位很高，影响也必然很大，二人便向他们逐一发了电报，希望他们能回来参加姬发的丧礼。

姬槐在省、地、县电视台的朋友，也被请来制作节目。

出殡之前，姬军、姬峰、姬小小等三十余位高阳男女精英及时赶叵。院里帐篷下支着一张床，柏枝绕床。姬发一匹丈二白绸蒙身，平躺在床上。这些男女精英们进门，逐一向为美化故乡山水而献身的姬发深深三鞠躬，有的还跪地行了传统的大礼。姬军、姬峰、姬小小则与姬发感情深厚，当然痛心疾首，号嗬进门，伏地大哭，揭开蒙绸，看着姬发那熟悉可爱的面庞，又忍不住搂尸大哭。

武七嬷被安顿在姬杨家里，由姬杨娘守着。这些远方归来的人，又到姬杨家，眼里闪着泪花，伏在屋子脚地上，向七嬷重重磕头。惹得那坐在炕头上的老母叫着“我的儿”，流了多少热乎乎的眼泪。

亲族人等，也纷纷前来吊丧。姜老爷子是为女儿跟姬发记气到死了，不肯来，三姑让儿子陪着来了。她坐在床前，既哭女婿，又哭女儿，一方粗布手帕被眼泪浸了个透湿。

能不够拿着香纸，也从里山到中山来吊丧。他像那些干公家事的人一样，向灵床三鞠躬，假装神情悲戚，叹道：“唉，把个好小子殁咧！”之后，他又拖长腔问姬杨：“人手够不够？要不要我从里山派些小伙子来？”姬杨注意到他的两条短腿毫无缘故地在微颤，便闪烁其词道：“忙你的去吧！到该找你的时候自会找你的。”能不够惴惴不安道：“我不知道。”姬杨目光如利刃，盯着他灰黄的脸问：“什么你不知道？”能不够一摊两只黑手，很难看地笑着说：“我不知道你在说什么呀！”心里却骂，“你这个姬发的裤腰带，呸，也活够了。”回去后，心怀鬼胎的他，更加惶惶不可终日。

夜晚，以武大姑娘为首，穿白戴孝守灵的男女青年有四十余人。屡屡昏厥的秀珍，一醒来就坐守床前，生怕一丢手姬发就会消失似的，她手还紧紧抓着姬发那冰硬的大手不丢。

第七日，平明，一阵拖得长长的、像鬼哭一般呼唤山里汉子操锨去埋人的唢呐声后，开道锣“锵”一声巨响，一壮汉便恸声大吼“起灵”，十六条汉子“吭哧”一声，抬起了中山姬族那乘雕着神话人物、送走了无数男女的龙头丧轿。于是在黛色的山水林木间，出现了一支苍色的送丧队伍。

最前面，姬峰、姬小小抬着一把竹靠椅，上面坐着校长。老夫子青筋嶙嶙的手，颤抖抖地擎着长长的引魂幡。引魂幡上之言与引魂之意截然相反，系校长悲愤之笔：天妒英杰，斯人此世不再逢，神魂何处可追蹑？死者长已矣！

两个清华大学毕业生抬着校长，是深深的同情，更是极高的礼遇。老夫子唯愿替姬发一死而万般无奈，憔悴难以言说。

姬族一位白须白眉的长者，提着照死者魂灵上路的马灯，微风不时把长者的大白胡子吹得飘拂到肩后。姬杨爹端着花供盘子，随着长者。然后是一对中年男女，各提一斗。男子在撒五谷米，撒得地上黄滚滚的。乌鸦都在空里望着黄米欢快地“哇哇”大叫，人心却紧缩。女子在撒纸钱，插纸幡。剪着菊花等图样的三角形纸幡，在风里轻轻飘摇。明色的麻纸钱不断飘落在枯草上，于是在一片片醒目的明色映衬下，枯色愈显枯灰，像死尸腐败的颜色。

中年男女之后，是所有亲友共送的那只大花圈。花圈的纸带迎风飞舞，白胖的县委组织部刘东海部长举着。他腆着大肚子，两条胖腿像在薄冰上走一般迈动缓慢，小心翼翼，着了凉似的不住吸溜鼻涕。然后是吹鼓手，三三一列，共十八口。唢呐、鼓、铙、钹都有，以唢呐最多。唢呐短者不过几寸，长者则五尺有余。那个孤苦的老吹鼓手武剩娃，正卧病在炕，也抱病而来。他穿着毛已脱落得几乎剩一张硬皮板的老羊皮袄，由两个徒弟架着，步态蹒跚，行在吹鼓手最前列。其后即是丧轿。

穿白戴孝，以麻绳拉丧轿的男女孝子，计六十余人，多是高阳精英，且同辈长辈者居多。男左女右。男以姬杨为首。他眼圈黑肿，蓬首垢面，头顶瓦盆。七天来，他几乎没睡什么觉，睡也睡不着，累得直摔跤，此刻感觉麻木，就像用别人的腿在走路。女以武大姑娘为首。芳珍与春燕，前撑后拥着秀珍。秀珍身体已极度虚弱，举步维艰。男女哭声哀切。哭声最哀切者，自然是对死者一片痴情的秀珍。春燕哭声也极哀切，和姬发的露水之情，虽然短暂，她却铭刻于心。此刻回忆起来，依然有一丝激动和甜蜜，不过更多的是刺心之痛。对抗鄙视的骄矜，潇洒老练的逢场作戏，全被最爱的人之死，击个烟消云散了，所余就剩真情。真情一任那个真正的春燕，不加掩饰地展露于人世。

武七嬷为姬发顶灵。高阳丧俗中，为死者顶灵的女子，必是下辈。且不说武七嬷照管过姬发的父亲又养育了姬发，对姬发有半个祖母的资格，单说姐姐为弟弟顶灵，在高阳这也是头一次。遵从姬发当日向姬杨之言，没有动锯斧用木板给他做棺材。丧轿上，满铺翠色柏枝和各色纸花。老态龙钟的武七嬷，一身厚重古朴、简单肃穆的传统式家常黑棉衣，最后一次抱她可爱的孩子在怀中，盘腿而坐。姬发的长躯上，盖着那匹洁白、轻逸的细绸。武七嬷没有哭，四方大脸上也没有眼泪，庄严而神圣。

付出使人神圣。养育出的孩子如此美好，母亲怎能不神圣呢？

无尽艰辛，重重厄运，也把她的心磨出了厚厚一层茧来，磨得结结实实的了。她已成了一个异常坚强的女人，跟老榆树一样，可弯难折，任多大的打击，都能挺得起来。

人生有太多的无奈，她力保姬家而姬家门里还是无人了，但她这个出了门的姬家女子还在。年轻人死了，她这个年纪老迈的还没有死。她的灵魂，已被最后一位姬家门里的死者所震撼。既活着，她就要继死者去保护那片福荫众人的绿色。可能她竭尽全力，也像力保娘家人一样，落个徒劳无功，但她还是要去保。结果怎样她很无奈，她所能做到的，就是把力尽到最后一口气，死而瞑目。

丧轿是坚硬的柏木所制。粗重的椽子压在剽悍的山里汉子肩上，汉子的脚步沉重如正步走的军队。纸花在轿边颤悠悠的，却始终未掉下一朵来。就这，旁边的老爷子还在一个劲地喊："平些！孩子们，叫咱们的发子平平安安上路吧！"

活尚不得平安，死还谈什么平安？姬发的魂魄荡然无存，存着的只是活人的心。他的不平路已到终点，连这发丧也不过是活人在继续走自己的人生历程，向世人表明自己的心而已。人生历程和内心各不相同的这些人，此刻却怀着同一个心走在了同一条路上——要重视生态保护和保护生态的人。

丧轿之后，紧跟着白压压的人群。姜、武两亲家的人最多。姬发活时见面连话也没有说过一句的娘舅张家，也来了十几号子人。论起来，他们与姬发的血缘关系最近，一个个鬼哭狼嚎的，只怕人不知道他们在这种场合的存在。送丧队伍里，也只有这十几号子人，与众人同路不同心。亲戚之后，是操锨的姬族汉子。队伍足有一里来长，电视台的记者跑前奔后地摄像。真正对死者有情的人，视摄像机如有若无，而张家的人总在抢镜头。

行不远，火光明灭，鞭炮震耳欲聋，火药味呛人，是人在路祭。

远山像一大团一大团凝固的墨。天是透明的，但也像凝固了。一行椋鸟飞天，两行白杨夹路。霜晨薄冻的土路上，缟素如雪，烟气如云。

正行间，一排小车扬起阵阵冰花，迎面驰来，在路边停下。从车里跳下蒲城县委书记、县长以及林业局局长、公安局局长、镇党委书记、陈镇长等领导，或替下山里汉子抬丧轿，或加入孝子行列。陈镇长下车时，校长恶狠狠地瞪了他一眼。发子的死，难道就与衙门作风无关吗？是谁怂恿得那些毁林者到了无法无天的地步呢？官僚主义者也是刽子手、杀人犯。

记者将镜头对准县委王书记时，陈镇长忙站在王书记旁边，正要露出亲切的微笑来，却想起不合时宜，赶紧收了回去。

几位领导抬轿不稳，轿微微颠晃着。白绸从姬发头上滑落，露出了他的上半身。脸庞标致。乌黑的头发梳作偏分，乌黑的眉毛整齐如画。鼻下唇上，有一层软茸茸的胡子。滚圆的肩头。胸脯的肌肉包，呈坡状缓缓升起。皮肤依然像缎子一样光洁、滑润，但是皮肤下面的肌肉再也不会有力地鼓动了。人如安详甜美睡在老母怀里的大婴儿。路人看见，无不怜惜，唏嘘不已。

那个二女子，也站在路边看热闹。他虽是男子，身材却像女子一样纤细，心理也是女子的心理，对周身处处都迸发着充沛的阳刚气的姬发，一直竟也极爱慕，所以凡姬发所爱的女子他都嫉妒，都不由自主要去搅和。这阵，望着一动不动的"偶像"，他也落泪了，真想扑上前去，摸一摸姬发那漂亮的肩头，或是搂尸大哭。过了今日，就没机会了。可是机会永不属于他这个另类人。搂尸大哭，是死者生前亲近者的资格，而他，姬发生前连正眼瞧都不肯瞧。

前面一堆熊熊大火。姬杨老娘等几位白发老母拦路哭道："过了火，孩子就看不见人世了。停一停再走，叫孩子再看一看乡里乡亲吧！"于是队伍稍停。唢呐呜咽，悲涛汹涌。武七嬷的眼泪，终于顺着黢黑的腮上那皱纹沟滚落下来，低下头，轻轻拿她温热的脸，摩挲着姬发冰冷的脸颊。此情悠悠！

姬杨摔碎瓦盆，队伍便过了火堆。乐器停奏，艺人们开始吼《号天》。这种仪式，一般只给死得极惨极冤者举行。即一人吼苦调，众人伴吼，责天地斥鬼神问人世，何以对死者如此不公。主吼者自然是老车夫。孤苦、多病、衰老，使他干瘪瘦小得一阵风就会吹走似的。一路行来，他早已有气无力，头晕目眩了，然而一声"天哪"之吼，却惊天动地。众人的哭声都被震了回去，只剩他的吼声在深谷回荡，在山丘扩展。他本来就对姬发饱含深情，加之病中声音有一种嘶哑碎裂感，听来愈感人肺腑，动人心弦。悲怆、愤懑的吼声，已高到不能再高了，众艺人却又一齐把吼声推向更高，更高。借着众艺人吼时换了一口气的老车夫，就在众艺人推高的音阶上，又一声高吼，直冲霄汉。杨树梢都被震得"哗哗"作响，积尘纷落人身，人心都被震碎了。

《号天》一共十二支曲子，都得挣死命吼。据说，以前真有为吼"号天"而挣死命的艺人。姬发是老车夫从狼口里夺得的性命，一直疼如命，反正他已老了，不惜一死，索性豁出来吼，不得感动老天爷，或者还能感动眼前这些"老爷"，给恶者一个报应，还姬发一个公道。

多日卧炕，老车夫的全身关节已僵硬，两腿一屈一伸，都无比疼痛、艰难，起初是靠着两个徒弟的支撑踉跄而行。然而一吼起来，他便因极度沉情而忘记身体，不知疼痛，健步向前。不过毕竟是衰弱重病的人，到第三支曲时，他又无力迈步了，被两个徒弟架着，双腿拖拉而行，但是那发颤的吼声，却更高亢悲怆，惊心动魄。众人虽忘了哭，却热泪滚滚流个不止。老车夫摘下破旧的三耳狐皮帽扔于地，脱下光板老羊皮袄抛于路，湿漉漉的衬衫冒着热气，光秃秃的脑袋汗珠闪闪，直挺的脖子上青筋虬起，圆睁的双眼充血，还在大扯着嗓门吼。到第八支曲时，他双腿蜷曲，双手搂着肚子，没吼一半，突然口吐鲜血倒地，却大喘着气，身子猛烈抖动着，微抬起头，张着口，似还要吼，可惜已吼不出声来了。感天地泣鬼神的吼声又起，是个稚嫩的声音。老车夫一个刚成人的徒弟，又继吼起了那《号天》组曲。

队伍恬静无喧哗，只是脚步声杂沓。深为感动的县委书记，让用自己的车，把车夫送往县医院。

仪态非凡的胖老太婆武七嬷，眼泪像雹子一样打在她的死孩子身上。

悲歌还在为死者唱着，且一唱三叹。长天大地，渺无边际。世界之大，人如沧海之一粟。生命之短促，如昙花一现。多少人，活无声，死无息，死活一个样，可有可无。校长不禁垂泪而叹："发子，我的好发子，这么多人心里有你，有你到了这个份上，你不枉活一场人了，也对得起养育你的我们老两口了！"

到了坟边，唢呐声里，丧轿落地。姬槐去抱姬发，不想死后的姬发那硕大的身躯异常沉重，他这个四肢无力的书生，怎么也抱不起来。姬军忙上前抱起，姬槐则扶着腿。姬发那长长的、粗壮的胳臂，硬邦邦地斜悬在白绸外，似乎不愿意走，要抓住什么。七嬷扑下轿，搂住姬发的胳臂，刺耳地哭道："心肝，我的宝贝肉疙瘩，可怜的孩子，我舍不得你哇！"东海紧紧搂住了她。

姬杨先跳下坑，伸着手接。递送间，白绸又从姬发头上滑落，最后一次半裸出了他那因冷硬而闪着钢铁般光泽的大身子，优美、耀眼、迷人。最是那出众俊美的青年男子的脸庞，尤其让人留恋。姬杨抱着，平放在墓窑里。七嬷便强忍住哭，从轿上拿过叠得整整齐齐的姬发那套军服，向呆站在一边的二春说："他最想当兵。当初我要让他当了兵，就不会买张家山，这阵准好好的。都是我害了他。他没当兵，一样上了战场。把这个给他带去吧！"

二春捧着军服下了坑，放在姬发头边，却抚着与妹妹墓窑相隔的那薄薄土壁哭道："没想到，妹妹前脚走，发子就后脚跟来了！"姬杨理好白绸。把手隔着绸子放在姬发头上，也哭道："伙计，原以为我们会白头把酒说当年，没有办法，到那时只有我来回忆你了！"拉起二春，用石头砌好墓窑口，恋恋不舍地从坑里上来。

姬发死不睡棺材，是他死了还在向家乡顽固、落后、愚昧的陋习，开了一火。

丧礼之隆重，并非他所求，节俭却是合他生前之愿的。所用只不过是些鞭炮和一只大花圈而已，所给他带到地下的，也只不过是一匹白绸，一套旧军服而已。

县委书记带头，众人操锨下土。艺人们跪在了地上，头仰倒在脚跟，唢呐冲天，吹的是《安魂曲》。曲声战栗，如女人凄哭。透骨的北风，也奏着哀歌。亲友或跪，或坐，或蹲，哭声一片。姜八姨的哭声最响亮："好好不长命，多机灵个孩子，说没有就没有了。苦命的亲人啊！"武七嬷的哭声最凄切："乖乖儿，这下我再见不上你咧，我这老婆子举目无亲了哇！发子，你两口怎么没留下个孩子让我养呀？这下我娘家成了绝户咧！天哪！"校长瘫软在地，白发苍苍的头紧紧贴住干硬的黄土，哭不出声来。悲伤已经耗尽了他的气力，而这还是次要的，"哀莫大于心死"，在精神上，他也因失去最爱的孩子，而有一种幻灭感。人们都担心七嬷，其实意志薄弱的是校长，并非七嬷。

几天来，秀珍屡次昏厥，醒来后水米不沾，只知哭。因此她对姬发的痴情，乡邻也尽人皆知。姬发被放入墓窑后，她靠芳珍站在坑边，一声不哭，只瞳孔失神，牙关紧咬。一旁姬姓族中的老爷子、老娘儿们惊惧起来，惧她扑墓殉情。五十年前，里山那个像直立起来的山羊一般的土匪头子胡保娃死了，他的那个年仅十九岁、翠格莹莹的小妾也"全妇节"扑墓而死，令通大理知古今的老爷子们大为钦佩，晃着狐皮帽的三耳，抹着清鼻赞叹道："好，好，有志气！"胡保娃的儿女为她修下的那座本地最宏伟壮观的节妇牌坊，至今还存有断壁残垣。

姬发的墓窑壁上，靠有青翠欲滴的柏枝，上点缀着五颜六色的纸花。墓地铺着柔软的干灯心草。软垂的白绸，朦胧而动人地显出了姬发那倒地不起的西北大汉的躯体轮廓。秀珍望着，目光热切，渴欲扑入墓窑，紧紧搂住姬发，也倒地不起。将自己和心爱的男子不分昼夜地封入那个与外界隔绝的小小空间里，是莫大的甜蜜温馨，而心爱的男子被封入地下，自己却仍在滚滚红尘中奔波，则是莫大的痛苦折磨。然而直到墓堆隆起，秀珍也没有扑墓，只是紧紧闭住了眼睛。

人间一位思想丰富、激情充沛、可亲可爱的青年，已无知无觉，与大地合一了。

久久，姬杨向秀珍道："我们走吧！就这样了，人死不得复活！"秀珍无奈地把头靠在哥哥肩膀上，慢慢离开了墓地。

一只山鹰，正向张家山方向飞去。远远的，张家山朝天峰上，霞霭美丽如闪光的狐狸尾巴。

第二十四章　武七嬷挂帅出征

　　姬发既死，张家山便成了无主之山。要不是秀珍率领林警日夜在山上镇着，周边山民准会又发疯似的涌入林中，乱砍滥伐。

　　大姑娘暂待在高阳中学陪父母。一家三口，像是商量过的，言谈免提姬发，似乎他们根本就没有过那么一个亲人。副校长一天不知多少次来请问校长工作上的问题，教师们也有没完没了的事来找校长，似乎根本不体谅校长这阵无心管工作上的事。其实不体谅中有体谅，大家知道老两口只要静下来，对姬发的思念就会如洪水决堤般不可收拾，故意要搅得他们不安宁。

　　武七嬷多想放声大哭却吞声饮泣，多想让眼泪流个够却忍泪不流。现在伤心日后还要伤心，要哭日后再哭吧，要流泪日后再慢慢流吧。现在最伤心，也最容易垮，她得保护自己。张家山这下全压在她身上，无论如何她得撑住。

　　蚕吐丝的同时，也作茧自缚。姬家为张家山一次又一次血的付出，注定张家山必成为锁姬家人的长枷铁镣，也注定张家山必成为姬家人的同心结。荣耀与悲哀，爱与恨，都要终归于这个结。张家山使武七嬷经过了一个又一个不眠之夜的煎熬，经过了长期的精神惶悚，经过了一次又一次悲伤绝望的打击，没有比她更恨张家山的了，但是她生在张家山，是张家山森林毁与重造以及姬家数代为这片绿色惨重付出的见证人，也没有比她更珍视逝者的业绩，爱张家山的了。她对张家山，恨已深入骨髓，爱也已流入了血液。"长江后浪推前浪"，曾经大闹盘龙凹，坚决反对姬发买张家山的她，却也被推上了这一浪——继续姬家的未竟之业。天生武七嬷，就是为姬家收拾残局的。

　　她当初反对姬发买张家山，是因为祖父护林半生却没有善终好了，她怕姬发也有个三长两短，姬家绝了后。当初害怕的，如今已成了事实，再没有什么害怕的了。亲人护林几十年，她对保护森林的意义，虽不能用准确的语言来表达，但内心已明白透彻。"知我者谓我心忧，不知我者谓我何求"，何人知她呢？这富有爱心的老太婆，爱娘家而未能保住娘家，如今娘家虽没有让她可担忧的了，但又为大家担忧。她这个母亲，已不仅仅是她所养育的孩子的母亲，而是人类所有后人的母亲，对人世怀有至深的忧患和最大的关注。她不是不知道，去护林，就不得好死。正因为不得好死，她才去。连她也怕死不去，谁还敢去？舍她其谁？时已至此，事已至此，过河的卒子，不被吃掉，就只能死战不退。她义无反顾！

一日，愁眉不展的大姑娘被七嬷硬催回单位上班去了。然后，老太婆向校长道：

"我这几天，心里像开了锅似的，直翻腾。老了老了，看来咱俩又得分开了。"

"我这几天，心里也在想这事。有什么分不开的？年轻的时候，就一个在天涯，一个在海角，老了还怕分开不成？他是我们的孩子，他的事，我们不干，叫谁干？"

"少年夫妻老来伴，我还说欠你帮我葬我娘到祖坟的恩，要报答你一生一世哩，可恨发子，扔下我们不管了，还叫我们谁也管不上谁！日后你吃吃喝喝冷暖病痛没人管，叫我咋放得下心来？"

"这有什么放不下心来的？我自己会弄饭，芳珍还会帮我的。再说，学校有教师灶，别的老师也没带着老婆，我为什么要特殊？照年轻人流行的说法，活都不怕，还怕死吗？就是有个病灾死活，我也活到六十多岁了，在这世上已摇摇欲坠，没有什么大不了。你不用操心，倒是要好好操心你。天一暖和，蛇就出来哩，林子里走的时候小心脚底下。还有狼，最好随身带把刀子。唉，你一辈子，只知道照顾这个那个的，就不知道照顾自己！"

"我这一辈子跟了你，欠下人世了。当初用供一个个孩子上大学来报答你，到今又用给孩子们护一片好山水来报答你，都只为你的那个心，盼人世越来越好。"

"我今生也没错爱女人。你到该花钱时，钱二话不说就出手，手头有过几个钱也没落下。不过你是会花钱的人，钱花得值。身外之物你不求，求的是一世美名，如今又要拍马上阵张家山了。好，是我武清俊的老婆！"

于是，七嬷熬夜给校长补好了所有的衬衣，清早又跪在耀州斗盆边，和面蒸了一锅馍，向芳珍嘱托了再嘱托，然后解下蓝围裙，泪流纵横地别过老夫子，便背着个包袱，拄着根棍子，猫着腰，迎着呼啸的西北风，蠕动在张家山犬牙交错的山路上。

冬日山景，萧瑟广漠。风卷黄尘，落了七嬷一身。最爱的孩子新丧，她如患重病，下巴是行将腐败的树叶之色，灰黑灰黑。苦着脸，眼光呆滞。

为同一事情前仆后继，悲壮即演绎而出。姬氏家族所演绎的，正是一场悲壮活剧。唉：

> 不敢想风起云涌天响雷，
> 不敢说黄河能倒流，
> 不是有烈酒壮丹田，
> 只因千万次回头，回头无路，
> 咱才如那飞蛾扑明不惜生。

前面一土岗上，站着一排人，是姬杨、秀珍、护林员和林警们。林警和护林员们都提着土枪。注视着风尘仆仆而来的七嬷，他们无不流下了泪。

七嬷也流泪注视着他们。待她到了跟前，姬杨便大声道："自从姬长庚老人，走上护林前方的那一天起，武七嬷就成了幕后的护林英雄。今天，武七嬷终于走出了幕后，走向了前方。开枪，欢迎英雄！"

一排人跪下，朝天鸣枪。

七嬷则拿过一人的枪，颤颤地跪地。姬杨、秀珍跪扶着她。她举枪朝天，连连鸣枪，哭吼："娘家，是女儿的靠山。靠山，也得女儿来护。我生在张家山森林，张家山森林就是我的娘家。张家山森林，你的女儿武七嬷，回娘家来了，护你这个靠山来了！"

悲风呜咽里，武七嬷那山呼海啸般的吼声"来了，来了"，在空谷回荡不已。

慈悲的母亲，对孩子们最有号召力。姬发虽死，有武七嬷继之挂帅张家山，以姬杨、秀珍、姬槐等组成的多兵种护林姬家军，便不会土崩瓦解。

武七嬷也终于从繁重的家务劳动中解脱出来，像男人一样，干起了大事业。不管是干大事业，还是干小家务，除了死神，谁也剥夺不掉她神圣的劳动权利。就是落入死神的铁掌里，她仍会竭力反抗。她是一个可以在肉体上被消灭，却不可以在精神上被打倒的人。

她当然还住在姬发原先住的窑里。一切日用，都是姬发生前用过的。每时每刻每样东西，都让她看着无法不想起她的发子，都让她的心发酸、作痛。说真的，单凭这一点，她也是到这里活受罪来了。话说回来，她到这里来，原本就没想享什么福。

武七嬷对护林人的事情了如指掌，一到这里就把一切安排得井井有条。张家山林场像姬发依然在世似的，什么都没有变。秀珍大为放心，便领着林警们回了县城。

一日，七嬷拄着梭镖，走在森林里。面前地上，有一串大脚印。七嬷道："这是发子留下的脚印。他多大的脚，鞋底子是什么样子，我都知道。多半是下雨时巡林，从这里走过，就留下来了。唉，他活着的时候，一准不会想到，他的姐姐，又踏着他的脚印，在这张家山上巡林了！"

天上似乎出现了五色光环围绕着的姬发幻影，依然体形壮硕优美，神情生动可爱。姬发流着泪说："姐，想不到，兄弟这么轻易就完了。兄弟照顾不上姐了，姐要顾好自己，好好活着。"七嬷望着天上的姬发，说："放心，我的宝贝肉疙瘩儿，我会顾好我自己的。硬撑着，我也要活下去。要不，我怎么做你没做到头的事呢？"姬发哭声道："我原先活着，就没让姐消停过；如今死了，越让姐不得消停了。好大姐，我太对不住你了！"七嬷也哭声道："别说对不住姐的话！有你这么个兄弟，是姐的荣耀！"

"有姐，老爹和我虽说完了，但姬家人的护林故事还没完。有你这么个姐，也是兄弟的荣耀！"

说完，姬发的幻影便消失。七嬷四下张望着，在心里道："我想我的宝贝肉疙瘩儿，多半把脑子想出毛病了。明明发子不在了，我咋看见了他？唉！要是真看见发子还活在这林子里，该有多好！"

武七嬷检阅过祖孙两代亲人的业绩后，心海波涌，难以平静，便提梭镖登上了朝天峰极顶。脚下云上，一只鹞鹰，正在飞追一只美丽的黄鹂。武七嬷血脉偾张，一梭镖下去，鹞鹰便惨叫着斜飞上了高空。若不是她有意要留那凶禽一命，梭镖准扎个正着。天幕下，发髻松拖的武七嬷，手扶挂大钟的老榆树，望着茫茫林海，无声而言："天在，地在，林在，就不见我娘家的男人在。老姬家人，护这片林子，直到最后一人。此心可表天日！天，你睁眼看看，老姬家人人英雄，一门英雄！"

凡为普天大众的幸福不惜牺牲者，应称为人民英雄。为着一片公益林，没有全身而退，而是舍身坚守的姬长庚和他的孙儿孙女，不只是英雄，而且是人民英雄。

可惜，这并没有说出口的豪言壮语，却似乎耗尽了老太婆的气力，她软软地靠在树身上道："我生来壮实。从前风里来雨里去的，轻易不病，从不知困。唉，三灾八难，多少熬煎，硬是把我变得像个从前富贵人家弱不禁风的小姐了。"

土冻坡滑，山路难行。武七嬷拄着梭镖，摇摇晃晃走在山路上，心里不住悲叹："老了，老了，老成一架播种机了！"过落魂谷时，忽听到林中有异样的声音，她忙提起梭镖，顺声轻步摸去，只见两个汉子正要伐一棵杨树。杨树高直参天，粗一人也抱不严，足长了有四十年。汉子是胡家村人。其中一个到高阳中学给儿子送干粮时，七嬷碰到过。他儿子叫顺运。

老太婆把梭镖朝地猛一杵，冷笑道："那么大个树，两个人怕不够用，要不要我叫几个护林员来给你们帮忙？"两人吓一跳，看见是七嬷，才松了口气。顺运爹笑道："猛听一个女人说话，我还当秀珍没回县里去。七嬷，你是个慈悲人，睁一只眼闭一只眼吧！我们不多伐，只伐这一棵。"

七嬷沉着脸道："慈悲也不能乱慈悲，毁林我就不慈悲。收起斧子、锯子来，给我滚回家去！"顺运爹从鼻孔里哼了一声道："张家山几万亩林，听说值几千万块钱哩，少一棵又值什么？娘家人都死光了，你也老了，要这么多家当给谁？"

话正刺着了七嬷心里最痛处，她嘴角抖了抖，半晌才道："你给我听着，这林子不是我的家当。我武七嬷，一生不置家当，至今住的是公房，连个自己的家都没有。要置家当，我老头子是高工资，我们早在城里买上楼房小院了。我上山来，不为别的，就为护这林子！"

顺运爹并不相信她的话。校长夫妇在武家没有家是真，中山姬家的房屋已破败不堪他也是亲眼所见，但城里买没买楼房小院，他一个山里汉子，想出门也没路费，怎么知道？谁不爱钱？姬老人当林场场长几十年，往自己腰包里塞了不知多少，姬发这几年也发了不知多少，如今全落在校长夫妇手里，即便一时没在城里买楼房小院，也肯定在银行存着。说什么只为护林？没有好处，护林为着什么？好处也一定是大好处，要不就不会死了一个又来一个，姓姬的不死完不罢休。于是他做了个鬼脸，阴阳怪气道："听听，这老娘儿真会说话，说的比唱的还好听！要是不为置家当，我劝你，快入土的人了，还是天地一笼统，万事一马虎，歇着去吧！"七嬷强忍住火道："一入土，就永歇着了，犯不上急着去歇。我老爹和发子，四十来年，才叫这张家山满是林。只要我还活着，就不能眼看着张家山又变成秃山。你们还没上世，这棵树就在这里长着了。多少人想砍它，多少回险叫火把它烧掉。它能活下来，有多不容易。砍了它，有多可惜。听我话，另想法子弄钱吧，别砍树了！"

顺运爹道："这老娘儿真啰唆！不跟她磨牙了，动手！"说着便举起了斧头。七嬷扑了过去，靠在树身上吼："给我住手，要不就先砍死我！"顺运爹举着斧头道："你老爹和发子不就叫人弄死了吗？砍死你还不是就那么一回事？挖个坑埋了，深山野林的，神不知鬼不觉。"七嬷大怒，啐道："我的大伤心，你倒说得轻松，就那么一回事！把你家老爹和孩子就那么一回事了，你还会轻松吗？愿你家顺运真顺运，说这话，只是叫你想想我的心。为护这片林子，我老爹、发子，没落个好死，也叫我落个不得好活。不得好活，我还怕不得好死吗？我上张家山，就没想要活下张家山。四十多年前，大家毁林，独我娘家、婆家没人毁林。今我娘家人死光了，婆家人还有一群。弄死我，我老头子会上山来。弄死老头子，还有女儿、侄子、外孙。只要你们能把我姬、武两家人全弄死，就只管砍我吧！害人的人，要想没事人一样活着，休想！等着吧，害发子的人，就会偿命的。天理昭昭，天网恢恢！"

顺运爹收了斧子，纵声大笑，半晌道："早听人说武七嬷刚烈，今我算见识了。武七嬷，我怕你了。我想砍树是真，说砍死你不过是开个玩笑。我可不做那号没人心的事，我也怕弄死人偿命。兄弟，回吧！"两个汉子便掉头而去。七嬷道："给我站住！"顺运爹回头道："这老娘儿，真会得寸进尺！难道还要捆我们送公安局去不成？"

七嬷笑道："那是什么话？你家顺运书念得好，我老头子常夸。我知道你供孩子念书艰难，我也没法多给你，口袋里只有一百块钱，你拿去吧！"顺运爹一下子流下泪来，道："钱我不要。正是顺运要钱，我看这棵栎能卖四五百，就约了兄弟来伐。七嬷，你放心，我一准另想法子弄钱，不会砍树了。"说完便忙忙走去。七嬷追着喊："山里人穷，一时半刻弄钱也难，这点钱你先拿着！"

她越追，兄弟俩越走得快。只听"哎哟"一声，她脚下一绊，栽倒在地。兄弟俩忙回身过来，要扶她。她一把扯住顺运爹，笑道："我老是老了，还没老到走路就栽跤的地步。故意栽的，要不咋追得上你？这钱你拿着。不拿，就别想叫我放你。"顺运爹只得接了钱，哭道："有年纪的人了，万一栽出个病来可咋办？武七嬷，人人都说你是天底下顶好的人，我还不信。不打不相识，今这一遭，我才信了。你娘家为守这片林子，绝了户，要有人心，就不该再砍树。从今往后，我不砍不说，遇上谁砍，断不客气！"七嬷道："谢了，多谢。

山里人要是都像你好说话，今就轮不到我来护林。日月轮转，人都在变，但愿日后人人都如你！你们年轻，学个什么吧。单靠蛮力，日子怎么能不难？得有一技之长！"

兄弟俩点头不已。顺运爹扶着七嬷，他兄弟拿着梭镖，一直把她送到盘龙凹。

盗伐者像顺运爹这样好说话的有之，动之以情晓之以理仍无动于衷的也有之。七嬷屡被辱骂、殴打。她和姬老人、姬发一样，如履薄冰，如临深渊，随时都有生命危险。对此她毫不在意："几代人守林，跟常拿瓦罐打水一样，哪有不碎的一天？害怕有什么用？由他去吧！"

心多身劳。她白日常一顿饭吃数次，夜里不敢足眠，不是巡林，就是出窑上到高处观望各山头有无烟火。眼常红着，腿常肿着。勤谨敬业，终使姬发死后，盗伐者不敢肆虐。此冬到来春，也未发生重大火情。

为不使姬发像姬老人那样死得无声无息，同时为声援七嬷护林，姬槐尽其可能奔走呐喊。除他在省报连发了数篇文章外，省、地、县电视台他的那些朋友们，还共同制作了一个专题节目《独木不成林》。节目有半个小时长。先通过姬发生时英俊可爱的照片和死后下半身焦黑的惨状，警示世人——护林事业是何等不易和严峻。之后，长达十几分钟，是姬发出殡时隆重、庄严的场面。女主持人充满深情地说："森林完了，人类也就完了。保护森林，一个人，一部分人，是无法胜任并且只能成为悲剧的。既然我们都是地球的儿女，就让我们都来保护地球生态环境，保护森林，保护我们自己吧！"

节目在省、地、县电视台几乎同时播放，是朋友们期望造成集中效应。地、县电视台，还播了多次。高阳一些人家已有了彩电，黑白电视机则连山里人家都很普及。全镇轰动。因是身边人眼前事，即使家里没有电视机的人，也跑到别人家里去看。姬发家人概无，亲戚也只几个，却有那么多人送丧，丧事又那么隆重，还上了让高阳乡民别提有多感到神秘的电视，对他们震动莫大，无形间增强了他们的环保意识。一时毁林者，路人侧目。过去乡民对姬发，并不是太理解。他拥有那么大个林场，有人甚至视他如从前的地主老财而眼红不已。听了女主持人历数他护林的艰辛和执着，又目睹荧屏上他的惨状，人心倒向他了。连能不够正在上中学的孙子，也欲举报祖父，只是迟迟下不了这个决心而已。

高阳中学是高阳现代意识氛围最浓厚的所在。这里少年男女，群集如一片茂盛的丛林。他们生命气息强烈，激情充沛，最容易接受新的事物。作为姬发、武七嬷走出的地方，在姬槐他们为支持护林人大造声势的同时，高阳中学的教师、学生也为壮大这一声势而行动起来。学校临街的墙上，用白灰刷下了两句话："只有一个地球，环保从教育做起。"各年级每周开设有两节环保课。无有关教材，教师们便编写油印。学生们则自发组织了环保宣传队，一到星期天，就走街串村，表演有关歌舞，寓教于乐。校长深为感动。

只是姬发的死因，公安方面紧锣密鼓查了一阵，便不见再有动静。能不够松了一口气，心里稍安，以为事情就像姬老人的死一样，会马马虎虎过去。然而一天，公安局的一辆车停在了他家门口，是来拘他的。他一下子像只神情颓丧、羽毛蓬乱的斗败公鸡，在心里叹："完了，这下全完蛋了！"

公安方面并没有停止案件侦破工作，只不过是明察转为暗访。能不够的孙子终于交出了一块带血的衣片。另外，里山几位村民也出来举证说，那夜曾见能不够慌慌张张进村，衣服上到处是湿片子，月光下看不清是血还是水，反正问他话，他结结巴巴的，答非所问。

能不够那个正在高阳中学读书的孙子，深敬校长夫妇的为人，爱屋及乌，也就对姬发怀有好感。他那夜因病没有去学校，跟祖父母睡着。夜深，一记响亮的耳光惊醒了他，只听祖母责问："一身的血，做什么去了？"祖父道："山上起了火。我去打火，不小心跌沟里弄伤了。"祖母逼问："伤呢？你身上的伤呢？没有伤，只有血，你准是害了谁。我跟你过了一辈子，别想哄过我。做过的事留下的屎，叫我都擦不净。这多年，我要不搂着你的黑尻子，你早吃枪子了。"祖父哀求："小点声，看吵醒了孙子。"又用耳语的声音，向祖母嘀咕了些什么，祖母便不作声了。一会儿，祖父上炕脱衣躺下，祖母便抱着他的衣服推门而出，一股布的焦味扑了进来，分明是在焚烧。

中学生觉得事关重大，待祖母进来躺下后，故作刚醒的样子，称说"要大便"，出了屋子。祖母眼睛不好，虽然月光明朗，却有一块衣片没烧掉，上面果真有还是湿黏的血。他忙藏了起来。第二天，得知姬发被害，他便断定是祖父所为。"老革命家"祖父肚子里有无尽的自己当年英勇杀敌的故事，曾引得孙子从小就无比崇拜他，而这事太让孙子对他失望了。岂止失望？简直到了厌恶、痛恨的地步。可祖父毕竟是祖父，他没有勇气把那血衣片子交给派出所。孙子送祖父去死，他都不敢设想。再说祖父要成了杀人犯，一家人也会跟着在人前抬不起头，自己怎么见同学，怎么见校长夫妇？少年陷入了痛苦的抉择中。

失去亲人后的校长，嘴唇干燥似久不饮水，走路脚下似老有什么绊着，憔悴不堪。一遇和姬发年岁相当的小伙子，他就看得发呆。待那小伙子不见了，他又会不住喃喃道："不像我的发子。要有个像发子的孩子正在难中，又没个亲人依靠，我把他的万事都管了，权当发子活着，有多好！"

能不够的孙子每碰到校长，就忙垂下眼皮。他也是孩子，校长一看见孩子，眼中就满含疼爱。感受着那种美好的感情，他心里很不安，不敢正视那老人。

害人者太可恶。如果不让其以命偿命，被害者亲属心里必窝着一块子，特别是爱憎分明且感情极强烈的校长夫妇。少年害怕他们会被这一块子窝垮了人。既有那么个祖父，自己就得面对脸上无光这个现实。于是，内心激烈斗争了多日后，正义感终于让少年鼓足勇气，把血衣片子交给了镇派出所的胡所长。

侦破人员又掌握了许多证据，可以确凿证明，姬发系被能不够所害。两个月后，地方法院便以杀人、纵火罪，判处能不够死刑。能不够不服，上诉中院及高院，皆被驳回，维持原判。

后来虽已取消了公判大会，但当时还经常举行。为震慑毁林者，临刑前，相关方面在高阳镇政府大院对面的群众广场上举行了公判大会。十里八乡的男男女女老老少少都来了，人山人海。校长一看见能不够，就像个老娘儿一样，又哭又喊，要扑过去撕他抓他。武七嬷却很镇静。

会上，姬发被追授为烈士。会后，就在姬发墓前，对能不够执行了死刑。

墓边有几株大翠柏，是姬发死后，姬杨从张家山连根带土挖来栽上的。已是早春，风和日暖，大地解冻，沃土酥软且油晃晃的。生命像涨潮的河水一样，将又一次要从肥沃的土地里蓬勃而出了。

一株柏身上，五花大绑着能不够。他眼眉掉光了，眼睛没个遮拦，又翻着白眼，活像个凶神恶煞。他此刻其实早吓得屁滚尿流，稀屎拉了一裤裆，臭气熏人。他老婆领着那个二女子外甥，押着一辆手扶拖拉机来收尸。别的家人亲戚嫌丢脸，无一到场。

一排武警组成人墙，隔着看热闹的人。人群里，姬杨挽着秀珍，武大姑娘和芳珍架着校长。秀珍神情悲愤。校长则如正在害大病的人一样，脸色蜡黄。

看热闹的人和能不够之间，是提着手枪、被两个武警挽扶着的武七嬷。事先，她通过秀珍向有关方面提出了亲自开枪打死能不够的要求，得到同意。此刻她横眉冷对能不够，声音厚沉有力道："为护那片林子，我娘家绝后了。你这毁林子的人，还满堂儿孙。你的儿孙，天天受着那片林子给洗过的空气的营养。毁林子，你难道不是也在害你的后人吗？虎毒不食子，你还是人吗？冤冤相报，恩恩相报，下什么籽，收什么实，伤敌一千，自损八百，天不可欺！叫人家死，你能活吗？你活呀！混账王八蛋，长尾巴蛆，你是肩膀上夺两个脑袋的，活下去呀！"

老太婆穿灰色大襟褂子，黑布裤脚大撒着，霜鬓松拖在后颈上。对姬发的思念绵长，欲罢不能，加上几月来风里巡林雪里撵贼，她消瘦了。黑青的脸上，布满浓重悒郁的阴影，皱纹更为生硬深刻。生吃了害她孩子的那家伙，也不能解这老母心头之恨。

校长身子抖得没法控制，连牙齿也磕碰得"咯咯"直响。众人激愤，狂呼："打死他，打死那只吃人的狼！"能不够恨恨地扫了众人一眼说："我有千错万错，也是老革命。当年为革命，南征北战，出了力流了血。难道像处置土豪恶霸一样处置我不成？"竟然天真地还想从七嬷手里脱生，又痛哭流涕哀求，"武家七嬷，你是高阳头一个大慈悲人，天理国法人情，念我们都是白发人了，给讲个情，让饶过我一命吧！我再不敢了。"

武七嬷嘴角露出鄙夷的笑，道："你把我的孩子害了，还要我饶过你！你怎么不念我是白发人，饶过我的孩子一命呢？我一生心血，才把个亓六斤重的肉团子，养成一百来斤的大汉，你轻易就让把他埋土里去了，我怎么能饶过你？"苦从胆中生，一个字一个字咬着说，"你把我的心都剜了，我能饶过你？天也不饶你！"举起枪来。能不够望着枪口，恐惧得要命，欲逃不得，只会惊叫惨号。两个武警抓着七嬷的手，瞄准。七嬷狂吼："我叫你害人，我叫你害人！"连开三枪。能不够脑袋开花，歪在一边。那卑琐丑恶的灵魂，从此脱离了肉体。

血腥与火药味，直扑武七嬷鼻孔。

无一人言，一片肃穆。

人啊，千万不敢忘乎所以！否则就会走向狂而妄之，就会使无辜者蒙受苦难，就会也只会玩火自焚。

近处的弯弯溪，微波不兴，水光如银。武七嬷厌恶杀人，不看能不够，只看弯弯溪。一绺白发，倔犟地扎着。突然，她又朝天连鸣三枪，脸上淌着珍珠般的泪，喑哑着嗓门哭道："青天在上，黑白分明！发子，你看见了么？姐把害你的人打死咧！"想着自己的孩子正在眼前地下，悄然化泥作土，悲痛如刀在心里搅。她扔了枪，空挓着一双疙疙瘩瘩的老手，放声大哭道："发子，我的宝贝肉疙瘩，亲人哪！"

姬发之死似判了校长无期苦刑，活着只有悲哀。他痛哭流涕，瘫软倒地。大姑娘忙跪在后面，扶住父亲。校长娘儿样捶着胸脯，直要把胸脯捶碎了，哭道："可怜我的发子，人活得带劲，正是大为之时，大有之年，却被他害了。杀一百个他，也不顶一个我的发子。我要发子！世上再没有发子那么爱我的孩子了。我只要发子给我理头发。我一夜一夜睡不着觉，想发子。我要发子，活活的发子啊！"姬杨兄妹仨拉不起来校长，便与他团团相拥，飞泪大哭。

恰巧能不够的老婆就在离他们不远处。她下巴翘起，鼻尖差点就陷入没牙的嘴里，是也在哭。校长夫妇的为人让她敬不说，死去的姬发，她也没一点儿坏印象。多次路遇，姬发都非得让她坐他的车不可，还说："遇见老人，我就不好意思空开着车走。"半晌，她嘴唇弯出了两个孔，冒着唾沫说："我也没心给那老贼收尸了，叫狗吃了吧！不够人，真真该天打五雷轰！"她不敢再看伤心欲绝的校长夫妇，慌张而去。

二女子本不情愿，见姨娘都走了，便一嘟红嘴唇说："老婆、儿女都不管，叫我埋他不成？要是发子哥那么美气的人，我为他做什么都愿意。姨夫杀人犯一个，我才懒摸他哩。"也扭着腰走了。还是镇派出所的人在附近荒地掘了个坑，把众叛亲离的能不够，像拖死狗一样拖着两条腿扔在里面，实埋了。过路的人，一听说那里埋着能不够，就忍不住要啐几口。

张家山林场因在媒体上不断出现，知名度愈来愈高，其无形价值也在不断提高，私下动心者自然不少。镇政府三番五次开会，欲收回林场另行拍卖，又怕"一撞三响"，招来不好的影响，总是议而不决。突然一纸调令，陈镇长被调走了。原因不确知，但大家都说，是与他长期袒护能不够有关。镇政府还有人提议把武七嬷"礼送下山"，说什么张家山林场并非私人财产，所有权本归镇政府，不存在亲属继承问题等等。新来的侯镇长，据说是位"儒官"，文弱平易。在有关会议上，下属们又提出收回张家山林场一问题时，他点头笑道："有道理。不过姬发交的那几十万块钱，是私人财产，理应归相当于他的养父母的校长夫妇继承。可以跟校长夫妇商量，把那几十万块钱退给他们，让他们安养晚年去好了。"

校长夫妇无不一口回绝。侯镇长便摊着手向执意要收回林场的下属说："无可奈何。钱退不到校长夫妇手里，怎么收回林场？这一问题，只好搁置不议了。"

姬发那个姓张的舅父尚健在，论血缘关系他比七嬷要近，于是张家便诉至地方法院，要求继承姬发的一切权利。七嬷道："发子活着的时候，张家没一个人认他，死了倒冒出亲戚来了。他们要是亲戚，乌鸦、麻雀也会冒出来当发子的亲戚，也是亲个当当的。哼，我武七嬷也不是好欺负的！"便委派秀珍替自己去打官司。法院一审判决：凡无直系亲属者，旁系亲属中唯兄弟姐妹拥有继承权。舅父与堂姐，均对财产没有继承权。不过，姬发堂姐夫妇事实上与姬发的父母无二致。法律以事实为依据，姬发的一切权利，应由姬发堂姐夫妇继承。

校长夫妇与姬发的父母无二致，可以这么说，也可以不这么说。反正他们没有过继姬发，这是人所共知的。既然与父母无二致，为什么当初转商品粮户口的时候，人家只让转他们的女儿，而不让转姬发？

张老头想校长夫妇没有继承权还能继承，自己照样也能继承，便不肯善罢甘休，四处奔走着欲上诉。可惜到处遭白眼，受嘲讽，还没正式上诉，张老头先败下了阵。落个如此，张老头不思自己在姬发刚出世就无父母时，非但无心收养，老婆还想用姬发换王瞎子家的一只母鸡，反而满肚子的委屈，叹："真是天下衙门向南开，有理没钱别进来，他们有钱，我没钱嘛！"

人河纵流，人欲纵流。张老头及其家人，不认法律，只认钱。钱数一上万，张家人就视为巨款。张家山林场树木值数千万，张家人眼里简直是天文数字了。姬发突死，别的亲属悲痛不已，舅父家的人却个个兴奋若狂。既然打官司得不到，他们便派人向七嬷交涉，要她付给他们五十万以私了。并让人替他们威胁说，若不给他们五十万，他们就把七嬷揍得爬下张家山。

七嬷当然严词拒绝，道："有钱给穷孩子念书，也没钱给那种人。为人没做亏心事，半夜不怕鬼敲门，我怕他们了？别说揍我，就是给我摆地雷阵，我也敢往过踩！"即向公安局报案，告张家人敲诈她。公安局把张老头拘留了十几天，张家人才作罢。张老头道："那母老虎，我早领教过。算咧，我们弄不过她。俗话说，不跟有钱的人斗气，不跟有势的人斗力。她如今不光有钱，还有势。陈镇长不是连官帽也叫她弄丢了吗？我们算老几，能是她的对手？"

张家人落了一场空欢喜不说，还为打官司跑上跑下丢了许多钱，真是"偷鸡不成，反蚀了一把米"。张老头很后悔当初把姬发丢给武七嬷抚养。不然，到如今，天上岂不是白给他掉下一座金山，让他从此享受不完的荣华富贵吗？唉！

武校长当初娶姬家大姑娘时，说了句背负张家山的话，没想到，他真就背负张家山到如今，而且还要背负到死。唉，背负着一座山活人，他的活人太沉重了！姬发之死，血亲舅父不悲，而没有任何血缘关系的武校长，却心里有了一块莫大的郁结，永不得释然了。

当初他千里迢迢从外地赶回来探亲时，第一个飞迎出门的，总是漂亮可爱的小发子。童音如铃般地喊着"姐夫"，等不得他蹲下身，就猴子攀树一般，攀上了他身子。两腿夹着他的腰，两手挂在他脖子上，小脸在他脸上磨来蹭去，不知怎么爱他才好。后来他调回高阳，纯真可爱的小发子，在他眼皮底下一天一个样，很快长成了心气高傲的青年。有了凸起的喉结和软绒一般的嫩须，声音也粗壮有力了。生命的强大张力，也体现了出来。离开了他，追求两性之爱，闯自己的天地去了。有快乐幸福，也有磨难煎熬。有活人之美的感受，也有苦涩的领悟。渐以人生的丰富多彩，引起了众人的关注。到了最后，终成为一个情感强烈、情怀博大的男子汉大丈夫。那令人愉悦的外在之美虽被毁，但死有所值，是为保护森林而死，因此内在之美反更为震撼人心……

老夫子日夜思念姬发，无故叹气，借故落泪，寝食不安，一点儿也不顾超常的精力付出，会加速他生命的最后衰竭。数月之后，这富有人情味的知识分子，便卧床不起了。

亲人和学生们对他关怀备至，可他脾气是愈发古怪了，看着谁也没有姬发亲。只要姬发能笑嘻嘻地出现在他面前，他相信自己的病就会好起来的，可这绝无可能，他也就觉得自己的生命，已到了尽头。

弹指间，当年那个明眸皓齿、清俊无比的大学生，便成了老朽。但老来他的那双眼睛，仍无改晶莹清澈，满口牙齿也仍像年轻时一样白亮闪光。愈老，他愈为人正直，愈严于律己。又过了半年，武清俊病逝于县医院。临终留言：尸体火化后，不用骨灰盒，一张报纸裹回高阳，撒在姬发墓旁树下。他已无力抬起眼皮，只能眯眼看着老妻，声音微弱得刚能听见，却像个农民老汉样很粗鲁地笑道：

"死发子，硬把我给想死咧！他撇下我不管了，我偏死了要撵他去。在阴间，一见那臭小子了，我就让他给我理发。真是的，街上理发馆的女孩，谁都比他理发手艺高超，可我就爱让他给我理发。街上理发馆的女孩，不过是为挣钱，哪个给我理发带着感情？只有发子给我理发，才饱含真正的爱，总让我舒服得不行。"

"花花殇了那阵，你给发子讲了多少道理。发子殁了，你自己的道理，倒在你身上没用了。"

"医生医不了自己的病嘛！唉，要说坚强，我一直不如你。要不是你在后面撑着，我怕活不到这个岁数。"

"我虽说跟着你，认得了几个字，可看书看报生吞活剥，话也说不到点子上，一辈子都没懂过你，脾气又大，娘家拖累还多，难得你不弃我！"

"你是个至情的人，情义可超越理解，要不你怎么会干起发子的事来呢？我的路上，你从没当过绊脚石。呵！外面像是有孩子在笑？我最爱听孩子笑。"

"我也是。老爹、发子、我护林，跟你教书一样，都是为了孩子。"

"森林，是大自然最美的所在；孩子，是人世最美的花朵。我们殊途同归，都是爱护美的人。"

阳光透过窗户，洒在校长的脸上。校长笑容满面，极为灿烂。他已无力张嘴说话了，额头汗淋淋的。七嬷拿粗布帕子给他擦了擦汗，便握住他的手，默默无语。

遵遗言，武七嬷将校长的骨灰用一张报纸裹着，抱在怀里，出了火葬场。大姑娘一家三口、东海、秀珍、姬槐围着，坐公交车回到了高阳。姬杨、武家众侄子披重孝跪在街口，额头贴地悲哭不已。高阳中学教师及学生代表则戴白花黑纱站在他们旁边迎接。学生们光嫩的脸蛋上，都挂着泪珠。武七嬷一看见，就由不得放声大哭。大姑娘、秀珍哭将她搀下车。东海、姬槐逐一搀起姬杨及武家众侄子。副校长在前，打着一纸引魂幡，言为："其仁如天，其知如神。就之如日，望之如云。"七嬷抱骨灰被女孩搀着，随在副校长后面。别的人则一字排开跟着七嬷，缓步向中山而去。

路上有数百过路人，丢开自己的事，加入了送丧队伍。到了姬发墓旁，七嬷撒骨灰于树下时，悲声惊天，哀声动地。

墓地如绿色金字塔的松柏，被透明的薄雾所笼罩。几只野鸭子正在小溪波光粼粼的水面上自在而游。牧童骑牛在路，且吹着悦耳的柳笛。

岁月无情人有情！

武七嬷心中，她的丈夫没有死，永站在姬发墓旁的柏树下，注视着张家山，注视着她这老妻。

熟悉的人，对七嬷的称呼不变，但不熟悉的人，见了总称她为"姬场长"。这位女姬场长虽年迈，却宝刀不老，和前两任姬场长一样，直面来自各方面的挑战。她仍被资金短缺所困扰，要不就得大量砍树卖，要不就得贷款。砍树她不忍，只好跑贷款。所有管事和办事人员，都对她这个连遭不幸的老太婆深表同情，也觉应该贷款给她，但都爱莫能助，原因总是微不足道的，可解决起来却总是困难重重。好容易解决了这一个，又轻易冒出那一个，真如左跑马拉松，累得要死也不见尽头。老太婆想发火，想跟人大闹一场，但人人都和蔼可亲，谁也不是对头，闹也没有目标。只好不贷了，穷往下熬。

一次东海来，见老太婆连吃的菜也没有，问："就穷成这样了？"老太婆叹道："手再捏得紧，护林员的工资总得月月发呀。只有出没有进，怎能不穷？给你还说穷，别人我懒说。白说，不信！"老太婆皱脸上那深重的无奈神情，打动了东海的恻隐之心，便设法给贷了五十万元的款。

山里人的穷根不除，跟抽大烟成了瘾一样，盗伐就不会停止。这一笔钱，七嬷留十万元做日用，拿出二十万元务了几百亩经济林，又拿出二十万元买了些秦川牛。经济林得雇几十名山里汉子干活，他们也就有了一项收入。秦川牛让靠得住的山民牵回家去养，养肥后给屠宰场卖时，七嬷只收回本钱。虽如此，她个人的力量有限，山民的穷根仍难除，盗伐还得继续面对。

来张家山的人，无意间说起姬发，便惹得七嬷双眼泪不干。姬发对于来人，不过是一个抽象的名字而已，而对于七嬷，则是具体的、活生生的人。上中学时，一次他不知跟着同学去哪里撒野，一天不见人，回来就让她骂了个狗血喷头。他顶嘴说："我小伙子一个，你倒成天像老娘守着黄花闺女一样守着我，眼不见就扯着脖子叫唤！"她越来气，脱下鞋来追着要打。他笑着撒腿逃出了屋。她站在屋门口吼："要滚就滚远，永不回来。"抽身进屋。他又缩手缩脚而回，身不进门，头伸进门里偷望。她忽然从门背后闪出来，揪住他耳朵，道："这下抓住咧！我叫你顶嘴。看我不打烂你的嘴！"举起鞋来。他忙拦住说："嘴打烂了咋念书？打屁股！"她便拿鞋底打他屁股。他杀猪样叫："来人哪，救命！母老虎吃人咧。"邻宿舍老师奔了出来，不拦却煽风点火，笑道："打，把裤子褪下来打屁股！"姬发道："不准，士可杀不可辱！"那老师道："还'士'起来了！褪下裤子来打，我来褪。"姬发忙紧紧抓住裤腰皮带喊："不敢，看女同学瞧见了笑话。"七嬷早笑得鞋掉到了地上。姬发惹她生气也是可爱的，而要逗起乐子来，更让她百愁皆消。如今想起当日的快乐，越添她的伤心，眼泪只淌个没完。

往事悠悠。回忆里的姬发，净是眉开眼笑的样子。七嬷挑了张姬发露着虎牙甜美而笑的照片，让秀珍拿到县里放大了两张。一张秀珍留下了，一张她挂在窑里墙壁上，想他了就半晌不动地看。那姬发额发梳得很俏皮，微微上卷，眼光如诗，似有无限美好的憧憬。不知多少次，无人时，七嬷看着看着，忍不住就伸手哆哆嗦嗦，仔仔细细地摸起了纸上她的孩子……

一次，一个盗伐者张口闭口骂她"老寡妇"，还说："不丢开张家山，你们姬家人只会落个光棍寡妇，还不得好死！"七嬷窝了一肚子气回来，望着窑壁上的姬发相片自言："人说，三十六计，走为上策。多少回，我都想从这山上一走了之。就因你为守这林子死了，我不走。我俩是一条命，我活着，你就活着。我们不败走麦城！"

武七嬷在资金极为紧缺的情况下，还从邻乡镇买了上万亩荒山。西北的春季多干旱，只要一落能把地皮打湿的雨，她就领着护林员没黑没白抢时间深挖坑，把湿地皮铲入坑里，然后栽上树苗。实在等不来雨，她也不肯错过栽树的时节，而领着护林员，从数里外甚至十数里外的小溪，一桶一桶背水浇苗。老太婆拄着根棍子，总走在背水队伍的最前面。

七嬷和姬杨，屡被林火烧伤。1994 年冬，在一次扑灭林火时，姬杨险被烧死，命是救过来了，身上有四分之一的皮肤是移植的。从此他干活不敢脱上衣，嫌那斑斑驳驳的皮肤难看。可是脸无法遮掩，满是青疤。这当日英俊的男子，几乎丑不可睹了。

多年之后，病黄的西北大地上，小小的高阳镇，青山依旧在。

来张家山森林里游玩的城里人，时见那拄着根长棍儿、身后跟着条黑背狼狗在林里巡游的武七嬷。她耷拉着皱褶袋子一样的眼皮儿，干枯的嘴唇抿作一条缝，坚毅溢于言表。遇见抽烟者，她就会微微抬起那沉重的眼皮，和颜悦色说："好孩子，捏灭烟吧，看把林子引起火了。"

当人说起姬发时，她已不再流泪。自从把校长骨灰撒到姬发坟边后，她也没有再去过那睡着多位亲人的坟地。窑壁上那张姬发相片，也早被拿掉了。死去的亲人名字及其一切，成了她心中的禁区。痛定思痛才最痛，时间愈长，她心中之痛愈切。她已很老了，轻易就会垮掉。校长沉入其中拔不出来，很快丢了命，她不许自己像校长那样，竭尽全力要把让她痛心的亲人们——特别是姬发——忘掉。

人活百岁，也是万古一瞬间。苦于生命太短，要做的事情太多，而能做的事情太少。她虽为老妇，然姬老人、姬发之后，护绿之使命，既落在了她肩上，她就必须先保住生命，才能不辱使命。

她在固守已有绿色的同时，还步步为营，把绿色不断向周围扩展。所买的一万亩荒山被绿化后，她又买下了十余万亩荒山。雄心勃勃，要让原来的大张家山重新树木高低参差，万花放香，豹吼熊叫，鹿獐成群，给后人营造出一个有无限神秘之美的所在。看来，人只要认准目标，默默去做，所产生的力量，就会逐渐变得不可抗拒的。英雄不问出处，西北娘儿武七嬷，在林业上之有为，已经可雄视八百里秦川了。

人的可塑性真大，旧式老妇武七嬷，在故乡发动了一场生态革命的持久战，而且欲变传统的战争为现代战争。她自费送姬杨到林学院进修后还嫌不足，又送十余位在校时品学兼优却未考上大学的青年去进修，回来后委以重任，以高薪聘请为经济林分场、养殖分场、绿化分场等的分场负责人。

姬杨名为副场长，实是张家山林场的"老总"。一位美丽的姑娘，刚从林学院毕业，既不嫌姬杨年龄偏大，也不嫌他容貌丑陋，只倾慕他内心美好，与他结为秦晋，并随他常年待在张家山上。举行婚礼那天，姬杨带着新娘专程到姬发夫妇墓前，跪地说："发叔、婶娘，你们一直操心我的终身大事。这不，我终于娶上一个称心如意的女子了。你们就歇下心吧！"

宝石蓝色的天空，无一丝云。微风柔和，轻拂着新郎新娘，似姬发夫妇在天之灵，默默地为他们祝福。

国家有关法律，越来越严厉，盗伐已成为天下之大不韪，迫使从事这种不体面"职业"的人越来越少，但山火仍不断发生，主要是小孩玩时纵火。七嬷在一次扑火时，把一条腿都给烧萎缩了。从此她扶着棍子巡林时，一拐一拐的。那些对她不怀好意的人，背地变称她"老寡妇"为"瘸子老寡妇"，只盼她快些倒下去。她也常感心乱头沉，身上到处作痛，是大地接受她的时候快到了。可是她一天不死，就一天也不肯安安静静地躺着。

森林里，时听见武七嬷一声破吼，如虎啸，几令盗贼胆黄子出窍。而心爱的孩子们来探望她时，常逗得她纵声大笑，似满天都在落花。

武七嬷就是不肯歇下。有她出头露面，姬杨就不会成为众矢之的。有她在张家山，张家山就有一面耀眼的旗帜，东海、秀珍、姬槐他们就会时刻遥望着张家山，用各自不同的方式，来保护这片绿色。

东海已调到外县任副县长，秀珍也调到省林业厅任珍稀动物保护处的处长，姬槐则出任省城一家报社的副总编。这几人，心共系着张家山，情同牵着老母武七嬷，所以关系极为亲密。他们常结伴而来，或是于老母膝下承欢，或是吃着老母做的家常饭，诉衷肠，话沧桑。

姬发如一颗光华四溢的流星，在秀珍的仰慕中转瞬即逝，然而给她的美好，已不可收拾。山在人去，是知音无结好百年之缘，她却苦守愁城，让空落、痛苦啮噬着心，不肯对东海回眸垂青，只肯在友谊这条单行道上，与他走向遥远。她也与七嬷一样，与人轻易不谈姬发。在个人感情上，她正如一首流行歌所唱的那样：路逢挚友欲言又休，往事不堪回首。点一点头，挥一挥手，说一声祝福，又各奔长路。

东海明知已无望得到秀珍的情爱，却仍对她顶礼膜拜，执意过着独身生活。

一次他来看望七嬷，解开领扣洗脸时，脖子上竟挂着一个小小骨节。七嬷道："你这几年，怎么变得稀奇古怪？又不是小年轻，脖子上还要戴个玩意儿！要戴，就不信你没金子、玉石戴？好端端的，戴个骨头，白森森的，叫人看着多寒碜。"东海笑道："人活着，最敌不过的，是自己的欲念，有了这个，还想要那个。挂个骨头，天天看着，想有一天自己也成这样了，要这个、那个的还有什么意思？世上的东西，生不带来死不带走，谁的也不是。人活成了钱匣子，还有什么人味？仁者，人也！"七嬷叹道："为着叫秀珍爱你，你真是洗心革面了。只是我觉得你多少还有点儿灰心丧气。好孩子，人在这世上，哪能事事都如意呢？不求事事如意，但求无愧我心就行了。"

老太婆的身体每况愈下。多少人，面对张家山林场难以估算的有形价值和无形价值，垂涎三尺。老太婆当然的继承人，是武大姑娘。她虽然过着清贫小日子，在人们眼里却早已是女大款了，甚至是本县第一大款。有人说："过不了几年，张家山的主人又换成一个漂亮的小娘儿了。留大胡子的穿牛仔裤的，梳发髻的穿裙子的，张家山可真是群贤毕集啊！"

历来没有什么志向的大姑娘，看来人生倒要走向壮观了。一日，她来探望母亲，闲话间笑道："瞧你，咳嗽气短，一走三喘的。该立遗嘱了，小心到时来不及。"七嬷道："还用立？顺理成章，什么都是你的哇。"大姑娘拍手笑道："要想叫张家山成秃山，妈就只管传给我吧！我倒想跟妈一样，当这个英雄一场的场长。只是妈想想，我有那本事吗？当不起，不敢当。妈要传给我，先把我枪毙了再说。要不，林子在我手里完蛋，叫我咋对得起拿命来保这林子的太外爷和舅舅？"

七嬷道："这事我想多少遍了，你胆小怕事，分明不是这上头的料。你有自知之明，我也就按我的心思来了。立个遗嘱，传给杨子吧！"大姑娘道："正是这话。说什么亲不亲，舅舅也不是妈的亲兄弟，跟爸一点儿血缘关系都没有，还不是跟亲孩子一样？杨子到妈跟前，比我还孝顺，妈理应待他如亲孩子一般。我又一天也没护过林，任这林子有天大好处，我坐得了也心不安。就凭杨子那一身疤，这林子也该是他的。他敢杀敢闯，也准能保好这林子。"七嬷道："我的女儿，难得你明白。没本事不要紧，要紧的是这一生得活出个人味儿。你这么重情讲义，不愧为我武七嬷的女儿！"

第二十四章 武七嬷挂帅出征

老太婆跟姬杨说时，他并不推辞。随姬发、七嬷在这张家山多年，他知道，如果只看到绿色，而看不到钱，拥有了对张家山林场的经营管理权后，随即还会跟来什么。而别人，恰恰只看到后者，而看不到前者。武大姑娘急流勇退，除了她本清心寡欲外，还说明她也看到了前者。不过毕竟张家山的树木，是一宗巨大的资产，姬杨还是说：

"算我为你外孙代管着吧！等他大了，我还能放下心他的为人，就物归原主。"

"这可不成，没有叫他坐得的道理。轮也该先轮到他娘，他娘也不会替他要的。"

"现在说这话，为时尚早。先落到我名下吧，免你万一有个事，别人又来争纠。至于到时我交给谁，你外孙要不成器，我还不放心交给他呢。多少年，多少工夫，张家山才有了这片绿色！我跟你一个心，不论亲人旁人，这片绿色得交给爱绿色的人。"

七嬷大为放心，便正式立了遗嘱。

一个雪天的正午，树枝上的雪团晶莹松脆，地面上的雪则酥软。七嬷扶棍踩雪，高一脚低一脚地来到山褶里的花花坟前。老母狗黑子也步态踉跄，跟了她来。她默然半晌，才喃喃道："花朵儿，姑姑没眼泪哭你咧。自你爹死后，姑姑的眼泪一年比一年少，如今轻易也流不出来了。姑姑在这世上，也不得久了。老爹是祖宗，自然要归祖坟。你爹觉得活着对不住你娘，死自然要去陪她。姑姑死了就埋这里吧，好陪可怜的花花儿！"

风湿冷。七嬷鼻尖麻疼，口也不听使唤，每一个字都发音不清。黑子也如忧伤的老太婆，盯着坟堆，木木而然。突然，它仰头朝天，发出了一声凄长的哀鸣，似乎也忆起当年常跟它玩的小女主人来。

山谷"呜呜"而响的风声，像有人在大地深处，不停地吹着牛角号。几只寒鸦，"哇哇"叫着，飞向了紫色的天空。

"最美不过夕阳红"，人生一路风光的武七嬷，1999年终于被评为全国林业系统先进个人，和天下各路绿色英豪，会盟于庄严神圣的人民大会堂。

表彰会上，当念到她这无名氏在乡里的尊称"武七嬷"时，她想到了已长眠于地下的祖父、发子，百感交集，竟感到一阵眩晕和心悸。拄着拐棍，姬杨还搀着，她却瘸腿软抖，碎步踉跄，只走不到主席台前。

国家林业局的局长见这位先进个人竟是颤巍巍的白发老太婆，深为感动，忙出了主席台，上前搀住她。国务院副总理也拿着证书奖章，破例出了主席台，迎上前来，颁发给了她，并亲切地问姬杨：

"老人家的腿是怎么了？"

"叫林火烧的。两个脚指头都烧掉了。"

"你脸上的疤痕也是叫火烧的？"

"嗯。"

"你们的付出，功在当代，利在千秋。老嫂子，还有你——小伙子，我代表全国人民及我个人，向你们表示深深的感谢和敬意。"

会场掌声如雷。这是武七嬷人生里辉煌凝重的时刻，她老泪纵横了。往事如烟，流年似水，自父母与张家山森林同亡，到祖父再造张家山一片绿色，再到发子倒下她又继续苦苦守望那片绿色至今，屈指已五十年了。张家山林涛依旧，而亲人存者有几人？不堪回首！

人是失去的最珍贵，事是今是而昨非。祖父对那片绿色，功莫大焉，不幸生前却被漠视。发子虽死后受到关注，然人只活一回，正年轻却向死，只能说可悲，绝难说有幸。倒是她没做多少事，人活作老朽一个，还得了这么大的荣誉，未免太幸运了，受之有愧。要是发子能活着，这荣誉归于他，让他人活个如孔雀开屏那样绚丽斑斓多好。

这就是武七嬷，她首先是慈情绕指柔的母亲，然后才是大义凛然的护绿使者。护绿是因为孩子，也是为了孩子。所以她得到了这荣誉，而孩子没有得到，她不觉幸福，反觉心酸。

会议推举武七嬷代表先进个人发言。老太婆在主席台上按了按发髻，从容历述了姬家数代护绿的不易与执着，最后道："居安思危，当年日本鬼子打来，有歌唱道'中华民族到了最危险的时候'。我们的前人，用血肉长城，把鬼子打走了。如今可以说，又到了一个危险的时候。这一次，是生态环境恶化的危险。我们荒漠化的国土已占了一小半；要不阻止气候变暖，几十年后，上海就变成了海上；气候变暖，不是到处都变暖，是变得这个地方出奇冷，那个地方又出奇热，是反常、极端，是多大风、大旱、暴雨、暴雪，就是多天灾。海也占地方，荒漠也占地方，能活人的地方，越来越小，还多天灾，孩子们往后怎么活？我们只能用修绿色长城来阻止荒漠化，来阻止气候变暖。古有女娲补天裂，今我武七嬷没女娲的神力，也想补天裂。自我老爹护张家山的绿色到今，五十年来，多少人在我眼前来了又去了，连我最疼爱的孩子也去了。按理，我该什么都看稀淡了。可护那片绿色，福荫后人，我就是看不淡。活我有愧于姬家先人，没有给保住独苗小子，死我要无愧于张王李赵众家后人，把那片绿色护得好好的。给孩子们留下一方美天美地，我死也洒得开，死也死得美！"

会场又是经久不息的掌声。

林业人终于成了时代宠儿。社会对林业的高度重视，有关法律的较为健全，林业人已等好久了。

姬老人、姬发已经成为过去，七嬷也行将成为过去。他们在绿色保护事业上，不过唱的是过场戏，正场戏还有待于后继者来好好演唱。

第二十五章　魂归张家山

真是"福兮祸所伏"，七嬷荣获全国先进不久，2000 年春的一天，突然被公安局来人拘走了，原因是私藏枪支。几年前，她曾因同一原因，被拘走过一次。

姬发留下了三支土枪、一支双筒猎枪。七嬷年轻时，跟着祖父到森林里找父母，学会了使枪弄刀，其实她平生最见不得使用凶器。然而那年收缴枪支，七嬷却顶着风头，让秀珍给有关人员说情，又给镇派出所交了三千元，留下了那支双筒猎枪。原来她想万一遇险，自己没什么，让人家杨子搭上性命可怎么得了？有一支枪，紧要关头，她自己就可以像姬发媳妇当年那样，泼开来镇一镇局面。

随着经济的飞速发展，国家对环境保护也越来越重视了。七嬷因之也成了地方名人，十天半月，报纸上就会有名，电视上就会露脸。于是张家山林场场部之热闹，胜过了镇政府大院，有关无关各级领导，小车一溜，前呼后拥，纷纷前来探望视察。有真关心的，有走过场的。七嬷迎来送往，陪着游山玩水，还要设盛宴招待，不胜其烦，不胜其累，不胜其苦。某些走过场的领导，来了不盛宴招待，似乎就慢待了他，就会生些麻烦。七嬷一直缺钱，一次两次设盛宴倒没什么，次数多了就有些吃不消，又不得不打肿脸充胖子，然而她毕竟不是八面玲珑的人，有时便花了钱还弄巧成拙，不意里得罪了人，只好吃不了兜着走。真是"人怕出名猪怕壮"！

没有持枪证，七嬷却以为向派出所交了钱，持枪便名正言顺了。于是她或姬杨巡林时，常常背着枪。人假枪威，盗木贼一见就逃之夭夭，少了些对他们的人身攻击。一次姬槐来，便给七嬷拍了张挎枪巡林的照片。她也没在意，随手放在桌上的玻璃下面。来人自然都瞧见了，大多不在意。然而日久，不知招待不周得罪了谁，给公安局一个电话，突然来了两个干警，把老太婆和枪二话不说就带走了。

姬杨他们自然慌了，四处托人求情。最后还是秀珍通过公安局的陈副局长把七嬷放了回来。走时姬杨给七嬷带了个皮包，里面装着吃食衣物和四千元，回来一检点，钱不翼而飞。秀珍要找陈副局长说钱的事，七嬷笑道："好闺女，我老太婆活人，还挥洒得开，钱就算了。阎王好见，小鬼难缠，钱你要了回来，得罪下那几个小鬼，日后又没事找事，不定丢的钱越多。人是根本，性命丢不得。我跟你哥住在这前不巴村后不着店的山野，那枪你能要回来还是要回来吧！"

秀珍去跟陈副局长一说，陈副局长又请示了张局长。张局长召集所有局级领导商议了一番，决定把枪发还给老太婆："护林得罪的人多，前两位场长都死于不测，别让老太婆也走那条路。老太婆人正，也不会拿枪胡来的。"

于是交了一万元，那支双筒猎枪又回到了七嬷手里。从此七嬷对外声称枪被收了，更不敢背着招摇。玻璃下的背枪照片，也取了。

她成了全国林业先进个人后，愈发受到地方关注。一日，一辆公安局的小车，又鸣叫着来到盘龙凹，从车上跳下了刑警队的高副队长和两位刑警。七嬷一手拄着顶端磨光的枣木拐棍，一手捏着包有劈柴的围裙，正往厨房走，回过头来打量着这几位不速之客。人来人往得多了，她已满脸麻木。高队长带笑说："电视上见过你了，大名鼎鼎的武七嬷。没想到，你还亲自干家务。难道你没钱雇个厨子？"七嬷听着这话不合脾胃，淡淡道："自己能做的事就自己做，我不爱让人侍候，也没那个闲钱雇人侍候。屋里坐！我给灶里添些柴，就来！"

高队长领人进了窑里，见里面干净阔朗简陋，便坐在姬发当初所买的旧沙发上道："别的农民一成大款就大摆阔，这老太婆越有钱越抠。唉，人老了爱钱唠叨没瞌睡，这老太婆是要把钱带进棺材里去哩。"恰好七嬷进来听见了，笑道："我这老太婆抠的不光是钱，死连棺材都不带，省砍几棵树。我这老太婆阔的也不是钱，阔的是有树满山。"

高队长只会干笑。七嬷取了一盒烟放在他们面前茶几上，又给每人沏了一杯茶，便戴上老花镜，从炕头取过姬杨的一件破衬衫，坐在杌子上飞针补起来，一面和来者拉着闲话。无非是探来者为何而来。若纯粹是来游山玩水则罢，若别有用意，少不了要带他们到镇上请一顿，然后再说话。饭桌上好说话。

　　来者嫌她的烟不好，掏出自己的烟抽着，也没动茶，自然是嫌她的茶粗。七嬷便闭嘴不言，只顾做针线。看来他们胃口大，请一顿饭并不能解决问题。而请一顿饭至少得花四五百元，对她可不是小数字，能雇一个工挖一个月育林带或买二百棵树苗。既如此，不管来者有何用意，她都不想破费，听之任之了。

　　半晌，高队长问："你那支枪呢？"七嬷老弱而不失聪敏，一下子就知来者不善，头也不抬道："早叫公安局没收了。"高队长道："不用骗我，我就是公安局的。"七嬷道："现如今穿警服骗人的多，我还怕你们是骗子哩。"高队长便掏出证件来让她瞧。七嬷明明认得上面的字，却道："字让我看着，就像蚂蚁爬满纸一般，一塌糊涂。你等等！"便从黑大襟褂下摸出了翻盖手机。高队长看着她熟练打手机的样子，笑了，道："这还像个女大款！就是姓名不像，什么武七嬷，得改一改。"七嬷打完电话，关机笑道："行不更名，坐不改姓，我干吗要改呢？改了又有什么好呢？"

　　一会儿姬杨赶回，知道七嬷是故意叫回他，便似乎很认真地看了看证件，又念给七嬷听。七嬷叹道："要确是公安局的人，我也就不骗了。枪还在我手里，是你们陈副局长同意给我的。"高队长道："拿出来看看！"七嬷只得让姬杨拿了出来。高队长接过枪，看也不看就交给了一位刑警，脸色一沉说："过去有一个双枪老太婆，现在又有一个双筒枪老太婆。枪这一回真没收了，你也跟我们走吧！私藏枪支，想你知道该是什么罪。念你名气大，又年纪大，就不给你上铐了。"

　　七嬷把补了半截的衬衫放在杌子上，扶棍颤巍巍而起，似坐顺车进城去看女儿一般，一点儿也不紧张。这使高队长很失望。她不紧张，带去安安宁宁坐几年监狱，就没多大意思了。不想姬杨倒紧张了起来，道："大姑刚才不是说了吗？枪是你们局长同意给的。"高队长这才有些欣然，冷笑道："局长的事再说，他是知法犯法。"

　　七嬷道："孩子，多说也无用，不拉瓜带蔓别人。有枪是犯法的事，认真起来非坐牢不可。你千万把林子管好！这些天没滴雨，林子干，多留神，小心火。饭熟了。吃过饭，别忘撤掉锅底的火。姑姑走了。"姬杨哭道："姑姑，你去了一样吃饭、睡觉，权当什么也没发生，保重好身体。我会想办法救你的。"七嬷强笑道："我也想回来守着林子。要难，就别为难了。千万别花钱！我该尽的力已尽了，是个没用的人，听天由命吧！"

就因为七嬷向姬杨说了句"千万别花钱"，到了公安局，高队长没收了她的手机，用嘲讽的口气说了句人不常说的话："少安毋躁!"便把她关进了一个小黑屋子，再也不闻不问，让她先尝尝听天由命是什么滋味儿。

小黑屋里，还关着一个拐卖儿童的中年妇女、两个卖淫的女孩。七嬷的血直往太阳穴涌，没想到自己竟落到与丧天良及厚颜无耻者为一伍。要是年轻，她准会一头撞向屋墙的。到底老了，她都对自己会平静地接受这一切感到诧异。

午饭给那三人每人两个馒头、一份菜、一碗稀饭，却给七嬷什么也没有。七嬷虽然没来得及吃早饭，却没胃口，只盘腿坐在墙角落里发呆。

同屋的那几个起初对她冷冷的，后来从看守口里知道她是大款，一下子亲热起来，又递水，又送她们的小零食，劝道："吃吧喝吧! 反正你有钱，有罪也会买个没罪的。"七嬷恍然大悟，叹道："我就说吗，把我关到这里，什么也不问，原来是等钱。神仙太多，供了一路又来一路。谁知道是哪一路管什么的? 我供不过来!"只喝了些水，仍吃不下去东西。

无数的图景人物，在武七嬷脑海里闪现着。一个扎羊角辫的小姑娘，正在放羊。山羊在悬崖绝壁上跳来奔去，小姑娘跟在山羊后面，也如走平路。脚下的石头摇摇欲坠，就在要坠下时，她的脚跃到了另一块松动的石头上。手里抓的野草快要断了，就在断的同时，她的手抓住了另一把野草。脚下石滚土飞，草叶草茎纷纷扬扬，人却有惊无险。这小姑娘，就是六十年前的武七嬷。

长成大姑娘后，她体态丰满，美貌惊人，行止风流，引得多少小伙子回眸。那时候，她就当着姬家的家。纺线织布，做饭下田，心灵手巧，吃苦能干，里里外外一把手。一个农家女子，能够和高阳当时唯一的清华大学生匹配成双，容貌在其次，更主要的是她的为人：不畏艰险，勇作敢当，淳朴善良。

洞房花烛夜，她简直不敢相信，眼前那个穿一水蓝学生装、个子细高、脸蛋白净、俊目修眉、文雅风流的少年，是属于她的。他似从天上来，来只为她这个农家女子。他是那么的温存和善解人意，让她的美好年华里，平添了无尽的美好。

他身为书生而不呆，文而不弱，妙趣横生，生命里自有一种特别的力量。那么冰清玉洁，又那么铮铮傲骨。时至今日，年迈难以激动的她，想起当日来，也不由要激动，心里说不出的甜蜜温暖。

最美好的年华里，两人却如牛郎织女一样，远分两地，聚日恨少。当时在外面干事的男子，甩掉家里土婆娘的不乏其例。村人都说："武清俊丢开姬家女子，是迟早的事，太不配了。"可他始终对她无有二心，她当然对他也忠贞不贰。

武清俊的同学"众鸟高飞尽"，他却"孤云独去闲"，回到了这国之一隅高阳，与荆妻在严峻的生活舞台上，恣意恩爱相舞。

坎坷堆满了脸，风霜染白了头，恩爱由热烈渐变为深沉，两人更心心相印了。当她提出要上张家山时，他舍不得她离开，却毫不含糊地支持她。她也舍不得丢下他，但护那片绿色，已成了姬家人的使命。姬家就剩下她了，她不去谁去？

老头子很快去世，她觉得也与她丢下他有关。为此，她一想起老头子，就有一种深深的负疚感。

在老头子的支持下，她上了张家山，并因这一举而又上了北京，进了人民大会堂。

她幼年有父母不得见，头发白了又失去含辛茹苦养育成人的孩子姬发，一生什么苦都吃过，什么罪都受过，什么难都遭过，不幸太多，然而幸运也不少。一个成天刨土的农家女子，丈夫却是清华大学生，活人少了许多庸俗琐碎无聊，高阳女子谁可比她？一个不被人放在眼里的家庭主妇，却人生路越走越阔，竟受到了中央领导敬重，高阳妇女谁可比她？如今，多少事已随风而逝，多少人已荡然无存，她也将由有而无了。没有不散的宴席，她对死看得很开。老了就当死。不然这世界上尽是老人，孩子们还有什么立脚展身之地？世界应是孩子们的，那样世界才永远生机勃勃。堂堂正正而活的她，只不过也希望堂堂正正而死，落一个好下场罢了。

她之所以在别人心目中显得重要，就是因为她勇于对社会、家庭、自己负责。希望落一个好下场，正是她对自己的整个人生负责。然而，落到这地方，她还能算是落了一个好下场吗？死了怎么面对一辈子都把脊梁挺得笔直的老头子呢？

呆坐在小黑屋角落里的武七嬷，平静仅为外表，内心并非枯井无波，而是波涌浪翻。

两个刑警不容七嬷向姬杨多说，就推推搡搡把她押上了车。要不是真犯了法，要不是阻碍执法也是犯法，姬杨非扑上去揍那两个小子一顿不可。谁能眼看着别人对自己的母亲如此不恭敬呢？他气得拳头紧捏，大喘了好一会儿气，才眼里噙着泪花，用手机呼秀珍。不知为什么，秀珍关着机。他又呼姬槐，仍无回应，只得呼东海。

现代通信工具真使天涯若比邻，正在外省出差的东海一呼就应，道："你直接去公安局见张局长。我现在就动身，赶后天能回来。师母太倒霉了。你先给师母送些饭去，别把她老人家饿着了。多说些宽心话！"

姬发留下的那辆"仪征"车，年久机器老化，漏油漏水，很难侍候，已经真正成"老爷车"了。姬杨半天才发动起来，开着赶往县城。路上几次熄火，折腾得他一身的汗。

公安局张局长虽来过张家山，但姬杨只跟他说了几句话，有些怯，便先来到县林业派出所。秀珍调往西安后，车副所长继其任，关心张家山一如秀珍。张家山老太婆持有枪支的事，林业方面和公安方面一直知而不言，心照不宣。如今闹了出来，事情就有些严重了。车所长不敢贸然行事，报告了林业局的何局长。何局长即召几位副局长商议，议定先由车所长出面交涉，若不成，他们再出面。车所长向姬杨道："张局长我也不熟。要是他派人找的茬儿，直接见他不正碰到茬儿上了吗？上次把枪还给老太婆，交了一万元，是我跟你姐具体办的。手续还在我手里，公安局几个局长都在上面签了字。让我找找。白纸黑字的，难道他们自己找自己的茬儿不成？"

派出所几个林警便帮着车所长找。不想翻箱倒柜，一直找到下午，也没找到。姬杨道："多半丢了。算，算！张局长我印象还不错，硬着头皮去见一见吧！"车所长道："要不先见陈副局长，枪上次发还，主要是陈局长的意思。一见张局长，让封了顶，官大一级压死人，陈局长就不好再说了。"

姬杨叹了口气说："我真不知如何是好。你既觉这么好，就这么办吧！"车所长即脱了便服，换上警装。林业派出所的车也是烂罐子，司机半天发不着，车所长只得坐姬杨的车到了公安局。那位陈副局长道："你先去见高队长，让他给我打个电话。"车所长又到刑警队，高副队长冷笑道："搬领导说情来了！我给他打电话？这事又不是与他无关，还是让他给我打电话吧！"车所长只得再去见陈局长。陈局长道："刑警那一块，不归我管。他既然说这话，我就是给他打个电话，也会被碰回来。看来，这事你非得见张局长不可。他出去了，明天回来。"

车所长蔫头耷脑到外面，告诉姬杨："跑来跑去的，还是白跑。"姬杨跺脚道："千不该，万不该，不该当初把枪又要回来！那位高队长要跟张局长也牛起来，只怕老人家真就得坐牢了。她一身病，这几年全凭精神撑着，一坐牢，精神就垮了，人也就完了。"车所长道："正是这话，得做好老人家坐牢的准备。从现在起，就得鼓起她的精神来。你最得她的心，我跟高队长说说，让你见见她，宽慰宽慰。"又去见那姓高的，不想被拒绝了。车所长只得请求自己见一见，说了多少好话，才被允准。他和姬杨都没有吃午饭，却不知道饿，反怕七嬷饿着了，到外面买了半斤水饺，用塑料袋提着，另外买了两瓶饮料。一位干警把七嬷引到接待室。车所长看着她那细碎蹒跚的步态、憔悴的神情，由不得眼泪唰地下来了，强笑道："事有事在，人要紧，婶子多保重！"说着递上水饺和饮料。七嬷也流下泪来，道："孩子，我到了这步田地，看着你只觉亲。谢你多年关照张家山林场了。我死后，烦你多关照我的侄儿杨子。唉，谁知今生染上了张家山林场，到死也叫我心里像装有千斤重个东西一般！"车所长忙道："说不上那么远的话，婶子什么事没经过？这能算多大的事儿，就挺不过去了？婶子最会活人，准能活到九十。到那时，我也退休了，到山上给婶子当护林员，可不许不要我！"七嬷叹道："说是活着没有任何理由，可我老大年纪，死了孩子，没了老伴，活着还是得给自己有个理由才行。不能护林，不做美事，我活着太难了，跟死人一个样。那样，阎王爷就是不找我，我也会找阎王爷的。唉，只要能护林，只要能做美事，我活一百岁，也乐活！"

晚上，打听到张局长回来了，车所长忙整好风纪，与姬杨赶往其家。敲了半天门，门才开了一条缝儿。局长夫人从门缝里不耐烦地道："老张还没回来。有事明天办公室里说吧！"不问三七二十一，就"砰"地关上了门。两人悻悻往回走着。姬杨道："听她那话，分明张局长在家。既在家，又不见，准是张局长在找茬儿。"车所长笑道："搞公安的，得罪的人多，晚上一般不见生人，怕遭报复。"姬杨也苦笑道："原来咱们彼此彼此！"

夜里，姬杨他们心乱如麻，都忘了给七嬷送被子。七嬷只得跟一女孩挤在个被窝里。怕人家孩子盖不严着了凉，她只盖了半个身子，转身也不敢打。一冷，那条瘸腿便疼得钻心。她又怕呻吟惊了旁人的好梦，咬定牙根，不声不响，一夜不曾睡着。

第二日一上班，姬杨就和车所长赶到了张局长办公室。昨晚，两人商议了一夜到时车所长跟张局长要说的话。姬杨甚至用笔写了出来，让他背了几十遍。刚才到公安局门口，他还温习了一遍。七嬷的命运，全系在这简短的一席话上。一见张局长，车所长竟紧张得忘了个精光，木头人样站得直直的，张着口，不吭声。张局长在办公桌后的椅子上挪了挪身子，威严地搔着头问："什么事？"

姬杨只得上前一步道："我是张家山林场的副场长。"张局长打量了打量他，点头笑道："记得。脸上那么多疤，搞公安的，见过怎么会忘？我们的张家山老母好吗？"姬杨道："不好，正在这里蹲黑屋子哩。"张局长脸上依然挂着笑道："刚从人民大会堂出来，就钻黑屋子去了，倒也大起大落，极富戏剧性。不是在开玩笑吧？"

刑警队只有拘留人二十四小时的权利，正巧高队长办了延长拘留七嬷的手续，来张局长办公室请签字。姬杨道："这可三对面了。问问他吧！"高队长忙递上纸条，一五一十说了原因。张局长撕碎纸条掷地，拍案而起道："枪的问题早已解决，几年前曾折腾过一次，现在又折腾起来了。老太婆私下的难处无人知，咱们都折腾个没完，全县那么多部门，老太婆私下不知怎样疲于招架呢？她活不得安宁，难道还非要让她死也不得安宁吗？张家山林场保护之好，渭北少有。为保护这个林场，姬家树敌不少，门里人都死光了，剩下一个出门半世的老女子在撑着。和平年代，满门死的事情轻易见得到吗？老太婆遭受的打击还少吗？她现在除了大脑还好，身体跟垮了有什么区别？经得起这个那个的折腾吗？折腾她，还有良心吗？"

姬杨感动得哭了。张局长也动了情，脸上挂着泪，停了半刻，又道："林业，最说明问题的是时间。没有持之以恒的精神，就别说在搞什么林业。我们还没出世的时候，老太婆的祖父就在惨淡经营那片林子了。两代三人五十年，说起来容易，做起来容易吗？如今老太婆的女儿都拒绝继承那个林场，她到底是为了谁在拼老命呢？为了我，还为了你，高队长。我，包括你高队长，有枪还怕人报复，她也是人，难道就不怕吗？难道她的亲人就不是遭报复死的吗？当然，说到底，私人持有枪支的确是违法的，但我当初在白纸上落下了我的名字，就没让我逃开，要追究责任，应该先追究我呀！给这种人开绿灯，我心里坦坦荡荡。有问题我顶着，立刻放老太婆回张家山！到该她坐牢的时候，再拘不迟。她逃不了，她也不是有罪就逃的那种人！"说完气呼呼地出了办公室。几个人忙跟在后面。

到了那小黑屋前，看守打开门，七嬷仍盘腿坐在屋角。张局长笑道："环保老战士扬胳膊伸脚到这地方来了。这可不是个地方，展不开手脚！"七嬷年纪虽大，记性却蛮好。张局长只去过山里两次，也没待多会儿，她却记得很准，且目光锐利，从他的神情一眼就看出自己没事了，笑道："王子犯法，与民同罪，我算什么！"张局长道："想您年轻的时候的确不算什么，村里开会没有发言权，准侧着身子站在边儿上。如今可大不一样了，虽还穿着老黑布大襟褂子，盘纽上还别着白粗布帕子，却站在人民大会堂的主席台上发言哩。不说远的，就是本县，你好歹也算一路诸侯。"

一个女孩给七嬷递过了拐棍。她颤颤地扶棍往起挣时，张局长早几步跨了进去，挽起她道："我不知道情况，让大婶受委屈了。反正已云散日出，别在意。不过枪暂先不给您。我跟省公安厅说一说，要能办到持枪证，就还给您，要办不到，就算了。省得又有事！"七嬷眼角湿了，道："不委屈。唉，关照我的人这么多，比发子当日强多了！"高队长也只得上前道歉。七嬷笑道："钢刀不杀无罪人，说到底，也不是你的错，错在我身上。"又问张局长，"我没请你吃过一顿饭，你关照我又为个啥？"张局长哈哈大笑，道："问我，我还想问你哩。你那么死心保张家山的林子，又为个啥呀？"

姬杨在街上饭馆要了一桌酒菜，为七嬷压惊，兼谢林业派出所诸位。昨下午车所长送七嬷的饺子，她只吃了一个，剩的送了同屋的人，这阵仍没胃口，只劝车所长他们好好吃，道："多年来，光请客吃饭，我少说也花七八万，胃都叫酒喝坏了。顶什么用呢？人家只不过给我少生些事，嘴一抹就两清。倒是你们，为我操心没个完，到今我才头一回请你们。这个饭，我也是头一回请得乐。放开吃，孩子们！谁客气，小心我不乐，拿拐棍敲脑袋！"

之后，七嬷便坐着"仪征"车去看女儿。大姑娘又惊又喜，一再嗔怪姬杨不跟她说一声。姬杨笑道："姐姐又没靠山，说了还不是白让姐姐担惊受怕。"

大姑娘从校长的遗物里，得到了七嬷年轻时的一张照片。是初婚时，校长借朋友的照相机给照的。校长的那一架子书，大姑娘二话不说就送了姬杨，但这张照片连看也没让姬杨看过，怕他硬要。这阵却拿出来送了他，说："要是旁人，我绝舍不得给。兄弟真待妈比姐姐好！"

照片上的七嬷丰腴而美丽，身穿红条绒斜襟衫子，藏青色布裤，腰系水蓝色印花围裙，两手插在围裙下面，面带微笑；嘴角透着柔而不媚，额头透着刚毅果决；眼里则透着心细心重，心性高强且聪明不过。一看就是个犟得可爱，有血性，说话掷地有声，肩可挑大梁，一条路走到黑的女人，一个标准的西北娘儿。

七嬷笑问："还不丑吧？我是苦命不苦相。"姬杨叹道："姑夫当年是高阳的大才子，才子配的是佳人，我就想着姑姑年轻时一定是这个样子，果然国色天香。别说做校长的老婆，就是做皇后也一样顶呱呱！"

黄昏，"仪征"车上了张家山，清香沁人心脾。生生死死、起起落落荣辱五十年，都只为有这清香散发人间，七嬷不由鼻头发酸。

姬杨妻自然一直心神不宁，见七嬷好好回来了，才放下心来。护林员们听说，都赶来盘龙凹慰问。七嬷道："我没什么。两天一夜不在山上，就怕起火。有劳你们了!"

夜来,姬杨坐在七嬷炕头,和她拉了半宿话。七嬷道:"有人举报也罢,公安局领导内争借咱们整对手也罢,反正咱们有枪算犯法。枪依我的意思,不要了。有林场的人,也鱼龙混杂。不是许多不三不四的人,也想买这林场吗?要都有枪,那些不三不四的人,更胆大妄为了。这一次,算是情大于法,不敢指望有下一次。唉,别人搞垮我们难,我们要自己犯法,轻易就垮了,打铁还需自身硬。好孩子,死也要死做个端端正正、干干净净的人!"

姬杨深深点头,却吞吞吐吐半晌,承认自己已做出了一桩后悔莫及的事情。原来这几年国家对林业的优惠政策空前之多,扶持力度空前之大。奇怪的是,实惠并未落到本县最大的林场——张家山林场,却落到了那些买几百亩样子林,实际在搞企业商业的人手里。个中奥妙,姬杨当然知道。七嬷把财务全权交给了姬杨,钱的问题总使他焦头烂额。几个月前,他一时心迷,便用那种法子得到了一笔无偿资金,计三万元。然而除了各种过关费,实落到手的还不足五千。七嬷对姬杨很放心,并不知道,此刻听姬杨说出,一下子青了脸。老太婆也知道,那些挂羊头卖狗肉,会打点人的林场场长,虽然这种事是秃子头上的虱子——明摆着,但因有复杂的关系网而无人追究;她这个林场场长,则不打点就得罪了那种人,就没有那种关系网,稍有不慎就会被挑出刺儿来,来不得半点马虎,必须万无一失。因此她火冒三丈,本要大发雷霆,又想人家杨子多年来随发子还跟她并不容易,也算两朝元老了,且做出这种事来不能说与自己没本事弄到资金和没有提早给他打预防针无关,便强忍了,叹了一口气说:"没有因由咱们都事不断,有了这个因由,不知道什么时候咱们又要有事了!你答应我,有了事,我来顶着。你不能离开,得守着这张家山!"姬杨见她的神情,慈祥中带着极度的威严,难以拒绝,只得低头答应。

夜深沉。七嬷上厕所时,突觉一阵眩晕,险些栽倒。扶墙半晌,才觉好些。望天空,河汉灿烂。牛郎担着一双小儿女,永久不变地在隔河望着他的织女。他们永远不老,她却无法使自己不老,并且早已站在一个随时会死的人的角度想事做事了,不由心生悲凉。

那年她扑火被烧成重伤后,即希望自己要不得康复,就快些死,不能瘫在炕上,拖累别人。坚强的意志起了作用,她很快站了起来,没有成拖累,还照料旁人,且巡山护林如故。

虽有"老而不死,是为贼也"之说,但也有"老骥伏枥,志在千里"之说,她现在精神上依然坚强,舍不得死,还想挺些年头。孩子们一个比一个可爱。

无论远在天边的还是近在眼前的，听到谁的好消息，知道谁的高兴事，她就乐得不行，谁有难肠事，她就歇心不下。能为孩子们操心是她莫大的幸福，一死就操心不上了。然而风烛残年，说死突然就会死，舍不得死也得死。近来她不是常常感到眩晕吗？她无奈于死，但盼望要死最好突然死，别拖着："孩子们都忙。我给他们帮不上忙也罢，千万别添忙。"

回到窑里，七嬷靠被歪在炕上，用心良苦，却似乎很随意地向姬杨交托了后事："当日下葬，就葬在花花坟边。我是武家老娘亲，应葬入武家祖坟，既葬在张家山，就脚朝后山吧！除了女儿，武家我的侄子们，自然是要给说的。东海、秀珍他们在外的，心里有我就行了，犯不上让他们跑老远的路回来。亲戚概不惊扰。学校、镇上、县上的领导，也一个不告诉。发子兴师动众的，另有用意，我不可那样。死了，一死就了。不许一人穿白戴孝，不要花圈，不用棺木，不准立碑。活没做好事，死了立个碑，人也不放在眼里；活做了好事，死了不立碑，人也自会有口碑。有立碑花的钱用的工夫，不如栽几棵树为好。"交托了后事，又郑重道，"我死后，张家山就看你的了。"姬杨点了点头，心里一阵发酸。喉咙堵得慌，忙给她又捶又揉起了腿。地位不能说明人的贵贱，人品才让人有高下之分。他只觉眼前这位老妇人，高贵非凡。

武七嬷的确超凡脱俗。周围小农的自私狭隘意识，从没有在思想上淹没过她。经了血与火、荣与辱的洗礼，她做人更纯正，在人生中浓墨重彩而入，如今又要轻描淡写而出了。

催姬杨睡去后，七嬷仍心中乱云翻飞，无法平静，自然到天亮也没睡着。姬杨妻做好早饭，也没有吃，只喝了几口水，道："坐了两天狱，硬是吃不下去饭了。人，要活就得动。我还是到林里去转转吧！"

姬杨忙拿过拐棍，七嬷拄着，顺路慢慢走去，脚底虚软。此刻的张家山，她像初见一般，一切都感到新鲜、好奇、神秘、有趣。满是皱纹的脸上，浮着孩子一般天真、温柔的微笑。昨夜她还想到突然会死，此刻心情一好，她又相信死期尚远了。她一生，再而三，倒下去眼看快死了，不是还活得好好的吗？

清水丽天明日。雪白如莲花的云边，染着红艳艳的朝霞。山坡上的百花，烂漫如女儿的笑脸。这里、那里的绿草上，都落有蝴蝶，像草上开着五色蝴蝶花。在这欣欣向荣的春天，张家山风光极尽其美。武七嬷内心，激情竟如年轻人一样沸腾、激荡起来。

一对华丽的鸟儿，在树枝上相向且歌且舞。七嬷扶棍站在路边，不觉听痴看痴了。突然，一辆出租车在她身旁停了下来，从车里跳下了秀珍、东海、姬槐。原来是东海赶到西安，顺便叫上他俩，回来看七嬷的事怎么处理的。秀珍流泪而唤："姑姑！"

使母亲幸福所需并不多，不过是孩子们的爱。武七嬷打心眼里欢喜，饱经忧患的双眼浊泪满盈，脸如皱菊，以老母特有的慈爱亲昵声音道："没事了。你们怪忙的，倒把你们惊了回来。唉，我的孩子们、宝贝儿，你们个个都是我的心头一块肉。这几天一遇事，我就想你们！"

突然有些眩晕，林梢和山头，都在她眼里颤抖、旋转起来。她忙扶棍低头闭眼静立。好在很快就过去了。别的人都没有注意到，只有秀珍问："是车把土扇眼里去了吗？我看看。"七嬷道："眨一眨，就没事了。好了，好了！"

秀珍他们只想到老人虽被释放了，却受了惊，理应上山来安慰安慰，哪里想得到，老人这阵最需要的，是安静。七嬷则不是不知道激动会使自己身体有些吃不消，可是她的心已刻在了孩子身上，死在了孩子身上，一见孩子就控制不住激动、兴奋。特别是身体向她敲起了警钟后，她总觉和孩子们的每一次相见，或者就是永诀，更控制不住自己。到了盘龙凹，她亲自下厨做饭做菜，招待久别的孩子们。

孩子们围着白发老母，也只觉亲切无比，说不完的琐碎话。老母牢骚满腹，他们也听着怪有味的。直到下半夜，大家才睡下。秀珍、姬杨妻睡在七嬷窑里。姬杨妻倒很快睡着了，秀珍却怎么也睡不着。七嬷便高枕而卧，与她一直拉话到天亮。

吃过早饭，送走秀珍他们，七嬷已累极了。正要歪在炕上歇一歇，只见姬杨慌慌张张进来，道："远远的，我看见路上开来了一辆警车。这阵我一看见警车就心慌。"七嬷挣起身啐道："谁要你做那种事来着！"

说话间，就听见有车停在土场上。姬杨道："要是我的事发了，就让我去吧！"七嬷一面下炕，一面白了他一眼道："看把你会逞能的，还好汉做事好汉当哩。呸！你去，我就没事了？我是法人代表，你犯法，最后还得我代表。这山我已心有余力不足了，迟早一天，得眼睁睁丢下。没有你，不乱黄子了？记着，凡事豁出我这个没用的人，你好好给我守着山，什么话也不许说！"

两个干警进了窑。一个道："武七嬷，又来请你了。"七嬷笑道："坐！杨子，沏茶！又有什么事？"干警也笑道："不喝了，这就走吧！事到公安局再说，你老人家先不要紧张。"姬杨流着泪，张口要说什么。七嬷喝道："呸！轻易弹泪，无病呻吟，你还像个男人吗？我把山交给了你，你就得给我镇住这山。是男人，你就是青天一柱，要挺端撑硬，天塌下来也要立地顶天！"

说完，她先拄棍出门，众人跟出。到土场时，一干警看着柴垛道："你们护林的，真不该带头砍树烧柴。"七嬷以为原因在此，不由暗喜，道："我们的确没有砍树，林里满是枯枝。不叫山里人捡柴，是他们连小树也砍，有时柴车下还埋着大木头。"那干警似乎懂她的心思，忙道："你的事，与砍树无关。"七嬷脸上又阴云密布了。

临上车时，她突然回身，重重地跪在地上，声音也极为沉重地道："护张家山这片绿色，我姓姬的已历两代三人。无论多难，我也没让这片绿色毁在我手里。杨子，你也姓姬，绝不能让这片绿色毁在你手里！"姬杨没有想到她会给自己下跪，简直吓呆了，一动不动。两个干警忙往起搀七嬷，却怎么也搀不起来。她只看着姬杨。

姬杨醒过神来，跪地重重磕了一个头哭道："姑姑放心，我姬杨，会保姓姬的人洒满血色真情的张家山森林到死的。一定人在绿色在！"七嬷点了点头，颤颤起身，上了车，却又回过头来，眼含热泪，眼光是母亲与至亲的儿子永诀时的那种眼光。姬杨心悸胆战，不敢看她，伏地放声大哭。

秀珍他们正行在路上，东海的手机突然响了，原来是姬杨打来的。得知情况，三人急了，让姬杨赶来县城，到林业派出所会齐，好商议如何保七嬷。

七嬷被带到公安局，方知果真是行贿一事。她不觉颜赧，供认不讳，且概说是自己所为。几个盘问的人忍不住笑了。一个道："知耻近乎勇，武七嬷这么爽快，果真是个勇者。只是我们还以为武七嬷高风亮节，刀枪不入哩，竟然也有把持不住举手向世俗投降的时候！可惜，可惜了！"七嬷道："一辈子都抬头活人，到今抬不起头来了。难怪你们笑，我把人真活成个笑话了！"大家收了笑道："那就不好意思，这回得给你上铐了。"

武七嬷一生做人，洁白如雪。有半点污，她都觉刺眼得要命。上铐本是平常的事，但当铐子"咔哒"一声锁在她腕上时，她却觉得简直无地自容，一下子心跳加速，讪笑道："我把人活成啥咧！"笨拙地从座上站起，又觉头晕晕的，人只欲倒。两腿沉重，拖拉而行。到黑屋子前，昨天那几个女伴都趴在铁门窗上看热闹。一个女孩做了个鬼脸笑道："女大款，二进宫了。这下怕没人能救驾咧！"七嬷狼狈不堪，欲笑却似哭，突觉脑袋里像有什么爆炸了，一阵剧痛，眼前一黑，便摇晃着瘫倒在了地上。

秀珍待姬杨来到县林业派出所，便打电话向公安局的熟人询问七嬷被拘的原因。对方道："人已送县医院急救了。张局长叮嘱：有替君子讳一说。老太婆是坦荡君子，事暂不提。要救不过来，永不提。保不住老太婆的命，就保老太婆的好名声。对大私无公的人，绝对要大公无私，对大公小私的武七嬷，则不妨讲点脸面私情。"

秀珍目瞪口呆。姬杨则因负疚而痛苦万分，神色可怕，脸颊不住痉挛着。四人和车所长等慌忙赶到县医院，被护士拦在了急救室外面。公安局张局长等也在急救室外面的楼道上。东海问张局长到底怎么回事，张局长简短地说了几句，便默然不语。

每次有护士或医生出来，大家的心就似乎跳出了嗓子眼，只怕被告知人已无救。

过了近两个小时，主治医生终于满脸疲倦地走了出来。东海忙拦住问："怎么样？"医生眼皮也不抬问："你们是她的什么人？"东海道："儿女。"医生这才抬起眼皮，满脸疑惑道："老太婆儿女就这么多？你们的母亲已苏醒，可以松一口气了。"大家又欣喜万分。东海问："可以进去吗？"医生道："不要太久，也不要说让你们的母亲激动的话。"

大家轻手轻脚地进去，只见七嬷躺在床上，脸色紫青，白发零乱，不由都心里酸酸的。东海轻唤了一声"师母"，七嬷睁开了眼。眼光一点儿也没有往日的生动灵活，而麻木迟滞。打量了大家一会儿，最后看着张局长，无力地说："我……能死在张家山吗？"

"别说死，大婶。不要紧，很快就会治好的。也别把事放在心上。天大的事，人也要活下去。况且有我，至少不会给您加罪的。"

七嬷"唉"了一声，便闭上了眼睛，任人怎么唤，也不睁眼。

她是因脑溢血而昏倒的，不过并不严重。主治医生是本县的名医，完全有把握让她恢复健康。听说是本县的风云人物武七嬷，他也正想露一手。所以当东海他们提出要转往省医院时，他虚称病情如何如何严重，并说："脑溢血，本就是疾病中的地震，况且又很严重，她的血管已极度脆弱，移动必引起大量出血，人必死在半路上。你们一定要冒险转院，我不拦你们。"东海他们这阵一听见"死"字就害怕，只有千拜托万拜托这位名医了。医生道："我已知道她不是你们的母亲，而是有恩于你们。别怪我说话难听！看似暴发突然的病，其实得病都有个过程。武七嬷年纪大了，你们个个没权就有钱，她个人经济条件也不错，为什么不早早到医院来体检？"东海叹道："我们早就要带她来体检，不知求了她多少次了。她这个人怪，别人的事，总是十万火急，自己的事，总是将就着过。非但不肯，还让我们最好给自己体检体检。说老年人倒下没什么，年轻人倒下，才是伤心事。老年人，有病不知最好。知道了，一个病就变成了两个病，多了一个心病。爱她，就不该让她多一个心病。她个性太强，除非到了自己管不了自己的时候，我们就拿她没办法。"医生笑道："这个武七嬷，真是个大怪人！"

蒲城县委有关领导纷纷前来探望，要求医院务必全力救治，但如果没有绝对把握就不要逞能，最好转往省医院。主治医生哪里肯丢开到手的馅饼？一再向领导保证："人我能治好，万无一失。"

于是人们相信，七嬷又要逢凶化吉了。

已过了三天，七嬷仍不睁眼，不说吃也不要喝，医生决定给她进流食。插导管时，她睁了睁眼，但无言。导管一取，她就把流食吐了出来。日子一天天过去，每次进流食后她就必大吐一场，用了多少止吐药也无用。东海他们心里不踏实起来，又问医生到底有没有绝对把握。主治医生道："病人的肠胃，暂时还不能接受食物。输上十几天液就好了。怕什么？植物人单靠输液也能维持几年哩。没有绝对把握，我敢给大名鼎鼎的武七嬷治吗？出了问题怎么向领导交差？你们要想冒险，只管把她运往省城。"

这位主治医生，起初也没想到七嬷是在有意绝食，因此并没吹牛皮。东海他们当然不敢冒险转院，害怕得罪了主治医生，不给七嬷用心治疗，尽向他说好话。

四五天又过去了，主治医生开始感觉到情况不大妙。这时候他已没有了万无一失的把握，但他仍打肿脸充胖子，向人打着保票。

高阳亲族、高阳镇政府领导、高阳中学领导，也纷纷前来医院探望。只有姜老爷子来时，七嬷睁眼看了一下。老爷子毡帽盖脸，坐在床边自顾自道："亲家母，你的事，我听说了一二。别放在心上！人在江湖，身不由己，不那样做，不由你啊。再说七十二行，尚有君子上梁，那样做了，你还是君子。没人小看你，我就不小看你。"七嬷睁眼一看他，目露凶光，旋即又闭上了。老爷子舌头狗一样吐老长，向东海挤挤眼，道："瞧瞧亲家母，给我眼睛睁得那么圆！"东海道："你还没小看师母哩。舌头是自己的敌人，说的话分明是小看师母了。"老爷子笑道："二春的娘前个来，回去说亲家母昏睡不醒，我是故意气气她，看真昏着没有。没昏就好，过上十天半月，又活蹦乱跳了。"东海他们当然爱听这话，都笑了。

姬杨、姬槐、秀珍、东海、大姑娘五个，都丢下各自的事情不顾，天天守在医院。他们为七嬷翻身、按摩、擦屎擦尿，悉心照顾，只盼七嬷快快好过来。可惜七嬷轻易不睁眼看他们一下。

老太婆那天在急救室醒过来后，就没有再昏迷，且大脑异常清醒。她不是那种容易死掉的人，活人意犹未尽，渴欲像姬老人那样活到九十多，再保张家山森林二十多年。然而，没有保住做人的清白，她觉愧为两袖清风的武清俊之"未亡人"。只要活着，她就得面对那个"罪行"，非坐牢不可。"树活皮，人活脸"，那样她还有什么脸活着？唯有一死，可谢罪于世。唉：

　　　　上有日月，
　　　　　人不可苟活。
　　　　我归去，
　　　　　斩钉截铁。

　　武七嬷就是武七嬷，死去之决心异常坚决。她只恨老天不从她愿，没有让她一倒而亡。事到如今，用别的明显的自杀方式，像是"畏罪自杀"，已经成世人的笑柄了，不能再多一个笑柄。她只能用不吃不喝来饿死自己。胃里起初发酸，后来就疼痛难忍，她硬忍住不吭一声。

　　大小便她起初还能感觉得到，身子略动一动，孩子们便会把便盆赶紧给她接上。后来身子一点儿力气也没有，动也不能动，更感觉不到大小便。孩子们总是争着给她擦拭，让她又难为情，又感动。

　　东海他们几个，夜来两人前半夜，三人后半夜守护。七嬷待他们伏在床沿上打盹时，常睁开眼，爱怜地只看个不够。孩子们念书时，她是给了几个钱，可想来那似乎已很遥远了。遥远的事，在她心里已淡极，不值什么，算不得什么。然而孩子们记到如今，如此报答，让她简直觉受之有愧。人世有这样的孩子们，人世便在武七嬷心目中美好无限。她留恋人世，丢不下孩子们，死不下去。可姬杨做的那桩不光彩事，又让她非死不可。活与死，就这么在她心里反反复复，错杂交织，令她受尽精神折磨。孩子们跟着她受罪受脏，也让她受不了。只有死可让一切告了。她在心里一遍一遍地默求："老天，老天，快把我接去吧！"

　　没倒下之前，她身体就极度虚弱，不过是凭毅力在撑着。倒下后，她又执意向死，身体便如水决堤垮一样，迅速崩溃。二十多天后，她肠胃出血，大小便也尽是血；心、肾极度衰竭。主治医生束手无策，宣布无救，请亲属将病人搬回家中料理后事。

　　东海他们简直傻了。他们曾不停问医生："没事吧？"医生总是说："没事。

几十天开始吃饭说话，几个月开始坐立，半年健步行走。得时间！神医能使这么严重的病人一下子站起来。可世上只有名医，没有神医。"他们已觉这道理没错。别说半年站起来，一年两年站起来也无所谓，永站不起来也没什么，只要亲爱的武七嬷活着就好。同一个医生，现在却说七嬷已到了死的边缘，不是医生脑袋有毛病，就是他们耳朵有毛病。他们愤恨地冲入医生办公室，大有大打一场之势。连东海也失去理智，一点儿也不像个当县长的人，拳头紧捏，眼睛血红。

姬杨咬牙道："谁说我姑姑要死了？不许你说一个死字！"医生弄巧成拙，也很恼火，残酷地道："她有确是要死了。"东海吼："你不是一再保证万无一失吗？要不我们早把师母转省医院去了。你误了我的师母。她是我的老娘，还我老娘，还我老娘的命！"医生冷冷地道："明眼人谁看不出，她是有意饿死的，不是我无能，是她不想活。她是从公安局送来的，做过什么事你们最清楚。她不想活倒好，我倒显得无能了。我怎么向领导交代？谁还敢让我治病？我的损失怎么说？你们跟我闹，我跟谁闹去？毁了，真是阴沟里翻了船，她不要命，也把我在本县的医名毁了！滑稽，洋相，笑话！"

几个人大为震惊。他们竟然一直不知七嬷是在有意饿死自己，然而回头再想一想，的确如医生所言。他们天天守在跟前，谁的眼睛也没瞎，怎么就看不出来呢？身为孩子，眼看着老母饿死，竟让亲爱的武七嬷活活饿死，此罪岂可恕？他们简直恨透了自己。

医生越说越来气，本还想说："她明里全国先进，暗里还不知有多大的黑洞哩。要不怎么会畏罪自杀？罪人就是她，你们倒来向我兴师问罪！"只是怕这话说出来挨孝男孝女们的揍，才忍了回去。

东海他们只恨自己，哪里还有心闹医生？先自鸣金收兵。不过他们并不甘心，飞速将七嬷送到了省医院。车一路那么快，却没有发生那医生所说必死在路上的事情。他们既后悔当初听信了医生的一派胡言，又心怀侥幸，盼他最后的断言仍是一派胡言。然而省医院宣布，病人的确已无救。

人人如当头遭了一闷棍，晕乎乎的。不能接受，也得接受。

七嬷心里仍是一点也不含糊，当她被从县医院抬出，东海他们说着省医院怎么怎么的话时，她心紧揪。万一被省医院治个不死不活，她将孩子们拖累到什么时候是个了呢？到底被从省医院抬出，分明是要回去了，她知自己将死无疑，难免伤感，但也释然了。

"仪征"车跟在一辆轿车后面，缓缓驶离省城。姬杨开着"仪征"车，心里既自怨又怨七嬷："出了问题，就该面对问题。带着问题死了，人家还不知问题有多严重哩。唉，别人行贿几百万上千万，还脸不红心不跳，我只给了人两万多，你怎么就以死来惩罚我和你自己呢？你太纯洁了。我也太傻，只知道你一尘不染，不知道染一尘就会要掉你的命！我竟然还以为我是最知你的孩子呢！发子虽没顾得把你交托给我，可他在天有灵，一定希望我代他报答你的养育之恩。眼看着把你饿死，我不只对不住你，也对不住发子。"

七嬷既德高望重，便不怒则已，一旦震怒，定如雷霆之震。那夜知道姬杨曾行贿时，她若动怒，姬杨必诚惶诚恐。可是她没有动怒，却以死来责怪他，这力量岂是雷霆万钧可比？如果说此前姬杨内心还有点藏污纳垢的话，老母这无言而力量无比的责怪，自使他内心的污垢被震荡洗涤得一干二净，永不会再有了。

怕车颠使七嬷病情恶化，从而逝于半路，轿车上，东海抱老人于半空，另几个人在旁伸手扶着。无论如何，得了老人死在张家山的心愿。一路他们腰酸腿疼的，却纹丝不改变姿势。

谁言好心得不到好报？二十多天来，东海他们没睡一夜好觉，没吃一顿好饭，人人瘦了一圈，一片寸草报春晖之心。

不断有人拨通姬杨手机，询问七嬷情况。大姑娘的丈夫得知七嬷已回，便带着儿子等在县城路口，待车到来，也跟向高阳。

武家七嬷的侄子们，在一阵阵"抢娘去"的吼声中，开着各种农用车，下后山出高阳，老远赶了来。他们到县医院看望时，听医生说一定能好，又见床前围了一伙人，插不上手，便准备等七嬷出院后，接回武家养病。大侄子已把家里最好的房间腾下，收拾得干干净净。别的侄子们也都早早备下了各种营养品，只等久没有在武家住过的婶母回来与他们共享天伦之乐。他们就是要让众人看看，无儿的婶母儿孙满堂。突听说婶母已到最后时刻，人人泣不成声。他们决定，不管姬杨怎么说，只要婶母昏迷不醒，没有亲口向他们说，他们抢也得把婶母抢回后山，葬入武家祖坟。武七嬷是姓武者的老娘亲。

相遇时，车暂停，众侄子围了轿车。姬杨下车问："你们要干什么？"大侄子吼："武家的事，外人一边歇着去！"姬杨道："说的什么话？声那么大干吗？看吓着了姑姑。"大侄子忙低声问："老人家醒着？"姬杨点了点头。大侄子便上了车，见东海他们把七嬷连抱带扶在半空，便大觉不好意思。人家尽在世孝，自己却争死后孝，岂不是在充孝子？又见七嬷脸色惨白，形容大改，止不住眼泪长流。忙两把擦了，唤："七娘！"七嬷睁开了眼，弥留之际，她自己的声音尖细发颤，却道："你的说话声咋有些不对？莫不是病了？怎么在这儿？刚才吵什么？出什么事了？快告诉我！"大侄子跪下，抓住她的手哭道："人都成这样了，心还操不完！都是七娘太爱操心，才成这样的。出了事七娘还能管吗？什么事也没出，我们是来接七娘回去的。你的侄子们一个不落，全来了。"七嬷感动得流下了泪，道："没想到你们对七娘这么有心，只可惜七娘再疼不着你们了。"说着泪如泉涌，又不肯放任伤感，换了个话题说，"春旺那兔崽儿，还打人家的孩子吗？"

春旺是大侄子的孙子。七嬷有二十几个侄子，四十几个侄孙子、曾侄孙子。她虽已二十来年不在后山武家村里住了，但四十几个侄孙子、曾侄孙子无一不熟悉。大侄子忙忍住哭，强笑道："乖了，不打人家孩子了，还成了散财童子。一有好东西，眨眼不见就散了朋友。朋友蛮多！"七嬷听着，乐得笑了。二十来天里，这是她头一次笑。孩子，永远是武七嬷的赏心乐事。奄奄一息的人，竟然精神焕发。虽然声音微弱，但言语还是那么利落生动，道："好，是我们武家的后人！心肝儿，你不知道，七娘是匹野马，轻易没人能驯服。只你七爹，有一条把七娘驯得服服帖帖的鞭子。那鞭子，就是他的良善。春旺良善才朋友多，朋友多了将来也好闯天下。只是交人需胜己，得叫他交那些上进的孩子才是。"大侄子连连点头。

东海道："回去再说吧！"七嬷笑道："好，先让我活着回到张家山再说。"大侄子想起众兄弟的决定，硬着头皮道："张家山终到底不是你的，我们再说也是你的侄子。七娘，回咱武家吧！"七嬷道："不是我不想回咱武家。五十年太可怕了！我姓姬的护张家山林子五十年，张家山把我的魂牵住咧！人回去，魂也不得回去，还是埋在张家山吧！你也知道，我从小离了娘，是吃百家奶长大的，人也就活的不光是姬、武两家的人，是百家人。张家山，是臣家的山。孩子，还是把我埋在百家的山好！"大侄子只得下车，招手把众兄弟叫到一边说："七娘比谁都脑子清。她老人家要葬张家山，谁敢违她的心？算了，上张家山吧！"

车队上了张家山，武七嬷终于躺在盘龙凹的土炕上了。她自知过得了今日过不了明日，要侄子们逐一进来相见说话。作为母亲，她已为孩子们做不成什么了，但还能说。她的语言如涓涓细流一般，仍向孩子们流淌着美好。侄子们的家境，她都了如指掌。对每一个侄子，要说的话都很多。千叮嘱，万叮嘱，无非是要他们好好活人，平顺过日子。一个侄子二十几岁时，成天打麻将赌钱，不思过日子。爹娘管不下，七嬷便赶去反锁了大门，提了根棍子满院追着打他，又是哭，又是骂，又是求。那个侄子终于感动，洗手不赌了，如今日子过得蛮好。七嬷提起当初，要他别记恨自己。那侄子哭道："当初我就不记恨七娘。爹娘管我是为养老，七娘管我又为自个什么呢？我怎么会记恨七娘呢？"

母与子，见也依依，别也依依。侄子们谁不想与七嬷多待一会儿，多说几句话？却怕她太劳累，都道："天晚了，我们还要回去。明日来再说吧！"七嬷无力而死死抓住侄子的手不放，道："多说几句，我的肠子头。活路开了，明日就忙你们的吧，不来了。"

这多年，她的眼泪似乎干涸了，然而到最后，却又为孩子们流个不竭。"人之将死，其言也善"，最后一个侄子相见又要相别时，她泪水汹涌，道："我这一生，给待我好的人的报答，就是好好活人。我好好活人，他们就高兴。给恨我的人的报复，也是好好活人。我好好活人，他们就不高兴。孩子，七娘要待你还好的话，就好好活人，叫七娘在地底下也高兴。"

那个侄子大哭着退出。东海他们也无不泪水潸然。

半晌，七嬷才平静下来，向站在脚地的东海他们道："这些天，你们把我都惯坏了，硬舍不得赶你们去上班。我累咧，你们罪也受够咧，都歇吧！"东海道："看着师母睡着了，我们就去歇。"七嬷叹道："我咋就修来这么大的福气，唉……满地的孝子！"

不是谁不善于体贴人，而是无感情。这些孩子对七嬷有感情，也就善于体贴照顾她。姬杨扶着七嬷的腿，东海取掉她下身垫的卫生纸，上面是血状排泄物。秀珍端来温水，大姑娘给擦洗了下身，垫上新的卫生纸，然后掖好被子，轻轻拍着说："好了，睡吧！"七嬷心里暖乎乎的。关照过多少人的她，却对别人的关照很过意不去，只以无尽的泪水，表示深深的感激。

七嬷的外孙已十七岁，酷似姬发当年，又是个英俊少年，笑道："我搂着外婆睡，我也惯一惯这老小孩儿。"七嬷道："宝贝肉疙瘩儿，外婆可什么也没给你留下。"外孙道："怎么没留下什么？人家一听说我是武七嬷的外孙，就另眼相看。我以有这样的外婆为荣。外婆给我留下的是无形资产，精神财富。"七嬷笑道："人生在世，求平顺安稳，也不妨冒冒险，闯闯祸。说不定祸不是坏，还是好呢。"外孙道："我不懂。"七嬷道："我也是老来才懂。你发子舅爷买下这张家山，是姬家的祸，是大家的福，小坏大不坏。"

外孙上炕，侧身躺下，手搂着七嬷。老太婆感动得不住叫"宝贝肉疙瘩儿"，又向大姑娘说："娘一生，疼得孩子多，到你身上就疼得少了。"大姑娘忙道："话不能这么说。娘不疼得孩子多，我哪有这么多兄弟姐妹？日后多少靠山！"七嬷道："是武七嬷的女儿，通大情，达大理。孩子们，从你们待我，信你们会到各自爹娘跟前好的。谁不把爹娘放在心上，谁就不是人子。再忙，也要抽空回去听听爹娘的唠叨，吃娘做的一碗饭。今儿能吃上娘做的饭，明儿怕就再吃不上了。"众人只会点头。

　　这些天，面对死亡，七嬷老想到死去的亲人，死去的亲人也不请自入梦来。这晚睡着后，他们又不断出现在她的梦里。有一梦，是姬发产没买张家山，而是果园赚了几十万元后，在镇上买了个前店后院的宅子，做起了生意。凭着他的聪明能干，生意做得红红火火。住屋铺陈豪华，院里停着客货两用车。花花已十三岁，正上初一。弟弟也七岁，上小学一年级。校长已退休。发子让老两口只管游手好闲，可他们哪里是爱闲适的人？校长做了他们夫妻店的"账房先生"，她则做了"老保姆"，总管家务。一天最乐的时候，是花花和弟弟放学归来，围着她撒娇。姬发出来进去，也嬉皮笑脸的，只会出洋相，逗乐子。事没有悲壮，人不怀豪情，但日子平顺，是那种"平平淡淡也是真"的幸福。梦醒一看，还躺在盘龙凹窑里，她不禁又泪落一脸。姬发要不买张家山，日子肯定如此。成这片绿色是姬家人，毁姬家人是这片绿色。她对这片绿色，似怨又不怨，似恨又不恨。人生没有回头路，落到今天这步田地，她似悔又不悔，心情复杂。唉，这是她的宿命，姬家人的宿命！

　　侄子们自然没有真回去，而在窑外守了一夜。窑内的人，也寸步不离。七嬷本来就嘴唇干焦，睡前说话太多，终于破裂出血。睡后隔不久，上下嘴唇就会被血粘住。秀珍他们，便用温水不时给轻轻浸开。又一次，秀珍给浸开嘴唇后，她睁眼笑道："我梦见你发叔给我打来了电话。一家子都在那边，就缺我了，要我快些过去团圆。"

　　秀珍张开胳臂，抱住七嬷，"哇"的一声哭了起来。七嬷也出声而哭。两个女人对那一男子，情不同，爱相同。众人好容易劝住。七嬷又闭上眼睛，陷入了深沉的回忆。那年的一天傍黑，有人突然告诉她，姬发被盗树贼打了个半死。当时没有电话相通，她不管三七二十一就往山上赶。到盘龙凹时，已下半夜了。姬发什么事也没有，早已睡下，原来是那人恶作剧。姬发嗔道："你也真是，黑天瞎地地赶山路，失脚掉崖下咋办？那家伙也太缺德了，整一个老婆子。我饶不了他！"当时就要骑摩托下山去揍那人。她死活拦住，道："没事就好。我要不上来，今夜就别想安宁。上来见你没事，我倒能睡半宿好觉。不生气，瞧我都不生气！"

　　养大了姬发却没有护他周全，她愧为人母。多亏人死一把土，没有阴间，要不自己死后到了阴间，怎么向姬发的亲生父母交代？

第二日一早，二春就开着新买的大卡车，带着母亲和哥哥来看七嬷。两位老姐妹一见面，都泪如泉涌。三姑泣道："我的老妹子，才几天不见，你就成了这个样子！"七嬷强笑道："咱们这一茬女人，年轻时谁有我壮实？唉，老来倒硬朗不过人了。"说话间，血便顺嘴角流了下来。三姑忙从褛下抽出帕子来给她拭着。七嬷又道："不怕勾你伤心，这到最后，我最想发子两口儿守在身边。你女儿做的鱼粉好吃，想你的手艺跟她差不多儿，你就给我做点吃吧！"三姑连连道："可怜的大妹子，我这就给你做，就做。"

鱼粉做好，三姑侧坐在炕沿上，亲自一勺一勺喂七嬷。七嬷道："好吃，跟你女儿做的一样好吃。"多日忍饥挨饿，她馋得要命，竟把一碗吃完了，道，"孩子们，不许死了给我摆供，这就算我死了的供食。他三姑来了好，给我洗洗身子，梳梳头。箱子里有你女儿给我做的一身衣服。我舍不得穿，留着做寿衣。你就给我换上吧！"

三姑取出衣服，是一身黑布裤褛，另外还有白布袜和圆口黑绒面鞋各一双。见衣如见女儿，三姑忍不住抚衣而哭。七嬷也心中酸楚，哽咽起来。众人忙劝住。三姑便领着女孩子们为七嬷净身、梳头、换衣，只没有穿鞋。乡间讲究亲人不咽气，不能穿鞋，否则便有催亲人早早起身之意，令人反感。

谁知七嬷肠胃已千疮百孔，任何食物都难以接受，衣服刚穿停当，就因吃了那碗鱼粉，腹痛如万千利爪在撕挖。回来时带着防她最后痛苦的吗啡针剂，姬杨即给她注射了。可惜她的脏器衰竭得连把药输送到位也不能，依然剧痛难忍，通身是汗，身子剧抖着，却无力一动，惨笑道："真是好吃难克化！孩子们，人可缺心眼，不可缺主心骨，不该得的东西千万不敢得，要不就会自作自受的。你们出去吧，省得我喊，让你们听着难受。"

姬杨他们只恨不能替她，哪里肯出去？道："你在受罪，倒怕我们难受！别想那么多。好姑姑，你只管喊，痛痛地喊吧！"七嬷却咬紧牙关，死活不肯喊。姬杨他们只得退出窑。七嬷张开嘴，很快又咬紧了，还是怕他们听见了难受。直到疼得昏迷过去，也没有喊一声。昏迷中，身子仍抖个不已。姬杨他们虽又进来围在身边，却不忍看。到了这阵，他们也盼老天快些接走她。

护林员已掘好了墓坑。

七嬷的身子渐渐停止颤抖，终于苏醒过来，不再觉得疼痛，身子似不是自己的，知最后的时刻已到，便向姬杨说："让我坐在场院里，看看林子吧！"众人忙在土场上放了一把椅子，铺上厚褥，抱她坐在上面。

见侄子们全立在土场，她问："你们昨晚没回去？"大侄子笑答："刚刚才来。好天气。七娘今天气色见好了。"七嬷道："我也觉得好多了。"她知道他们在骗她，却不揭穿，只心疼，在心里说，"夜深天凉的，他们就在外面守我，不知多冷。唉！"

三姑站在椅侧，年轻人站在椅前。外孙跪地，将七嬷那穿着白袜的双脚抱在怀中。武七嬷头靠椅背，目凝远方。日当正午，乾坤浩荡，山高水长。众山头繁花似锦，如盛装打扮的女儿。她在心里道："美，美！美山美水，总能美人心怀！"久久，她微垂眼皮，怜看孩子们。男儿可亲，女儿可爱。活人死别，母亲留恋难以割舍，怆然涕下。

孩子们也心如刀绞。人海茫茫，多少人不期而遇之后便是无缘相见。不是无缘，是两相无心。武七嬷则以博大无私的母亲心，换得了孩子们的赤子之心。正因为两相有心，无论离得多远，孩子们隔不久都要像信徒朝圣一般，来看望武七嬷。

七嬷闭眼皱眉，若有所思，忽然睁眼望着东海，眼光含着无限期待说："我再也没法给杨子遮风挡雨了，这下把他推到前面咧！"东海明白她说这话的用意，拉着姬槐和秀珍的手说："师母放心，我们是护绿铁军。您的帅旗，永在张家山飘扬。只要杨子一声呼唤，我们无论在哪儿，都会朝着您的帅旗赶来的。"

七嬷吃力而微微地点了点头，又向三姑说："亲家母也老天拔地了，站着不腿疼？坐下吧！"秀珍忙提了把杌子来，三姑就坐在七嬷侧前方。

七嬷感觉口渴难耐，又不敢要水喝，怕还闹肚子疼。渐渐，她呼吸急促起来，出气多而入气少，有千言万语还要说，却张着口，发不出声来。唉，完了！五娘饿死那是因日月艰难，她丰衣足食的却落个饿死，怎叫她心不悲凄郁结？她对自己为人的美好纯洁，比生命还爱惜。如今为人却以罪人告结，又怎能不让她对自己感到沉重的失望？唉，人生难言，人死难言！

看着七嬷呼吸困难的样子，大家也像喉咙被人掐着一样难受。

芳珍闻知七嬷已回，忙告诉了春燕。春燕即开着车同她赶来。那时七嬷呼吸如拉风箱，吸一口气如在挣命，也只会看着她们泪水长流。就是看她们，那眼皮也是不知费了多大力气才抬起来的。春燕擦着她的泪水哭道："那天医生说你不要紧，我就忙自个的去了，准备等你回来再照顾。没想到，这下再也尽不上孝心了。嬷子，我一点儿心也没给你尽上哇！没有你当初，怎有我今日？嬷子，亲娘，我再没法子报答你了哇！"

母爱因出于本能而无私，母爱是人类情感的家园，母爱天高地厚。已为苍头老人的大侄子哭道："娘恩谁能报？兄弟妹子们，趁老娘亲还能看见，咱们给她行个大礼吧！"说着，先跪下，白首叩地。除了三姑，众人都跟着跪下，长长伏地，重重磕头。三姑忙站起，小脚不稳，打了几个趔趄。

儿满地，女满地。满地儿女，总能让母亲找到为人的自信和尊严。武七嬷激动、幸福无比。

春燕忽跪直身子道："恩难报也得报恩，我准备拿出一部分资金，至少绿一万亩荒山，权当是在报答您老人家的恩。"武七嬷正因富有激情，所以生命常出"彩"。一听这话，她由不得激情洋溢，脸上露出笑来，竟又发出了声音，声音自然很微弱，道："好，好！说什么老当益壮，老来就不行了，就得看后人。早以先那个愚老头儿，望着满堂儿孙，只盼能移走家门前的几座大山，好让脚下一马平川。如今我这笨老婆子，望着满地孩子，也只盼能尽绿原来的十万亩大张家山，好一了心中夙愿。好，好！"

众人大震，都跪直身子，热泪盈眶道："一准，我们一准了您夙愿。"武七嬷大乐，真想还能活着，与年轻人大干一场。她一生，最痛快莫过的事，就是活儿干一个黑水汗流。一股虎气出心扑身，冲天盖地，她痛叫一声"好"，猛然扶椅而起，鬓角白发大抖，用往日那粗厚雄浑的声音道："宝贝儿，我没虚活一世。再活一世，我还为你们到死！不笑我狂，我本泼妇，死也让我泼开来死。自来爱听苦调唱英雄，有谁肯为我一吼？"

众人骇绝，呆看着她。突然，姬杨哭吼："山，高连天。脚立山巅，天在下面。问天下，谁似我，立志高远？"武七嬷振奋异常，猛拍椅扶手，响遏行云而吼："好！孩子们，是当脚踏实地，立志高远！"

吼声似把她的身心都震碎了。声未落，她便口鼻出血，眼中也泪血滔滔滚出。三姑打了一个寒噤，身子软摇了几下，半跪半蹲于地。

七嬷捂腹重重倒回椅上，只觉身轻似鸟，飘飘然飞向了高远的蓝天白云，头往肩膀上一歪，闭上了眼睛，喉咙里尚响着痰堵似的"咕咕"声。

众人鸦雀无声。春燕最早清醒过来，忙爬起用衣袖给她拭着血。

少顷，"咕咕"声不闻。三姑颤声唤："他七嬷，亲家母！"

了无应声。两串血珠，红颤颤地挂在武七嬷眼角，只落不下。

三姑咽声道："亲家母起身了。唉，真是'虎死不舍威'！好一个武七嬷，活得英豪，死得气壮，一世威名不虚！"震慑莫名的外孙，颤摇着七嬷的腿，声音低低地哭道："外婆，外婆！"仍无反应。外孙有哭无声。突然，大姑娘撕肝裂肺的长哭响起："娘啊，受苦受难一生的娘啊，把心操碎了的娘啊——"众人便以震山撼岳的哭声，痛悲这位既婆婆妈妈又坚毅果决，既豪侠义气又慈和安详，受人无限敬慕爱戴的老母。

在人世抗争了六十七年的武七嬷，生命之幕终于落下。时间在不断推陈出新，人也在不断推陈出新，武七嬷到最后，还是姬家人那样富有血性，却已然身染那书生丈夫的书香了。

临时做了一副担架，置于土场。众人放七嬷平躺于担架上，然后不分男女，错杂坐守于四周。姬杨则咬破指头，以血在白绢上写了个引魂幡，为：心常挂念意常牵，慈情眷眷；正气树人还树木，功德巍巍。

一辆出租车停在土场边，从里面跳出一个大胡子老头儿，戴着顶很洋气的毡帽，穿着身半新西服，原来是姜老爷子。他提着一个大提兜，里面满装着奶粉、酥糕、水果等。奔进土场，一看见三姑就歪声丧气吼："死老婆子，来也不叫上我！我就那么丢你人吗？"突然看见了躺在担架上的七嬷，一下子满脸悲戚，摇摇晃晃到跟前，坐地把提兜放在七嬷头边，摘下毡帽，低头哭道："都是忤逆儿子死老婆子，害得我来晚了。好亲家母，你活跟人不一样，死也跟人不一样，连个吹鼓手也不请！如今又不是没钱，他们倒舍不得给你设灵堂，摆花供。我这吃食，就供在你面前吧！死人没嘴有耳朵，亲家母，你能听见我在哭你，是吗？我只当你十天半月又活蹦乱跳哩，没想到你这回倒下再不得起来咧。唉，亲家母人强命不强，张家山把你压垮咧！我悔把女儿嫁给那臭小子，不悔跟你做亲家。情重于山，亲家母为人谁不敬？我该哭你送你。好亲家母，大善人哪——"鼻涕眼泪接连不断地流向了那大白胡子。

姬杨爹娘闻讯也赶了来，搂尸大哭："大妹子，你给我们家留下了多少好处。孩子们再也没有亲亲的姑姑了啊！"车所长打来电话问七嬷情况，得知已逝，即与全所共八人全副武装赶来。

黄昏前，担架抬起。车所长沉痛地道："慢走，武七嬷！"刘东海泪如雨下，不称"师母"，而称众人对逝者的称呼，哭道："武七嬷，任何对您的赞美，都不是溢美，而是发自我们内心。武七嬷，您活人，为自己的少，为别人的多，抚养弃儿、资助贫困学生，白发苍苍了还超越生命极限，造绿护绿，福荫后人。这是人间大爱，是对人类命运、对生命的终极关怀。激情的搏击，满含热血的爱，沉痛的悲天悯人，处于底层却追求崇高，使您一身，集着黄土高原妇女的千古高风，使您一生，始终诠释着善良的美丽和正义的伟大。您人品的高贵，可以粪土历史上的所有皇后。您在我们心目中，正是那种母仪天下的女人，是真正的高原皇后！您已然成为我们心目中的神圣！我们永远最敬您，最爱您！亲爱的武七嬷，您慢慢走，好把张家山美丽的景色，再看一遍！"

一片男女悲声里，武七嬷又行在了山路上。然而，她再不会一声吼追向盗贼了，也再不会奋不顾身冲向火海了。留下一片足以傲人的绿色，她在春意浓浓中，走向了冥冥。

最前面，是大侄子打着引魂幡。他一走一哭："一辈子穷忙苦干，省吃省穿，心里眼里只有旁人的七娘啊，咱舍不得你走哇！你一走，就再没操心咱的上辈亲人了哇！"

一条长长的麻绳，系在担架上。肩搭麻绳为七嬷"牵棺"的第一人，是她要好的老姐妹，那小脚白发的三姑。她悲不自胜，小脚寸步，跌跌撞撞，多亏手中撑着根棍子，才不曾跌倒，然后是姜老爷子、姬杨爹娘。姬杨爹声声叫着"大妹子"，哭得弯着腰，花白的头都低到了膝下。"牵棺"本是下辈的事，此四人与七嬷同辈，却执意要"牵棺"，所以被礼敬在前面。七嬷生前对孩子疼爱不分男女远近，因之下辈也不别男女，无分远近，牵着麻绳随便排作一列。两个堂弟架着武大姑娘。秀珍被泪水迷住了眼睛，看不清路，只机械地随前面的人走着。明明夕阳正红，人却觉天昏地暗。

七嬷平躺在担架上，两手交叉置腹，面容看上去比生时还端庄。特别是维吾尔族母亲遗传给她的那个高鼻子，异常好看。

"县太爷"刘东海在前，第四任张家山林场场长姬杨在后，抬着担架。担架之后，八位林警执枪护送。

突然，林中传来一男子的悲声："美酒洒地，敬大好人武七嬷！"送丧队伍的人，都一惊。

林中又传出那男子的悲声："长歌，当为英雄而哭。武七嬷，是大好人，也是我们山里的英雄。乡里乡亲们，为我们的女英雄离去，长歌当哭吧！"林中石破天惊一声鼓响，便有一壮汉悲吼传来："苍天哪，咱热乎乎的亲人，心疼烂血流尽，万唤不应咧！"接着便传来无数汉子、娘儿高亢悲颤的吼声："苍天哪，咱的亲人留不住咧！留不住的亲人哪，亲人哪！"

送丧队伍一阵混乱，是大侄子恸倒在地，两个弟弟急上前搀起他。众人泪飞如雨。

老艺人武剩娃已去世，三套车也随着他的去世而在这方土地绝迹，但是感人肺腑的苦调不绝。他的徒弟们得讯后，为给众人爱戴的武七嬷壮行色，便结伙来到张家山"吼路"。

高阳农村，现在已很少有人在地里死务庄稼了。种是机器操作，收是联合收割机，一出来就是颗粒。地也轻易不落锄，有除草剂喷洒。多数农民都在务苹果园、酥梨园，种大棚蔬菜、大棚西瓜等。可惜什么都是买方市场，瓜、果、菜愁卖，许多年轻人便离开了土地，于五花八门的营生上各显神通，使得高阳小世界愈来愈丰富多彩。由于人们手头有了几个钱，婚丧大事便很铺排。老车夫的徒弟们，也就不愁混生活，几乎像吉卜赛人一样，走乡串村不停。他们以手机互相联系，以敞篷卡车代步。无一包白羊肚手巾者，也无穿粗布裤褂者，或西服领带，或夹克衫牛仔裤，几乎跟城里青年差不多。老一辈艺人，给人家在婚丧事上凑热闹时，主人给多少是多少，绝不讨价还价，否则脸上便挂不住。他们却总讨价还价个脸红脖子粗，似乎根本就不知有不好意思。不过，武七嬷是例外，既不请自来，有人给钱，他们也不会收。武七嬷待人有情，人就当待她有义。无论市场规律多么残酷无情，人到当有情义时，还是得有情义。

艺人们连吼三遍"亲人哪"，便吼起了无字眼苦调，似千钧之力，徐徐而出。吼声和鼓声，随送丧队伍而移动，但艺人们始终不出林，似武七嬷所爱护的茫茫森林，在为她悲音大发。

风摇树，花落满路。晚霞透过枝叶落于花上，使得花光色斑驳，变化无定。无数蝴蝶在送丧人前飞行，五彩缤纷。一只山鸡，从树枝上斜飞上天，翅羽闪着金属光泽，群鸟随飞上天，如百鸟朝凤。两只松鼠从路边薄荷草里蹿上了树，蹲在枝杈间，看着送丧人，摆尾如旗。有青蛇缠树，状如枯藤。更有一条灰狼，远远地以扫帚大尾支地，横蹲路中间，目光如磷火闪闪，看着送丧人走近，才默然起身，慢慢离去，去又不时回头。

有无边绿色，才有这许多精灵。精灵们似乎也对绿色保护者情义深深，特意来目送武七嬷走向不归乡。岂止人有情？情到至深，万物可通感。

当初怕姬发媳妇找见，花花葬处极偏僻。路难行，上坡下谷，九曲十八折。过深谷浅溪时，送丧者无一脱鞋，更不挽裤腿，就那么踩泥拖水而过。而半山的羊肠小路，左看深渊无底，右看悬崖百丈，且时时断路，鸟兽绝迹。送丧者无论老人或女子，无一害怕不行。深渊里、悬崖上，那无字眼吼声和沉重缓慢的鼓声，也绝不中断。又到险绝处，二春横出"牵棺"队列，待扛架前来，要换东海。已然返璞归真的高阳儿子刘东海，多日劳累加上悲恸，都快垮了，却坚决不许二春换，哭说："让我抬吧！过了这阵，就再没机会为师母尽心了。这阵多尽一点儿心，日后想到师母就少一点儿心不安。"

路愈行愈险绝。东海干脆跪步而行，有时甚至把担架伸出的两个棍头放在脊背上，一手捉着，一手和脚并用，大肚子磨着地，爬行向前。后面的姬杨，不得不随他如此。此心耿耿，此情悠悠！

森林里，那低昂的鼓声和浑厚的无字眼长吼，戛然而止。悄无声，悄无声，突然枪声冲天，悲声大作，吼声高亢，鼓声激越。武七嬷，一位辛劳、俭朴、多难、善良、云心月性的西北娘儿，静静地躺在黄土之下了。

日落西山，云漫群山，林海苍茫。壮丽的晚霞从天边一直倾泻到山顶，似天泣血。孤独的雄鹰在云端飞翔，分明悲舞。狼嚎哀切，杜鹃的鸣声如泣，黄鼬的叫声如诉。无物不悲，更叫伤心人心欲碎。

一日，姬杨巡游到朝天峰半坡时，突然看见西山上空浓烟滚滚，忙飞步到峰顶，奋敲大钟。洪亮的钟声，向四方传去。除各山头的护林员外，寂静的张家山周围各村也沸腾了。男女满村跑着呼喊："赶紧，赶紧，救火！"于是，各村村口，很快出现一排四轮车，驶向起火处，车上坐的男男女女都操着家具。

姬杨赶到起火处时，护林员与许多山民已先到了，还有山民不断赶来。他们自动分为两组。护林员与男青年在前面扑火，妇女和老年人在后面清除杂草、树木，借以形成隔离带，阻止火势蔓延。人群中忽见一位白须白眉白发的老人，身形酷似姬老爹，有力、快速地抡着砍刀，砍倒一棵树后，又敏捷地奔向另一棵树。姬杨看得呆住，正惊诧间，耳边又响起了一声洪亮的呼喊。一个微胖的女人，身材高挺，梳着大抓髻，一身宽松的黑衣，大裤脚甩得呼呼啦啦，正与另一个女人，抬起砍倒的树，大步流星向远处奔去。姬杨更惊诧，顾不得多看多想，他穿过隔离带，扑向灭火处。一条条狂野的火苗，发出"呼呼"的响声，翻滚蹿起，有数米高，将天空都染成了血红色。树木枝叶被烈火烧得"噼啪"作响，连续不断，如机枪扫射，惊心动魄。火星、灰烬，如骤雨飞落而下。空气炽热，令人窒息般难耐。一个白衣长腿的青年从姬杨身边疾跑而过，冲到姬杨前面，奋力挥舞着外衣，扑打一处肆虐的火苗。飞落的火星，把他身上的衣服烧得破破烂烂，裸露出青春健美的肌肤，乌亮的头发在火光的映衬下如黑鸟的羽翅般跳跃飞动。火苗被扑灭了，青年回过头来，脸上混合了黑灰和汗水的脏污，但仍难掩五官的精致，一双会笑的花眼睛晶亮晶亮。他向姬杨粲然一笑，随即迅速跑开，汇入救火的人流。

林海莽莽苍苍，姬杨热泪长流……

千古高原，皇天后土！

后　记

　　《高原皇后》终于重新面市，对视文学为神圣的我来说，自然是天大好事。这部长篇小说的写作，费时，艰辛，从我二十三岁动笔，到三十九岁才完成并自费出版。我的身心也在写作这部书中，出现了一些问题。枯瘦如柴，体质虚弱，三天两头被病痛折磨，精神抑郁，怕见人，怕出门，加上处在县城，与出版界很少联系，又不擅长人际交往，严肃文学也边缘化了，虽写出的书稿不少，但自从第三次自费出书后，也就是《高原皇后》全书自费出版后，在资金上再也无力如此这般了。人生只是昙花一现，转眼我就到了晚年，健康每况愈下，对《高原皇后》重新面市也就绝望了。

　　"言之无文，行而不远。"一部书面世，可能一开始便无法引起关注，或者可能引起关注了，但随着时间的推移，又被人遗忘了。好在《高原皇后》全书刚出版，便获数项地方、国家奖，后来虽未拍成电视剧，但曾三次被立项，全国各地有多种农副产品，以"高原皇后"注册品牌，甚至一些读者将所遇到的美好的风景、美丽的花卉等也誉为"高原皇后"。故而，这部书面世二十多年来，始终未被读者所遗忘。

　　正是由于《高原皇后》如春雨润物细无声一般，社会影响持续不断，终于引起了与我素不相识的刘宽忍老师、齐雅丽老师、刘龙老师等的关注。他们得知我的困境后，联系到了我，除再三叮嘱我保重好身体外，还设法让《高原皇后》在2024年得以重新面市。记得五十来岁时，有老者问我多大岁数，我故意说七十六岁了，老者竟一点儿也不怀疑，还说我比他大了两岁。我哭笑不得。能活到六十岁，就是我的幸事，还能等到长篇小说《高原皇后》重新焕发生机，

后
记

529

真是意想不到的幸之又幸之事。求之不得，来之不易！对他们的善举，表示深深的感激！

余日无多，趁着还有机会言说，我就不厌其烦了，将我心中的感激之言，多说一些。望谅解，包涵！

在我四次出书中，重新面市的《高原皇后》，是第一次遇到女责编。她高超的鉴赏力，对字、词、句反复推敲，务求恰到好处的敬业精神，甚令我敬佩。而封面美术编辑则务求大方、精美。故向不吝付出，甘为他人作嫁衣裳的责编齐向红老师、封面设计姚肖朋老师等所有参与《高原皇后》出版的人员，表示深深的感激！

回顾我的文学创作路，道阻且长，然而我得到的，远比付出的多得多，有太多的人给了我各种各样的帮助。远在 1992 年秋，我背着装有《高原皇后（卷一）》手稿的行囊，来到陕西人民出版社，李晓锋兄是第一个肯定此书者，后来他也成了此书第一个责编。此书原名，听起来像纪实文学。李晓锋兄灵光一闪，取了个动人的书名《高原皇后》。深深感激！

倘若天天饿着肚子，何谈创作？故而对解决我创作后顾之忧的渭南市文联原主席丁文德老师、渭南市作协原主席李康美老师、蒲城县委原书记王绪刚、蒲城县原县长刘仁奎等，表示深深感激！

四十多年前，我就不知天高地厚开始写长篇小说了。也就在那时，我的舅表哥王中林院士成了我作品的第一个读者。他在事业上的矢志追求，一直是我的标杆，学习的榜样。我以有他这样的兄长为傲！他将我从小屁孩一直疼爱、呵护到小老头。深深感激！

蒲城县文化馆刘麦芳馆长上任时，我已快到退休年纪。她见我第一面就说："你的工作，就是活着。没有了人，咋个创作？"深深感激县文化局、文化馆历任领导以及同事们对我的照顾、关爱！

我对文学，情不知所起，一往而情深，虽勤奋耕耘几十年，成绩却微不足道，因此愿读我作品者，难得且宝贵。最后，向我作品过去、现在和将来的所有读者，表示深深的感激！